HISTOIRE DE PARIS

LE QUARTIER DES HALLES

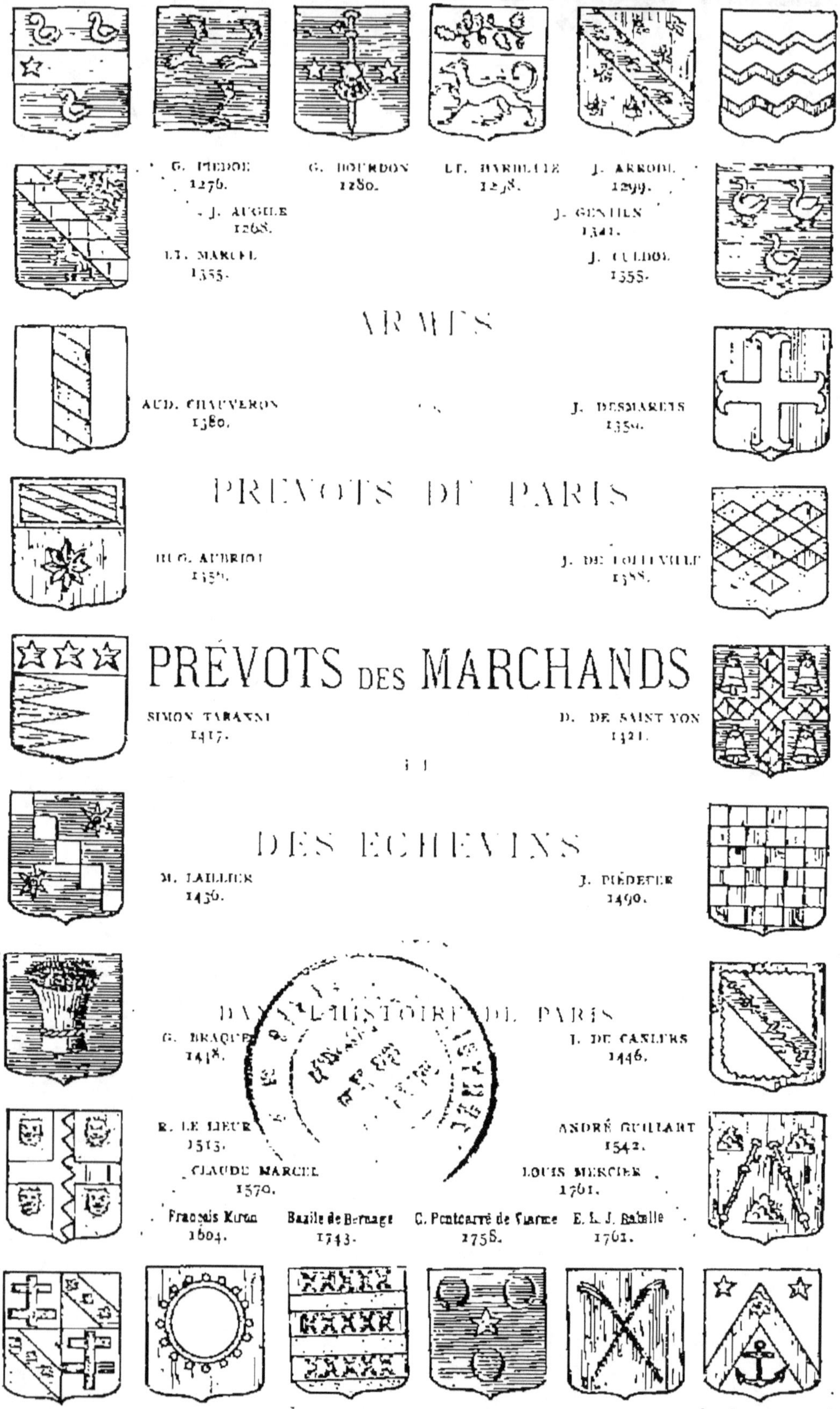
G. PIEDOE
1276.
G. BOURDON
1280.
ET. BARBETTE
1298.
J. ARRODE
1299.
J. AUGIER
1268.
J. GENTIEN
1341.
ET. MARCEL
1355.
J. CULDOE
1355.
ARMES
DES
AUD. CHAUVERON
1380.
J. DESMARETS
1359.
PRÉVOTS DE PARIS
HUG. AUBRIOT
1358.
J. DE FOLLEVILLE
1388.
PRÉVOTS DES MARCHANDS
SIMON TARANNE
1417.
D. DE SAINT YON
1421.
ET
DES ÉCHEVINS
M. LAILLIER
1436.
J. PIÉDEFER
1490.
DANS L'HISTOIRE DE PARIS
G. BRAQUE
1418.
J. DE CANLERS
1446.
R. LE LIEUR
1513.
ANDRÉ GUILLART
1542.
CLAUDE MARCEL
1570.
LOUIS MERCIER
1761.
François Miron
1604.
Bazile de Bernage
1743.
C. Pontcarré de Viarme
1758.
E. L. J. Babille
1761.

COMMENT PARIS S'EST TRANSFORMÉ

HISTOIRE DE PARIS

TOPOGRAPHIE

MŒURS — USAGES — ORIGINES

DE LA HAUTE BOURGEOISIE PARISIENNE

LE QUARTIER DES HALLES

PAR C. PITON

AVEC 300 ILLUSTRATIONS, PORTRAITS ET PLANS

PRÉFACE PAR A. LAMOUROUX

Conseiller municipal

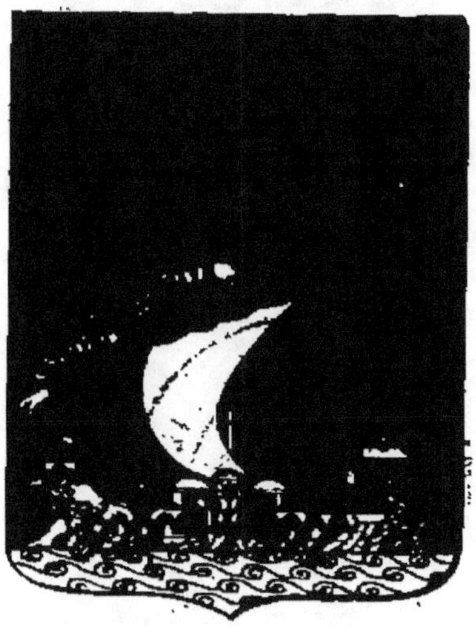

PARIS

J. ROTHSCHILD, ÉDITEUR

13, RUE DES SAINTS-PÈRES, 13

1891

IMPRIMÉ PAR MM. ARRAULT ET Cie
Imprimeurs à Tours
A 525 EXEMPLAIRES NUMÉROTÉS A LA PRESSE

EXEMPLAIRE N° 469

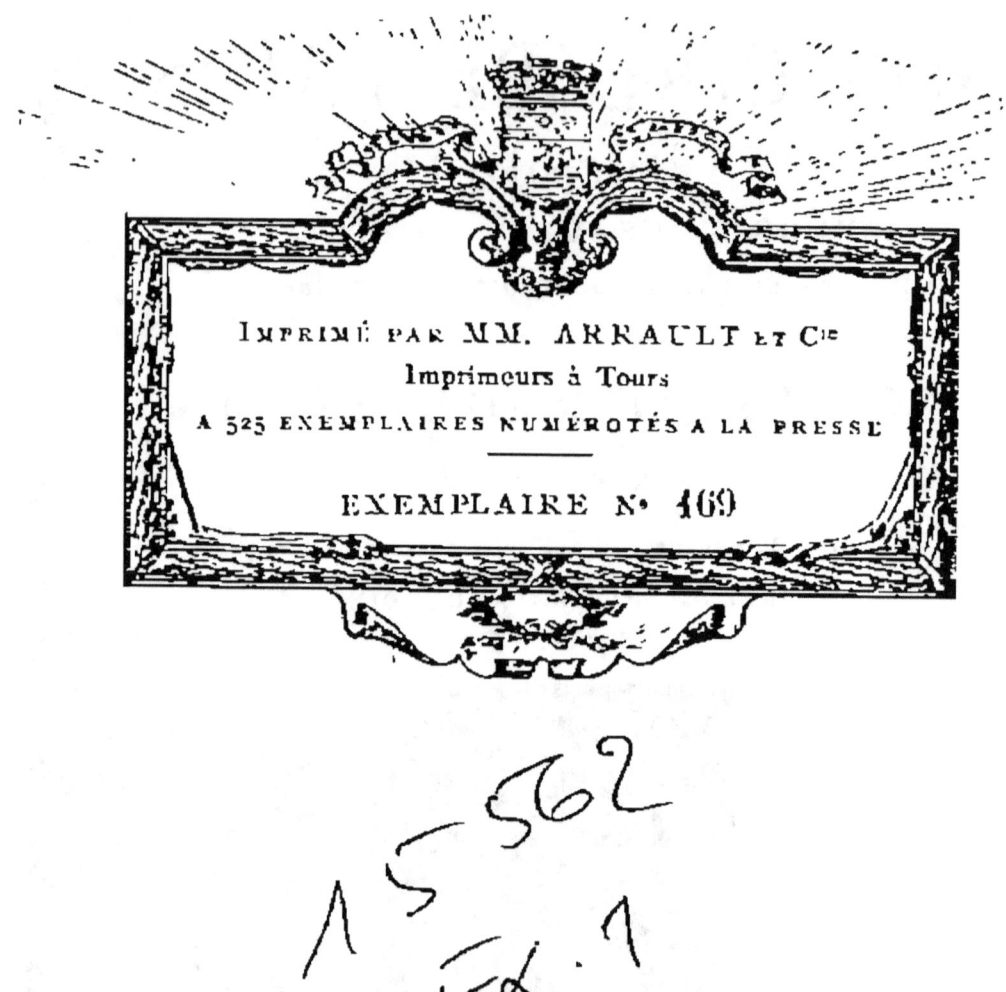

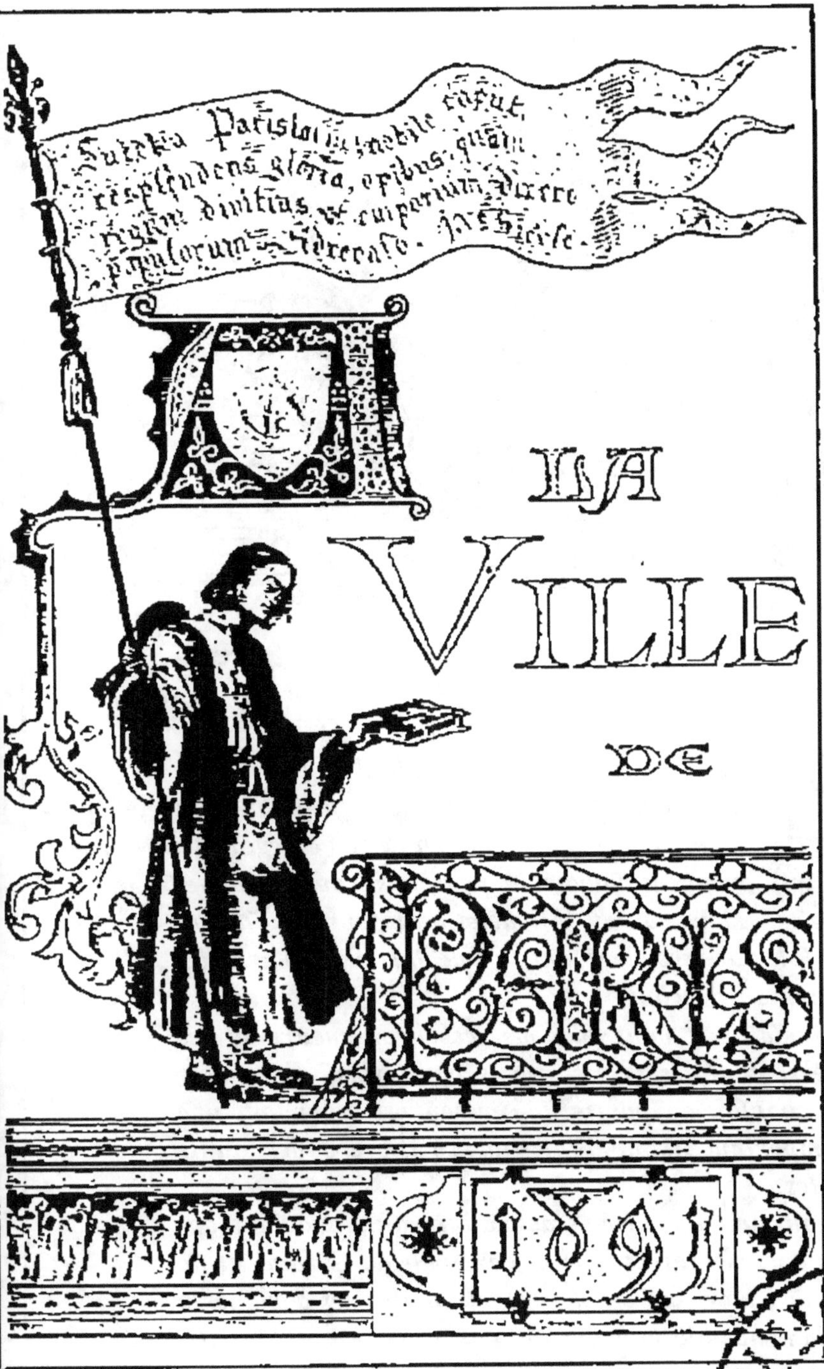
A
LA
VILLE
DE
PARIS
1891

SANS *vouloir attacher trop d'importance à notre classification, nous pensons qu'on peut diviser les historiens en trois catégories : viennent d'abord les penseurs, comme Tacite, Montesquieu, Michelet, etc., qui, se plaçant à un point de vue très élevé, ont tiré de l'histoire de grandes et philosophiques leçons.*

En seconde ligne nous plaçons les chroniqueurs et les anecdotiers, dont les récits, vécus pour ainsi dire, mais empreints parfois de partialité, présentent cependant une grande importance pour l'intelligence des époques qu'ils ont décrites.

Il est enfin une troisième classe d'écrivains, que nous appellerons documentaires, qui, à l'exemple de Géraud et de Le Roux de Lincy, ont recherché et publié les documents enfouis dans nos bibliothèques et nos archives : ils ont utilisé une partie de ces matériaux, laissant encore aux travailleurs de l'avenir de nombreux filons à exploiter.

C'est parmi ces derniers que nous rangerons M. Piton, l'auteur de l'intéressant ouvrage que l'éditeur Rothschild publie aujourd'hui, avec le luxe et le bon goût qu'il apporte dans toutes ses artistiques publications.

Il y a en effet dans ce livre deux parties entièrement distinctes : l'une est une monographie très complète, non pas. comme on pourrait le croire, par le titre même du volume. du quartier de la Halle au blé, quartier qui n'a du reste jamais existé sous ce nom, mais de l'ancien hôtel de Nesle et de ses différentes transformations, tour à tour logis de grand seigneur, maison royale, couvent, maison de jeu et établissement public.

La deuxième partie comprend des pièces justificatives et un grand nombre de documents se rapportant. de plus ou moins loin, au sujet traité dans la première partie. C'est d'abord ce que l'auteur appelle topographie historique du quartier de la Halle au blé. Nous y rencontrons des tailles, déjà publiees par Géraud et par Buchon, et d'autres absolument inédites, un dictionnaire des vieux noms français. contenus dans les parties citées de ces tailles, des censiers publiés pour la première fois, des nomenclatures de rues empruntées à Corrozet, Guillot, Guillebert de Metz, Félibien, Lebeuf, etc., des titres de proprietés, une description des autres hôtels avoisinant l'hôtel de Nesle, etc.

A la suite de la partie topographique se trouvent les notes justificatives du texte de la monographie, sous le nom de documents historiques. Ces notes renferment, outre un certain nombre de citations, plusieurs généalogies, des signatures autographiées. des sceaux, des portraits et des vues ; il y a de tout dans ces notes, un peu éparses, et les érudits y trouveront certainement bien des trésors inexplorés.

Le livre se continue par une collection d'extraits des dif-

férents plans de Paris concernant les transformations successives de l'hôtel de Nesle et de ses abords, jusqu'à la création de la Bourse du commerce. On y a placé deux réductions de plans inédits, l'un de Balthazar Arnoullet, daté de 1543, contemporain et peut-être antérieur au plus ancien plan de Paris, celui de Sébastien Munster, qui n'en serait qu'une copie : il représente Paris sous Catherine de Médicis ; l'autre est le plan de Léonard Gaultier en 1607. On y trouve également un plan inédit de l'hôtel de Soissons, d'après un manuscrit de Bonamy.

Le volume se termine par une bibliographie très étendue des ouvrages consultés et par un appendice, où sont encore entassées nombre de pièces justificatives, extraites de différents auteurs. On est effrayé quand on pense au prodigieux travail qu'il a fallu accomplir pour recueillir, traduire et copier ces innombrables documents.

C'est là une œuvre que pouvait seul mener à bien un érudit doublé d'un artiste, car M. Piton possède à la fois ces deux qualités, et il manie le crayon aussi bien que la plume.

Est-ce à dire que l'ouvrage qu'il a conçu soit parfait de tous points, non certes, et il s'étonnerait tout le premier si nous n'avions cru devoir mêler quelques critiques à nos louanges.

Nous insisterons d'abord sur l'observation que nous avons présentée plus haut au sujet du titre même du livre : ce n'est pas, en effet, l'histoire d'un quartier, mais celui d'un ancien hôtel et de ses abords, c'est-à dire d'une portion seulement d'un quartier, qui n'a jamais porté le nom de Halle au blé, même quand celle-ci s'élevait sur l'emplacement des Halles actuelles, dans l'endroit où, sous le premier empire, on avait établi la halle à la viande.

C'était alors, comme maintenant, le quartier des Halles dont l'histoire est encore à faire.

Nous reprocherons également à l'auteur de ne pas s'être assez étendu sur l'époque moderne; certainement le temps lui a manqué pour cela, et il s'empressera de réparer cette lacune dans une prochaine édition.

Quoi qu'il en soit, et tel qu'il est aujourd'hui, ce livre que nous présentons aux lecteurs mérite le légitime succès qu'il obtiendra certainement, auprès des chercheurs et des curieux et de tous ceux qui aiment ce vieux Paris, dont chaque pierre évoque le souvenir des fêtes retentissantes ou des luttes glorieuses de nos pères.

Dr A. LAMOUROUX

CONSEILLER MUNICIPAL DU QUARTIER DES HALLES.

Paris, 26 Novembre 1890.

Jeton de Conseiller municipal (1890).
Face et revers (Argent), diam. 0,05.

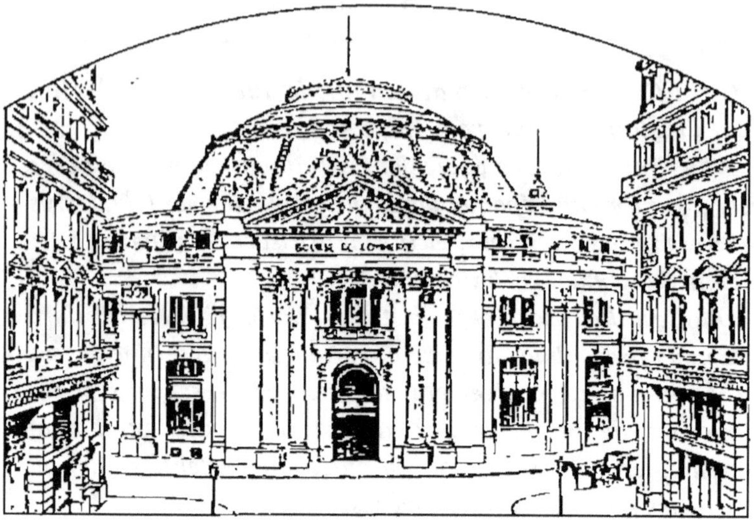

Vue de la Bourse de Commerce (1891).

TABLE DES MATIÈRES

DÉDICACE v

PRÉFACE DU Dr A. LAMOUROUX vii

TABLE DES MATIÈRES. xi

ABRÉVIATIONS xv

HISTOIRE DU QUARTIER DE LA HALLE AU BLÉ. 1

CHAPITRE PREMIER. — Hôtel de Nesle [1230 1327]. — Hôtel de Bohême [1327-1388]. 3

CHAPITRE II. — Hôtel du duc de Touraine [1388-1391]. — Hôtel d'Orléans [1391-1499] 25

CHAPITRE III. — Les Filles pénitentes [1498-1572] 45

CHAPITRE IV. — Hôtel de la Reine [1572-1589]. — Catherine de Médicis 57

CHAPITRE V. (1re partie). — L'hôtel de la Reine après la mort de Catherine (1589) 79

CHAPITRE V. (2e partie). — La colonne de la Halle au Blé . . 86
— (3e —). — Cosme Ruggieri 93

CHAPITRE VI. (1re partie). — Hôtel de Soissons [1580-1741] . 97
— (2e —). — [1741-1889]. . 124

TOPOGRAPHIE DU QUARTIER DE LA HALLE AU BLÉ 135

Taille [1293 à 1380] (page 140). — Taille [1313] (p. 155). Dictionnaire des noms de metier (p. 161). — Censier de 1373 (p. 163). — Censier de 1399 (p. 171). — Censier de 1535 (p. 176) — Compte de 1571-1572 (p. 180). — Censier de 1575 (p. 186). — Censier de 1595, 1599, 1601, 1603 (p. 190).

Les Rues de ce Quartier. — Collecte de 1313. — Guillot. — Guil. de Metz et Raoul de Presles. — Mss. de Londres. — Mss. de l'abbaye Ste-Geneviève. — Auboyns. — Corrozet et additions (p. 192 à 198).

Plan de 1753 (p. 198). — Plans de Terrasson (p. 199 à 206). — Plan de Bonamy (p. 205, 206).

RUES. — De Nesle (p. 207). — Du Four (p. 217). — Le Four (p. 218). — Coquillière (p. 225). — De Grenelle (p. 231). — St-Honoré (p. 236). — Des Deux-Écus (p. 243). — Des Etuves (p. 249). — Filles Pénitentes (p. 237). Leur Fontaine (p. 238). — Hôtels divers (de Berri, d'Albret, de Tancarville, de Tonnerre, de la Trémouille (p. 255).

NOTES ET DOCUMENTS HISTORIQUES . 263 à 450

PLANS CHRONOLOGIQUES (p. 453).

Restauration des plans du quartier (p. 458). — Plans (reproduction des) (p. 459). — Plan de Paris (le plus ancien) (p. 466). — Restauration de l'hôtel de la Reine (p. 468). — Plan de L. Gaultier [1607] (p. 469). — Plan de l'hôtel de Soissons (p. 470). — Dernières transformations du quartier (p. 473).

NOMS ET SCEAUX DE TOUS LES PROPRIÉTAIRES DES HOTELS 475

BIBLIOGRAPHIE . . . 481

APPENDICE ET PIÈCES JUSTIFICATIVES. 507

N° I. Charta pacis (p. 508). N° II. — Les Nesle (p. 511). N° III. — Les joyaux de Bonne de Luxembourg (p. 515). — N° IV. Joursanvault (p 518). — N° V. Raimond du Temple (p 545). — N° VI. Filles Pénitentes (p. 554). — N° VII — Hôtel de la Reine (p. 589). — N° VIII Bourgeoisie parisienne (p. 598).

ADDITIONS ET CORRECTIONS. 621

TABLE ALPHABÉTIQUE DES MATIÈRES ET DES ILLUSTRATIONS 631

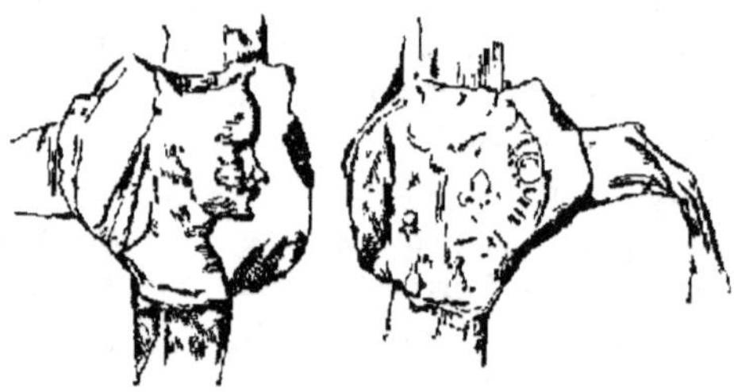

Sceau de l'Officialité de Paris, appendu à la Copie du Testament de GANDULFUS DE ARCELLIS (1291) [J 406, p. 14. A. N.]

ABRÉVIATIONS

Ad. Chart.	Additional Charters. (British museum).
A. N.	Archives Nationales.
App.	Appendice.
A. R.	Annual Reports.
ar., arch.	architecte.
a. s.	ancien style.
B.	De Bastard. — Ducs de Bourgogne
b. l.	basse latinité.
B. M.	British Museum.
B. N.	Bibliothèque Nationale.
C. Cart.	Cartulaire.
Cab.	Cabinet.
Cf.	Confer.
Ch., Champ.	Champollion-Figeac.
D.	Léopold Delisle.
D.	Dangeau.
d.	denier.
Dict.	Dictionnaire.
E.	Echevin.
éd.	éditeur ; édité par.
f. fr.	fonds français.
f. l.	fonds latin.
fo.	folio.
fr.	français
Fig.	Figure. — Figeac.
H.	Héroard.
h. hist.	histoire, historique.
J. Jours.	Joursanvault.
L.	Leroux de Lincy; Lelewel
l.	livre.
Leb.	Lebeuf.
L. S.	Livre des Sentences.
Ms. Mss.	Manuscrit.
N. D.	Notre-Dame.
n. s.	nouveau style.
P.	Prévôt des Marchands ; Paris.
p.	page ; pièce.
p.	parisis.
p. j.	pièces justificatives
P.O.	Pièces Originales. B. N.
R.	Rymer.
R. F.	Rolles français.

R. N.	Rolles normands.	s. p.	sans postérité.
r°.	recto	sq. sqq.	suivant, suivants.
S.	(Seul) Sauval.	T.	Tome.
S.	(accompagné d'un nombre) carton des Archives Nationales	t.	tournois
		V.	Vide, Volume.
		v°.	verso.
s.	sou.	var.	variante.
s., soc.	société.	v. s.	vieux style.
s. a.	signature autographe.	vol.	volume

Ville de Paris.
Jeton du XVIe siècle.

LE QUARTIER

DE LA HALLE AU BLÉ

HISTOIRE
DU QUARTIER DE LA HALLE AU BLÉ

CHAPITRE PREMIER

HOTEL DE NESLE (1230-1327)
HOTEL DE BOHÊME (1327-1388)

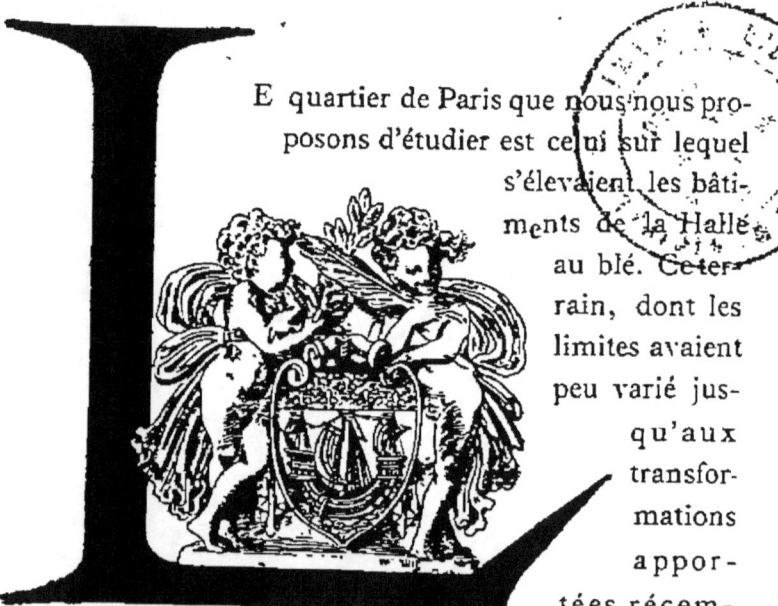

LE quartier de Paris que nous nous proposons d'étudier est celui sur lequel s'élevaient les bâtiments de la Halle au blé. Ce terrain, dont les limites avaient peu varié jusqu'aux transformations apportées récemment pour l'achèvement de la rue du Louvre et la construction de la Bourse de Commerce, était borné par les rues Vauvilliers, Coquillière, J.-J.-Rousseau et des Deux-Écus (1887).

Du temps de Philippe-Auguste il était encore en prés et en vignes (1).

Jean I de Nesle (2), propriétaire en cet endroit (3), y

Sceau.

Fig. 2. — Louis IX (1232) [J. 189, nº 6 (1240), A. N.]. — Sceau de majesté : Ludovicus : di : gra : francorum rex.

construisit une maison d'habitation, avec cours, jardins et dépendances, à l'époque où Philippe-Auguste, après avoir entouré de murailles le côté nord de Paris (1190), engageait les habitants à convertir leurs terres et leurs

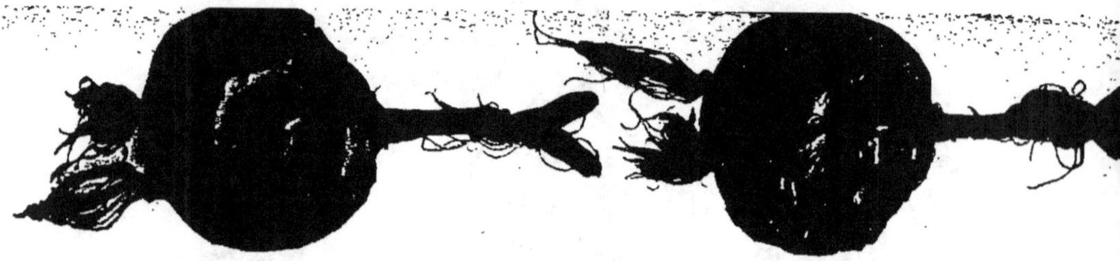

Fig. 3. — N'ayant pu découvrir aucun autographe de cette reine, nous donnons une inscription tirée de sa bible, et écrite de son temps — 1re moitié du XIIIe siècle. [B. N. lat. 14397.] (Blancha. Illustris regina francie, mater regis Ludowici.)

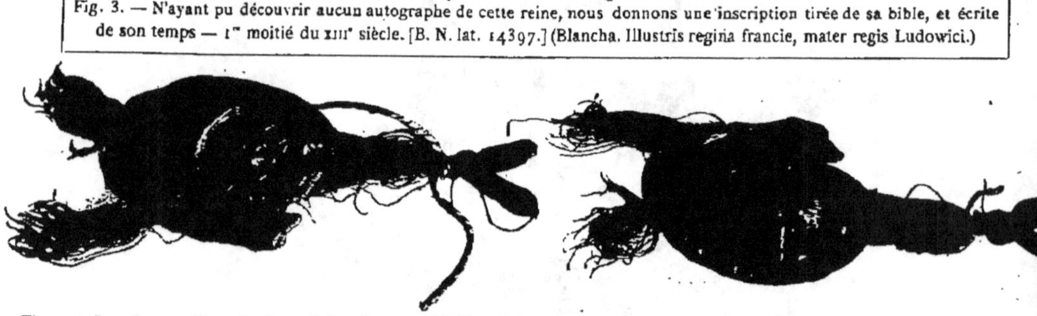

Fig. 4 et 5. — JEAN DE NESLE (1230-1232). — Sceau : Sigillum : Johannis : domini : Nigellæ; contre-sceau : Secretum meum. EUSTACHIE dame de NESLE. — Sceau : Sigillum Eusstacie : dne Nigelle, contre-sceau; et caste... (llane) Brugis.

Ego. Johannes dominus de Aligella Et ego Eustachia uxor eius Notum facimus uniuersis
tam presentibus quam futuris quod nos excellentissimo domino nostro Ludouico dei gratia
regi Francorum illustri. et excellentissime domine nostre B. Francorum regine matri
sue dedimus domum nostram de Parisius cum toto porprisio sicut eam tenebamus iure hereditario imperpetuum possidendam. Quam quitauimus eis et
werpiuimus imperpetuum. fide interposita firmiter promittentes quod in dicta domo siue
porprisio nichil iuris de cetero reclamabimus. Et creantauimus eis facere omnia que ipsi super hoc ordinauerint nos esse facturos. Quod ut ratum
permaneat in futurum: presentes litteras sigillorum nostrorum munimine.

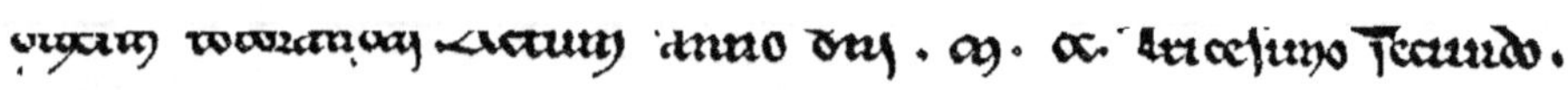

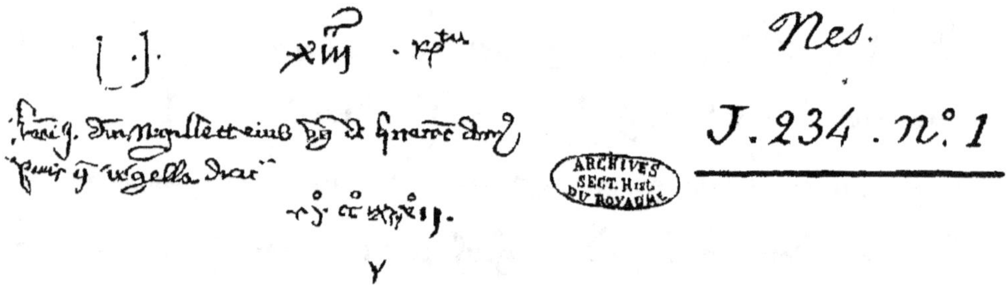

Fig. 6. — Fac-similé de la Donation de Jean de Nesle et d Eustache,
son Épouse, au Roi des Français.
Louis et à Blanche sa mère.
Fac-similé de la suscription au dos de l'acte.

vignes en maisons, afin que la Ville parût remplie de maisons jusqu'aux murs de son enceinte (4).

Nous sommes parvenu, le premier, à déterminer d'une façon certaine (Voir topogr. et plan n° 1) l'emplacement et jusqu'à un certain point l'étendue, de la maison désignée dans les documents de l'époque sous les noms de « Nigella » « domus de Nigella ». « Néele » en un mot : *l'hôtel de Nesle.*

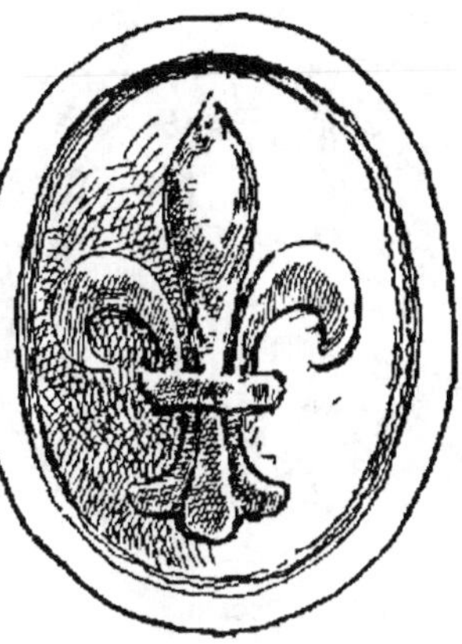

Contre sceau.

Fig. 7. — Louis IX (1232) [J. 189, n° 6 (1240), A. N.]. — Sceau de majesté : Ludovicus : di : gra : francorum rex.

On sait par les censiers, que Jean Ier de Nesle possédait : 1° la grant meson de Neele en dedans des murs ; 2° une autre maison plus petite, en dehors des murs, au coin des rues Coquillière et de Grenelle ; enfin, 3° une grange également en dehors des murs située par derrière la grande maison, sur la rue de Grenelle. Tous ces morceaux avaient formé auparavant une seule propriété et avaient été séparés par la muraille élevée par Philippe Auguste. Y avait il communication directe entre cette petite maison, cette grange et la grande maison ? Non.

Les murailles] d'enceinte n'étaient pas encore percées : elles ne le furent qu'un peu plus tard (5).

Ce quartier de Paris était, comme nous l'avons dit, couvert de jardins, de prés, de vignes, de granges et d'habitations peu élevées, rarement de plus d'un étage, avec cours, courtils ou vergers, bordant des rues, ou mieux des chemins non pavés, de terre battue (6).

Quelques maisons étaient « joignantes et tenantes aux murs de Paris (7) ».

Sceau.

Contre-sceau.

Fig. 8 et 9. — BLANCHE DE CASTILLE (1232-1252). — Sceau de Picardie vers 1248, collection de M. Farcy à Bayeux] : Sigillu. Blanche dei gracia francorum regine.

Cet endroit faisait partie de la « culture l'évêque » et tout le terrain situé dans cette culture dépendait de la Censive de l'Evêque de Paris ; ce qui n'empêcha pas plus tard le roi d'y exercer quelquefois « la justice et la souveraineté (8) ».

Le fils de Jean Ier de Nesle, Jean II, hérita (9) de la maison à la mort de son père, en 1214, année de la bataille de Bouvines, à laquelle il assista. Si l'on en croit certain chroniqueur (10), il n'y aurait pas déployé une grande bravoure, tandis que, suivant un autre (11), il se

Fig. 10. — PHILIPPE LE HARDY (1252-1285). — [S. 5161 (1285) A. N.]: S. Phi. dei. gra. reg. franc. ad. regimen regni dimissu.

Contre-sceau.

Fig. 11. — PHILIPPE LE BEL (1285-1296). — [K. 36 n° 4 (1286) A. N.]: Philippus dei gracia francorum rex.

serait vaillamment comporté dans cette journée.

Ce Jean II de Nesle, dont le père avait été un puissant seigneur sous Louis VII et sous Philippe-Auguste, joua, lui aussi, un rôle très important à l'époque de Philippe-Auguste et sous Louis VIII et Saint-Louis. Il fut le promoteur du fameux arrêt de 1224 qui adjugeait aux premiers officiers du roi, savoir: le chancelier, le connétable. le bouteiller et le chambrier, le droit de siéger avec les pairs de France dans les affaires concernant la Pairie (12).

Sceau.

Fig. 12. — Philippe le Bel (1285-1296).— [K. 36 n° 4 (1286) A. N.]·
Philippus dei gracia francorum rex.

La famille à laquelle il appartenait tirait son nom de la petite ville de Nesle en Picardie (13), où il résidait avant de venir habiter Paris, comme le prouve une lettre adressée à Édouard Ier, roi d'Angleterre (14), pour le prier de confirmer la nomination à deux prébendes de l'église d'Abbeville.

Sceau.

Fig. 13. — Charles de Valois (1296-1325). — [J. 164, n° 8 (1296) A. N.]. S. Karoli, regis : fracie : filii : comitis. Valesie et Alesonis.

Il s'intitule « Jehan de Neelle, sires de Falem (Falvi), siens liges en toutes choses, lui apparellié entoute manière de servige avec toute honour et toute reverence quie a souvrain ».

Il relevait donc pour ce fief du roi d'Angleterre.

Nous trouvons pour la première fois le nom de Jean II de Nesle, à Paris, au bas d'un acte daté de 1230 (15), dans lequel il reconnaît que c'est par grâce qu'on lui a permis d'avoir un oratoire dans sa maison, sise « in Parochia Sancti Eustachii », et dans lequel il ordonne de démolir cet oratoire après sa mort et celle de son épouse, et demande que s'il s'y fait des oblations durant sa vie, elles appartiennent au doyen de Saint-Germain (l'Auxerrois) et au prêtre de Saint-Eustache (16).

L'attention de Louis IX fut attirée sur cette maison située dans un quartier voisin du Louvre. Il manifesta devant son ami et conseiller, Jean II de Nesle, dont le frère et la sœur étaient morts, et qui n'avait pas d'enfant, l'intention de l'acquérir pour y loger sa mère, Blanche de Castille.

Contre-sceau.

Fig. 14. — Charles de Valois (1296-1325). — [J. 164, n° 8 (1296) A. N.] : S. Karoli, regis : fracie : filii : comitis. Valesie et Alesonis.

Jean de Nesle alla au devant des désirs du roi. Dans un acte, en date de 1232 (17), Jean II, seigneur de Nesle et châtelain de Bruges, et Eustache de Saint-Pol (18), sa femme, fille de Hugues IV Candavène, comte de Saint-Pol, et de Ioland de Haynaut, et par conséquent parente de Philippe-Auguste, donnaient leur maison de Paris à Louis IX et à sa mère.

...

Nous reproduisons cet acte de donation avec ses deux sceaux, pages 5, 6, 7.

Sceau.

Fig. 15. — PHILIPPE DE VALOIS (1325-1327). — [J. 357, n° 3 (1330). A. N.] : Philippus dei gracia francorum rex.

Eustache de Saint-Pol ratifia la donation faite par son mari (19) et quelques jours après Louis IX faisait cession à sa mère des maisons de Jean de Nesle, sises à

Paris, en la terre de l'évêché (20). Cet acte est daté de Melun.

La reine Blanche de Castille habita cette demeure à Paris, de 1232 jusqu'à sa mort, c'est-à-dire pendant une vingtaine d'années (21).

Elle y mourut le 1er décembre 1252.

« Elle s'y estoit fait apporter de Melun où elle estoit tombée malade.....

« Renaud, évêque de Paris, lui administra le saint viatique. Sentant que la mort approchait, elle fit répandre de la paille dans sa chambre et mettre par-dessus un simple tapis. Ce fut son dernier lit (22). »

Le contre-sceau que nous donnons est appendu à une charte datée de Maubuisson, mai 1248.

Contre-sceau.

Fig. 16. — Philippe de Valois (1325-1327). — 357, no 3 (1330). A. N.] : Philipus dei gracia francorum rex.

Pendant les quarante-trois années qui suivirent la mort de la reine, les historiens ignorent généralement ce que devint la maison de Nesle (23).

Saint Louis ayant renoncé à tous ses droits sur cette maison, comme le prouvent les documents que nous avons cités plus haut, il est probable qu'elle revint à son fils Philippe le Hardi, âgé de sept ans à la mort de sa grand'mère. Ce dernier l'aurait ensuite laissée à son fils Philippe le Bel :

et nous voyons celui-ci la donner à son frère, le 5 janvier 1296 (24). Des actes de perceptions d'impôts (tailles,

Sceau.

Fig. 18 — Jean de Luxembourg, roi de Bohême (1327-1346) 28 mai (1323). [J. 199, nº 26. A. N.]: Johannes dei gracia rex bœmie ac lucemburgensis comes.

censiers, etc.), faisant mention de la rue ou de l'hôtel de Nesle, nous permettent d'affirmer que déjà en 1292, cette maison était occupée par le frère de Philippe le Bel, Charles, comte de Valois, d'Alençon, de Chartres et d'Anjou, qui la posséda pendant vingt-neuf ans, c'est-à-dire jusqu'à sa mort en 1325 (25).

Charles de Valois agrandit l'hôtel. Le 22 juin 1315 il achetait une maison et une grange sises rue de Néelle, qui touchaient à l'hôtel. à Régnier Violet, talemelier (boulanger), une autre maison avec jardin. voisine également de sa demeure, à Renaud Piedoe, bourgeois de Paris, et une maison à Imbert de Lyon. (Voir topographie: rue de Grenelle.)

Contre sceau.

Fig. 19. — Jean de Luxembourg, roi de Bohême (1327-1346) 28 mai (1323) [J. 119, n° 26, A. N.] · Johannes Dei gracia rex Boemie ac Lucemburgensis comes.

A sa mort, le nouveau propriétaire fut son fils aîné, Philippe. comte de Valois et d'Anjou. « regens les royaumes de France et de Navarre », qui, après l'avoir gardé pendant deux ans, le donna, en 1327. par « pure libéralité » à Jean de Luxembourg, roi de Bohême (26).

La maison de Nesle prit alors le nom d'hôtel de Bohême (Bahaingne. Behaigne. Bechaigne. Bahayne, Behaingue, Bohaigne, etc., suivant les clercs copistes ou les auteurs).

Ce nom, si singulièrement estropié, ne fut pas adopté immédiatement d'une façon générale; aussi voyons-nous encore pendant longtemps la maison conserver son nom de « Néele », « maison de Néele ».

L'hôtel de Bohême appartint à Jean de Luxembourg pendant dix-neuf ans. Durant ce temps, on ne le voit que rarement à Paris : il est toujours en campagne jusqu'au jour où il trouve la mort à Crécy (1346).

Froissart a raconté les exploits de ce héros aveugle tombé sur le champ de bataille dans les rangs de l'armée française : il avait cinquante et un ans (27).

A sa mort, l'hôtel revint par droit de succession à sa fille, Bonne de Luxembourg, mariée à Jean, duc de Normandie (28), beau-frère d'Amédée VI de Savoie.

Fig. 20. — BONNE DE LUXEMBOURG (1346-1349)[K. 47, n° 1 *bis* (1344), A. N.]. Apposé à un reçu de 80 escus reçus de maistre Bertaut-Jobelin, 26 juin 1349, coll. Clairambault, titres scellés. T. 16, f° 1041 B. N.

Elle mourut trois ans après son père, en 1349, sans avoir vu régner son mari, qui ne devint roi que le 22 août 1350, à la mort de Philippe VI de Valois, son père, et elle laissa l'hôtel à l'aîné de ses enfants, Charles (29).

Ce prince fut le premier Dauphin de France, en vertu de la donation du Dauphiné, faite par Humbert, dernier Dauphin du Viennois, en 1349, avant la mort de Philippe de Valois, son grand-père.

Mais cette donation ne se fit pas sans soulever des difficultés de la part du comte de Savoie (30). Amédée VI, qui avait épousé Marguerite de Luxembourg, sœur de Bonne, et qui prétendit que quelques fiefs attribués au Dauphin devaient faire partie de ses États (31).

Un traité fut passé, le 5 janvier 1354, entre le roi Jean et le Dauphin. d'une part, et le comte de Savoie, d'autre part, au moyen de fondés de pouvoir, par lequel Charles abandonnait l'hôtel de Bohême au comte de Savoie (32). Terrasson fait justement remarquer que « les droits de propriété du Dauphin, du chef de Bonne de Luxembourg et vis-à-vis de Marguerite de Luxembourg, sa tante », expliquent comment sa signature se trouve au bas de ce traité. Quant au roi. il dut signer le traité pour autoriser son fils à faire la donation et pour s'engager à recevoir pour ses hommes liges et vassaux. le comte de Savoie et ses successeurs (33). Il en fut propriétaire environ dix-huit ans.

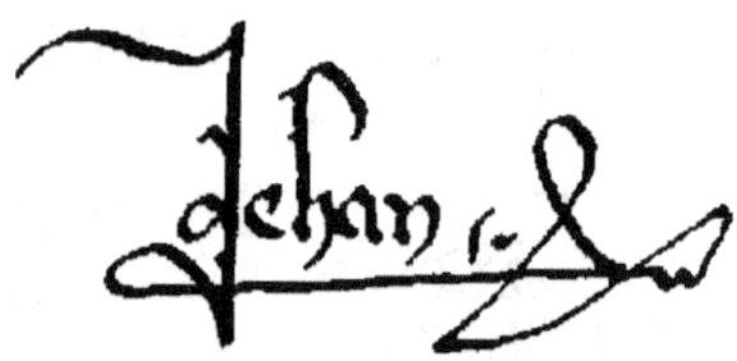

Signature de Jean, duc de Normandie, mari de Bonne et gendre du roi de Bohême (1345), plus tard roi de France sous le nom de Jean II le Bon (67 fr. B. N.).

COMMENT se fait il que l'hôtel de Bohême passa en d'autres mains du vivant même d'Amédée VI (+ 1383) et de sa seconde femme Bonne de Bourbon (+ à Macon 1402)? C'est ce que personne n'a pu expliquer. Terrasson suppose que le Dauphin Charles, devenu roi en 1364, autorisa le comte de Savoie à s'en défaire (?). Peut-être le comte de Savoie le rétrocéda-t-il à Charles qui le donna ensuite à son frère (?). Toujours est-il qu'en 1372. l'hôtel de Bohême appartenait à Louis, duc d'Anjou (34), frère de Charles V, fils comme lui de Jean et de Bonne de Luxembourg, accompagné plus tard dans son expédition contre

Naples par Amédée VI, comte de Savoie, son oncle (35).

Louis de France, ou « Monsieur d'Anjou » comme le désignent les censiers, posséda l'hôtel de Bohême jusqu'à sa mort, qui eut lieu en 1384.

Fig. 23. — CHARLES, 1er dauphin de France (1349-1354) [J. 283, n° 14 (1349), A. N.] : S. Karoli primogeniti primogeniti regis Francor. Dalphini Viennensis.

Sa veuve, Marie de Châtillon, dite de Blois, et son fils, Louis II, d'Anjou, âgé de sept ans, le vendirent à Charles VI leur neveu et cousin, le 2 janvier 1388, moyennant 12.000 livres, pour y loger son frère, Louis de France, alors duc de Touraine, comte de Valois et de Beaumont-sur-Oise, depuis duc d'Orléans (36).

Contre sceau.

Fig. 24. — AMÉDÉE VI, comte de Savoie (1354-1373) [J. 286, n° 10 (1376), A. N.] Amedeus comes Sabaudie et Marchio in Ytalia.

Sur la réclamation des « lods et ventes » (droits dus au seigneur par celui qui achetait un bien dans sa censive), faite par l'évêque de Paris, M. Pierre d'Orgemont, en la censive duquel se trouvait l'immeuble. le roi lui accorda la moitié du prix demandé. soit cinq cents livres. dont l'évêque dut se contenter (37).

Sceau.

Fig. 25. — Amédée VI, comte de Savoie (1354-1373) [J. 28, n° 10 (1376), E. N.]. Amedeus comes Sabaudie et Marchio in Ytalia.

Louis de France fut la première tige de la maison d'Orléans-Valois (38).

C'est lui qui fit vraisemblablement de cette demeure une

habitation princière. Possesseur d'une immense fortune qu'il dépensait largement, il avait l'amour des belles choses.

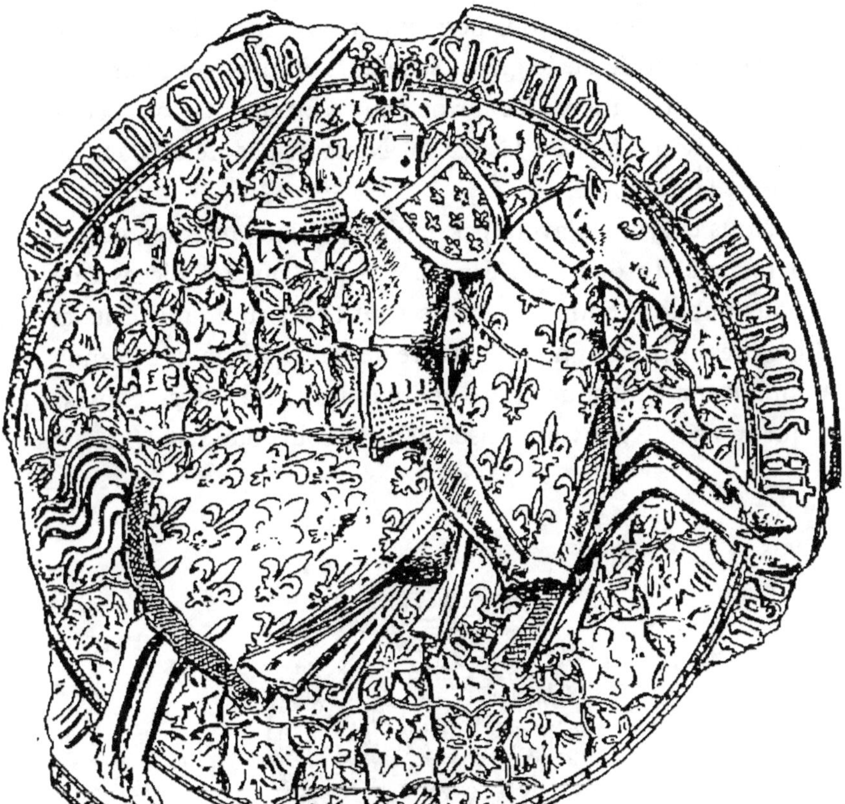

Sceau.

Fig. 26. — Louis de France, duc d'Anjou (1373-1384 [J. 231, n° 7 (1374), A. N.]: Sig. Ludovici filii regis et paris... et domini de Guysia.

Sa maison rivalisait pour le luxe avec celle du duc de Bourgogne. Il adorait les livres et possédait une bibliothèque dont nous connaissons les ouvrages (39). Le catalogue de la collection Joursanvault. le livre de M. Delaborde (*les Ducs de Bourgogne*, tome III, preuves), la collection de Bastard d'Estang et autres, nous permettent de nous faire une idée de la vie privée de ce grand seigneur. On trouvera dans les pièces justificatives les principaux documents qui concernent son hôtel de la rue de Nesle et des détails sur le duc et la duchesse.

Nous croyons n'avoir pas fait confusion avec les autres demeures du duc d'Orléans à Paris, dans les pièces que nous publions, dont plusieurs sont tirées de manuscrits et inédites. Elles ont pour l'histoire de cette maison une grande importance, puisque nous apprenons, entre autres choses. que le peuple pouvait danser dans la cour, etc., etc. (40).

Contre-sceau.

Fig. 27. — Louis de France, duc d'Anjou (1373 1384) [J. 231, n° 7 (1374), A. N.] Sig. Ludovici filii regis et paris... et domini de Guysia.

CHAPITRE II

HOTEL DU DUC DE TOURAINE (1388-1391)
HOTEL D'ORLÉANS (1391-1499)

1388-1499

LOUIS Ier, duc de Touraine, agrandit l'hôtel que son frère lui avait donné, qui prit le nom d'hôtel du duc de Touraine, et plus tard (1391) d'hôtel d'Orléans (1).

Il épousa en septembre 1389, à Melun, Valentine Visconti, plus connue sous le nom de Valentine de Milan, et, la même année, donna dans son hôtel un tournoi, auquel « forjoustèrent » le roi Charles VI et Pierre de Craon, frère de son parrain.

Charles VI y revint en 1392, le 26 janvier, célébrer les noces de son chambellan, le seigneur de Béthencourt, qui durèrent plusieurs jours, accompagnées de joutes, tournois, etc., et à cette occasion, la reine Isabeau de Bavière

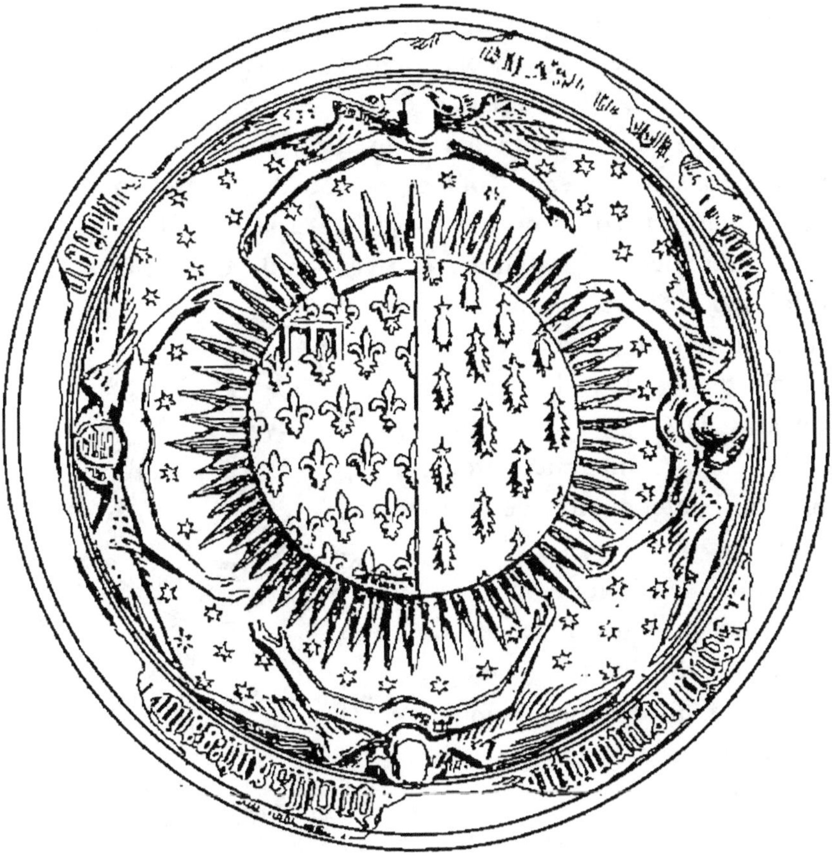

Sceau.

Fig. 29. — MARIE DE CHATILLON, dite de Blois (1384-1388) [J. 375, n° 6 (1384), A. N.] : Apulie princip... ducissa Andegavie.

et les princes du sang y logèrent (2). Le duc et la duchesse d'Orléans firent au sire de Béthencourt des présents dont nous avons le détail. (Voir 1392, 30 janvier, pièces justif.)

Le roi fit de nombreuses visites dans cet hôtel, qui était entouré par les demeures des principaux personnages de cette époque.

Le comte de Tancarville, le sire de Chastillon, grand maître des arbalétriers, Nicolas Braque, conseiller et maître d'hôtel du roi, Jean Braque, conseiller, Jean de Rueil, conseiller, Philippe des Essars, conseiller, Nicolas de Fontenay, conseiller, Jean Culdoe, prévôt des marchands, Jehan Maillart, bourgeois de Paris (3), Bernart de Mont-le-Héri, trésorier du Dalphiné, le seigneur de Garancières, celui qui avait signé pour le roi Jean le traité avec le comte de Savoie et dont le fils fut un ami de Charles d'Orléans, etc., etc., demeuraient tous près de l'hôtel du duc de Touraine.

Contre sceau.

Fig 30. — Marie de Chatillon, dite de Blois (1384-1388) [J. 375, n° 6 (1384), A. N.] Apulie princip .. ducissa Andegavie.

Enfin, le Louvre était à quelques minutes de chemin, et le séjour du roi (1386), situé rue du Séjour, aujourd'hui rue du Jour (1889), était déjà construit.

Il est facile de se rendre compte de la route suivie par le cortège royal quand le roi se rendait à sa maison de la rue du Séjour ou à l'hôtel d'Orléans.

Le Louvre étant en dehors de l'enceinte, on suivait extérieurement les murs de Philippe-Auguste, jusqu'à la « grant rue » ou rue Saint-Honoré, ou bien l'on continuait jusqu'à la porte Coquillière par la rue de Grenelle (4).

Sceau.

Fig. 31. — Louis II d'Anjou (1384-1388) [K. 57, n° 34 (1403), A. N.] : Ludovicus secundus Dei gra. rex Ihrl'm (Hierosolymæ) et Sicilie, ducatus Apulie.

Nous avons des renseignements très curieux sur la vie privée des habitants de l'hôtel à cette époque.

En 1391, le duc « de Thouraine » [c'est ainsi qu'on appelait encore Louis, qui avait porté d'abord le titre de Monsieur de Valois jusqu'en 1355 ou 1358 (E. Petit, *Itinéraire*) et qui ne fut duc d'Orléans qu'en cette année 1391, après la naissance de Charles (26 mai) (Froissart, lib. IV. cap. XXIX)] faisait payer une certaine somme à Guillaume Ligier, son fourrier, qui devenait plus tard concierge et gardien de l'hôtel, et que nous retrouvons, en janvier 1401, achetant vingt douzaines de fromages de Brie pour les étrennes (5).

Contre sceau.

Fig. 32. — Louis II d'Anjou (1384-1388) [K. 57, n° 34 (1403), A. N.] : Ludovicus secundus Dei gra. rex Ihrl'm (Hierosolymæ) et Sicilie, ducatus Apulie.

En 1392, le duc faisait des réparations à son hôtel et y construisait une *fontaine*. Nous le voyons visiter les ouvriers et leur faire une gratification de dix francs.

Entre temps, il s'occupait des meubles et des tapisseries qui garnissaient ses appartements et ceux de la duchesse sa femme, et les achetait soit à Jacques Dourdin, soit au fameux Colin Bataille, dont nous trouvons le nom cité dans plusieurs notes de fournisseurs (6), soit à d'autres tapissiers moins célèbres, Alain Diennyz, Jehan Genest, Jehan de Jondoingne, Pierre Labourebien et Martin de Paris (Delaborde, tome III) (1395-1402).

Le 15 janvier 1394, le duc recevait à sa table le comte anglais de Hautidonne (Huntington) (7), lui faisait pré-

Sceau.

Fig. 33. — CHARLES VI (1388-1388) [J. 151, n° 9 (1392), A. N.]. Sceau et contre-sceau : Karolus Dei gracia Francorum rex.

sent d'un hanap et d'une aiguière d'or et jouait « aux eschez » avec son chambellan, messire de la Colombière.

Voici en quels termes Sauval parle de cet hôtel :

« Véritablement tant que l'hôtel appartint aux seigneurs de Nesle, à la reine Blanche et à Charles de Valois, c'était peu de chose (en comparaison de ce qu'il devint depuis) (8). On lui donna dans la suite plus d'étendue, quelques jardins y furent ajoutés ; il s'y trouvait quantité de salles, de chambres, de garde-robes, de cabinets. Il était en cet état là quand Philippe de Valois en fit présent au roi de Bohême : mais, après que des comtes de Savoie il passa aux ducs d'Anjou, de Touraine et d'Orléans, on y joignit le logis du maître des arbalétriers, avec quantité d'autres maisons particulières; on l'étendit au delà des murs de la ville, pour y faire des cours, des galeries, des jardins, et de nouveaux appartements.

Contre sceau.

Fig. 34. — CHARLES VI (1388-1388) [J. 151, n° 9 (1392), A. N.]. Sceau et contre-sceau Karolus Dei gracia Francorum rex.

« Je ne m'amuserai point à parler ici, ni des celliers, ni de l'échançonnerie, de la panneterie, fruiterie, salserie, pelleterie, conciergerie, épicerie, ni même de la maréchaussée, de la fourière, bouteillerie, du charbonnier, cuisinier, rôtisseur, des lieux où on faisait l'hypocras, la tapisserie, le linge, ni la lescive, enfin de toutes les autres commodités qui se trouvaient alors dans les basses cours de cet hôtel, ainsi que chez les princes et autres grands seigneurs.

« Je dirai seulement qu'entre plusieurs grands appartements et commodes, que l'on comptait, deux entre autres pouvaient entrer en comparaison avec ceux du Louvre, du Palais de l'hôtel Royal de Saint-Pol ; tous deux occupaient les deux premiers étages du principal corps de logis ; le premier était relevé de quelques marches de plus que le rez-de-chaussée de la cour. Valentine de Milan y demeurait. Louis, Ier du nom, duc d'Orléans, son mari, occupait ordinairement le second qui régnait au-dessus ; l'un et l'autre regardait sur le jardin et la cour ; chacun consistait en une grande salle, une chambre de parade, une grande chambre, une garde-robe, des cabinets et une chapelle. Les salles recevaient le jour par des

Fig. 35.— Signature de CHARLES VI.

(23 mai 1389) [Musée des Archives nationales]. Cette signature ressemble tant à celle de Charles V (1370) [5707 fr. B. N.] que nous avons cru devoir reproduire une autre signature de Charles VI (1385) [B. N., fr. 10135].

Fig. 36. — Signature de CHARLES V.

Fig. 37.— Autre signature de CHARLES VI.

croisées hautes de treize pieds et demi, et larges de quatre et demi. Les chambres de parade portaient huit toises deux pieds et demi de longueur ; les chambres tant du duc que de la duchesse avaient six toises de long et trois de large; les autres sept et demi en quarré. Le tout éclairé de croisées longues, étroites et fermées de fil d'archal, avec un treillis de fer percé : de lambris et de plats fonds de bois d'Irlande, ouvré de la même façon que j'ai décrit en parlant des appartements du roi et de la reine, au Louvre.

« Pour ce qui est des deux chapelles, la plus grande était par bas, et contiguë à l'appartement de la duchesse; la plus petite au-dessus terminait le département du prince; on entrait dans la grande par un portique, accompagné d'arcades et de colonnes, et il en était de même dans la haute, sans autre différence qu'en ce qui regarde la grandeur. Chacune avait son oratoire; toutes étaient peintes et chargées de leurs armoiries, l'autel orné de quelques figures décentes; en un mot, pas un des accompagnements dont en ce temps-là on rehaussait les chapelles des maisons royales n'y avait été oublié, hormis que, dans la haute, toutes choses y étaient grandes, et basses dans la petite.

« Le jardin qui servait de vue à ces deux appartements avait de longueur quarante-cinq toises et régnait depuis la rue de Nesle, ou d'Orléans, jusqu'à la Croix-Neuve, proche Saint-Eustache (9), dans le milieu, orné d'un grand bassin, avec une fontaine jaillissante, ayant à côté une place où le roi et les princes venaient assez souvent jouter. Outre ce grand jardin, il y en avait encore d'autres plus petits, mais que je laisse là, aussi bien que quantité de cours et d'appartements qui n'ajoutaient pas peu à la magnificence, aussi bien qu'à la commodité de cet hôtel. »

Sceau.

Fig. 38. — Louis Ier de France, duc d'Orléans (1388-1407) (23 novembre) [J. 222; Bayeux, 15 (1401), A. N.] : S. Ludovici regis Francorum, filii ducis Aurelian., comitis Valesie et Bellimontis super Ysaram.

Sauval dit qu'il s'est servi, pour faire cette description, des comptes nécessités par les fêtes données à l'occasion des noces de Béthencourt. déposés à la Chambre des comptes.

Nous n'avons pu les retrouver.

Pour permettre au lecteur de se faire une idée plus exacte de ce qu'était un hôtel parisien contemporain. nous donnons la description de l'hôtel de maître Duchie, situé rue des Prouvaires, à deux pas de celui du duc d'Orléans, dont Guillebert de Metz nous a conservé une description autrement intéressante que celle de Sauval.

Contre-sceau.

Fig. 39. — Louis Ier de France, duc d'Orléans (1388-1407) (23 novembre) [J. 222; Bayeux, 15 (1401), A. N.] · S. Ludovici regis Francorum, filii ducis Aurelian., comitis Valesie et Bellimontis super Ysaram.

La comparaison entre ces deux hôtels ne peut manquer d'être très curieuse. si l'on songe que Sauval ignorait l'existence de l'ouvrage de Guillebert de Metz, souvent reproduit dans ces dernières années (10).

C'est probablement dans les visites d'Isabeau de Bavière à l'hôtel d'Orléans (11) que prit naissance entre elle et son beau-frère cette intimité dont le dénouement devait avoir lieu devant « l'hôtel de la porte Barbette » (12) que venait de quitter le prince quand il fut assassiné, le 23 novembre 1407 (13).

A la nouvelle de la mort de son mari, Valentine, qui se trouvait alors à Château-Thierry, revint en toute hâte à Paris.

« La duchesse d'Orléans, son fils moinsné (Jean, comte d'Angoulême), la royne d'Angleterre, sa belle-fille (14), son chancelier d'Orléans et autres chevaliers et escuiers se rendirent à l'hôtel Saint-Pol auprès du roi et se jetèrent à ses pieds. »

Charles VI leur fit « de belles promesses et tout le monde s'en retourna à l'hostel d'Orléans (15) ».

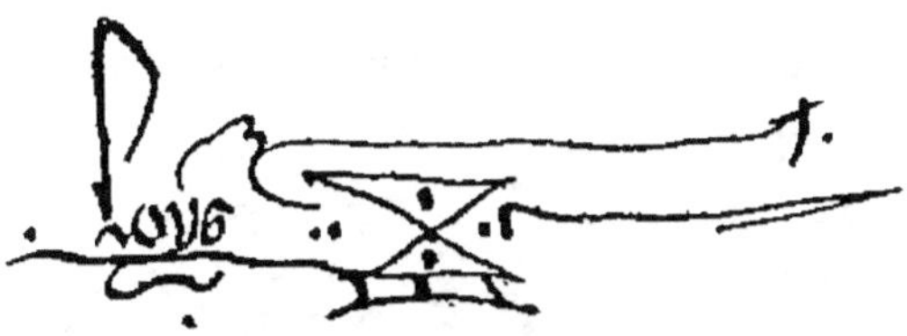

Fig. 40. — Signature de Louis d'Orléans [1389, 7 mai. Musée des Archives].

Fig. 41. — Autre signature apposée au bas de son testament (1403, 19 octobre).

Mais que pouvaient les promesses de ce roi fou contre la puissance et les intrigues du duc de Bourgogne ?

Les seigneurs attachés au parti du duc d'Orléans accoururent en foule à l'hôtel d'Orléans offrir leurs services à la duchesse. Tout fut inutile. Éloignée par Isabeau, Valentine mourait l'année suivante à Blois, à l'âge de trente-huit ans, entourée de ses trois fils et de sa fille, sans avoir eu la consolation de voir venger la mort de son mari (1408). Elle avait aussi fait appeler près d'elle Jehan, fils bâtard de son mari et de la dame de Cany. A son lit de mort elle chargea ses enfants de poursuivre le meurtrier de leur père.

L'HOTEL revint à Charles d'Orléans (16), son fils, filleul de Jean sans Peur, qui, à la suite de son alliance avec la fille du comte d'Armagnac, devint chef du parti des Armagnac. Pour contenir le duc de Bourgogne, les Anglais furent appelés en France, et, pour garantir l'exécution des traités conclus avec eux, les frères du duc, Philippe et Jean, et plusieurs seigneurs furent livrés comme otages.

Mais les étrangers, appelés pour soutenir les Armagnac, ne tardèrent pas à tourner leurs armes contre leurs alliés, et la journée d'Azincourt rendit les Anglais maîtres du royaume (17).

Fig. 43. — Valentine de Milan (1407-1408) [K. 554 (1387), A. N.]: S. Valentine .. tris principis comitis virtutum.

Blessé et fait prisonnier dans le combat, le duc fut emmené en Angleterre, où il resta vingt-cinq ans. C'est pendant sa captivité qu'il composa la plupart de ses poésies.

En son absence, la rivalité des deux partis continuait. Jean sans Peur, duc de Bourgogne, attiré dans un guet-apens sur le pont de Montereau, était assassiné par Tanneguy Duchatel.

Charles d'Orléans, soupçonné de complicité dans le meurtre, bien qu'il fût prisonnier en Angleterre à cette date, vit tous ses biens confisqués, entre autres son hôtel du quartier Saint-Eustache, à Paris.

Sceau.

Fig. 44. — CHARLES D'ORLÉANS (1408-1421) [K. 57, n° 25 (1412), A. N.] : S. Karoli Aureli...sis et ...s (Valesii ducis) et Bellimontis comitis.

Ce sceau est-il l'œuvre de Jehan du Boys qui avait gravé à Paris pour le duc un sceau en 1394, pour 6 livres tournois ? (Delaborde), ou de Pierre Blondel (1401, 16 juin) (de Bastard), ou d'Arnoul de Bremel (1404-1405) ? (Demay).

Nous lisons dans la liste des confiscations faites à la suite de cet assassinat, sur les bannis et soupçonnés de meurtre (1421) (18) :

— « Une grande maison et jardin derrière qui fut à Me Charles de Lebret (d'Albret), connétable de France, sise rue du Four, aboutissant par derrière à la rue des Étuves.

— « D'un grand hôtel assis à Paris, en la rue de Nesle, appelé l'hôtel de Behaigne, où il y a plusieurs cours et jardins, qui appartint à M. le duc d'Orléans. »

Et un autre article porte plus loin : ... « duquel hôtel Me Jaques de Rouen (19) et Colin Vaucher se disent concierges. »

Contre-sceau

Fig. 45. — CHARLES D'ORLÉANS, rentré en possession de ses biens (1436-1465).

De ces deux maisons l'une, l'hôtel d'Albret, fut donnée par Henri, roi de France et d'Angleterre (Henri VI, mineur de deux ans et demi — le duc de Bedford, régent), à Claude de Beauvoir, seigneur de Chastellus (20), et l'autre, l'hôtel de Behaigne, au seigneur de Willeby (Willoughby), chevalier anglais, à lui et à ses hoirs mâles (21) (26 mai 1425).

Fig. 46. — Signature de Charles d'Orléans (Londres 1438, 16 juillet).

Les confiscations furent très nombreuses.

Les comptes de la prévôté de Paris, du 20 décembre 1423 à la Saint-Jean de 1427 (24 juin), contiennent une longue liste de noms (22). Sauval en cite plusieurs.

Fig. 47. — Robert, baron et seigneur de Willughby (1425-1436) [K. 63, n° 19[12] (1432), A. N.; et Clairambault, B. N.] : Sigillum Roberti de Wylughby domini de Eresby. — Ecu écartelé : au 1 et 4 une croix engrelée, au 2 et 3 une croix recercelée; penché, timbré d'un heaume cimé d'une tête de roi barbu, supporté par deux hommes sauvages. Dans le champ, deux banderoles avec les mots en bon espoir.

Les biens ne furent rendus et le duc ne rentra en possession de son hôtel que lorsque Paris eut ouvert ses portes à Charles VII (1436).

Mais à ce moment, Charles d'Orléans était encore prisonnier. Ce n'est qu'en 1440, après de longues négociations, qu'il put enfin revenir en France, moyennant l'énorme rançon de quatre cent mille écus d'or.

A son retour, il se maria à Saint Omer en troisièmes noces, à Marie de Clèves, âgée de quinze ans (samedi 26 novembre 1440), et il arriva à Paris, le 14 janvier 1441, avec des archers et un train de plus de trois cents chevaux, grâce à la libéralité du duc de Bourgogne, venu avec la duchesse à sa rencontre jusqu'à Gravelines. où Charles avait débarqué.

Le roi Charles VII, alors à Amboise, lui fit remettre un message par lequel il disait qu'il entendait le recevoir « à privée maisnie », c'est-à-dire sans suite (23).

Le duc d'Orléans, froissé, ne resta que huit jours à Paris. au palais des Tournelles (24), et se retira immédiatement dans son château de Blois. C'est de cet endroit qu'est datée la première pièce de vers composée après sa délivrance.

Il y mena joyeuse vie, entouré de ménestrels, de jongleurs (25), de poètes, de libraires, etc., trouvant encore moyen de rendre des services au roi dans sa lutte contre les menées du duc de Bourgogne. Le roi l'en aurait. dit-on. récompensé par de magnifiques présents (2 mai 1442). L'année précédente. 15 octobre 1441 (26), il était revenu à Paris « prendre une beschée sur la povre ville », mais s'en était retourné, le 20 du même mois, « sans nul bien fayre pour la paix ».

Fig. 48. — Signature de Robert Wylughby, sous une quittance du 28 décembre 1436.

Il ne fit son entrée à Orléans que le 24 janvier 1448 (27). Le 27 juin 1462, Marie de Clèves lui donnait un fils qui devait être un jour Louis XII (28).

Enfin, Charles d'Orléans mourut à Amboise (29), le 4 janvier 1465, âgé de soixante et onze ans, sous le coup d'un reproche du roi. regretté de tous, excepté de Louis XI « qui n'aimait personne » (30).

Il laissait son titre de duc d'Orléans à son fils. Ses autres enfants étaient deux filles de Marie de Clèves : Marie et

Sceau.

Fig. 49. — Louis d'Orléans (Louis XII, 1465-1499) [S. 4062, n° 28 (1485), A. N.] : Sigillu. Ludov. ducis Aurelian...sis Papie ac Bellimontis Astensisque domini.

Anne d'Orléans. Louis II, duc d'Orléans, n'avait alors que trois ans.

Devenu grand, ce prince habita l'hôtel d'Orléans, à Paris, puisqu'il le faisait meubler et s'occupait d'y faire exécuter des travaux de maçonnerie. Il y entretenait même un train de maison (31).

Mais les luttes continuelles qu'il eut à soutenir contre la régence d'Anne de Beaujeu le tinrent souvent éloigné de Paris.

C'est pendant la minorité de Charles VIII qu'il fut battu, fait prisonnier à la bataille de Saint-Aubin-du-Cormier et emmené par la Trémoille, à Bourges, où il resta enfermé pendant trois ans (1488).

Fig. 50.—Signature de Louis XII apposée au bas de la donation de 1200 livres aux Filles Pénitentes (1498).

De retour à Paris, il habita l'hôtel d'Orléans de nouveau et y continua les réparations. Il y fit même restaurer la *fontaine* bâtie par son grand-père et placer des conduites d'eau (1481-1493) (32).

Mais bientôt un événement important vint changer les destinées de cet hôtel qui, de maison luxueuse et princière, se transforma en un austère couvent de religieuses pénitentes pendant près d'un siècle.

Un religieux nommé Jehan Tixerant ou Tisserant, né à Bourg en Bresse, de l'ordre des Cordeliers de Lyon, après avoir baptisé un enfant de Charles VIII, était devenu confesseur du roi (1493).

Vers cette époque, ce frère mineur convertit dans Paris, en prêchant dans les rues, un grand nombre de filles de mauvaise vie. Sur ses conseils, ces filles résolurent de se retirer du monde pour faire pénitence. Leur nombre, augmentant rapidement, atteignit bientôt deux cent vingt ; il devint alors nécessaire de leur procurer un asile (33).

Jehan Tixerant ne pouvait faire mieux que de s'adresser au roi : c'est ce qu'il fit, comme le prouve la déclaration de Charles VIII du 14 septembre 1496 (34), et ensuite à l'évêque de Paris et au pape Alexandre VI.

Pendant le cours de ses démarches, Charles VIII mourut subitement à Amboise, le 6 avril 1498 ; mais cette mort n'empêcha pas l'exécution de son projet, comme nous le verrons plus loin.

Contre-sceau.

Fig. 51. — Louis d'Orléans (Louis XII, 1465-1499) [S. 4062, n° 28 (1485), A. N.] : Sigillu. Ludov. ducis Aurelian...sis Papie ac Bellimontis Astensisque domini.

CHAPITRE III

LES FILLES PÉNITENTES (1498-1572)

LOUIS, duc d'Orléans, devenu roi sous le nom de Louis XII, touché de la conversion de ces filles, leur donna une partie de son hôtel par des lettres patentes datées de Lyon (avant le mois de mars 1499) (1) et confirma cette donation par d'autres lettres datées de Paris (16 juin 1499 (2).

Ces lettres nous indiquent la partie occupée par les religieuses, « les galleries, le préau où est la fontaine et le jardin à l'opposite d'icelluy ».

Nous savons d'une façon indiscutable, par le don de 1200 l. t. fait par Louis XII aux Filles Pénitentes, qu'elles occupaient déjà la « maison d'Orléans » au mois de juillet 1498, c'est-à-dire trois mois après la mort de Charles VIII.

Terrasson a mal placé sur ses plans la partie de l'hôtel

donnée par Louis XII ; et il fait encore une erreur quand il soutient que les religieuses occupaient au moins *la moitié* de l'hôtel. Sauval est plus près de la vérité en avançant que ces femmes n'en eurent d'abord qu'une *petite partie*.

Le duc d'Orléans conserva l'ancien manoir, c'est-à-dire l'ancienne maison de Nesle ou de Bohême telle qu'elle avait été donnée en 1388 à Louis, Ier du nom, son aïeul (Terrasson, page 36).

Fig. 53. — FILLES PÉNITENTES (1499-1571). Sceau des Filles Pénitentes. Sceau en papier, personnage mitré, probablement saint Augustin. Légende : " Les Filles Pénitentes ". Apposé sur le reçu de Jehanne Giffard, 1509 [Quitt. eccl., 25979, pièce 3681, B. N.].

Le terrain occupé par les Pénitentes avait primitivement *ses entrées* rue de Nesle ou d'Orléans, entre l'hôtel proprement dit et la rue Coquillière, et s'étendait par-dessus le mur d'enceinte de Philippe-Auguste jusqu'à la rue de Grenelle. D'après les Règlements, le couvent ne devant avoir qu'*une seule* entrée, on fit boucher les autres. Sauval ajoute :

« Ce qui restait, ou l'hôtel proprement dit, pouvant lui suffire, il le garda tant qu'il ne fut que duc d'Orléans. » C'est là une erreur puisqu'il était déjà roi quand il donna la première partie.

Plus loin, Sauval prétend que quatre mois après la mort de Charles VIII, en août 1498, Louis XII donnait par lettres patentes à son valet de chambre Pierre Le Brun « certain endroit de la cour large de six thoises et long de dix-huit thoises et demie, attaché aux anciens murs de la ville et à la rue d'Orléans ». L'année suivante (mars 1499) il donnait à Robert de Framezelle, chevalier, son chambellan ordinaire, ce qui restait de l'ancien hôtel, bâtiments, cours et jardins.

Nous connaissons le motif de cette libéralité : le roi, étant de passage à Lyon, avait joué et perdu cet hôtel contre Robert de Framezelle. Il est probable que c'est la même cause qui lui avait fait donner à son valet de chambre « certain endroit de la cour ». Les raisons alléguées dans la donation sont donc spécieuses, et du reste Robert de Framezelle s'empressa de battre monnaie avec son gain puisqu'il vendit immédiatement l'hôtel aux Filles Pénitentes.

Robert de Framezelle avait reçu le cadeau du roi au mois de mars 1499 ; le 6 avril suivant, par contrat passé à Lyon, où il se trouvait avec le roi, il le vendait aux Filles Pénitentes (3) pour la somme de deux mille écus d'or à la couronne valant pour lors environ vingt-sept sous pièce.

La ratification de la vente, faite par le roi dans de nouvelles lettres patentes du 3 avril 1499, prouve que l'hôtel d'Orléans ne faisait pas partie du domaine royal (4) et appartenait *en propre* à Louis XII, sans quoi il n'aurait pas pu en disposer de cette façon. L'ensaisinement de l'évêque de Paris est du 30 avril 1500 (5). L'enregistrement du contrat de cession du 5 may 1500 nous indique les charges et les prières imposées aux religieuses.

Après l'acquisition de la maison « du Chaudron » (10 février 1501) les Filles Pénitentes se trouvèrent posséder la plus grande partie de l'emplacement situé entre les rues d'Orléans, Coquillière et de Grenelle.

Cocheris dit (Lebeuf Cocheris, tome II, p. 283) :

« Les Filles Pénitentes avaient acheté, le 30 décembre 1498, une maison en la rue de Garnelles en laquelle a pour enseigne « le Chauderon » tenant et enclavé de toutes parts dedans la maison de Brahaigne dicte d'Orléans. »

C'est une erreur : à cette date Étienne Léger achetait la maison « du Chaudron » à Pierre Mignolet, gendre de Robert Poussin. Étienne Léger revendit cette maison aux Filles Pénitentes, et il touchait encore de l'argent des religieuses sur cette vente le 12 may 1507 (6).

La portion de la rue des Deux-Écus qui relia dans la suite la rue de Grenelle à la rue d'Orléans n'était pas encore percée et ce terrain leur appartenait.

Il s'étendait même un peu plus loin, puisque Catherine de Médicis fit construire des maisons de l'autre côté de cette rue, toujours sur la partie qu'elle avait acquise des Filles Pénitentes. (Voir plus loin 1577-1581.)

Jean V, Simon de Champigny. évêque de Paris de 1494 à 1502, donna au couvent, en 1497, des statuts qui ne furent imprimés qu'en 1500. Terrasson cite le livre qui les renferme : *La Règle. Constitutions, etc.*. et, après nous avoir informé qu'il s'est servi de l'exemplaire de la Bibliothèque des Jésuites, il ajoute : « On dit qu'on en trouve un exemplaire à la Bibliothèque du Roy. » Nous en avons trouvé deux à la Bibliothèque nationale : celui de Terrasson et un autre. Nous publions la totalité des règlements et une partie des instructions religieuses (7). La photogravure reproduit le frontispice et une des pages les plus intéressantes de l'ouvrage

La regle constitutiōs

professions et aultres doctrines pour les filles penitentes : dictes les filles repen-ties vtiles & proufitables pour tous ceulx qui les liront et considereront.

¶ Et qui en vouldra auoir/on en trouuera au pellican en la grant rue sainct Jaques pres sainct yues.

monastere quilz ny entrent deuāt soleil leuant: et soyent de hors au soleil couchant ou deuant. Et ordonnons que celles qui auront les clefz de la porte comptent tous ceulx et celles qui y entreront & en ystront affin que aultres que lesd religieuses ne puissent demourer dedans lad closture.

¶ Item auons statue et ordonne q̄ vous serez de lordre mō seigneur sainct augustin.

¶ Item que nulle ne sera receue en vostred monastere sinon quelle eust peche actuellement du peche de la chair. Et auāt quelle soit receue sera par aucunes de vous a ce cōmises et deputees visitee Lesquelles ainsi deputees feront sermēt es mains des mere ou soubzmere & en la presence des discretes de faire vray & loyal rapport tant a scauoir si elles sont corrumpues cōme si elles ont aucunes maladies secretes q̄ em peschassent que ne deussent estre en vostre congregation. Et vous enioignons de garder cest article sans enfraindre Car vous scauez que aucunes sont venues a nous qui estoient vierges et bonnes pucelles et telles ont este par vous trouuees: combien quelles eussent a la suggestiō de leurs meres et parens qui ne demandoient que sen deffaire afferme estrē corrumpues Toutesfois touchant cest article nous ou noz successeurs pour grant cause & pour le bien de nostre monastere du conseil & consentement de la plus grant & saine partie de vous toutes & non aultrement y pourrons dispenser.

¶ Item et pource que on pourroit dire que cest article pourroit estre cause que aucune qui auroit este refusee a vostre societe pour y estre se feroit corrumpre: qui seroit plus grant inconuenient que de lauoir receue Nous auons ordonne & ordonnōs que quāt aucune aura requis estre receue religieuse auec vous & quelle aura este refusee par ce quelle sera trouuee entiere & non corrumpue que luy sera declare que si par aduenture a nul temps elle se corrumpoit que iamais ne se-

L'adresse indiquée au bas de la vignette gravée sur bois qui orne la première page est celle de Geoffroy de Marnef, imprimeur-libraire à Paris (1481-1526).

Le costume des filles est exact, comme nous le prouvent les gravures que nous reproduisons d'après l'*Histoire des ordres monastiques religieux et militaires*, par le P. Hélyot, 1721. Il y avait dans le monastère des religieux qui étaient attachés au service des Filles Pénitentes. Ils portaient un chaperon et une robe grise avec une autre de laine blanche par dessous.

Les Filles Pénitentes occupèrent pendant plus de soixante-dix ans cet emplacement. mais elles ne l'occupèrent jamais en entier; il y avait encore en 1544 des terrains qui ne leur appartenaient pas (8). Quelques historiens prétendent que Louis XII. François Ier, Henri II. François II, Charles IX leur rendaient souvent visite ; en tout cas, ces rois leur servaient des pensions (9), et la ville leur allouait aussi certaines sommes d'argent et leur accordait des subsides en nature, tels que des harengs, du pain, du bois, etc.

Les *Annales des Filles Pénitentes*, conservées aux Archives nationales (LL. 1684), nous donnent sur l'histoire de cette communauté des détails précis. Elles ont été écrites probablement par leurs « confesseurs » ou leurs « visiteurs », et c'est maître Guillaume de la Brunetière qui en traça les premières pages le 13 août 1667. Nous apprenons que le premier « confesseur» se nommait Jean du Sablon, et la première « mère » ou supérieure. madame la Bustangière (Louise) (10). De 1500 à 1507, on leur accorde 2 muids et 3 sextiers de grain de rente annuelle, et le roi Louis XII leur donne, en 1507, 17 sextiers de sel pour 9 ans. En

1529. François Poncher, évêque de Paris, nomme Étienne Léger, chanoine et grand vicaire, « visiteur » de la maison.

Fig. 55. — Habillement des religieuses du monastère des Filles Pénitentes à Paris, après leur réforme (1617), d'après de Poilly (voile noir, habillement couleur minime, gris). P. Hélyot.

En 1532, le monastère n'était pas encore achevé. « Dans le couvent il manquait d'escalier pour sonner les cloches, et les religieuses ne pouvaient aller dans le clocher qu'au moyen d'une échelle de cordes. Elles ne pouvaient pas descendre à leur église et étaient forcées de dire les matines dans le dortoir. »

D'après les plans de Paris, nous voyons que le monastère avait son entrée dans une cour intérieure située en face la rue des Deux-Écus, à la place même de la porte de l'hôtel d'Orléans.

La modeste chapelle, avec ses quatre fenêtres de chaque côté, élevait son petit clocheton au centre de jardins agrémentés de treilles en berceau et s'appuyait d'un côté sur les murailles de Philippe-Auguste (11).

Malheureusement la misère se fit bientôt sentir durement, et, en 1550, les religieuses furent forcées de sortir de leur couvent pour aller quêter dans les églises et dans les maisons de charité. En 1554, le 5 février, le roi leur accorda 2,000 livres ; en 1568, une dame Roussine fondait une messe hebdomadaire, treize messes basses et un service de bout de l'an pour lesquels elle leur laissait 25 livres de rente. En 1570, la révérende mère Itherot fondait un *requiem* qui devait être dit « aux féries de Pasques ». En 1571, messire Claude de la Croix, baron de Plancy, donnait cent livres pour une messe basse.

Fig. 56. — Costume original des religieuses du monastère des Filles Pénitentes à Paris avant leur réforme, d'après de Poilly. Nous avons la preuve de l'authenticité de ce costume dans le frontispice des *Règlements et Constitutions* que nous publions plus haut, page 49 (habillement blanc).

Elles avaient encore plusieurs autres petites rentes, venant de legs faits par des personnes charitables ou par des sœurs (12).

Mais leur présence en cet endroit gênant les projets de la reine mère, « laquelle témoignait beaucoup de passion pour avoir cette maison », les sœurs furent forcées, vers la fin de l'année 1572 et au commencement de 1573, de quitter leur monastère pour aller s'installer à Saint-Magloire.

Au moment de leur translation, les religieuses étaient au nombre de 80 et les religieux de Saint-Magloire n'étaient que treize. (Devis du maçon et du charpentier pour les réparations à faire à Saint-Magloire.)

La supérieure, lors de la translation, se nommait Marguerite Motrot.

Nous suivrons les religieuses après leur départ du couvent de la rue d'Orléans jusqu'à la mort de la reine mère. En 1582, le « visiteur » Jehan Haton, ne pouvant parvenir à se faire payer les rentes promises par Catherine et par le duc d'Anjou, faisait saisir l'hôtel de la reine pour mille livres de rente qui étaient dues au couvent et parvenait à faire toucher aux religieuses 25.000 livres. Nous verrons plus loin qu'elles touchèrent encore une somme pareille, avec les intérêts, après la mort de la reine.

Le 25 octobre 1572, Catherine avait fait délivrer 50 livres à la mère Marguerite Mautrot (Motrot) pour payer des frais de réparations dans le nouveau couvent. Mais elle servait irrégulièrement les termes des rentes échus : elle donnait. le dernier décembre 1572, la somme de 250 livres pour un terme, puis, le 24 avril 1578, elle donnait 400 livres 15 sols à la sœur Jehanne Giffart, mère des Filles Pénitentes.

De plus, elle avait été obligée de payer les travaux faits tant à Saint-Magloire qu'à Saint-Jacques-du-Haut-Pas. Michel Peton, son commis, touchait et payait 11,497 livres 16 sous tournois pour travaux exécutés, le 25 oct. 1572, le 3 janvier 1573, février 1573 et 1574, par Estienne Grand Remy († 1574) et Nicholas Thiersault, maistres des œuvres de maçonnerie, et par d'autres entrepreneurs (14 nov. 1571) (KK. 335, A. N.) (13).

Fig. 57. — Porte Coquillière, vers 1200 (restauration).

CHAPITRE IV

HOTEL DE LA REINE (1572-1589)

CATHERINE DE MÉDICIS

LES Filles Pénitentes allaient être en effet remplacées par Catherine de Médicis.

« *Fœmina vastæ animæ, superbi luxus* », dit de Thou (1).

Presque tous les historiens ont représenté la reine mère comme une personne superstitieuse, adonnée aux mystères de l'astrologie et de la « cabale ».

Nous laisserons à des auteurs plus compétents le soin de défendre la reine mère, mais nous croyons qu'il faut se reporter à l'époque où elle vivait et ne pas se montrer plus sévère pour Catherine de Médicis que pour les autres acteurs politiques de

Sceau.

Fig. 59. — Catherine de Médicis (1571-1589) [J. 1131 et sceaux de Normandie, A. N. 1569] : Catherine, par la grâce de Dieu, royne de France, mère du roy.

son temps, si extraordinaires qu'ils nous paraissent aujourd'hui. La reine mère eut certainement des défauts; mais nous sommes convaincu que tous ceux qui prendront la peine d'étudier l'histoire dans les écrits contemporains pourront découvrir dans la conduite et dans la vie de Catherine des qualités qui lui assureront toujours le premier rang parmi tous les personnages de son siècle. (Lire sa Correspondance, publiée par M. le comte Hector de La Ferrière, dont les quatre « Introductions » forment des documents indispensables à tous les historiens.)

Contre sceau.

Fig. 60. — Catherine de Médicis (1571-1589) [J. 1131 et sceaux de Normandie, A. N. (1569)]: Catherine, par la grâce de Dieu, royne de France, mère du roy.

Ceci dit pour expliquer que nous n'accepterons aucune des légendes inventées au sujet de Catherine et si profondément enracinées dans le public qui ne la connaît que par les romans plus ou moins extravagants des auteurs populaires, ou par les écrits intéressés de ses pires ennemis.

C'est ainsi qu'on rapporte qu'un astrologue ayant prédit à la reine qu'elle mourrait « auprès de Saint-Germain, sous la ruine d'une grande maison », immédiatement elle aurait quitté tous les lieux et toutes les églises portant ce nom. Elle n'aurait même plus habité les Tuileries, situées sur la paroisse Saint Germain-l'Auxerrois, et n'aurait plus été à Saint-Germain-en-Laye, ou elle n'y serait restée que « fort peu de jours ». On prétend, en outre, que c'est cette prédiction qui l'aurait déterminée à se faire construire un palais près de Saint-Eustache (2). Cette prédiction aurait été faite vers 1572 ou quelque temps auparavant (3).

Fig. 61 et 62. — Jeton de Catherine de Médicis (musée de Cluny).

Malgré l'autorité des auteurs qui les rapportent, nous avons tout lieu de croire que ces histoires ne reposent sur rien de sérieux (4). Catherine allait encore à Saint-Germain-en-Laye en 1574, 1580, 1583 et 25 juin 1584 (L'Estoile et mss. de la B. N.), et de plus nous allons prouver que, dès l'année 1564, elle songeait à s'installer sur le terrain occupé par les Filles Pénitentes.

En effet, à cette date, elle avait « procuré la réunion de l'abbaye Saint-Magloire à l'évêché de Paris et elle avait ainsi pris des mesures d'avance pour la double translation des Filles Pénitentes dans la maison des religieux de Saint-Magloire et de ceux ci dans l'hôpital de Saint Jacques du-Haut-Pas ». Cette sécularisation, accordée par Pie IV en 1564, ne fut enregistrée qu'après la bulle de Grégoire XIII, le 24 novembre 1581 (5).

Dès 1571 (voir le compte de 300,000 livres offertes à Charles IX, Topog.), Catherine avait acheté une partie de l'ancienne demeure d'Albret, donnant sur la rue des Vieilles-Étuves. composée de deux corps de logis appartenant alors. l'un à Jean le Picart puis Germain le Picart. et l'autre à

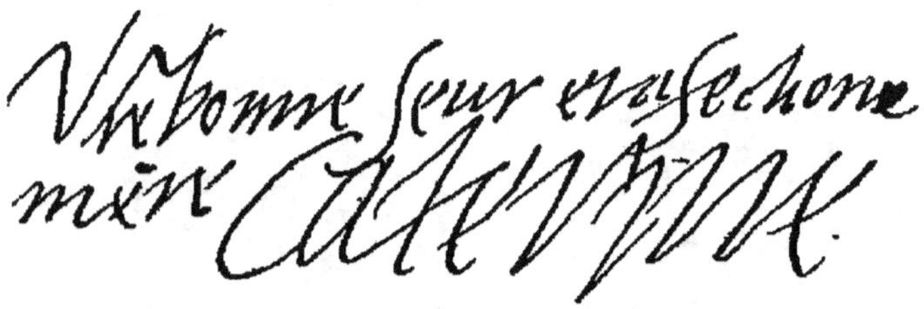

Fig. 63. — Signature de Catherine de Médicis (fin février 1563) (A. N., B. N., etc.).

Jacques Bruslart (avec maisons, cours, jardins et louages) (6).

Jean Bullant, l'architecte choisi par elle (7). se servit il des anciennes constructions ? Terrasson avance sans preuves qu'il les réunit en un seul corps de logis : nous verrons plus loin ce qu'il faut penser de cette opinion.

Nous savons qu'en 1573 elle ne demeurait pas encore à l'ancien hôtel d'Albret, puisque cette même année « elle donnait à souper aux ambassadeurs de Pologne dans son palais des Tuileries, sur le rempart et auprès du Louvre (8) ». Nous voyons ensuite, dans un acte du 7 octobre 1573, que la reine mère paie aux marguilliers de Saint-Eustache, pour une maison située rue des Deux-Escus, six cents livres de rente. Le contrat est ratifié par la reine, le 25 octobre de la même année. (V. topog. rue des Deux-Escus.) Ce qui prouve que l'on dut commencer à travailler à l'hôtel de la reine au commencement de 1574.

Elle agrandissait en outre sa propriété donnant rue des Étuves et aussi rue du Four, en achetant d'autres maisons : à Jean le Picart, rue du Four ; à Me André Guillard, rue Traversainne; trois maisons à Me André Guillard et une à Guillaume le Clerc, rue des Estuves: une autre à Me André Guillard et une au sieur du Mortier (c'est André Guillard) de l'autre côté de la rue des Estuves : en tout, une dizaine de maisons.

Elle posséda ainsi presque tout le lot compris entre les rues du Four, d'Orléans. des Étuves et des Deux-Écus ou Traversainne: mais *jamais* elle ne l'occupa en entier (9).

Ce n'était pas encore assez pour satisfaire sa fantaisie. Poursuivant l'exécution de projets arrêtés depuis longtemps dans son esprit, elle se décida à s'emparer du couvent des Filles Pénitentes, situé de l'autre côté de la rue d'Orléans, sur un terrain parfaitement disposé pour faire un grand jardin derrière sa demeure.

Il fallait trouver des raisons pour renvoyer les religieuses et ensuite supprimer les rues des Étuves et d'Orléans. Voici quelles furent les raisons alléguées :

1° Ces filles (les Pénitentes) avaient peu de revenu et n'avaient pas de quoi vivre avec les aumônes ;

2° Le monastère « était éloigné des endroits dont elles pouvaient être secourues » ;

3° Il était convenable que « telle religion fût en un lieu

plus apparent et en rue plus célèbre et plus notable pour le bon exemple à Paris » ;

4° Enfin. la reine, après avoir pris l'avis de notables personnes, soutint qu'elle désirait, « pour le bon zèle, charité et aumônes qu'elle avait envers les Filles Pénitentes, subvenir et pourvoir à leurs besoins ».

Nous ne croyons pas devoir faire remarquer combien ces raisons sont pitoyables, mais nous renvoyons le lecteur aux notes pour avoir une idée générale de la façon dont fut conduite toute l'affaire, qui est très curieuse.

La reine offrit aux religieux de Saint-Magloire d'aller à Saint-Jacques-du-Haut-Pas, « si mieux les dits religieux de Saint Magloire n'aimaient s'accommoder du dit monastère des Filles Pénitentes », ce que le représentant des religieux, Arnould Boucher, refusa, « l'église étant trop petite et trop anguste ». Quelle comédie !

Nous savons que les religieuses étaient une centaine ; les religieux de Saint-Magloire étaient une douzaine ! et Arnould Boucher était une créature dévouée au roi et à la reine mère !

Les Filles Pénitentes écoutèrent les propositions de la reine qui leur faisait souvent « faire des libéralitez, tant par le roy que par nosseigneurs les ducs d'Anjou (10) et d'Alençon (11), ses enfants », et souscrivirent aux charges (12) et conditions de la translation.

La reine promit de leur faire donner par le roy, par donation pure et irrévocable, 2,000 livres tournois de rente, et par les ducs d'Alençon et d'Anjou, chacun 1,000 livres tournois pendant leur vie.

Les religieuses acceptèrent, mais ne cédèrent pas « la

maison joignant la grande porte, qu'elles ont baillée à loyer à Jean Raffelin (13), laquelle demeurera aux dites Pénitentes, qui toucheront le loyer ».

Jusqu'à quelle époque? Nous l'ignorons. Nous savons que Raffelin devint un peu plus tard concierge de la Roquette.

Les mesures pour la translation furent prises par Charles IX dès le 15 septembre 1572.

L'acte fut passé le vendredi 31 octobre, le dimanche 2 et mardi 4 novembre 1572, « entre la reine Catherine de Médicis, mère du roy, et Charles IX, d'une part, et M. Pierre de Gondy, évêque de Paris, d'autre part, et les religieuses et couvent des Filles Pénitentes. aussi d'autre part ».

« Le dit Évêque et les religieuses cédaient leur église, monastère, bâtiments, etc., ci-devant appelé l'hôtel d'Orléans, etc. » L'acte porte les noms de soixante et une religieuses professes qui représentent « la partie la plus grande et la plus saine du couvent ». (Félibien, t. III. p. 117.)

En décembre 1572, des lettres de Charles IX homologuaient le contrat ci-dessus (14).

Le dernier septembre 1573. « ces lettres étaient enregistrées au Parlement et, le 16 octobre de la même année, à la Chambre des comptes. Enfin, le 7 mars 1586, la Cour des comptes enregistrait les lettres portant l'approbation de la translation par le roi du 22 décembre 1585 (15).

Les historiens n'ont vu jusqu'ici dans cet acte de Catherine de Médicis qu'un contrat d'échange : elle prenait aux Filles Pénitentes leur couvent de la rue d'Orléans et leur cédait en compensation la maison des religieux de Saint-Magloire, située rue Saint-Denis.

La vérité est que la reine *acheta effectivement bel et bien* le couvent aux Pénitentes, moyennant des rentes qu'elle devait leur servir, et qu'elle ne leur paya *jamais* complètement (16).

Les Filles Pénitentes parties, la reine fit commencer la démolition des constructions qui s'élevaient sur leur terrain pour le transformer en un grand jardin, en même temps qu'elle faisait « accommoder » les bâtiments de Saint-Magloire et de Saint-Jacques-du-Haut-Pas pour recevoir leurs nouveaux habitants.

Nous savons sûrement que rien ne fut bâti sur l'emplacement du couvent, puisqu'à cette date les rues des Vieilles-Étuves et d'Orléans le séparaient encore de la partie où la reine faisait élever son hôtel, c'est-à dire entre la rue des Étuves, la rue d'Orléans et la rue du Four.

Catherine avait une véritable « manie » de bâtir.

« Sa prodigalité, dit de Thou, ne parut nulle part davantage que dans ces vastes bâtiments tous commencés par son ordre, sans qu'elle en eût jamais conduit aucun à perfection, persuadée que le jour qui les verrait achevés serait le dernier de sa vie, et croyait reculer sa mort en éloignant le terme de ses entreprises. »

Sauval donne la description suivante de l'hôtel de la reine (17) :

« Le bâtiment qu'elle entreprit parut si magnifique, que dans tout le royaume alors il ne le cédait qu'au Louvre et à son palais des Tuileries, car enfin elle le rendit si logeable qu'on y compte cinq appartements des plus grands, des plus clairs, des mieux dégagés et tels qu'un seul même pourrait suffire au plus grand prince de la terre. Nous y avons vu loger en même temps Marie de Bourbon, princesse de Carignan ; Eugène de Savoie, son fils, comte de Soissons ; Olympe Martinozzi, Mlle de Longueville ; Louise de Savoie, princesse de Bade ; et toutes ces princesses si commodément que chacune avait à part une grande salle, une antichambre, une chambre, une garde-robe et un cabinet. Ce logis, en un mot, est si vaste, si commode qu'il n'y a dans Paris que le Palais-Cardinal où il y ait plus de logement. »

Sauval nous dépeint ensuite l'édifice tel qu'il l'avait vu alors qu'il s'appelait l'hôtel de Soissons ; c'est pourquoi nous avons préféré reporter le restant de son récit un peu plus loin, au chapitre où nous nous occuperons de cet hôtel.

Nous allons, de notre côté, donner la description de l'hôtel de la reine d'après des documents ignorés de Sauval et de tous les autres historiens : ce sont : l'*Inventaire*, publié par M. E. Bonnaffé, et les *Livres de Comptes* des Archives nationales.

On pourra facilement comprendre nos explications en suivant les détails sur le plan que nous publions. (Voir pièces justificatives, Appendice.)

L'HOTEL DE LA REINE

LES bâtiments de l'hôtel couvraient une superficie d'environ 1,300 toises carrées, plus de 5,000 mètres carrés.

L'architecte Jean Bullant, pour obéir aux ordres de la reine, avait été forcé d'ajouter successivement de nouvelles constructions aux anciennes, comme semblent l'indiquer le défaut de symétrie du plan et le biais de la façade sur le grand jardin.

Nous avons vu que Catherine possédait, dès 1571, une propriété rue des Vieilles-Étuves. mais le premier bâtiment exécuté — *le viel logiz* — fut élevé sur l'emplacement des maisons d'Albret et d'une maison aux marguilliers de Saint-Eustache formant le coin de la rue du Four et de la rue des Deux-Écus. achetée en 1573.

Il était parallèle au mur de la rue du Four, dont il n'était séparé que par une petite cour ; il forma dans la suite un des côtés de la cour principale, dont un autre côté longea la rue des Deux-Écus.

On bâtit le troisième côté de cette cour à l'alignement de la rue des Étuves. L'encoignure de cette rue et de la rue des Deux-Écus avait été achetée à Me André Guillard (trois corps de logis) (1571 ?).

Ces trois côtés sont « d'esquerre », c'est à-dire forment des angles droits.

Le dernier côté, situé en face de l'entrée principale, renfermait le grand escalier, *presque* dans l'axe de la grande porte, et fut fait le dernier.

La partie centrale de la façade sur le grand jardin (pavillon central), commencée avant l'achat du terrain des Filles Pénitentes. fut reprise et terminée avec les cuisines (bâtiments des étuves).

Les constructions parallèles aux cuisines formant l'aile gauche de la façade furent achevées en dernier lieu, probablement vers l'époque de la mort de Jean Bullant (1578).

Tout nous porte à croire que la partie la plus importante de la construction fut exécutée de 1576 à 1578. bien qu'on y travaillât encore en 1581 (18).

Les travaux durent commencer après 1573, date de la fête donnée par Catherine en son palais des Tuileries. Catherine ayant acheté la maison des marguilliers de Saint-Eustache en octobre 1573 (V. plus haut), il est probable que les ouvriers ne se mirent à l'œuvre qu'au printemps de 1574.

La plus grande partie de la rue des Vieilles-Étuves, comprise entre la rue des Deux-Écus et la rue d'Orléans — (ce qui reste de cette rue est encore mentionné sur les censiers de 1603) — ainsi que la plus grande partie de la rue d'Orléans, comprise entre la rue des Deux-Écus et la Croix-Neuve, étaient supprimées un peu après 1577, environ trois ans avant qu'on perçât la nouvelle rue des Deux-Écus prolongée ou nouvelle rue de la Reine (19).

En effet. à cette date (1577), Catherine écrivait la lettre suivante à messire Nicolas Luillier, président aux Comptes, seigneur de Boulencourt, prévôt des marchands, afin de faire ouvrir sur son terrain une rue prolongeant la rue des Deux-Écus jusqu'à la rue de Grenelle pour indemniser la ville des parties des rues d'Orléans et des Vieilles-Étuves qu'elle voulait supprimer et enclaver dans son hôtel :

« Monsieur le Prévost, pour ce que je desire faire fermer la rue qui est pres ma petite Maison, et au mesme instant faire ouvrir celle que j'ay ordonné estre faite où estoit la porte de l'Hostel des Pénitentes, qui passera en la rue de Grenelle, j'ay donné charge à Marcel, mon receveur général, de vous aller trouver et vous bailler la presente que je vous faict à ceste fin vous priant de ma part, comme je fais par ycelle, de bailler incontinent commission necessaire pour fermer la ditte rue et ouvrir l'aultre; et pour ce que vous entendrez de luy bien au long mon intention là dessus, je ne vous ferai la presente plus longue, que pour prier Dieu, monsieur le Prévost, vous tenir en sa saincte garde. Ce faict à Poitiers, le sixième jour de septembre 1577. Signé : CATERINE (et plus bas, au-dessous :) CHANTEREAU » (20).

Catherine ne propose de fermer qu'une seule rue; en réalité elle dut en fermer deux, la rue d'Orléans et la rue des Vieilles Étuves — ou mieux des parties de ces rues — à moins qu'elle n'ait supprimé la partie de la rue des Vieilles-Étuves, après avoir fait l'acquisition de 1571. Il ne serait donc resté que la rue d'Orléans à fermer.

Une partie de la rue d'Orléans fut conservée du côté de la rue Coquillière, et devint successivement la rue Bouchère, le cul de sac de Soissons, puis la rue Oblin, nom qu'elle avait encore lors de la démolition de la halle au blé (1888).

Si la reine n'occupait pas tout l'emplacement limité par les rues du Four, Coquillière, de Grenelle et des Deux-Écus, elle en possédait la plus grande partie.

Elle avait toute la partie de la rue de Grenelle qui longeait le grand jardin, y compris la maison du Chaudron.

Dans la rue des Etuves elle n'avait pas les propriétés de Bernard Coullon, de Mlle Jeanne Thuleu, qui étaient « à l'autre rang », c'est à dire en face le côté qui touchait l'hôtel d'Albret.

Dans la rue des Deux-Écus, quatre maisons ne lui appartenaient pas : celles de G. Falaize, de Guy-Bonnet, de Thibault et de Pierre Habert.

Enfin, dans la rue du Four, elle ne possédait ni la maison faisant l'angle de la rue du Four et de la rue d'Orléans devant la Croix-Neuve, qui devait appartenir successivement à Jean Picart (1575), à sa veuve et à la veuve de Jacques Henry (1599) ; ni celle de Coullon donnant par derrière, rue d'Orléans (21).

La rue Coquillière n'est pas mentionnée sur les censiers.

Nous verrons, plus loin, que cette liste est encore incomplète par l'énumération des propriétés achetées, quarante ans plus tard, par la comtesse de Soissons au même endroit — environ une vingtaine de maisons.

L'HOTEL DE LA REINE. — LES BATIMENTS

QUATRE corps de logis « en esquerre » composaient l'hôtel entier : trois grands pavillons et le corps de logis au-dessus des étuves (bains).

L'entrée ou « grand portail joignant la galerie basse, où on logeait en partie les coches de Sa Majesté », s'ouvrait sur la rue des Deux-Écus et devait être, après la mort de Catherine, décorée par Salomon de Brosse du portail que nous publions plus loin.

L'autre côté de cette entrée donnait sur la cour principale, d'environ 30 mètres de côté, dans un coin de laquelle fut bâtie la colonne, élevée évidemment après l'achèvement des bâtiments ou en même temps qu'eux.

La « grande chapelle » ou « église », appelée dans la suite : « chapelle de la Reine », se trouvait « le long de la rue Cocquière avec entrée rue de Grenelle ». Son véritable nom était : église de l'Annonciade (testament de C. de M.). En 1581 (janvier), on achevait de construire le portail « en pierres de lyaiz de Saint-Leu » et on montait un escalier à vis de cinquante marches de pierre. Une « muraille de closture en esquerre près l'église et chappelle » séparait l'église du jardin; elle avait 17 thoises de long sur 2 à 4 de haut.

Indépendamment de cette église, il y avait une chapelle privée dans l'intérieur de l'hôtel, comme on le voit dans ces lignes des *Comptes* : « Une grande gallerie, le long du viel logiz dans la rue du Four avec deux corps de logis : l'un y attenant. l'autre retournant en esquerre, où est la chappelle et grand escallier en icelle maison (22). »

Une galerie de bois à jour était « plantée le long du susdit logis dedans la petite cour devers ladite rue du Four, qui séparait cette rue du viel logis ».

Un escalier à vis permettait de monter dans cette galerie et plus haut jusque dans les galetas.

Nous prenons dans l'*Inventaire* la liste des chambres qui suit :

Une grande salle basse près du grand escalier ;

Une grande galerie au-dessus de la grande porte ;

Une grande galerie sur la rue du Four ;

Un passage allant aux cuisines ;

Une galerie à côté des cabinets suivants :

Cabinet des émaux ;

Cabinet des miroirs ;

Cabinet (des portraits de famille) ;

La chambre et le cabinet de la reine ;

Cabinet de dévotion ;

Chambre et cabinet de Mme la princesse de Lorraine (la petite-fille de la reine mère) :

Chambre et cabinet de Louise de Lorraine, femme de Henry III ;

Un corps d'hôtel séparé, desservi par un escalier spécial ;

Enfin un grand cabinet au-dessus de la volière.

L'Inventaire mentionne encore des galetas ou garde-meubles, dans les combles généralement.

Il y avait, en outre. une cour carrée intérieure d'environ 35 mètres de côté, cachée aux regards des voisins par un mur très élevé longeant la rue du Four. Elle renfermait un jardin particulier ayant un bassin central orné d'une fontaine surmontée d'une statue de Vénus, en marbre, par Germain Pilon (et non J. Goujon) (23).

Sur cette cour donnaient des cuisines qui avaient en outre une sortie sur une petite cour de service desservie par le passage ou cul-de-sac menant en même temps aux écuries.

Une porte cochère, ouvrant sur la rue Coquillière, entre l'église et les écuries, livrait passage aux chariots (carrosses) qu'on « rangeait » sous des remises situées dans une basse-cour, près des chapelles et oratoires.

LE GRAND JARDIN

DEVANT la façade intérieure de l'hôtel tournée vers la rue de Grenelle s'étendait le grand jardin. Deux portes avaient été percées dans le mur qui longeait cette rue ; une muraille faite de neuf

« traversait de la rue des Deux-Escus en la rue de Grenelle, et on avait abattu de vieilles murailles, vuydangé des terres et démoli un grand viel mur du dit jardin » pour faire la construction d'un cloacque destiné à recevoir les eaux et « esgoutz » des rues voisines.

Plusieurs maisons « faites le long de la rue qui sera fête de neuf. appelée la rue de la Reyne-Mère-du-Roy. traversant de la rue d'Orléans en la rue de Grenelle en travers son hostel d'Orléans », étaient bâties de l'autre côté de cette rue sur des terrains appartenant à Catherine, et que la nouvelle voie en avait séparés.

Enfin, une grande salle de forme ovale, en charpente et maçonnerie, couverte d'ardoises avec galeries, de 16 thoises de long sur 8 thoises de large. le long du grand pan de mur de closture sur la rue d'Orléans vers la Croix-Neuve, était décorée de peintures par Roger de Rogery et garnie de nattes.

Une galerie en maçonnerie et charpente permettait d'aller à couvert du logis de la dite maison dedans la grande salle que l'on avait construite de neuf dans le jardin et dans laquelle on pouvait descendre de l'étage supérieur par une montée à vis. (*Livres de comptes*, KK. 124 A. N.)

En regardant sur le plan les parties supprimées de la rue d'Orléans et de la rue des Vieilles-Étuves, on acquiert la certitude que Catherine avait élevé la presque totalité des bâtiments compris plus tard dans l'hôtel de Soissons.

En effet, au moyen des lignes ponctuées. on découvre que la façade sur le grand jardin du côté de la rue des Étuves suit l'alignement de cette rue, tandis que la rue d'Orléans prolongée coupe un des pavillons du milieu, l'aile du côté des écuries et le bâtiment des cuisines.

Pourquoi la façade sur le grand jardin est-elle biaise? Nous l'ignorons.

Le plan indique les maisons et les emplacements que Catherine ne possédait pas, dont les uns furent plus tard achetés par la comtesse de Soissons et dont les autres ne « furent jamais de l'hôtel ».

Enfin, il y avait une volière (24) et une « charpenterie des orangers de 24 thoises (48 mètres de long) garnie d'un pan de bois, peuplée de posteaux espassez de trois piedz et demy près l'un de l'autre et garnie de sablières tant par haut que par bas ».

Cette charpenterie se démontait pendant l'hiver et se rentrait dans des hangars: on la ressortait au printemps (15 avril 1580).

Dans cette demeure, toute vaste qu'elle fût. que Catherine appelle sa « petite maison ». nous sommes encore loin des prodigalités affichées par elle dans ses autres palais. tels que ceux des Tuileries. de Saint-Maur, de Monceaux. de Chenonceau, etc. (25).

On ne peut se former une meilleure idée de l'importance de l'hôtel de la reine qu'en jetant un rapide coup d'œil sur son train de maison en 1585. dont voici la composition. A cette date la « Maison » de la reine mère comprenait :

86 dames d'honneur; 25 damoiselles; 40 femmes de chambre et nourrices; 4 lavandières; 2 femmes des filles; 11 maîtres d'hôtel; 12 pannetiers; 20 échançons; 7 écuyers tranchants; 5 écuyers d'écurie: 16 gentilshommes d'honneur; 61 gens du conseil; 36 aumôniers; 4 chapelains; 5 clercs de chapelle; 1 secrétaire des finances (de L'Aubespine); 106 secrétaires; 3 contrôleurs clercs d'office; 13 mé-

decins, apothicaires et chirurgiens; 54 valets de chambre; 2 valets de garde-robe; 7 huissiers de chambre; 2 portefaix de la chambre : 4 huissiers de salle; 6 valets de fourrière; 7 aydes; 5 paintres : Pierre Gourdel (1584), Pierre du Monstier (1583), Cosme du Monstier (1583, 1586), Benjamin Foulon (1587) et Roger de Rogery, paintre de feu Mlle de Gondy (du 3 juillet 1557 à 1587).

Aux écuries, on comptait 65 employés, tant laquais que valets, muletiers, cochers, maréchaux de forge, etc.

Dans les cuisines, une centaine de sommeliers, boulangers, queux, hasteurs (pour l'entretien des broches), galopins, verduriers, etc. Et une trentaine de portiers, huissiers. clercs de chapelle, gardes et exempts; enfin 30 archers et 20 chantres pour les chœurs trimestriels de la chapelle.

C'est un personnel d'environ 300 individus. Les écuries (26) contenaient 52 montures, hacquenées. mules, mulets et chevaux, dont voici quelques noms au hasard : la petite Baye, la Pye, la Faulve, le Favori. le grand Courtault bay, le Rouan, Belle Face, le Fantasque, le Cerf. le gros Jehan, le Roulleux. la Biche. etc. Cet état est daté du 1er janvier 1586 et signé : Caterine, et plus bas : De l'Aubespine.

Le seul fait historique de quelque importance qui se soit passé à notre connaissance à l'hôtel de la reine est ainsi raconté par les contemporains :

« En mai 1588, le duc de Guyse, chef et auteur de la Ligue, arriva à Paris, accompagné seulement de huict chevaulx, lequel alla descendre au logis de la reyne mère du roy que l'on appelle les Filles Repenties, parce que où est à présent le jardin du dict logis, là estoit l'église, maison et demeure des dictes Filles Repenties, qui sont à présent en la rue Saint-Denys à Saint-Magloire (27). »

Un autre historien ajoute :

« Sur le midy du lundi 9 may, le duc de Guise, entré à Paris, va descendre au logis de la reine mère. aux Filles Repenties ; laquelle le reçut toute tremblante et effrayée et envoya aussi tost Verderonne au Roy pour lui dire que le duc de Guise étoit venu, ce qu'il vouloit qu'elle fît et que s'il le trouvoit bon elle le lui mènerait. » (Mathieu.)

Le roi voulait le faire tuer par six de ses ordinaires et faire poser sa tête sur la porte du Louvre.

Il donna l'ordre de le faire passer par la chambre de la reine, sa femme. qui était dans son lit.

Catherine arriva en sa chaise sur ces entrefaites, accompagnée du duc. Le roi contint sa colère, et, « l'heure du dîner abrégeant les discours », on se sépara. Après dîner le duc retourna voir la reine en son jardin où le roi vint les rejoindre.

Bonnefons raconte ainsi la fin de l'entrevue (page 173) :

« Le roi, qui avait déjà résolu dans son esprit la perte de son ennemi. rendit visite à sa mère dans son hôtel de la rue des Deux-Écus et la trouva se promenant dans les jardins au bras du duc de Guise. Après avoir entretenu sa mère pendant trois quarts d'heure. le roi crut que l'occasion était favorable de se venger et fit signe aux seigneurs qui l'accompagnaient de se précipiter sur le duc.

« Mais comme l'un d'eux allait. par précaution, fermer la porte du jardin restée entr'ouverte, une résistance imprévue l'en empêcha. et il vit passer entre la muraille et la serrure le bout de la canne d'un garde du duc nommé Saint-Paul.

« Ce garde entra dans le jardin en jurant « qu'on ne jouerait pas sans lui la tragédie »! Ce petit incident l'empêcha en effet.

« Assistait-il au dénouement qui devait avoir lieu quelques semaines plus tard au château de Blois?... »

Malgré ses nombreux déplacements, Catherine dut habiter cet hôtel pendant plus de dix années.

Nous savons qu'elle y était installée en 1581 et qu'elle s'occupait de faire des agrandissements pour donner des fêtes. (Voir Appendice : salle ovale dans le jardin.)

Elle y faisait en outre terminer de nombreux appartements et construire des escaliers en bois pour faciliter la circulation dans cette vaste demeure. Enfin nous venons de la voir se promener dans les jardins avec le duc de Guise au mois de mars 1588. Ce n'est pourtant pas dans cet hôtel qu'elle devait mourir, bien que quelques historiens aient prétendu le contraire. entre autres Terrasson.

La reine mère devait mourir à Blois le 5 janvier 1589.

« Le jeudy 5 janvier 1589, la mère du roy décéda au chasteau de Blois, âgée de soixante et onze ans et portant bien l'âge pour une femme pleine et grasse comme elle étoit. Elle mourut endeptée de huit cent mille escus, estant libérale et prodigue par delà la libéralité plus que prince et princesse de la Chrétienté..... A Paris on vouloit jeter le corps à la voirie. Pour le regard de Blois où elle estoit adorée et révérée comme la Junon de la Cour, elle n'eust pas plus tôt rendu le dernier soupir qu'on n'en fit non plus de compte que d'une chèvre morte. » (P. de l'Estoile.)

« Son corps. mis en l'église Saint-Sauveur (de Blois) dans un cercueil de plomb, en attendant que, la France plus calme, on la puisse transporter à Saint Denys. Vrai est que, n'ayant été bien embaumée (car la ville de Blois n'est fournie de drogues et épices pour cet effet), quelques jours après, commençant de mal sentir depuis l'appartement du Roy, on a été contraint de l'enterrer en pleine nuit, non dans une voûte, pour n'y en avoir aucune, mais en pleine terre, tant ainsi que le moindre de nous tous, et mêmement en un lieu de l'église où il n'y a aucune apparence qu'elle soit. Misérable certes est la condition humaine !... » (Pasquier, *Lettres.*)

Catherine de Médicis laissait plus de dix millions de dettes (28) !

Portrait de Catherine de Médicis.

CHAPITRE V

PREMIÈRE PARTIE

L'HOTEL DE LA REINE APRÈS LA MORT DE CATHERINE (1589)

L'ABBÉ Chevalier (*Debtes et Créanciers*) et M. Bonnaffé (*Inventaire*) nous permettent de nous rendre un compte très exact de ce qui se passe à l'hôtel à la mort de Catherine, dont les biens sont disputés devant les tribunaux pendant dix-sept ans, par les gens de lois qui chassent de Chenonceau « la royne Loyse », sa belle-fille, malgré les confirmations du testament faites par Henri III, par lesquelles il avait déclaré cette terre franche de toute hypothèque. La malheureuse reine fut obligée de *déguerpir* (*Debtes et Créanciers*). Non seulement les terres et les châteaux furent saisis, mais tous les meubles de Paris furent vendus à l'encan. Que devinrent-ils ? Nous retrouvons aujourd'hui plusieurs de ces curieuses épaves dans des collections particulières et dans des musées : à la Bibliothèque nationale, au Louvre, au musée de Cluny et au musée d'artillerie.

Nous pouvons assister aux scènes scandaleuses dont l'hôtel de la reine est le théâtre en 1589, c'est-à-dire au moment où les Seize sont les maîtres de la ville.

Pendant que les Senault, les Clerc, les Olivier, les Louschard, les Morlière, etc., « fourrageaient » les meilleures maisons, disant que les écus qu'ils volaient « étant royaux étaient de bonne prise » (1), la duchesse de Montpensier, Catherine de Lorraine, la sœur de Mayenne et des Guise assassinés à Blois, qui demeurait à l'extrémité du faubourg Saint-Germain, accourait à l'hôtel de la reine et s'y installait avant l'arrivée des personnages cités plus haut. Sa mère, Mme de Nemours, dont l'hôtel, situé sur la rive gauche, dévasté plus tard par les Ligueurs, occupait le terrain sur lequel fut percée la rue de Savoie, vint la rejoindre et prit l'appartement de la petite-fille de Catherine de Médicis, la princesse de Lorraine.

A ce moment, le peuple débaptisant l'hôtel de la reine, nom odieux aux Parisiens, le nomma hôtel des Princesses.

Mayenne, dont les biens avaient été confisqués par Henri III, rentra dans Paris où il n'avait plus d'hôtel et vint avec sa femme s'installer dans les appartements vacants de l'hôtel des Princesses (2).

C'est pendant que l'hôtel était ainsi habité, que, le 15 juillet 1589, après avoir levé le scellé, on commença l'inventaire. Mais les conseillers, maîtres ordinaires en la chambre des comptes, assistés du procureur général en personne et d'un « plumetif (3) » furent souvent dérangés par l'intervention de Mayenne et de sa femme, qui détournaient des meubles pour leur usage personnel, sans que les pauvres commissaires pussent s'y opposer, tant l'autorité, la qualité et la puissance du lieutenant général leur en imposaient.

La situation était des plus critiques et il serait difficile de peindre la terreur qui régnait en ce moment à Paris. Le peuple, abattu, découragé, s'assemblait sur les places et dans les carrefours... (Vitet).

Les nouvelles étaient mauvaises. Le mardi 25 juillet, Pontoise était pris. Le samedi 29, Mayenne avait une conférence avec La Chastre (4) (celui qui devait vendre Bourges et Orléans à Henri IV pour 898,500 livres, le 27 décembre 1593) — et Villeroi — (celui qui devait vendre à la même époque Pontoise pour 476,595 livres).

Le prieur des Jacobins, Bourgoing, vint leur proposer de faire assassiner le roi par un des frères de son couvent, Jacques Clément.

La Chastre fit des objections, disant que ce frère ne pourrait jamais parvenir auprès de Henri III, quand Bussi-Leclerc, le maître d'armes, apporta à Mayenne un paquet de lettres que des membres du Parlement, arrêtés et détenus à la Bastille, avaient confiées à un Augustin pour les faire parvenir au roi. Ces lettres servirent effectivement à faciliter l'accès de J. Clément auprès de Henri III (5).

Le dimanche 30 juillet, Henri et le roi de Navarre avaient

levé le camp de Conflans, et étaient venus coucher à Saint-

Fig. 69. — Catherine de Médicis. — Reproduction de la gravure de *Marc du Val*. (Cabinet des estampes B. N.)

Cloud. Ils devaient donner l'assaut immédiatement et entrer dans la ville, coûte que coûte. Ce jour-là, les Seize faisaient emprisonner dans Paris trois cents « des plus notables bourgeois » (Félib.).

Comme le remarque spirituellement M. Bonnaffé, on a « peine à croire que, malgré leur prudence professionnelle, les conseillers n'aient pas, de temps à autre, jeté un regard à la dérobée sur la rue et envoyé « le plumetif » aux nouvelles ».

Néanmoins, l'inventaire continuait toujours.

Le 31 juillet, on dressait l'inventaire de l'appartement de Mme de Nemours, occupé jadis par la petite fille de Catherine, comme nous l'avons vu plus haut. Il va sans dire que l'image de Henri III a disparu partout où on a pu l'enlever.

L'inventaire continue le mardi 1er août, à six heures du matin, mais il cesse tout à coup à dix heures : le seigneur duc de Mayenne et sa femme, ainsi que Mme de Montpensier ont disparu en emportant les clefs!

Que s'est-il donc passé? Le voici :

A huit heures du matin, le mardi 1er août 1589. Henri III était frappé à Saint-Cloud, dans la maison de Gondi, par Jacques Clément.

On connait le rôle joué par la duchesse de Montpensier dans toute cette affaire.

Il est évident qu'un courrier parti immédiatement de Saint-Cloud, à huit heures, était accouru à bride abattue prévenir les hôtes de l'hôtel de la reine qui devaient s'attendre à quelque chose. Tout le monde avait en effet regagné aussitôt l'hôtel Bourbon, situé rue du Petit Bourbon-Saint-Sulpice, au coin de la rue de Tournon, au faubourg Saint-Germain, demeure de la duchesse, pour être plus à portée des événements et plus près de Saint-Cloud. En outre, on pouvait fuir de là plus facilement dans le cas d'une vengeance royaliste.

C'est probablement dans cet hôtel que la duchesse sauta au cou du premier qui lui apporta la nouvelle de la mort du roi et l'embrassa en lui disant : « Ha, amy, soyez le bienvenu ! Dieu, que vous me faites ayse ! Je ne suis marrye que d'une chose : c'est qu'il n'a sceu, avant que de mourir, que c'est moi qui l'avais fait faire ! »

Elle avait vengé la mort de ses deux frères.

De son côté, Mme de Nemours se rendit aux Cordeliers, et là, montant sur les plus hautes marches de l'autel, elle harangua le peuple, vomissant des injures contre le roi assassiné.

Le lundi 7 août, le siège de Paris était levé et Henri IV, abandonné par les catholiques, se retirait avec son armée.

Le jeudi 10, Mme de Montpensier et son frère sont de retour à l'hôtel de la reine où l'inventaire se poursuit à une heure de relevée, en présence d'une demoiselle Denyse, femme de chambre, qui n'a que les clefs de deux galeries de tableaux.

Vers deux heures on demande inutilement les clefs des autres cabinets ; la duchesse les a emportées avec elle à vêpres : force est donc de remettre la séance au lendemain. Le vendredi 11, la duchesse prétexte qu'elle a des affaires à elle dans ces chambres qui ne sont pas rangées, et fait dire qu'on ait à revenir le lendemain.

Le samedi 12 août, la duchesse ne se trouve pas à l'hôtel et ce n'est que le lundi 14 que le concierge ouvre aux commissaires une garde-robe, à huit heures du matin. Leur besogne faite, les commissaires attendent longtemps que la duchesse soit levée et obtiennent enfin les clefs des cabinets des émaux, des miroirs et du cabinet de dévotion.

Fig. 70. — Armes de la Fontaine de la Colonne.

C'est fini. L'inventaire est terminé; il avait duré quarante jours, du 15 juillet au 25 août 1589, et on remit la garde du mobilier au sieur Bouville (6) à qui Mmes de Mayenne, de Montpensier et leurs officiers n'inspirent que méfiance, justifiée dans la suite, puisqu'en quittant l'hôtel, six ans après, en 1594, ils pillent une partie des meubles (7).

Nous savons par le dit inventaire que Catherine, contrairement à l'idée généralement reçue, n'habitait que rarement les Tuileries, et « qu'elle venait audict lieu seullement pour se pourmener et lorsqu'elle y vouloit manger ou séjourner, qui estoit fort peu souvent, faisoit apporter les meubles qui lui estoient nécessaires, lesquels ses officiers remportoient après son départ (8) ».

DEUXIÈME PARTIE

LA COLONNE DE LA HALLE AU BLÉ

ON attribue généralement à Jean Bullant la construction de cette fameuse colonne, située dans l'angle nord de la cour principale de l'hôtel de la reine mère, sur laquelle l'imagination des historiens s'est exercée sans qu'on puisse préciser à coup sûr la date de sa construction (avant 1578, après 1573), ni l'objet de sa destination (1).

Cette colonne a 25 mètres de haut environ (2). On monte au sommet par un escalier intérieur de cent quarante-sept marches de 0.17 centimètres de haut chacune. Actuellement (1889) cinquante-quatre sont en pierre — celles du bas — et quatre-vingt-trois en bois, en très mauvais état. Une échelle de meunier, toute moderne, pourrie par la pluie tombant à travers une ouverture carrée de 0,65 centimètres de côté, remplace les dix dernières marches, dont on voit encore l'encastrement dans le limon de bois. Les pierres non équarries qu'on trouve en parvenant sur la plate-forme permettent de supposer que les marches en bois ont existé dès l'origine. malgré les coupes figurées sur les gravures du siècle dernier. D'ailleurs, *comment* et pourquoi aurait-on enlevé les marches en pierre? Nous l'ignorons.

Tous les auteurs copient à l'envi la même description de cette colonne, répétant les mêmes erreurs.

Tous, sans exception, *même Berty*. la qualifient de « colonne dorique creuse *imitée de la colonne Trajane* » (!), au sommet de laquelle la reine aurait fait ses « folles observations astrologiques ».

La vérité est que cette colonne n'est pas plus dorique que toscane (3). et que l'imitation de la colonne Trajane s'arrête à l'escalier intérieur, seul point de ressemblance entre ces deux monuments (4).

Elle est ornée de dix-huit cannelures à arêtes festonnées et portait dans l'origine des ornements en relief — fleurs de lys, cornes d'abondance. miroirs brisés, lacs d'amour déchirés, « symboles de la viduité » de la reyne (5) — et des C et des H entrelacés (6). Les restaurations successives ont fait disparaître ces attributs, enlevant ainsi à la colonne une partie de son vrai caractère, celui d'un monument commémoratif.

Le jour pénètre dans l'intérieur par une demi-douzaine d'ouvertures en forme de barbacanes, et le fût est en outre percé de six portes situées à des hauteurs différentes : — 1^m70 ; 7^m ; 9^m60 ; 12^m40 ; 15^m : ouvertes presque toutes à l'époque de la construction de la halle; elles communiquaient avec le premier étage et les combles de cet édifice.

La porte qui paraît la plus ancienne, située à environ 4 mètres du sol, a été bouchée (7). On reconnaît sans hésitation la place de cette porte à son palier. D'après sa situation, elle devait communiquer directement avec les appartements du Palais.

Quant aux cercles ou barreaux de fer qui se trouvent au sommet, personne ne sachant leur usage, on a trouvé plus simple de les qualifier « d'instruments astrologiques (8) ». Catherine s'en serait servie « avec les devins, dont elle avait toujours un grand nombre à sa suite », avance Terrasson.

Rien ne justifie ces suppositions.

Pour nous, après avoir regardé avec la plus scrupuleuse attention les gravures de Silvestre que nous reproduisons, nous sommes persuadé que cette carcasse en fer était destinée à recevoir des voliges recouvertes de feuilles de plomb ou même d'ardoises qui formaient tout simplement une cage percée de jours circulaires, tels que les indique la gravure.

Chaque cercle en fer porte encore aujourd'hui une douzaine de crochets rongés par la rouille — six de chaque côté (9) — et deux petits oreillons de fer, percés d'un trou, en haut et en bas du cercle, qui devaient servir à supporter et à clore les volets intérieurs bouchant ces ouvertures.

L'étroite surface intérieure de cette cage, qui a à peine 1m75 de diamètre, ne peut se comparer aux plates-formes des autres colonnes de Paris, dont les balcons sont sur le bord de l'entablement, tandis qu'ici il est impossible de sortir de la cage qui n'a pas de porte. C'est comme si on restait dans la partie de la colonne Vendôme qui soutient la statue de Napoléon sans pouvoir circuler à l'entour, comme on le faisait et comme on le fait sur la colonne de Juillet. Qu'on se figure maintenant l'étroitesse de l'escalier et l'ampleur des costumes de l'époque portés par Catherine dont on connaît la sévérité sur l'étiquette ; qu'on lise ensuite les portraits que nous donnons d'elle au commencement du chapitre IV (note 1), comment veut-on que cette reine qui ne faisait le moindre effort physique sans être « en eau » ait pu dans sa vieillesse, alors qu'elle était âgée de près de soixante ans et presque obèse, gravir les cent quarante sept marches de cette « montée en viz » pour aller « interroger les astres » avec *ses* magiciens ?

Les marches en pierre de la colonne ne sont pas très usées ; on n'est monté que fort peu dans l'intérieur, partie réservée depuis longtemps au service des eaux de cette fontaine dont les marbres de mauvais goût la « déshonorent », pour me servir de l'expression si juste de M. Bonnaffé. Cette fontaine enlève à la colonne le peu de caractère qui lui restait après le « râclage » des ornements placés sur le fût.

Nous ne saurions trop protester contre une aussi honteuse « adaptation », vandalisme utilitaire et officiel qui ruine l'œuvre de Bullant.

La portion qui a reçu le plus de visiteurs est

celle qui part des combles de la halle où se trouvait une entrée fermée par une grille ; les inscriptions griffonnées sur les pierres en font foi. Une autre grille empêchait de descendre l'escalier. Néanmoins on montait dans l'intérieur avant la construction de la halle, puisqu'on lit le nom d'un certain Jean Maire, à la date de 1601, gravé dans un losange sur une assise intérieure.

Une autre inscription, profonde de près d'un centimètre et dont les lettres ont au moins 0,10 de haut — Leclerc. temboure des sapeure-pompeirs *(sic)* — permet de supposer qu'un poste de pompiers s'en serait servi pour y faire le guet.

Quand on parvient au sommet, de petits anneaux en fer. encore scellés dans le mur à environ un mètre au-dessus des marches, indiquent la place d'une rampe en corde (?).

Le piédestal. carré dans l'origine, a subi une transformation à l'époque de la reprise en sous-œuvre de la colonne, qui renferme de nombreuses armatures en fer soutenant les marches: il est aujourd'hui octogone. De plus, la colonne n'est plus complètement dégagée mais engagée par le bas dans le mur de l'ancienne halle au blé. On lui a même accolé intérieurement des réservoirs d'eau, près desquels on ne peut pénétrer qu'en montant dans la colonne. Ils sont indiqués sur certains plans.

A notre avis, la colonne est un monument commémoratit élevé par Catherine de Médicis à la mémoire de Henri II, dont elle garda le culte toute sa vie. N'avait-elle pas déjà fait exécuter par Germain Pilon, en 1559. ce merveilleux groupe des trois vertus théologales — maladroitement appelées les trois Grâces — qui supportent l'élégant vase destiné à renfermer les cœurs des deux époux et qu'on peut admirer au Louvre, salle Jean Goujon ? Et n'avait-elle pas commandé ce fameux monument funéraire des Valois qu'on mit trente-deux ans à construire et dont on peut encore voir des morceaux à Saint-Denis ? Pour nous, ses relations avec le cardinal de Lorraine, François de Vendôme, Jean de Ferrières, Vidame de Chartres. Troylus du Mescouet, capitaine et gouverneur de la ville et du château de Morlaix 1571 (8 octobre), (de Bastard), ne sont rien moins que prouvées. Si ces accusations eussent été vraies, ses ennemis n'eussent pas manqué de s'en servir d'une tout autre façon qu'ils ne l'ont fait (10).

Fig. 72. — Les trois vertus théologales (Louvre, salle Jean Goujon).

Le monument a perdu toute son élégance aujourd'hui à la suite des changements malhabiles qui l'ont complètement transformé. Quant à ses proportions, mal indiquées dans la plupart des auteurs qui les louent néanmoins, on les retrouve, remarque très curieuse, dans des dessins précisément de la même époque, entre autres dans les colonnes du

Fig. 73. — Colonne de la Halle au Blé.

château de Charleval, de Baptiste Androuet du Cerceau (1572-1574). La colonne ne fut pas bâtie en 1572, comme le dit l'inscription, parce que ce n'est qu'en 1573 (oct.) (voir rue des Deux-Écus) que Catherine acheta la maison des marguilliers de Saint-Eustache qui faisait le coin de la rue du Four et de la rue des Deux-Écus, sur l'emplacement de laquelle fut élevé le « viel logiz ».

Les travaux ne durent commencer que vers le printemps de 1574 et la colonne dut être construite vers 1575 ou 1576, en tout cas avant 1578. date de la mort de Bullant.

La reine mère ne réclamait l'eau pour la fontaine de son jardin qu'en 1579, ce qui prouve qu'elle ne dut guère habiter son hôtel bien longtemps avant cette époque. sans quoi elle aurait fait sa réclamation plus tôt.

TROISIÈME PARTIE

COSME RUGGIERI

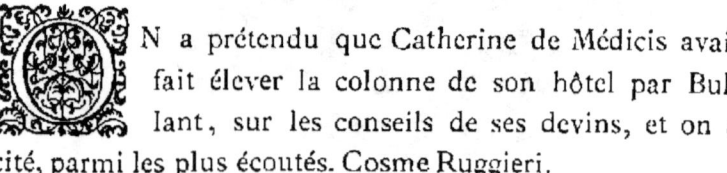

ON a prétendu que Catherine de Médicis avait fait élever la colonne de son hôtel par Bullant, sur les conseils de ses devins, et on a cité, parmi les plus écoutés, Cosme Ruggieri.

Cette allégation tombe devant les faits. En 1574, alors que les constructions étaient à peine commencées (voir les plans de Paris), Cosme était en prison !

En voici les preuves :

Des lettres de Catherine au procureur général du Parlement de Paris, La Guesle, touchant Cosme Ruggieri, Florentin. accusé d'avoir fait une image de cire *contre* le roi Charles IX, se trouvent à la Bibliothèque nationale (18452, Saint-Germain Harl.) (1). Dans ce recueil nous trouvons :

1° Une lettre datée de Vincennes, 22 avril 1574. de Lanssac au procureur général concernant le « petit Cosme nigromancien » ;

2° Une lettre de Catherine (Vincennes, 29 avril). « Cosme a fait une figure de cire à qui il a donné des coups par la teste et que c'est contre le roy. » Elle demande à voir la figure si on la trouve dans les besognes de la Molle à Paris ;

3° Enfin une seconde lettre de Catherine (Vincennes, 29 avril, onze heures du soir) au procureur général, toujours à propos de la même affaire : « S'il (Cosme) a fait quelqu'enchantement qu'il le deffasse. »

Comment ce « petit nigromancien florentin », dont Lanssac parle si dédaigneusement, aurait-il osé « envoûter » le fils de la reine s'il eût été son astrologue ?

La reine aurait-elle eu dans ses lettres un air aussi indifférent s'il eût été son « ami et confident » ?

L'affaire offrait une haute gravité. Ce La Molle (Joseph-Boniface) « baladin de la cour », dit L'Estoile, arrêté déjà auparavant à cause de ses relations avec la reine Marguerite, fut décapité pour avoir conspiré avec Annibal, comte de Coconas, et plusieurs autres affiliés. C'est le premier président, Christophle de Thou, qui fut chargé de l'interroger (2). (Mémoires de Jacques-Aug. de Thou. 1543 à 1697).

Dans un pamphlet très curieux intitulé : « L'Histoire espouvantable de deux magiciens qui ont esté estranglez par le diable dans Paris la semaine saincte, à Paris, par Claude Percheron, rue Galande, aux trois Chappeletz, in-8°,

16 avril 1615 », publié quelques jours seulement après la mort de Ruggieri, on lit ce passage :

« Je n'ay jamais ouy dire qu'il (Ruggieri) eust faict aucune meschanceté, sinon qu'il estoit grand astrologue. »

L'autre magicien cité dans ce petit livre, sous le nom de Cæsar, était un nommé Jean du Chatel. Dans ce pamphlet, il n'est du reste fait aucune allusion ni à la colonne, ni à la reine mère, ni aux méfaits de Ruggieri. Ruggieri, à la suite du procès, fut rasé et condamné aux galères (de Thou). La reine, a-t-on dit, le fit gracier, et, en 1587, il était propriétaire, rue du Four-Saint-Honoré, d'une maison qu'il vendait 3,900 livres, en 1603 (3). Il était de plus aumônier du roy et abbé de Saint-Mahé, dans le pays de Léon, en Bretagne. En 1594, on prétend qu'il aurait recommencé ses « envoûtements » contre Henri IV.

Il mourut à Paris en 1615, entouré sur son lit de mort par le curé de Saint-Médard et des capucins. Le peuple, excité par le clergé, à cause d'une profession d'athéisme faite à ses derniers moments, traîna son corps sur la claie (4).

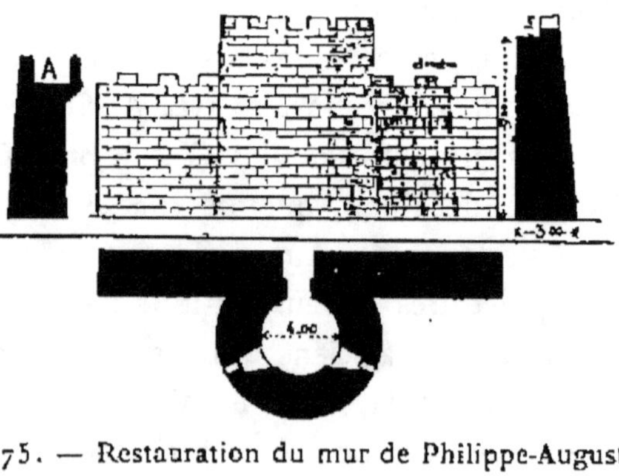

Fig. 75. — Restauration du mur de Philippe-Auguste.

CHAPITRE VI

PREMIÈRE PARTIE

HOTEL DE SOISSONS (1589-1741)

APRÈS l'assassinat du duc de Guise, dont elle avait pu suivre toutes les péripéties de la chambre où elle était alors alitée dans le château de Blois, Catherine avait succombé (1). Son fils, Henri III, était assassiné six mois après la mort de sa mère.

Par son testament (2) elle laissait son hôtel de Paris à Mme Chrestienne (Christine), princesse de Lorraine († 1636), sa petite-fille, mariée à Ferdinand Ier de Médicis, grand-duc de Toscane, et fille du septième enfant de Catherine, Claude, mariée en 1558 à Charles II, duc de Lorraine, et morte en 1575.

g. 77. — Cette vue est évidemment la plus ancienne des deux. Le toit du 3me pavillon à gauche n'est pas indiqué; la colonne est dégagée. On voit des personnages à l'extrémité droite de la terrasse. Les jardins ne sont pas terminés. On voit un parterre en broderie enclavé dans un mur. Ce mur existait-il du temps de Catherine ? Les arbres sont-ils indiqués exactement ? Sont-ils sortis de l'imagination de l'artiste ? L'autre vue a aussi des grands arbres formant coulisse.

Malheureusement la reine mère avait tellement de dettes que des contestations s'élevèrent au sujet de sa succession et que jamais son héritière ne put toucher aux biens qui lui étaient échus. bien qu'un acte de Parlement eût déclaré

Fig. 78 et 79. — PRINCESSE DE BOURBON, duchesse de Bar (1601-1604). — Jeton de Catherine de Bourbon, princesse d'Albret, sœur d'Henri IV, duchesse de Bar, 1600 (Cabinet des médailles, B. N.).

que la vente seule du mobilier de la maison de Paris eût amplement suffi pour désintéresser les créanciers (3).

La reine était morte au mois de janvier, comme nous l'avons vu plus haut.

Fig. 80. — Signature de Catherine de Bourbon, sœur d'Henri IV. (Nérac. — 1581, 1er juin.)

Dès le mois de juillet, Mlle de Montpensier (4) était installée avec sa mère, Mme de Nemours (5), à l'hôtel de la reine, où Mayenne était venu les rejoindre avec sa femme (6).

Toutes ces personnes présentes à l'inventaire occupèrent l'hôtel jusqu'à la reddition de Paris en 1594. Elles pillèrent même une grande partie des meubles en le quittant (7).

Au moment de l'entrée de Mayenne dans Paris, l'hôtel de Catherine était désigné sous le nom d'hôtel des Princesses, comme nous l'apprend Félibien (tome II, p. 1204):

« Comme il (Mayenne) estoit accompagné d'un petit nombre de troupes, il se hâta d'entrer dans la ville de crainte de quelque surprise et vint loger à l'hostel de la

Fig. 81. — Autre signature de Catherine de Bourbon, duchesse de Bar, sœur d'Henri IV (1590, 22 octobre).

reine. appelé pour lors l'hostel des Princesses, aujourd'hui l'hostel de Soissons ».

Mais comme les créanciers, pendant ces époques troublées. ne touchaient rien de ce qui leur était dû (8), ils chargèrent messire Hélie du Tillet, seigneur de Gouaix, conseiller du roi et son maistre d'hôtel ordinaire, nommé leur syndic. de faire saisir réellement les biens de la reyne mère, ce qui eut lieu en décembre 1593.

Le 19 janvier 1595, M. de Gondy, évêque de Paris, fit opposition à la mise en vente demandée par les créanciers à cause de l'arrérage des cens et rentes dus depuis vingt ans.

Les créanciers furent obligés de verser le montant de la somme réclamée entre les mains de Pierre Dohin, receveur de l'évêché de Paris (9).

Le 14 mars 1599, Jean du Bec était sacré évêque de Saint-Malo, et, le 6 juin suivant, Arnoul de Bellièvre était à son tour sacré archevêque de Lyon, dans la chapelle de la reine (10), ou église de l'Annonciade.

Les cens furent versés jusqu'en 1603 (11). En 1601, la

Fig. 82 et 83.—Charles de Bourbon, comte de Soissons (1606-1612). — Jeton de Charles de Bourbon, comte de Soissons (1612) (Musée de Cluny).

princesse de Navarre, Catherine de Bourbon, duchesse de Bar (12), sœur de Henri IV, achetait l'hôtel aux créanciers; mais elle mourut en 1604, et l'hôtel fut de nouveau l'objet de poursuites.

Les créanciers qui n'étaient pas encore complètement payés firent « arrêt tant sur les maisons que sur les meubles et autres effets de Madame (13) ».

L'hôtel fut remis en vente, et, le 21 janvier 1606, un arrêt du Parlement l'adjugea pour la somme de 30.100 écus (90,300 livres) à Charles de Bourbon, comte de Soissons, qui ne l'occupa que six ans (14).

Ce comte de Soissons occupait alors une des plus hautes situations du royaume. Malheureusement l'histoire ne nous a pas laissé de lui un portrait favorable. Quelques écrivains contemporains ont bien essayé de le défendre ; la vérité est que c'était un homme corrompu, de mauvaise

Fig. 84 et 85. — Jeton d'Anne de Montafié, comtesse de Soissons (1615) (Musée de Cluny).

foi, ne reculant devant aucune turpitude pour arriver à obtenir de la cour intimidée soit une place, soit un gouvernement, soit une pension.

Fig. 86. — Signature d'Anne de Montafié, comtesse de Soissons. — (Musée des Archives) (7 février 1641).

« Le jour de la Toussaincts, premier de novembre, à quatre heures du matin, Monsieur le Comte de Soissons, prince du sang de France, mourut en son château de Blandy. » (Le *Mercure français*, 1612.) Tous les Français regrettèrent ce prince pour sa vertu, ajoute le journal officieux, pleurant de ce que la mort avait pris durant trois années, chaque année, un prince royal.

Le prince, son fils, fut continué en l'état de grand maître par la Reine et au gouvernement du Dauphiné (15).

Le comte de Soissons laissa l'hôtel à sa veuve. Mme Anne de Montafié, qui lui survécut trente ans.

Cette dame de Montafié (16) contribua à l'agrandissement de l'hôtel en faisant de nombreuses acquisitions dont nous avons le détail.

Nous la voyons acheter. du 13 juin 1619 au 23 décembre 1637, plus de vingt maisons, jardins, cours, puits, etc.. qu'elle réunit à son hôtel (17).

Ces maisons sont situées rue du Four, rue des Deux-Écus, rue d'Orléans, rue des Vieilles-Étuves et même rue de Grenelle (18). Mais nous croyons que cette dernière rue est mentionnée par erreur.

Malheureusement, nous ne possédons aucune vue de l'hôtel de Soissons prise du côté de la rue du Four.

C'est devant la façade donnant sur le grand jardin, et par conséquent du côté de la rue de Grenelle. que l'artiste a vu ce petit parterre à compartiments, planté de grands arbres et enclos d'un petit mur percé de deux portes (petite vue) qui devait disparaître pour faire place à un grand bassin et à deux parterres plus vastes. Cette petite vue est probablement celle du jardin de l'hôtel tel qu'il était du temps de Catherine.

Voici la description que fait Sauval de cette demeure princière :

« On y entre par un portail aussi grand que superbe, et, quoique imité de celui du Palais de Farnèse à Caprarolle, il passe néanmoins pour un des chefs-d'œuvre de Salomon

Fig. 87. — Catherine de Navarre, sœur de Henri IV. — Gravure de Wierix. — Cab. des Estampes, B. N.

Fig. 88. — Charles de Bourbon, comte de Soissons (Na, 21 a, f° 19, B. N.). — Il existe deux autres portraits de ce personnage, l'un lorsqu'il est enfant, et l'autre quand il est adolescent. Même collect.

Fig. 89. — La Comtesse de Soissons, Madame Anne de Montafié, magnifique portrait de du Moustier. Cab. des Est., B. N.

Porte de l'Hostel de Soissons   Jean Marot fecit

de Brosse, l'un des meilleurs architectes de notre temps : il est simple, rustique, fort haut, fort large, et très bien proportionné à l'étendue, aussi bien qu'à l'ordonnance du logis; tout ce qui lui manque est de n'être pas dressé dans une rue plus large, ou vis-à-vis de quelque rue, comme de celle d'Orléans, ou des Vieilles-Étuves, afin qu'on le vît mieux, et qu'il fît ce bel effet qui rend son original si considérable. Jusque-là personne en France ne s'était avisé de parer les entrées des Palais de porteaux d'une grandeur si extraordinaire et si majestueuse, car celui-ci c'est le premier (19).

« On ne les avait point encore élevés au-dessus du premier étage, mais celui-ci ne fut pas plutôt achevé, qu'il parut si superbe aux yeux des architectes et si considérable à la face d'une grande maison que, ne les ayant d'abord employés qu'aux logis des grands seigneurs, depuis ils les ont rendus si communs, et même ont passé à un tel excès, et pour la hauteur et pour la largeur, qu'on pourrait dire aujourd'hui de quelques-uns ce que Diogène dit aux Ninydiens, qui à leurs petites villes avaient fait de si grandes portes : « Fermez vos portes au plus vite, de crainte que la ville ne sorte. »

« La chapelle n'est pas moins considérable que les appartements; il ne s'en trouve point de si grande, ni si bien placée dans les hôtels de nos grands seigneurs, non pas même au Louvre, ni au Palais d'Orléans, ni au Palais Cardinal. On y entre par un portail des plus élevés et des plus magnifiques ; son ordonnance a quelque chose de grand et de royal ; il est couronné de deux clochers suspendus en l'air sur deux trompes, et fut conduit par Guérin (20) ; les curieux y considèrent les festons qui pendent aux deux cotés de la porte. que firent en concurrence Colin.et Huguenin ; ceux qui s'y connaissent ne les trouvent pas moins galants que bien fouillés, bien tournés et recherchés; et enfin les font passer pour les chefs-d'œuvre de ces deux bons sculpteurs.

« L'autel est enrichi de deux figures de Pilon, le plus tendre et le plus ingénieux sculpteur de son temps. Elles représentent l'Annonciation (21) et ont paru si belles aux Feuillans de Paris, qu'ils les ont fait mouler, pour servir d'ornement à leur maître autel. La tête de la Vierge exprime une partie de cette douceur et de cette pudeur virginale dont l'Écriture dit qu'elle était remplie. Sur celle de l'ange paraît je ne sais quoi de saint, qui ne peut convenir qu'à des esprits purs et bienheureux. A la vérité, cette tendresse affectée qui gâte tous les ouvrages de Pilon se fait remarquer aux pieds et aux mains de ces deux figures, et tout de même à leur draperie entrecoupée à son ordinaire de quantité de petits plis cassés, et encore où il se voit deux fois plus d'étoffe qu'il n'en faudrait, mauvaise manière sans doute qu'il aimait cependant, dont il ne s'est jamais voulu défaire, et à quoi on le reconnaît particulièrement. Tels défauts néanmoins n'empêchent pas que ces figures ne passent pour les plus spirituelles que nous ayons de ce grand maître, et que qui que ce soit ne se plaigne que l'original et la copie ayent été barbouillés de couleur et de dorures. »

Nous ne relèverons pas l'étrange critique de Sauval, trouvant que Pilon employait trop d'étoffe dans ses draperies ; nous avons tenu à donner sa description en entier, parce qu'elle est faite à l'époque où l'hôtel existait encore comme

Fig. 91. — Hôtel de Soissons, grande vue. — Côté du grand jardin. — Original, 0,270 × 0,115.

du temps de Catherine, toutefois avec quelque légère modification.

Mme Anne de Montafié mourut à l'hôtel de Soissons le 17 juin 1644, à onze heures du soir, âgée de soixante-sept ans.

Son testament, que nous publions en partie (22), nous prouve qu'elle avait pris toutes les précautions nécessaires pour désigner ses héritiers.

Elle avait eu plusieurs enfants, dont les trois principaux furent :

1° Louis de Bourbon, comte de Soissons (1604 † 6 juillet 1641), tué d'un coup de pistolet au combat de la Marfée, près Sedan, mort sans laisser d'enfant légitime. Il aurait été tué par un gendarme de la reine, ou, suivant certains auteurs, en relevant la visière de son casque avec le canon de son pistolet, comme il en avait l'habitude : il se serait tué lui même. Son armure est au Musée d'artillerie et donne raison à l'opinion qu'il aurait été tué par un gendarme de la reine ou du duc d'Orléans, parce que le casque ne présente aucune trace de balle à l'intérieur mais en porte une très bien marquée à la partie postérieure de la crête. (G. 88.)

2° Louise de Bourbon (1595 † 1663), mariée en 1617 à Henri II d'Orléans, duc de Longueville, n'eut qu'une fille, Marie-Louise d'Orléans (1625 † 1707), qui épousa Henri II de Nemours (1625 † 1659) et mourut sans enfant mâle.

3° Enfin Marie de Bourbon, qui épousa, en 1624, Thomas-François de Savoie-Carignan (1595 † 1656).

En conséquence des dispositions du testament d'Anne de Montafié, Marie de Bourbon, princesse de Carignan, et

Louise de Bourbon, et à sa mort Marie-Louise d'Orléans, duchesse de Nemours, jouirent chacune d'une moitié de l'hôtel. A ce sujet, Terrasson dit (page 104) :

« Marie de Bourbon, princesse de Carignan, et Marie-Louise d'Orléans, duchesse de Nemours, étant mortes, Emmanuel Philibert, prince de Carignan, fils de Thomas-François de Savoie, prince de Carignan, et de Marie de Bourbon, recueillit la succession en entier, scavoir : la moitié comme fils aîné de Marie de Bourbon et l'autre moitié en la

Fig. 92 et 93. — MARIE DE BOURBON (1642-1692). — Jeton de Marie de Bourbon, princesse de Carignan (1645) (Musée de Cluny).

même qualité par le décès de sa tante morte sans enfant en 1707. »

Ce prince sourd-muet, son frère Eugène-Maurice de Savoie-Carignan et sa sœur Louise Chrétienne, mariée à Ferdinand-Maximilien, marquis de Bade (23), habitèrent l'hôtel de Soissons.

Eugène-Maurice épousa Olympe Mancini (24) (1637 † 1708) plus âgée que lui de quatre ans, une des nièces de Mazarin. Le Cardinal fit revivre pour lui le titre de comte de Soissons, et ainsi fut fondée la branche Savoie-Soissons.

A la mort de Thomas de Savoie (1656), l'hôtel de Soissons, moins somptueux que le Palais Mazarin, était encore un des plus beaux palais de Paris.

La comtesse Olympe, mariée en 1657, y reçut de hauts personnages et même des visites royales. Louis XIV vint souvent voir la comtesse, avec laquelle il avait autrefois ébauché un roman, alors qu'amoureux de dix-huit ans, il jouait avec elle et ses sœurs dans les galeries du Louvre. Maintenant l'élite de la cour se donnait rendez-vous dans son hôtel : le roi y venait presque tous les soirs.

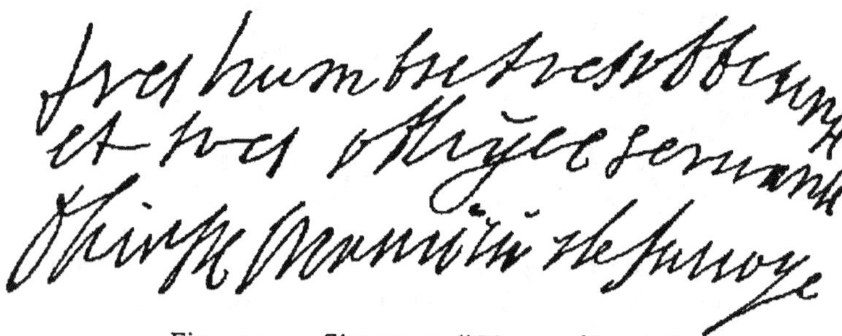

Fig. 94. — Signature d'Olympe Mancini.

Le caprice du roi fut de courte durée, et bientôt le royal amant délaissait sa maîtresse.

Elle lui donna pour successeur un de ses compagnons de plaisir, M. de Vardes, et essaya de se venger de la nouvelle conquête du roi, qui n'était autre que Mlle de la Vallière, en chargeant de Vardes d'attirer l'attention du roi sur une fille d'honneur de la reine, Mlle de la Motte-Houdancourt. Mais des grilles placées dans les coffres des cheminées par la duchesse de Navailles empêchèrent le roi d'arriver jusqu'à l'appartement des filles d'honneur. Il donna alors rendez-vous à Mlle de la Motte-Houdancourt, chez la comtesse de

Soissons qui. « ne pouvant plus plaire au roi par elle-même, voulait conserver sa faveur par toutes les voies que l'ambition lui pouvait inspirer » (Mme de Motteville).

Le roi ne donna pas longtemps dans le piège qu'on lui avait tendu et revint à la Vallière plus amoureux que jamais.

La comtesse de Soissons, furieuse, imagina une vengeance qui tourna contre elle. Une lettre adressée à la reine, Marie-Thérèse, dénonçait les relations du roi et de la Vallière. La lettre fut trouvée dans l'appartement de la reine par une femme de chambre qui la remit au roi : il comprit tout. De Vardes fut envoyé en prison dans la citadelle de Montpellier; de Guiche, son complice, fut exilé, et Mme de Soissons reçut l'ordre de se retirer dans ses terres (30 mars 1665). Mais elle fit « sa paix » et obtint son retour par la démission de sa charge, qui fut donnée à Mme de Montespan. Elle était surintendante de la maison de la reine, et vendit cet emploi 200.000 livres.

A partir de ce moment, sa vie ne se passa plus que dans les intrigues les plus compromettantes, peut-être les plus criminelles.

En 1673, le comte mourut subitement le 7 juin, en Champagne, en allant rejoindre l'armée de Turenne. Le bruit courut qu'il avait été empoisonné par sa femme, mais ce ne fut qu'en 1680 que le scandale éclata.

La comtesse fut accusée d'avoir eu recours aux services des fameuses empoisonneuses du temps.

« Étrange destinée que celle de l'hôtel de Soissons ! La comtesse de Soissons ne vient elle pas nous rappeler Catherine de Médicis. avec laquelle le hasard lui avait donné en outre quelques points de ressemblance ? Toutes deux Italiennes, d'une haute origine; toutes deux avaient le don de ces poisons subtils qui donnaient la mort sans laisser de traces après eux; seulement Catherine était reine : la justice n'osa point l'atteindre; elle ne fut pas aussi aveugle ni aussi indulgente pour la comtesse. » (Bonnefons.)

La « chambre ardente » ou « des poisons », tribunal exceptionnel, avait été instituée à l'arsenal, à la suite de morts subites de gens haut placés qui succombaient sans traces de maladies apparentes. Le nombre des victimes éveilla les soupçons de la justice et, le 11 janvier 1680, le tribunal entra en fonctions.

Le cas de la comtesse n'était pas isolé ; quatre ans auparavant (16 juillet 1676), Marie-Marguerite d'Aubray, femme d'Antoine Gobelin, marquis de Brinvilliers, convaincue d'avoir empoisonné son père, ses frères, sa sœur, etc.. avait été condamnée à mort, décapitée et brûlée.

L'exemple n'avait pas suffi et on dut poursuivre de nouveau les empoisonneurs et les magiciens.

Parmi les principaux auteurs de ces crimes nouveaux on arrêta Catherine Deshaies, veuve du sieur de Montvoisin, appelée vulgairement *la Voisin*, une autre femme nommée Vigouroux. un prêtre nommé Lesage et quelques autres.

Le nom de la comtesse fut associé à celui de ces femmes criminelles.

Voici la lettre écrite par Bussi-Rabutin à ce sujet au sieur de la Rivière, le 27 janvier 1680 :

« Grandes nouvelles, monsieur : la chambre des poisons a donné prise de corps contre M. de Luxembourg, contre le marquis d'Alluye, contre la comtesse de Soissons et contre Mme de Polignac.......

« Le roi envoya mardi M. de Bouillon dire à la comtesse de Soissons que si elle se sentait innocente, elle entrât à la Bastille, et qu'il la servirait comme son ami ; mais que *si elle était coupable, elle se retirât où elle voudrait.* Elle manda au roi qu'elle était fort innocente, mais qu'elle ne pouvait souffrir la prison. Ensuite, elle partit avec la marquise d'Alluye (25), à quatre heures du matin du mercredi, avec deux carrosses à six chevaux ; elle va, dit-on, en Flandre. »

Voici maintenant un autre récit de Mme de Sévigné :

« Pour madame de Soissons, elle n'a pu envisager la prison : on a bien voulu lui donner le temps de s'enfuir si elle est coupable. Elle jouait à la bassette mercredi : M. de Bouillon entra, il la pria de passer dans son cabinet, et lui dit qu'il fallait partir de France, ou aller à la Bastille ; elle ne balança point : elle fit sortir du jeu Madame d'Alluye : elles ne reparurent plus. L'heure du souper vint ; on dit que madame la comtesse soupoit en ville : tout le monde s'en alla, persuadé de quelque chose d'extraordinaire.

« Cependant on fit beaucoup de paquets, on prit de l'argent, des pierreries ; on fit prendre des justaucorps gris aux laquais et aux cochers ; on fit mettre huit chevaux au carrosse. Elle fit placer auprès d'elle dans le fond la marquise d'Alluye, qu'on dit qui ne vouloit pas aller, et deux femmes de chambre sur le devant. Elle dit à ses gens qu'ils ne se missent point en peine d'elle, qu'elle étoit innocente, mais que ces coquines de femmes (26) avaient pris plaisir à la nommer ; elle pleura, passa chez madame de Carignan et sortit de Paris à trois heures du matin. On dit qu'elle va à Namur : vous croyez qu'on n'a pas dessein de la suivre. On ne laissera pas de faire son procès, ne fût-ce que pour la justifier : il y a bien des noirceurs dans ce que dit la Voisin. Le duc de Villeroy (27) paraît très affligé, ou pour mieux dire ne paraît pas, car il est enfermé dans sa chambre et ne voit personne. »

Et dans une autre lettre du 24 janvier : « On a trompetté Madame la comtesse à trois briefs jours, c'est-à-dire qu'on va lui faire son procès par contumace.

« Le roi a dit à Madame de Carignan (belle-mère d'Olympe) : « Madame, j'ai bien voulu que Madame la comtesse se soit sauvée : peut-être en rendrai-je compte un jour à Dieu et à mes peuples. »

Le train de vie mené à l'hôtel de Soissons (28) ne fut pas changé par le départ de la comtesse qui continua à l'étranger l'existence qu'elle avait menée en France.

Elle se sauva d'abord à Bruxelles et de là en Espagne où elle fut violemment accusée d'avoir empoisonné la reine de connivence avec Mansfeld, ambassadeur de l'Empereur, à cause du crédit trop grand que prenait la reine sur son mari au gré de la cour de Vienne.

Marie-Louise d'Orléans, femme de Charles II, mourut le 12 février 1689, empoisonnée dans du lait à la glace (Saint-Simon), avec des huîtres (La Palatine). dans une tourte aux anguilles (Dangeau) ou avec une tasse de chocolat. Le roi d'Espagne commença des poursuites qui obligèrent la comtesse à se retirer en Allemagne, où elle mourut en 1708 (29).

Les deux filles de la comtesse suivaient l'exemple que leur avait laissé leur mère.

« En 1698, dit Saint-Simon, le roy, à la prière de M. de Savoie, envoya enlever Mlle de Carignan par un lieutenant de ses gardes du corps, à l'hôtel de Soissons, qui la mena aux Filles de Sainte-Marie dans un carrosse de l'ambassadeur de Savoie (30).

« En même temps, l'Electeur de Bavière en fit autant à Bruxelles, où il fit conduire dans un couvent Mlle de Soissons de chez sa mère. Leur conduite estoit depuis longtemps tellement indécente et leur débauche si prostituée que M. de Savoie ne put supporter ce qu'il en apprenoit. »

Un de leurs frères, Louis-Thomas de Savoie, comte de Soissons, fut forcé de quitter la France et d'aller chercher à l'étranger du service et du pain.

Repoussé partout, en Allemagne, en Angleterre, à Venise, il ne put que se faire tuer au siége de Landau, en 1702, grâce à la protection de son frère qui avait consenti à l'engager à son service (31).

Fig. 95.

Pendant que la comtesse mourait à l'étranger, l'hôtel était resté la propriété de son beau-frère, le sourd-muet, qui payait à sa belle-sœur et à ses nièces des pensions de 40,000 et de 20,000 fr. depuis le mois d'octobre 1697 (32). A sa mort (1709), ce fut son fils, le prince Victor-Amédée de Savoie-Carignan, né en 1669, qui posséda la vaste demeure. Ce prince, qui devait être un des « roués » de la Régence, ne reculait devant aucun moyen pour se procurer l'argent qu'il dépensait avec une prodigalité excessive. Le système financier de Law vint juste à point lui fournir les ressources qu'il cherchait. La fièvre de l'or et du papier avait augmenté d'une façon extraordinaire depuis 1716, date de l'établissement de la banque dans l'hôtel d'Avaux, rue Sainte-Avoye. Les opérations se traitèrent bientôt dans la rue Quincampoix, qui, devenue vite trop étroite, obligea les agioteurs à chercher un autre endroit pour se rassembler.

A ce moment, le financier, qui connaissait le prince de Carignan, lui fit offrir 14 millions en papier de son hôtel. L'affaire ne se conclut pas.

On essaya vainement d'établir les nouveaux bureaux place Vendôme, mais le chancelier Daguesseau, qui demeurait sur cette place, se plaignit au Régent du vacarme et du bruit, et les joueurs, forcés de s'en aller encore une fois, trouvèrent à la fin un refuge dans les dépendances de l'hôtel de Soissons.

Le prince vendit tous les terrains et bâtiments depuis le corps de l'hôtel entre les rues des Deux-Écus et Coquillière jusqu'à la rue de Grenelle sans exception, à raison de 225 livres la toise, à l'architecte Boffrand (Germain) (33).

Huit jours plus tard, une assignation du sieur Bourgeois, fermier du domaine, était signifiée à « Boffrand et consorts » d'avoir à payer les « lods et ventes » de cette acquisition. C'est de cette réclamation que sortit la fameuse contestation entre la Ville et l'Évêché au sujet des droits de censive. C'est en partie à cette contestation que nous devons de posséder aujourd'hui la plupart des documents qui nous ont servi pour faire notre topographie (V. Terrasson et Bouquet) (34).

L'année suivante, les lettres patentes étaient ensaisinées ; les plans et gravures que nous reproduisons montrent la « Bourse du papier » installée dans les jardins de l'hôtel de Soissons, en 1720 (35).

Le prince gagnait à cette spéculation plus de 2,500 livres par mois, grâce à une ordonnance de police qui défendait aux porteurs de billets de conclure aucun marché ailleurs que dans les baraques construites dans le jardin de l'hôtel (36).

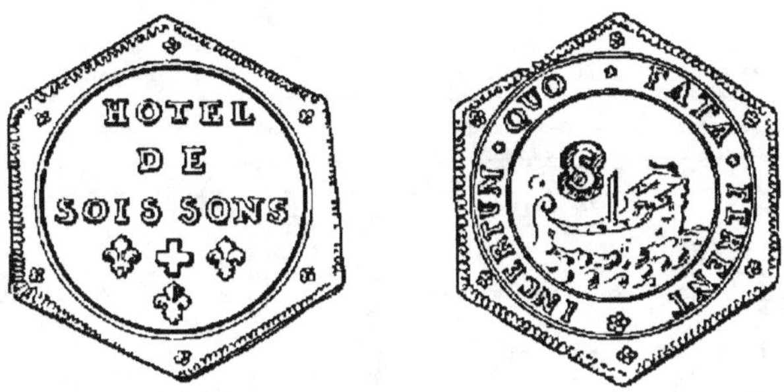

Fig. 96 et 97.

Fig. 98 et 99. — Jetons d'admission dans le jardin de l'hôtel de Soissons à l'époque de la Banque de papier de Law (1718-1720) (Musée de Cluny).

« On transporta l'agiotage dans le vaste jardin de l'hôtel de Soissons. C'était en effet son lieu propre. M. et Mme de Carignan, qui occupaient l'hôtel de Soissons, à qui il appartenait, tiraient à toutes mains, de toutes parts. Des profits de cent francs, ce qu'on aurait peine à croire s'il n'était très reconnu, ne leur semblaient pas au-dessous d'eux, je ne dis pas pour leurs domestiques, mais pour eux-mêmes, et des gains de millions dont ils avaient tiré plusieurs de ce Missisipi, sans compter d'autres pris

ailleurs, ne leur paraissaient pas au-dessus de leur mérite, qu'en effet, ils avaient porté au dernier comble dans la science d'acquérir, avec toutes les bassesses les plus rampantes, les plus viles, les plus continuelles. » (St-Simon.)

Ce qui devait arriver arriva.

« L'hôtel de Soissons fut fermé le mardi 29 octobre 1720, pour empêcher le commerce des ac-

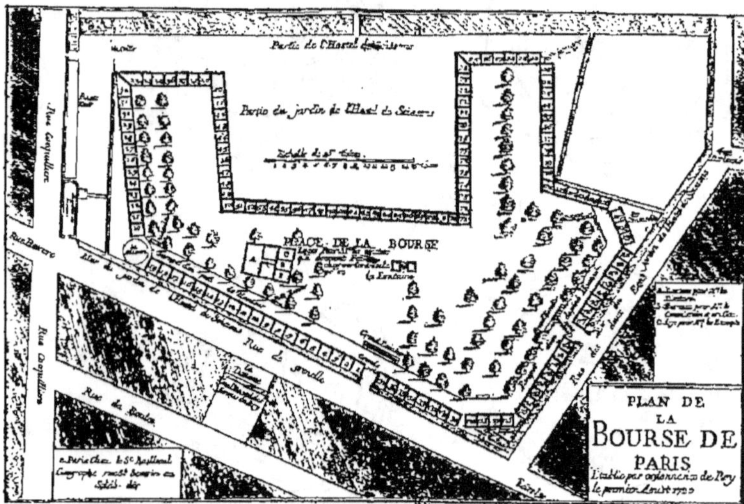

Fig. 100.

tions. » (Barbier.)

Quelque temps après, la banque de Law fit banqueroute, et le spéculateur écossais, forcé de quitter la France (1721), alla mourir à Venise (1729).

Le contrecoup fut la ruine du prince. Il devint fermier de l'Opéra, puis surintendant de ce théâtre, pendant que sa femme, bâtarde du duc de Savoie, et de la comtesse de Verue, devenait la maîtresse du garde des sceaux, Chauvelin. On la surnomma plus tard la « fausse prude » (Barbier, 1737). Le jeu n'en continua pas moins à l'hôtel, mais sous une autre forme (37).

Enfin, entraîné de plus en plus dans la dissipation, le prince de Carignan mourut le 4 avril 1741, couvert de dettes (38).

DEUXIÈME PARTIE

(1741-1889)

DÈS lors l'hôtel de Soissons était condamné à disparaître (39). Bien avant la mort du prince, les jardins n'étaient plus entretenus ; les portes étaient ouvertes à tout venant, et le public passait sur ce terrain pour éviter les détours qu'on eût été forcé de faire en suivant les murs de clôture. (V. le plan de l'abbé de la Grive, 1728.)

Les créanciers du prince, craignant de ne pas être payés, obtinrent la saisie réelle de l'hôtel, dont les réparations avaient été négligées depuis plusieurs années.

Les dégradations s'accumulèrent et devinrent excessives ; il ne resta bientôt plus qu'à demander la démolition des bâtiments et la permission de vendre les matériaux et le terrain (40).

L'une et l'autre furent accordées et les démolitions commencèrent vers 1748 ou 1749.

A ce moment, un amateur, M. Louis Petit de Bachaumont, s'intéressa à la colonne de Jean Bullant, comprise dans les démolitions, et résolut de la sauver du désastre.

Dès le mois de novembre 1748, il fit paraître dans le *Mercure* un article (un mémoire) dans lequel il proposait de racheter la colonne, d'y adapter une fontaine et d'y placer une inscription de Marmontel.

Fig. 102 et 103.— Croquis attribués au graveur Wille, représentant les ruines de l'hôtel de Soissons (Cabinet des Estampes. Topographie de Paris). Nous reproduisons ces dessins bien que, selon nous, ils n'aient rien de commun avec l'hôtel de Soissons. Le premier n'est assurément pas la façade de la chapelle de la Reine, malgré ses deux tourelles, car on voit les traces évidentes d'un pont-levis qui n'a jamais existé dans le monument qui nous occupe; quant au second, les ruines, sans caractère, peuvent être celles du premier édifice venu.

***

La colonne s'appellerait désormais « Colonne de la Paix (41) ».

Cet appel au public ne fut pas accueilli avec enthousiasme, car, le 19 décembre 1749, il s'adressait au fameux collectionneur Antoine Moriau (42), procureur du Roi et de la Ville, qui venait d'installer dans l'ancien hôtel d'Angoulême, rue Pavée-au-Marais, la collection de documents relatifs à l'histoire de Paris qu'il devait plus tard léguer à la Ville.

Le 5 janvier 1750, Bachaumont, sans se décourager, écrit deux nouvelles lettres, une à Moriau, l'autre à M. d'Argenson. qui envoya cette lettre le 10 janvier au prévôt des marchands, M. de Bernage.

Le 13 janvier, M. de Bernage renvoyait la lettre de M. d'Argenson à M. Moriau, et, le jour même, M. Moriau retournait la réponse à M. de Bernage.

Le bruit des démarches de M. de Bachaumont était parvenu aux oreilles de Mme de Pompadour qui s'était intéressée à sa proposition et avait prié Gresset de composer quelques vers pour son protégé (43).

La pièce de vers insérée dans les œuvres de Gresset (XVIe Epître à M. Le Normand de Tournehem, surintendant des bâtiments du roi et beau-frère de Mme de Pompadour) parut d'abord séparément (1748). Plus tard elle fut gravée sur la même planche que la colonne de Soissons dessinée par de la Grive (1750).

En 1752, Bachaumont fit répandre dans le public la gravure dont l'apparition avait causé un petit scandale (44).

Enfin, il aurait acheté de ses deniers la colonne, qu'il aurait ensuite recédée à la Ville. Malheureusement pour

Petit de Bachaumont, M. Leroux de Lincy a contesté l'authenticité de son histoire. Voici ce qu'écrit M. de Lincy dans son *Essai historique sur la paroisse de Saint-Eustache :*

« Nous avons sous les yeux un acte qui prouve la fausseté de cette histoire. Au mois de mars 1750. le sieur Laurent Destouches. architecte de la ville de Paris, qui avait acheté de Jean-Louis Duhenois *(sic)*, adjudicataire des matériaux de l'hôtel de Soissons, la colonne de Jean Bullant moyennant 1.800 livres, revendait cette colonne pour la même somme à la ville de Paris. Que devient après cet acte l'assertion citée plus haut (45) ? »

M. de Bachaumont, avec toutes ses bonnes intentions, acheta-t il la colonne ? La fit-il acheter par un autre ? Alors à quoi bon sa réclame en 1752 ? Bonamy (1756), savant digne de foi, attribue la conservation de la colonne à la municipalité et passe Bachaumont sous silence ; Terrasson lui-même (1768), qui devait être aussi bien renseigné que Bonamy, ne parle pas non plus de Bachaumont, et il aurait sûrement raconté le fait, qu'il lui était impossible de ne pas connaître.

La seule autorité sur laquelle repose cette légende est celle de Bachaumont lui-même qui dans un de ses portefeuilles écrit : « Un citoyen zélé et passionné pour les beaux-arts vient d'acheter cette colonne et l'a cédée à la ville, qui en fera une fontaine (mars 1750).

Ses premières démarches datent de novembre 1748 et nous n'avons rien trouvé qui indiquât quand et comment Bachaumont aurait acheté la colonne, sauf le passage de lui, cité ci-dessus.

En 1761, Carmontelle dessinait la planche que nous reproduisons, qui fut gravée par Houel. Petit de Bachaumont, assis dans un fauteuil, contemple *sa* colonne et au bas de l'estampe est la légende *columnâ stante quiescit.*

Le 8 octobre 1754, le bureau de la Ville permit aux héritiers de la succession Savoie Carignan d'ouvrir les rues de Soissons et de Carignan.

En 1755 la Ville résolut d'acheter le terrain, et en 1756 (1er avril) le terrain fut estimé au prix de 2,800.367 livres 10 sols (46) ; le roi approuva le projet d'acquisition le 13 août, et l'affaire était conclue par la Ville le 20 du même mois: la construction d'une halle aux grains sur cet emplacement fut décidée (47).

On eut d'abord l'idée de transporter la colonne au milieu de la cour de la future halle. Des projets de machines furent proposés à cet effet, mais on fut forcé d'y renoncer. On reprit la colonne en sous œuvre et on l'établit sur des fondations plus solides.

Le 10 juin 1760, la Ville signifia à tous les teneurs de boutiques et d'échoppes restées sur le terrain d'avoir à évacuer les lieux.

M. de Viarmes remplaça le prévôt des marchands en 1762, et, le 25 novembre, Louis XV, par lettres patentes, autorisait le nouvel établissement (Leroux de Lincy, *l. c.*) (48).

Les travaux commencèrent en 1763, et furent terminés en 1766, sous la direction de N. Le Camus de Mézière, architecte du Roi et de son Université.

La dépense totale pour la halle monta à 1.265.056 livres 1 sou 5 deniers et pour la colonne à 16.970 livres, et,

Fig. 104.– COLUMNA STANTE QUIESCIT.

le 12 janvier 1767, la Police prit possession du nouveau bâtiment.

Tout le monde a connu cet édifice de forme circulaire, dont la cour intérieure était, dans l'origine. à ciel ouvert. Pour mettre à l'abri les grains déposés dans cette cour, on résolut de la couvrir.

Mais comment exécuter ce travail ?

Le Camus de Mézière fit une proposition qui ne fut pas acceptée. Son projet se trouve dans l'ouvrage qu'il publia en 1769.

Un peu plus tard, MM. de Molinos et Legrand, architectes chargés du travail, confièrent cette tâche à un menuisier, le fameux Jacques-André Roubo.

Aidé du charpentier Albouy et du serrurier Raguin, Roubo résolut le problème en se servant du procédé indiqué par Philibert de l'Orme dans son *Traité d'architecture* (1567). Il employa des planches posées de champ (48).

« La coupole fut terminée le 31 janvier 1783, après cinq mois de travaux dirigés avec une surveillance si attentive qu'ils ne coûtèrent pas la vie à un seul homme. Lorsqu'on plaça cette immense voûte, qui présentait un diamètre de trente-neuf mètres cinquante centimètres, Roubo, plein de confiance dans les combinaisons si bien calculées de son système, voulut. malgré les instances des nombreux spectateurs qu'effrayait son audace, rester sous la corniche de la plate-forme pour s'assurer si la charpente abandonnée à elle-même ne faisait pas quelque mouvement. Tout se passa comme il l'avait prévu. Les étais furent enlevés sans qu'il en résultât le plus léger accident. A la vue d'un pareil chef-d'œuvre, les acclamations furent unanimes, un battement de mains général salua l'auteur ; les forts de la halle, eux-mêmes, s'abandonnant aux transports de leur joie bruyante, coururent tirer le modeste Roubo de son lieu d'observation et le conduisirent triomphalement chez lui en le portant sur leurs épaules (49). »

En 1764, A.-G. Pingré, chanoine régulier et bibliothécaire de Sainte-Geneviève, de l'Académie Royale des Sciences, astronome-géographe de la marine, avait construit au haut de la colonne un cadran solaire cylindrique. sur la proposition de M. de Viarmes (50).

Les architectes Molinos et Legrand firent placer à l'intérieur de la halle les médaillons de Louis XVI et du lieutenant de police Lenoir, de chaque côté de celui de Philibert de l'Orme.

La Révolution brisa le médaillon du roi ; les vétérans de la garde nationale parisienne, en 1791, démolirent celui du lieutenant général de police ; il ne resta plus que celui de Philibert de l'Orme, qui fut remplacé plus tard par un buste.

Le 16 octobre 1802, vers deux heures et demie de l'après-midi, un incendie, causé par la négligence d'un plombier, se déclara du côté de la colonne, et détruisit la coupole en bois de Roubo (51). Napoléon rendit en 1807 un décret portant que la nouvelle coupole serait en fer (52). M. F. Brunet, entrepreneur et contrôleur des travaux publics, exécuta le projet de M. Bélanger. architecte des travaux publics, et construisit la nouvelle coupole en fer fondu, qui fut terminée en 1812 (53).

En 1812, la fontaine, placée au pied de la colonne, subit une restauration (54).

Nous n'avons plus à signaler aucun changement important depuis cette époque jusqu'à l'année 1885 où le conseil municipal de la ville de Paris décida de construire une Bourse de commerce sur l'emplacement de la halle au blé, qui, depuis l'invention des chemins de fer, ne répondait plus aux mêmes besoins qu'à l'époque de sa construction.

Les rues de Viarmes, Sartine, Oblin, de Vannes, Babille. Mercier vont disparaître, ainsi que les rues des Deux-Écus, J.-J.-Rousseau (Grenelle-Saint-Honoré), Coquillière, de Vauvilliers (du Four-Saint-Honoré), et Sauval (des Vieilles-Étuves) — soit en totalité, soit en partie.

Nous donnons les plans des transformations subies par ce quartier, et des constructions nouvelles pour l'établissement de la Bourse de commerce, l'achèvement de la rue du Louvre et des Halles Centrales.

Nous ne pouvons mieux terminer notre travail qu'en citant ces lignes écrites par M. Ed. Bonnaffé en 1874 (*Inventaire*) :

« Peut-être un jour le tracé d'un nouveau boulevard, renversant la halle aux blés. ouvrira à l'air et au soleil ces ruelles obscures et encombrées.

« Alors la colonne de Bullant. dégagée. se dressera dans sa majestueuse élégance au centre d'une place nouvelle pour rappeler aux générations futures l'ancien hôtel de la reine Blanche, de Philippe de Valois, de Jean de Luxembourg, de Valentine de Milan, de Louis XII et de Catherine de Médicis (55). »

La colonne n'a pas été dégagée, elle est restée telle qu'elle était avant la transformation de la Halle en Bourse de Commerce ; mais le souvenir de toutes ces vieilles demeures et de leurs différents habitants ne justifie-t-il pas notre titre, au premier abord un peu prétentieux ? Et ce quartier n'est-il pas un des plus curieux, sinon le plus curieux de Paris ?

Fig. 105. — Halle au Blé.

TOPOGRAPHIE DU QUARTIER

DE

LA HALLE AU BLÉ

Fig. 106. — Place de la Croix-Neuve (1632). — Rue du Four, d'après Marot.

TOPOGRAPHIE DU QUARTIER

DE LA HALLE AU BLÉ

Sous ce titre nous avons réuni tous les documents qui nous ont servi à établir la topographie de ce quartier.

Voici leur ordre de classement :

1° Taille de 1292 (en réalité 1293), publiée par Géraud ;

2° Tailles de 1296, 1297, 1298, 1299, 1300, d'après le Mss. K 283 des A. N., *inédit* ;

3° Taille de 1313, publiée par Buchon ;

4° Dictionnaire explicatif des vieux noms français contenus dans les parties citées de ces tailles ;

5° 1373. Censier, *inédit* (A. N.) ;

6° 1399. Censier, *inédit* (A. N.) ;

7° 1535. Censier, *inédit* (A. N.) ;

8° 1571-1572. Compte du don de 300,000 liv. à Charles IX, *inédit* (B. N.) ;

9° 1575. Censier, *inédit* (A. N.) ;

10° 1595, 1599, 1601, 1603. Censiers, *inédit* (A. N.) ;

11° Rues de ce quartier, telles qu'elles sont mentionnées dans :
A. XIVe siècle. Collecte de 1313 (Felib., preuves, et B. N., 4596 fr.),
B. XIVe siècle. Le dit des rues de Paris de Guillot ;
C. XIVe et XVe siècles. Guillebert de Metz et Raoul de Presles ;
D. XVe siècle. Mss. de Londres (Géraud) ;
E. XVe siècle. Mss. de l'abbaye de Sainte-Geneviève (Lebeuf) (17. Z. f. ;
F. XVIe siècle. Auboyns (Brunet) ;
G. XVIe siècle. Corrozet ;
H. XVIe siècle. Corrozet (additions) ;

12° La description des rues de Nesle, de Bohême, d'Orléans, Traversanne, des Deux-Écus ou des Deux-Haches, des Vieilles-Étuves, du Four, Coquillière, de Grenelle, Saint-Honoré, depuis leur origine jusqu'à nos jours. Documents les concernant *(inédits pour la plupart)*. Les Filles Pénitentes et leur fontaine. — Fabrique Saint-Eustache, titres de propriété dans ce quartier ;

13° Description des autres hôtels situés dans ce quartier : hôtels de Jacques de Bourbon, de Guillaume de Dreux, de Berry, d'Albret, de Tancarville, de Tonnerre et de la Trémoille ;

14° Réfutation des plans de Terrasson et de Bonamy, plan des anciens murs de Philippe-Auguste ;

15° Liste des plans de Paris consultés pour établir la topographie.

Les documents dont nous nous sommes servi pour établir le commencement de notre travail sont les *Tailles*. Ces tailles se composent de folios manuscrits, à l'encre noire, avec les noms des rues et des quartiers à l'encre rouge, et embrassent toute la ville de Paris.

Pour donner une idée de l'importance des tailles, nous dirons que, grâce à l'une d'elles, H. Géraud a pu connaître le nombre des habitants de Paris au XIIIe siècle ; celui des maisons et leur valeur approximative, la fortune des particuliers, les différents métiers existants, les relations industrielles et commerciales de la Ville, en un mot, reconstituer toute l'histoire d'une époque

H. Géraud a publié, en 1837, la taille de 1292.

Malheureusement, il n'avait pas la première feuille de cette taille. E. Boutaric, en 1862, dans une *Notice sur un manuscrit inédit renfermant le rôle de la taille de Paris pour les années 1296-1300*, parue dans les *Notices et extraits des manuscrits* (Academie des Inscriptions et Belles-Lettres), prouve que la taille publiée par Géraud doit être celle de 1293. En effet, ces rôles de taille que nous avons consultés aux Archives portent ces mots sur le premier feuillet. *C'est le livre de la taille de cent mille livres tournois pour la quinte année assise l'an MCC IIIIXX et dix et sept.*

Or, si l'année 1297 est la cinquième année de la levée de cette taille, la première a dû être forcément perçue en 1293 : c'est celle de

Géraud. (Nous la mentionnerons néanmoins sous le titre de taille de 1292 dans le cours de l'ouvrage.)

Il est bien entendu que ces manuscrits sont identiques.

Ces tailles (1293-1296-1297-1298 1299-1300), les plus anciennes que nous possédions, étaient un don gratuit au roi par la Ville de Paris, à condition de la dispense d'un impôt indirect d'un denier pour livre sur les objets de consommation, impôt connu sous le nom de maltote (*mala tola*, mauvais impôt et non pas tout-mal). (Musée des Archives.)

Nous savons par des comptes de 1227 à 1326 — fragments cités dans les historiens des Gaules, tome XXII — que l'hôtel de Neele payait un *cens* de 30 sous 6 deniers, à ces dates.

— Pro censu Nigellæ 30 s. 6 d.

Compte d'O. de Nova Villa (Oudard de Neuville), prevôt de Paris (præpositus) de 1287.

C'est ce qu'il paie en 1313, il est donc plus que probable qu'il s'agit de celui que nous étudions.

L'autre hôtel, vendu en 1308, par Amaury de Nesle, ne portait pas encore ce nom, et la tour s'appelait Tour Philippe Hamelin à cette date.

TAILLE DE 1292, D'APRÈS GÉRAUD

La rue de Neele — de Neelle à la rue Saint Honoré — compte alors environ quinze habitants, et la rue Jaques de Verneul trente-sept habitants ; la rue du Four trente sept habitants, parmi lesquels Jehan Popin (celui de Chastiau Festu) paie 15 livres, somme énorme pour le quartier.

Les Archives possèdent le sceau (1271) — un vase de fleurs — d'un autre Jehan Popin, qui demeure alors au porche Saint Jacques-la-Boucherie. La rue Traversanne compte une cinquantaine d'habitants.

Les nobles et les clercs, ne participant pas aux tailles municipales, ne sont pas mentionnes sur ces rôles. (Boutaric, p. 256, *la France sous Philippe le Bel.)*

VALEUR APPROXIMATIVE DES MONNAIES

La livre tournois par opposition à la livre, mesure de poids, valait 20 sous (solidus), et le sou valait douze deniers tournois.

La livre parisis valait 20 sous parisis, ou 25 sous tournois, et le sou parisis valait 15 deniers tournois.

Sous saint Louis, le denier or vaudrait 10 fr. 58 ; sous Jean le Bon, le denier or vaudrait 10 fr. 82. La valeur du denier argent serait environ 25 cent. On peut dire que la livre d'autrefois vaudrait environ 108 fr. 77 de nos jours. Le plus imposé dans les tailles est Gandouffle, le Lombart, qui paie 120 livres (paroisse Saint-Merry). Geraud évalue le revenu présumé de ce Gandouffle à 130,000 fr.

TAILLE (1292)

DU BOLT DE LA RUE DU FOUR A COMMENCIER A LA MESON JEHAN DE FONTENAY, A ALER A LA PORTE SAINT-HONORÉ

	LIVRES	SOLS	DENIERS
Dame Jehanne de Noyzi ; Jehannot et Guillot, ses fuiz et Alison, sa fille ; — Thomas, son fuiz	4	12	»
Pierre, de Baingneus (Bagneux) . . .	»	16	»
Gautier, le selier.	»	5	»
Yvon, le fournier	»	8	»
Richart de Sucy.	»	20	»
Jehanne la nainne	»	14	»
Jehan Milet	»	4	»
Pierre de Grey.	»	38	»
Edelinne de Saint Cloot (Saint-Cloud) . .	»	2	»
Lorenz, de Biau-Leu.	»	48	»
Anesot, sa chamberiere	»	3	»
Phelippe, le barbier	»	2	»
Huc, le pataier	»	10	»
Lepage, tavernier chiès la Marche-Boé (1)	»	18	»
Jehane, la Chauvele	»	10	»
Guillaume de Pontaise.	»	17	»
Robin le Normant, vallet Thomas le tailléeur	»	5	»
Eude, de Brégi	»	5	»
Guillaume, le cordoanier	»	5	»
Gautier, le barbier.	»	5	»
Jehan, le péletier	»	3	»
Guillaume le Sueur	»	2	»
Raoul, le page.	»	3	»
Pierre, le tapicier . .	»	2	»
Jehan Popin (2)	15	»	»

(1) V. rue de Nesle Fevrier 1259

(2) Echevin en 1289, prévôt des marchands (Prévost de la marchandise a l'eau Felib. 1294, Dis., p. CIX) 1289—1293 (+ le 18 juillet 1296), est remplacé par Guillaume Bourdon — Il y avait deux Jehan Popin Jehan Popin de Chastiau Festu (c'est celui-ci) et Jehan Popin celui du Porche (Saint-Jaques la Boucherie) *Livre des Sentences.* Le sceau de ce dernier est aux Archives nationales (V. *supra*).

	LIVRES	SOUS	DENIERS
Jehanne, fame feu Girout la guiète. . . .	»	3	»
Renault, l'aumucier	»	2	»
Marie d'Oanne.	»	2	»
Gautier l'Englais.	»	»	12
Carbonnel.	»	3	»
Guillaume, le moine.	»	2	»
Guillaume, le bourrelier	»	2	»
Jehan, le péletier	»	8	»
Renaut, le paintre	»	6	»

DEVANT NÉELE JUSQUES A LA GRANT RUE (SAINT-HONORÉ)

	LIVRES	SOUS	DENIERS
Jehan, le messagier la Reyne Marguerite.	»	5	»
Clymence, de Beurennes.	»	3	»
Pierre Tue Four *	»	3	»
Anès, la taupière; Erembourc, sa fille . .	»	4	»
Pierre de Compigne *	»	2	»
Jean Hache	»	2	»
Guillaume de Pontaise; Perronnele mère sa fame..	»	4	»
Robert, le page, fourrier monseigneur Challes (1).	»	7	»
Giefroi d'Oanne..	»	3	»
Jehan l'Alemant, ostelier.	»	32	»
Son gendre, huissier, monseigneur Challes.	»	6	»
Guillaume de Roen, tailléeur * (2) . . .	»	12	»
Jean l'Estuvé	»	6	»
Ymbert, le gueinnier.	»	10	»
Jehan, de Crespi.	»	20	»

(1) Ce « Mons. Challes » est Charles, comte de Valois, d'Alençon, etc., frère de Philippe le Bel.

(2) Tailleur de Mons. Charles.

LA RUE CHEVEZ-SAINT-HONORÉ, LA RUE P... C., ET LA RUE DE GUERNELES

(CETTE PARTIE EST EN DEHORS DES MURS DE LA VILLE)

	LIVRES	SOUS	DENIERS
Gilebert, le plâtrier (1)	»	10	»
Pierre, le fauconnier	»	2	»
Gile, le tesserant	»	8	»
Estienne, le tesserant	»	5	»
Nycaise, fame au charretier la contesse d'Alançon	»	3	»
Martin le Breton, tesserrant	»	4	»
Lucas, de Saint-Germain	»	3	»
Jehan, le ferron	»	5	»
Giles, de Cuisi	»	4	»
Denyse, le serjant (2)	»	8	»
Pierre de Prunay, son gendre	»	2	»
Pierre Ferri	»	18	»
Robert d'Aufay	»	10	»
Pierre, le pincéeur	»	3	»
Robert-le-Cras (crassus, gras) (3)	»	8	»
Guillaume le Breton, en P... C.	»	3	»

LA RUE DE VERNUEIL JUSQUES A LA CROIZ-NEUVE

	LIVRES	SOLS	DENIERS
Guillaume, l'estuvéeur *	»	2	»
Jehan, des Estuves	»	32	»
Guillaume Tristan	4	5	»
Richart, de Sèvre	»	6	»
Ameline, la crespinière; Phelippot, son frère	»	2	»
Maheut aus Colez	»	8	»
Guillaume, le boiteus	»	25	»
Estienne, le rous	»	36	»
Jehannete, sa nièce	»	40	»

(1) Voir rue de Grenelle, 30 avril 1283.
(2) Denyse de Senliz, serjans aus bourgeois (24 janvier 1298) (L. S.).
(3) Conseiller de ville (24 janvier 1298) (L. S.).

	LIVRES	SOUS	DENIERS
Marie de Vernueil ; ses enfanz*	»	44	»
Jehan le Picart, maçon.	»	3	»
Jehanne la Morise.	»	6	»
Estienne de la Chapele* (1)	»	60	»
Nicholas Brunel	»	60	»
Jehan, le gastelier	»	44	»
Rogier, le pataier	»	2	»
Jehan de Roen, péletier	»	2	»
Jehan de Trye.	»	3	»
Pierre, le gastelier.	»	30	»
Gennevote de Saint-Denys	»	»	12
Pierre de Vile Taingneuse.	»	2	»
Pierre le Picart	»	3	»
Ameline, fame Guillaume l'Englais. . .	»	3	»
Aalès, la tapicière et Pierre son fuiz . .	»	19	»
Marie de Louviers.	»	2	»
Richart, le ferpier	»	5	»
Erembourc, la blonde	»	8	»
Tybaut, de Crocy	»	5	»
Nicholas d'Arraz, péletier . .	»	3	»
Aveline la Savourée	»	9	»
Jehan Moriau	»	12	»

EN LA RUE TRAVERSAINNE QUI BOUTE DEVANT NÉELE ET DE L'AUTRE PART A LA RUE AUS PROVOIRES

	LIVRES	SOUS	DENIERS
Pierre, de Vernon.	»	3	»
Richard, du Four	»	2	»
Raoul, de la Taillerie	»	34	»
Guiart, d'Yvri, son gendre	»	3	»
Jaques, du Til.	»	3	»
Ogier de Roen	»	2	»
Jehan, de Pontaise, serjant du guiet. . .	»	5	»
Lorenz, du Til	»	14	»
Dame Jehanne l'Escote	»	30	»

(1) Marchand, commissaire de la taille, conseiller de ville (14 decembre 1305) (L. S.).

	LIVRES	SOLS	DENIERS
Jehan, son fuiz	»	20	»
Michiel, son fuiz	»	14	»
Guillaume de Biauvez	»	12	»
Guillaume le Croisié, ferpier	»	50	»
Guillaume Moriau, son vallet	»	12	»
Perronnele, la Haquine	»	8	»
Erembourc la Bourgoingne	»	50	»
Erembourc a la Pie et au Lyon	»	16	»
Piere Chace-Rat	»	36	»
Guillot de Bailli	»	36	»
Droet Fauque	»	10	»
Garnier de Néauffle	»	20	»
Raoul l'Englais	»	4	»
Thomas le Tyais	»	4	»
Jaques le conréeur de péleterie	»	2	»
Nicolas le gay	»	6	»
Pierre du Houme	»	20	»
Pierre, l'orbatéeur	»	30	»
Jehannot de Longuéla, espinguier	»	2	»
Pierre, le gueinnier	»	2	»
Guillaume, le lampier	»	3	»
Jehan l'Escot, conréeur de péleterie	»	10	»
Jehanne, dame feu Pierre le Prestre	»	17	»
Richard Poile Haste (1)	»	13	»
Maheut aus Pois	»	3	»
Heymon le Breton, crieur	»	2	»
Guillaume Roussiau, vallet Monseigneur	»	18	»
Charles (2)	»	5	»
Raoul, le portéeur de busche	»	2	»
Jehan de Montereul, tesserant (3)	»		»
Raoul de Roovile, le lanier	»	8	»
Jehan, le péletier	»	2	»
Guérin, le hiaumier	»	2	»

(1) Voir rue de Nesle, 14 novembre 1283.

(2) Il devint le concierge de l hôtel de Charles de Valois.

(3) Preudonme élu pour lever la taille (1301, 1305, 1308 et 1313), par les tesserans (L. S.).

LE COING DE LA MESON JEHAN DES, DEVANT LA CROIZ NEUVE EN LA RUE DU FOUR

(CE JEHAN DES DEMEURAIT AU COIN DE LA RUE DES PROUVAIRES, ET PAYAIT AVEC SA FILLE 55 LIVRES, C'EST DONC DE L'AUTRE COTE DE LA RUE DU FOUR)

	LIVRES	SOLS	DENIERS
Houdée, la regratière	»	2	»
Maalot, la regratière	»	2	»
Aales Babille	»	22	»
La compaingne Maalot, la regratière	»	»	12
Jehanne la Godeliche	»	50	»
Droart de Laon, ferpier	»	2	»
Ameline, la navete	»	2	»
Girart, le Leu	»	40	»
Gautier, le tesserant	»	2	»
Hue Louier	»	3	»
Guillaume, le tesserant	»	2	»
Jaques, le sueur	»	2	»
Rogier, le conréeur de Cordoan	»	»	12
Marguerite, la lavendière	»	2	»
Denyse, le fournier	»	8	»
Robert, le fournier	»	12	»
Denysot, du guiet	»	12	»
Jehan, de Chaalons	»	24	»
Guillaume de Mortpas	»	2	»
Henri, le peletier	»	12	»
Gaillart de Senliz	»	70	»
Gautier, le couturier	»	2	»
Robert, le poulaillier	»	8	»
Jaques, de Senliz (1)	»	2	»
Emeryat, de Senliz	»	8	»
Jehan le Borgne (1)	»	24	»
Pierre Conseil	»	18	»
Gautier de Mont-Bouyn (2)	»	36	»
Jehan l'Englais	»	»	»
Henri, de Londres	»	3	»
Lorenz, de Tongues	»	[illegible]	12
Phelippe, de Chartres	»	14	»
Jehan le Picart, poissonnier	»	32	[illegible]
Heloys, la Galeranne	»	20	»

(1) Voir rue du Four, 30 avril 1283.
(2) Voir rue du Four, mai 1255.

	LIVRES	SOUS	DENIERS
Jehan Hure, le gendre à la Galeranne . .	»	20	»
Lorence, la pigneresse	»	5	»
Gilbert de Senliz	»	2	»
Renault, le poulaillier.	»	30	»
Jehan son fuiz	»	12	»
Nicholas de Chartres, serjant	»	5	»
Droet, le courratier	»	12	»
Robin de Sens	»	36	»
Randoul l'Englais	»	»	12
Robert l'Englais.	»	8	»
Hue, d'Avignon	»	3	»
Guillaume, Abraham	»	10	»
Simon du Puiz	»	8	»
Raoul le Breton.	»	8	»
Aaliz, fame feu Petit-Mestre.	»	8	»
Robin, le cousturier.	»	2	»
Denyse d'Outre-mer, fame. . . .	»	5	»
Pierre de Senliz (1)	»	45	»
Robert, le Picart	»	2	»
Dame Huitace la contesse	»	55	»
Tierri Biau-Dehors	4	»	»
Lucas le Sueur.	»	3	»
Guillaume Petit (2)	»	2	»
Jaquet, le couturier	»	2	»
Alain, le mercier	»	2	»
Jehan du Tyl, l'apostoile	»	2	»
Perrot de la Fosse, tonnelier .	»	»	12
Heimeri, le cercelier.	»	»	12
Alixandre l'Escot	»	3	»
Durant Maugier (3)	4	»	»
Heimeri, le ferpier	»	3	»
Jehannete, la fille Baudoin, le tounelier .	»	»	12
Dame Sedile, qui biau marche (4)	»	10	»
Ameline, la velue	»	2	»
Marguerite la chanevacière et Nicolas du Val	»	8	»
Baudoin, le tounelier	»	»	12
Ondart, le rous	4	4	»

(1) Conseiller de ville (12 nov. 1396) (L. S.).
(2) Mestre des talemeliers (31 oct. 1298) (L. S.).
(3) Regrattier, conseiller de ville (24 déc. 1280) (L. S.).
(4) Parente de Jean qui biau marche, conseiller de ville (6 juil. 1290) (L. S.).

	LIVRES	SOUS	DENIERS
Mestre Guillaume, d'Alée	»	3	»
Gennevote de Senliz.	»	20	»
Anesot, sa seur	»	20	»
Girart de Senliz, gendre Jehan Hescelin (1).	»	40	»
Jaqueline, la saacière	»	»	12
Dame Yfame la Tiboude.	7	15	»
Raoul de Courbueil	»	2	»
Anquetin du Val	»	14	»
Giefroi le Gay.	»	20	»
Pierre Bon-Vallet	»	17	»
Guillaume Macy.	»	5	»
Robert le Conte.	»	12	»
Robert de Cailli . . .	»	12	»

LES MENUES GENS DE LA PREMIÈRE QUESTE DE SAINT HUITACE

CE SONT LES PERSONNES QUI NE PAIENT QU'UN SOU (DOUZE DENIERS) DE TAILLE PAR OPPOSITION AUX GROS

LE COING DE LA MESON JEHAN DES, DEVANT LA CROIZ-NEUVE ET LA RUE DU FOUR

	LIVRES	SOUS	DENIERS
Jehan de Gisorz.	»	»	12
Jehanne, la Meigrète	»	»	
Nicholas, le cheminant	»	»	
Lorent de Tongues	»	»	
Rasequin	»	»	
Raoul, l'Englais.	»	»	
Tybaut son fuiz.	»	»	

(1) Voir chapitre Ier, notes.

EN LA RUE TRAVERSAINNE QUI BOUTE DEVANT NÉELE D'UNE PART ET D'AUTRE EN LA RUE AUS PROUVOIRES

	LIVRES	SOUS	DENIERS
Jehan Rabot de Montfort	»	»	12
Thoumas Bouche-de-Lièvre	»	»	
Jehanne, la chamberiere Dreue-Fauque. .	»	»	
Gautier, son cestre (sic)	»	»	
Rozier d'Obin	»	»	
Thomas de Sevre	»	»	
Henri le pincéeur	»	»	

LA RUE JAQUES DE VERNUEIL JUSQUES A LA CROIZ-NEUVE

	LIVRES	SOUS	DENIERS
Symon, le verrier.	»	»	12
Henri, de Gounesse	»	»	
Marguerite la Galaise	»	»	
Dreue le gueinier	»	»	
Guillaume Chaut-Pas	»	»	
Guillaume le Courtais	»	»	

DU BOUT DE LA RUE DU FOUR, A COUMENCIER A LA MESON JEHAN DE FONTENAY, A ALER A LA PORTE SAINT-HONORÉ

	LIVRES	SOUS	DENIERS
Guillaume Bristo	»	»	12
Jehan Faumuchon.	»	»	
Pierre le Breton.	»	»	
Symon le Breton, tapicier	»	»	
Heloys, l'uilière, etc., etc. (probablement l'huissière)	»	»	

EXTRAITS DU LIVRE DES TAILLES DE 1296-1300. *(Inédit.)*

Ce précieux volume est mentionné dans un ancien inventaire du trésor des Chartes rédigé sous le règne de Charles V par Gérard de Montaigu, comme faisant partie du dépôt des Archives royales de la sainte Chapelle. Ainsi, à peine quatre-vingts ans après son apparition, il est déjà noté comme renfermant de curieux documents sur Paris.

Nous retrouvons dans ces tailles les mêmes noms que ceux qui figurent dans la taille de Géraud et nous connaissons les voisins de l'hôtel de Neele qui demeurent du même côté de la rue : Jehan Lalemand, etc.

Nous voyons encore ce « Guillaume Roussiau, vallet de Charles de Valois », qui demeure rue Traversanne en 1292, devenir concierge de Neele en 1296 et y demeurer en 1297, alors qu'il est tailleur de monseigneur Charles.

En 1299-1300, nous retrouvons Guillaume Roussel ou Rousseau.

RUES CITÉES DANS LA TAILLE DE 1296

La taille de 1296 mentionne :
La rue de Neelle, le renc de la rue de Neelle ;
L'autre renc de la rue de Neelle ;
La porte au coquillier dedenz les murs et la rue qui va dileuc a Saint-Huitace (Eustache) ;
La rue Jaques de-Verneul, le renc Jaques-de Verneul ;
L'autre renc de cete rue ;
La rue Raoul Roisole ;
La rue du Four, le renc devers Neelle ;
L'autre renc de la rue du Four.

TAILLE DE 1297

La taille de 1297 mentionne :
La rue Jaques de-Verneul le renc Jaques de Verneul (10 h.) ;
L'autre renc (10 h.) ;
La rue de Neele d'une part et d'autre (14 h.) ;
La rue Traversanne qui va de Neelle en la rue aux Prouuoires (23 h.) ;
La rue des Estuves, le renc Jaques de Verneul (4 h.) :

La porte au coquillier dehors et dedens (11 h.);
La rue du Four le renc devers Saint-Huitace (30 h.);
L'autre renc de la rue du Four (21 h.).

TAILLE DE 1298

La taille de 1298 mentionne :
La rue de Neelle d'une part et d'autre;
La rue Jaques de Verneul d'une part et d'autre;
La rue qui va de Neelle à la rue aux Prouuoires d'une part et d'autre (14 h.);
La porte au quoquillier jusques en la rue de Neelle (18 h.);
La rue du Four le renc qui..... (18 h.);
L'autre renc de la rue du Four jusques au coing de la Croiz neufve (13 h.).

TAILLE DE 1299

La taille de 1299 mentionne :
La rue de Guerneles (9 h.);
De la meson au coing de la rue jusques a la porte au coquillier (9 h.);
La rue de Neelle d'une part et d'autre;
La rue Jaques de Verneul d'une part et d'autre (22 h.);
La rue du Four au coing Jehan de Fontenay à senestre jusqu'au coing Jehan Bigue (1) (31 h.);
L'autre renc (29);
La rue Traversanne qui va de Neelle en la rue aux Prouuoires a destre (17);
L'autre renc de cete rue (22);
La croiz-neuve;
De la porte au coquillier a aler a Saint-Huitace (17 h.).

TAILLE DE 1300

Enfin la taille de 1300 mentionne :
La rue de Guerneles;
L'autre renc de la rue de Guerneles;

(1) Jehan Bigue était échevin en 1280-81. V. appendice, famille Bigue

De la meson au comte de Flandres à la porte au coquillier ;
La rue de Neelle (23 h.) ;
La rue Jaques de Vernueil (27 h.) ;
La rue du Four a senestre jusques à la croiz Jehan Bigue (39 h.) ;
L'autre renc de la rue du Four (35 h.) ;
La rue Traversanne a destre à commencer vers Neelle (27 h.) ;
L'autre renc de la rue Traversanne (22 h.) ;
De la porte au coquillier a aler à Saint-Huitace (21 h.).

NOMS DES HABITANTS

DE LA RUE DE NÉELE ET DE LA RUE JAQUES DE VERNEUL INSCRITS SUR LES DIFFÉRENTES TAILLES DE 1296 A 1300

RUE DE NÉELE D'UN COTÉ

(1296)

Jehan Lalemant, LXX s. (V. Taille 1292) ;
Guil. concierge de Neelle, LVIII s. ;

ET DE L'AUTRE :

Perrot le trompeeur, VIII s. ;
Estevenot son compaignon, VIII s. ;
Martin le charretier le roy, XII s. ;
Aalis de Meleun, VIII s. ;

ET RUE JAQUES DE VERNEUL, D'UN COTÉ :

Guillaume Tritan, IIII l. 2 s. (V. Taille 1292) ;
Dame Marie de Verneul, LVIII s. *(id.)* ;
Peronelle la gastelière, XXXVI s. (Fille de Marie de V.) ;

ET DE L'AUTRE :

Pierre le tapicier, XX s. (V. Taille 1292) ;
Aales la tapiciere, XLVIII s. ;

Guil. son gendre, XLVIII s.;
La fame feu Jehan Morise, XVIII s. *(id.)*;
Estienne de la Chapelle, LVIII s. *(id.)*;
Estienne le rous, XXXII s. *(id.)*;
Guill. le boiteus, XXXVI s. *(id.)*;
Gefroi du til, VI s.

RUE DE NÉELLE DE PART ET D'AUTRE

(1297)

Jehan lallemant ostelier (V. Taille 1292);
Jehan son fuiz (fils) *(id.)*;
Robert le page fourrier MdS. Challes *(id.)*;
Tybaut de la chambre MdS. Challes *(id.)*;
Gefroy *(id.)*;
Aalis de Meleun;
Guil. le boiteus peletier *(id.)*;
Symon de Neelle (1);
Guille Roussel tailleur mons. Challes *(id.)*.

MÊME RUE ET MÊMES NOMS, PLUS :

(1298)

Jehan dandrecit sergent;
Martin dandeli charretier;
Thybaut de la fourrière (V. ci-dessus);
Guillot tailléeur;
Renier de hautevile;
Jeanne feu Symon de Neelle;
Guerin le lorrain lorimier.

RUE DE NEELLE :

(1299)

Guillaume Rousseau, concierge de Neelle (V. Taille 1292, rue Traversanne);

(1) Ce Symon de Neelle (+ 1297) était conseiller de ville (31 mars 1268) (L. S.)

Guillaume tue-four (V. Taille 1292);
Jehan lallemant, sergent du guiet (V. *supra*);
Guiart son fuiz *(id.)*;
Guiart de Quercassonne, sergent du guiet;
Jehan lestuve, huissier au comte de Clermont;
Martin, du chariot des deniers le roy (V. *supra*);
Hannequin dandeli, sergent du guiet;
Guil. le boiteus peletier;
Nicolas de Vauconsin;
Aaliz de Meleun;
Guillotin le tailléeur;
Jehanne fame de Symon de Neelle.

(1300)

Enfin dans la taille de 1300, nous trouvons rue de Neelle les mêmes personnes moins Jehan lestuve et Aaliz de Meleun et de plus les noms suivants:
Jehan destrees cocon de chevax;
Asceline dubois;
Jehan desjardins texerant;
Martin qui maine le chariot [du roi];
Droet le courratier;
Henri le peletier;
Pierre le couturier;
Marguerite laberrine, regratière;
Perronnelle la harengiere;
Martin le peletier;
Guil. le Camus;
Robert le couturier;
Pierre des granches, sergent du Chatelet.

LA RUE JAQUES DE VERNEUIL

Jehan de Vernilict, ferpier;
Giefroy le gueinier;
Henri des nes bourcois (bourgeois) XI liv. 10 sous (Henri *de navibus*, échevin en 1263);
Dame Peronnelle la gastelière (V. *supra*);
Et sa mère fame feu Jaques de Verneul (V. *supra*);
Raoul le Breton, peletier;

Symon le tapicier ;
Nicholas Elyes courratier ;
Jehan le barillier ;
Thomas le tapicier ;
Isabel qui file-soie ;
Pierre dumont peletier ;
Guil. de Crespi, tapicier (4 liv. 4 s.) ;
Aales la tapiciere ;
Pierre le tapicier ;
Jehan de Chartres, ferpier ;
Guil. Porte-soie, ferpier ;
Richart le normant, peletier ;
Gautier le couturier ;
Jehanne la morise (V. *supra*),
Adam le macon ;
Estienne de la Chapelle (V. *supra*) ;
Hue le barbier, vallet le roy (nichil),
La fame Guil. le boisteus, ferpier (V. *supra*);
Pierre de Baubigni ;
Hue le barbier monseigneur Challes ;
Marie des estuves.

Ces tailles nous prouvent que la population augmentait dans ce quartier et que les principaux métiers étaient ceux de tapissiers et de fripiers. Le personnage le plus riche du quartier est après Henry des Nes (1) bourcois XI liv. 10 sols, (1300) Guillaume Tristan qui paie 4 liv. 5 sous. La veuve de Jacques de Verneuil, Marie et dame Peronnelle la gastelière, sa fille, devaient être les plus anciennes habitantes puisque la rue portait leur nom.

Une grande partie de la population appartenait à la maison royale; le barbier du roy Hue, le charretier des deniers royaux Martin, Nicholas d'Orléans, priséeur le Roys, Pierre de Meaux, cordoannier du roy, sire Jean Dismier, mestre des monnoies rue du Four; ou aux maisons princières, Guil. le portier de chez Mons. Loys, rue P... C.. (rue du Pélican), etc.

Nous remarquons également les noms de mestre Aubert, mestre de l'escole, 3 sous, rue du Four (1297); Marie des Estuves et Pierre son estuvéeur, rue des Estuves (1297) ; Guilles le mareschal qui fu a la vieille royne 16 solz (Marguerite + 1295), Jehan Raaille ou Taille,

(1) Cet Henry des nes — ou Henry des *bateaux* (nefs), Henri *de navibus*, échevin (1263), était assurément un gros personnage qui devait occuper une haute situation parmi les marchands. En 1292 il demeurait rue Tybaut aus dez fendant jusques a l'yaue et paioit 10 liv. et son frere Jehan des Nés payait 8 livres — Adam le clerc Henri des Nes, payait 16 sous et demeurait ruèle feu Jehan le joelier (V. P. j)

barbier le roy 6 liv. 15 solz ; Eudeline la salterionneresse et son père (néant) ; Ysabel prévôte du four l'Evesque et son fuiz 6 liv. 15 s. et Jehan le Mire fuiz mestre Pierre le Mire, de la porte au Coquillier a aler à Saint-Huitace.

Lorsqu'un individu est trop imposé on lit en marge : « trop taillé par mesprenture d'escrivain. »

Nous donnons la taille de 1313 d'après Buchon (1827). Elle fut publiée dix ans avant celle de H. Géraud.

Nous trouvons encore au bout de vingt ans les mêmes habitants dans les mêmes rues, payant des tailles différentes.

TAILLE DE PARIS (publiee par BUCHON, B. N., 1827)

PHILIPPE LE BEL LÈVE, EN 1313, UNE TAILLE EXTRAORDINAIRE POUR ARMER CHEVALIER SON FILS AINÉ, LE ROI DE NAVARRE.

Voici le « Mandement de l'ayde düe au Roy, à cause de la chevalerie qu'il avoit conférée a son fils » :

Philippe, par la grâce de Dieu, roy de France au seneschal de Xaintonge, salut.

Comme n'a guères nous avons fait nostre amé fils chevalier, et, pour cause de celle chevalerie, les gens de nostre royaume soient tenus a nous faire certaine aide, nous vous commandons que vous, la dite aide, en la manière qu'il a este fait autrefois en cas semblable, en toute votre seneschaucie et es ressorts, faites lever et exploitier au plus tost que vous pourrez ; et tous pour l'argent de celle aide, sitost comme il pourra estre receu, envoyez à nostre trésor à Paris.

Donné à Paris, le premier jour de decembre, l'an de grace, mil trois cent treize.

Ce sont toujours les « lombarts » qui sont le plus imposés ; Estienne Marcel, de la paroisse Saint-Merri (drapier), paye 22 livres parisis. C'est le père du fameux prévôt des marchands.

TAILLE (1313)

LA RUE JACQUES DE VERNEUIL

	LIVRES	SOUS	DENIERS
L'estuvéeur*	»	6	»
Raol le Breton	»	2	6
Guillaume le Breton, fournier.	»	3	»
Guillaume de Roen, tavernier (1) * . . .	»	12	»
Renaut, de Vernon	»	»	18
Nicolas Losane, brodeur	»	3	»
Estienne de la Chapelle*	»	10	»
Thomas, le marcheant	4	12	»
Tiephaine qui file au touret (rouet) . .	»	»	18
Pierre Tue-Leu (loup)*	»	18	»
Richart Alain	»	3	6
Thomas du Fosset	»	3	»
Guiart, vallet peletier.	»	»	18
Guillaume le Breton	»	»	18
Brient le Breton	»	»	17
Thomas le Normant	»	30	»

DE LA PORTE AU COQUILLIER PARMI LA RUE DE NÉELLE

	LIVRES	SOUS	DENIERS
Remont, le buschier	»	5	»
Jehan de Saint-Denys, tapicier	»	»	18
Pierre de Compiègne*.	»	»	18
Simon Muriel, dorelotier	»	5	6
Guiart, l'Alemand	4	10	»
Perronnelle, l'Alemande.	»	30	»
Michiel Blé	»	»	18
Dreue, le ferpier	»	»	18
Ameline, la cortoise	»	22	»

(1) Voir rue de Nesle, juillet 1325.

	LIVRES	SOUS	DENIERS
Renaut de Senliz	»	6	»
Robert Ardille	»	»	18
Geneviève de Vannes	»	15	»
Robert, le mercier	»	6	»

LA RUE DU FOUR A SENESTRE

	LIVRES	SOUS	DENIERS
Thomas, l'Anglais	»	»	18
Mabile, la couterière	»	6	»
Alain, l'Anglois	4	10	»
Nicole, de Troie	»	12	»
Rogier, le marcheant	»	3	»
Guillaume Bourdon, tavernier	»	4	6
Henri de Louvain	»	36	»
Jehan Phelippe	»	9	»
Pierre le Court	»	30	»
Guillaume le chambellenc (1)	»	24	»
Oudart le Rous	»	30	»
Guillaume de Mondeville (2)	6	»	»
Pierre de Senliz'	7	»	»

L'AUTRE RENC DE LA RUE DU FOUR

	LIVRES	SOUS	DENIERS
Jehan Gorre	»	30	»
Alart de Pierre-Fons	»	60	»
Pierre le cousturier	»	3	»
Jehan de Boves	»	»	18
Ernoul, l'orfèvre	»	9	»
Guillaume de Provins	»	30	»

(1) Probablement un homme qui avait été au service de Guillaume le chambellan (de Tancarville), + à Courtrai, 1302 (Voir hôtels de la rue du Four).

(2) Fruitier de Monseigneur Charles.

	LIVRES	SOUS	DENIERS
Jehan Courtois	»	15	»
Gautier du Boissel	»	»	22
Richart, le peletier	»	»	22
Adam, le maçon*	»	6	»
Jehan de la Croix	»	»	18
Henri le Breton	»	3	»
Jehan, l'Alemant	»	19	»
Pierre Bourdin	9	»	»
Macy Fouart	»	7	6
Les Béguines (1)	»	6	»
Jehan Quentin	4	10	»
Jehan Chardon	4	10	»
Jehan, le Normant	»	»	18
Guillaume, l'Anglois	»	»	18

LA RUE TRAVERSAINE DEHORS LA PORTE A DESTRE

	LIVRES	SOUS	DENIERS
Jehan le peletier*	»	6	»
Geffrin de Gamaches	»	3	»
Girart de Cologne	»	18	»
Marie, l'Alemande	»	6	»
Guille le boursier	»	3	»
Guille cochet	»	»	18
Jehan Noel	»	45	»
Alain qui-ne mant	»	30	»
Guille le charpentier	»	9	»
Joce de Ville-Neuve	»	30	»
Alixandre le corteiller	»	»	18
Robert qui-ne-mant	»	45	»
Jacques Bernart	»	12	»
Ameline la Bone	»	»	18
Loys qui ne-mant	»	15	»

(1) Religieuses établies par saint Louis en l'honneur de sainte Bègue C'était quelquefois des veuves qui vivaient retirées, comme les vit Du Breul à Sainte-Avoye ou elles étaient trois seulement (Felib.). On lit dans les tailles le nom d'un particulier suivi de cette mention « sa béguine ». C'était sans doute des religieuses qui vivaient isolées dans des maisons particulières (V. p. just. et le *Mesnagier de Paris*).

DE LA RUE TRAVERSAINE JUSQUES A LA RUE AUX PROUVEIRES

	LIVRES	SOUS	DENIERS
Milet de Laon	»	6	»
Michiel l'Escot	»	60	»
Jehan l'Escot	»	18	»
Nicolas de Biaumont, cordoanier	»	»	18
Gilebert l'Escot	4	10	»
Girart de Compiegne, peletier	»	9	»
Guille de Sargi	»	»	22
Raol de Senliz	»	5	6
Jehan, le Normant	»	15	»

LA RUE DE GRENELLE DE L'UNE ET L'AUTRE PART

	LIVRES	SOUS	DENIERS
Jehan de Gisorz	»	2	6
Giles, le texerrant	»	7	6
Adam Ferri	»	3	»
Geoffroy Hache	»	»	18
Martin de Chastiau	»	»	18
Sedile la chievrere	»	7	6

DE LA MESON DU COMTE DE FLANDRE JUSQUES A LA PORTE AU COQUILLIER

	LIVRES	SOUS	DENIERS
Lorenz, le mire	»	30	»
Hue de Bruieres et sa mère en la rue Bertin-Porée	»	60	»
Hue du Moulin, platrier	»	2	6
Hue Aubert	15	»	»
Robert, le charretier	»	»	18

DE LA PORTE COQUILLIER JUSQUES A SAINT-HUISTACHE

	LIVRES	SOUS	DENIERS
Nicolas, le tonnelier et Jehan son frère. .	»	6	»
Hermaingot.	»	12	»
Robert Sanson	10	10	»
Mevier	»	12	»
Alain le corduanier	»	»	18

Nous avons cru devoir donner l'explication des noms de métier cités dans les tailles.

On voit qu'en 1292 il n'y avait pas de noms de famille et que tous nos noms sont venus soit du lieu d'origine, soit du métier, soit d'une qualité, soit d'un surnom. Quelque incomplets qu'ils soient, ces documents n'en sont pas moins curieux à ce titre seul.

DICTIONNAIRE

DES NOMS ACTUELS DES MÉTIERS CITÉS

Apostoile. Le Pape, l'apôtre. Jehanne l'aspotoile : Jeanne la Papesse.

Aumucier. Fabricant d'aumusses, capuchons fourrés.

Barbier. Il y avait souvent des femmes dans cette profession.

Bateure. Eschiquier de bateure et de cristal. Echiquier dont les cases étaient moitié cristal et moitié plaques de métal battu (Douet d'Arcq). Chambre de bateure · tendue avec une étoffe sur laquelle étaient plaquées des feuilles d'or ou d'argent.

Bourcier. Fabricant de bourses. Faiseur de bourses et brayeux (braies, culottes de peau).

Buschier. Marchand de bois à brûler.

Cercelier. Fabricant de cerceaux pour les tonneaux.

Chambellenc. Chambellan.

Chambeniere. Femme de chambre.

Chanevacier. Marchand ou fabricant de toile de chanvre.

Charpentier. Menuisier, fabricant de meubles, tonnelier par opposition au « charpentier de méson » et au « charpentier de Nés », constructeur de bateaux.

Charretier. Charretier, surtout pour les vins.

Chiévrère. Marchande de chèvres.

Cirier. Marchand de cire, de chandelles.

Cocon. Courtier (*cocio* b. l.).

Conréeur. Corroyeur. Corroyeur de cuir, de basane, de cordouan, de vache et de pelleterie.

Corratier, courratier. Courtier de commerce.

Corteiller, courtillier. Jardinier, maraîcher.

Corduanier (cuir de Cordoue). Cordonnier de luxe, par opposition aux savetiers. Souliers à lacet, à bandelettes, à boucles, sandales (estivaux, escarpins à semelle simple) et heuses (guêtres, houseaux).

Couterier, couteriere. Couturier ou celui qui coud, en opposition au tailleur, celui qui coupe (auj. le coupeur). Couturière, ouvrière en linge, faiseuse de robes et aussi ouvrière pour les tailleurs.

Crespinier, e. « Crespinier de fil de soie, ouvrier a coiffes a dame et soies a oreilliers et de paveillons que on met par dessus les autels que on fait à aguille et au mestier. »

Dorelotier. Rubanier, fabricant de rubans, de lacets de soie, de housses et de franges.

Espinguier. Fabricant d'épingles.

Estuvéeur. Baigneur ou propriétaire de bains.

Fauconnier. Marchand de faucons, dresseur ou éleveur de faucons.

Ferpier. Fripier.

Ferron. Marchand de fer ou fabricant de gros ouvrages de fer.

Fileuse au touret Fileuse au rouet.

Fournier. Garçon boulanger.

Fourrier. Intendant des écuries préposé aux fourrages. Le marchand de paille est généralement désigné sous le nom de « chauméeur » et le marchand de foin sous celui de « fanier ».

Gastelier. Faiseur de gâteaux.

Gueinnier. Fabricant de gaines ou de fourreaux. Il y avait à Paris le même nombre de gainiers en 1292 qu'en 1836 (Vaginarius).

Lampier. Fabricant de lampes, fondeur de candélabres et de flambeaux de cire.

Lormier. « Feseur de freins et de lorrains dorés, argentés estamez et blans. » Fabricant de brides, mors, gourmettes, éperons, etc., tous articles de sellerie en métal.

Marcheant. Marchands.

Marchéandes.

Meignen. Chaudronnier.

Mercier. Marchand d'objets de luxe, étoffes de soie, tissus d'or et d'argent, aumônières, chapeaux de soie, bourses de soie ornées de perles.

Messagier. Courrier.

Mire. Médecin (physicianus).

Orbattéeur. Batteur d'or.

Orphevre, orfèvre. Bijoutier.

Ostelier. Aubergiste.

Paintre. Probablement peintre-sellier. Le peintre-artiste est généralement désigné sous le nom d'ymagier.

Pataier, pastoier, pasteer. Pâtissier (pâtés de chair de porc, de volailles, d'anguilles, assaisonnés de poivre, tartes et flaons (flans) garnis de fromage mou, d'œufs frais et quelquefois d'œufs gâtés. Il y avait encore les « oubloiers » marchands d'oublies.

Peletier. Fourreurs, marchands de cuirs.

Pigneresse. Cardeuse de laine.
Pincéeur. Fabricant d'aleines, de tenailles, de pinces.
Platrier. Marchand de plâtre.
Queu. Cuisinier.
Regratier. Revendeur de pain et de sel, de fruits, de fromage, de chandelles soufrées avec de grosses mèches, de patisseries, etc.
Saaciere. Faiseuse de sacs.
Salterionneresse. Joueuse de psalterion (inst. de musique qui pouvait indifféremment se jouer avec les deux mains armées de plumes ou se pincer comme la guitare). C'est la cithare.
Selier. Sellier.
Serjeant. Domestique, serviteur, écuyer, gardien, huissier, appariteur, porteur d'exploits, massier.
Sueur. Cordonnier (Sutor).
Talemelier. Boulanger.
Tapicier. Fabricant de tapis divisés en : 1° tapissiers de tapis nostrez (nost, noué, rez, ras?) ; 2° de tapis sarrazinois ; 3° tapissiers de haute et basse lisse.
Taupier, e. Preneur de taupes.
Tavernier. Courtaud de boutique, garçon de magasin alors, et non cabaretier comme au XVe siècle.
Texerant ou tesserans, tesserant de linge. Tisserand.

LES CENSIERS

CENSIER DE 1373

A partir de 1313 nous n'avons plus trouvé pour nous renseigner que des censiers.

Le premier en date est celui de 1373 (Charles V). Il est excessivement précieux pour nous ; il nous donne les noms et les demeures d'un grand nombre de personnages importants de l'époque qui demeuraient dans ce quartier.

En 1350, Jehan, fils aîné de Philippe de Valois, est couronné à Reims le 26 septembre, ainsi que sa seconde femme. A cette occasion le Roy fit plusieurs chevaliers parmi lesquels nous trouvons :

Charles, son ainsné fils, dauphin de Vienne ;

Loys, son secont fils ;

Le conte d'Alençon (1) ;

(1) Charles III du nom fils de Charles de Valois, et non Louis, fils du roi.

Le comte d'Estampes (1);
Monseigneur Jehan d'Artois (2);
Philippe duc d'Orléans, frère du dit Jehan;
Le conte de Dampmartin (3), etc., etc., qui ont tous leurs hôtels mentionnés dans ces censiers et demeurent dans le quartier ou les environs (*Grandes chroniques de France*. P. Paris).

Quand le Roi revint à Paris, le 17 octobre 1346, il descendit à l'autre hôtel de Nesle. C'est là qu'il fit décapiter, le 16 novembre 1350, le connétable Raoul, comte d'Eu, qui l'avait trahi.

Dans une lettre datée de Paris (9 février 1371), on voit citer les noms des personnages suivants qui garantissent un emprunt de cent mille frans d'or fait à la ville d'Avignon.

— Nostre très cher frère le duc d'Anjou* ;
— Le comte d'Estampes ;
— Le comte de Tancarville* ;
— Le sire de Chasteillon* (4) ;
— Nicolas Braque* } conseillers et maîtres de nostre hostel;
— Pierre de Chevreuse } conseillers et maîtres de nostre hostel;
— Jehan de Rueil*, conseiller ;
— Jacques Renard, conseiller ;
— Nicolas de Fontenay, conseiller ;
— Jehan Culdoe, l'ainsné, prévost des marchands* ;
— Jehan Maillard, bourgeois de Paris* (5) ;
— Bernart de Mont le héri, trésorier de nostre Dalphiné* ;
— Jehan de l'ospital ;
— Jehan le mareschal*.

Les personnages dont le nom est marqué d'un astérisque habitent le quartier que nous étudions.

(1) Louis d'Évreux, tige des comtes d'Eu.
(2) Le comte d'Artois Jean Sans Terre, fils du fameux Robert d'Artois.
(3) Charles.
(4) Mons. Hue de Châtillon, grand maître des arbalétriers
(5) Celui qui avait tué Étienne Marcel (*).

CENSIER 1373

RUE DE NÉELLE

	LIVRES	SOUS	DENIERS
2 maisons : 1° Jean de Hangest (1), sire de Juilli, Guillaume Legrand, aujourd'hui Mᵉ de Constance ; 2° Adam de Valancourt, aujourd'hui Guillaume Clemence (2)	»	3	5
Maison Jean Pouleur, Robert le juge, Jean de Roquemagne (3), à présent Mᵉ de Constance et Guillaume Clémence . . .	»	»	18
Maison Jeanne de Corbie, Jean Picart, à présent Guillaume Clemence.	»	»	18
La grant maison de Neelle qui fu Messire Charles de Valois, Roy de Brahaigne, M. de Savoye, M. d'Anjou	»	30	6
Place de la maison d'Alain le Breton (4) qui fu Durant Baillehache	»	2	6
Maison du maistre des arbalestriers (5) qui fu M. de Varennes (6) Jean de Crespy (7).	»	5	»
Une grange qui fu d'icelle maison	»	4	9
Maison à messire Nicolas Braque (8) qui			

(1) Un Jean de Hangest est tué à Courtrai (1302) ; un autre Jean de Hangest est maistre des arbalétriers de France (1411) (Douet d'Arcq) frère et héritier de Robert de Hamgest (nov. 1338) (Cab. historique).

(2) Guillaume Clemence, tailleur de robes et valet de chambre du Roy (1380) (D). Il est payé 5 sous par jour (1383) (ib).

(3) Mᵉ Jehan de Rodemagne, tailleur de la duchesse de Normandie (1328) (ib).

(4) Alain le Breton, serjicant, reçoit des gaages, puis le vendredi d'ampres Noel de l'an mille trois cent et troize, jusqu'au jeudi jour de feste de Saint-March (25 avril) de l'an mil trois cent et quatorze pour cent dis neuf journées 9 liv. 16 s. 9 d.

(5) Le sire de Chatillon. Hugo de Castellione, magister arbalistarum, miles, anno 1382 (de Vyon).

(6) Gieffroy de Varennes (de Vallennes) chambellan du roi † mai 1352. V. cens. rue Coquil. 1399.

(7) Maistre Jean de Crespy, notaire du roy, est payé 6 sous par jour (1380) (ib).

(8) Nicolas Braque, chevalier, maître d hôtel du roi Jean (1352), parent de Jean Braque (1380). Il était fils d Arnoul Braque, Arnulphus Braque, nov. 1345 (*Éc. des ch* , t. 49, journaux du trésor) qui avait fondé en 1348 la chapelle de Braque (l'église

	LIVRES	SOUS	DENIERS
fu Pierre l'apostre ; Jean de Montmartre (1), Jacques de Pressouer (2) ; Etienne le feutrier (3) ; Pierre des Essars (4) et sa femme et fu de l'échange que ledit Pierre bailla à M. de Paris pour la coulture des quinze vingts et en sont respondans les maisons de Denis (dessus) la porte, joignant la « cueiller» tous l'une pour l'autre au terme pour ce qu'elle se paye en la rue de la porte au Quoquillier (5).	»	67	6

RUE DU FOUR

	LIVRES	SOUS	DENIERS
Maison Rogier le mareschal (6) qui fu Henry de Bezancon, Guillaume le Breton, Nicolas Joutif, à présent Dumoulin.	»	»	6

de la Merci. rue du Temple) et devint trésorier de France, en 1387 En 1384 (7 juillet) il recevait en don de Charles VII la porte du Chaume, la porte du Temple avec la jouissance des anciens murs entre ces deux portes (Felib). Nicolas Braque et Jehanne sa femme échangent 40 liv. 12 s. 6 d de rente à prendre sur l'arche du grand pont de Paris avec 40 liv. à prendre sur une maison à Marsonvilliers et le roi Jean à Paris (Cab. historique) 1350 (3 may). Un *sire* Almaury Brac est maistre des comptes en 1353 (may) (Douet d Arcq) Almarius Braque, nov. 1345 (*Ec. des ch.* t. 49, journaux du tresor). Charlotte Braque, veuve de Pierre Braque, epouse le sire de Pruly, elle a un fils, Blanchet Braque (1400) (J).

Nous avons le testament de la femme d un Pierre Braque, écuyer de cuisine du roi en date du 16 août (1398), elle se nomme Jeanne la miresse.

(1) Voir cens. 1399, et rue Coquilliere, 1339

(2) Voir cens. 1399, —

(3) Voir cens. 1399, —

(4) Pierre des Essars, mestre des comptes, commis par le roi à veoir l'inventaire de Clémence de Hongrie, veuve de Louis le Hutin (1328). En 1342, P. des Essars et Jeanne sa femme donnent aux quinze-vingts une maison nommée les Thuileries. (Voir rue des Vieilles Etuves 1352).

Pierre des Essars, deuxième du nom, envoyé en 1345 en Haynaut, pour traiter du mariage de Louis de France, fils de Jean, duc de Normandie, avec la fille du duc de Brabant, fut tué l'année suivante à Crécy.

(5) Il y a évidemment des erreurs grossières de copiste dans ce texte, faciles du reste à corriger.

(6) Rogier, le mareschal, valet d écurie du roi Jean en Angleterre (1359-1360) (ib.).

	LIVRES	SOUS	DENIERS
2 maisons Jacques de Pontoise qui fu enfans Huc de Dampmartin (1), Jean le violeur, Jehan Becquemicte	»	4	»
3 maisons M. le conte de Tancarville (2) qui fu Gautier l'ouvrier (3), Robert de Larris.	»	3	»
Maison de M. le conte de Tancarville qui fu Thomas de la fosse, Robert de Larris.	»	»	12
Maison M. le comte de Tancarville, Guillaume le Beguin (4), Robert de Larris .	»	»	6
Maison M. le comte de Tancarville; Girart Hasart (5) Messire Robert. . . .	»	»	6
A l'autre coing de la maison aux héritiers Durant Polet qui fu Le fromagier, à présent Jean de Vaubrisset	»	»	14
Maison Me Amaury de la Chambre (6) . .	»	»	6
Maison Jean Jaques qui fu sire Bernart de Mont-le-Héry (7) Jean de Haynaut (8) Pierre Bourdon (9)	»	»	10
Maison à sire Bernart de Mont-le-Héry qui fu Pierre de Hautecourt	»	»	12
Autre maison à Bernart de Mont-le-Héry qui fu Jehan de Nevers	»	»	12
M. le duc de Berry (10) pour une maison qui fu Nicolas de la Brée (11), dame Pernelle de Montigny, Pierre Bourdon, Nicolas Bracq (12).	»	51	»

(1) Monseigneur conte de Dampmartin (1387), grand pannetier de Charles V et du roi Jean en Angleterre (1360) (?). Une Jehanne de Dammartin, gantière du roi, de la reine et du duc de Thourraine, se fait payer 300 livres une note de gants fournis (1386. D d'Arcq).

(2) Conseiller du roi Jean II, vicomte de Melun, comte de Tancarville.

(3) Gautier l'ouvrier fait « faire du drap ardant ouvré d'or » (1313) (ib.).

(4) Frère du curé de Saint-Eustache, Bernard de Prailly (1339). (V Ch Ier, notes).

(5) Erreur de copiste pour Osard.

(6) Erreur de copiste il faut probablement lire Jehan de la Charmoie et Almaury de Condé. Maitre Jehan de la Charmoie est cler des comptes en 1353. Son parent Pierre est conseiller de ville (1294, 23 avril) (L. S).

(7) Trésorier du Dauphiné (1371).

(8) Jean de Haynaut, l'ami de Jean de Luxembourg, roi de Bohême (?).

(9) Echevin en 1355. Un de ses parents Guillaume B. est prévôt des marchands à l'eau en 1299, Étienne B est échevin en 1304, et un Guillaume Bourdon est prevost en 1831.

(10) Jean, duc de Berry, quatrième fils de Jean et de Bonne.

(11) Erreur de copiste . messire d Albret.

(12) Nicolas Braque.

	LIVRES	SOUS	DENIERS
M. le duc de Berry pour une maison qui fu de la Bret, dame Pernelle, Jean Faudebois (1), Nicolas Braque.	»	»	12
M. le duc de Berry, place ou fu la maison garnie de Compans qui fu messire de la Bret, Nicolas Braque.	»	53	»
M. de Berry pour la maison qui fut messire de la Bret, Nicolas Braque, Pierre de Laon, peletier, hôtel Gilbert de la Haye	»	3	»
M. de Berry et les Etuves Poquelle qui fu Mᵉ de la Bret, Nicolas Braque	»	11	6
M. de Berry qui fu Mᵉ de la Bret, Nicolas Braque, hôtel Jean de Rueil (2)	»	»	8
M. de Berry qui fu Mᵉ de la Bret, Nicolas Braque, Clyment le paintre, Adam de Clermont	»	»	9
M. de Berry qui fu Mᵉ de la Bret, Mᵉ Nicolas Braque, hoirs Jehannot de Saint-Lorenz, Anceau de Taillefontaine . . .	»	»	12
Maison Michel le ferron qui fu Guillaume Dubois (3), Guillaume Culsœ (4), Jehan de hangest.	»	»	12
Les maisons et le four de la coulture, payé par Jean de Beaupré	»	15	»
Maison Jacque le Roy (5) paye pour le four.	»	50	»
Maison Marguerıtte la Barillette (6) . .	»	»	12

(1) Jehan Saudubois, valet de garde-robe de la reine (Douet d'Arcq).

(2) Jean de Rueil, chevalier, reçoit une houppelande du roi avec les autres seigneurs (1ᵉʳ mai 1400). Un autre Jean de Rueil est preudonme por merciers (1301) (L. S.).

(3) Guillaume Dubois, sommelier de la chappelle.

(4) Erreur de copiste : Culdœ, parent de Jehan Culdœ, prévost des marchands (1371 et 1404).

(5) Voir rue Coquillière (1397, 16 may).

(6) Femme du barrillier du roi Jean, Pioche (1352), qui meurt à Londres (1359) (?).

RUE TRAVERSAINE QUI COMMENCE DEVANT L'HOTEL DE NÉELLE ET FINIT EN LA RUE DES PROVAIRES

	LIVRES	SOUS	DENIERS
Place vuide formant le coing devant la maison Mons. d'Anjou, à présent le Ribaut (1).	»	2	6

RUELLE DE NÉELLE

	LIVRES	SOUS	DENIERS
Place devant l'hôtel de Néelle, auparavant Me Jean le Coq (2), Adam Ogier, à présent Jean de Fontenay (3)	»	2	6
En l'autre rue (4) la grange Jean de Montmartre qui fu Étienne le feutrier, avec l'autre maison dudit Étienne près de la porte au Coquillier qui fu Jaques du Pressouer, auparavant Jean de Montmartre (5), à présent de Montatere . . .	»	67	6

LA PORTE AU COQUILLIER DEDENS ET DEHORS

	LIVRES	SOUS	DENIERS
La grange de la ruelle de Néelle est la maison empres ladite porte qui fu Etienne le feutrier, Jaques du Pressouer, Jean de Montmartre à présent Nicolas Braque	»	61	6

(1) Riboutus (voir rue de Nesle, déc. 1282 et janv. 1286).

(2) Maistre Lecoq, maistre de la chambre aux deniers sous le roi Jean. Voir saint Eustache, note, chapitre premier

(3) Jehan de Fontenoy, conseiller du Roy (27 juillet 1395).

(4) Erreur de copiste : renc (rang).

(5) Bourgeois de Paris, vote les gouverneurs de la confrairie de Saint-Jacques l'hospital avec P. des Essars, Jean Marcel de la Poterie, etc., 27 juillet 1337 (*Livre des Sentences*, L. de L.).

	LIVRES	SOUS	DENIERS
Outre la porte Marchellet Dumesnil (1), à petites maisons aux hoirs Nicolas de la Haye et Guillaume de Saint-Denys, à présent Clement le masson.	»	52	8

RUE DE GRENELLES

	LIVRES	SOUS	DENIERS
A l'autre rue (2) joignant la porte au Coquillier, la maison Jean de Neelle, à présent Pierre de hautonne (3), à présent dame Sainte du Chatelier	»	14	9
La grange Gieffroy Ruel, à présent Gilles Desmoulins et Raoul Lozart (4)	»	2	6
Le courtil à Me Gilles Dumoulinet qui fu Jean Chatel et Etienne de Cormeilles. .	»	4	»
Grange Jehan Deshayes qui fu Guillaume, le charron, Jean le Chat (5), Amaury de la Croix.	»	5	»
Place ou furent les granges de Mons. d'Anjou et Mons. de Valois, à présent au comte de Savoye	»	12	6

(1) Erreur de copiste Messire Gilles Desmoulins.

(2) Erreur de copiste . renc.

(3) Parent de Jean de hautonne, drapier du roi pendant sa captivité, 1359-1360 (Douet d'Arcq).

(4) Raoul Osart, foulon de drap, vend sa maison au duc d'Orléans, 1388-99. Voir rue de Grenelle, 1388

(5) Voir rue de Grenelle, 1315, 22 juin.

FIN DU CENSIER DE 1373

CENSIER (1399)

FAIT PAR LEQUEUZ, PRÊTRE, SUR L'ORDRE DE M. PIERRE D'ORGEMONT ÉVÊQUE DE PARIS

Le second censier (1399) fut fait sous le règne de Charles VI. On y retrouve beaucoup de noms contenus dans le censier précédent (1373).

RUE DE GARNELLES

	LIVRES	SOUS	DENIERS
Le jardin de Mons. d'Orléans qui fut Jean Châtel, Etienne de Cormeille, Gilles Dumoulinet	»	4	»

RUE DE NEELLE A COMMENCER DEVANT LA RUE SAINT-HONORÉ EN ALLANT VERS LA CROIZ-NEUFVE

	LIVRES	SOUS	DENIERS
Grant maison de Néelle à Mons. d'Orléans qui fu Mons. Charles d'Artois (1), Roy de Bahaigne, Mons. de Savoye, Mons. d'Anjou	»	30	6
Place ou fu la maison d'Alain le Breton .	»	2	9
Place qui est de la maison de Neelle ou fu la maison du maistre des arbalestriers qui fu Me de Varennes et sire Jean de Crépy	»	5	»
Maison ou à présent sont les galleries basses et maisons dessus lesdites galleries et y eut ja pieca une grange qui fut de ladite maison.	»	4	9
La grange d'Isabelle de Lassi et les maisons de la cuiller qui furent à la femme et aux enfants de Jehan de Montatere et furent Nicolas Braque, et avant Pierre l'apostre, Jean de Montmartre (2),			

(1) Erreur de copiste Charles de Valois.
(2) Un Jean de Montmartre est enlumineur du roi, 1351-55 (Douet d'Arcq). (')

	LIVRES	SOUS	DENIERS
Etienne le feutrier, Pierre des Essars et sa femme et furent de l'échange des rentes que ledit Pierre bailla à M. de Paris pour la coulture des Quinze-Vingts.	»	68	6

RUE DE LA PORTE AU COQUELIER DEDANS LA VILLE, JOIGNANT LA PORTE

	LIVRES	SOUS	DENIERS
Monsieur d'Orléans qui fut Nicolas le Breton, Jean de Pois (1), Jean de la ruelle (2), Thomas de Pois, Jean Filleul, Colin Petit (3).	»	10	10
Maison Jean Griseau (4) qui fut Thomas Pigasse (5), Robert de Cormeille, Pierre Rueil, Mathieu Potier (6)	»	»	10
Maison Ysablet de Lassy (7) qui fu Jean de Montatere, Me Nicolas Braque . . .	»	»	12

LA PORTE AU COQUILLIER DEHORS ET DEDANS

	LIVRES	SOUS	DENIERS
Grange et maison de la ruelle de Neelle et la maison auprès de ladite porte qui est à Isabelle de Lassy et fut Jean de Montatere, Nicolas Braque, Etienne le feutrier, Simon Jaques du pressouer . . .	»	67	6

(1) Jehan de Poiz, escuier, maistre d hotel du roi (1460).
(2) Jehan de la ruelle, chevaucheur (1380).
(3) Colin Petit, aumussier, vend sa maison au duc d Orléans (3399), (V. rue Coquillière dimanche 10 janvier 1394).
(4) V. rue Coquillière, dimanche 10 janvier 1394.
(5) Parent de Nicolas Pigasse, riche marchand génois établi à Paris. Voir son testament du 14 mars 1407.
(6) Mahiet le Potier, mercier, vend sa maison au duc d'Orléans (1388-99). (V. rue Coquillière, dimanche 10 janvier 1394).
(7) Isabelle de Lassi.

	LIVRES	SOUS	DENIERS
Maison de Mons. d'Orléans qui est joignant la porte en dedans de la ville qui fut Colin Petit (1)	»	10	»

RUE DU FOUR A COMMENCER DEVERS LA RUE SAINT-HONNORE AU SEPTIÈME ARTICLE

	LIVRES	SOUS	DENIERS
A l'aultre coing la maison Louis de Giroles (2) et Me Dimanche (3) qui fut aux hoirs de Jean de Beaubricet (4), hoirs Durant Dollet, Richard le fermager (5) .	»	»	14
Me Guillaume de Nillac (6), chevalier, qui fut au comte de Saint-Paul (7), auparavant Bernart de Mont le-héry, Almaury de la Chermoie	»	»	10
Maison du chevalier qui fut au comte de Saint-Paul, Bernard de Mont le héry, Jean Jacques, Jean le Haynaut, Pierre Bourdon (8).	»	»	10
Maison du chevalier qui fut au comte de Saint-Paul, Bernart de Mont le héry, Pierre de hautecourt.	»	»	12
Maison du chevalier qui fut au conte de Saint-Pol, à Jean de Naire.	»	»	12

(1) C'est la maison à laquelle il est fait allusion plus haut.

(2) Le bascon de Girolles, chevaucheur (1380).

(3) Dimanche, chevaucheur (1380). Martin Dimanche, valet de chevaux du duc d'Orléans, est enfermé au Châtelet pour homicide (1405).

(4) Jean de Vaubrisset Un Colin Vaubrisset vend, en janvier 1408, 1200 ermines pour la fourure du berceau à parer pour l'enfant de Jeanne de St-Pol, 360 francs; 5000 menuvairs, 4 500 gris à dix tirés, 2 000 gris à 9 tirés, 900 gris tirés et 1 200 dos de connins (E Petit, Itinéraire).

(5) Le fromagier (V. censier 1373).

(6) Guillaume de Neillac, chevalier, chambellan du roi (5 février 1387) reçoit une bague enrichie d'un diamant (un annelet d'or), en 1396, et une houppelande (1er mai 1400).

(7) Walleran de Luxembourg, comte de St-Pol et de Ligny (1352) † a Azincourt (1415), marié à Bonne, sœur du duc de Bar Son fils (?) est décapité en place de Grève en 1476.

(8) Echevin en 1355, etc (V *supra*).

	LIVRES	SOUS	DENIERS
Maison Mons. Delabret (1) qui fu Nicolas Braque, Mons. le duc de Berry, Sire Pierre de Bourdon.	»	6	»
Mons. Delabret qui fu dame Pernelle de Montigny, Jean Faudebois (2)	»	»	12
Place où fut la maison garnie de Compans à Mons. Delabret qui fut Nicolas Braque	»	53	»
L'hotel ou place où fut Gilbert de l'Abbaye (3) qui est Mons. Delabret qui fut Pierre de Laon pelletier	»	3	»
Place de Monsieur Delabret et les Etuves Poquelle	»	11	6
Place mons. Delabret où fut l'hotel Jean de Rueil, et depuis Mons. de Berry . .	»	8	»
Maison à Mons. Delabret qui fut Adam de Clermont, Clement le peintre	»	»	9 ob.
Maison à Mons. Delabret qui fut hoirs de Jean de Saint-Laurent, Anceau de Taillefontaine.	»	»	12
Maison Guillaume Dubois (4) qui fut Michel le ferron (5), Guillaume Culsœ, Jean de Hangest.	»	»	12
M. d'Albret paye en tout pour les maisons rue des Étuves et rue du Four.	»	37	9 ob.
Maisons et four de la Coulture.	»	40	»
Jacques le Roy (6) paye pour le four (Les deux hostels sont de la terre du baillage)	»	50	»
Maison aux enfants Pierre le Mareschal, orphèvre, qui fut Marguerite la Barillet.	»	»	12

(1) Messire Charles de Labrest (d'Albret), chambellan, 1387. On lit dans les comptes de l'hotel deux queues de vin vendues par l'ordonnance des maistres d'ostel aux genz du sire de Labret. Il fut excommunié en 1412 et mourut à Azincourt (1415), il était connétable.

(2) Jehan Saudubois (V. plus haut).

(3) Erreur de copiste de la Haye.

(4) V. rue de Grenelle 31 mars 1396.

(5) V. rue de Grenelle 31 mars 1396 (Perrin le mareschal).

(6) V. rue Coquillère, 16 may 1397.

LA RUE DE GRENELLES. — L'AUTRE RENC JOIGNANT LA PORTE AU COQUELIER

	LIVRES	SOUS	DENIERS
Maison de Mons. d'Orléans qui fut Dlle Sainte Duchatellier (1), Pierre de Hautonne (2) auparavant Mons. Jean de Neelle, et jardins qui sont Mons. d'Orléans actuellement.	»	14	9
Grange dudit Mons. d'Orléans et jardins qui fu Geoffroy Ruel, Gilles du Moulinet et Raoul Lozare (3)	»	2	6
Courtil de Mons. d'Orléans qui fu Gilles du Moulinet, Etienne de Cormeilles et Jean Chatel	»	4	»
Grange Jehan Dunoyer qui fut Jean des Hayes, Jehan le Chat (4), Almaury de la Forest (5) qui est de présent pour enseigne « le chaudron »	»	5	»
La place Mons. d'Orléans où furent les granges de Mons. d'Anjou qui furent au comte de Savoye et à Mons. de Valois .	»	12	6

(1) Parente de Jacques Duchastelier, évêque de Paris, le 30 mars 1417 (Fél., t. II, p. 589).

(2) Parent de Jean de Hautonne, drapier (V. plus haut).

(3) V. supra et rue de Grenelle (5 fevrier 1388).

(4) V. rue de Grenelle (22 juin 1315).

(5) Almaury de la Croix (V. Censier 1373) vend en 1316 pour une paelle a piez laver, deux bacins et un baril, un quoquemart et une petite paelle par escroe la Royne 9 l. 8 sous (Douet d'Arcq).

CENSIER (1535)

FAIT PAR ORDRE DU CARDINAL DE BELLAY, ÉVÊQUE DE PARIS

Nous avons une lacune de plus de 150 ans (162 ans). Nous n'avons pu trouver de renseignements sur cette époque que dans le catalogue de la collection Joursanvault ou dans le comte Delaborde (*les Ducs de Bourgogne*, tome III. Preuves).

Ce censier fut fait sous François Ier.

RUE DE GRENELLE

	LIVRES	SOUS	DENIERS
Filles Pénitentes.	»	45	9
Elles pour une maison ou souloit pendre l'enseigne le « Chaudron » qui fut à Etienne Leger (1)	»	5	»
Héritiers de feu Michel Pilleur, pour leurs maisons et jardins qui furent Guillaume Barthelemy	»	7	»

RUE DE NÉELLE

	LIVRES	SOUS	DENIERS
Veuve et héritiers Jean de la Bretonnière et Filles Pénitentes ; maison, cour et jardin galleries qui furent Mons. d'Orléans, tenant d'une part à Guillaume Bout.	»	43	»
Jean Bossut (2), marchand ; maison ayant pour enseigne « l'Ecu de France », qui fut à Guillaume Bout, tenant d'une part et aboutissant les Filles Pénitentes . . .	»	4	»

(1) Chanoine de Paris, accompagne l'évêque de Lizieux dans une procession royale en 1528, à l'occasion d'une impiété commise contre une image de la Vierge. (Félib., tome II, p. 78)

(2) Nom mal écrit, il faut lire Cossart (Voir censier 1575).

RUE DES ÉTUVES

	LIVRES	SOLS	DENIERS
Jean de Poucher, général de Languedoc, jardin avec masures, qui furent dame Darcis, au coin de la rue Traversine . .	»	10	4
Le même. Maison agrandie, qui fut dame Darcis.	»	4	»
Héritiers Jean Picard, le maçon, qui fut Jean Picard, tenant à Jean de Poucher .	»	5	»
Veuve et héritiers de Mᵉ Jean Isambert qui fut Antoine Leblanc, maison et jardin tenant aux héritiers de Jean Picart.	»	10	1
Jean Garnier, chanoine du Sépulcre à Paris, tenant aux veuve et héritiers Jean Isambert	»	»	8

RUE DU FOUR (L'AUTRE RENC DE LA RUE DITE RUE DU FOUR)

	LIVRES	SOLS	DENIERS
Jean Letort, procureur au Chatelet pour sa maison qui fut Henry Fourbeur, faisant le coin de la rue de Néelle dite d'Orléans	»	»	
Ant. Vachot, maison où est pour enseigne « le monde mangé par les rats », tenant à Jean Letort qui fut Jean Levasseur. .	»	40	
Veuve et héritiers Jean Ysambert pour maison et jardin qui fut Antoine Leblanc tenant à Antoine Vachot.	»	»	12
Veuve et héritiers Jean Picart pour maisons, cours, jardins et louages nommés l'hotel d'Albret qui fut Mᵉ d'Albret tenant à veuve et héritiers J. Isambert. .	»	32	9
Marguilliers de l'église Saint-Eustache pour leur maison tenant à Jean Picart qui fut dame Darcis . .	»	8	10

RUE TRAVERSINE, DES DEUX ÉCUS ET DES DEUX HACHES

	LIVRES	SOUS	DENIERS
Jean de Rueil (1) greffier du Trésor. Maison et cour qui fut Jean de Rueil son père, tenant à Me François le clerc. . .	»	»	12
Veuve et héritiers Me Denis Dessoubz le-four (2) ; maison qui fut Me Jean Leviguelier tenant à Jean de Rueil	»	»	12
Marguilliers de l'église Saint Eustache pour leur maison, cour et jardin, qui fut dame Darcis, faisant le coin de la rue du Four.	»	24	6
Gervais Gourlin, fripier, maison, cour et jardin où est pour enseigne « l'image de Notre-Dame », qui fut veuve Georges Fleury, faisant le coing de la rue des Étuves	»	»	12
Jean Lefèvre, courtier de chevaux pour sa maison où est pour enseigne « les deux haches », qui fut Raoulin Vignant, tenant à Gervais Gourlin	»	»	12
Marguilliers de saint Eustache, pour leur maison, cour et jardin qui fut Philippe Deliancourt, tenant à Jean Lefèvre.	»	»	12

RUE TRAVERSINE, DES DEUX ÉCUS ET DES DEUX HACHES, L'AUTRE RENC

	LIVRES	SOUS	DENIERS
Jean Duval, place ou jardin, qui fut François Halle tenant d'une part et aboutissant à lui-même	»	»	6

(1) Jehan de Rueil avait été auditeur des comptes et échevins en 1485.

(2) Un Gilles Dessoubz le-Four est procureur du roi en sa cour d'eglise Sauval, t. III, p 359. Guillebert de Metz cite un Gilles Dessoubz-le-Four, chirurgien célèbre au XIVe siècle (1390).

Son fils Jean « venerabilis magister Joannes de Sub-Furno » et Denis sous le four, son petit-fils, sont également chirurgiens Denis est candidat en 1449, licencie en 1451 et doyen en 1454, 1455 et 1480. Un Pierre Dessoubz le four, bourgeois, est prevot des marchands en 1517, et un Jean de Soulfour, trésorier de la reine et echevin en 1553 (Leroux de Lincy, *Paris et ses historiens*).

La collection Clairambault renferme les sceaux de Gilles (28 nov. 1402) et de Jean (24 août 1424).

	LIVRES	SOUS	DENIERS
Lui, maison et jardin qui fut Pierre Aymery (1) tenant d'une part et aboutissant à lui-même.	»	»	20
Jehan de Poucher, géneral de Languedoc, jardin faisant le coin de la rue du Four, qui fut dame Darcis et aboutissant à lui-même	»	»	22
Guillaume Lecoq, maison qui souloit être en jardin, qui fut veuve Etienne Desfossez, tenant à la veuve et héritiers Jean Buyer	»	»	6
Jardin qui fut Guillaume Dubois, tenant et aboutissant par derrière à Me Guillaume Lecoq	»	»	6
Charles Lecoq, président des monnoyes de Paris, pour son jardin qui fut Me Jean des Rues, tenant d'une part à Me Mathieu Charlier.	»	»	13

(1) Voir rue des Vieilles-Etuves, 1515.

COMPTE DE 1571-72 (B. N.)

Le compte de 1571-1572 nous fournit la preuve que la Reine mère avait déjà acheté en 1571 une maison *(son hostel)*, rue des Vieilles-Étuves, fait ignoré par tous les historiens.

Ce compte fut établi sous Charles IX.

Compte du don de trois cens mil livres tournois octroyés par la Ville de Paris au feu roi Charles, décédé, en l'année 1571 (f. fr., vol. 11692, B. N.).

La rue Coquillière compte alors 25 noms d'un côté et 19 de l'autre ; nous citerons parmi eux

Dame de Limeuil, 80 l. ;
Robert Combraille, 20 l. ,
Denis Viart, contrerolleur, 40 l. ;
Mons. de Cossé, mareschal de France, 300 l. ;
Mons. le Lieur, avocat, 50 l. ;
Jehan le Flax, tixerant, 4 l. ,
Mons. de Santonnays, 200 l. ,
Mons. Chevalier, conseiller, 70 ;
Charles, fourrier, 25 l.,
Noel Bouzeuille, huissier, 60 s. :
Eloy le Roux, 4 l. ;
Nicolas Ancelin, 6 l. ,
Jehan Gaultier, 60 l. ;
Mons. de Vabermont, 10 s. ;
Laurent Vuignart, 60 s. ,
Veuve Hugues de Vilaines, 6 s.;
Abel de Hedin, 60 s. ;
Mons. Regnot, publicateur des membres de l'église Saint-Eustache (néant),

RUE DES DEUX-ÉCUS

Monsieur le mareschal de..., néant ;
M. Arthur Gasteau, 25 l. ;
Madame la Choppine, 150 l. ,
M. Claude Chasteau, son fils, 100 l. ,
Mons. Chasteau, conseiller au Chatelet, 50 l. ;

Le veuve Mons. Chasteau, 160 l. ,
M. Leonnard Coquelet, 20 l. ;
Monseigneur de Machault, 100 l. ;
La veuve du Hamel, 10 l. ;

L'AUTRE COSTÉ

Simon Marie Menard et Jehan, néant .
Mons. de Fanelles, des finances, 40 l. :
Mons. Brillet, 80 l. ,
M. Fortia, conseiller, 150 l. ;
Jehan Regnault et autres pauvres locataires, néant ,
Emery Martel, néant ;
Christophle Ymbert, 10 l. ;
Dolivet, maître des registres, 240 l. ,

La rue de Grenelle porte d'un côté 42 habitants, de l'autre 12,

Rue du Four. Sur 46 habitants nous ne citerons que les plus imposés :

La veuve de feu mons. de Vaudargent, 100 l. ,
D'une maistresse d'escolle, pauvre femme, 40 s. ,
Le contrerolleur Gautier, 50 l. ;
Mons. Miron, 100 l. :
Mons. Chasteau, commissaire des guerres, 100 l. ;
Jacques Brulart, 300 l.* ,
Mons. Du Luc, brodeur de la reyne mère, 40 l ,

RUE DES VIEILLES-ÉTUVES

Jehan Duchef, serrurier, 40 s. ;
Jehanne Tulleu, 120 l.* ;
M. Bernard Coulomb, 100 l.* ,
La fille de la vicomtesse Gilleuse, veuve feu mons. le Chevalier, 30 l. ;

DE LA REYNE MERE, POUR SON HOSTEL, néant ;
De Robert le Goust, pauvre homme, neant* ;
Richard Laurent, 40 s ;

La veuve M. Pierre Falaize, 40 l.* ;
Claude de la Houssaye, 40 s. ;
La veuve Pierre Médard, 40 s. ;

L'AUTRE COTÉ DE LA DITE RUE

Veuve Marcheboue, 50 l.* ;
Monsieur Barguet, 20 l. ;
Monsieur de la Cousture, 50 l. :
Un pauvre emballeur de draps, néant ;
Allain le Breton, néant ;
Monsieur Chevalier, conseiller aux aides, 30 l. ;
Jehan Loiseau, 4 l. ;
Françoise Brion, 40 s.
Monsieur le Faigneux, 12 l.* ;
Monsieur Charlet, procureur, 12 l. ;

RUE D'ORLÉANS

Jehan Auperon, 40 s. ;
D'un fondeur, 40 s. ;
Monsieur Rasselin, 10 l.* ;
Me Jacques de Fontenay, secrétaire du roy, 100 l. ;
Mons. de Malras, 300 l. ;
Mad. la douairière de Bouillon, 300 l.* ;
Thomas Villain, 40 s. ;
Nicolas le Conte, 40 s. ;
Didier Lambert, 40 s. :
Jehan Perault dict Gaillardet, 6 l. ;

L'AUTRE COSTÉ

D'un maçon demourant en ung logis appartenant à messieurs de Saint-Eustache, 40 s. ;
Jehan Ville, serrurier, 100 s. ;
Pierre Charpentier, 40 s. ;
Guillaume Lange, 30 l. ;
Andre Rebuffe, 50 l. t.* ;
Jacques Marianvalle, 60 s.

(Septembre 1572. 200,000 livres)

La rue Coquillière contient 21 noms ; parmi eux :

Jehan Chefdeuille ;
François Rigaultier ;
Jehan de la Mothe, etc. :
Madame de la Vaulx, 30 l. ;
Mons. Noblet, truchement du roy, 20 li. ;
Mad. de Limeuil, 80 l.* ;
Denis Viart, 40 l. ;
M. le mareschal de Cossé, néant ;
M. de Stenay, 200 l.;
Nicolas Ancelin, 6 l. ;
Veuve Hugues de Vilaines, 6 l. ;

LA RUE DE GRENELLE

Estienne Coullot, 20 l. ;
François Matthieu, 12 l. ;
Jacques Levasseur, 40 s. ;
Pierron Chauvin, 40 s. ;
François Torchon, 40 s. ;
Veuve Theroulde, 40 s. ;
Claude Perdinel, 40 s. ;
M° Madronne, 50 l. ;
Mons. Baillet, 50 l. ;
Marie Mallot, 4 l. ;
Nicolas la Chaussetière, 40 s. ;
Mons. de Mandoville, 200 l.;

LA RUE DES VIEILLES-ÉTUVES

Monsieur de la Cousture, 50 l. ;
François Brion, 40 s. ;

RUE D'ORLÉANS

Le fondeur, demeurant en la maison appartenant à Cossors (Corsart) ou souloit demeurer Le Vacher, haultbois du Roy, 40 s.;

Monsieur de Malras, 300 l.;
Mad. de Bouillon, 300 l.;
Jehan Perault dict Gaillardet, 6 l.;
Le masson demeurant en la maison attenant (appartenant) à Messieurs de Saint Eustache ou souloit demeurer la veuve Blondel, 40 s.;
Jean Ville, 100 s.;
Guillaume Lange, 30 s.;
Jacques Marianvalle, 60 s.:

RUE DU FOUR

Pierre Siourbe, 40 s.;
Catherine de Laize et la Chandelière, 40 s.;
Claude Palliot, 40 s.;
Ambroise Bonvals, 6 l.;
Veuve mons. Vaudargent, 100 l.;
Guillaume le doyen, 6 l.;
Étienne Genest, 40 s.;
Noel Granger, 40 s.,
Pierre Ambroise, 40 s.;
Veuve Patin, 40 s.;
M. Miron, médecin, 50 l.,
Jacques Remond, 40 s.;
Jacques Barbier, 40 s.;
Jean Fichard, 6 l.;

Enfin en jetant un coup d'œil sur les autres listes de ces deux comptes, nous lisons

En la grand Nesle Germain Pilon, paintre, 30 l.:

Et dans différents endroits·

M. le cardinal de Lorraine, 300 l.,
M. de Nemours, 300 l.;
M. des Roches, premier écuyer (huict vingt liures), 160 l.;
M. d'Elbeuf, 300 l.;
Madame de Cipiere, 100 l.;
M. le prince daulphin, 300 l.;
Madame de Sauves, 100 l.

M. Brulart (sept vingt dix livres), 150 l. ;
M. le duc d'Uzès, 300 l. ;
M. le connestable, 300 l. ;
Pinart, secrétaire d'Etat, 200 l. ;
L'hostel de Lorraine, 300 l. ;
Maréchal de Cossé, 300 l. ;
Madame Dapchon, 100 l. ;
Mons. de Lanssac, 900 l. ;
Madame d'Alluye, 300 l. ;
Madame Dampierre, 100 l.

CENSIER (1575)

FAIT PAR JEAN PERDRIER, PRÊTRE, SUR LES ORDRES DE PIERRE DE GONDY, ÉVÊQUE

Ce censier nous donne les renseignements les plus précis sur les Filles Pénitentes et sur les acquisitions de la reine mère après leur translation.

Ce censier fut établi sous Henri III.

RUE DE GARNELLE A COMMENCER VERS LA RUE PLATRIÈRE

	LIVRES	SOUS	DENIERS
Les Filles Pénitentes pour leur jardin où souloit avoir plusieurs maisons .	»	45	8
Elles pour leur maison ou souloit pendre pour enseigne « le chaudron ». . . .	»	5	»

RUE DE NESLE DITE D'ORLÉANS

	LIVRES	SOUS	DENIERS
La veuve feu (Roy) au lieu de M. . de Fontenay, de veuve feu Jean de la Bretonnière et les Filles Pénitentes . . .	»	43	»
Louis Cossart, maison qui fut Jean Cossart (Écu de France) tenant aux susdites maisons des Filles Penitentes	»	4	»

RUE DES ÉTUVES

	LIVRES	SOUS	DENIERS
La Reyne, mère du Roy au lieu de Me André Guillard (1), au lieu de Philippe Nestoir pour sa maison et jeu de paume.	»	»	12

(1) André Guillart, seigneur du Mortier et de Pichelières, maître des requêtes, prevôt des marchands (1542-43).

	LIVRES	SOUS	DENIERS
La Reyne au lieu du Sieur de Mortier, de Me Jean d'Estampes et héritiers de Jacques de Verdun faisant la pointe de ladite rue	»	»	12

L'AUTRE RANG DE LA RUE DES ÉTUVES

	LIVRES	SOUS	DENIERS
La reyne, mère du Roy, au lieu de Me André Guillard, au lieu de Me Jean Poucher pour sa maison (3 corps d'hôtel), dont l'un fait le coin de la rue Traversane.	»	?	»
La Reyne (jardin ou souloit avoir masure), au lieu de A. Guillard.	»	?	»
La Reyne (maison et jardin), qui fut à André Guillard, au lieu de la dame Darcis.	»	?	»
La Reyne, au lieu de Guillaume le clerc, au lieu des héritiers Jean le Picart, pour leur maison faisant partie de l'hôtel d'Albret.	»	»	6
Bernard Coullon, procureur en la cour du Parlement.	»	?	»
Demoiselle Jeanne Tuileu, maison et jardin, au lieu qui fut de la veuve Jean Isambert	»	10	1
Demoiselle Jeanne Tuileu, au lieu de Jean Garnier, maison ou souloit pendre pour enseigne « le Pont de Charenton ». . .	»	18	8

RUE DU FOUR A COMMENCER VERS LA CROIX-NEUVE

	LIVRES	SOUS	DENIERS
Jean Picard, procureur au Parlement, au lieu de Me Antoine de Villeneuve, maison faisant le coin de ladite rue et de la rue d'Orléans devant la Croix-Neuve. .	»	»	12
Étienne Pinguet, procureur au Châtelet, au lieu de Vve Miterne, au lieu des Marguilliers de Saint Eustache. . .	»	?	4
La Reyne mère au lieu de Germain le Picard, Guillaume le clerc, Nicolas Picart, pour leur maison, cour, jardin appelé l'hôtel d'Albret	»	?	12
La Reyne au lieu de Jacques Bruslart, pour sa maison faisant partie de l'hôtel d'Albret et tenant à la dame à cause de la maison du coin qui fut aux marguilliers de Saint Eustache	»	?	12

RUE TRAVERSINE, DES DEUX ÉCUS ET DES DEUX HACHES

	LIVRES	SOUS	DENIERS
Nicolas Buyer, secretaire du Roy, au lieu de Dlle François Allart, de la veuve Jean de Rueil et des héritiers de Rueil.	»	?	»
Noble homme Brillet, genéral de. .. au lieu de Dlle de Neufrisse, de veuve et heritiers de Denys de Soulcour (Dessoubz le Four) (1)	»	»	12 (?)
La Reyne au lieu des marguilliers de Saint Eustache, maison faisant le coin de la rue du Four.	»	44	10
La Reyne au lieu de Me Andre Guillard, maison, cour et jardin contenant plusieurs corps d'hôtel qui fut à la dame Darcis.	»	42	6

(1) Voir rue Traversine, censier 1535.

	LIVRES	SOLS	DENIERS
Jacques Girard, drapier et Pierre, platrier, pour leur maison, au lieu de Gervais Gourlin, pour leur maison de « l'Image Notre-Dame »	»	»	12 (?)
Eux pour leur maison ou souloit être l'enseigne « des deux haches ».	»	»	12
Marguilliers de l'église Saint Eustache pour leur maison, cour, jardin qui fut Philippe Deliancourt	»	»	12
Pierre Habert, pour sa maison et jardin faisant le coin de la rue d'Orléans, qui fut Jacques Gromeau, au lieu de Pierre Gromeau (1)	»	10	»

(1) Voir rue des Deux Écus (1497).

CENSIERS DE 1595. 1599, 1601. 1603

Ces censiers nous permettent de connaître exactement l'étendue des acquisitions de Catherine de Médicis, c'est-à-dire de l'hôtel de la Reine et de ses dépendances. Les pièces de la topographie viennent confirmer ce que renferment ces censiers. Ces censiers furent relevés sous Henri IV.

	LIVRES	SOUS	DEN.
RUE DE GRENELLE A COMMENCER RUE PLASTRIÈRE			
1595			
La Reyne au lieu des Filles Pénitentes	12	10	1
1599			
La Reyne au lieu des Filles Pénitentes	1 éc.	3	4 ob
1601			
La feu Reyne au lieu des Filles Pénitentes	52 éc.	51	9
1603			
La Reyne au lieu des Filles Pénitentes .	»	50	8
RUE DES ÉTUVES			
1595			
La Reyne au lieu de A. Guillard, maison et jeu de paume.	»	25	2
La Reyne, maison faisant la pointe de la rue	»	26	3
1599			
La Reyne au lieu de A. Guillard	»	1	3
La Reyne .	»	1	4
1601			
La Reyne au lieu de A. Guillard	»	2	6
La Reyne . .	»	2	6
1603			
La Reyne au lieu de A. Guillard .	»	»	12
La Reyne . . .	»	»	12

	LIVRES	SOUS	DEN.
AUTRE COTÉ DE LA RUE			
1599			
La Reyne, 5 maisons se tenant . . .	»	»	7
Bernard Coullon	»	»	»
Jeanne Thulleu, au lieu de la veuve Isambert, maison et jardin	»	12	6
Jeanne Thulleu, à l'enseigne du Pont de Charenton	»	23	4
1603			
La Reyne, 5 maisons se tenant . . .	»	»	7
Bernard Coullon, Jeanne Thulleu . .	»	2	7
Jeanne Thulleu.	»	28	8
RUE DU FOUR			
L'autre rang de ladite rue à commencer par la Croix-Neuve			
1595			
Heritiers Gaspard de Moiron pour leur enseigne du « Monde mangé par les rats »	»	50	»
La Reyne au lieu de Germain le Picart, maison, cour et jardin app. les l'hotel d'Albret		26	3
Ladite dame pour maison joignant, faisant partie de l'hotel à cause de la maison du coin qui fut aux marguilliers . .	»	1	3 t.
1599			
Veuve Jacques Henry au lieu de Vve Jean Pi-			

	LIVRES	SOUS	DEN
cart, maison au coin de la rue du Four et de la rue d'Orléans, devant la Croix-Neuve	»	12	»
Héritiers Gaspard de Moiron . . .	»	»	»
Étienne Pinguet, maison où est l'image St-Jean		»	5
Lui, au lieu de la veuve et héritiers Jean Levasseur, maison à l'image St-Christophe	»	»	5
Lui . .	»		2
La Reyne, petite maison acquise où souloit demeurer madame le Lieur (1) . .	»	»	»
Charles et Claude Delus, brodeurs de ladite dame . .	»	»	»
La Reyne au lieu de G. le Picart, maison et jardin appelés l'hôtel d'Albret	»	1	4
1601			
Veuve Jacques Henry au lieu, etc., etc	»	2	6
Héritiers Gaspard de Moiron	1 cc.	40	»
Étienne Pinguet, image Saint Jean	»	»	10
Lui, image Saint Christophe	»	»	10
Lui . .			6
La Reyne pour l'hôtel d'Albret.	»	2	6
Maison attenant à l'hôtel d'Albret	»	2	6
1603			
Bardin au lieu de veuve Jacques Henry et de veuve Jean Picart, coin de la rue du Four et de la rue d'Orléans dev. la Croix Neuve .	»	»	12
M. Dulet au lieu de Dlle de Thulleu. . .	»	12	»
Étienne Pinguet, image Saint Jean	»	»	4
Lui, héritier Jean Levasseur, image St-Christ	»	»	4
Lui		»	2
La Reyne pour l'hôtel d'Albret		»	12
La Reyne, maison attenant à l'hôtel			12

(1) Germain le Lieur, échevin en 1526-1536, conseiller 1534. — Robert le Lieur, conseiller, 1536. — Claude le Lieur, échevin en 1524, cons. 1536. — Jean le Lieur, cons. 1537.

	LIVRES	SOUS	DEN
RUE TRAVERSINE, DES DEUX ÉCUS OU DES DEUX HACHES			
1595			
Germain Falaise, secrét. du Roy et Guy Bonnet pour maison et cour tenant d'une part à l'image St-Jean, et d'autre part à M. le Riche	»	42	6
La Reyne, deux maisons, anciennement André Guillard et marguilliers . . .	26	67	6
Toussaint Chauvelin, sa maison à l'enseigne des deux haches	»	13	6
Pierre Thibault, marguillier		26	3
Pierre Habert, maison et jardin au coin de la rue d'Orléans . . .	»	12	6
1599			
Germain Falaise au lieu de Nicolas Buyer .	»	1	3
La Reyne, 2 maisons	2 cc	14	2
T. C., image Notre-Dame et des deux haches.	»		12
Thibault	»	»	12
Pierre Habert . . .	»	12	6
1601			
Germain Falaise .	»	2	6
Guy Bonnet.		1	3
La Reyne. .	4 cc.	28	4
Chauvelin, image N. D. et les deux haches	»	2	6
Thibault	»	2	6
Herbert	»	25	»
1603			
Maison tenant à l'image St Jean et à le Riche	»		12
Guibonnet	»	»	6
La Reyne .	»	28	4
Chauvelin, image N. D. et les deux haches .	»	»	12
Thibault	»	»	12
Habert	»	10	»

LES RUES DE CE QUARTIER

Nomenclature des rues de Paris, comme elles sont citées dans les écrits du temps, — soit dans des documents officiels — tels que « queullette », collecte faite pour les impôts, soit dans des ouvrages renfermant des descriptions de Paris, en vers ou en prose.

COLLECTE DE SAINT-EUSTACHE 1313

La queullette (collecte) de X^{m}. l. parisis que la ville de Paris peia pour la chevallerie du roy Loys, filz le Roy Philippe le Bel l'an M. CCC. XIII, fut faites par les rues qui ensuyvent :

. . . .

La premiere queste de la parroisse Saint-Huystace se commencera de la porte feu Nicolas Arrode (V. Appendice), jusques à la pointe Saint-Huystace ; d'illec jusques à la porte de Mont martre, la rue Traversaine, dehors la porte Cuquheron, la ruelle au curé Saint Huystace, Chastiaufestu ; de la rue Traversaine jusques à la rue aux Provoires, la rue de la Plastrière emprez Saint-Honoré, la rue de P....., la rue de Guarnales, la rue au Coquillier, la rue de Neelle, la rue Jacques Berneult (la rue Jacques de Verneuil), la rue du Fourt, la rue Raoul Rossette (rue Raoul Roissolle).

— Tiré du registre *noster* à la Chambre des comptes (Félib., *preuves*, t. II, p. 622).

Ce passage se trouve également à la Bibl. Nat., 4596 fr. Mss.

Ce manuscrit renferme de curieux details sur saint Louis, tels que les noms des nefs qu'il monta pour aller outre-mer, et des articles comme ceux-ci :

— Le passeur de l'eau de Paris ne prandra en l'hostel le Roy robe ne livraison ne autre chose fors II s. le jour quand il passera le Roy.

— Item, macon et maistre Œude de Monstereul qui aura IIII s. de gaiges hors et ens C. s. pour robe forge et restor de deux chevaulx et mange à court.

— Item ung charpentier, maistre Richart et aura aussi comme maistre Œude...

Ce manuscrit paraît une copie du XVIe siècle, d'après des documents du temps (1256).

Eudes de Montreuil, parent de Pierre de Montreuil qui bâtit la

Sainte-Chapelle, est un des plus grands architectes du XIIIᵉ siècle. C'est lui qui construisit les églises de Sainte Catherine du Val-des-Écoliers, de Sainte-Croix de la Bretonnerie, de l'Hôtel-Dieu, des Mathurins, des Blancs-Manteaux, des Cordeliers, etc. Il se rendit avec saint Louis en Orient et fortifia le port de Jaffa. Enfin, d'après une épitaphe de la nef de l'église des Cordeliers, il serait mort en 1289. Il avait eu deux femmes, dont l'une portait le nom de Mahau.

LES DITS DES RUES DE PARIS

Manuscrit de la fin du XIIIᵉ siècle trouvé par l'abbé Lebeuf en 1751, à Dijon. L'auteur est Guillot (1). Cette nomenclature ne renferme que des rues comprises dans l'enceinte de Philippe-Auguste.

CI COMMENCE LE DIT DES RUES DE PARIS

Maint dit a fait de Roys, de Conte
Guillot de Paris en son conte,
Les rues de Paris briément
A mis en rime Oiez comment
. . .
Par la rue Jehan Tison
N'avoie talent de proier (prier)
Mes par la crois de Tirouer
Ving en la rue de Neele,
N'avoie tabour ne viele
En la rue Raoul Menuicet (2)
Trouvai un homme qui mucet (cachait)
Une femme en terre et en fiet.

(1) M E Mareuse (*Le dit des rues de Paris*, publié en 1875) dit « On peut d'après le nom de dom Sequence (dan Sequence) cité dans cet ouvrage, et qui était chefcier de Saint-Merri en 1283, supposer qu'il a été écrit de 1300 à 1310 » C'est une erreur : on doit lire Adam Sequence, dont la magistrature est postérieure à 1293, quand Nicolas Arrode était encore maire de Thérouanne (Guiffrey, *Société de l'histoire de Paris*)

(2) Cette rue est indiquée sous le nom de Raoul Mucet dans un cartulaire de l'archevêché à l'endroit de la chapelle Saint-Jean l'Évangéliste dans Saint-Eustache, laquelle y avait une maison en 1352 (Lebeuf).

Jaillot prétend que c'est la partie de la rue des Vieilles-Etuves comprise plus tard dans l'hôtel de Soissons Il aurait lu dans un censier de 1372 « une maison aux bourgeois de Saint-Huitasse qui est à présent un cimetière ». Ce cimetière aurait été

La rue des Estuves (1) en près sciet.
En prés est la rue du Four (2)
Lors entrai en un carrefour,
Trouvai la rue des Ecus (3),
Un homs a granz ongles locus
Demanda. Guillot, que fes-tu ?
Droitement de Chastiau-Festu (4)
M'en ving à la rue a Prouvoires,
Ou il a maintes pennes vaires
(Plusieurs etoffes de diverses couleurs)
Mon cuer si a bien ferme veue.
Par la rue de la Croiz Neuve
Ving en la rue Raoul Roissolle (5)
N avoie ne plaie ne sole
(Plie, poisson de mer)
La rue de Monmartre trouvé, etc

contigu aux six maisons qui, après avoir appartenu au vicomte de Melun, auraient été acquises par Matthieu de Nanterre, president du Parlement. Nous n'avons à notre disposition ni le censier de 1372, ni celui de 1489, cités par Jaillot, et nous n avons trouve dans ceux que nous possédons aucune trace d un cimetière en cet endroit Les six maisons appartenant au vicomte de Melun sont les maisons du comte de Tancarville. (Voir censier 1373.)

Nous ignorons où était exactement située cette rue.

(1) Rue des Estuves. puis des Vieilles-Estuves.

Jaillot ne trouve le nom de cette rue qu en 1300 et 1350 Les autres auteurs le mentionnent pour la première fois dans un acte de 1391 et ajoutent un acte de 1356 dit que les Etuves Poquelc etaient dans la rue du Four

La taille de 1292 nous permet d affirmer que les etuves existaient à cette date — Guillaume l'estuveeur, Jehan des Estuves, rue de Verneul, Jehan l estuvé, rue du Four et la taille de 1313 place effectivement les étuves Poquelle rue du Four.

Jaillot soutient avec raison que Sauval et ses copistes se sont trompes en disant qu en 1269 cette rue s appelait Geoffroy de Baynes, ce nom s'appliquant aux Etuves Saint-Martin.

Nous croyons l avoir definitivement prouvé. (Voir rue des Vieilles-Etuves.) (Voir Géraud qui croit que Jaillot s'est trompé et qui se trompe lui même)

(2) Rue du Four, actuellement rue de Vauvilliers, helleniste, president de la Commune en 1789, qui sauva Paris de la famine (Lefeuve)

(3) Rue des Escus ou des Deux-Escus.

(4) Chastiau-Festu — Château Fêtu.

Une lettre de l abbesse de Saint-Antoine, du mois d octobre 1227, porte qu il y a dans sa censive une maison *apud Castellum-Festuci*

Les cartulaires de l Archevêche et de Notre-Dame mentionnent très souvent la rue de Château-Fêtu au XIIIe et au XIVe siècles.

En 1348 il y a entre Saint-Landri et la rivière une maison appelée Château-Festu (Jaillot).

La rue du Chastiau Festu était la partie de la rue Saint-Honoré qui allait de la rue Tire Chape à la rue de l'Arbre-Sec (Lazare).

Le Château Fêtu etait rue Saint-Honoré entre la rue des Prouvaires et la rue des Bourdonnais, à l'endroit où débouche la rue du Roule (Géraud) percee en 1691 (Jaillot).

(5) La rue Raoul Roissole (1256, 1258) tire son nom d un certain Raoul, marchand de *roinssolles* ou *rissolles*, espece de gâteau.

« Roinssoles, ça denree aus dez », dit Guillaume de Villeneuve, vers 66, dans les *Crieries de Paris au* XIIIe *siècle*.

Elle devint ensuite vers 1380 la rue Jean le Mire, qui était maistre es arts et en

RUES DE PARIS *(suite)*

Guillebert de Metz (xvᵉ siècle) cite Raoul de Presles (maître des requêtes de l'hôtel. V. Clairambault, son sceau daté du 25 novembre 1375 ; ce Raoul de Presles fut supplicié, puis pardonné et réhabilité. Et. Marcel. Perrens) et donne les noms suivants :

Rue de Neelle ;
du Pret (1) ;
des Estuves ;
du Four ;
des Escus.

Il fait mention de maistre Gilles-Soubz-le-Four, en cirurgie, dont la demeure était évidemment située en « dessoubz le Four » de l'Évêque, d'où son nom. Voir censier de 1535.

---

médecine, chanoine de Soissons (voir son testament du 10-22 octobre 1404) et un des quatre chauffecires de la chancellerie de France. Jeanne Lamiresse, fille de Nicolas Le Mire, huissier d'armes du roi, heritier de Jean Le Mire, tresorier des guerres † 1338, est femme en premières noces de Estienne ou Pierre Braucque, conseiller du roi à Paris ou écuyer de cuisine. (V. son testament, 16 août 1398) (1397, le dernier fevrier) (Cab. hist.).

Ce Jean Le Mire possedait en 1321 le fief de Baubigny, mouvant de l'abbaye de Saint-Denis. Nous avons les aveux de son fils (?) Nicolas Le Mire (1352-1367) dont la fille, Jehanne la Miresse, hérita de Baubigny (Cab. des titres, Lebeuf).

Charles V fit batir dans cette rue le Sejour du roi, d'où le nom qu'elle prit dans le siecle suivant de rue du Sejour, puis rue du Jour (1526) qu'elle a garde (Jaillot).

Pour les curieux, nous donnons la recette pour faire les rissoles, ruissoles, roissoles, tirée du « Mesnaigier » de Paris de 1393 (Cuisiniere bourgeoise du temps) publie par la Societe des Bibliophiles, Paris, Crapelet 1847. *Item*, des brochets, le laictie vaut mieulx que l'ouvé, se ce n'est quant l'en veult faire rissoles, pour ce que des œuves l'en fait rissolles.

Rissoles a jour de poisson. Cuisiez chastaingnes a petit feu et les pelez, et aiez durs œufs et du frommage pele et hachez tout bien menu, puis les arrousez d'aubuns d'œufs, et meslez parmy pouldre et bien petit de sel délie, et faites vos rissoles, puis les frisiez en grand foison d'uille et sucrez.

Et nota en Karesme, en lieu d'œufs et frommage, mettez merlus et escheroys cuis, bien menus hachies ou char de brocheres ou d'anguilles, figues et dates hachees. *Rissolles en jour de char* sont en saison depuis la Saint-Remy (1ᵉʳ octobre), etc., etc.

Raoul Roissolle demeurait outre la porte Montmartre a destre en 1292 et payait 48 sous.

(1) Tous les historiens, y compris Jaillot, prétendent que ce mot est une corruption du mot d'Albret. Nous ne le croyons pas, parce que nous avons trouve la place de ce *pressoir du Bret* qui aurait donné son nom à la rue ou qui l'aurait reçu d'elle, dans une maison de la rue des Vieilles Estuves, pres la rue Saint-Honoré (1539, 21 fevrier). A cette date le nom d'Albret etait correctement écrit et on n'aurait pas manqué de dire et d'ecrire : Pressoir d'Albret. (Voir rue des Vieilles-Etuves, 1539.)

Les rues de Paris en vers (tiré de Géraud), copié en 1836 à la Bibl. Cottonienne de Londres, tiré d'un manuscrit :

Vitellius E. X. Codex Chartaceus in-fol., male habitus Constans foliis, 242 (commencement du xve siècle).

xve siècle.

Moy, qui d'avoir n'estois pas riche,
Vins à la porte Saint-Honnouré,
La trouvai-je maistre Huré
Avecques fillettes jolies
. . . .
Vins en la rue d'Averon
Et en la rue Jehan Tison,
N'avois talent de jouer.
Devant la croix du Tirouer.
[Vins] en la rue de Neelle,
(Ou mon soulier fu sans) semelle
Puis fus en la rue du Pet (1)
La rue des Estuves y siet
Bien pres de la rue du Four
Un peu m'assis au quarrefour.
En la rue des Escus fu
Et devant le Chasteau-Festu,
Et en la rue des Provez
Ou il a maintes pennes noires.
A la Croix-Neufve m'en allay.., etc

Manuscrit de l'abbaye de Sainte-Geneviève, cité par Lebeuf (écrit vers 1450) [17. Zf.].

S'enssuient les rues de Paris :

La grant rue Saint-Honoré ;
Rue des Granellières (rue de Grenelle) ;
Rue de Neelle ;
Rue de la Hache (de la rue des Vieilles-Étuves à la rue de Néelle) ;
Rue des Escuiers (évidemment des Estuviers ou des Étuves et non des Écus) ;
Rue du Four ;
Rue des Deux-Escus

---

(1) Voir note précédente e rue des Vieilles-Estuves 1539 21 février.

[1520]. Des rues et églises de Paris avec la despence qui si fait chacun jour. Le tour et l'enclos de ladite ville par Fr. Auboyns [?] (d'après Brunet).

Cet opuscule cite les rues de Grenelles,
de Nesle ;
de la Hache.
des Estuves,
du Four ;
des Deux-Escus

[1532]. Gilles Corrozet, La fleur des antiquitez de la noble et triomphante ville et cité de Paris. (Biblioph. Jacob, 1874.)

Ce livre cite les rues de Grenelle ;
de Nesle ;
de la Hache ;
des Estuves ;
du Four ;
des Deux-Escus.

Dans « l'addition » à l'édition de 1535 on trouve :

La rue des Escus. — D'un bout à la rue des Prouuelles, de l'autre bout à la rue d'Orléans ;

— La rue du Four. — D'un bout à la rue Sainct Honoré, de l'autre bout à la rue des Deux Escus (1) ;

— La rue de la Vielle. — D'un bout à la rue du Four, de l'autre bout à la Croix-Neufve (2) ;

— La rue de la Brahangue et Pressoer du Bret. — D'un bout à la rue Sainct-Honoré, de l'autre bout à la Croix Neufve (3) ;

— La rue des Estuves. D'un bout à la rue Sainct-Honoré, de l'autre bout à la Croix-Neufve ;

— La rue des Deux-Haches (4). D'un bout à la rue des Estuves, de l'autre bout à la rue d'Orleans.

(1) C'est une erreur, la rue du Four allait jusqu'à la Croix Neuve

(2) C'est une erreur Il n'y avait pas de rue de la Vielle, il y avait rue de la Vieille-Brahangue (Vieille-Bohême), nom sous lequel fut designee la rue de Nesle et la rue d'Orléans qui ne sont toutes qu'une seule et même rue.

(3) La rue de la Brahangue est la rue de Bohême ou de la Vieille-Bohême. (V note précédente) Pour le pressoer du Bret voir rue des Vieilles-Etuves, 1539, 21 fevrier.

(4) La rue Traversine, Traversanne ou Traversainne, des Deux Ecus et des Deux-Haches ne formait qu'une seule et même rue divisee en trois parties 1° de la rue des Prouvaires à la rue du Four, 2° de la rue du Four à la rue des Estuves, 3° de la rue des Estuves a la rue d'Orleans. (Voir rue des Deux-Ecus)

— La rue d'Orléans. — D'un bout à la rue Sainct-Honoré, de l'autre bout à la Croix-Neufve. En ladite rue est l'eglise et le monastère des Filles Repenties.

— La rue de Grenelle. — D'un bout à la rue Plastrière, de l'autre bout à la rue Saint-Honore.

— La porte Coquillière, depuis la porte jusques sur les fossez.

PLAN FAIT EN 1753 (octobre)

PASSAGE DE LA FORTIFICATION DE PHILIPPE-AUGUSTE ÉTABLI SUR LES VESTIGES ACTUELLEMENT SUBSISTANS

A l'époque où ce plan (page 205) a été fait, il restait :

1° Une portion du gros mur du côté du vieux Louvre d'environ 7 toises de longueur, avec une tour entière couverte de tuiles dans la maison occupée par la dame de Bauve, cul-de sac du Coq ;

2° Portion dudit mur d'environ 9 pieds de long dans la boutique du sieur le Preux, rue Saint Honoré, vis à-vis l'Oratoire ;

3° Portion du mur d'environ 4 toises et demie de longueur dans le jardin de l'hôtel d'Aligre, rue d'Orléans ;

4° Portion du mur d'environ 2 toises de long dans lequel est engagée une tour dont la plus considérable partie est dans la maison du sieur Boivin, rue des Deux-Écus, et l'autre dans celle du sieur Mouton, rue d'Orléans ;

5° Autre partie du mur et d'une tour en fondation trouvée dans les fouilles faites en 1753 dans l'hôtel de Soissons suivant le procès-verbal de M. Maboul, maître des requêtes, en exécution de l'arrêt du Conseil du 24 décembre 1752 ;

6° Emplacement de l'ancienne porte Coquillière au devant de l'hôtel Laval, rue Coquillière.

Ce plan dressé à l'epoque du procès entre l'Evêché, défendu par Terrasson et la Ville defendue par Bouquet, fut gravé par les soins des géomètres de la Ville de Paris qui ne manquèrent pas d'indiquer des defenses qui n'existaient pas. Ainsi nous lisons :

A. Le chemin de ronde intérieur de 4 toises de large ;

B. Le mur de ville d'environ 8 pieds d'épaisseur ;

C. La tour ;

D. Fossé de 20 toises d'ouverture ;
E. Glacis de 5 toises de large ;
F. Chemin de ronde extérieur de 4 toises de large.

Terrasson réfute victorieusement ces fausses assertions et, après avoir prouvé qu'on ne pouvait pas trouver et qu'on n'a pas effectivement trouvé la trace de ces fosses dans les fouilles, il ajoute : « Ainsi ces prétendus fossés et remparts dans l'espace d'entre les rues de Grenelle et d'Orléans n'ont jamais eu une existence reelle. » (*Enceinte de Paris sous Philippe-Auguste*, page 143.)

PLANS DE TERRASSON ET DE BONAMY

PLANS PROBABLES

DES DIFFÉRENTS HOTELS ÉTABLIS SUR LE TERRAIN DE LA HALLE AU BLÉ AVEC LEURS DÉPENDANCES

L'ouvrage de Terrasson, *Mélanges d'histoire*, etc., est celui que citent le plus souvent les auteurs qui se sont occupés de l'hôtel de Nesle. Les plans inserés dans l'ouvrage de Terrasson renfermant de nombreuses erreurs, nous croyons devoir les réfuter.

PLANCHE I

Dans la planche première, intitulée : « Hôtel de Nesle, du temps de la reine Blanche, mère de saint Louis, en 1230 », nous critiquerons d'abord l'importance donnée à l'*hôtel* lui même qui est indiqué comme une construction importante, régulière, avec quatre tours quadrangulaires aux quatre coins.

Terrasson avoue lui-même (page 34) que, jusqu'en 1388, *cet hôtel avait été très peu de chose* en comparaison de ce qu'il devint depuis.

Nous savons par le censier de 1373, c'est à dire plus de cent ans après la mort de la reine Blanche, que l'hôtel avec ses dépendances occupait à peine le *dixième* du terrain compris entre les rues de Nesle, Coquillière et de Grenelle (1), c'est-à-dire environ 2,500 m. q.

(1) En 1373 le montant du cens paye sur ce terrain s'élève à 18 livres 19 sous 9 deniers La « meson de Neelle » paie 30 sous 6 deniers, c'est-à dire environ le 1/12e de la somme totale. Elle payait déjà le même cens en 1287.

De plus les censiers nous prouvent que la maison du maître des arbalétriers n'était pas à gauche de l'entrée de la porte de Nesle, mais à droite en remontant vers la Croix-Neuve.

On ne trouve nulle part de *petit hôtel de Nesle*, mais on sait par le censier de 1373 que Jean de Nesle avait une maison au coin de la rue Coquillière et de la rue de Grenelle qui fut vendue plus tard à différents propriétaires, et que M. d'Anjou avait plusieurs granges et jardins sur la rue de Grenelle. En 1399 M. d'Orléans avait les mêmes propriétés et plusieurs autres jardins.

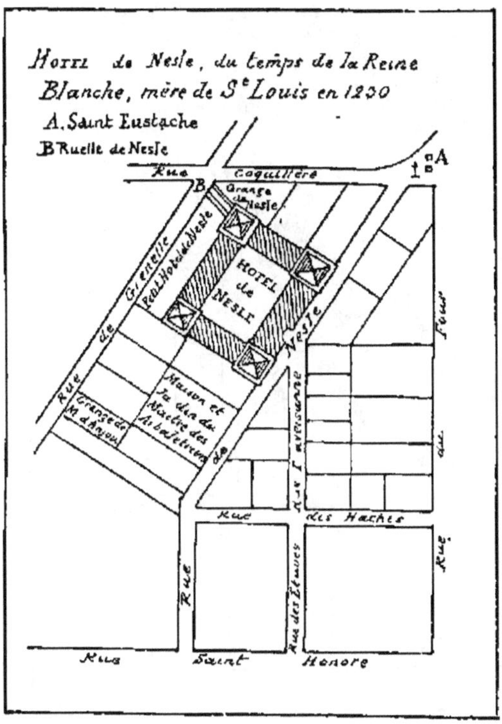

Fig. 108. — PLANCHE PREMIÈRE

La ruelle de Nesle est mal placée sur ce plan, attendu qu'elle se trouvait avant la porte Coquillière en dedans des murs de Philippe-Auguste dont le plan de M. Terrasson ne porte aucune trace et dont nous savons exactement la position par les plans de Paris et par un plan partiel gravé, que nous reproduisons, relevé à l'échelle en 1753. (Archives Nationales.)

L'espace compris entre la porte Coquillière et l'endroit où fut percée plus tard la rue des Deux Écus prolongée ne renfermait qu'une seule tour.

Quant à la rue Traversanne, il suffit de consulter la taille de 1292 et les autres tailles et censiers, pour comprendre que l'indication donnée par Terrasson est absolument erronée (1).

(1) Voir aux Archives Nationales le livre des tailles de 1296-97-98 99 1300 exposé au *Musée*. Ce précieux recueil nous a fait relever bien des erreurs.

La taille de 1297 porte. *La rue Traversanne qui va de Neelle en la rue aux*

En effet, la taille de 1292 porte ces mots :

En la rue Traversainne qui boute devant Neelle et de l'autre part a la rue aus Provoires. Cette mention existe dans deux endroits differents de la même taille (V. *les Menus Gens*).

PLANCHE 2

« Hôtel de Nesle, autrement dit de Bahaigne, aggrandi par les ducs d'Orléans dont il prend le nom en 1388. »

L'hôtel de Behaigne à M. d'Orleans comprenait des « grandes cours et jardins » (1), en 1421, lors de la « confiscation », il avait pour concierges Jacques de Rouen et Collin Vaucher.

Le censier de 1399 nous donne exactement l'emplacement des « galleries basses et maisons dessus » de M. d'Orleans. Elles etaient situées à côté de la « place où fut la maison du maître des arbalétriers » en allant vers la Croix-Neuve. La maison du Chaudron est assez exactement indiquée. Le censier de 1399 nous donne le nombre et la place exacte des maisons achetées par Louis d'Orleans après 1388.

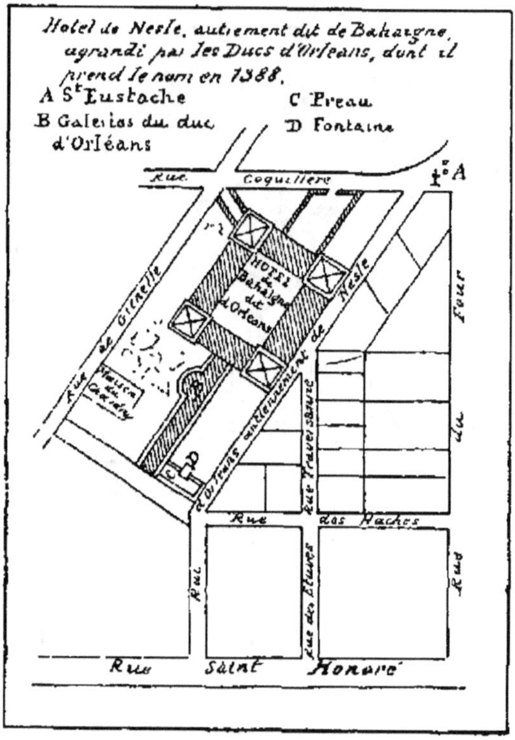

Fig. 109 — PLANCHE 2

Les jardins indiqués sur le plan de Terrasson étaient presque entiè-

Prouuoires, celle de 1298 *La rue qui va de Neele a la rue aux Prouuoires*, celle de 1299, comme celle de 1297, celle de 1300. *La rue Traversanne a destre a commencer vers Neelle*, la taille de 1313 publiee par Buchon *De la rue de Traversainne jusques à la rue aux Prouuoires*, enfin le censier de 1373, plus explicite, dit Rue Traversainne qui commence devant l hôtel de Neelle et finit en la rue des Provaires.

(1) Sauval, tome III.

rement couverts de maisons dont nous connaissons et l'emplacement et le nom des propriétaires.

Le préau et la fontaine sont mal placés, attendu que dans la donation de Louis XII il est dit qu'il « donna aux Filles Pénitentes une partie de son hôtel, à savoir les galleries et le préau où etait la fontaine et le jardin situé à l'opposite ». Nous savons où s'elevaient les « galleries », il nous est facile de placer la fontaine et le préau. La rue Traversanne est toujours mal indiquee.

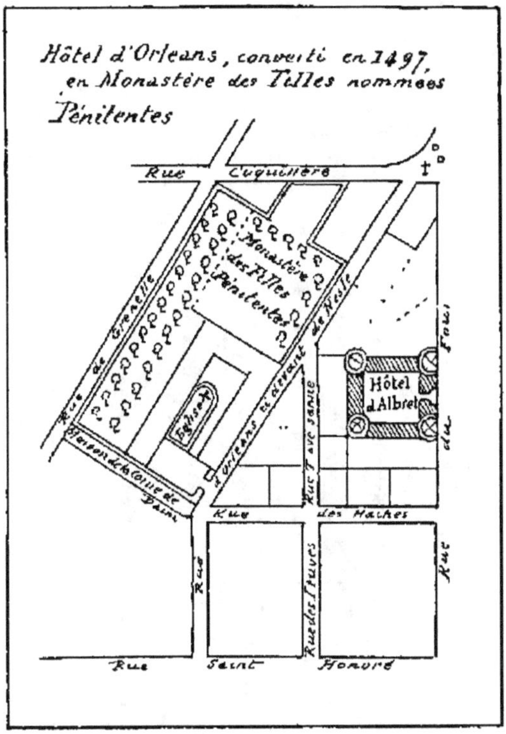

Fig. 110. — PLANCHE 3

PLANCHE 3.

« Hôtel d'Orléans converti en 1497 en monastère des Filles nommées Pénitentes. »

Ce n'est pas en 1497 qu'eut lieu cette conversion. Le plan est absolument faux. Les Filles Pénitentes n'ont jamais occupé *entièrement* le terrain comme l'indique Terrasson. Nous voyons très clairement sur les plans de Paris l'emplacement couvert sur ce terrain par les maisons avec cour et jardins. De plus la chapelle des Filles Penitentes (église) était appuyée d'un côté sur les anciens murs de Philippe-Auguste et n'etait pas située aussi bas dans le plan.

Pendant les soixante et onze ans que les religieuses sont dans cet endroit elles ne font qu'une acquisition, la maison du Chaudron, en 1501, rue de Grenelle.

En 1535, il y avait encore sur ce terrain des maisons et des jardins appartenant à des particuliers, entre autres les Cossart.

La maison de la Corne de Daim, située rue de Grenelle, mais plus bas, mentionnée sur un titre de propriété de 1501, ne touchait pas par derrière à la rue d'Orleans, parce que la reine Catherine de Médicis ayant acquis les terrains des Filles Penitentes, fit continuer la rue des Deux-Ecus précisement sur la partie indiquee par Terrasson comme la maison de la Corne de Daim, et cette maison ne lui appartenait pas.

La rue Traversanne est toujours mal indiquée.

HOTEL D'ALBRET

Cet hôtel est également mal indiqué.

En voici la preuve :

Dans les confiscations faites à la suite de l'assassinat du duc de Bourgogne nous lisons :

[1421.] 1° Une grande maison d'Albret tenant rue du Four, rue de la Hache et rue des Étuves ;

2° Une grande maison à Mons. d'Albret avec jardin, façade rue du Four, aboutissant derrière, rue des Estuves (Sauval, t. III).

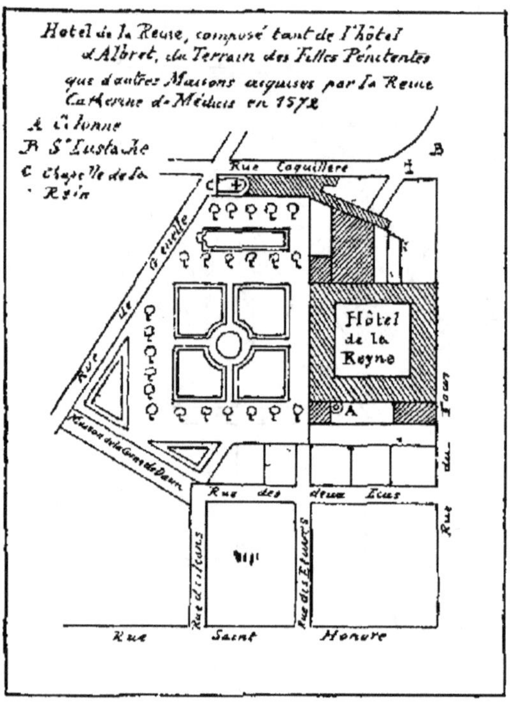

Fig. 111. — PLANCHE 4

Ces deux maisons furent donnees, en 1424, par le duc de Bedfort au sire de Chastellux. En 1373-1399 les propriétés de Mons. d'Albret comprenaient huit corps de logis ou maisons différentes sur la rue du Four. (Voir les censiers.) Ce sont ces maisons qui formaient l'hôtel d'Albret. (Voir hôtel d'Albret.)

PLANCHE 4

« Hôtel de la Reine, composé tant de l'hôtel d'Albret, du Terrein des

Filles Penitentes que d'autres maisons acquises par la reine Catherine de Médicis en 1572. »

Rien ne justifie les plans donnes par Terrasson.

Il n'y a jamais eu de cour entourée de bâtiments à la place indiquée sur ce plan. Le long de la rue du Four il n'y avait qu'un grand mur et un petit bâtiment. La cour où se trouvait la colonne était terminée en 1581, nous l'avons prouvé, et la porte principale de l'hôtel était rue des Deux-Ecus.

La Reine désigne cet hôtel sous le nom de sa *petite maison* de Paris et même d'*hôtel d'Orléans*. Il y avait en outre, dans le jardin, des murailles et des portes de sortie sur la rue de Grenelle, et d'autres travaux que Terrasson n'a pas connus.

Comparer avec nos plans et notre description d'après les Livres de comptes.

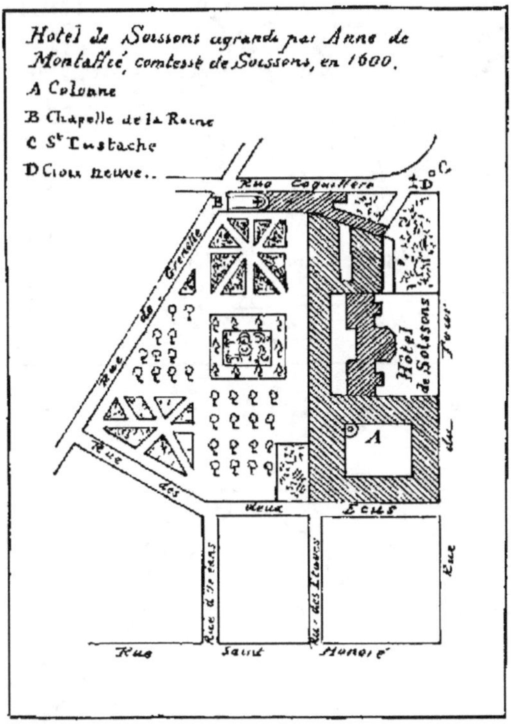

Fig. 112. — PLANCHE 5

PLANCHE 5

« Hôtel de Soissons aggrandi par Anne de Montaffie, comtesse de Soissons, en 1600. »

Le plan de l'hôtel de Soissons donné par Terrasson est encore inexact si on le compare à celui que nous donnons, que nous avons trouvé au cabinet des Estampes et que nous avons tout lieu de croire dressé avec soin.

Les jardins de Terrasson ne concordent avec aucun de ceux que nous trouvons sur les différents plans de l'hôtel dans les plans de Paris (Gomboust, Turgot, etc.).

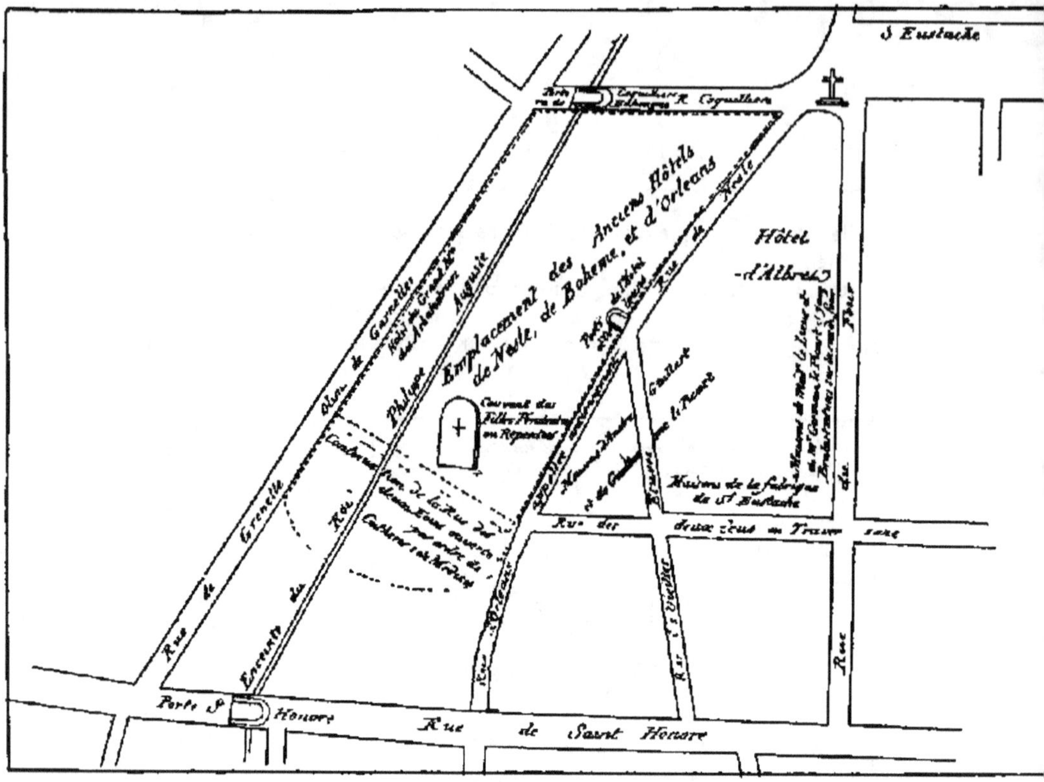

Fig 113. — PREMIER PLAN DE BONAMY (*Acad. des Ins. et B.-L.*, t. XXIII.)

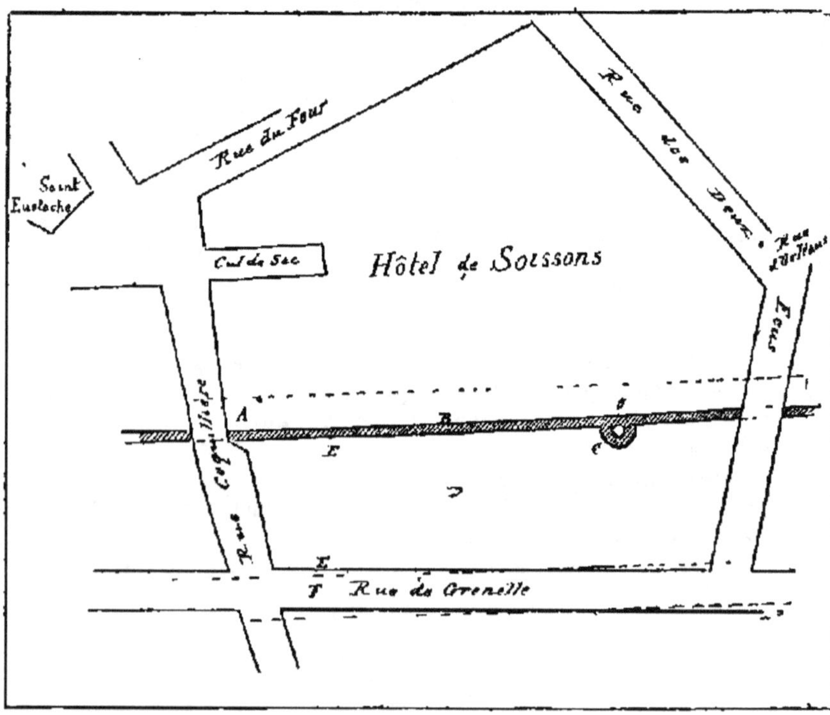

Fig. 114. — PLAN DES ARCHIVES montrant la muraille de Philippe-Auguste.

PLANCHE 6

« Emplacement de l'hôtel de Soissons sur lequel ont été construites les nouvelles Halles aux grains, couvertes en 1763. »

Cette planche, faite du temps même de Terrasson, est la seule exacte. Elle montre les places qui « n'ont jamais été de l'hostelle ». (Voir le plan de l'hôtel de Soissons.)

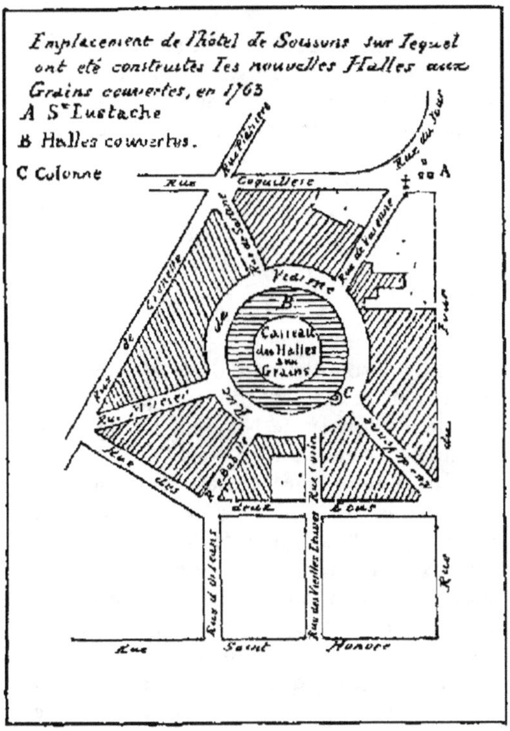

Fig. 115. — PLANCHE 6

On remarquera que les noms des rues Oblin et de Varenne sont intervertis.

Le premier des deux plans donnés par Bonamy est inexact sur plusieurs points.

Ainsi l'entrée de « Néelle » était située en face la rue Traversainne, mieux indiquée ici que dans Terrasson. L'enceinte de Philippe-Auguste est mal indiquée et sans la tour. La maison du grand maître des arbalétriers (qui n'est qualifiée nulle part du titre d'hôtel, est mal placée, elle était rue de Nesle. Les maisons de la fabrique Saint Eustache sont bien indiquées, mais nous possédons environ un millier de noms qui nous permettent de reconstruire les plans de ce quartier quand Bonamy n'en cite que six. L'église est mal indiquée (voir plus haut, Terrasson, plan 3). Les rues sont assez bien indiquées, mais le plan n'est pas fait à une échelle exacte.

DESCRIPTION DES RUES SITUÉES ANCIENNEMENT SUR L'EMPLACEMENT DE LA HALLE AU BLÉ ET DES RUES LIMITROPHES

Voici les différents noms portés par ces rues :

1° Rue de Nesle, de Bohême, de la Vieille-Bohême, d'Orléans, des Filles Pénitentes, d'Orléans Saint-Honoré ;
2° Rue Traversanne, des Deux-Haches, des Ecus ou des Deux Écus
3° Rue des Étuves, des Vieilles-Étuves, rue Sauval ;
4° Rue du Four, rue du Four-Saint Honoré, rue Vauvilliers ;
5° Rue Coquillière, rue du Coquiller, de la Porte au Coquillier ,
6° Rue de Grenelle ,
7° Grant rue, rue Saint-Honoré.

RUE DE NESLE

A l'époque où fut construite la maison de Jean de Nesle, une des premières elevées en cet endroit, il n'y avait probablement pas de rue, et on disait la « maison de Nesle » (domus de Nigella). On la désignait même plus simplement encore : Neele, aller à Neele.

Au bout de quelque temps, un chemin trace devant la maison fut désigné sous le nom de « chemin qui conduit à Neele » ou de « la rue devant la maison de Neele » (vicus ante domum de Nigellâ). (1236. Cartulaire de Saint-Germain-l'Aux., Jaillot.) Enfin un document de la même époque porte ces mots : « Au coin de la rue de Neele » (in cuneo vici de Neellâ). C'est la première fois qu'on trouve cette rue désignée sous ce nom. Mais la taille de 1292 nous montre que la rue de Nesle ne commençait, dans l'origine, que *devant la porte de la maison de Nesle* pour aboutir dans la « grant rue », depuis rue Saint Honoré.

En 1298 elle gardait son nom jusques à sa rencontre avec la rue de la Porte au Coquillier devant Saint-Eustache. La rue Jacques de Verneuil, nommée dans la suite rue des Estuves, comme le prouve cette mention de l'année 1297 : « rue des Estuves, le renc Jacques de Verneuil, » aboutissait rue de Neele.

Quand l'hôtel de Nesle fut donné au roi de Bohême, la rue de Nesle prit le nom de rue de Bohême, rue de la Vieille-Bohême (Behaigne, Bahaigne, etc.) jusqu'en 1391 où elle fut nommée rue d'Orleans du nom du nouveau propriétaire de l'hôtel, le duc d'Orléans, qui portait avant cette date le titre de duc de Tourraine. On dit un certain temps. l'hôtel du duc de Tourraine, car ce n'est qu'à la naissance de Charles, son second fils, qu'il prit le titre de duc d'Orléans.

Au XVIe siècle on la voit indiquée sur les plans et les actes comme « rue d'Orléans dite des Filles Pénitentes ou repenties (1498-1572), à cause du couvent de ces religieuses établi dans l'hôtel du duc d'Orléans.

Supprimée en partie par Catherine de Médicis, elle garda, dans la portion conservée, le nom de rue d'Orléans-Saint Honoré qu'elle portait encore dernièrement. L'extrémité de cette rue, du côté de l'église Saint-Eustache, appelée rue Bouchée, rue Bouchère, cul-de-sac de l'hôtel de Soissons et même cul-de-sac Carignan, fut prolongée sur l'emplacement de l'hôtel de Soissons et ouverte à la circulation au mois d'avril 1765, sous le nom de rue Oblin.

Dans la rue d'Orléans, à l'autre extrémité vers la rue Saint-Honoré et du même côté que l'hôtel d'Orléans était un hôtel qui avait appartenu à M. André Blondel de Rocquencourt, contrôleur général des finances sous Henri II, qui le donna à la duchesse de Valentinois, Diane de Poitiers. Sa fille aînée, dame Françoise de Brézé, dame d'honneur de Catherine de Médicis, l'apporta en dot à son mari Robert de la Marck IV, duc de Bouillon, maréchal de France, qui mourut en 1556. A la mort de sa femme (1574) il passa à son fils aîné, Henry Robert † 1575, puis à son second fils, le duc de Bouillon, Charles Robert de la Marck dont la seconde femme, Antoinette de la Tour de Turenne, qu'il avait épousée en 1574, le vendit à Me Nicolas Bruslart, vicomte de Puysieux en 1606 (27 juillet). La veuve de Me Bruslart, Charlotte d'Estampes de Valencei, le vendit le 20 mars 1641 à Achille du Harlai, maître des requêtes, dont le fils le vendit en 1689 à M. de Verthamont. Il devint enfin l'hôtel d'Aligre qui s'étendait jusque de l'autre côté de la rue Saint Honoré, entre la rue des Poulies, la rue Bailleul et la rue de l'Arbre-Sec.

EXCERPTA

[1238, déc. C. N. D.]... et decem et novem solidos super quandam domum sitam, ut dicitur, juxta domum de Nigella...

[1255, mai. C. N. D.]... item quadraginta et unum solidos Parisienses annui redditus, incrementi census, sitos, ut dicitur, super tribus domibus, sitis, sibi invicem contiguis, in buto vici per quem itur ad

Nigellam, et quandam domum contiguam prædictis domibus, sitam, ut dicitur, inter domos prædictas et domui Richardi le tapicier.

[1259, fév. C. N. D.]... decem solidos e quadam domo sita Parisiis, in terra episcopi, ante domum Odelinæ Scutiferæ (Odeline Lécuyer), inter vicum de Nigella et domum Nicholai Marcheboue.

[1282, 26 août. C. N. D.]... La « curia officialis parisiensis » prélève 119 sous 2 deniers comme amortissement dû à l'évêque par le chapitre et la communauté de Saint Germain-l'Auxerrois. Item infra muros Parisienses, super domo Richardi de Ceranz, ante Nigellam tres decim solidos ; item super domo Gallardi, filii Jacobi de Silvanectano (Jacques de Senlis) 12 solidos...

[1282, décembre. C. N. D.]... Richard le tapissier et Érembourg, son épouse, vendent à Pierre le tapissier et à Aalès, son épouse, la maison décrite ci dessus, située in vico Hugonis Dacies inter domos Petri de Floriaco lathomi (Pierre de Fleury, tailleur de pierre) et defuncti Johannis Riboudi.

[1283 14 nov. C. N. D.] Amortissement de 6 livres ...item prope Nigellam, super domo Rogeri vaginarii (le gainier), sita inter domum Henrici furnerii (fournier) et domum Ricardi dicti Poilehaste (voir taille 1292 rue Traversainne); item in magno vico Parisiensi (grant rue ou rue Saint Honore) super quadam domo, sita inter domum Stephani Britonis et domum Guiardi Azonis, quinque solidos; item, super domo magistri Galieni de Pisis (Galien de Pise, chanoine de Pont-Audemer, † 14 mars 1280 (C. N. D.), sita in vico de Stupis (des Etuves) inter domum Johannis de Stupis (Jean l'étuvéeur) et domum Thome de Carnoto tapicerii, viginti quinque solidos, ex legato deffuncte Mariella Blanchete, quondam uxoris deffuncti Johannis Matthæi ; item predictam domum continentem quatuor cameras, contiguam domui domini Johannis de Sancto Jacobo, valentem de locagio per annum circiter 35 solidos, ut dicitur, etc.

[1285, 5 nov. C. N. D.] Venditio (sur un cens de 200 sous, faite au couvent et à l'abbé de Neauphle par les exécuteurs testamentaires de Richard le tapissier).

...Item, voluit et precepit idem testator, quod centum solidi Parisienses annui census, quos percipiebat annuatim supra quadam domo, sita in vico de Nigella, quam Petrus le Borgne (voir taille 1292) tenet ad censum, et in eadem inhabitat idem Petrus... et ad omnia predicta complenda, testator (Richard le tapissier) suos fecit... et constituit executores Eremburgim, uxorem suam, Matheum cerarium et Gillonem Flamingum de Chanveria.

[1286, janv. C. N. D.] Réclamation de cent sous dus ...super quadam domo quam Petrus le Borgne inhabitasse dicitur, sita in vico Nigelle, inter domum deffuncti Johannis Ribout (voir tailles) et domum

Petri de Floriaco ; de quibus centum solidis debentur annuatim Guillelmo dicto Janitori (voir tailles; ce Rebout habitait une maison appartenant à Pierre Coquillier. V. rue Coquillière en 1209), civi Parisiensi, tres solidi cum dimidio incrementi census : ita tamen quod idem Guillelmus dictam domum de censu capitali, pro fundo terre debito, tenetur acquitare, etc.

[1316, 22 janvier C. N. D.] Jehan de Clamart (1) et sa femme Jeanne, bourgeois de Paris et poissonniers de mer, hypothèquent une de leurs maisons située rue de Nelle. (Cette maison est située près de la Croix-Neuve, taille de 1292.)

[1325, juillet. C. N. D.] Perception d'une certaine somme par Robert, dit le Maignen (maignen, chaudronnier), de Insula ade (de l'Isle-Adam), clericus chori Beate Marie parisiensis, sur la maison de Jehan le Breton, tailleur d'étoffe (talliatoris pannorum), située dans la rue de Neele, entre la maison de Rene dit Bourdon et la maison de Jehan le scieur de pierre (serrarius) qui était auparavant à Guillaume de Rouen (Guillelmi de Rothomago).

1350 In cuneo via nigelle domus que fuit Petit de Condetto et est ad presens Johannis le Coq, 7 s. 6 deniers. (Censier de Saint Germain-l'Aux.)

[1372, S. 1089 90, A. N.] Du samedy après la fete du Saint Sacrement, l'an 1372.

Sentence du Chatelet de Paris portant adjudication au profit de Mons. l'évêque de Paris d'une place vuide qui fut à Jean Mergerie, sis à Paris en la rue de Nesle, tenant d'une part à une place qui fut Simon Yon, d'autre part à la maison qui fut Gieffroy Fillette, aboutissant par derrière a la maison Jean la Marche pour 2 sous Parisis de cens que le dit Seigneur a droit de prendre pour chacun an sus ycelle place.

[1374, 12 juillet] (d°). Bail fait par Monseigneur l'évêque de Paris à Jean Galiot et à Jeanne sa femme, d'une place vuide qui fut Jean Mergerie seant en la rue de Nesle, tenant d'une part à une place qui fut Simon Yon et d'autre part à la maison qui fu Gieffroy fillette aboutissant par derrière a la maison Jehan la marche, moyennant 8 sous parisis de croix de cens et de rentes. Signé : Bourguignon.

[1421. S.] Maison sise rue de Neele aboutissant par derrière aux anciens murs de Paris.

[1421. S.] Trois maisons en la rue de Nesle en l'une desquelles, c'est assavoir, en celle qui est du côté de l'hôtel de Behaigne, a demeuré M. Pierre de Vendôme, chevalier, en mai et juin 1421, sans en

(1) « Juré por les hales », est chargé de surveiller le pain livré par les talemehers (1305) (L. S.). Il demeurait en face Saint-Eustache.

rien payer, disant que la dite maison lui appartenait par don à lui fait par le roi, et le 21 juin la dite maison fut louée à Richard de Saint-Yon (1).

[1421 S.] Confiscation d'un grand hotel assis à Paris en la rue de Nesle appele l'hostel de Behaigne où il y a plusieurs cours et jardins, qui appartint à M. le duc d'Orléans, duquel hotel M. Jacques de Rouen (occis plus tard) et Collin Vaucher se disent concierges.

[1425. S.] Grand hotel, nommé l'hostel de Behaine où il y a plusieurs cours, jardins et édifices qui furent à M. d'Orléans, séant en la rue de Nesle, etc.

Le dit hostel fut donné au seigneur de Willeby, chevalier anglais, à lui et à ses hoirs mâles (voir Histoire).

[1423-1427. S.] Trois maisons entretenans, qui furent à Mᵉ Louis de Cepoy, scises en la rue de Nesle, aboutissant par derrière aux anciens murs de la Ville de Paris, lesdites maisons délivrées à Pierre de Saint Aubin, ayant la garde des enfants de lui et de feue damoiselle Jeanne de Cepoy, jadis sa femme, fille dudit Mᵉ Louis. (Maistre Louis de Cepoy, secrétaire et auditeur des comptes de Mons. le duc, 27 juillet 1404). (KK. 267 A. N.)

[1423-1427. S.] Pierre de Saint-Aubin, tuteur des enfants mineurs de lui et de damoiselle Jeanne de Sepoy, fille de M. Louis de Sepoy (erreur de copie pour Cepoy).

[1423-27. S.] Maisons scises rue de Nesle aboutissant par derrière aux anciens murs de la Ville de Paris.

[1423-27. S.] Maison appartenant à M. Pierre Agode, cons. au Parlement, scise rue Saint-Honoré, faisant le coin de la rue de Nesle, sur laquelle Mᵉ Guillaume Gresle, notaire et secrét. du Roy, avait le tiers de 32 s. p. de rente.

[1427, 20 juillet.] Henri VI donne à Thomas Blount, chevalier anglais et son chambellan, une maison, sise à Paris, rue de Bohême, confisquée sur Michel Cordier. (JJ. 173, nº 719 A. N., Cf. A. Longnon.)

[1432, septembre. S. 3332 A. N.] Nicolas de Seyne et consorts, exécuteurs du testament de deffuncte Jehanne, sa femme, font un contrat de fondation de 4 obits solennels pour chacun an et de deux basses messes de requiem pour chacun mois en faveur de la fabrique de Saint-Eustache et lui donnent l'hostel de l'Estoille et maison y annexée au coin de la rue Saint Honoré et de celle d Orléans.

[1430.] Nicolas de Seyne, exécuteur testamentaire de Jehanne, sa femme, donne à Saint-Eustache une maison située en la rue de Behaigne ou d'Orleans, où est pour enseigne l'Estoille, tenant à Mᵉ Jehan Croiet, barbier, dont la maison a eté ajoutée à « l'Estoille », 8 janvier (LL 723 A. N.)

(1) Descendant de Garnier de Saint Yon, échevin en 1313 (Félib.). Les Saint-Yon figurent sur la taille de 1292, ainsi que les Bonnefille, et sont tous bouchers.

[1439, 23 décembre. A. N.] Copie d'un recepisse de Jean de la Fontaine, reconnaissant avoir eu en ses mains la somme de 87 livres tournois, etc., pour acheter 16 solz parisis de rentes que l'évêque de Paris a droit de prendre pour chacun an sur l'hostel de la Plastrière, rue de Nesle, et dans d'autres endroits.

[1443, 23 avril. S. 3332. A. N.] Une maison a pignon ainsi qu'elle se comporte et estend de toutes parts assise à Paris en la rue de Neele dicte d'Orléans ou de Bohême, tenant d'une part à une plastrière appartenant à la dicte église de Saint Eustache, d'autre part à un hostel et appartenances qui fut Jehan le Charpentier, aboutissant par derrière à l'hostel de l'Estoille assis en la rue Saint-Honoré. (Sentence condamnant les marguilliers de Saint-Eustache à payer au chapitre de Saint-Germain-l'Auxerrois une rente annuelle de 3 livres 5 sous 4 deniers à prendre sur une maison qu'ils possèdent rue d'Orléans.)

[1448, 4 mars. S. 3332. A. N.] Transaction pour une rente de 64 sous parisis que le chapitre de Saint-Eustache a droit de prélever sur « un hostel » assiz à Paris en la rue de Neelle dite de Behaigne, laquelle fut à Jean de Seine et appartient de present à la dicte fabrique, tenant d'une part à une plâtriere appartenant à icelle église Saint-Eustache et d'autre part à une masure appartenant à Jacques de Marchienes, aboutissant par derrière à un hostel assiz en la rue Saint-Honoré où pend pour enseigne l'Estoille aussi appartenant à icelle église.

[1481, 3 mars. A. N.] Donnation faite par Mre Pierre Hardy, etc., d'une petite maison, couverte de thuiles, cour et cave, sis à Paris, rue de Nesle, tenant d'une part à Me Jean Allait. (Allain ? voir 1573. 26 août.)

[1487-88. S., nov. à janvier.] Martin Lutet, chevaucheur d'écurie du duc d'Orléans et Bernard du Puys, serviteur du seigneur d'Albret, sont prisonniers au Châtelet de Paris depuis le 1er novembre 1487, jusqu'au 3 janvier ensuivant audit an.

[1564. A. N.] Déclaration... par Nicolas Habert, marchant-appoticaire, bourgeois de Paris, d'une maison sise à Paris, rue de Nesle, en laquelle pend pour enseigne « le Point du jour ». etc.

[1570. A. N.] Déclaration faite par damoiselle Jehanne Thuleu, bourgeoise de Paris, d'une maison et cour, sise à Paris, rue d'Orléans. où souloit pendre pour enseigne « le Pont de Charenton » près et à l'opposite des Filles Pénitentes, tenant d'une part à ladite demoiselle Thuleu.

[1571, 20 novembre. A. N.] Déclaration passée à M. l'évêque de Paris par Étienne Langlois, d'une maison sise à Paris, rue d'Orléans, anciennement rue Brehaygnes, où pend pour enseigne « la touppy » près la Croix-Neuve, acquise de Me Jehan Legras, avocat au Parlement, où est pour enseigne sur la porte « la Corne de cerf ».

[1572, 19 mars.] Déclaration, etc., par Claude Marye de la Vaigne, d'une maison sise à Paris rue d'Orléans, dite des Filles Pénitentes, contenant deux corps d'hotel, cour au milieu, jardin derrière, tenant d'une part à haute et puissante dame Madame Françoise de Bresze, duchesse douairière de Bouillon (Françoise de Brézé, dame d'honneur de Catherine de Médicis) aboutissant par derrière sur les anciens murs de la Ville et par devant sur ladite rue, etc.

[1573, 26 août. A. N.] Déclaration passée à M. l'évêque de Paris par André Rebuffe d'une maison, sise à Paris, rue d'Orléans, tenant d'une part à la maison qui fut à Monsieur le maréchal de Saint-André et depuis à Monsieur le maréchal de Vieilleville, d'aultre part à M. Berard Legolly (1), lieutenant du prévost de l'hostel aboutissant d'un bout par devant à ladite rue d'Orléans et d'autre par derrière à Monsieur le Duc et à maître Allain, à cause d'une maison qui ouvre sur la rue des Vieilles-Étuves tenant à la maison dudit sieur Mareschal de Vieilleville, chargée envers mondit seigneur évêque de 16 deniers parisis de cens payable au jour de Saint-Remy.

Cet André Rebuffe était mareschal des logis de la Reyne mère du Roy. Il avait obtenu la permission de la ville de se « berger dedans » et contre le mur d'une tour estant au derrière de sa maison, assise près la rue du Séjour et aussi près l'allée qui est sur l'épaisseur du gros mur tenant à ladite tour qui se pourchasse le long des murs des voisins, laquelle allée contient 4 thoises, deux pieds de long ou environ. (Mémoire, etc., p. 206.) Il est appelé André Rebuffe, sieur de Beauregard dans les créanciers de la Reine mère. Le dixieme avril mil six cens un, oposé maistre Jacques Daverdoing, procureur de damoiselle Anthoinette Daves vefve André Rebuffe, sieur de Beauregard, maréchal des logis de la deffuncte (Catherine de Médicis) tant en son nom que comme tutrice de ses enfans, pour estre paiée de deux mil quatre cens vingt huict escuz un tiers de gaiges et deniers prestez et paiez en son acquit, esleu domicille en sa maison au cloistre Saint-Oportune. (Debtes et créancier, p. 106.)

[1556-1581, Mémoire hist. et crit., p. 204.] Demoiselle Denise de Bomont, veuve Pierre Habert, pour aisance des anciens murs de ladite ville, de 5 thoises 5 pieds derrière les Filles Pénitentes, avec faculté de faire des huis, fenestres et autres bâtiments, etc.

[1573, S.] ...Revérend père en Dieu Messire Loys Guillard, évesque de Chartres, auquel mesdits sieurs ont délaissé les anciens murs de

(1) Pierre Lugolly, lieutenant-géneral à la prévôte de l'hotel, échevin 16 août 1586, 14 mai 1588 (*Les jetons de l'échevinage parisien*, par d'Affrye de la Monnoye.) [1585, 24 déc.] Le roi dine au logis de M. Lugosly, faulbourg Saint-Honoré, et couche au couvent N.-D. de Pitié audit faubourg. [1585, 21 mai.] Le roi disne au logis de M. Lugosly et couche au Louvre. (25759-60 fr. B. N.)

ladite ville (de Paris), sur la longueur de 7 thoises, estant derrière une maison à lui appartenant, assise en la rue d'Orléans, aboutissant par derrière aux anciens murs... d'autant que ladite maison est incorporée dans l'hostel de la Reyne.

[1573, S. Recepte des portes, etc.] « *Devant les boutiques.* » La veuve de M. Jean de la Bretonnière, conseiller du roi en la cour des aides, pour 5 thoises 5 pieds de large des anciens murs de la ville au derrière des Filles Repenties, « *Ancienne porte Saint-Honoré* ». Le révérend père en Dieu, Louis Guillard, etc. (ut supra). La maison du P. Guillard était probablement située dans la partie plus tard séparee par la rue nouvelle percée par Catherine, rue des Deux-Écus prolongée. Un hôtel situé rue de Grenelle lui appartenait également.

[1575, 8 juin, S. 3337, A. N.] Location d'une maison ainsi qu'elle se comporte, assise à Paris, rue d'Orleans et faisant l'un des coings d'icelle devant l'hotel de la Reyne mère du Roi, entré en le monnastère où soulloient estre les Filles Pénitentes tenant de toute part et aboutissant partout par derrière auxdicts recognaisseurs et d'autre part par devant sur ladite rue d'Orléans. Maison dite du « Belier couronné ».

[1586, 17 avril, S. 3337, A. N.] Donnation faite par Bernard Coullon et Marie le Gillon, sa femme (et d'autres encore) de deux maisons sises à Paris, consistant en trois corps d'hotel dont deux sont sur la rue d'Orleans, dite des Filles Pénitentes et un sur la rue du Four, se tenant l'un l'autre ; la totalité desdits lieux tenant d'une part à l'hotel de la Reyne mère du Roi, d'autre côté à la veuve et héritiers Jean Levasseur, aboutissant d un bout sur la rue du Four et d'autre bout par derrière sur la rue d'Orléans.

[1598, 3 may., S. 1098, A. N.] Judas Champenois, Mᵉ sellier lormier, vend à Nicolas Dupont, tailleur, une court six pieds et demi en carré dans trois pieds quatre pouces rendue à six pieds aussy en carré, sise dans une maison rue d Orléans.

[1599, 15 mai, S. 1099, A. N.] Achat par J. Langlois d'une maison rue d'Orléans. Elle est revendue à sa mort (voir plus loin 18 février 1612).

[1600, 22 oct., S. 1098, B. A. N.] Vente à maître François Petit, juré du roy en l'office de massonerye, d'une maison sise à Paris rue d'Orléans ou soulloit pendre pour enseigne l'Escu d'Orléans *près la Croix Saint Eustache*, consistant en deux corps d'hotel tenant l'un à l'autre, contenant une salle basse au dessus de laquelle y a un puis, une montée dans œuvre, chambre et grenier au dessus ; l'autre corps d'hostel consistant en deux corps d'hostel l'un sur le devant auquel y a deux caves, salles bouge au dessus, chambre et grenier au dessus, petitte court au mitan, puis estable, chambre et grenier au dessus, le tout couvert de thuiles, etc., tenant d'une part à Simon Cormis, *d'autr part et aboutissant par derrière à la maison de la Reyne,* par devant sur ladite rue d'Orléans, maison saisie sur Adam le Huberdeau, filz et héritier de Mᵉ Heberdeau, bourgeois de Paris. (Cette maison était dans la partie qui fut plus tard la rue Bouchère, le cul de sac de Soissons et enfin la rue Oblin.)

[1603, 8 juin, S. 1099, A., A. N.] Vente à M. Martin de l'Aulne d'une maison sise à Paris rue d Orléans, ayant pour enseigne « Agnus Dei », consistant en deux corps d'hostel, etc., tenant d'une part à la damoyselle de Beauregard, d'autre part à la fabrique Saint-Eustache, aboutissant sur la rue d'Orléans.

[1606, 27 juillet, S. 1098, B., A. N.] Haute et puissante dame Anthoinette de la Tour de Turenne, femme et espouse de messire Charles, Robert de la Mark, duc de Bouillon, prince souverain de Sedan, comte de la Mark de Biennes et de Maulenoir, chevalier des ordres du Roy, conseiller de son conseil privé, cappitaine de cent hommes, collonel des cent suisses de sa garde, vend à M. Nicolas Bruslart, chevalier, seigneur de Sillery, vicomte de Puisieux, garde des sceaux de France, l hostel et maison de la Mark .. assis à Paris rue d'Orléans, ayant ses yssues rue Saint Honoré et de Grenelle tenant d'un costé à Mons. Lecocq et aultres, d'aultre costé à Jehan Langlois, maître tailleur, aboutissant par derrière sur ladite rue de Grenelle et par devant sur ladite rue d'Orléans, 54,000 livres tournois. (La famille Brulart comptait depuis plus d'un siècle des membres éminents dans la magistrature. Nous connaissons ·

Jean Brulart, conseiller au Parlement en 1508, Pierre Brulart, en 1519; Noel Brulart, procureur général en 1553, 1557 et président en 1587; Matthieu Brulart, François Brulart, abbé de Laval-le-Roi, René Brulart, etc.

Le plus célèbre, né en 1544, Nicolas Brulart, de Sillery, était chancelier en 1611 ; il mourut en 1624. Son médaillon, fait par le fameux Guillaume Dupré, est au Louvre, salle des Anguier, nº 172. Madelaine Brulart, veuve du sieur Faure, maître d'hôtel du roi, fondait les hospitalières de la Charite N.-D., le 24 juin 1629.)

[1606, 20 août, S. 1098, A. N.] Maison adjugée à Baudelot, sise rue d Orleans, portant pour enseigne « au Point du Jour », consistant en corps d'hostel avec petites boutiques, caves, etc., couverte de thuilles, tenant d'une part et abboutissant à deux maisons à la fabrique de Saint-Eustache.

[1607-1608, Bouquet.] Denyse de Beaumont, veuve de Pierre Habert, étant au lieu de Jean de la Bretonnière pour l'aisance des anciens murs de la ville de 5 pieds, 5 toises de largeur, au derrière des Filles Pénitentes, moyennant 4 sols parisis de rente comme il est convenu dans le compte de 1556 dont Habert a passé titre le 7 juin 1581.

[1609, 14 mars, S. 1098, A., A. N.] Vente à Paumel Aymedieu d'une maison sise rue d'Orléans, tenant d'un coté à Jacques Blondel, appoticaire, d'autre à Nicole Dupont, marchand d'habits.

[1609, 9 novemb., S. 1098, A., A. N.] Vente à Charles Baudoin, tailleur, vallet de chambre de monseigneur le duc de Vendosme, d'une maison ayant pour enseigne « l'Homme Sauvage », tenant d'une part à la maison où est pour enseigne « l'Image de la Madeleine », d'autre part à Nicolas Dupont.

[1612, 18 février, S. 1098, B., A. N.] Les héritiers de Jean Langlois vendent à Louis Bouvier, marchand fripier, une maison rue d'Orléans ou pend pour enseigne « la Magdelaine », consistant en caves, voulte, sellier, au dessus bouctique, sallette, petite cuisine, court, estable, deux chambres au dessus l'une de l'autre dont la dernière lambrissée, une garde-robbe en la première chambre, un cabinet sur la montée et grenier sur la derrière, tenant d'une part à Mons. le chevalier, d'autre part à la maison où pend pour enseigne « le Sauvage », à M. Beaudoin, aboutissant par derrière à M. Beauchesne, médecin, et par devant rue d'Orléans.

[1623, 27 mars, A. N.] Vente faite par X..., Mathurin Morrone, huissier de cuisine bouche du Roy et chef de fourrière de la Reine, Jaqueline Choppin, sa femme, et Louis Choppin, maistre rotisseur à Paris, au profit de dame Anne de Montaffié, veuve de M. le comte de Soissons, de 2/5es d'une maison, sise à Paris, rue d'Orléans et contenant trois corps d'hotels, tenant d'une part à l'hotel de Soissons, d'autre part à M. Pinguet, d'un bout sur ladite rue d'Orléans et d'autre bout sur ledit sieur Pinguet.

[1623, 11 juin.] Vente faite par Pierre et François Lescollevilles frères, marchands, et Michel Idault, valet de garde-robbe de monseigneur le comte de Soissons, de 3/5es d'une maison, sise à Paris, rue d'Orléans, contenant trois corps d'hotel, tenant d'une part à l'hotel de Soissons, d'autre part à M. Pinguet, d'un bout sur ladite rue d'Orléans, d'autre bout sur ledit Pinguet.

[1623, 14 juin.] Même maison.

[1639, 16 août.] Maison acquise par M. Simon Coupeau, conseiller et secrétaire du Roy, de Me Hardouyn Chauveau, sise à Paris, rue Boucher (bouchère) ou cul de sacq de la rue de l'hostel de Soissons, contenant un corps de logis, petite cour derrière, puits et lieux, tenant d'une part aux héritiers Bardin, d'autre au sieur X..., par devant sur ladite rue Bouchere ou cul de sacq, par derrière au sieur Couppeau.

[1669, 15 juin, S. 3332, A. N.] Convention du 15 juin 1669. Par devant les notaires du roy au Châtelet, furent en personne Me Jean Baptiste Colbert, marquis de Seignelay et autres lieux, conseiller ordinaire du roy en tous ses conseils, du conseil royal, commandeur et grand thrésorier de ses ordres, secrétaire d'État, controlleur général des finances et surintendant et ordonnateur général des bâtiments, arts et manufactures de France, etc., au sujet d' « une maison, scize rue d'Orléans, où estoit pour enseigne « la Belle Estoille », appartenant à la fabrique de Saint-Eustache, tenant à la maison faisant le coin de la rue Saint Honoré appelée du « Chasteau d'or ».

RUE DU FOUR

La rue du Four existait au milieu du XIIIe siècle (1238), commençait grant Rue, près la porte Saint-Honoré (aujourd'hui l'Oratoire) et finissait au carrefour de la Croix Neuve, situé devant Saint-Eustache. Elle tirait son nom d'un four établi dans la rue. En 1255, on l'appelle Four de la Culture (vicus Furni in cultura et Justitia Episcopi), parce qu'il était situé dans la juridiction et dans la « culture » de l'évêque.

Les hôtels de Guillaume de Dreux, de Jacques de Bourbon, du duc de Berry, de Charles d'Albret, du comte de Tancarville étaient situés dans cette rue qui porta ce nom jusqu'en l'année 1864 (24 août) où elle prit celui qu'elle porte actuellement, rue Vauvilliers.

En 1599, le duc de Vendosme demeure « en son hostel assis en ceste ville de Paris, rue du Four, paroisse Saint-Eustace. » *(Dettes et créanciers*, p. 49.)

Sauval, à propos de la rue du Four, raconte, t. III, p. 222 :

« Mais quant à la chambre où les médisants prétendent que Marguerite, fille de France, reine de Navarre, accoucha de deux enfants, elle se voit encore au milieu de la rue, vis à-vis la rue des Deux Écus, au premier étage d'une vieille maison de pierre de taille. Dupleix et l'auteur du Divorce satirique de Henri IV et de cette princesse, tiennent qu'elle n'a eu qu'un enfant, sans dire le lieu où elle accoucha ; les médisans, au contraire, veulent qu'elle en ait eu deux et que ce fut dans le même logis que je viens de dire qu'elle s'en délivra et les traitât avec la dernière inhumanité. Quoi qu'il en soit, la chambre où se sont passés ces mystères est encore parquetée et accompagnée d'une cheminée de marbre jaspé fort superbe, avec un tableau qui lui sert d'ornement, où est représentée la mort de Cinna... »

Inutile de dire que cette maison a disparu lors de la construction des Halles centrales.

LE FOUR

[1137. Paris.] Louis VII, à la prière de sa dame et mère, la reine Adélaïde et de plusieurs de ses fidèles, accorde qu'une maison et un *four*, bâti à Paris, au *Marché neuf, in foro novo*, au lieu dit de *Champeau*, sis dans le faubourg, seront exempts ainsi que leurs habitants de toute coutume et exécution. — (K. 23, n. 2, A. N. Prieure de Saint-Martin des Champs.)

Ne serait ce pas là une trace de l'origine du Four l'Évêque de la rue du Four, près des Halles (marché neuf) dans le *Faubourg*, au lieu dit de *Champeau* ?

Il y avait deux fours banniers ou banaux dans ce quartier; l'un dans la rue de l'Arbre-Sec, le four Gauquelin, et l'autre, dans la rue du Four, près de la Croix-Neuve, le four de la Cousture.

Nous trouvons ce dernier mentionné dans une « copie des lettres d'amortissements de M. l'évêque de Paris, assis en la rue du Four, pour la chapelle de Saint Eustache en la ville de Paris, constitués sur VIII maisons assises emprès l'ancienne porte Montmartre » (septembre 1255). (S 1071 bis, A. N.)

Il y avait également un four dans l'hôtel d'Artois, comme le prouve un acte du lundi 3 août 1360, par lequel Lorenz de la Folie, concierge, y demourant, et un talemelier (boulanger), demandent pardon à M. de Paris parce qu'ignorant les droictz de mondit Seur, ils ont laissé « cuir du pain a bourgeois au four dudit hostel, qui lors appartenait a la reyne de France ».

Ce four était réservé pour « le pain, pasticerie et aultres choses pour la reyne, ses gens et ceulx de l'ostel et non aultres » (1360).

On comprend ainsi les curieux règlements auxquels étaient assujettis les « prévots des fours ».

On lit dans le *Cartulaire de Notre-Dame*, t. III, p. 274 :

Droiz, franchises et libertez appartenant à l'eveschié de Paris

...Item ledit evesque a en ladite ville de Paris son prévost, lequel a toute cognoissance sur tous les hostes dudit évesque, se ce n'est ou franc fief de Rosiers en Chastel fetu où il a environ six maisons, ou four Gauquelin et ou four de la Cousture desquels le baillif dudit evesque a cognoissance. Et à cause des diz fours, nul talemelier, hoste dudit evesque, ne peut cuire pain a bourgeoiz, se ce n'est es diz fours; et s'ils sont trouvés faisant le contraire, ilz perdent le pain et payent LX solz d'amende au bailli dudit seigneur. Le prévôt dudit evesque doit demourer en son chastel du Four l'Evesque ou ailleurs dedans sa terre ainsi que les clercs de sa baillie et de ses sergents.

On lit dans la taille de 1297 : Ysabel prévote du Four l'Evesque et Jehan son fuiz : 6 livres 15 sous. Le métier devait être lucratif pour permettre de payer une taille aussi elevée.

1302, le jeudi veille de feste saint Barthélemi l'apostre, Raoul de Vaus, prévost à ce temps du four l'Evesque, bourgeois de Paris, et Jehanne Arrode, sa femme, vendent à Charles de Valois 24 livres de rente sur le péage et la prévosté de Tournans-en-Brie pour 300 livres tournois (J. 165, B., A. N.).

Voici, en outre, les privilèges attachés à ces fours.

Le vendredi 13 janvier 1384, Pierre Bumoust, huissier du Parlement et gardien du révérent père en Dieu, Mons. Pierre d'Orgemont, par la grâce de Dieu, évêque de Paris, est chargé, au « Palais roial », par Raoul de Renneval, chevalier, pannetier de France, assisté de Jehan de Croiz et de Jehan Colin, jurez dans ce métier, de signifier les privilèges accordes aux fours banaux :

« Le four Gauquelin .. et le four de la Cousture auquel demeure a présent Jaques Leroy estant en ladicte rue du Four, lesquels fours estoient et sont si frans et de telle condition que nul seigneur quelconques ne personne privilegiee ne autre, par quelque voie ou manière que ce soit, ne personne quelconque, ne peut dedans entrer pour faire adjournemens, executions, prises, arrestz, visitations, ni en iceux rien demander par quelque voie, taux ou manière que ce soit, excepté ledict reverent père, etc. »

Le 7 octobre 1402 « Guy, sieur de la Roche Guyon, est grand pannetier de France ; Quentinet de Harlay soy disant maistre du mestier de boulangerie de Paris, et Jacquin Lami, Jehan Boyn, Jehan Colin et Clement Gilon, eulx disans jures audit mestier de boulangerie ».

Enfin un acte du mois d'août 1402 renferme un arrêt et une sentence maintenant l'évêque de Paris en possession de ces deux fours. Le four de la Cousture était encore occupé par Jaques Leroy (13 janvier 1404) (Voir rue Coquillière, 16 may 1397, et rue de Grenelle, 31 mars 1393). Jaques Leroy est père de Jehan Leroy. (Voir les noms d'une douzaine de sergents du four l Evesque aux pièces justificatives, fin du XIIIe siècle.)

EXCERPTA

[1238, décembre, C. N. D.] ...Et quindecim solidos super quandam domum, que fuit presbiteri de Villa Episcopi, ut dicitur, et quinque solidos super domum quandam, sitam versus furnum Episcopi.

[1255, mai, C. N. D.] ...Cens de 4 livres parisis dû sur une maison de la rue Saint-Germain-l'Auxerrois, item 60 solidos super quadam domo, sita Parisius, in vico Furni (du Four), contigua domui Henrici de Monbouin (de Monbouin, v. taille de 1292) ex una parte, et domui Johannis pilicerii, ut dicitur, ex altera, onerata in duodecim denariis capitalis census, quam domum tenet, ut dicitur, Thomas dictus Megret; item, quadraginta et unum solidos Parisienses annui redditus, incrementi census, sitos ut dicitur, super tribus domibus, sitis, sibi invicem contiguis, in buto vici per quem itur ad Nigellam; et quandam domum contiguam predictis domibus, sitam, ut dicitur, inter domos predictas et domui Richardi le Tapicier.

[1256, août, C. N. D.] Perception de cens sur : domum contiguam domui episcopi que dicitur domus Furni episcopi (rue du Four-l'Evêque).

[1256, août, C. N. D.] Albericus, pouletier de Monseigneur le comte d'Anjou, et Pétronille, sa femme, louent une place, « plateam sitam Parisius, contiguam domui domini Episcopi, que dicitur domus Furni Episcopi ex una parte, et domui Petronille la Hativelle ex altera ».

[1283, 30 avril, C. N. D.] Perception de 12 sols parisis sur la maison de Jaques de Senlis, rue du Four, contigua ex una parte domui Natalis dicti coci (dit le queu) et ex alia parte domui Johannis dicti le Borgne.

[1305, 11 juin, C. N. D.] Guillaume le tailleur habite une maison rue du Four, « tenant d'une part à la méson mestre Robert le Saunier, et d'autre part a la meson Jehan Girout ».

Cette maison appartient à Aubert dit le Picard et à Bietrix, sa femme, demeurant grant rue de Chastiau Festu

[1333, 3 juillet.] Le samedi 3 juillet 1333, cens reclamé sur une « masure avec le four édefie dedans appelé le four de la Cousture », tenant d'une part à la meson de Marie la Rousse et d'autre part à la meson de Mahy de Trie.

[1361, 23 décembre.] Jean de Thiais et depuis Dobier Moquelin paient 20 sous de rente sur plusieurs maisons rue du Four.

[1350, LL. 964, A. N.] Vicus de furno : domus que fuit Johannis de Sancto Laurentio et est ad presens Johannis de Nivella, 3 s.; domos que sunt ad presens magistri Johannis Marret pro anniversario relicte Radulphi de Brencourt, 2 s. 6 d.

[1365, 25 fevrier.] Paiement du cens par messire Aubert le Mercier pour une maison séant à Paris en la rue du Four, tenant d'une part aux Etuves Poquelé (1) et d'autre part à la maison des bouteilles et

(1) Voir censier, 1373.

aboutissant par devant à Mons. Nicolas Brac (1), chevalier, en la cousture de révérent père en Dieu, Mons. l'evesque de Paris..., etc.

[1365, novembre.] Maison sise rue du Four, tenant d'une part « à la place où furent les estuves poquele et d'autre part à la maison que l'on dit a pendant l'enseigne des barils ou bouteilles qui, jadis, fut à Ansseau de Taillefontaine (2).

[1398, 16 juillet et 29 novembre.] Paiement du cens dû sur deux maisons rue du Four.

[1400, 16 octobre.] Sentence qui condamne Jean Dormal à payer à l'évêque de Paris les « lods et ventes » de l'acquisition faite par Robert Dormal, son père, sur Simon Bezon, d'une maison assise rue du Four qui fut à Rogier Saucon, tenant d'une part à Maistre Jehan de Maricourt et d'autre part à l'hostel du Chaudron.

[1421, Compte ordinaire de la prévôté, S., tome III.] Grande maison et jardin derrière qui fut à Mr Charles Delabret (d'Albret) en son vivant connestable de France, scise en la rue du Four, aboutissant par derrière rue des Estuves.

Maison rue du Four, tenant d'une part au long de la rue de la Hache, aboutissant par derrière et ayant issue en la rue des Etuves.

Maison rue Saint-Honoré faisant le coin de la rue de Nesle.

[1421, S., t. III.] Grande maison rue du Four qui fut à Me Jean de la Croix, tenant d'une part à l'hotel qui fut Messire Charles de le Bret (d'Albret), jadis connestable de France, et d'autre part au long de la rue de la Hache, aboutissant par derrière en la rue des Etuves.

[1421, S.] (3). Une grande maison rue du Four, tenant d'une part à Me Charles de le Bret (d'Albret), jadis connétable, d'autre part au long de la rue de la Hache, aboutissant par derrière à la rue des Etuves.

Une grande maison et jardin derrière qui fut à Mr Charles de Lebret (d'Albret), connétable de France, scise rue du Four, aboutissant par derrière à la rue des Etuves.

[1424, 26 oct., A. Longnon.] Henri VI donne à Jean de Thoisy, évesque de Tournay, la maison située rue des Prouvaires appartenant à Jacques de Tessy, puis à Guillaume le Turr, sur lequel elle a été confisquée. Cette maison donne par derrière, rue du Four; elle est de l'autre côté de la rue.

[1424, 9 décembre, S., t. III.] Donation par Henri, roi de France et d'Angleterre, à Claude de Beauvoir, seigneur de Chastelus, de l'hôtel d'Albret scis à Paris, tenant d'une part à l'hostel de feu Mr Jean de la

(1) Voir censier, 1373, Nicolas Braque.
(2) Voir censier, 1373 1399.
(3) Confiscations faites a la suite de l'assassinat du duc de Bourgogne sur les bannis et soupçonnés de meurtre. (Sauval.)

Croix et d'autre à un nommé Guillaume le Prévost, datée de Paris le neuvième décembre 1424.

[1425, S., t. III.] Grande maison qui fut à Mᵉ Charles Delebret (d'Albret) et depuis à son fils, aboutissant par derrière à la rue des Etuves, occupée depuis par Mᵉ Claude de Chastelus.

[1423-27, S., t. III.] Maison scise en la rue du Four, tenant d'un lés à la rue de la Hache.

[1423-1427, S., t. III.] Mᵉ Jehan de la Croix qui fut (occis) à Paris; sa maison scise rue du Four, tenant à l'hotel de Mʳᵉ Charles d'Albret, connestable de France, aboutissant par derrière à la rue des Etuves.

[1427, S., t. III.] L'hostel dudit Charles d'Albret qui fut depuis à son fils, tenant d'une part a celui de Jehan de la Croix, aboutissant par derrière à la rue des Etuves, duquel hotel jouit le seigneur de Chastelus.

[1423-1427, S., t. III.] Maison qui fut à Mᵉ Jean Chasteigner, scise rue du Four, tenant d'une part au long de la rue de la Hache, aboutissant par derrière et ayant issue en la rue des Étuves, chargée envers la chapelle Saint Liénard, fondée en l'église Saint-Eustache, en cent sols parisis.

Grande maison toute démolie qui fut à Mᵉ Jean de la Croix, occis à Paris, scise rue du Four, tenant d'une part à l'hotel qui fut Mʳᵉ Charles D'Alebret, jadis connestable de France, et d'autre part au long de ladite rue de la Hache, aboutissant par derrière en ladite rue des Etuves. Ledit Mᵉ Jean de la Croix avait un frère nommé Simon de la Croix.

[1427, 23 juillet, A. Longnon.] Henri VI donne à son secrétaire Laurent Calot (1), une maison à Jean Chastenier, rebelle, située rue Four. Cette maison avait déjà été donnée en 1420 à Laurent Calot par Charles VI. Elle etait située au coin de la rue de la Hache et de la rue du Four, tenant par derrière rue des Étuves. Jean Chastenier était secrétaire du dauphin (Charles VII) d'octobre 1419 à 1425. Elle tenait d'une part à la maison qui fu Jaques de Canliers et aus aians cause de feu Nicolas Braque et d'autre part au long de la rue du Molinet, aboutissant par derrière à la rue des Étuves en la censive de l'evesque de Paris. (Il y a ici une erreur, nous ne connaissons pas de rue du Molinet, mais nous savons qu'une certaine dame Nicole du Molynet avait éte propriétaire dans ce quartier. Voir rue des Deux-Ecus, avant propos, 1419.)

[Sauval, t. III, preuves.] Maison et appartenances qui fut à Mᵉ Jean Chastigner, sise rue du Four, tenant d'une part à Messieurs Martin et Jaques de Caulers (2), frères.

(1) C'est le fameux Laurent Calot, Cabochien (1413).

(2) Jaques de Caulers, prevot des marchands (1446), une lettre de lui, du 9 juillet 1472, se trouve dans la collection de Bastard.

[1532, 14 août, S. 3328-41, A. N.] Une maison neuve assise à Paris, rue du Four, en laquelle est pour enseigne « l'Ymage Saint Jaques », tenant d'une part à la fabrique de Saint-Eustache et de l'autre et aboutissant par derrière à M. Regnault le prieur, appartient à la fabrique.

[1589, 14 août, *Inventaire*, p. LXV.] Mademoiselle de la Renouillère, qui assiste plus tard à la naissance de Louis XIII, demeure rue du Four, chez Nicolas Thiboust, sergent. Mademoiselle de Marigny demeure rue du Four. Ces deux demoiselles étaient au service de la reyne mère.

[1600, may, S. 1098, B., A. N.] Vente à Me Robbin, marchand fripier à Paris, d'une maison rue du Four, où est pendue pour enseigne, contre le mur, « l'Image Sainte-Geneviève ».

Cette maison est située de l'autre côté de la rue.

[1600, 19 novembre, S. 1098, B., A. N.] Vente à Marie Yzambert, veuve de feu Me Estienne Pinguet, d'une maison scise à Paris rue du Four, consistant en un corps d'hotel, caves, salles, court, puis, chambres haultes, gardes-robbes et grenier au dessus... tenant d'une part à la veuve Pinguet, d'autre part à Monsieur Fromentin et la maison qui fut à Me Bernard Coullomb, d'autre bout par devant sur la rue du Four. (Voir censiers.)

[1602, 25 déc., S. 1098, B., A. N.] Vente à M. Charles Minoust, huissier en la Chambre des comptes, d'une maison, par Pique Drouard (faite le 15 juin 1598), consistant en deux corps d'hotel, cave, cuisine, etc., tenant d'une part aux héritiers de feu Caillard, aboutissant par derrière à M. Bonnet, par devant rue du Four.

[1612, 6 janvier, S. 1098, B., A. N.] Vente de la moitié par indivis d'une maison rue du Four, tenant d'une part à dame Morin, veufve de André Prou et aux hoirs feu Me Charles de Brion, d'autre part au sieur de la Noue et aultres ; aboutissant d'un bout par derrière au sieur de Fontanu et d'autre par devant sur la rue du Four. Cette maison, située de l'autre côté de la rue, était voisine de celle qui avait appartenu à Ruggieri. (V. Ruggieri, notes.)

[1612, 4 février, S. 1098, B., A. N.] Vente d'une maison contenant deux corps d'hotel l'un devant sur la rue, l'autre sur le derrière, et deux cours, assise à Paris rue du Four, tenant d'une part à la fabrique de l'église Saint-Eustache, d'autre part à M. Pinguet, procureur au Chastellet de Paris, abboutissant d'un bout par derrière au sieur Leboucq, lieutenant en la prévôté de l'hotel.

[1612, 17 avril, S 1098, B., A. N.] Vente à M. Jean Chouart (1)

(1) Descendant de Guillaume Choart, échevin 1549 (?), un François Chouart, chappelain, était precepteur de la princesse de Lorraine en 1585, et un Jean Choart était lieutenant civil au Châtelet en 1436. Une Suzanne Choart est veuve d Omer Talon en 1633 (de B.).

d'une maison consistant en un corps d'hotel, court, puis et aultres ses appartenances, sise à Paris, rue du Four, ou cy devant estoit pour enseigne « La Bouteille », tenant d'une part et aboutissant par derrière à messire Germain Chouart, d'aultre part aux héritiers feu Cadaire.

[23 décembre 1637.] Un bout et portion de jardin dépendant d'une maison appartenant aux mineurs Lemoyne, sise rue du Four, contenant 12 à 14 toises ou environ 14 toises de long du côté des cuisines de ladite dame comtesse, jusqu'à la petite rue où sont les cuisines dudit hôtel, vulgairement appelé rue Bouchère, anciennement rue du Cul-de-Sacq, de deux toises de long, du côté de la veuve Dolet, sur la longueur du jardin à la comtesse de Soissons.

[4 sept. 1638, 1 juin 1741, S. 3328-3341.] Testament d'Honoré Beaussier, léguant à la fabrique de Saint-Eustache la moitié de deux maisons : Sa femme, Louise Bardin, lègue ces deux maisons entières, sises au coin de la rue du Four (enseigne : Le Croissant) rue Saint-Honoré (enseigne - l'Écharpe Blanche).

[Mémoire imprimé sans date.] La fabrique de Saint-Eustache est propriétaire depuis plus de 300 ans d'une très ancienne maison ou plutôt d'un corps de logis au fond d'une cour enclavée dans d'autres maisons qui avaient appartenu dans le principe à un seul père de famille et qui ont été leguées le 8 sept. 1638 et le 1 juin 1741 par le sieur et la dame Blossier.

[1649, 24 déc.] Les marguilliers de l'église Saint-Eustache louent à Mr Jehan Collot, conseiller, secrétaire du roi, une maison rue du Four, qui a été définitivement vendue ou confisquée en 1589-90. C'est la maison de la Croix.

[1662, 23 nov.] Les marguilliers de l'église Saint-Eustache louent à M. François Boussingault, marchand, une maison rue du Four.

[1668, 7 juin.] do

[1674, 4 mars.] do

[1680, 11 mai.] do

[1686, 22 juillet.] Les marguilliers de l'église Saint-Eustache louent à Mr Nicolas Houdry, procureur au Chatelet, la maison de la rue du Four, à charge à lui de paier « pour les fortifications de la ville, les boues, pauvres, chandelles, lanternes et autres charges de ville ».

[S. 1107.] 31 pièces allant de 1654 à 1781 sans intérêt pour nous.

RUE COQUILLIÈRE

PORTE COQUILLIÈRE

Dès 1255, on trouve le nom des Coquillier (Adam et Robert) [Jaillot] mentionné dans un acte. (S. 3328, n° 3, A. N., cité par Leroux de Lincy, et C. N. D.; voir plus loin.)

En 1269, Pierre Coquillier et sa femme, Geneviève, assignent à l'évêque de Paris une rente de 70 sols pour le terrain qu'ils tiennent de lui.

C'est évidemment ce bourgeois de Paris (civis Parisiensis) qui donne son nom à la rue Coquillière, malgré toutes les autres étymologies avancées par les historiens (1), puisque ses parents, probablement ses père et mère, demeuraient rue du Four.

En 1262 1265, une Odeline Coquillière (Odelina Cochlearia) fonde une chapelle à Saint-Eustache, et en 1283 (22 mars), Guido (Guy), comte de Flandre, achète de Ranulphe (Renous d'Homblières, Leroux de Lincy), trente-deuxième évêque de Paris (2), trois arpents et demi de terre arable situés auprès de sa maison, qui appartenaient auparavant à Pierre dit Coquillard (Coquillardus), et agrandit l'hôtel de Flandre qu'il tenait de sa mère.

Dans la taille de 1296, on lit : la porte au Coquillier dedenz les murs et la rue qui va à Saint-Huitace (Eustache). La rue Coquillière allait à cette époque du carrefour de la Croix-Neuve devant Saint-Eustache jusqu'à la rue de Grenelle. Elle était coupée en deux parties par la porte au Coquillier ou porte Coquillière, située dans l'enceinte de Philippe Auguste. Il y avait donc une partie « dedenz les murs » et une partie en dehors.

L'hôtel de Flandre était situé dans cette rue, et en dehors de la porte, mais de l'autre côté de la rue et non du côté que nous étudions

(1) Piganiol, d'après Sauval, dit : « Son premier nom fut celui de *Coquetier* qui lui avait été donné par les harengères parce que les coquetiers, qui sont ceux qui trafiquent d'œufs, arrivent par là à la Halle. Le nom qu'elle porte aujourd'hui lui a été donné ou d'un nommé Cocquillart dont Marot fit l'épitaphe ou de Pierre Coquillier, etc. » Il est absolument ridicule de supposer que cette porte servît *spécialement* aux coquetiers à l'époque où elle fut bâtie, c'est-à-dire environ quinze ou vingt ans après la construction des Halles (1183) par Philippe-Auguste. Et puis que viennent faire là les *harengères* ? Quant à son Coquillart (François), vicaire à Saint-Jacques-l'Hôpital (1637), il vivait au XVIIe siècle et la porte Coquillière portait son nom au XIIIe siècle.

(2) Jaillot dit que c'est en 1292 et de Simon Matiphas de Buci, évêque de Paris. C'est une erreur.

où se trouvaient des « granges » des maisons, la « ruelle de Nesle ». Jusqu'au XVIe siècle, et même jusqu'à notre temps, on pouvait encore, avant les démolitions, voir la place où le mur de l'enceinte de Philippe-Auguste coupait la rue Coquillière, car il y avait en cet endroit un décrochement qui a toujours existé depuis la démolition de la porte (mars 1888) (1). (Voir les plans de Paris.)

Fig. 116. — Tête de Cybèle trouvée dans le jardin de M. Berrier, situé entre les rues du Jour, Coquillière et Plâtrière (1684).

[1255, septembre, C. N. D.] ... Cum Petrus, dictus Monton, civis Parisiensis, et alii executores ipsius testamenti defuncte Odeline Coquillarie emerint a Petro Polletario et ejus uxore... sex libras annui census sive redditus, ad opus beneficii sive capellanie in ecclesia Parisiensi instituti sive institute a dicta defuncta Odelina, quondam uxore defuncti Roberti Coquillarii, ob remedium animarum ipsorum Roberti et Odeline, etc. Supra duabus domibus sibi invicem contiguis, sitis Parisius, in vico Furni, in cultura nostra (cultura Episcopi) contiguis domui defuncti Gaufridi de Meldis, ex una parte, et domui Philippi Polletarii ex altera..., etc.

[1272 ? 27 juin, C. N. D.] ... Eodem die obiit Odelina dicta la Coquilliere, que dedit viginti solidos annui redditus super domo Guillermi Maugeri. (C'est probablement la fille de la précédente.)

(1) Nous ne parlons pas de la tête de Cybèle (?) trouvée dans cette rue sur l'emplacement du jardin de M. Berrier (1684). (Voir Lebeuf.) Du reste, elle fut retirée de fouilles faites de l'autre côté de la rue.

La porte Coquillière fut abattue en 1607. (Voir la note 3 du chap. 1er, *Histoire*.)

Elle est souvent nommée dans les actes du XIIIe siècle encore porte de Flandre et porte Saint-Eustache, et même porte de la comtesse (d'Artois), dont l'hôtel était du côté des Halles (rue Étienne-Marcel, 20). Nous trouvons dans les conseillers de ville du 22 août 1291 un Symon de Quoquillier qui est orfèvre. C'est sans doute un parent de Pierre. (L. S.) Nous donnons le sceau d'un Coquillard qui est *probablement* le nôtre.

[Avril 1255-56, C. N. D., 1481.] Nous voyons le nom d'un Jehan Coquillart dans la paroisse de la Norville (avril 1255-56); et celui d'un Guillaume Coquillart, procureur de l'évêché, deux cents ans plus tard, en 1481.

[1269, mars, C. N. D.] L'évêque Étienne fait savoir que « Petrus Coquillarius et ejus uxor Genovefa » avaient dans sa censive « tria jardina seu tres plateas, sibi invicem contigua sive contiguas, sita sive sitas ad mercatum porcorum et equorum; quorum sive quarum unum vel una fuit, ut dicitur, defuncti Stephani Salnerii; aliud vel alia fuit, ut dicitur, defuncti Petri Cabot, carnificis; aliud vel alia fuit, ut dicitur, Johannis Ribout ». (Voyez rue de Nesle, 1286.)

[1269, octobre.] Ludovicus Dei gracia Francorum Rex..., notum facimus quod cum Guillelmus Barberius dictus ad pedem ferreum (1) acquisivisse dicatur a Petro Coquillario, cive Parisiensi, et Genovefa ejus uxore, per factum excambium inter eos, decem libratas et quindecim solidatas, incrementi census annui redditus, etc.; daté d'une abbaye près Saint-Cloud. (Tiré d'un cartulaire de Saint-Germain-l'Auxerrois, 1269, octobre; Félib.)

Fig. 117 — Sceau de Coquillart, bourgeois de Paris [Coqlar a Coqles] (XIVe siècle).
Pierre Coquillart ou Coquillier? (communiqué par M. Roblet).
Écu chargé de 3 coquilles, 2 et 1.

[1278, *Ec. des Ch.*, t. 23, p. 556, an. 1862.] Marguerite de Flandre, comtesse de Haynaut, donne à son fils Gui, comte de Flandre et marquis de Namur, « domum nostram et fondum cum appendiciis sitos Parisius extra portam Sancti Eustachii juxta forum porcorum ». (Il s'agit ici de la porte Coquillière et de la place du « viez marché aus porciaus ».)

[1283, 22 mars, C. N. D.] Guido, comte de Flandre et marquis de Namur (marchio Namurensis, c'est Gui de Dampierre), achète de Ranulphe (Renous d'Homblières, Leroux de Lincy), évêque de Paris, trois arpents et demi de terre arable qu'il a auprès de sa maison, à lui comte de Flandre, qui étaient autrefois à Pierre, dit Coquillard, bourgeois de Paris — Coquillardus, civis Parisiensis.

Robert, comte de Flandre, époux de Ioland de Nevers, voulant augmenter les dépendances de son hôtel dont le principal avait appar-

(1) Un Michel Piedefer était avocat, 1466; son fils Robert, conseiller en 1413-17; ainsi que son petit-fils Nicole, 1495, et Jacques Piedefer, prévôt des marchands, 1493-99, meurt en 1532.

tenu à Coquillier, avait acheté encore de l'évêque de Paris, vers la fin du XIIIe siècle (Lazare, 1285; Jaillot, 1293), le manoir que les Augustins venaient de quitter et en possession duquel ce prélat était rentré faute de paiement.

L'hôtel de Flandre dont il s'agit est cité dans la taille de 1292: la meson de Flandre.

Au commencement du XIVe siècle, il appartenait à Marie de Brabant, reine de France. On a d'elle une reconnaissance d'un cens annuel de 12 livres parisis dues à l'évêque de Paris pour cet hôtel (2 décembre 1318, Lebeuf). Jehan, duc de Bourgogne, le donna au duc de Brabant vers 1322 (Guillebert) (1).

Cet hôtel devait être un jour occupé par les confrères de la Passion qui en louèrent une partie (1545-1547), époque où François Ier ordonna sa démolition. (Dulaure, IV, p. 102.)

[1316, 7 juillet, C. N. D.] Pierre des Essarts et Thomasse, sa femme, cèdent à Guillaume, évêque de Paris, 35 l. 10 s. p. de rentes annuelles perçues sur des maisons leur appartenant, dont l'une se trouve devant la porte au Coquillier.

[1330, 2 janv., S. 1089-90, A. N.] Pierre des Essarts, ancien valet du roi, bourgeois de Paris, anobli en 1320 (J. J. 59, n° 495, A. N.), achetait, le 2 janvier 1330, le fief de Terouenne, situé sur la paroisse de Saint-Eustache, sur le terrain actuel des Halles (rue Pirouette, corruption du mot rue Terouenne). Pierre des Essarts eut deux femmes: 1° Thomasse, + avant le 5 mars 1332, et 2° Jehanne. Il mourut entre le 5 février et le 30 sept. 1349.

Un de ses descendants (?) devait être plus tard le fameux Pierre des Essarts, supplicié devant l'hôtel de la Coquille, rue Saint-Denis, en 1413.

Ce fief avait appartenu autrefois à Adam, évêque de Terouenne (ou évêché des Morins, aux Pays Bas), qui avait été archidiacre de Paris avant 1213, puisque de 1213 à 1229 il siège à Térouenne. Il avait hérité du fief que son frère Gautier possédait au territoire des Champeaux (halles actuelles), situé à Paris, avec droit de justice. C'est Adam de Saint-Mamert qui le vendit en 1330 à Pierre des Essarts, un des favoris de Philippe de Valois.

Ce Pierre des Essarts était encore propriétaire d'une grange située rue de Nesle et rue Coquillière (voir censier), et il maria sa fille Marguerite au célèbre Étienne Marcel, veuf de Jeanne de Dammartin qui était morte sans enfant en 1344. Étienne Marcel, frère de Jean

(1) 1375, jeudi 8 février Séjour de Philippe le Hardi en l'hôtel de Flandre. Il dîne avec le comte d'Armagnac, le mareschal de France, l'évêque d'Amiens, etc. — 1402, samedi 7 janvier. *Ibid.* Il dîne avec l'évêque de Liège, les comtes de Saint-Pol, de Namur, de Joigny, etc. (E. Petit, *Itin.*)

et de Jeanne Marcel, n'eut que deux enfants de Marguerite des Essarts et non six, Robert ou Robin et Marie ou Marion. (Voir censier 1373, rue de Néelle, rue des Vieilles Etuves, et Vieilles familles parisiennes.)

[1339, S. 1071, A. N.] Jaques du Pressouer (voir censier 1373), conreeur de robe basse et Bte sa fame, couturiere en linge, demourans à Paris a la porte au Coquillier, pour une meson, court et granche qui furent Étienne le feutrier (voir censier 1373), séant à Paris entre ladite porte au Coquillier et le bout de la rue de Neelle, tenant d'une part à Jehan de Tre (Jehan de Montmartre, voir censier 1373) ou Jehan de Trie, et Jehanne, sa femme, dite la tot-moille (la tôt-mouillée), et d'autre part a la meson Ales la Gontière, qui fait le coing de ladite rue de Neelle et aboutissant à la meson de ladite Ales et tenant d'un des bous à la meson Mess. Jehan de Varennes (voir censier 1373). Mardi, quatorzième jour de septembre 1339. (Signé :) De Boncourt.

[1339.] Mention de la porte au Coquillier dans un acte.

[1350, LL. 964, A. N.] Ad portam aus Coquilliez. Domus que fuit Nicolai Britonis et est ad presens domini de Hocetot, pro anniversario magistri Johannis de Veeli, 5 s.

[1354, 10 janvier.] A tous ceux qui ces presentes lettres verront, Jehan, seigneur de Folleville, chevalier, conseiller du roi, notre seigneur, garde de la prévôté de Paris, salut. Savoir faisons que par devant Estienne Boyleaue et Nicaise le..... clers notaires du roy nostre dit seigneur de par luy establis en son Chastellet de Paris, fut personnellement establi Colin Petit aumussier, demourant à Paris, lequel de son bon gre non contraint pour son cler et evident prouffit sur ce bien conseille et advise si comme il disoit recognut et confessa par deuant lesditz notaires avoir vendu, cédé et ottroyé et par la teneur de ces présentes lettres vend, cede, quitte, ottroie, transporte et délaisse des maintenant a tousiours perpetuellement et hereditablement et a promis et promet garantir, delivrer et defendre a ses coux et despens envers et contre tous en jugement et hors toutesfoiz que mestier et requis en sera, de toutes evictions, debtes, obligacions, ypotheques et de tous arrerages troubles et empeschemens quelzconques a la charge cy apres déclaree a tres hault et excellent prince Mons. Loys, fils de roy de France, duc d'Orliens, conte de Valois et de Beaumont, pour lui, ses hoirs et aians cause, une maison ainsi comme elle se comporte et extens de toute pars que ledit vendeur avoit et dit avoir de son conquest seant à Paris en la rue de la Porte au Coquillier, pres de l'ostel au conte de Flandre, tenant d'une part a une maison qui fu Mahieu Potier (voir censier 1399) et est a present a un homme nommé Griseau (voir censier 1399), et d'autre part au long des murs anciens de la ville de Paris en la censive de révérend pere en Dieu mons. l'evesque de Paris, chargée en quatre livres dix deniers par tant pour fons de terre comme pour rente et pour toutes charges. C'est assavoir ceste vente faite pour le pris et somme de quarante livres tournois franc d'or pour vint sols tournois piece que ledit vendeur confesse avoir euz et receus d'icelui seigneur et s'en tint et tient a bien paie et content et en quitta et quite clame bonnement a tousiours ledit seigneur. Dimanche, 10 janvier 1394. (A. N., KK. 896. *Cart. de Blois*, p. 306.)

[1397, 16 may, S. 1071 bis, A. N.] Sentence du bailli de l'évêché condamnant Guillaume Aguillon et Jehan Leroy, au nom de son père, Jacques Leroy (voir censiers 1373-1399, rue du Four, maison du Four de la Cousture), à payer 30 solz parisis d'arrérages échus l'an 1396 sur plusieurs maisons à plusieurs pignons, court et jardins entretenant, assises en Paris, outre la porte au Coquillier vis à vis la porte [de l'hostel] de Flandre, faisant le coin de la rue de Garnelles et y tenant d'une part, d'autre à Drouet de Vernes, poissonnier, aboutissant par derrière sur les maisons qui sont ou furent Mᵉ Jehan de Garencies (de Garencières ?).

[1397, Lebeuf Cocheris.] Porte Coquillière appelée aussi porte de Flandre. (C'est l'erreur corrigée ci-dessus.)

[1497-1507 et 59, S. 3328-3341, A. N.] Maison à l'enseigne du Dauphin, rue Coquillière, appartenant à la fabrique Saint-Eustache. (Cette maison était située de l'autre côté de la rue.)

[1542.] Donation de deux maisons rue Coquillière, par Guillemette de l'Arche, veuve Brice, pour la fondation d'une basse-messe perpétuelle dans l'église Saint Eustache, « en la chapelle que ledit Jehan Brice et elle ont décorée et en partie édiffiée de leurs deniers en icelle église, appelée la chappelle Saint-Jean l'Évangéliste, Saint-Brice et Saint-Guillaume ». (Cité par Leroux de Lincy.)

[1607.] La porte Coquillière est abattue (voir note 5, chapitre 1ᵉʳ), et non vers 1552 comme le prétendent plusieurs auteurs.

[1608, S. Comptes du domaine.] Jehan Gontier, avocat au parlement, pour une anglée massive étant demeurée de la porte Coquillard après la demolition d'icelle, qu'il tient de la ville depuis la Saint-Jean-Baptiste 1556, 24 juin. (Voir la note du chapitre 1ᵉʳ.)

[1604, 25 may, S. 1099, A. N.] Vente de l'hostel de Balsac, etc., aboutissant d'un bout aux veuve et héritiers de feu Philippe le Cocq.

[1607, 17 juillet, S. 1099, B., A. N.] Opposition de l'évêque de Paris sur une maison sise rue de la Porte au Coquillier.

RUE DE GRENELLE

L'endroit nommé *Garnelles* est cité avec la tour Hamelin dès 1211 ; en 1231, nous lisons les noms de Guillaume et Anselle *de Granelis*.

Cette rue tire son nom de Henri de Garnelle, dont le nom se trouve dans un acte du XIIIe siècle, de 1269 (vicus Henrici de Garnelle), qui aurait demeuré dans cette rue située en dehors des murs de Philippe Auguste. Ce nom fut altéré dans la suite (Guarnelle, Guarnales, Garnelle, etc.). Nous le rencontrons encore en 1283. La taille de 1292 porte rue de Guerneles. Elle commençait d'un côté dans la « grant rue » (rue Saint-Honoré) et finissait rue Coquillière.

M. Hue de Bouloy, chevalier de Bouloy-Thierry, y possédait une maison « outre et assez près de la porte Saint-Honoré », comme le montre un acte du 8 janvier 1373 (S. 1071 et sq. A. N.).

Les écuries du roi Charles VI se trouvaient dans cette rue (1392, voir Buchon, taille de 1313), mais elles devaient être situées du côté de la rue où s'éleva plus tard l'hôtel de Françoise d'Orléans, qui devint dans la suite l'hôtel des Fermes. Du côté qui nous intéresse, nous ne trouvons que la « maison du Chaudron » (voir *Histoire*, Censier, et plus loin [1501]) et la *chapelle de la reine* ou mieux l'église de l'Annonciade qui avait été bâtie par Catherine de Medicis au coin de cette rue et de la rue Coquillière, qui fut démolie en même temps que l'hôtel de Soissons.

Jeanne d'Albret, mère de Henri IV, serait morte dans un hôtel situé dans cette rue, appartenant à Guillart, ancien évêque de Chartres, qui avait embrassé le protestantisme. Nous croyons avoir fait justice de la légende qui veut que cette princesse ait été empoisonnée au moyen d'une paire de gants, par René Bianchi, parfumeur de la reine mère et du roi Henri III (9 juin 1572).

La rue de Grenelle ne fut pavée qu'en 1533 par Cassin Coffoy, paveur en grez de la ville de Paris, comme le prouve le passage suivant : « ... Et a été payé par les habitants d'icelle rue fors ce qu'il avait pavé à l'endroy et au long de la closture des Filles Pénitentes qui avoit été estimé 203 livres tournois. » Une quête fut ordonnée dans les églises pour parfaire le montant de ce qui était dû audit Coffoy, mais les curés des paroisses refusèrent de laisser faire cette quête, et un arrêt condamna le prévôt des marchands et les échevins à payer la note de Coffoy. (Félib., p. 682, t. II.) Cette rue portait dernièrement encore (1888) le nom de Jean-Jacques-Rousseau depuis le 2 avril 1868.

EXCERPTA

[1283, 30 avril, C. N. D.] 22 sous 3 deniers perçus « super domo Guillelmi plasterii, sita in vico Henrici de Guernelles, contigua, ex una parte, domui Hugonis textoris (Hugues le tisserand).

[1310.] Vente de 30 s. p. de cens sur la maison du Roy nostre sire où l'on reçoit le denier de la livre pour le Roy, *en la censive de l'evesque de Paris,* pour Alix la Magnenne, fille de Richer le Magnan (chaudronnier), au roi Philippe le Bel pour le prix de 18 livres, à Paris en 1310. Scellée. (Dupuy, *Invent. du trésor des chartes.*)

[1315, 22 juin, J. 167, nº 96, A. N.] Charles de Valois achète une maison ou une grange « assise à Paris en la rue de Guernelles, tenant d'une part à la meson de haut et puissant prince, Monseigneur Challes, conte de Valloys, qui fu Ymbert de Lyons, et d'autre part à la meson de Guillaume le Chat (1), charron, en la censive de l'evesque de Paris », à Regnier Violet, talemelier, bourgeois de Paris, et à sa femme Denise, à Robert le charron, fils de ladite Denise et de feu Mahi le charron, jadis mari d'icelle Denise, et Jehanne, femme dudit Robert. Cette maison passa ensuite « à Agnès, huissière, fame feu Jehan le baillif, jadis armeurier ». On lit sur le dos de l'acte : « C'est la lettre de Robert le charron de la meson derrière Neele ou les chambres aisiées sont commencées qu'il nous a vendue. »

(Ces chambres aisiées étaient la garde-robe.) (J. 165, nº 96.)

[1315, 22 juin, J. 164 b, nº 58, A. N.] ... Et est Monseigneur (Philippe VI, roi de France) tenu à lui (Ymbert de Lyons) pour la meson darrière Neele la ou la chambre aus deniers et la chambre aus chevaliers est, qui valait bien ou temps que Monseigneur (Charles de Valois) la print deux cents livres parisis. (P. Bonnassieux, *Soc. de l'H. de Paris,* 1880, mars et avril.)

[1316, 14 janvier, J. 165, nº 97, A. N.] Charles de Valois achète à Renaud Piedoe « une meson et un jardin, si comme il se comporte de toutes pars, avec leurs appartenances, que il avait de son propre héritage séant vers Saint-Honoré, tenant d'une part au jardin et à la meson Ymbert de Lyons (2) et d'autre part à la meson et au jardin mestre Hugues Restore (3), et par derrière abotissant aus

(1) Voir censiers, 1373 et 1399.

(2) Ymbert de Lyons, conseiller de ville, 1305 (L. S.), demeure en 1293 avec d'autres Lyonnais, rue Troussevache, et paie 8 livres. « ... L'en disoit qu'il estoit usurier. » (J. 164 b, nº 59, A. N.)

(3) Mestre Hugues Restoré, conseiller de ville, 1293, 1295, 1303, 1304 (7 novembre), 1293 (11 mai) (L. S.). En 1293, mestre Hugues Restore payait 6 livres et demeurait carrefour Mibrai, et Thomas Restoré payait 4 livres 10 solz et demeurait devers la Tannerie.

meurs dudit Monseigneur Challes en la censive et segnorie de l'evesque de Paris.

[1373, 8 janvier, S. 1079 et sq., A. N.] M. Hue de Bouloy, chevalier de Bouloy-Thierry, possède à Paris « des maisons vuides, ruyneuses et inhabitables ». On lui réclame le cens pour une place « vuyde, ahaigne, des longtemps a ou jadis ot maison ou une partie de maison contenant ycelle place vuide vingt six piez de lé et trente-six piez de long », séant à Paris entre une maison qui est dudit chevalier d'un bout et d'un costé et de l'autre bout en la rue de Garnelles, outre et assez près de la porte Saint-Honnoré et de l'autre costé à une place qui tient à présent à la maison de Pierre Gormont (Pierre d'Orgemont), 16 solz parisis d'amende.

[1388, 5 février.] A tous ceux qui ces lettres verront. Jehan, seigneur de Folleville, etc., et par devant Guait Acart et Regnault Dujardin, clers notaires jurez du roy.

Thomas Pottier, pelletier, demeurant à Paris, en la rue de la Tabletterie, et Péronnelle, sa femme, à laquelle à l'instance d'icelle il donna et octroya plain pouvoir, congié et auttorité de faire passer, consentir, ottroier et accorder d'icelle avecques sondict mary, ce qui s'ensuit...

Ils possèdent « une maison et jardin si comme tout se comporte et extent de toutes parz en long, en le, en hault, en bas, en front, en prefont, devant et derrière avecques toutes ses veues, agoux, aisances quelconques, assis à Paris en la rue de Garnelles, tenant d'une part et aboutissant par derrière à l'ostel de Beheingue qui est à présent à noble et puissant prince monseigneur Loys, fils de roy de France, duc de Touraine et conte de Valois, et d'autre part à Roland du Val, maçon, etc. (vendredi 5 février 1388), et la lui vendent 70 livres tournois, monnoie courant à present compter et mettre le franc d'or du coing du roy nostre seigneur pour vingt solz tournois la pièce ».

[1388, 5 février, KK. 896, A. N.] Raoul Ozart, foulon de draps, demourant à Paris, et Gilette, sa femme, vendent au duc d'Orléans une maison sise à Paris, rue de Garnelles, tenant d'une part à Pierre du Noys et d'autre part à l'ostel de l'evesque de Paris (Pierre d'Orgemont, 5 février 1388).

[1396, 31 mars, S. 1079 et sq., A. N.] Lettres d'amortissement accordées par Mgr l'évêque de Paris à l'hôpital des Quinze Vingts sur plusieurs maisons en sa censive. Les administrateurs de l'hôpital ont cédé audit seigneur évêque, entre autres, deux maisons dont une rue de Grenelles.

« Deux maisons ensemble appartenant qui sont Jaques Leroy seans à Paris, l'une d'icelles au coing de la rue de Garnelles, tenant d'une part à M. de Croisy et d'autre part audit Jaques, et l'autre maison séant en la rue de Neele, tenant d'une part à Guillaume Dubois, et d'autre à Perrin le mareschal (voir censier 1399), l'une des deux maisons respondant pour l'autre. »

[1396, lundi 8 mai, S. 1079 et sq. A. N.] Sentence de la Prévôté du fort l'Evêque ordonnant que les biens saisis sur Jehan de la Monnoye faute de paiement des arrérages de 16 sous par an de cens et de rente dus à Monseigneur l'évêque de Paris sur les maisons où Jehan de la Monnoye demeure, appartenant à maistre Guillot de Millerat (1), assises à Paris en la rue de Grenelle, tenant d'une part à Gillequin de la Motte, etc., seront vendus en la manière accoutumée.

[1399, 29 juillet.] Jehan Crueux, sergent d'armes du roy, vend au duc d'Orléans la maison appelée la maison du Tournoirre (c'est la maison désignée sous le nom d'hôtel de Tonnerre), assise à Paris devant l'ostel de Monseigneur Guillaume de la Trémouille, enpres la porte la contesse (d'Artois), et par derrière à l'ostel dudit Monseigneur le duc d'Orléans, 300 frans, mardi 29 juillet 1399. (KK. 896, cart. de Blois, pp. 309, 310. A. N.)

[1498, 30 decemb., S. 4742, A. N.] Obligation de la somme de 125 liv. faite par maistre Estienne Léger, prêtre, maître ès ars et curé de Dravet en Brie, à Robert Poussin, marchant, bourgeois, au sujet d'une maison, sise rue de Grenelle, dite du Chaudron.

[1498, 30 décembre, A. N.] Contrat de vente faite par Robert Poussin, marchand, bourgeois de Paris, à Pierre Mignolet, archer et gendre dudit Poussin, au profit de Mr Étienne Léger, prêtre, maistre es ars et curé de Dravay en Brie, d'une maison sise à Paris, rue de Garnelles, où pend pour enseigne « le Chaudron », tenant d'une part et d'autre et aboutissant par derrière à l'hôtel et jardin de Bahaigne.

MAISON DU CHAUDRON

[1501, 10 février, S. 4742, A. N.] Contrat de vente faite par Mr Étienne Léger, au profit des Filles Pénitentes dites Repenties, d'une maison, court, cave, jardin, veues, aigoutz, le lieu ainsi qu'il se comporte et extend de toutes pars que ledit maistre Estienne Léger affirme lui competer et appartenir de son conquest par lui fait par ledit Poussin, si comme il dit assis à Paris en la rue de Garnelles, en laquelle a pour enseigne « le Chaudron », tenant et enclavée de toute part dedens la maison de Bahaigne dicte d'Orléans.

[1507, 12 may.] Au moyen d'une transaction faite avec Etienne Léger, les Filles Pénitentes paient encore les rentes le 12 may 1507.

(1) Voir censier 1399, mots mal écrits

(En 1529, Étienne Léger, vicaire général de l'évesque de Paris, etait un des juges du fameux Berquin. Félib.)

[1501, 15 août, S. 3337, A. N.] Transport de rente à prendre sur une « maison, jardin et appartenances, assise à Paris en la rue de Grenelle où est pour enseigne contre le mur « la Corne de daim ».

[1518, 21 juillet, LL. 723, A. N.] Vente de la maison rue de Grenelle où pend pour enseigne contre la muraille « la Corne de Daim », qui avait appartenu au nommé La Croix (saisie de rentes à la requeste des marguilliers de Saint Eustache).

[1520, février, LL. 723, A. N.] Baux des maisons suivantes, donnant rue de Grenelle : maisons du Cerf d'Or, de la Corne de Daim, de l'Estoille, de la Corne de Cerf, du Chasteau d'Or, du Grand Godet, de l'Imaige Saint-Eustache.

[1527, S. 3337, A. N.] La fabrique Saint-Eustache loue une maison rue de Grenelle, « hostel édifié de neuf comme il se comporte, appartenant audit X... et tenant d'une part à Pierre Lebarbier et d'autre part aboutissant aux hoirs de Barbot, aboutissant à Jehan Boulle, dit le Bourbonnais ».

1528, 14 août, S. 3337, A. N.] Maison à l'image Saint-Michel, rue Saint Honnoré, tenant à celle qui fait l'encognure de la rue Saint-Honnoré et de la rue de Grenelle (plan annexe).

[1529, 10 juillet, S. 3337, A. N.] Adjudication de la maison de l'Image de Saint-Michel, rue de Saint Honnoré, tenant à celle qui faict l'encoignure de ladicte rue Saint-Honnoré et de Grenelle.

[S. 3333, A. N.] La maison située au coin de la rue de Saint-Honoré, à gauche en entrant dans la rue de Grenelle, appartient à la fabrique de Saint-Eustache de 1519 à 1725 (plan annexé).

[1545, 4 janvier, S. 3337, A. N.] La fabrique de Saint-Eustache loue à « honnorable homme François Douyn, arpenteur juré du roi au baillage de Senliz à ce présent, preneur audit titre, lequel temps durant (9 années), une maison, court, puys, estable et autres appartenances et le lieu ainsi comme il se comporte, assis à Paris, rue de Grenelle, tenant et aboutissant par derrière à ladite fabrique ».

[1612, 10 mars, S. 1098, B., A. N.] Adjudication à Guillaume le Perse, d'une maison sise rue de Grenelle, consistant en deux corps d'hôtel, l'un devant, l'autre derrière, caves, cuisines, chambres et garde-robbes, greniers au-dessus, cours au milieu ou y a puis, escuiries, jardins derrière ainsy que les lieux se poursuivent, comportent et extendent de toutes parts et de fondz en comble, couvert de thuille, tenant d'une part au jeu de paulme de Grenelle qui appartient aux héritiers Anthoine Alpin, d'autre à la maison du Dauphin appartenant à la veufve de Gouy par derrière, rue du Boullouer, et par le devant à la rue de Grenelle.

[1612, 6 avril, S. 1098, B., A. N.] A maistre Pierre Boigallier, huissier du roi, vente d'une maison rue de Grenelle, consistant en deux corps d'hostel, l'un devant, l'autre derrière, deux courtz, l'une au millieu et l'autre derrière, puis, caves, salles, chambres, greniers, etc., tenant à X....., d'autre part à Z....., aboutissant à la rue des Petits-Champs et d'autre bout rue de Grenelle.

OBSERVATION GÉNÉRALE

Malgré tous nos efforts, il nous est arrivé quelquefois de noter des immeubles situés « de l'autre côté de la rue », c'est à dire que ces maisons, jardins, etc., ne sont pas dans le pentagone qui fait l'objet de notre étude. Nous pouvons ajouter que dans la rue de Grenelle, en entrant par la rue Saint Honoré et à gauche, Berty signale, dans son plan archéologique, les enseignes suivantes : le Chapeau Rouge, l'Image N.-D., la Herpe, l'Image Saint Eustache, le Petit Treillis, le Heaume, et dans la rue du Pélican, faisant les coins de la rue de Grenelle, la Tête de Mouton et l'Image Saint Jacques.

Nous retrouverons tous ces noms plus tard. (Voir plus haut, rue de Grenelle, février 1520.)

RUE SAINT-HONORÉ

La partie de la rue Saint Honoré comprise entre la porte Saint-Honoré (enceinte de Philippe-Auguste) et la rue du Four s'appelait dans l'origine « la Grant Rue », comme toutes les grandes voies de communication ainsi désignées par les habitants les plus proches de ces rues au XIIe siècle.

Ce n'est qu'au XIIIe siècle qu'elle prit le nom de Saint-Honoré, de l'église qu'on bâtit en cet endroit. Nous trouvons le nom de cette rue pour la première fois dans un acte de 1270 : ... via Sancti Honorati, juxta culturam ipsius Episcopi, prout itur de ecclesia Sancti Honorati apud Rotulum (le Roule).

FILLES PÉNITENTES

LEUR FONTAINE

[1502-1503, S. Ordinaire.] Aux pauvres Filles Pénitentes de la ville de Paris, la somme de vingt livres parisis à eux taxée et ordonnée par MM. les Trésoriers de France par leurs lettres de taxation données sous l'un de leurs signets, du 24 décembre 1502, en pitié et aumosne, pour avoir du bled pour leurs vivres et autres leur pauvre nécessité. afin qu'elles prient Dieu pour la bonne prospérité et santé du Roi, de la Reyne et des princes et seigneurs de leur sang.

[1510.] — Aux religieuses des Filles Repenties, cent sols.

Aux pauvres Filles Pénitentes, dix livres parisis, en pitié et aumosne pour leur aider à vivre et avoir du pain, dont elles ont grand nécessité et souffrette, ainsi qu'elles ont remontré à Nosseigneurs les Trésoriers et aussi à ce qu'elles soient de plus en plus enclines à prier Dieu pour la bonne santé et prospérité du Roi et de la Reine.

[1510.] — A Huguet et à Neufville, vendeur de poisson de mer, six livres quinze sols pour l'achapt d'une caque de harens qu'il a donné par ordre de Nosseigneurs les Tresoriers aux Filles Pénitentes de cette ville de Paris en pitié et aumosne, pour leur subvenir à aider à vivre, mesmement durant le Caresme prochain venant.

[1510, S.] A ce que de plus en plus elles soient enclines à prier Dieu pour la bonne santé et prosperité du Roi et de la Reine, payées par quittance de sœur Jehanne Bordière, mère des Filles Pénitentes.

[1511-1512.] — Aux religieuses du couvent des Filles Pénitentes à Paris, la somme de dix livres tournois pour leur subvenir et aider à acheter du harang et autres provisions pour vivre durant ce present Caresme, et à ce que de plus en plus, etc., etc.

[1513.] — Aux pauvres Filles Pénitentes, etc. (ut supra), 15 livres tournois.

[1513, 4 octobre] — ...Pour avoir du bois pour leur chauffer et autres provisions, à ce que, etc. (ut supra), le Roy, la Reine et pour la paix du royaume.

[1522.] — Aux Filles converties et pénitentes de la ville de Paris, pour subvenir à leurs nécessités durant cette présente année finissant le dernier décembre prochain, 120 livres tournois (1).

(1) Evasion d une Fille pénitente (1532). Nicolle Chambon, examinateur ordinaire du Roi au chastelet de Paris et plusieurs sergents, pour avoir vacqué un jour entier à prendre prisonnière Marie Quatre-livres, qui était cachée en la religion de Saint-Antoine-des-Champs, et d'illec l'avoir ramenée en la religion (couvent) des Filles Pénitentes où illec ils l'avaient gardée ledit jour jusques à sept heures du soir (Sauval, t. III).

[1595, 11 mars.] Arrêt confirmant pour neuf ans un don annuel de 450 livres accordé par lettres patentes du 2 décembre 1579 aux « pauvres filles rendues pénitentes en la ville de Paris ». (*Arrêts du conseil d'Etat* : Henri IV [de Valois, ed.], nº 2277.)

[1552.] En 1552, Henri II fait lever une somme de 120,000 livres tournois par an pour fortifier la ville, que tout le monde doit payer excepté les quatre ordres mendiants, l'Hostel-Dieu, l'Ave Maria, les *Filles Pénitentes*, les Enfants-Rouges, la Trinité, le Saint Esprit et autres hôpitaux (Félib.).

[1667, mars (voir note 12, Filles Pénitentes).] Lettres de Louis XIV portant ratification et confirmation du contrat d'échange fait par les Religieuses Pénitentes avec Catherine de Médicis, etc.

Copie des lettres patentes de Charles IX du 18 janvier 1573 ordonnant au prévôt des marchands de donner aux Filles Pénitentes une conduite d'eau de la grosseur d'un pois seulement au lieu et place de celle qu'elles avaient en leur dit monastère, rue d'Orléans.

FONTAINE DES FILLES PENITENTES

Cette fontaine, première idée de celle qu'on a dans la suite placée au pied de la colonne de Bullant, est probablement une des plus anciennes de Paris. (La fontaine des Halles, plus ancienne, est mentionnée dès 1293) (L. S.).

En effet, nous voyons, en 1392, le duc d'Orléans faire placer des tuyaux pour amener l'eau dans la fontaine qu'il a « ordonné de faire venir » dans son hôtel. Ces travaux supposent une de ces rares concessions accordées par le roi aux membres de sa famille ou à des communautés religieuses, telles que celle faite par Charles VI aux Celestins qui est scellée du sceau du roi, 138 ? (Demay) et à Guy de la Trémoille (janvier 1387) pour l'usage et aisance de sa maison de la rue des Bourdonnais, sans nuire aux conduites des oncles du roy, le duc de Berry et le duc de Bourgogne. (Concession de l'eau des fontaines le gros du ront d'un pois.) Louis XII, ayant donné une partie de cette demeure aux Filles Pénitentes, leur fit continuer cette concession, qui, d'après les documents du temps, était de la grosseur d'un pois.

[Jusqu'en 1576, les orifices des prises d'eau étaient classés de la grosseur du *bout d'un fuseau* (concession à Pierre de Giac, octobre 1385), de la grosseur de la *teste d'une épingle* (1402 et 6 juillet 1403), de la grosseur d'un *pois* (1397, mai), des deux tiers d'un *pois* moyen (19 août 1494), d'un *grain de vesce*, d'un *ferret d'aiguillette*.]

C'est la raison pour laquelle les religieuses prétendaient avoir une concession *antérieure à 1499*, comme on le lit dans l'ordonnance du 28 novembre 1583. (Registres de la ville, vol. V, fol. 253 verso.)

Il y avait des concessions antérieures à cette date ; ainsi, Catherine de Médicis écrivait, le 15 août 1554, aux prévôt et échevins de la ville, pour leur demander de ne pas priver d'eau les Filles Dieu, qu'une ordonnance du roi Henri II du 14 mai, supprimant les concessions d'eau particulières, avait atteintes, « parce que ce serait », disait-elle, « les priver d'une grande commodité dont elles joyssent par privilège des roys nos prédécesseurs, depuis le temps du roy saint Loys » (1). (Reg. de la ville, vol. VI, fol. 99.)

Elle agit de même avec les Pénitentes et leur fit continuer par Charles IX (18 janvier 1573) leur concession de la grosseur d'un pois, quand elle les eut fait transferer à Saint-Magloire.

Auparavant, on avait fait des branchements sur leur tuyau.

Ainsi, le 14 avril 1531, on avait accordé une concession « d'un fil d'eau de la grosseur d'un grain de vesce à tirer du tuyau des Filles Repenties ou Pénitentes » au gouverneur de Paris, Jehan de la Barre (Reg. de la ville, II 779, vol. II, p. 83.)

Quand Catherine de Médicis eut pris possession du terrain des religieuses, la conduite d'eau fut interrompue ou coupée par les travaux ; c'est pourquoi, le 19 septembre 1579, il fut enjoint à Guillaume Guillain, maître des œuvres, et à Pierre Legrand, fontainier, d'exécuter « toutes affaires cessantes » les travaux nécessaires « pour faire pisser l'eaue dedans le jardin de la Reyne mère du Roy, ou lieu ou naguère étaient les relligieuses repenties ». (Reg. de la ville, *loc. cit.*)

La même conduite alimenta plus tard l'hôtel de Soissons, et nous lisons dans Félibien (*Preuves*, t. I, p. 34 b) les curieux remerciements des Parisiens à M. Miron, en 1606, pour avoir fait couler l'eau dans la fontaine nommée, encore à ce moment, de la Reyne.

« ...Toutes ces fontaines..., des Halles, de la Reyne..., des Filles Pénitentes et des Filles Dieu restaient masses de pierres, nayades décharnées, carcasses seiches, qui, comme les peaux des victimes, remémoraient seulement aux passans qu'autrefois elles avoient été

(1) En 1265, saint Louis avait accordé aux Filles-Dieu une prise d'eau sur la fontaine de la Maladrerie de Saint-Lazare qui faisait venir son eau de Mesnil-Mautemps et de Poitronville (Belleville). Le 4 juin 1364, la ville faisait brancher trois tuyaux sur la prise d'eau, mais les religieux se plaignirent, un accord eut lieu, et chacune des parties eut les clefs des regards (*Bull. de la Soc. de l'hist. de Paris*, t I, G Fagniez.)

vives. Mais vous avez ressuscité ces nymphes, remis l'eau dans leurs bassins, et rendu à ces fonteines les flots argentés et le doux murmure qu'elles avoient si longtemps perdu. » (1606, pris sur l'imprimé.)

Il y eut, dans la suite, un « regard » dit de l'hôtel de Soissons, bâti vers le 2 juin 1673 et placé à l'angle de la rue Coquillière le plus voisin de Saint Eustache ; mais ce regard fut supprimé à une époque inconnue.

Maintenant, nous devons reconnaître que la fontaine a changé de place. Elle est aujourd'hui assez éloignée de l'endroit où elle est indiquée sur le plan de la Bourse de Law, au centre des baraques ; mais n'est-il pas curieux de voir que cette eau, amenée pour la première fois en 1392, par le duc Louis d'Orleans, ait été l'origine de la fontaine actuelle, construite de 1763 à 1765 (Lazare) et restaurée en 1812 par decret du 2 mai 1806 ?

Consulter Belgrand, *les Eaux de Paris*. Cet auteur donne comme date de la construction, 1812. Nous croyons que ce ne fut qu'une restauration : la fontaine date effectivement de 1763-1765.

TITRES DE PROPRIÉTÉ

LE LIVRE VIOLET

Nous avons trouvé aux Archives un livre relié en carton sur la couverture duquel se trouve cette note manuscrite :

« On lit dans un registre de la section historique, L. 924, fol. 213 v° : « un sac couvert de cuyr blanc et dans lequel est ung livre couvert de « veloux violet, contenant les amortissements des héritages et rentes « de Saint-Eustache faictes par le roy François Ier. »

C'est ce livre manuscrit que nous avons consulté. Il porte effectivement à la fin la signature autographe de François Ier :

Donné à Beaugency au moys de octobre, l'an de grâce mil cinq cens vingt-six et de notre règne le douzeisme (*sic*).

Françoys ;

et plus bas, à droite :

Par le roy :

Hédouin ;

contentor :

Deslandes.

Nous y lisons que la fabrique de Saint Eustache possédait à cette date :

RUE DU FOUR

1° Maison rue du Four, à l'enseigne de l'image Saint-Jacques ;
2° Grand hôtel rue du Four, faisant le coin de la rue des Deux-Escus (entré plus tard dans le bâtiment de l'hôtel de Soissons) ;

RUE DES DEUX-ÉCUS

3° Autre maison rue des Deux-Ecus (entrée dans le bâtiment de l'hostel de Soissons) ;

RUE D'ORLÉANS

4° Trois maisons rue d'Orléans ;

RUE DE GRENELLE

5° Une maison au coin de la rue de Grenelle et de la rue Saint-Honore ,

RUE COQUILLIÈRE

6° La maison ayant pour enseigne « le Dauphin », rue Coquillière ;

TITRES DE PROPRIÉTÉ

[S. 3328 à 3341.] Répertoire du revenu de la fabrique de Saint-Eustache à Paris (commencé vers 1679).

RUE D'ORLÉANS

[1432.] Trois maisons payant : la première, 9 sols, la seconde 11 solz ; la troisième, 13 sols, données par Nicolas de Seine le 8 janvier 1432 à la charge de 4 *obits* par chacun an et de deux basses messes par chacune semaine l'année. Louées de 1748 à 1751 au sieur Marquisy, et en 1679, à M. Jean du Catel, maître cordonnier.

RUE COQUILLIÈRE

[1488.] Devant la Croix Neuve, où pend pour enseigne le Dauphin, donnée par Jehan de Hourgues, maître boulanger, faiseur de fours en l'année 1488, à la charge d'un *obit* et d'un service complet par chacun an, louée en 1681 à Fouquet, organiste de Saint Eustache, en 1747 à Boudin, payant 19 sous.

RUE DE GRENELLE SAINT-HONORÉ

[1519.] Donnée par Pierre de Saint-Denys le 28 mai 1519, paye 29 sous.

Maison où est en pierre au-dessus de la porte l'image de saint Eustache, paye 33 sous. Louée en 1689, 1716, 1753.

RUE DU FOUR

Maison de la Magdelaine, donnée par les sieur et dame Blaussier. Le revenu doit être employé pour récompenser les enfants de chœur. Louée en 1686, 1716, 1741, paye 57 sous.

Une autre maison ayant pour enseigne « l'Echarpe blanche », située rue Saint-Honoré et payant 55 sous, a été donnée par les mêmes personnes. Cette maison était contiguë à la première.

FABRIQUE DE SAINT-EUSTACHE

En 1601, des maisons de la rue d'Orléans, une est louée à M. Mareschal, une autre à M. Michel Marhi, et la troisième à M. Sermoise. La maison de la rue de Grenelle est louée à M. Pichot, et celle de la Corne de Daim, à M. de Montigny ; la maison de la rue Coquillière est louée à Nicolas Cavin, tapissier. (S. 3328, A. N.)

[1522-1571, A. N.] Les Archives renferment deux Terriers du XVIe siècle, fort incomplets malheureusement. Nous n'y rencontrons que le nom de la rue « Jehan Lemire, de la Rissolle allias du Séjour ». C'est actuellement la rue du Jour.

Un autre volume, intitulé *Visite aux anciens murs*, nous donne le nom d'André Rebuffe, maréchal de logis de la reine mère, qui demeurait rue du Séjour et avait dans son jardin des restes des vieux murs de Paris (1571).

Le 2 juillet 1522, Jeanne Boulart, veuve de Jacques Philippe, fait un bail avec la ville et loue huit pieds et demi des anciens murs derrière sa maison, près de la porte Coquillière, « pour en jouir par elle et ses hoirs, moyennant 2 sols par thoise qu'elle paiera par chacun an, au prévôt des marchands et aux échevins ».

Le 13 août 1534, un Jean Lair louait une partie appelée fausse porte Saint Honoré.

Il est défendu aux locataires de toucher aux murs sans permission. Comme il n'est fait aucune mention des Filles Pénitentes, il est probable qu'elles étaient en règle avec la ville, car une partie du mur et la tour existaient à cette époque dans leur jardin. (Voir les plans de Paris.)

PIÈCES JUSTIFICATIVES ET NOTES EXPLICATIVES

[S. 1573.] Dans les arrérages de rentes au denier douze, Sauval cite les noms suivants que nous retrouvons aux mêmes dates :

— Demoiselle Marie le Picart, veuve de Jean le Bouleur.

— Guillaume Leclerc, avocat au Parlement, héritier de Guillaume Dubois, procureur, et de Magdelaine Leroi, sa femme, fille de feu Mᵉ Pierre Leroi, notaire au Châtelet.

— Pierre de Longueil, héritier de Jaques Garnier, héritier de Catherine le Lieur, veuve de Mᵉ Philippe Maillart, notaire.

En 1489, Gilles le Lieur laisse par testament une rente à Saint-Eustache (L. 643).

En 1508 (2 juillet), Jeanne le Picart, veuve de Jehan, laisse une rente à Saint-Eustache (L. 643).

— Guillaume Leclerc, à cause d'Anne le Picart, sa femme, fille héritière de Catherine Turquam, veuve de Regnaud le Picart, notaire, et héritiers de Mᵉ Nicolas le Picart et de Jaques le Brulart, escuyer, au nom et comme père de Jeanne Bruslart, sa fille, et de feu damoiselle Jeanne le Picart, sa femme, héritière de ladite défunte Turquam.

— Autre acte avec les noms de Nicolas Bruslart, abbé ; de Denys Bruslart, conseiller du roy ; Mᵉ Alleaume, sire de Verneuil, sa femme Marguerite Bruslart, et Marie Barin, veuve de François Brossart.

RUE TRAVERSAINE, DES 2 ÉCUS OU DES 2 HACHES

RUE DES DEUX-ÉCUS

La rue des Deux-Écus portait au XIIIᵉ siècle le nom de rue Traversanne; elle est ainsi désignée dans la taille de 1292 : « En la rue Traversanne qui boute devant Neelle d'une part et d'autre en la rue aux Prouvoires. »

Nous avons ainsi la preuve que cette rue commençait juste en face de la porte de l'hôtel de Nesle pour finir rue des Prouvaires ; ce fait nous est confirmé par d'autres documents.

Elle était coupée en trois parties : 1° de la rue de Nesle à la rue des Vieilles-Etuves ; 2° de la rue des Vieilles Etuves à la rue du Four ; 3° de la rue du Four à la rue des Prouvaires.

Cette rue, que Guillot appelle « rue des Escus », portait au XVᵉ siècle deux noms correspondants à deux parties de cette rue, savoir : 1° rue des Deux-Écus (mentionné en 1325); 2° rue de la Hache ou des Deux-Haches. Ils lui furent donnés, croyons-nous, à cause de deux enseignes placées dans ces rues. Il y avait en outre, dans les environs, près du cimetière Saint-Jean, le fief des Haches (1350).

Le nom de Traversanne fut toujours appliqué à la rue entière, puisque nous lisons dans les censiers du XVIᵉ siècle : « rue Traversainne, des Ecus ou des Deux-Haches. » Bien qu'il soit assez difficile de savoir quelle est la portion qui portait tel ou tel nom, nous croyons cependant, d'après des titres de propriété de 1497, que la rue Traversanne (Traversinne ou Traversainne) portait le nom de rue des Deux Haches ou des Haches, de la rue d'Orléans à la rue des Vieilles-Étuves et de la rue des Deux-Écus ou des Écus jusqu'à la rue du Four et même jusqu'à la rue des Prouvaires. (1419. Nicole du Molynet, veuve de Pierre de Sens et de Gilles de la Mothe, donne par testament à Saint-Eustache une maison faisant le coin de la rue des Deux-Écus et des Prouvaires, 3 juillet 1419). (LL. 723, A. N.)

En 1577, Catherine de Médicis demandant le prolongement de la rue des Deux-Écus jusqu'à la rue de Grenelle (voir sa lettre au prévôt des marchands), ce prolongement fut exécuté vers 1581, et, jusqu'à nos jours, la rue des Deux-Ecus finit rue de Grenelle. (Actuellement rue Jean-Jacques-Rousseau, 1890.)

EXCERPTA

[1325, C. N. D.] ... Et dix sous dans la rue des Ecus (vico Scutorum super domo Henrici dicti Cabeul, que contiguatur ex una parte domui Petri de Tribus Molendinis (Pierre de trois-molins) et ex altera domui Girardi de Compendio.

[S. 1834, A. N.] La rue des Deux-Écus appartenait d'un côté au fief Saint Honoré dit des treize arpents (censive Saint-Honoré), où l'on rencontrait, près du cimetière Saint-Jean, le fief des Haches.

[1353. Lundi 13 janvier.] Item, quatre livres parisis de rente par an prises tantost apres fond de terre en et sur une meson et ses appartenances qui fu Jehan de Senliz assise en la rue des Escuz, tenant d'une part a Guille le Clerc et d'autre part à la meson qui fu jadis dame Huitre, aboutissant par derrière à l'ostel qui fu Gilebert de la Haie.

Contrat d'échange entre Nicholas Braque, Jehanne, sa femme, et le chantre et le chapitre Saint-Honoré.

[1423, 2 novembre.] Perrette, vefve de feu Jehan de Rolot, au nom de mestre Charles de Rolot.

[1424, 27 et 28 nov.] Maistre Charles de Rolot, héritier de feu Jehan de Rolot, son père, propriétaire, rue des Deux Escus, d'une maison tenant d'une part aux hoirs ou ayans cause de Hugues de Ryaulx dit Maigart et d'autre part à maistre Jeh. Pastroullart, aboutissant par derrière a l'hostel de feu maistre Jehan de la Croix. (Ce Jehan de la Croix avait été tué comme partisan du duc d'Orléans.)

[1423-27, S.] Maison scise en la rue des Deux-Écus, faisant l'un des coins d'icelle rue, du côté de la rue du Four.

[1423-27, S. à la Saint Jean.] Maison rue des Deux-Écus faisant le coin d'icelle rue et de la rue du Four.

[1427-34, S.] Maître Oudart Baillet, demeurant rue des Deux-Écus.

[1426, 18 nov., S. 6348.] Le samedi 13 juillet 1426, Alips, vefve de feu Thiboust Mesteil, en son hostel et domicile à Paris, plaide contre les maîtres proviseurs et escolliers du collège d'Autun, à Paris, à propos d'une maison sise à Paris, rue des Deux Écus, criée à la requeste de Marcelet Hemilhac, en laquelle pend pour enseigne l' « Image Saint Jean », qui jadis fu et appartint à Gillebert Lescot, depuis à Jehan des Guelies, tenant d'une part à une maison appartenant à Andry d'Espernon (1) et d'aultre part à l'ostel des Deux Escus qui fu à feu Rogier errant et depuis a feu Simon du Temple, aboutissant par derrière à une maison assise en la rue du Four appartenant aux hoirs de feu Phelix de la Chappelle.

[1454, 4 décembre, S. 6348.] Maison ou souloit pendre l'enseigne des deux Escus qui jadis fu a Marcel de Janailhac, (Mary de Janilhac, général de la justice, 13 mai 1520. Registres du bureau de la ville) et jadis paravant à Robert Lescot, assise à Paris rue des Deux-Escus, tenant d'une part à un jardin ou souloit avoir maison appartenant à Pierre Thibault et d'autre part a deux masures qui furent Symon du Temple, aboutissant par derrière aux hoirs ou ayant cause de feu Félix de la Chappelle.

[1465, 12 nov.] De Blanchet Lucas et Anthoinette Verropel, sa femme, dix escus d'or de rente par an, en et sur ung hostel auquel a deux cours, le lieu ainsy comme il est se comporte et extend de toutes pars assis à Paris, en la rue des Deux-Escus. (*Les Quinze-Vingts*, par Léon Le Grand. Sociéte de l'hist. de Paris.)

[1467, 14 may, S 1834] Perrette de Rolot, Gilles Henry et sa femme sont propriétaires à la place de Jehan de Senliz d'une maison, rue des Deux-Écus, tenant d'une part à la maison de feu Guillaume le Clerc et d'autre part à la maison de feue dame Huitre, aboutissant par derrière à l'ostel qui fu Guillebert de la Haie (2) et tenant aux hoirs ou ayans cause de feu maistre Jehan Patrouillard et d'autres à Thomas Vilain et derrière à Blanchet Lucas (v. plus haut 1465), et d'autre part à Jehan Arouille et aboutissant par derrière à l'ostel Jehan de la Croix.

[1471, 5 février, S. 1834.] Maison assise à Paris en la rue Traversanne dite de la Hache, qui fu et appartient à Hugues Guilhart, tenant d'une part a une maison qui fu feu Simon Barnes et d'autre part à Marie Maugier. aboutissant par derrière a feue Marion Cassate.

(1) Andri d'Epernon garde la prevôté au lieu de Pierre Gentien (1412)

(2) Parent de Guillaume de la Haie, prévôt des marchands (1484). Voir censier 1373, rue du Four.

[1478, 18 mars.] Contestation entre Jean Rolot, Nicolas de Mauregard et sa femme, auparavant femme de Gilles Henry, au sujet d'une maison sise à Paris en la rue des Deux Écus, tenant d'une part aux héritiers de feu maistre Jehan Patrouillard et d'autre part à une maison qui fut Thomas Vilain et depuis à Blanchet, aboutissant par derrière à l'hostel qui fu maistre Jehan de la Croix. (Id. 1479, 15 mai.)

[1483, S. 1834, 4 nov.] Guillaume le Clerc le roy en son tresor et sa femme damoiselle Perrette de Rolot, propriétaire d'un hostel en la rue des Deux-Écus.

[1497, S. 1078, A. N.] 17 juillet. Déclaration passée a M. l'Evêque de Paris par Jehan Descoyns, marchand et bourgeois de Paris, et Jehan Masle, conseiller au Parlement, d'une maison sise à Paris rue des Deux-Haches, contenant deux corps d'hôtel l'un devant et l'autre derrière, court et jardin, et tenant d'une part et en partie à l'hostel d'Orleans et à la rue de Nesle ditte d'Orléans, d'autre part à la maison Heleyne Lapellee, aboutissant en partie aux hoirs feu Mahiet Luillier, chargé envers Mons. de Paris 10 sous parisis de cens et fond de terre. (En note : c'est la maison de Groneau.) (1). Heleyne le Pellé donne par son testament, à Saint-Eustache, « une maison assise rue des Deux-Écus, dite des Deux-Haches et aultrement la rue Traversanne ». 10 décembre 1498 (LL. 723, A. N.)

[1552, 1542.] Ce Jehan Descoyns a un parent dont l'épitaphe se trouve au musée du Louvre, dans la salle voisine de la salle Michel-Ange, nº 89. Au-dessous d'un bas-relief représentant Jésus trahi par Judas on lit : « Cy gist honnorable homme Jacques Decoyn, marchant drappier et bourgeois de Paris qui trespassa le vingt quatrième jour d'août mil cinq cent cinquante-deux, et honnorable femme Jehanne Daves, femme dudit Descoyn qui trespassa le 22 octobre quinze cent quarante-deux. Priez Dieu pour les trespassés. Pater noster. Ave Maria ! »

Une Anthoinette Daves était veuve de André Rebuffé et se portait créancière, avec ses enfants, de la reyne mère Catherine de Médicis. (Voir rue de Nesle 1573) Elle était sans doute parente de celle qui est citée sur l'épitaphe mentionnée plus haut.

[1506, S. 1834, A. N.] Maistre Jehan des Rues est propriétaire rue des Deux-Ecus d'un hôtel tenant aux hoirs de Jean Patrouillart et d'autre part à maistre Jehan de Rueil au lieu des hoirs de feu Blanchet.

[1518, 19 avril, S. 6348, A. N.] Maistre Charles le Cocq (2), conseiller du Roy, est propriétaire d'un jardin assis à Paris en la rue des

(1) Voir censier 1575, rue Traversinne.
(2) Échevin en 1490.

Deux-Escus, qui fut et appartint à maistre Jehan des Rues, sieur de Semeville, tenant d'une part a la vefve et aux héritiers de feu maistre Jehan Buyer et d'autre part à maistre Mathieu Chartier, aboutissant par devant à la rue des Deux-Escus et d'autre bout par derrière audit Lecoq.

[1529, 5 février, S. 1834, A. N.] Estienne des Friches, seigneur de Chastillon, avocat, propriétaire rue des Deux-Escus, d'un hôtel, court et jardin, tenant d'une part Me Jehan de Rueil ou à ses hoirs et aboutissant d'un bout aux hoirs de Pierre Thibault et d'autre bout à la collégiale Saint Honoré.

[1531, 27 mai, S. 3337.] Location faite par la fabrique Saint-Eustache d'une maison rue des Deux-Haches.

[1544, 22 mars.] Quittance d'une maison contenant corps d'hôtel sur une petite court à appentiz découvert, assise à Paris rue des Deux-Haches, près du couvent des Filles Pénitentes, tenant d'une part audit couvent, d'autre part à la veuve N..., aboutissant par derrière à ladite veuve en la censive de l'évêque.

[1546, S. 1834, A. N.] Maison rue des Deux-Haches ou Traversanne, appartenant aux enfants mineurs de Pierre Germeau et de Catherine Triboullet, sa femme. (Voir plus haut 1497, 17 juillet, maison de Gromeau. Le nom est ici mal écrit. Voir censier 1575.)

[1556, 24 juillet, S. 6348, A. N.] Me Baptiste de Machault, conseiller du Roy en sa chambre des eaux et forêtz au siège de la table de marbre, est propriétaire à la place de Charles Lecocq. (Voir plus haut 19 avril 1518.)

[1572, 9 août, S. 1078, A. N.] Titre nouvel de maître Nicolas Buyer (1), notaire et secrétaire du Roy, pour une maison sise rue des Deux-Escus, 9 août 1572, maison qui fut a Me Jehan de Rueil (2) et aux ayant cause feu Aubry et Langlois, tenant d'une part à la dame de Neufville (3) et d'autre part aux hoirs de feu Me Pierre de la Fuzelière.

[1573, 7 oct., L. 436.] Par tres haulte, tres excelante et tres puissante dame Catherine, par la grâce de Dieu Royne de France, mère du Roy, six cens livres tournois de rentes sur une maison sise à Paris, rue des Deux-Escus, appartenant à la fabrique et baillée à rente à ladite dame par les marguilliers, 7 oct. 1573. Contrat passé par devant Cothereau et Herbin, notaires. Egl. St Eustache.

[1573, 25 oct., L. 436.] Ladite dame royne approuve et ratiffie ledit contrat.

[1578, 20 avril, S. 1834, A.N.] Jehan Boiscourjon, propriétaire d'une

(1) Voir censiers 1535, 1575 et 1518 (19 avril)

(2) Voir censiers 1535 et 1575 et plus haut 1506 et 1518 (19 avril). Echevin en 1485.

(3) Femme de Nicolas de Neufville, échevin en 1522

maison, rue des Deux-Ecus, représenté par Guillaume, son procureur.

[1600, 23 déc., S. 1098, B., A. N.] Anthoine le Ménestrel achète à Me Loys Caillart et à Jehanne Brière, sa femme, la moitié d'une maison contenant deux corps d'hôtel, deux courts et aysances.., sise rue des Deux Escus, tenant d'une part à M. Bonnet, secrétaire du Roy (voir censiers), et à Me Falaize (voir censiers), auditeur des comptes.

[1604, S. 1834, A. N.] Anthoine le Ménestrel, propriétaire d'une maison rue des Deux-Ecus, tenant d'une part à Mons. Bonnet et aboutissant a la maison de Charles Menoust (1).

[1607, 4 février, S. 1098, B.] Vente à Jehan de la Boissière, trésorier paieur de la prévosté de l'hostel du Roi, d'une maison rue des Deux-Écus, consistant en un corps d'hostel et un grand corps de logis, tenant d'une part à la veuve de feu Buffet et d'autre part aux hoirs de feu Me Jacques Bacheau.

[1624, 19 août, S. 3337, A.N.] Échange entre la dame Anne de Montaffié et la demoiselle Chauvelin.

La demoiselle Chauvelin cède à la dame comtesse de Soissons deux maisons se tenant l'une l'autre, sises à Paris, rue des Deux Ecus, en l'une desquelles pendait pour enseigne « les deux haches », tenant d'une part aux enfants du sieur Pasquier, d'autre à la demoiselle de Brigard, aboutissant par derrière à l'hôtel de la veuve comtesse et devant sur la rue des Deux-Ecus. La comtesse en contre échange cède à ladite dame Chauvelin 800 l. de rente, etc., etc.

[1627, 31 mars, S. 1834, A. N.] Messire Charles le Normand, chevalier, seigneur de Beaumont, conseiller du roy, propriétaire d'une maison rue des Deux-Écus, aboutissant à Charles Minoust.

[1636, 20 juin, S. 3337, A.N.] Echange entre dame Anne de Montaffié, veuve de M. le comte de Soissons, et M. Florent Pasquier, seigneur de Valegrand, tuteur de ses enfants mineurs et veuf de Marguerite Chauvelin. Ledit sieur Pasquier cède à la dame comtesse une maison sise à Paris, cul-de sac de la rue des Deux-Écus, consistant en un corps d'hôtel sur rue et tenant d'une part et d'un bout au jardin de l'hôtel de Soissons, d'autre part aux mineurs et d'autre bout sur ledit cul de sac. En contre-échange la comtesse cède aux mineurs 1,200 fr. de rente, etc.

[1637, 16 décembre, S. 3337] Achat à la dame de Godonvilliers de deux maisons, rue des Haches, contenant plusieurs corps d'hôtel, cours, puits, écuries et lieux tenant de toutes parts à ladite dame comtesse, sur la rue des Deux Haches.

[1637, 23 décembre, S. 3337, A. N.] Une maison sise à Paris, cul-de sac de la rue des Deux-Ecus, contenant un corps d'hôtel sur rue,

(1) Un René le Meneust epouse Denise Marcelle, vers 1596.

cour et lieux, tenant d'une part et d'un bout au jardin de l'hôtel de Soissons, d'autre à des mineurs, d'autre bout au cul-de-sac.

[1637, 23 décembre.] Achat de la maison sise rue des Deux-Écus, à l'enseigne des Deux-Haches.

[1641, 21 août, S. 1098, B., A. N.] Mᵉ Guill. Savoye, propriétaire d'une maison rue des Deux Ecus, vis-à-vis l'hôtel de Soissons.

Douze pièces sans intérêt de 1641 à 1775 (S. 1107, A. N.).

[1653, 12 sept.] Maison à Marie Coquille.

[1688, S. 1834.] Madamoiselle Coquille possède une maison rue des Deux-Écus à la place de messire Charles le Normand, seigneur de Beaumont, chevalier, premier maistre d'hostel du roy, et paye 4 liv. par an aux chantres et chanoines de Saint-Honoré (id. 1695-1657).

(Cette maison devait être par conséquent de l'autre côté de la rue, c'est-à dire du côté opposé à l'hôtel de Soissons.)

[1716.] Charles de Bullion (1), demeurant rue des Vieilles-Étuves, possède une maison rue des Deux-Écus.

[1717, Pâques.] Le sieur Perrin paie le cens pour la demoiselle Coquille.

[1755.] Mad. veuve Jehan Perrin est proprietaire rue des Deux-Ecus d'une maison tenant d'un côté aux sieurs Carré et Boyer et de l'autre à la dame Bizot.

RUE DES ETUVES

RUE DES VIEILLES-ÉTUVES

Il existait deux rues importantes sur la rive droite portant ces noms, qui ont eté confondues souvent par les historiens. Nous allons indiquer exactement leur situation.

La rue des Etuves dont nous trouvons la mention la plus ancienne était située dans le quartier Saint-Martin-des-Champs et portait primitivement le nom de Godefroy ou Geoffroi de Baynes, comme le prouvent les actes suivants (1385 A., A. N.) :

[1264, mars et may.] Vente aux religieux de Saint-Martin d'une maison située in vico Godefrici de Balneolis par Baudoin de Reims.

[1264, août.] Autre pièce portant : Godefredi de Balneolis.

[1270, mars.] Michel Meunier, Nicolle, sa femme, Ysabelle, veuve de Jacques, maire de Saint Martin, vendent la maison aux Etuves aux religieux (stuppas sitas in vico Godefredi de Balneolis).

(1) Charles de Bullion, Charles Robert de la Mark prince de Bouillon (Voir rue de Nesle, 1606. 27 juillet.)

[1270-1273, mars.] In quâ domo sunt stupe que vocantur stupe au maillez, tertio die ante festum sancti Remigii.

[1274-77.] Contestation (discord) au sujet des bains et d'une ruelle : « Que les Estuves soient ostées de la ou elles estoient et mises là ou les bains sont, les bains puent bien demorer la ou les Estuves estoient. » (Jeudi avant les Rameaux.)

[1288-1299.] Vico stuparum, rue des Estuves (treize pièces concernant cette rue).

Nous trouvons plus de détails dans un bail à cens d'une maison appartenant aux religieux de Saint-Martin, du mardi xxx mars 1443.

Les religieux et maistre Jehan James, maistre des œuvres du Roy, recognaissent posséder une maison appropriée à « estuves a femmes, louages, jardins, appartenances et appendances et tout le lieu comme il se comporte et extend de toute pars, assis à Paris, en la rue des Estuves (anciennement nommée la rue Geffroy de Baynes près la rue Saint-Martin), qui jadis appartenoit à feu Josserans, freppier, et depuis à ses hoirs ou ayans cause, tenant d'une part à Jehan Leblanc, espiciez, et d'autre part tenant et abboutissant en partie à l'ostel, jardin et estables du Coq, assis à Paris, en ladite rue Saint Martin, aboutissant aussi en partie a maistre Guille le Mille, procureur en court d'église, et à Perrette la becquarde et a Jacques de la Fontaine (1)... tous ces batiments criés et subhastés dès l'an 1441 ».

Lettres passées le 6 avril 1443. Le rév. frère Jaques Seguins étant prieur dudit prioré Saint-Martin.

Cette maison avait appartenu auparavant (1er nov. 1430 et 29 déc. 1431) à Robert Cystelle (argentier de la reine, 1420. Douet d'Arcq).

Enfin, dans un acte du 10 oct. 1644, nous trouvons une dame Louise Pernechere qui reconnaît être « a present detempteresse et proprieteresse d'une maison scize à Paris, rue Geoffroy de Beyne, aultrement des Estuves aux femmes, en laquelle est ou souloit estre pour enseigne « l'Image Saint-Eustache », paroisse Saint-Nicolas-des-Champs (S. 1385, A., A. N.).

Nous donnons ces longues explications pour prévenir toute erreur entre les deux rues des Vieilles Etuves, dans l'avenir.

La rue des Vieilles-Étuves, mentionnée dans un acte de 1285 (cartul. N.-D.) sous le nom de *vicus stuparum*, est évidemment celle du quartier Saint-Martin puisqu'elle porte également le nom de Godefrici de Balneolis, Geoffroy de Baynes ou de Bagneux.

La rue des Estuves du quartier Saint-Eustache est mentionnee pour la première fois dans la taille de 1297. Auparavant elle était nommée

(1) Echevin en 1438, 1443, 1445, 1460, et parent d Étienne de la Fontaine, argentier du roy. et de Denysot son fils (août 1358).

rue Jacques de Verneuil, personnage dont la femme, Marie, et la fille, Perronnelle la Gastelière, habitaient encore la rue à cette époque. (Voir tailles) (1). Elle commençait à la grant rue (rue Saint-Honoré), coupait la rue Traversainne et débouchait dans la rue de Nesle presque à son extrémité du côté de la Croix-Neuve.

Elle était ainsi nommée à cause des étuves établies dans cette rue, mais dont l'entrée principale était rue du Four. (Jaillot dit « étuves à femmes »; nous venons de voir que c'étaient celles du quartier Saint-Martin qui étaient réservées aux femmes.) Celles du quartier Saint-Eustache sont appelées Etuves Poquelle, dans la taille de 1313. (Sur le rôle si curieux de ces établissements à cette époque, voir le *Livre des mestiers* d'Etienne Boileau.) Les étuves étaient établies dans le voisinage du four de la cousture qui donnait son nom à la rue du Four. Il ne faut pas les confondre avec les *bains* comme nous le voyons plus haut.

Catherine de Médicis acheta en 1571 une maison dans cette rue (voir compte de 300,000 liv. offertes à Charles IX), mais cette maison était située près de la rue des Deux-Écus et fut plus tard démolie quand elle bâtit son hôtel en cet endroit.

Ce qui restait de cette rue changea de nom le 2 octobre 1865, pour prendre celui de Sauval.

EXCERPTA

[1354, 10 janvier, S. 6348, A. N.] Contestation entre les maistres proviseur, boursiers et escolliers du collège d'Aoustun (d'Autun) fondé à Paris (en 1337), demandeurs et deffendeurs d'une part, et maistre Pierre Aimery, avocat (voir censiers), demandeur et deffendeur de l'autre. Le collège dit et maintient que des l'an 1354, le lundi 10 janvier, sire Pierre des Essars en son vivant conseiller du roi nostre sire et bourgeois de Paris et Jehanne, sa femme, ont vendu, ceddé, transporté et promis garantir a feu rév. père en Dieu, mons. Pierre Bertherand, cardinal du Saint Siège, fondateur dudit collège, une certaine somme pour acheter rentes à l'usage des escolliers dudit college, montant à 85 livres 17 sols et 9 deniers parisis, rente annuelle et perpétuelle que iceux des Essartz et sa femme avaient droit de prendre sur plusieurs lieux situés et assis en ceste ville de Paris en la terre censive et seigneurie de l'evêque de Paris; c'est 60 livres sur une maison audit Aymery appartenant située rue des Estuves ou souloit pendre pour enseigne « l'Ymaige Saincte-Katherine », tenant

(1) Nous avons trouvé un Etienne de Verneuil, chevalier, et Agathe, sa femme, qui paient à Regnault, évêque de Paris, 3 muids de ble et donnent comme répondants Simon de Verneuil, armiger, et maître Odon de Verneuil, frère d Etienne. 1256, fevrier (5185, f latin, A , B. N.).

d'une part à maître Pierre Janitor et d'autre part en la rue des Deux-Haches et aboutissant d'un bout à ung autre hostel que l'on dit appartenir audit Aymery et par devant sur ladite rue des Estuves.

Aymery est condamné à payer, le 22 septembre 1515.

[1409, 1er juillet, S. 844, A. N.] Titre de rente de 26 sols sur trois maisons de la rue des Estuves, contesté entre les chanoines de Saint-Denis du-Pas, demandeurs, et Gaultier de Wandrenot, deffendeur. 3 maisons entretenans assises à Paris, rue des Estuves, faisant le coing de ladite rue et de la rue d'Orléans, aboutissant par derrière à Jehan de Semeville. (Voir rue des Deux Escus, 19 avril 1518.)

[1423-27, S.] Maison qui fut à Jacqueline, veuve de Nicolas Braque, absente, scise rue des Estuves, près la Croix-du-Tiroir, donnée à Guillaume de Montquin, prévost de Pontoise.

[1423-27, S. à la Saint-Jean.] Maison rue des Estuves, près l'hôtel de Behaigne, qui appartient à M. Noel Boulengier, examinateur au Chatelet de Paris, faisant le coin de la rue d'Orléans.

[1533, 23 mars, 1534, 29 avril, S. 6438, A. N.] Contestation entre le collège d'Autun à Paris, rue Saint-André-des Ars, et differents propriétaires qui refusent de payer la rente au collège et sont condamnés. Les maisons sont situées rue des Vieilles-Étuves.

Jehan Duval se prétend propriétaire de la maison tenant d'un bout à Pierre Janitor, etc.

Dernière affaire en 1549, 15 juillet.

[1539, 21 février, S. 6348, A. N.] Grant maison appelée la maison des cinges, qui souloit être d'ancienneté deux maisons assises rue Saint-Honoré devant la Croix-du Trehouer et faisant le coing de la rue des Estuves, tenant d'une part à la rue des Estuves, aboutissant d'un bout par derrière à la maison appelée le Pressoir du Viet (c'est évidemment le pressoir du Bret, que personne n'avait bien placé jusqu'ici) et d'autre bout sur la rue Saint Honoré, appartenant à Jacques et Jehan le Brest (1), achetee le 5 juin 1554.

LE PAVILLON DES SINGES

Cette maison est très connue de tous les gens qui se sont occupés de l'histoire de Paris. C'est dans cette maison que devait naître Molière. Elle était ainsi nommée à cause d'un poteau cornier en bois

(1) [1632, 1er octobre.] La femme d un Jacques le Brest, conseiller au Châtelet de Paris, donne des maisons, vignes, jardins, sis à Chaillot, qu elle tenait de Jean Rouillé, son pere, avec 622 livres parisis de rente, pour etablir a Chaillot un hopital pour les incurables, qu'on nommera hôpital Sainte-Marguerite

Catherine le Bret, femme de Vincent Nevelet, auditeur des comptes, est une des bienfaitrices de cet hôpital (Felib.).

sculpté qui remontait au XIIe siècle (?), représentant un grand arbre rempli de singes qui faisaient tomber des fruits en jouant dans les branches. Ce poteau fut remis en 1802, lors de la démolition de la maison, par ordre du ministre Chaptal, à Alb. Lenoir, qui le plaça dans le musée des monuments français. Il a disparu lors de la dispersion de ce musée. (Voir *Bull. de la Société de l'hist. de Paris*, tome IX, 1882.) Voir plus loin 1638 [27 sept.].

Nous avons trouvé la mention d'un Mahieu Poquelin, Mahieto Poquelin, en 1375. (JJ. 301, p. 1763.)

[1544, 12 nov., Hôtel-Dieu, Archives] Jean de Brest, marchand à Paris, constitue à René Cousinot, rubannier en fil..., une rente de 13 l. 6 s. 8 d. tz. sur une maison située à Paris, rue Saint Honoré, au coin de la rue des Vieilles-Étuves.

[1544-1767, Hôtel-Dieu, Archives.] Même maison.

[1595, 25 sept., S. 1099, B., A. N.] Nicolas Pineau, marchand drappier, chaussetier, filz de deffunct Michel Pineau, vend à Claude Nyon, maître joueur d'instrument, bourgeois de Paris. une cinquième partie de la maison où demeure le sieur Nyon, sise rue des Vieilles Étuves.

[1602, 21 février, S. 1099, B., A. N.] Maistre Martin le feigneulx et Jehanne Marchant, sa femme, vendent à Georges le Cirier une maison sise rue des Vieilles-Étuves, tenant d'une part aux héritiers de Palerne et aboutissant d'un bout et derrière aux murs de l'hostel de la reyne.

[1602, 25 nov., S. 1099, B., A. N.] Vente à Claude Nyon, dict Lafont, violon ordinaire de la chambre du roi, etc. (V. ci-dessus, 1595, 25 sept.)

[1610, 16 janvier, S. 1099, A. N.] Vente à Hierosme Coustard et Marguerite Pelletier, sa femme, d'une maison située rue des Vieilles-Étuves où est appendu pour enseigne les « Deux souffletz », tenant d'une part au comte de Fiesque (Scipion).

[13 juin 1619, A. N.] Vente faite par Nicolle le Jay, veuve François Palerne, au profit de madame Anne de Montaffié, veuve de M. le comte de Soissons, d'une maison sise rue des Vieilles-Étuves où est pour enseigne « l'Enfant Jésus », tenant d'une part au jardin de madite dame comtesse et d'autre à M. Augustin Matharel, par derrière audit jardin et par devant sur la rue des Vieilles Etuves.

[1638, 27 sept.] Claude Morot, trésorier général de Rouen, et Marguerite Morot, femme d'Antoine Ferrand, lieutenant, assesseur civil au Châtelet de Paris, cèdent à Nicolas le Camus une maison située au coin de la rue des Vieilles-Étuves et de la rue Saint-Honoré, à charge d'entretenir le bail de ladite maison fait à Jean Poquelin (père de Molière), tapissier. (E. Husson, *Arch. de l'Hôtel Dieu*, p. 80, Paris, 1866.) Et cinq actes concernant cette maison, jusqu'en 1767. (Une plaque commémorative est scellée dans cette maison, dont le rez-de chaussée est occupé par une boucherie [1890].)

[11 juillet, 1623, A. N.] Contrat de vente faite par Jean Gautier, naguère trésorier et garde général des vivres et munitions des camps et armées de France, et Marguerite le Jay, sa femme, au profit d'Anne de Montaffié, veuve de M. le comte de Soissons, d'une maison sise à Paris, rue des Vieilles-Étuves, tenant d'une part à la maison où pend pour enseigne « le Grand Godet », au sieur Chauvelin, d'autre part et aboutissant par derrière à la maison de la Croix-Blanche, appartenant au sieur Matharel, et par devant sur ladite rue des Vieilles-Étuves.

[1624, 4 avril, A. N.] Vente faite par Matharel, conseiller notaire et secrétaire du roy, maison et couronne de France et avocat au Conseil privé de Sa Majesté, et dame Claude le Cirier, sa femme, au profit d'Anne de Montaffié, etc., etc., d'une maison commencée à bâtir de neuf jusqu'au second étage, sise à Paris au bout de la rue des Vieilles-Étuves.

[1654 à 1781, S. 1109, A. N.] 8 titres de propriété sans intérêt.

Lefeuve donne les noms des habitants des rues suivantes en 1705 :

RUE DES DEUX-ÉCUS

Numéros pairs

—

Drot (porte cochère) :
Brayer, conseiller ;
Mme Boyer ;
Perrier ;
Mlle de Bordereaux ;
M. Adrien Vanier, bureau du grand armorial de d'Hozier de décembre 1696 à janvier 1697 et même 1701.

Numéros impairs

Robinaux :
Le même ;
Bernard,
Gourdon (porte cochère) ;
Chaffier, conseiller aux aides (deux portes cochères) ;
Fouquelin, secrétaire du Roy.

RUE DU FOUR

Le Prince de Carignan, à l'hôtel de Soissons ;
Desforges, au Buis couronné (porte cochère),
Mme de Nemours, à l'Ecu de France ;
Même rue, en 1769, un hôtel des Deux-Ecus, tenu par un nommé la Douceur ;
Le même, Mme de Nemours (porte cochère) ;
Le prince de Carignan, mur de l'hôtel de Soissons.

Massot, avocat ;
Chevalier, conseiller ;
Lemaire, capitaine de cavalerie ;
Bastonneau, conseiller, à l'enseigne du Grand Chasseur.

RUE DES VIEILLES-ÉTUVES

Numéros impairs

—

Desforges, petit hôtel de Brissac;
Le même, grand hôtel de Brissac;
Le marquis de Choisy, à la Botte de Flandre.

RUE D'ORLÉANS

L'archevêché de Paris;
Les héritiers Tabouré;
L'abbé Blot et consorts;
Le Président de Lesseville (porte cochère);
Mlle la Loire et consorts.

(Lefeuve, tome III.)

HOTELS DIVERS

Sauval dit :

« Nous voyons dans les registres du trésor des Chartes et de la Chambre des comptes, ainsi que dans les papiers terriers de l'archevêché, que Guillaume de Dreux, Jean, duc de Berri, Charles d'Albret, IIe du nom, Jean, son fils, Jacques de Bourbon, comte de Ponthieu et le grand pannetier de France, avoient leurs hostels dans la rue du Four, sous Charles V, Charles VI et Charles VII ; que Guillaume et Pierre de la Trémoille demeuroient en 1413 à la rue de la Plâtrière, dans une maison nommée alors l'hôtel ou le castel de Calais, donné à héritage pour quarante sols parisis de rente, etc. »

HOTEL DE DREUX ET DE BOURBON

Le plus ancien hôtel, après celui de Nesle, qui fut bâti dans le quartier dont nous nous occupons, fut celui qui appartint successivement à Guillaume de Dreux, à Jacques de Bourbon et au duc de Berry (1), puis au connétable d'Albret.

Dans la taille de 1313, nous voyons que *Guillaume le Chambellenc*, probablement un serviteur de Guil. le chambellan de Tancarville, demeurait rue du Four, et en 1353, le roi Jean confisque une maison, située dans cette rue, sur Guillaume de Dreux et en fait don au connétable Jacques de Bourbon qui la joint à son hôtel. (Leroux de Lincy, Saint-Eustache.) En parlant de l'hôtel de Berri, Jaillot dit : « Je crois que c'est le même hôtel qui appartenait, un siècle auparavant, à Jaques de Bourbon, connétable de France sous le règne du roi Jean. »

HOTEL DU DUC DE BERRY ET D'ALBRET

Cet hôtel fut donné ou vendu par le duc de Berri à messire d'Albret et devint l'hôtel d'Albret.

Arnau Amanieu, sire d'Albret, vicomte de Tartas, descendait d'une très ancienne famille de Gascogne, dont on retrouve le nom en 1050 (2). Il rendait hommage au roi d'Angleterre et fut conseiller du Prince Noir. A son retour d'Espagne où il avait accompagné le Prince Noir, il épousa Marguerite de Bourbon (4 mai 1368), belle-sœur de Charles V, et embrassa le parti français. Après avoir été fait prisonnier par les Anglais il revint à Paris et était grand chambellan en 1385 (Froissart). Il mourut en 1401.

Après lui, son fils, Charles, sire d'Albret, marié à Marie de Sully, veuve de Guy de la Trémouille (1406), comte de Dreux, vicomte de Tartas, devint propriétaire de l'hôtel. Il fut confisqué en 1424 et donné à Claude de Beauvoir, comte de Chastellux, et fut rendu ensuite à la

(1) Jean de France, duc de Berri, quatrième fils de Jean le Bon, né à Vincennes en 1340 (30 novembre), assistait à la bataille de Poitiers où il combattit à coté de son père. Il fut fait prisonnier avec lui (1356), emmené en captivite en Angleterre et resta comme otage quand son pere revint en France en 1360. Il mourut le 26 mars (13 juin ?) 1416, à l'hôtel de Nesle. Ce prince avait à Paris cinq hôtels ou logis :

1° Un, rue de la Tixeranderie ;

2° Un, rue de l'Echelle du Temple, il lui venait de Philippe, duc de Berry, deuxième fils de Philippe le Bel, et était situé derriere l'église de la Merci, nommée alors chapelle de Braque, à cause de la maison voisine habitée par Nicolas Braque,

[Il donna cette maison au comte de Savoie, Amédée VII, mari de Bonne de Berri, sa fille, en 1388.]

3° L'hôtel des Tournelles,

4° L'hôtel de Nesle (rive gauche) que lui donna son neveu, Charles V, en 1380, [Cet hôtel, habité par Amauri de Nesle, avait éte vendu par lui 5,000 livres à Philippe le Bel le 29 novembre 1308.]

5° Et enfin ce qu'on nomme improprement l'hôtel du duc de Berri, rue du Four (Saint-Honore), composé, en 1373, de huit maisons. (Voir censier de 1373.)

(2) Le nom d'Albret (Leporetum, lepretum, endroit où se trouvent des lapins et des lièvres ; albretum, Labrit, Labret, le Bret, etc. — Moréri) est souvent dénaturé suivant les temps, les copistes et les historiens.

famille d'Albret. (V. *Histoire.*) Jaillot dit qu'il fut vendu à différentes personnes. Charles d'Albret est appelé dans les Chartes « neveu du roi ». Après avoir accompagné Charles VI à la bataille de l'Ecluse et avoir combattu les Anglais avec qui il négocie une trêve, il fut nommé connétable de France et touchait en cette qualité 2,000 francs par mois (comptes de 1404, B. N.).

Nous savons qu'il eut pour successeur dans cette charge Walleran de Luxembourg, « constabularius Franciæ in loco domini Caroli de Lebreto ». Il commandait l'armée française à la bataille d'Azincourt, où il perdit la vie (1415). Un comte d'Albret fut plus tard conseiller de Charles VIII (1483).

Enfin un de ses descendants, Jean d'Albret, roi de Navarre en 1494, eut pour petite fille Jeanne d'Albret, mère de Henri IV.

Le nom d'Albret s'éteignit en 1696 dans la personne de César Phœbus d'Albret, maréchal de France, mort sans héritier mâle (1).

Fig. 118. — Sceau d'Arnauld Amanieu d'Albret (1368, 6 decembre [J 477, n° 4, A. N.]). — Ecu droit chargé de rinceaux de trèfle, suspendu à un arbre De chaque côte un lièvre accroupi, coiffé d'un heaume cimé d'une tête humaine, à *oreilles de lièvre* — Lebretum — et non un lion à oreilles d'âne comme le porte Demay (S. Arnaldi Amanevi, domini de Lebreto).

HÔTEL DE TANCARVILLE

RUE DU FOUR

Cet hôtel tire son nom de Guillaume, chambellan de Tancarville, puis de Jean II, vicomte de Melun, créé comte de Tancarville (conte de Tanquerville) (2) par le roi Jean, qui possédaient avant 1373 un « hôtel » rue du Four,

(1) A l'epoque où Catherine de Médicis acheta l'hôtel d'Albret, il ne se composait plus que de deux corps de logis et jardins. (V. *Histoire.*)

Il y eut dans la suite plusieurs autres hôtels d'Albret à Paris :

1° Celui sur l'emplacement duquel fut construit le college des Grassins (Jaillot); [En 1775 il y avait encore en cet endroit une cour d Albret.]

2° Un hôtel d'Albret, rue des Francs-Bourgeois, habite par le dernier des descendants, le marechal César Phœbus d'Albret, comte de Miossans, cité plus haut Il lui venait de sa femme, Madeleine de Guenegaud, fille de Mr Gabriel de Guénégaud. Sa fille le vendit (1678, 22 décembre) à Me Jean Bonnet de Chailli.

(2) Ce comte de Tancarville etait un grand chasseur, comme le prouvent les extraits suivants

« Bertran de Sablonnières, escuier de monseigneur de Tanquarville pour despens des veneurs et des chiens qui avoient chassé ès forès d environ Meleun par commandement du Roy pour iiii jours, paie par commandement de mons. de Bourgoigne et

composé de huit maisons. Cet hôtel se trouvait entre la rue des Deux-Ecus et la rue Saint-Honoré.

Fig. 119. — Sceau de Jean II, vicomte de Melun, comte de Tancarville (1335, A. N.). — Ecu écartelé au 1 et 4 de Melun, d azur a sept besants d'or, 3, 3, 1, au chef d'or; au 2 et 3 de Tancarville, de gueule chargé en cœur d un écusson d'argent à l orle d'étoiles d or.

J. de Tancarville est un des plus importants personnages de l'époque. Après s'être battu contre les Anglais qui l'avaient fait deux fois prisonnier, la première fois au siège de Caen (1345); la seconde fois à Poitiers (1356), il était revenu en France et était l'un des négociateurs de la paix de Brétigny. Il fut l'un des quarante otages.

Grand chambellan en 1347, il était grand maître d'hôtel en 1351, puis grand maître des eaux et forêts et membre du Conseil.

Au baptême de Charles VI (mercredi 6 décembre 1368), il portait le sel et venait après Hugues de Chatillon qui tenait un cierge. (Félibien.)

Il mourut en 1382, gouverneur de Champagne, de Bourgogne et de Languedoc.

Son fils, grand chambellan en 1385, met son nom au bas d'un édit royal du 22 oct. 1413, promulgué après le bannissement

cédulle du Roy 20 frans le mercredi, 12 mars 1380. Le roy disne à Lieursaint et giste à Villeneufve Saint-Georges, 16 l. p (Douet d'Arcq, comptes de l'hôtel)

On trouve dans un poeme d'environ 1023 vers, insérés dans un manuscrit de 1379, intitulé *le Livre de Modus et de la Reine Ratio*, un passage intitulé ***du Jugement des chiens et des oiseaux***, dans lequel le comte de Tancarville est pris pour arbitre par deux dames, l'une plaidant pour les chiens, l'autre en faveur des faucons. [S fr. 12399, B N.]

En voici les premiers vers :

Ors je vous dirai comment
Il se fist un argument
De deus dames jœnnes et biaux
L'uns auoit chiens et l'autre oisiaux
Si auroit c'est chose certaine
VIII jours après la Magdaleine
Q jChlr ala chassier
Et la feme qui auoit chier
Le deduit des chiens fu alee
Auecques un et tout menee. etc.

Un clerc est envoyé pour porter l'argument au comte

Or s'en va le cler comme saige
Au comte faire son messaige
Tant ala qu il est arrivé
A Blandi ou il l'a trouvé
(Blandy est un village situe a 3 lieues N.-E. de Melun.)

de trois cents partisans du duc de Bourgogne (hommes et femmes) par lequel Charles défend de se mettre « sus en armes ». Il eut pour successeur dans sa charge Pierre des Essarts. (Monstrelet.)

En 1472, l'hôtel de Tancarville était rue Vieille du Temple.

[U. 785, A. N.] Un chambellan de Tancarville eut un différend avec le seigneur d'Harcourt en 1286, durant lequel le sire de Tancarville reçut une blessure à la tête et une autre à la jambe. Ces blessures lui avaient été faites par des gens de la suite du seigneur d'Harcourt. Le sire d'Harcourt fut condamné à faire « amande » au chambellan et en outre à entreprendre un pèlerinage « à N.-D. de Boulogne et de N.-D. de Boulogne et Saint-Thibault à N.-D. du Puy ». (Procès célèbres, copies du XVIe siècle.) Nous donnons son sceau et la partie de la généalogie qui nous intéresse. (Voir ci-contre.)

Fig. 120. — Sceau de Guillaume V, le chambellan de Tancarville (1283, juillet. Arch. de la S.-Inf. Couvent des emmurées). — Ecu à l'orle de huit étoiles ou angemmes, chargé d un écusson plain en abime accosté de deux chimères. — (S Guilli Chablanc sir d. tàcarvile esqer).

Illec estoit en sa maison
Sur son poing tenait un faucon...

Et à la fin « Explicit le jugement au cõpte de Tancarville ».

Hardouin de Fontaine Guérin dit de Jean II de Melun, comte de Tancarville, dans son *Trésor de Vénerie*:

Mais maistre Jehan de Méun
Ne scut oncques d'estronomie
Tant, non ce croy la part demie
Com ce bon conte sceut de chasse.

Mss. français, P. Paris (note du baron Pichon).

[1399, 1 février.] Guil., comte de Tancarville, vicomte de Melun, seigneur de Monstereul Bellay, prend livraison de six tonneaux de vin du duc d Orléans à Blois, qui lui sont dus à cause d un héritage. (J.)

Le sceau de Guillaume de Tancarville est pétri de cire et de ficelle, peut-être pour le rendre plus solide [?]. (Douet d'Arcq.)

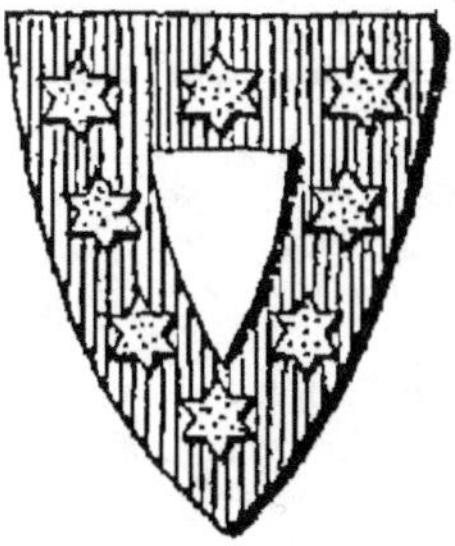

TANCARVILLE, 1309.

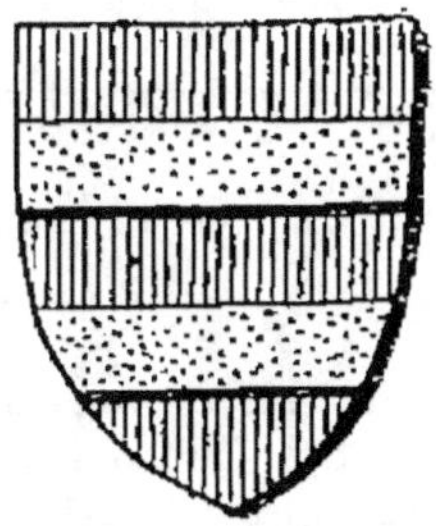

MELUN, 1415.

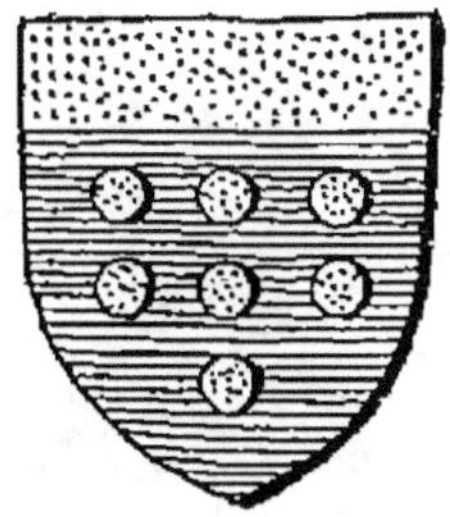

HARCOURT, 1487.

GÉNÉALOGIE DES TANCARVILLE-MELUN-HARCOURT

GUILLAUME IV, 1267
ép. la dame Aude d'Auffay.

Raoul IV, 1275.	Guillaume V a un hôtel rue du Four.	Robert, 1297. † à Courtrai, 1302.
Jeanne, ép. Jean I, vicomte de Melun, 1316.		Guillaume VI, ép. Isabelle ou Ide, fille d'Enguerrand de Marigny, 1309, † s. p. (Fin des Tancarville.)
Jean II de Melun, chambellan de Tancarville. † 1382. Ep. Jeanne Crespin, est créé c^te de Tancarville, 1354, 4 février. Prisonnier à Poitiers.	Jean, prisonnier à Poitiers ainsi que ses frères.	Simon, prisonnier à Poitiers.
Jean III, prisonnier à Poitiers. † s. p. vers 1385.	Guillaume IV de Melun vient à Paris vers 1408, grand chasseur également † à Azincourt, 1415. (Fin des Melun-Tancarville.)	Marguerite de Melun, ép. le sire de Rougy en Hainaut.

Marguerite,
comtesse de Tancarville,
ép. Jacques de Harcourt,
† 1447.

Jean de Harcourt.

Guillaume de Harcourt,
† 1487.

(Fin des Harcourt-Tancarville.)

Les Tancarville avaient un château à Jurisy. (E. Petit, *Itin.*)

HOTEL DE TONNERRE

AU COIN DES RUES COQUILLIÈRE ET DE GRENELLE

En 1394, le duc d'Orléans rachète une maison que l'on dit « l'ostel de Tonnerre, sise à Paris, rue des Quoconniers (1), à l'opposite de l'ostel de Guillaume de la Trémoille et de l'ostel du duc et joignant les anciens murs de Paris ». (Joursanvault.)

En 1398, Jehan Bignom, treilleur (treillageur), sous les ordres de Remond du Temple, répare les haies et les tonnelles de cet hôtel de Tonnerre. Nous croyons qu'il faut voir dans cet hôtel de Tonnerre, un mot mal lu. Il est désigné quelque part comme hôtel du Tournoir, ce qui nous paraît mieux convenir à ce bâtiment qui occupait l'emplacement de la petite maison de Jean de Nesle, faisait le coin des rues de Grenelle et Coquillière et s'appuyait, par derrière, sur les murs de l'hôtel de Bohême.

HOTEL DE LA TRÉMOUILLE

RUE PLASTRIÈRE

[1387, 31 mai.] Le 31 mai 1387, Charles VI donnait à son chambellan, Guillaume de la Trémoille, l'hôtel « nommé le chastel de Galays (Sauval écrit Calais), assis à Paris en la rue de la Plastrière, tenant d'une part à la maison de nostredit chambellan et d'autre part à Jehan de Senliz, près de nostre sejour, avec la granche et toutes les autres appartenances quelxconques dudit hostel... » Cet acte est daté de Maubuisson les Pontoises (2).

Ce Guillaume de la Trémoille, né vers 1345, était fils de Guy V et de Radegonde Guénant. Il avait comme frère aîné Guy VI, né vers 1343, qui épousa Marie de Sully et mourut à Rhodes en 1397. Guillaume, fait prisonnier dans une rencontre avec les Turcs, ne put parvenir à leur faire accepter une rançon, et, après avoir labouré la terre, mourut en captivité vers 1397. L'hôtel revint alors au troisième frère, Pierre de la Trémouille, écuyer du duc de Bourgogne, né vers 1347 et qui vivait encore en 1426.

Marie de Sully, qui avait eu deux enfants de Guy VI, un garçon,

(1) C'est évidemment rue du Coquillier.

(2) Sauval dit, t II, p 125, que Pierre de la Tremoille avait en 1413 une maison rue Plastrière, qu'on appelait l'hostel ou chastel de Calais D'un coté il tenait à l'hôtel de Senlis et de l'autre à Guillaume de la Trémoille Il consistait en trois corps de logis, une cour, un jardin et un jeu de paume au coin de la rue Il ajoute L'hôtel de Calais est l'hôtel d'Epernon, aujourd'hui l'hôtel d'Evrard, et avant que d'être l'hôtel d'Epernon on le nommait l'hôtel de Flandres.

Georges (1382, † 6 mai 1446), et une fille, Marguerite de la Trémoille, devenue veuve en 1397, épousa en 1406 Charles d'Albret. Georges de la Trémouille épousa d'abord la veuve de Jean, duc de Berry, et ensuite Catherine de l'Ile-Bouchart. Sa sœur, Marguerite, épousa Renaud VI, sire de Pons.

En 1374, Pierre, après avoir bien dîné chez Jean de Bonnes, prévôt des marchands, avec Jean de Hangest, Jehan Culdoe, fils d'un ancien prévôt des marchands, Jehan Cuer et Symonnet Chauffecire, ces personnages se prirent de querelle avec des bouchers et se réfugièrent dans l'hôtel que possédaient les la Trémoille, rue des Bourdonnais. Mais le jeune Culdoe insista pour poursuivre leurs adversaires qui les attendaient dans la rue, et, dans la bagarre qui suivit, Pierre de la Trémoille tua un Jehan de Saint-Yvon, membre de la nombreuse famille des bouchers de ce nom. Le roi lui fit grâce pour ce meurtre.

Fig. 124. — Signature de George de la Trémoylle, du 22 juillet 1428.
(Titres du Bourbonnais, P. 1373, cote 2156.)

NOTES

NOTES

CHAPITRE PREMIER

HOTEL DE NESLE (1230-1327)

HOTEL DE BOHÊME (1327-1388)

NOTE PREMIÈRE

POUR la description de Paris, voir Fortunatus, Grégoire de Tours, Rigord, Eustache Knobelsdorf, Raoul de Presle, Papire Masson et Pithou, Corrozet, du Breul, Duchesne, Jaillot (préface), *Paris et ses historiens* (Leroux de Lincy et Tisserand), etc.

Voici les preuves de l'existence des vignes dans Paris, ou près de ses murailles, au XIIe et au XIIIe siècle.

En 1160, Louis le jeune assignait au curé de Saint-Nicolas 6 muids à prendre annuellement sur la vendange d'une vigne située dans le grand jardin du Louvre.

En mars 1222, Philippe-Auguste donnait à Boidin *Saliens in aquam* (Saille en eau), son sergent, trois arpents de vigne situés près de Saint-Germain-des-Prés, à Paris (extra muros). Il y avait, en outre, des vignes à Paris, à Saint Étienne-des-Grez (5 arpents et demi), aux Sept-Voies, à Saint-Symphorien et aux Thermes (intra muros), etc.

En 1219, Philippe-Auguste donnait à Henri, concierge de Paris, son chambellan, le palais des Thermes, auparavant à Simon de Poissi, qui avait tenu les crieries de Paris avec le *Pressoir* qui etait dans ce palais. (L. Delisle, *Car. de Phil.-Aug.*)

En 1292, d'après le *Livre des Sentences* (A. N., KK. 1337) ou liste des revenus du Parloir aux bourgeois, pour le mois de février (rentes de la ville), on comptait environ une vingtaine d'arpents, payant à la ville près de vingt solz et presque tous situés dans la ville. A Ivry, la Ville touchait 2 solz et 6 deniers sur douze quartiers, environ trois arpents. Le roi lui même avait « V cartiers de vigne des Muriaux qui sunt hebergié en hotises : *XV deniers perduz* ». Le clos Mureaux était situé à N.-D.-des Champs (extra muros). Louis VI avait affranchi ce clos et son fils avait confirmé l'affranchissement en 1158. Le roi récoltait environ 2 muids et demi de vin en 1300. Il donna ces vignes à rente à Guil. d'Évreux, grainetier, et à Nicolle, sa femme, pour 40 liv. parisis dont il fit cadeau à Galeran le Breton, concierge du Palais, sa vie durant, et à sa femme Pernelle.

N.-D.-des-Champs occuperait, actuellement, la rue de l'Abbé-de-l'Epée, près du Val-de-Grâce.

En 1320 (sept.), Louis IX donnait à Gautier, évêque de Chartres, un pourpris hors les murs, près N.-D.-des-Champs (22389, fr. B. N.).

En 1496, on voit encore mentionner une vigne et son vigneron à l'hôtel de la Poterne, au duc d'Orléans.

Quant aux prés, en 1185, Tibout le Riche (Dives) et sa femme Perronnelle vendent à l'abbaye de Saint-Victor, moyennant 40 livres parisis, 50 arpents un quart de prés dans la censive de Sainte-Opportune, *près de Paris* (S. 2126, n° 14, A. N.).

De plus, sans parler de Saint-Germain *des Prés* et plus tard du *Pré* aux Clercs, etc., le nom du quartier que nous étudions était : *Campelli*, les *Champeaux* ou les *Petits Champs*. Jean de Jandun, en 1323, mentionne *aule Campellorum*, les halles des Champeaux.

Enfin en 1439, dans la dernière semaine de septembre, « les loups mangoient xiiii personnes entre Montmartre et la porte Saint-Anthoine, dedens les *vignes* et dedens les marès ». (*Journal d'un Bourg. de Paris.*)

Il en vint plusieurs fois « jusque dedans la ville, et tellement que l'on craignoit fort d'aller la nuit par les rues destournées. Ils étranglèrent de soixante à quatre-vingts personnes par le plat pays, et la Chambre des Comptes offrit 20 sous par loup pris, qu'elle « faisoit « exposer en veue » dans les rues. » (J. Chartier.)

Il y avait également des vignes « em Poligni ». (L. S. censive de Saint-Germain des Prés.) Le clos « Renard de Pouligny » « clausum Renoardi » du censier de 1244, était situé près de la gare Montparnasse. Il serait circonscrit aujourd'hui par la rue du Montparnasse, le boulevard du Montparnasse, la rue du Départ et le boulevard Edgard-Quinet.

On désignait sous le nom général de « Poligny » ou les Poulignies le coin de la rue du Montparnasse et du boulevard du même nom.

Les « haults Poullignys » étaient un peu plus haut au coin de la rue du Montparnasse, du boulevard Edgar-Quinet et même plus loin en remontant la rue de la Gaîté-Montparnasse. Guillaume Lore, Climent Roullart, Pierre Auberi de Seint Germain, mestre Pierre de Monstereil, le grand architecte? Jehan, le fuilz au mere de Seint-Germain, Eudeline Lacaille, Daniel le Breton, le prestre de Seint-Germain des Prez, Perrenelle la Renarde, Gautier Landri, Thomas Raoul possédaient une vingtaine d'arpents en cet endroit. (L. S., février 1292.)

Et il en était de même tout autour de Paris, au clos Bruneau, à Charonne, à Mesnil-Mautemps, à Poitronville, à Montmartre, etc.

Note 2. — Jean Ier de Nesle, seigneur de Falvi et de la Hérelle, châtelain de Bruges, est devant Acre en 1190. (Ex Radulfi de Diceto imaginibus historiarum.) En 1198, « Jehans de Neele, chastelains de Bruges, » se croise avec Baudouin de Flandres et de Haynaut, à Bruges, ainsi que la comtesse Marie, sa femme, qui était sœur du comte Thibaut de Champagne. Il commande la flotte des Flamands avec Tierri et Nicholas de Mailly ; mais au lieu de rejoindre la flotte vénitienne, la flotte flamande aborde à Marseille où le comte de Flandres lui ordonne d'aller à Modon. Jean de Nesle la mène en Syrie où « il savoit bien qu'il ne ferait nul exploit ». (Villehardouin.) En 1201, il guerroie avec trois cents Flamands contre le prince d'Antioche. (*Chroniques* d'Ernoul et de Bernart le trésorier.) Falvy-sur-Somme, localité de la Picardie. (Voir tableau généalogique et pièces justif.)

Note 3. — Philippe-Auguste avait-il fait don de ce terrain à Jean de Nesle ? C'est fort possible.

En avril 1215, il donnait à Gervais Tristan, son chambellan, la porte, la maison et le pourpris qui avaient appartenu à Garnier, le maçon, sur la montagne Sainte-Geneviève, du côté de Saint-Marceau ; et en mars 1217, il donnait à Fouque de Compiègne, son sergent, la porte des murs de Paris, située devant l'église *Saint-Honoré*, qui avait appartenu à maître Raimond, avec deux tourelles qui sont de chaque côté de ladite porte. (L. Delisle, *Car. Ph.-Aug.*)

A cette époque le nom d'*hôtel* est synonyme de « demeure » et n'a pas encore la signification que nous lui avons donnée depuis ; on disait l' « hôtel d'une pauvresse ».

Note 4. — Rigord, *De gest. Phil.-Aug.*

Note 5. — Nous savons en effet que des particuliers obtenaient quelquefois la permission de percer le mur d'enceinte. M. Bonamy, dans une lettre adressée à Terrasson, le 7 avril 1769, écrit :

« Si j'avais eu connaissance de votre mémoire sur la clôture de Paris, je vous aurais indiqué des Lettres de Philippe le Long (1316) en faveur d'un nommé Jean le Mire, bourgeois, qui avait sa maison rue du Jour, près Saint-Eustache, joignant les murs de la ville. Ce roi lui accorde la permission de les percer et d'y faire une porte pour entrer et sortir à pied ou à cheval, toutes les fois qu'il le jugerait à propos. » (*Réfutation*..., p. 14.)

Nous connaissons ce Jean le Mire, un des quatre chauffecires de la chancellerie du roi et fils de mestre Pierre le Mire, dont le nom avait été donné à la rue Raoul-Roissolle qui devint après lui la rue du Séjour et porte actuellement le nom de rue du Jour. En 1404 (10-22 oct.), un Jean le Mire était maistre ès arts et en médecine et chanoine de Soissons. (Testament et codicille.)

De plus, en 1334 (5 septembre), Philippe VI accordait aux Blancs-Manteaux la permission de faire une « huisserie » dans le mur des clôtures de Paris pour que le peuple pût aller et venir à leur église.

Ce travail fut fait par Courrat de Fontenay, maçon, et Jacques Vincent, charpentier. Le contrat portait : « La bée de ladite huisserie aura 3 pies 1/2 de jour et 6 pies 1/2 de haut, et auront les rabas de ladite huisserie pié et demi de lé entre le vierre et le chanfraint jusques au bâtant de l'uys et aura la feuillure du batant demi pie, etc., et sera ferré d'une bonne ferrure et aura une barre de fer et fermant à clé. » (Félib., t. III, p. 239.)

Nous verrons plus loin (ch. II, note 1) que Louis d'Orléans obtint de Charles V la permission d'abattre la partie des murailles de l'enceinte de Philippe-Auguste qui traversait son hôtel d'Orléans, rue de Nesle.

LES MURAILLES DE PHILIPPE-AUGUSTE

On a beaucoup discuté pour savoir si la muraille de Philippe-Auguste « fut ou ne fut pas accompagnée de fossés et de remparts ». Évidemment *non* et Terrasson a raison. (*Mélanges d'histoire*, etc., page 149.)

En voici de nouvelles preuves : Dans un Memoire de la ville, présenté au roi Louis XIII et à son conseil au sujet des murs et fossés des anciennes portes de Paris, il est dit :

« ... Que en l'an MCXCI (1191), regnant le roy Philippes-Auguste, lorsqu'il feit un voyage d'outremer, il nomma particulièrement et cheoisit du corps du parlouer aux bourgeois les prévost des marchands et eschevins, lesquels il chargea de la police de la ville, de la closture et fortification d'icelle, pour en diligence la faire clorre de murs, lequel commandement ils exécutèrent en toute diligence, à leurs propres cousts, frais et despens. »

En 1358, on fit faire des fossés aux environs des murs « et quelques tours et bastides pour la deffense d'icelle ville de Paris... ».

[1607.] « Plus, du temps des roys François Ier, Henry II, Charles IX, Henry III, Henry IV et S. M. a present regnante (Louis XIII) les anciennes portes des Beguines ont eté abattues à la diligence et frais de la Ville... la porte neufve vers le Louvre a esté batie a neuf au lieu de *la veille porte Coquillière*... et les portes de la Tournelle, *Saint-Honoré*, etc., toutes basties à neuf par le soin et aux frais de ladite ville, sans que autres que lesdits Prevosts des marchands et Echevins s'en soient aucunement entremis. » (Felibien. *Copie du temps de Louis XIII*, tome III, Preuves, page 817.)

Nous lisons dans Christine de Pisan que c'est Etienne Marcel qui fit depuis consolider les murs en quelques endroits, ainsi que les portes. Cinq ans après lui, Charles V faisait exécuter aussi des travaux, rehausser les murailles, creuser des fossés, etc., sous la direction de Hugues Aubriot, prévôt de Paris (et non prévôt des marchands), le même qui commença la Bastille. Ce qui confirme le passage cité plus haut. (1358.)

Nous pouvons affirmer, d'après des fragments de comptes (f. l. 16149, 16170, 15847, 16409, B. N.) qu'en 1357-1365 on creusait des fossés à la porte Saint-Victor. Nous possédons le montant des sommes payées aux terrassiers (fosseurs) et aux entrepreneurs. Un Jehan Lotheir construisait quatre toises de murs pour empêcher bêtes et gens d'aller sur les douves des fossés.

Il y avait des fossés à la porte Bordelle et à la porte Bussy, ainsi que des portes garnies de leur ferrure. Les entrepreneurs demeurent rue de l'Hirondelle, rue Zacharie, rue du Petit-Pont, rue Saint-Jacques et à N.-D. des Champs.

Ces fragments ont été publiés par M. de Lasteyrie *(Mémoires de la Société de l'histoire de Paris*, tome IV, 1878.)

Note 6. — A cette époque les rues, ou mieux les chemins, étaient fort peu larges ; on allait à cheval ou à dos de mules, de mulets, de haquenées, ou en litière. Quatre cents ans plus tard, à la fin du règne de Henri IV, les rues étaient encore trop étroites la plupart du temps pour les voitures. Les courtisans allaient à la cour à cheval, ayant quelquefois leur dame en croupe. Les magistrats, présidents et conseillers du parlement se rendaient au Palais sur des mules. Il n'y avait pas alors de trottoir, mais des petites bornes appelées « montoirs » pour les aider à se mettre en selle. (*Rapports du Parlement.*)

On lit dans les *Rapports du Parlement* (1563) : « Le roi sera supplié de ne donner dispense à personne et de défendre l'*usage des coches* par cette ville (Paris). »

C'est une nommée Mlle Favereau qui la première *roula carrosse* dans les rues de Paris vers la fin de la Ligue. (Sauval, t. I, p. 191.)

Si les chemins étaient étroits, en revanche ils étaient d'une malpropreté telle que Philippe-Auguste, suffoqué par la mauvaise odeur qui se dégageait des ornières creusées par les roues des chariots qui passaient devant son palais (le Palais de Justice actuel), avait été obligé de se retirer de la fenêtre devant laquelle il se trouvait. Ce roi, qui avait déjà, à ce moment, transporté les halles aux Champeaux (1181-83) et clos Paris (côté nord 1190, côté sud 1212), fit alors *paver* Paris. (Rigord, 37 et passim; Guil. le Breton, 33 et passim.)

On a prétendu que Gérard de Poissy, attaché aux finances du roi, avait fourni pour cette dépense onze mille marcs d'argent, environ un million de notre monnaie. C'est une erreur. Nous avons démontré plus haut que ce furent les prévôts de Paris et les bourgeois qui supportèrent seuls les frais nécessités par ces travaux.

Il ne faudrait pas croire cependant que Philippe-Auguste ait fait paver *tout* Paris : il fit paver « avec de fortes et dures pierres toutes les rues et voies de la Cité », mais, en dehors de cette partie de la ville, il ne s'occupa que des principales voies de communication, entre autres de celles qu'on appelait la *Croisée de Paris*, c'est-à-dire la croix formée par les rues Saint-Jacques et Saint-Denis, d'une part, et la *grant rue* (rue Saint-Honoré) et son prolongement d'autre part (et non du Louvre à la porte Baudoyer), qui coupait les deux autres, ou leur prolongement, presqu'à angle droit, un peu plus haut que la place du Châtelet actuelle. Ces voies formaient les « quatre chemins principaux, quatuor chemini principales », dit une charte de 1285 (février), réglant le pavage de ces voies et chargeant la commune de leur entretien. (Leroux de Lincy, *Dissert. sur l'hôtel de ville*, p. CIV.) L'entretien des rues fut dans la suite à la charge des habitants. Le 5 avril 1399, Charles VI obligeait, par des lettres patentes, les personnes privilégiées ou non, seigneurs, religieux, gens d'église, sans excepter ses « tres chiers et très amez cousin et tante le roy et la royne de Cécile » (Louis II d'Anjou et Marie de Blois, sa mère, qui lui avaient vendu l'hôtel de Bohême en 1388), d'avoir à entretenir le pavement devant leurs hôtels, domiciles, églises, etc. (*Ordonnances des rois*, t. VIII.)

Le 21 avril 1407, et non en 1412 (L. de Lincy), Charles VI délivrait des lettres patentes par lesquelles il ordonnait à Me Charles Culdoe, son secrétaire et garde de la prévôté des marchands, de prendre soin de la réfection des chaussées de la *Croisée de Paris*, en imposant pendant trois ans les marchandises entrant dans Paris. (Félib., 201. *Registres de l'hôtel de ville*.) « Ce vendredi IX septembre 1407, la cour commet maistres Nicolle de Biencourt et Bertrand Quentin à veoir l'estat du prévost des marchands afin que l'en puisse pourvoir à la requeste faite par ledit prévost sur la réparation des chaussées de la ville de Paris. » C'est donc une erreur de croire que le pavage resta toujours à la charge du Trésor royal, comme le dit M. Tisserand dans la préface d'*Etienne Marcel.* (Perrens.)

La description la plus exacte de la Croisée de Paris est celle donnée par M. Frédéric Lecaron dans son *Mémoire sur les travaux publics de Paris au moyen âge.* (Société de l'Hist. de Paris, vol. III, 1876.) Suivant cet auteur, la Croisée commençait au carrefour de la boucherie de Paris (près la tour Saint-Jacques) et se dirigeait :

« 1° A l'ouest, par la rue de la Saunerie et Saint-Germain-l'Auxerrois, le long de la rue Saint-Honoré jusqu'au clos des Quinze-Vingts, près de la porte Saint-Honoré (la rue Richelieu actuelle);

« 2° A l'est, par les rues Saint-Jacques la boucherie, les recommandaresses, la vieille Tixeranderie, la Vannerie, la porte Baudet, jusqu'au chemin de Vincennes dans le faubourg Saint-Antoine et à l'hôtel de Reuilly, suivant ce qu'on nommait alors le grand chemin royal de Troyes,

« 3° Au sud, la Croisée commençait au carrefour de la Saunerie, tournait autour du Châtelet jusqu'au Grand Pont, passait devant le Palais, et descendait par la rue de la Calandre au marché Palu, traversait le Petit Pont et, suivant la rue Saint-Jacques, allait aboutir à la porte Saint-Jacques ;

« 4° Enfin au nord, elle partait du carrefour des Saints-Innocents, suivait la rue Saint-Denis et la rue de la Cossonnerie, de la Grande-Truanderie et finissait à un endroit où la chaussée n'était plus à la charge de la ville, mais dont l'entretien incombait à l'abbaye de Saint-Denis, et où se trouvait une chapelle. »

Cette description diffère très peu de celle que nous allons donner d'après des documents de 1577 que nous croyons inédits, c'est-à-dire environ 180 ans après celle du *Livre rouge* (1400) qui est perdu.

Nous trouvons la définition authentique et officielle des *Croisées de Paris* au XVIe siècle dans les ordres donnés par le roi Charles IX pour leur réfection en 1577 (K. 960, A. N., inédit). Voici les passages qui nous intéressent :

« ... Refaire le pavé dans le passage de la porte Saint-Denis... jusques au carrefour devant le Chastellet.

« ... Rue du Crucifix Saint-Jaques, rue de la Coustellerie, Vannerie, rue de la Tissanderie passant au travers de la rue Baudoyer le long de la rue Saint-Anthoine.

« ... Rues de la Ferronnerie, Saint-Honnoré passant dans ladite porte Saint-Honnoré et jusqu'à ce qui a esté faict de neuf de ladicte chaussée Saint-Honnoré par cy-devant.

« ... La porte Saint-Jaques descendant le long de ladite rue, carrefour Saint-Sévrin, le petit pont passant le long de la rue de la Juirye et jusques au pont Nostre-Dame et depuis ledict pont le long de la haulte vannerie jusques au carrefour dudit lieu. » (10 juillet 1577.)

C'est le 6 septembre de cette même année que Catherine demandait la suppression d'une partie des rues d'Orléans et des Vieilles-Etuves. (Voir plus loin, ch. IV.)

Au XIIIe siècle, malgré le mauvais état des rues, les droits de *voirie* devaient être assez importants, puisque, en mars 1222, Philippe-Auguste donnait à Hescelin, son sergent, fils d'Aleaume Hescelin, châtelain de Gisors, août 1214 (sceaux), la jouissance viagère de la voirie de Paris. (L. Delisle, *Cart. de Ph.-Aug.*) Le nom de ce Hescelin figure sur la taille de 1292. Son gendre, Girart de Senliz, paye 40 sous et demeure dans le quartier que nous étudions, rue du Four. (Voir Topographie.) Nous avons des « comptes de la voirie de Paris (2 fév. 1356-57), rendus par Geffroy Lanffroy, voier et garde de la dite voirie »; on paie pour des places occupées sur la voie et pour les maisons, fenestres, etc., faisant saillie (fr. 2600 I, B. N.).

NOTE 7. — Sauval, tome III.

NOTE 8. — En 853, Louis de France, roi de Germanie, fils de Louis le Débonnaire, donnait à Sainte Opportune des petits champs situés près du grand Châtelet. Deux siècles plus tard, en 1136, Louis le Gros achetait les deux tiers de ces champs qui formaient alors la « culture » de l'évêque Etienne, et, de plus, il établissait sur une autre partie qu'il échangeait en 1137, contre 5 deniers de cens aux religieux de Saint-Denis de la Chartre, un marché pour les changeurs et les merciers.

En 1222, par la *Charta Pacis* de Melun, une transaction eut lieu entre Philippe-Auguste, l'évêque et le chapitre de Paris qui portait : « L'évêque aura toute justice au vieux bourg Saint-Germain, en la Culture l'Evêque et au clos Bruneau. » La Culture l'Evêque s'étendait aux environs de Saint-Eustache, touchant d'un côté les Champeaux (de la rue Saint-Denis [Saint-Magloire] au Palais-Royal et plus loin) et comprenant le terrain sur lequel était située la maison de Nesle. Nous trouvons souvent cité dans les actes du temps le « four de la coulture l'Évêque » qui donna son nom à la rue du Four Saint Honoré. (Nous donnerons plus tard la *Charta pacis in extenso;* c'est un document *capital* pour l'histoire des rapports entre l'évêché et la royauté. On en trouvera l'analyse dans l'Appendice.)

Le seul vestige actuel de la culture l'Évêque est la rue « de la Ville-l'Évêque » dont le nom existe encore.

Quant aux droits de censive, de justice et de souveraineté, nous ne pouvons entrer ici dans ces questions en dehors de notre sujet. (Voir Terrasson, *Mélanges d'histoire;* et la *Charta pacis.*)

Note 9. — « Tenebamus jure hereditario... » (Acte de donation de Jean de Nesle et de sa femme Eustache de Saint-Pol.)

Ce Jean de Nesle appartenait à une famille qui a joué un rôle capital dans les événements de cette époque; c'est ce qui nous a engagé à donner le résultat de nos recherches sur sa généalogie qu'on trouve généralement inexacte, même chez le P. Anselme. (Voir ci-contre la généalogie.)

Fig. 126 et 127.— Sceau de Jean II, de Nesle, et contre-sceau : Lion passant. 1232.

GÉNÉALOGIE DES NESLE

TELLE QUE NOUS L'AVONS PU RECONSTITUER JUSQU'A JEAN II.

Yves Ier de Nesle (vers l'an 1000 et avant).

Yves II.

Drogon, 1097, Sr de Nesle et de Falvi (Fallevi, dominus de Falviaco), part en Terre Sainte avec Hugues de Vermandois (vir fortis, princeps terræ Galliarum), Drogo de Nahella. [Moréri.]

Raoul Ier de Nesle, Sr de Falvi, donne en 1119 le moulin de Falvi-sur-Somme à l'église de Saint-Quentin. — Epouse Ramtrude de Soissons, fille de Guillaume d'Eu comte de Soissons.

1. — Yves, Sr de Nesle et de Falvi, † 1157. Comte de Soissons, ép. Ioland de Haynaut (tante d'Elizabeth de Hainaut, femme de Philippe Auguste), qui se remarie à Hugue IV de Châtillon-Candavène.	2. — Drogon Dreux de Nesle, connétable de France. Son nom est au bas d'un acte du mois de février 1121.	3. — Raoul II de Nesle, châtelain de Bruges, vers 1135, † 1157, ép. Gertrude, nièce de Thierry d'Alsace.	4. — Thierry de Nesle, chanoine et trésorier de l'église de Soissons, archidiacre de Cambrai.

Enfants de Raoul II :

1. — Conon de Nesle, † 1181, ép. Agnès de Pierrefonds.	2. — Raoul III de Nesle, comte de Soissons, ép. 1. Alix de Dreux ; 2. Yoland de Joinville ; 3. Ade de Grandpré.	3. — Jean Ier de Nesle, † 1214, ép. Elizabeth de Lamberzat ; fait construire la *maison de Neele* à Paris.

Enfants de Jean Ier :

1. — Jean II de Nesle, châtelain de Bruges, ép. Eustache de Saint-Pol, fille de Hugues Candavène et de Ioland de Haynaut, † 1232 s. p.	2. — Raoul de Nesle, Sr de Falvi, † vers 1225, ép. Alix de Roye, veuve de Jean III d'Alençon.	3. — Gertrude de Nesle, † 1214, ép. Raoul de Clermont, premier du nom, chef de la branche Clermont-Nesle (voir note plus loin).

Si l'on s'en rapporte aux chroniques d'Albéric de Trefons (*Historiens des Gaules,* tome X), voici quelle serait la généalogie des Soissons Nesle :

Helduinus (Hédouin). — Guillaume

Jean	Rainaldus Renaud, comte de Soissons	Manassès év. de Soissons	Ramentrudis (Ramtrude) ép. Yves de Nesle
			Raoul de Nesle
			ut suprà

« Supradictus comes Suessionensis, Guilelmus nomine, frater jamdicti Helduini, genuit Rainaldum, comitem Suessionis, et Johannem qui fratri successit in comitatum, et Manassem, Suessionensem episcopum, et filias quarum una (Ramentrudis) nupta Ivoni de Neella peperit Radulfum ejusdem castri dominum. Radulfus genuit Ivonem, comitem Suessionis, et Radulfum Castellanum de Bruges et Theodericum Cameracensem archidiaconum.

(Note.) De Radulfo Castellano nati sunt comes Cono, Joannes pater Joannis Nigellæ et iste qui adhuc vivit, comes Radulfus Suessionis (XIIIe siècle). »

Chroniques Alberici trium fontium, monachi (*Hist. des Gaules,* tome XV).

NOTE 10

Bien s'i prouva comme vasaus
A la gent Jehan de Niele
Maint bon ceval lors esboiele
De sa lance fit mainte astiele,
Mais lors ne vaut une cenièle, etc.

Astièle, petite lance (hasta).
Cenièle, fruit du houx et de l'épine blanche.

Et ailleurs :

Messire Jehans de Niele
Maint hiaume a or i desmiele
S'il fu grans, teus cos i féri
Com a si fait cor afferi.

(Philippe de Mouskés, Ed. de Reiffemberg [1838], vers 21810 et sq. Johannes de Nigella ou Nigellensis.)

NOTE 11. — « ... Supervenit Johannes de Nigella cum suis militibus quidam procerus corpore et forme venustissime, sed virtus animi venustati corporis in eo minime respondebat, unde et in prelio illo nondum cum aliquo conflixerat die tota : rixabatur tamen cum aliis qui ibi detinebant Comitem, volens sibi ex ejus detentione laudis aliquid mendicare ; et prævaluisset, nisi supervenisset electus ; quem cum cognovisset Comes, se ille reddidit, et rogavit ut soli vitæ illius facere misereri. » (Guil. le Breton, *Chron.*)

« En dementres que il estrivoient ensemble liquiex auroit la prise du conte, vint d'autre part Jehans de Nesle.

« Icil Jehans estoit biaus chevaliers et granz de cors, mais la proece ne respondoit mie ne a la biauté ne a la quantité du cors ; car il ne s'estoit ainques combatuz a home nul en tote la jorné, et pour ce estrivoit-il, il et si chevalier, a ceus qui tenoient le conte, pource que il voloit acquerre aucune loence sans raison de la prise de si grant home ; et a la parfin leur eust-il le conte tolu, se ne fust Gaustiers li esliz (1) qui sorvint en sa place. » (Extrait des *Chroniques de Saint Denis*, Bial, tome XX, p. 403.)

Quant à son beau-frère, Gaucher de Chastillon, il fut un des heros de la bataille de Bouvines. (L. Paris, *Chronique de Rains*, 1838, Guillaume Guiart d'Orléans, *Royaux lignages.*)

NOTE 12. — Arrêt portant que le connétable, le bouteiller, le chambrier et le chancelier de France (cancellarius, buticularius, camerarius, constabularius) ont le droit de siéger et d'opiner dans la cour des Pairs de France. (*Trésor des Chartes*, folio 172, v°, Boutaric, *Actes du Parlement de Paris*, tome I, p. CCCIII.)

Voici quels étaient les « gages » du bouteiller en 1296 :

« Comes Sancti Pauli, dominus Guido, pro vadiis suis, antequam esset buticularius Francie per 65 dies, 4 s. per diem, 13 libras.

« Et postquam fuit buticularius cum rege per 93 dies, 25 s. per diem, 116 libras 5 s.

« Et sine rege, apud Sanctum Quintinum, per 87 dies, usque ad diem Lune in crastino Sancti Martini hyemalis 60 s. per diem, 261 libras. »

Il s'agit ici de Gui, comte de Saint-Pol. (*École des Chartes*, 1884, Julien Havet.)

NOTE 13. — L'abbé Expilly (*Dict. géogr.*, Paris, Amsterdam, 1768) cite douze Nesle différents : Nesle en Picardie ; Nesle en Champagne (2) ; Nesle en Bourgogne, Nesle dans la Brie française, Nesle en Boulonnais ; Nesle en Vexin ; Nesle en Bray ; Nesle l'Hôpital ; Nesle Normandeuse ; Nesle neslette ; Nesle la reposte en Champagne.

(1) F. Guérin (Guarinus), electus Sylvanectensis (évêque élu de Senlis).

Enfin, nous trouvons une autre localité qui tire son nom de Gilbert de Nesle, chevalier (Saint-Maur des Fossez, 29 octobre 1088), dont on retrouve des descendants en 1554 (Marie de Veres) : Nesle la Gilberte lez Rozoy en Brie. Cette famille n'a aucun rapport avec l'autre.

Le mot Nesle vient du mot latin *nigella*, nielle, petite plante noire qui pousse dans les blés. « Pour faire sur table vin blanc devenir vermeil, prenez en esté des fleurs vermeilles qui croissent ès blefs que l'en appelle perceau, *neelle* ou passerose...; laissez sécher, réduisez en poudre et jetez dans le vin : il devendra vermeil. » (*Le Mesnagier de Paris*, 1393.)

A deux lieues de Nesle (Picardie), près le village d'Orgnoles, se trouve une ferme connue sous le nom d'Abbaye aux Bois. Cette ferme occupe l'emplacement d'une abbaye célèbre de ce nom, fondée en 1200 (1202, Cocheris) pour des religieuses de Saint-Bernard, par Jean de Nesle et son épouse Eustache de Saint Pol. Cette communauté existait encore en 1657, quand Anne d'Autriche fit venir les religieuses à Paris. Là, elles s'installèrent dans les bâtiments du faubourg Saint Germain devenus depuis la fameuse Abbaye aux Bois où Mme Récamier (1777, † 4 mai 1849) devait recevoir Chateaubriand, Mathieu de Montmorency, Ballanche, Benj. Constant, Ampère, duc de Noailles, Sainte-Beuve, etc.

L'HOTEL ET LA TOUR DE NESLE

Nous ne pouvions passer sous silence l'autre hôtel de Nesle, situé sur le bord de la Seine, qu'il ne faut pas confondre, comme l'ont fait quelques historiens, avec celui que nous étudions. L'hôtel de Jean II de Nesle, paroisse Saint-Eustache, à Paris, portait le nom de Neele avant l'autre hôtel de Nesle (surtout fameux par le drame de Dumas et Gaillardet, *la Tour de Nesle*) dont la vente fut faite à Paris, au Palais, le 20 novembre 1308, moyennant la somme de 5,000 livres *petits parisis*, à Philippe le Bel par Amaury de Nesle (1). Il tenait d'un côté au pré de l'abbaye de Saint-Germain, et de l'autre au jardin de la maison des cordeliers du monastère de Saint-Denis. Le contrat

(1) Quittance par Almaury de Neelle, prevôt de Lylle, comme ayant reçu du doyen du chapitre de N.-D.-de Chartres la somme de trois mille livres tournois, au nom du roi de France, assavoir seize cens livres tournois pour le roi, du chapitre, et deux cens minos de bled de la valeur de quatorze cens livres tournois, reçus par . Gautier , sergent à cheval du Chastelet, c'était pour la vente de nostre maison dicte la maison de Neelle, seant à Paris sur la riviere de la Seyne, de lez les Augustins. Scellé de mon sceau, l'an 1310 (novembre), le lundi apres la Saint Martin-d'Yver. (*Registre des chapitres généraux du chapitre de N.-D.-de Chartres*, fol 73, v°, cité par A. Berty, *Top. de Paris*, Université, p. 40.)

de vente se trouve aux Archives nationales, ainsi qu'un second contrat fait par les exécuteurs testamentaires de Jeanne de Bourgogne, Pierre, évêque d'Autun, Thomas de Savoie, chanoine de Paris, et frère Guillaume de Vadan, confesseur de Jeanne de Bourgogne, dame de Salins, qui le revendaient encore à Philippe le Bel, en 1330, pour convertir l'argent en la fondation d'un collège d'écoliers séculiers. On le trouve cité dans les tailles de 1292 à 1300 : « rue Pavée (quartier Saint-André-des-Ars), Girart, le concierge de Neele, 20 sous », et dans une charte du 13 mai 1313 (de Gaulle).

Dans un terrier de Saint-Germain-des-Prés de 1485, on lit :

« Maison située rue des Grands-Augustins, appelée d'ancienneté hostel de Nesle, tenant aux Augustins d'une part, aux murs de Paris d'autre part, qui font clôture dudit hôtel et aboutissant par devant à ladite rue et à la tour Phelipe Hamelin, qui est dedans la rivière de Seine. »

La tour Phelipe Hamelin est ainsi désignée dans la sentence arbitrale de 1210 par laquelle fut terminée la contestation qui s'était élevée relativement aux droits curiaux entre l'abbaye de Saint-Germain et le curé de Saint-Sulpice d'une part, et l'evêque de Paris, le chapitre de Notre-Dame et le curé de Saint-Séverin de l'autre.

« ...Totum territorium quod continetur a Tornella Phelippi Hamelini supra Sequanam » (Félibien, p. 92, preuves ; Dom Brouillard, *Hist. de Saint-Germain*, Pièces justific., lij., et C. N. D.), ce qui prouve qu'elle ne portait pas le nom de Nesle au commencement du XIIIe siècle, P. Hamelin était prévôt de Paris en 1187, du temps de l'évêque Maurice (C. N. D.), et qu'elle existait avant la muraille de Philippe-Auguste. M. Tisserand affirme qu'elle était déjà bâtie en 1200 (?).

Cet Amaury de Nesle, prévost de l'Isle [Lille] (1308, Sauval et Félibien), était frère de Raoul II de Clermont, de Guy I de Clermont-Nesle, maréchal de France, de Simon de Clermont et de Béatrix de Clermont.

Voici sa généalogie, qu'on peut raccorder au précédent tableau :

Raoul Ier de Clermont, seigneur d'Ailly,
† 1214, ép. Gertrude de Nesle (qui vit encore en 1237).

Simon II de Clermont, seigneur de Nesle et d'Ailly, † 1288,
ép. Alix de Montfort, dame de Houdan.

1. Raoul II de Clermont, connétable de France, † à Courtrai, 11 juillet 1302.	2. Gui de Clermont, maréchal de France, † à Courtrai, 11 juillet 1302	3. Amaury de Clermont-Nesle, prévost de Lille, vend l'hôtel 1308.	4. Simon de Clermont, évêque et comte de Beauvais, † 22 décembre 1312.	5. Béatrix de Clermont, ép. Jean IV, de Clermont.

Amaury de Nesle, prevôt de l'église de Lille, et non de l'Isle, comme le désignent tous les historiens. Un fragment de sceau appendu à la vente de l'hôtel de Nesle, Paris, 20 novembre 1308 (J. 234, n° 2. A. N.), porte sur une terrasse terminée par des clochetons, saint Pierre assis et sans mitre, bénissant de la main droite, et tenant ses clefs de la gauche. Au-dessous un priant.

..LMARRICI DE NIGEL.. .REPOSITI INSV.....
Sigillum Almarrici de Nigella, prepositi insulensis
Contre-sceau.

Ecu à deux bars (Clermont), adossés sur un semé de trèfles
Contra sigillum.

Cette prévôté avait déjà été tenue auparavant par un membre de la famille de Clermont, Gui de Clermont, prévôt de Lille, en 1258, frère de Robert V, comte d'Auvergne. — Fragment de 62 millim. Douet d'Arcq, *Sceaux*, n°s 7685-7686.

Note 14. — Edouard 1er d'Angleterre obtint le comté de Ponthieu en 1284 ; Jean de Nesle, comte de Soissons, neveu de notre Jean II de Nesle, épousa en secondes noces, Jeanne, mère du roi, et garda le même titre pendant sa vie.

Les comtes de Ponthieu avaient un hôtel à Paris situé rue de Bétisy. (*Historiens des Gaules*, t. XXII, p. 472.)

LETTRE DE JEAN DE NESLE A ÉDOUARD Ier D'ANGLETERRE

(XIIIe siècle, avant 1232 ?)

« A tres haut et tres poissant segneur Edualt, par la grace de diee, roi d'Engleterre, segneur d'Illande (1), duc d'Aquitayne et conte de Fonticu (2), tres noble Iehans de Neele sires de Falem (3), siens liges en toutes choses, lui apparellie en toute maniere de servige avec toute honour et toute reverence quie a souvrain. Tres chiers sires comme la roine que diee absolve, et jou avec eussons donne et octroie II prouvendes en l'eglise d'Abeville, les premiers qui escarroient et des grans lune pour le fils dame Anelme Dolliens (4) et lautre pour maistre Estene Gorre ; et jou prie vous en cusse en pancer; et vous mult debonairement m'en respondistes et mobviastes que

(1) Irlande.
(2) Ponthieu.
(3) Falvi.
(4) Auselme d Orléans (?).

bien volies que ce que nous avions faist fust tenu : tres chiers sires, je vous en prie en tant come ie puis ke vous, pour dieu avant et pour lamour de moi apres, les ii prouvendes devant dites, me vueillices envoier par vos lettres patentes confirmees et otroies de vostre scel et du scel madame la roine pour che ke che muet de son hyretage, car autrement li capitres d'Abevile ne receveroient nului se on n'avoit le lettre du droit hoir. Quant les prouvendes seroient eskeus pour dieu sire s'en vuellies tant faire que lame de li bone dame soit alegie de se promesse et que je m'aperchoive que vous aucune chose vueillies faire pour une proiere. Diex soit avec vous. »

(Liasse de la Tour de Londres. Edouard Ier. Bréquigny, tome II ; Champollion-Figeac, *Documents inédits*, tome Ier.)

En 1290, un Jean de Nesle faisait une requête pour que son fils fût reçu à faire hommage des terres qu'il tenait du roi d'Angleterre, dans le comte de Ponthieu. Intimacio Ballivi de Cressi facta domino Edwardo, regi anglo, de terris domini Johannis de Neele, filio suo, in Pontivo, datis an. D. 1291 (J. Delpit.)

NOTE 15. — [Déc. 1230.] « Littera Johannis de Nigella super quodam oratorio facto in domo sua, sita Parisius, in parrochia Sancti Eustachii Parisiensis.

« Omnibus presentes litteras inspecturis, Johannes, dominus Nigelle, in domino salutem. Noverint universi quod nos inhibemus ne aliquis successorum nostrorum, occasione gratie, nobis et uxori nostre personaliter facte, habendi oratorium in domo nostra, sita in parrochia Sancti Eustachii Parisiensis, et audiendi ibi divina, post cessionem sive decessionem nostram ibidem possint aliquid vendicare. Imo volumus et concedimus quod post cessionem vel decessionem nostram et uxoris nostre, locus ille sive oratorium demoliatur, vel in alios usus penitus convertatur. Volumus insuper et concedimus quod omnes oblationesque ibidem fient, sive in pecunia sive in alia re, sint decani Sancti Germani Autissiodorensis, Parisius, et presbyteri Sancti Eustachii. Quod ut ratum permaneat, presentes litteras sigilli nostri munimine duximus roborandas. Datum anno Domini millesimo ducentesimo tricesimo, mense decembris. » (H. Guérard, *Cartulaires de N.-D.*)

NOTE 16. — Ce qui prouve que Saint-Eustache était déjà une paroisse.

SAINT-EUSTACHE

NOTE 17. — Saint-Eustache etant la paroisse sur laquelle se trouvait l'hôtel de Nesle, nous donnons des renseignements inédits sur cette église.

L'église Saint-Eustache, bâtie sur l'emplacement d'une chapelle dédiée à sainte Agnès (1200, Cocheris), existait en 1213. (Cart. Saint-Germain.)

Nous avons trouvé une liste de tous les curés de cette paroisse depuis 1223 jusqu'en 1678.

Les listes données par Leroux de Lincy et par Cocheris (*Monogr. de Saint-Eustache*, et Lebeuf) sont incomplètes. Un manuscrit du milieu du XVIIe siècle, provenant de la bibliothèque de la Sorbonne, nous permettra de les compléter. (B. N., S. fr. 24,075.)

Les listes, du reste, se ressemblent beaucoup.

Les nombres marqués (C.) sont ceux de Cocheris, et ceux marqués (L.) sont ceux de Leroux de Lincy. Les autres sont ceux du manuscrit.

LISTE DES CURÉS DE SAINT-EUSTACHE

1223, Simon, 1223 (L.).

1254, Guillaume, 1254 (L.).

1268, Guillaume de Corbeil, administrateur de la paroisse (?).

1276, Yves le Breton (?).

1276, Guill. de Corbeil, curé (?).

1299, Pierre de Saint-Cloot (Cloud) dit Pastoier (1).

1305, Jean de Vaux (?).

1330, Bernard de Pailly.

M. Léopold Delisle, *Cab. des mss.*, tome II, p. 144, signale ce dernier, omis par L. de L. en 1338. Bernard de Parly (Bernardus de Parliaco), également cité dans le carton des rois (Conflans Sainte Honorine, 1339, 6 juillet).

Lettres d'amortissement accordees par Philippe de Valois à l'hôpital fondé par Étienne Haudry, pour 35 l. 5 s. de rente légués audit hôpital, par Bernard de Pailly, curé de Saint-Eustache, et Guillaume le Béguin, son frère (K. 43, n° 5, A. N.).

Rigaud, 1331 (L.).

1333 (C.), 1330, Girard de Bezoncelle, 1334 (L.); chapelain Jean Pomette.

Juene de Beau Chastel, 1351 (L.).

(1) Nous avons trouvé le nom nouveau de ce curé dans le carton J. 165, n° 68 (A. N.). Les fiefs de Villegenart. « L'an 1299, le jour de la Saint-Denis, en la salle de Tournan, devant Guillaume des Barres, au nom de Monseigneur Charles de Valois, présent le curé de Saint-Eustache de Paris, Mons Pierre de Saint-Cloot dit Pastoier, Jehan Kesnel et plusieurs autres, etc. » Il etait propriétaire à Paris de plusieurs maisons, comme on le voit dans le *Livre des Sentences* (1292).

1352 (C.), 1352, Pierre de Marole; Pierre de Mareuil, 1429 (L.); Simon de Bussi, 1379 (L.).

1384 (C.), 1384, Jacques Parin (mal lu pour *Parvi?*).

1392, Jacques Petit, 1384 (L.).

1451 (C.), 1407, Pierre Richer, 1451 (L.).

1448 (C.), 1408, Jean Chuffar, 1448 (L.).

1414 (C.), J. Robert Petit, conseiller, clerc au Parlement, chancelier de l'église de Paris, frère de J. Petit.

1422, Jean Robert, 1414 (L.); 29 juillet, curator Sancti-Eustachii (est-ce le même que le précédent?).

1440, Pierre de Breban.

1462 (C.), Pierre de Brabant, 1462 (L.), advocat plaidant en présence du roy de Portugal.

Nicaise Joye, 1443 (L.).

1481, Ambroise de Cambrai, 1479 (L.), maître des requêtes, chanoine et chancelier de l'église de Paris.

1482, Jean Louet, 1482 (L.), chanoine de Saint Germain-l'Auxerrois.

1496 (C.), Martin Ruzé.

1496 (C.), 1496, Jean Balue, 1496 (L.); archidiacre: Cosme Guymier (C.).

1504, Antoine de Paris, 1502 (L.), conseiller en la cour du Parlement.

1510 (C.), 1513-1519, Jean de la Ballue, sieur de Villepreux.

Ce Ballue, neveu du cardinal, revient après avoir été renvoyé pour mauvaise conduite (C.). Il était fils de Nicolas Ballue, conseiller du Roi, seigneur de Fontenay, et grand archidiacre d'Angers et archidiacre de Souvigny en l'église de Clermont-en-Auvergne.

1545, Jean Lecocq, 1537 (L.), chanoine de Paris et de Saint Germain-l'Aux. (obiit 26 junii 1568).

1568, René Benoist, 1568 (L.), confesseur du roi Henri; neveu de Lecocq (C.).

1608, Etienne Tonnelier, 1608 (L.) (7 mars).

1645, Pierre Marlin, 1645 (L.) (24 février).

1678, Léonard de Lamet, 1678 (L.) (16 janvier).

(Le manuscrit commencé en 1658 s'arrête ici.)

François Robert Secousse, 1699 (L.), neveu de L. de Lamet (11 avril) (C.).

J. François Robert Secousse, 1729 (L.), neveu du précedent (18 mars) (C.).

Jean Jacques Poupart, 1771-1791 (L.).

1791-1802. Siège vacant.

Pierre Louis Bossu, 1802 (L.).

J. B. Vitalis, 1828 (L.).
J. B. Beuzelin, 1829 (L.)
Charles Collin, 1833 (L.).
Daniel Victor Manglard, 1836 (L.).
Jean Gaspard Deguerry, 1844 † 1871 (L.).
Louis Goudreau, 1849 (L.).
L. Fortuné Simon, 1858.
Louis Scheltien, 1873.
Louis Quignard, 1884.

1537, Jean Lecocq. *Note du Mss.* « La chapelle de la famille Lecocq estoit ou est a present le chœur de l'eglise de Saint-Eustache. »

Note de Leroux de Lincy. « Cette famille Lecocq descendait d'un maître Lecocq, maître de la Chambre aux deniers sous le roi Jean. » (Ms. f. 9480, f. 1447, B. N. Voir censier 1373, ruelle de Neele.)

En 1568, le curé René Benoist, confesseur de Henri II, est nommé à l'évêché de Troyes.

Note du Mss. « Du temps d'Estienne Tonnelier (curé en 1608), l'église de Saint-Eustache a este agrandie et les reliques de Saint-Eustache ont esté receues de Rome. »

L'église actuelle de Saint-Eustache, commencée un an avant l'ancien hôtel de ville, le 9 août 1532, était la plus grande église après Notre-Dame. Jérome Lippomano, ambass. vénitien en 1577, disait que le curé de Saint-Eustache comptait alors jusqu'à 85,000 âmes dans sa paroisse ! Elle est bâtie avec des pierres tirées des carrières existant sous la butte Saint-Jacques et s'étendant sous la plaine de Montrouge jusqu'à Bagneux et Arcueil. (Rapport de la Commission chargée de rechercher l'origine des pierres employées dans la construction des monuments de Paris, présidée par Perrault, XVIIe siècle. Viollet-le-Duc, dans les *Mélanges* de Delaborde. B. N. Réserve.)

En 1224-1228, Guillaume Point l'Asne avait fondé la chapelle Saint-André, à Saint-Eustache (L. 723, A. N.) Un Mss. 5185 A. B. N. donne comme date 1223 et indique la fondation de deux chapelles.

En 1265, Odeline Coquillier (Odelina Cochlearia), parente de Pierre Coquillier, fonde une chapelle à Saint-Eustache. (Voir rue Coquillière.)

En 1331, Philippe de Valois, obeissant aux dernières volontés de son père, Charles de Valois (1327-28), fonde à Saint-Eustache la chapelle Sainte-Agnès. (J. carton 460, p. 28, A. N., JJ. 301.)

En 1352, Jean de Fontenay fonde une chapelle à Saint-Eustache (L. 415, A. N.).

Le 25 mars 1393, le duc d'Orléans donnait 2,000 fr. d'or pour « une chappelle fondée en l'église parrochial de Saint-Eustache et pour acheter 60 l. parisis de rente pour la fondation et dotation de ladite chappelle, queur, adornement et autres choses a ce necessaires et convenables ». (Delaborde.)

Le 19 oct. 1403, date du testament de Louis, duc d'Orléans, ce dernier fonde à Saint-Eustache une chapelle en l'honneur de « monsieur Saint-Michel et des neuf benoists ordres des Anges » (L. 925, f. 255, A. N.).

1408. Extrait du compte de Jean de Pressy, receveur général des finances (Col. Bourgogne, t. LXV, f° 79, B. N.).

Le 27 juin 1408, le duc de Bourgogne posa la première pierre d'un pilier de l'église Saint-Eustache qui estoit à refaire. (Cité par E. Petit, *Itinéraire*.)

Enfin, dans les épitaphes recueillies dans Saint-Eustache et toutes postérieures à la date de la reconstruction, nous lisons ces noms que nous retrouverons dans le cours de ce travail :

André de Rebuffée, chevalier, écuyer, seigneur de Beauregard, commissaire ordinaire des guerres, † 21 juillet 1595. (Un Jacques Rebuffe était un jurisconsulte célèbre en 1395, C. F., p. 226.)

Antoinette Daves, † 13 janvier 1603, sa femme; Dame Isabelle Rebuffé, leur fille, † 30 août 1607, et trois autres enfants.

Jacques le Brest, conseiller du roi, † 2 mai 1640, âgé de 71 ans.

Pierre Lemoine et sa femme Marie Pinguet, 1642.

Jean-Baptiste Bencivenni, Florentin, conseiller et aumônier de Catherine de Médicis, † 12 décembre 1598.

Guy Bonnet, conseiller du roy, payeur de la gendarmerie, † 9 sept. 1607.

Anne Nicolas, veuve de Claude Habert, écuyer, sieur de Saint-Léonard, président au bureau des finances de Riom, † 19 juil. 1596.

Jean le Bossu, secrétaire du roi, † 16 janvier 1628.

Marguerite le Bègue, sa femme, † 4 octobre 1626.

A. de Bresson, valet de chambre de la reine Catherine de Médicis, « honnorable homme Anthoine Bresson, tailleur et vallet de chambre de ladicte ilustre dame royne ». C'était un des créanciers à la mort de la reine. (*Debtes et créanciers*, p. 74.)

Pierre Bruslart, marquis de Sillery, comte de Puisieux, † avril 1640.

J. B. Colbert, † 6 sept. 1683, etc., etc., etc.

Note 18. — Archives nationales, S. 1090 et Trésor des Chartes (*Picardie, Nesle*) *original :*

« Ego Johannes dominus de Nigella et ego Eustachia uxor ejus Notum facimus universis tam presentibus quam futuris quod nos excellentissimo domino nostro Dei gratia regi Francorum illustri et excellentissime domine nostre B. Francorum regine matri sue dedimus domum nostram de Parisius cum toto porprisio sicut eam tenebamus jure hereditario imperpetuum possidendam. Quam quitavimus eis et guerpivimus imperpetuum fide interposita firmiter promittentes quod in dicta domo sive porprisio nichil juris de cetero reclamabimus. Et creantavimus eis facere omnia que ipsi super hoc ordinaverint nos esse facturos. Quod ut ratum permaneat in futurum presentes litteras sigillorum nostrorum munimine duximus roborandas. Actum anno domini M. CC. tricesimo secundo. »

Sceaux appendus à la donation

Jean de Nesle : Equestre, avec le boucher aux armes. (Voir le contre-sceau ci-dessous.) Casque carré, cotte d'armes flottante sur l'armure. Sigillum · Johannis : domini : Nigelle :

Premier contre-sceau · Ecu au lion passant. † Secretum meum. Second contre-sceau : † et burgensis . castellani.

Eustachie, dame de Nesle : Dame debout, vue au 3/4 à droite, en robe et manteau vairé, coiffée en cheveux, la main droite à l'attache du manteau et tenant un oiseau de vol sur le poing gauche.

Contre-sceau 1° un aigle. Sigillum Eustacie : dne Nigelle. 2° et caste..... Burgis (et castellane Burgis)

Sceaux en cire verte pendants sur lacs de soie rouge.

Sur le dos du parchemin on lit littera J. domini Nigelle et ejus uxoris de quittatione domus sue (var. parisius JJ. 31) que Nigella dicitur m° CC° XXXII.

Dans le texte creantauimus (var. increantavimus, JJ. 31, fol. LXVII, r°. *Cart. de Saint-Louis*, 1192-1266).

Note 19. — [Nov. 1232.] « Omnibus presentibus pariter et futuris Eustachia domina Nigelle salutem Notum facimus quod donationem quam Karissimus dominus noster Johannes dominus Nigelle fecit Blanche Dei gratia Illustri regine Francie de domibus suis parisiensis ratam habeo et concedo fide interposita firmiter me tenendam et quantum in me est dono et concedo domos supradictas Regine memorate. In cujus rei testimonium et noticiam Litteras meas dedi (duxi ?) Sigilli mei appensione munitas.

« Actum anno Domini millesimo ducentesimo tricesimo secundo. mense novembri. »

GÉNÉALOGIE D'EUSTACHE DE SAINT-POL, FEMME DE JEAN DE NESLE

Anselme, comte de Saint-Pol av. 1150. Candavène. Les armes des comtes de Saint-Pol sont composées d'une gerbe d'avoine fleurie (campus avenæ).	Enguerrand (Ingelram, 1141. L.) comte de Saint-Pol, av. 1150.
	Anselme (Anselme, 1150. L.) comte de Saint-Pol, 1164, ép. Eustache.
	Hugues IV (Hugues IV, 1174. L.) Candavene, 1190, ép. Ioland de Hainaut.

Elizabeth (Elizabeth, 1205. L.) ép. 1° Gaucher de Chatillon, comte de Saint-Pol, † 1219; 2° Jean de Béthune, frère puîné de Daniel, son gendre. Elle vit encore en 1240.	Eustachie de Saint-Pol, ép. Jean de Nesle, † s. p.

Gui de Chatillon (1219. L.).	Hugues V de Châtillon épouse Marie d'Avesnes, 1230-1237 (1226. L.).	Gaucher de Châtillon.	Eustachie de Châtillon ép. le fameux Daniel, avoué d'Arras, seigneur de Béthune.

Nous avons dressé notre généalogie à l'aide des sceaux de Flandres de Demay; la numismatique de Lelewel (L.) est venue confirmer l'exactitude de notre tableau, en nous offrant toutefois des différences légères dans les dates. Enfin, André Duchesne *(Hist. de la maison de Béthune)* nous fournit d'autres détails inutiles pour notre travail. Nous voyons que ce Daniel, fils de Guillaume le Roux et de Mahaut de Tenremonde, l'*avoeresse* de Béthune et d'Arras, était neveu par alliance de la femme de Jean de Nesle, et non le cousin de Jean de Nesle comme le désignent les documents. (Voir Pièces just., les Nesle.)

NOTE 20. — [Nov. 1232.] « Ludovicus Dei gratia Francorum rex, universis ad quos Littere presentes pervenerint Salutem. Notum facimus quod cum dilectus et fidelis Magister (noster) Johannes de Nigella domos suas sitas Parisius in terra dilecti et fidelis nostri episcopi parisiensis dedisset nobis et Katherine (1) matri nostri regine, Nos eidem Genitrici nostre concessimus et omnino quictavimus quicquid juris habebamus in domibus supradictis in cujus rei testimonium sigillum nostrum presentibus Litteris duximus apponendum.

« Actum apud Melodunum anno Domini millesimo ducentesimo tricesimo secundo, mense novembri. »

Collationné une première fois à la requête de du Bellay, le 2 mai 1554. Collationné une seconde fois le 2 décembre 1755, à l'époque du procès de l'archevêque contre la ville. (Voir Terrasson et Bouquet.)

NOTE 21. — Sauval, tome II. p. 211 et suiv.

NOTE 22. — Dubois, tome II, p. 410-412 ; *Hist. de saint Louis ;* Félibien. Géraud se trompe quand il prétend que la reine Blanche mourut dans le couvent des Cordelières Saint-Marcel ; c'est la reine Marguerite de Provence, veuve de saint Louis, qui avait fondé le couvent et qui y mourut le 20 décembre 1295.

« Lan de grace mil deux cens cinquante deux avint que la royne Blanche estoit à Meleun sur Saine, si li commenca le cuer trop malement a douloir, et se senti pesante et chargiée de mal ; si fist hastivement trousser son harnois et ses coffres et s'en vint à Paris, la fu si contrainte de mal qu'il luy convint a rendre l'ame. Quant elle fut morte, les nobles hommes du pays la porterent en une chaière dor parmi Paris, toute vestue comme royne, la couronne d'or en la teste. » (*Grandes Chroniques de France,* Saint-Denis, tome V.)

Elle fut enterrée à Maubuisson près Pontoise, dans le couvent qu'elle avait fondé.

NOTE 23. — Sauval, Bonamy, Terrasson ne possèdent aucun document sur cette époque.

Les Cartulaires de Notre Dame nous apprennent que saint Louis levait une taille, « tallia panis et vini », dans ce quartier en novembre 1259 Une seconde taille était perçue par Matthieu, abbé de Saint-Denys, et Symon de Nesle, dans le même endroit, à l'occasion de la prise de croix du roi (29 août 1270) ; enfin on en levait une troisième à propos des guerres d'Aragon et de Valenciennes, « occasione Aragonensis Valentinianique belli », et non de Valence, comme on le voit quelquefois indiqué à tort, en juillet 1285. (Voir Boutaric, *la France sous Philippe le Bel.*)

NOTE 24. — « Philipus Dei gracia Francorum rex. Notum facimus universis tam presentibus quam futuris nos carissimo ac dilecto germano

(1) Erreur de copiste pour « Karissime ».

et fideli nostro Carolo Valesii Alençonii, Carnotensi et Andegavensi comiti et ejus heredibus ac successoribus damus et concedimus domum nostram de Nigella Parisius cum appendiciis suis ab ipso comite suisque heredibus ac successoribus tenendam et perpetuo possidendam, salvo in aliis jure nostro et quolibet alieno. Quod ut firmum et stabile permaneat in futurum presentibus litteris nostrum fecimus apponi Sigillum. Actum apud Luparam Parisius, anno Domini millesimo ducentesimo nonagesimo sexto, mense januarii. » (Janvier 1296. A. N., J 377, nº 2.)

NOTE 25. — Ces tailles et ces documents ont pour nous une importance capitale, en ce sens que nous y retrouverons la plupart des noms déjà mentionnés dans la taille de 1293, la plus ancienne que nous possédions, avec celles de 1296-97-98-99 et 1300.

Sauval connaissait la donation faite à son frère par Philippe le Bel. Il avait vu les lettres du roi du 5 janvier 1296 scellées au Louvre du sceau du roi, que nous publions.

Terrasson, qui ne les avait pas vues, conteste le fait et soutient que, comme plusieurs rois le firent dans la suite, Philippe le Bel avait dû *acquérir* l'hôtel de Nesle avant de le donner à son frère. Il confond avec l'autre hôtel de Nesle. Enfin nous savons de plus que, avant cette donation, « Mons. Challes » (monseigneur Charles) occupait l'hôtel (tailles de 1292).

Le concierge Guillaume Roussel ou Rousseau était son tailleur.

Charles de France, comte de Valois, d'Alençon, de Chartres, du Perche, d'Anjou et du Maine, pair de France, fils puîné de Philippe le Hardi, était né en 1270 (carême) et fut la tige des Valois qui régnèrent pendant 250 ans. Il était à Paris en mai 1294 et se battait contre les Anglais en Guyenne en 1295 ; avec les Flamands en 1299 ; en Italie 1301. Il revient en France en 1302 (7 novembre), assiste au couronnement de Clément V à Lyon, 1305 (14 nov.). Il est en Guyenne en 1322 et meurt de paralysie à Nogent-le-Rotrou, le 16 décembre 1325. Il fut enterré dans le chœur des Jacobins de Paris. Nous possédons des détails sur la vie privée de ce prince, que nous croyons inédits. (Voir Pièces justificatives.)

Charles de Valois fut marié trois fois :

1º A Marguerite de Sicile, le 16 août 1290, à Corbeil. Elle meurt le 31 décembre 1299. Son beau-père, Charles, roi de Jérusalem, duc d'Apulie et prince de Capoue, comte de Provins et de Forcalquier, lui avait donné l'hôtel qu'il possédait à Paris par un acte daté de Ferrières, le 2 mars 1294; il était situé rue du Roi-de-Sicile. Charles de Valois eut de sa première femme six enfants : deux fils, Philippe VI de Valois et Charles de Valois, tige des comtes d'Alençon, et quatre filles.

2° A Catherine de Courtenay, empérière de Constantinople, le 8 février 1301, qui meurt le 27 janvier 1308, après avoir donné à son mari quatre enfants, un fils et trois filles.

3° A Mahaut de Chatillon, dite de Saint-Pol, en juin 1308 ; elle meurt en 1358 (3 octobre), laissant également quatre enfants : un fils et trois filles. Voir acte daté de N.-D.-des-Champs 1324, 6 décembre. (Clair. 9.209. B. N.)

Total : quatorze enfants, quatre fils et dix filles.

Charles avait, outre l'hôtel ci-dessus mentionné, l'hôtel de Nesle et un hôtel situé paroisse Notre-Dame-des-Champs qui lui venait de Michel de Bordenay. (Bonnassieux, *Société de l'Hist. de Paris*, mars-avril 1880.)

Nous avons un acte d'une sœur de l'abbaye Saint-Anthoine, sœur Marie de Senliz, qui vend à Charles de Valois pour 16 liv. p. une rente de 30 solz parisis qu'elle tenait d'un Adam Dandeli, et qu'elle percevait sur son hôtel séant à Nostre-Dame-des-Champs delez Paris, 1327. (J. 165, n° 99, A. N.)

Enfin voici le montant des dépenses de Charles de Valois, l'année de sa mort.

« Dépenses de l'hostel années 1324 à 1325, à partir de la Toussaint. Pour monseigneur Charles, pour dons, aumosnes, messaiges envoiez, gaiges et despenses de venneurs et de chiens, comme pour retours de petitz chevaux pour escuier... 8311 l. 4 s. 10 d. t.

« Pour l'ostel de madame sens les garnisons, 3566 l. 6 s. 11 d. t.

« Garnisons faites par le baillif... 3731 l. 10 s. »

Total pour la dépense générale, y inclus des paiements pour draps, livrées, chevaux... 16734 l. 11 s. 9 d. t. (J. 164, B, A. N.)

Note 26. — [Février 1327.] « Philippe cuens de Valois et d'Anjou regens les royaumes de France et de Navarre, faisons savoir a touz presens et avenir que nous de nostre pure liberalite avons donne et donnons a noble prince nostre tres chier et feal Jehan Roy de Bahaigne et a ses hoirs nez et a nestre descendanz de droite ligne de son propre cors heritablement et perpetuelment nostre meson qui est dite Neelle, seent a Paris entre la porte Saint-Honore et la porte de Montmartre, ensemble touz noz jardins et les autres appartenances tenens a ladite maison, senz riens retenir a nous en possession ne en propriete, excepte la justice de la souverainete, laquele nous reservons et retenons par devers nous ; et pour ce que ce soit ferme chose et estable nous avons fait mettre en ces presentes lettres nostre scel duquel nous usions avant que le gouvernement dudit royaume nous veinst, sauf en toutes choses le droit d'autrui. Ce fu fait au Louvre lez

Paris. L'an de grace mil trois cenz vint et sept ou mois de fevrier. »

Sur le pli. « Pour mons. le Regent a la rellacion du seigneur de Noiers. »

Sur le dos : « Lettre du don de la maison de Neele à Paris; registrata est. »

Charte scellée du sceau en cire verte, pendant sur lacs de soie verte et rouge de Philippe, comte de Valois et d'Anjou. (Archives nationales, J. 432, n° 1, sect. hist.)

LE ROI DE BOHÊME, JEAN DE LUXEMBOURG

NOTE 27. — Jean de Luxembourg était fils de Henri III de Luxembourg, plus tard empereur sous le nom de Henri VII et roi de Bohême (1310), et de Marguerite de Brabant.

Il épousa d'abord en 1311 Elisabeth de Bohême, puis en secondes noces, en 1334, Beatrix de Bourbon, fille de Louis Ier, duc de Bourbon, et de Marie de Haynaut, et par conséquent petite fille de saint Louis.

Froissart l'appelle « le plus noble et le plus gentil roy en larghece qui regnast à ce temps », et plus loin « qui tant fut large et courtois, preus et vaillant ».

Un proverbe populaire du temps citait les « trois Jean » : savoir Jean de Luxembourg, Jean de Beaumont et Jean de Petersen, comme modèles de bravoure et d'honnêteté.

Ils étaient amis; et nous voyons Jean de Luxembourg emprunter à Jean de Beaumont la somme dont il a besoin pour s'équiper lui et ses hommes, quand il va se battre à Cassel. Il emprunte également à Jean de Haynaut 195 liv. 15 sous pour payer ses dépenses au sacre du roi à « Rains »; mais en revanche il prête généreusement une forte somme à Louis de Bavière. (Archives de Lille.)

Sa sœur avait épousé Charles le Bel, et une de ses filles, Bonne, épousa le duc de Normandie qui devint roi par la suite sous le nom de Jean II. L'autre fille, Marguerite, épousa Amé VI, comte de Savoie.

Il était de toutes les fêtes, tournoi de Condé, sacre de Philippe de Valois à Reims, entrée du roi à Paris, hommage rendu à Edouard III, etc., et assistait également à tous les combats.

Ainsi il est à Cassel 1328 : en janvier 1331, il se met à la disposition du roi de France, lui et ses 400 hommes d'armes (Archives de Lille), et, le 11 mai 1332, conclut avec le comte d'Eu une alliance contre le duc de Brabant. L'original de ce traité, un des plus remarquables du XIVe siècle, se trouve aux Archives de Lille.

Le 17 fév. 1331. « Messire de Flandres fist hommage dou fief dou Chastel d'Orchimont, à Paris, au roy de Boemme, pour raison de la conte de Luxembourch, en l'ostel le roy de France, en sa chambre, au Louvre, le lundi dix-septième jour de fevrier, l'an mil CCC et XXXI, présent Mons. Jehan de Henau, le seigneur de Garencières, le seigneur d'Uffalisse (1), le conestable de France, le seigneur de Soubreffe (2), le seigneur de Marigny (3), le seigneur de Crux. A la relacion mons. Andrier de Charroles à ce present. Item a celle eure et jour, fist li dis roy de Bohemme a mons. de Flandres hommage dou dit Chastel et appertenances qu'il a acquis dou seigneur d'ycelui, present les dessus dis et a la relacion dou devant dit, ajouste une escheance audit fief, qui y est sorvenue, puis l'achat, lequel il a repris toute ensamble. A la relacion dou dessus dit. » (Notice sur le cartulaire du comté de Rethel, Paris, L. Delisle, 1867.)

En 1337, Jean de B. donnait à Béatrix de Bourbon, sa femme, 15 marcs d'argent par semaine. Après sa mort, le 23 décembre 1375, elle allait demeurer dans l'hôtel du comte de Boulogne, à Paris. Son neveu Charles, roi de France, lui fit donner 1500 fr. d'or pour acheter cet hôtel, mais ils ne lui furent payés qu'en 1383 (fr. 20388, B. N.).

Le 6 janvier 1338, il était lieutenant du roi en Languedoc (de Bastard).

Le 17 decembre 1338, il se bat en Gascogne, à Bergerac; et met le siège devant Marmande (décembre 1338 jusqu'au 6 janvier 1339); il est encore dans « l'ost de Buironfosse ». On possède les « comptes de l'ost du roi de Bohême en Gascogne ». En 1340, il sauve la vie aux comtes de Salisbury et de Suffolk que Philippe de Valois voulait faire périr.

En 1342, il célébrait à Paris les fêtes de la Pentecôte ; il faisait fourrer sa robe par Lucas le Borgne, « avec des cendaulz vers, larges, pesans 11' l x onces ». (Douet d'Arcq.)

Enfin, le 17 mai 1346, il se fait tuer à Crécy.

Il était devenu aveugle à la suite d'une tentative d'empoisonnement dont il avait été victime pendant qu'il guerroyait en Italie avec son père. (Bonamy.)

« Inter quos cecidit rex Boemiæ, qui erat cæcus ...... quiquidem ad prælium se faciens duci, tam suos quam alios, quia non videns, gladio feriebat. » (Continuatio Chronici Guillelmi de Nangiaco, t. II, p. 203.)

(1) Gérard de Flize (Ardennes).

(2) Jehan de Sombreffe, † 1334, ép. la fille du comte de Vianden Jutte de Nevelinchoven.

(3) Loys de Margny (Ardennes).

Jean de Bohême a son sceau sur un acte de 1331 (J. 432, A. N.). Il est représenté sur un cheval au galop, tient dans sa main droite une épée et porte au bras gauche un bouclier dont les armoiries sont répetées sur le caparaçon du cheval et sur le contre-sceau. Le cimier de son casque est beaucoup plus large que haut. « Johannes Dei gratia rex Bohemiæ ac Lucemburgensis comes. » Diam. 3 pouces 1/2. Dans le champ du contre-sceau un écu brochant sur une aigle et portant au 1 et au 4 un lion armé la queue fouchue et passée en sautoir; au 2 et au 3 un lion armé sur un champ burelé de 14 pièces. « † Secretum Johis, regis Boemie et comitis Lucemburgen. » (V. p. 16.)

On trouve dans M. Lecoy de la Marche : *Titres de la maison ducale de Bourbon* (Archives nationales) :

Don d'office de gruerie dans la forêt de Pommeray par Béatrix de Bourbon, dame de Creil, veuve de Jean de Luxembourg roi de Bohême, n° 2882. Enquête faite après la mort de Wenceslas, duc de Brabant, au nom du duc de Bourbonnais, avec les réponses servant à établir les droits de Béatrix de Bourbon dans la succession de son mari, Jean de Luxembourg, et dudit Wenceslas, son fils. (Béatrice, veuve, avait épousé Eudes, seigneur de Grancei en Bourgogne.)

Ce Wenceslas, comte de Luxembourg et duc de Brabant par sa femme, meurt le 7 décembre 1383, avant sa mère.

Voir dans Clairambault une pièce très curieuse datée de la Roche en Ardennes du 11 mars 1328.

Quittance de 10,000 livres prêtées par le roi de France, 1346, Paris, 17 août. — Crécy eut lieu neuf jours après.

Chateaubriand a écrit au sujet de la mort de Jean de Luxembourg :

« Les Muses, qui sortaient de leur long sommeil, s'empressèrent, à leur réveil, d'immortaliser le vieux roi aveugle. Pétrarque le chanta et le jeune Edouard prit sa devise qui devint celle des princes de Galles : c'était trois plumes d'autruche avec ces mots tudesques écrits à l'entour : « *in riech*. » (La devise actuelle (motto) du prince de Galles est « *ich dien* », je sers.) Il n'appartenait qu'à la France d'avoir de pareils serviteurs. »

Chateaubriand se trompe. C'est au fils du roi de Bohême, Charles de Luxembourg, qui avait lâché pied et pris honteusement la fuite à Crécy (1), que Petrarque fait allusion dans le sonnet composé à la suite d'un bal paré donné à Avignon, en 1346, en l'honneur du nouveau roi de Bohême, qui devait être empereur d'Allemagne l'année suivante.

Charles, ayant reconnu dans la salle de bal la belle Laure de Noves,

(1) This Charles electid empereur fled at the batail of Crescy. (Chron. anon. de Leland.)

fendit la foule des dames qui l'entouraient, et, s'approchant d'elle, lui baisa les yeux et le front. C'est cette marque de faveur royale qui inspira le poète.

Voici le sonnet auquel il est fait allusion plus haut. (Petrarca, édit. ital.)

Sonetto CCI

Rispettoso bacio onde fu Laura onorata da personaggio di grande affare a una festa dov'ell'era con altre gentili donne (1346).

Real natura, angelico intelletto,
Chiar alma, pronta vista, occhio cerviero,
Providenza veloce, alto pensiero
E veramente degno di quel petto,

Sendo di donne un bel numero eletto
Per adornar il di festo ed altero
Subito scorse il buon giudicio intero,
Fra tanti e si bei volti, il piu perfetto

L'altre maggior di tempo o di fortuna
Trarsi in disparte comando con mano,
E caramente accolse a se quell'una,

Gli occhi e la fronte con sembiante umano
Baciolle si, che rallegro ciascuna;
Me empiè d invidia l alto dolce e strano.

Jean de Bohême avait été chanté de son vivant. M. Lebeuf, au siècle dernier (*Acad. des Inst. et B.-L.*, tome XX), a retrouvé aux Carmes-Déchaux le manuscrit des poésies (Chançons roiales, etc.) de Guillaume de Machau, né à Loris en Champagne -- ne pas le confondre avec Guillaume de Loris — qui au commencement du XIVe siècle avait été placé par Henri, roi de Navarre, auprès de Jean de Bohême.

A la mort du roi Jean, dont il avait été sept ans valet de chambre et plus de trente ans secrétaire, Guillaume de Machau passa au service de sa fille, Bonne de Luxembourg, et mourut âgé de plus de quatre-vingts ans.

Suivant le poète :

« Est Roys de Behaigne
Fils de Henry, le bon roy d Alemaigne
Qui par force d'armes qui que s'en plaigne
Come Emperere
Fu couronnes a Rome avec sa mere ' »

(Pièce datee du 9 nov. 1349.)

Ailleurs, il dit en parlant du roi Jean :

Il n auoit pas tous ses aneaus,
Car souuent mangeoit des naueaus,

Des feves et dou pain de soile,
D'un haran, d'une soupe en l'oile,
Par deffaut de bonne viande.

(*Ac. des Ins. et B.-L.*, Lebeuf et de Caylus, tome XX, p. 383.)

Le nom de ce Guillaume de Machau, « Guillelmus de Machol, valetus de camere », se trouve sur les tables de cire de Florence. (Comptes de 1300 à 1301.)

CRECY

[1346, Crécy.] « Li vaillans et gentilz rois de Behagne, qui s'appelloit messires Charles de Lussembourch, entendi par ses gens que la bataille estoit commencie ; car quoique il fust là armés et en grant arroy, il ne veoit goutes et estoit aueules : Si demanda as chevaliers, qui dalés lui estoient, comment li ordenance de leurs gens se portoit. Chil l'en recordèrent le verité, et li disent :

« Ensi et ensi est. Tout premiers li Geneuois sont desconfi, et a « commande li rois de France à yaus tous tuer. Et toutes fois entre nos « genz et eulz a si grant tueil que merveilles, car il cheent et trebuchent « l'un sus l'autre, et nos empeecent trop grandement. » — « Ha ! res« pondi li rois de Behagne, c'est uns povres commencemens pour nous. » Lors demanda il apriès le roy d'Alemagne son fil, et dist : « Où est « messires Charles mes filz ? » Chil respondirent qui l'entendirent : « Monsigneur, nous ne savons. Nous creons bien qu'il soit d'autre « part et qu'il se combate. »

« Adonc dist li vaillans rois à ses gens une grant vaillandise : « Signeur, vous estes mi homme et mi ami et mi compagnon. A le « journée d'ui, je vous pri et requier tres especialment que vous me « menés si avant que je puisse ferir un cop d'espée. »

« Et cil qui dalés lui estoient, et qui se honneur et leur avancement amoient, li accorderent. Là estoit li monnes de Basèle (le moine de Bazeilles) à son frain, qui envis l'euist laissiet, et ossi eussent pluiseur bon chevalier de le conte de Lussembourc, qui estoient tout dales lui ; si que, pour yaus acquitter, et que il ne le perdesissent en la presse, il s'alloièrent par les frains de leurs chevaus tous ensamble ; et misent le roy leur signeur tout devant, pour mieulz acomplir son desirier. Et ensi s'en alerent il sus leurs ennemis.

« Ce ne fist mies li bons rois, ses pères, car il ala si avant sus ses ennemis que il feri un cop d'espee, voire trois, voire quatre et se combati moult vaillamment. Et ossi fisent tout cil qui avœcques lui accompagniet estoient ; et si bien le servirent, et si avant se boutèrent sur les Englès, que tout y demorèrent. Ne onques nulz ne s'en parti, et furent trouvé à l'endemain, sus le place, autour dou roy leur signeur et leurs chevaus tous alloüés ensemble. » (Froissart, livre Ier, § 279, *Société de l'Hist. de Paris*, éd. Siméon Luce, 1872.)

Il y a dans le commencement de ce récit une confusion évidente de nom : Froissart a écrit Charles au lieu de Jean.

D'après une chronique de France de 1271-1348 (Anc. Bib. du card. Mazarin, 204, B. N., Paulin Paris), le roi de Bohême ne serait pas mort sur le champ de bataille (fo 262 verso).

« De toutes pars se venoient faire tuer les grans seigneurs, car peu de deffense avoit en eulx. Et quant ce entendi le vaillant roi de Behaingne, si commanda au moine de Vaucelle, qui moult estoit vaillant homs, qui à son frain estoit que droit au roy d'Angleterre le menast et que a lui le fist combatre. Et quant le moyne l'eut mené grante pièce parmy la presse, ferant a destre et a senestre, aussi bien sur amis que sur ennemis, car la veue avoit empeschée, sur lui coururent les ennemis tous à une fois, et illeques l'abatirent à terre, si que a mort le navrerent, et fu le moine tuez devant luy... Le roy d'Angleterre qui vit sa fortune bonne et la victoire qui lui estoit avenue, fist commander que nulz hommes d'armes feust remuez jusques à l'endemain, et que l'endemain, on lui apportast tous les tornicles, et du demourant feissent a leur voulonté. A donc vendrent devers le roy aucuns chevaliers qui dirent qu'ils avoient trouvé au champ le roy de Behaigne gisant, et que encore n'estoit-il mie mort. Tantost commanda le roy que on lui alast quérir et que on lui apportast à sa tente, et quant il le vit, grant pitié en eust; à ses mires commanda que diligemment regardassent à lui. Et quant ses plaies furent appareilliées et lui couchie, son esperit rendit à Dieu. »

Froissart, dans ses poésies, dit, en parlant du roi aveugle :

Car ens ou plus fort de l'estour,
L'espée au poing, les siens autour,
Ala ses ennemis combatre,
Et li ens es plus drus embatre,
La li monstrerent grant service
Les siens dont ne furent pas nice,
Car afin qu'ils ne le perdissent
Et qu'avec lui il se tenissent,
Ils s'alliérent tout a li,
Et l'un a l'autre En cel alli
Furent trouvé en bon arroi,
Mort et navre dalez le roi

(Fonds ancien, 7214, P. Paris, Mss. français de la Bib du roy.)

Dans sa *Chronique*, Jehan Lebel parlant des morts sur le champ de bataille de Crécy dont il fait l'énumeration .

« Si commenceray au plus noble et au plus gentil, ce fut le vaillant roy de Bohême, qui tout aveugle voult estre des premiers à la

Fig. 128 et 129. — PHILIPES DE VALLOYS, roy de Franche. [Copie faite au XVIe siècle par Jacques Le Boucq, d'après des vitraux de l'époque.] (Musée d'Arras.)

Fig 130 et 131. — JEHAN DE LUXEMBOURG, roy de Bohesme [Copie faite au XVIe siècle par Jacques Le Boucq, d'après des vitraux de l'époque.] (Musée d'Arras)

bataille, et commanda, sur la teste à coper, à ses chevaliers, qu'ilz le menassent si avant, comment que ce fust, qu'il poeust ferir un cop d'espee sur aucun des anemis. » (T. II, p. J. 3.)

NOTE 28.— Jean, duc de Normandie, eut deux femmes. La première fut Bonne de Luxembourg, fille de Jean de Luxembourg, roi de Bohême, et d'Elisabeth de Bohême, veuve de Jean, fils de Nice de Valois.

Le mariage eut lieu à Melun au mois de mai 1332, et Bonne mourut à Maubuisson, près Pontoise, lieu de sepulture de Blanche de Castille, le 11 septembre 1349 (1).

De ce mariage naquirent quatre fils : Charles, né le 2 janvier 1337; Louis, duc d'Anjou, 23 juillet 1339; Jean, 3 novembre 1340, creé par son père duc de Berry, en 1360, décédé à l'hôtel de Nesle le 15 juin 1416, à 5 h du soir; Philippe le Hardi, duc de Bourgogne, 15 janvier 1341.

La seconde femme fut Jeanne de Boulogne, née le 8 mai 1326, fille de Guillaume XII, comte d'Auvergne et de Boulogne, et veuve de Philippe de Bourgogne, comte d'Artois, mort en 1347, le 22 septembre, d'une chute de cheval au siège d'Aiguillon.

Jean l'épousa le 19 février 1350, à Sainte Geneviève de Nanterre, étant encore duc de Normandie puisqu'il ne fut roi que le 22 août 1350. Ils furent couronnés ensemble à Reims, le 26 septembre 1350, et elle mourut en 1361, laissant une fille de son premier mari (2).

Dans l'inventaire de Jeanne de Boulogne fait en 1360, on lit :

« 64. *Item*. Un dargoir dore et seme de esmaulz, esmaillie ou fons des armes de Behaigne et de Normandie dont le pie est en plusieurs pieces et est de massonnerie esmailliée, et trois cuillers d'argent, deux dorées et une blanche. »

Ce drageoir avait évidemment appartenu à Bonne de Luxembourg, première femme de Jean. (*Ecole des Ch.*, Douet d'Arcq, tome XL, p. 556.)

Avant la mort de son beau-père, le duc de Normandie et sa femme demeuraient sur la rive gauche de la Seine.

Jean avait reçu de son père « la maison qui fu dudit Robert d'Artois à Paris, rue Saint Germain des-Prez, devant l'hôtel de Navarre », — par un acte daté de Saint Denis, 1332, — « comme tous les biens de

(1) « Jean Noble, espicier, pour XLIIII livres de cire achetées de lui pour faire le service de madame Bonne, mere du roy Charles, dont Diex ait l'ame, à Maubuisson, acheté de lui a 2 s 8 d la livre, le lundi 18 mars 1380, 117 sous 4 deniers parisis » (Douet d'Arcq.)

(2) [1364, 4 juin] — Note de Jehan Noble espicier, de la cire fournie par lui à Edouard Tedelin pour « l'obseque » du roi Jean (mort à Londres, dans la nuit du 8 au 9 avril), le 27, 28, 29 avril 1364. 19,182 liv valant 4,085 frans 5 den. par. (26005, piece 21, B. N.)

Robert d'Artois, jadis comte de Beaumont soient appliquez et confisquez à nous par arrest de court ». (J. 370, A. N.)

Nous savons que Bonne était une personne instruite et qu'elle partageait les goûts de son mari pour les beaux livres. M. Firmin-Didot avait des « Heures » très belles qui lui avaient appartenu. Son libraire à Paris, Thomas de Maubeuge, vend un roman de moralités tiré de la Bible à son mari (1349. 24 oct.) (fr. 10430, B. N.).

Nous lisons de plus dans le Catalogue de la Bibliothèque du duc de Bourgogne : « Unes petites heures de Nostre-Dame qui furent à la mere de Monseigneur (Philippe le Hardi, duc de Bourgogne, quatrième fils de Jean et de Bonne) a deux petits fermoers d'or, deux boutons de perle et une petite pipe d'or. » Et encore : « Unes heures de la Trinite de Nostre Dame, ou il a pluseurs comemoracions de sains, lesquelles furent de madame la duchesse de Normandie, mere de Monseigneur (Jean, duc de Berry), très bien historiees et enluminées. » (*Cab. des Mss.*, L. Delisle.)

Nous pouvons avoir une idée du luxe des habitants de l'hôtel de Bohême, en lisant dans l'Inventaire de Charles V (16 septembre 1380) dont le frère Jean avait épousé la fille du roi de Bohême.

« Item. Une chambre brodée de satanin azuré aux armes de France et de Behaigne (Bohême) et à coulons, garnye de ciel, dossier, coultepointe, de huit carreaulx et sont les courtines de ladite chambre de tartaire vert rayé d'or, atache en manière d'esprevier, avec dix tappiz dont les six sont chascun de cinq aulnes et demye de long, de deux aulnes et demye de lé et les quatre chascun de cinq aulnes de long et deux de lé.

« Item. Une chambre de camocas, à or, sur champ azure a oiseaulx et serpenteaulx vers, garnye de ciel, dossier coultepointe six carreaulx et de courtines de tartaire azurée rozée, et est en l'une couppée et l'un des carreaulx fut perdu aux nopces de madamoiselle de Berry (1).

« Item. Quatre autres carreaulx de veluiau vermeil brodez a angelz et a gens armez aux armes de France et de Behaigne, et sont les lassiz de menues perles et de grosses parmy et n'y a nulz boutons.

« Item. Une autre touaille parée, vieille, copponée a neuz (bordée de neuds) et aux armes madame la duchesse mère du Roy. (C'est Bonne de Luxembourg.)

Ces étoffes venaient sûrement de son frère et de sa mère.

(1) Bonne de Berry, fille de Jean, duc de Berry, frere de Charles V. Elle fut mariée en 1376 au comte de Savoie, Amédée VII alors seigneur de Bresse, et en secondes noces, en 1393, à Bernard VII, comte d'Armagnac. Un fils qu'elle avait eu de son premier mariage devint pape sous le nom de Felix V. C'est de ces noces qu'il s'agit. (Labarte.) Elle mourut le 30 décembre 1435.

Charles V avait également les armes de Bohême sur plusieurs de ses livres, sur quatre au moins. (*Cab. des mss.*, tome I, p. 18.)

NOTE 29. — Bonamy dit au sujet de cet hôtel :

« A cette époque, le principal corps de logis était situé dans la rue de Nesle, vers la rue Coquillière; les cours et les jardins étaient renfermés entre l'enceinte de Philippe-Auguste, la rue de Nesle ou d'Orléans et la rue Coquillière.

« Mais cet hôtel n'occupait pas tout le terrain, car, sans parler de quelques maisons du côté de la rue des Deux-Écus, il y en avait encore d'autres du côté de la rue Coquillière qui n'en firent partie que quelque temps après. »

Or, nous savons par les censiers qui nous sont restés, antérieurs (1373-1399) et postérieurs (1535 et autres) à l'époque dont parle Bonamy, que cet hôtel n'était pas aussi rapproché de la rue Coquillière, puisqu'il y avait au moins cinq lots de terrain, assez importants entre l'hôtel et la rue Coquillière, et que la partie de la rue des Deux-Écus dont il parle, c'est-à-dire la partie comprise entre la rue de Nesle et la rue de Grenelle, n'existait pas, puisqu'elle ne fut percee qu'au XVIe siècle par Catherine de Médicis.

De plus, les maisons situées le long de la rue Coquillière, en dedans de la porte, ne firent *jamais* partie de l'hôtel de Bohême. Plusieurs de ces maisons furent achetées plus tard, mais par le duc d'Orléans.

Quant aux trois maisons achetees par Charles de Valois (1315-1316), elles étaient situées rue de Grenelle, du côté de la rue Saint-Honoré. L'une d'elles renfermait la chambre aux deniers.

Bonamy ajoute :

« De l'autre côté de la rue d'Orléans était l'hôtel d'Albret, où demeura le connétable de ce nom, et qui subsista jusqu'à ce que Catherine de Médicis l'acquît en 1574. »

L'hôtel d'Albret n'a *jamais* été rue d'Orléans. Il consistait à cette époque en différents corps de logis ajoutés les uns aux autres, à la suite d'acquisitions successives, dont toutes les entrées donnaient rue du Four.

Il n'y avait sur la rue de Nesle ou d Orléans, ou plus exactement sur la rue des Vieilles-Étuves, que des portes de derrière ou de sortie, dans le fond des jardins, et Catherine de Médicis avait déjà acheté une propriété rue des Vieilles-Etuves en 1571.

NOTE 30. — Amedée VI, dit le Comte vert, à cause du costume qu'il portait dans un tournoi donné à Chambéry en 1348.

Il etait né en 1334 et avait épousé en premières noces Marguerite de Luxembourg, sœur de Bonne de Luxembourg, femme de Jean II, oubliée par E. Garnier dans ses tableaux généalogiques. Devenu veuf, il se remaria en 1355, un an après le traité, avec Bonne de Bourbon, sœur de Jeanne, reine de France et cousine du roi.

Il mourut en 1383 dans la Pouille, emporté par la peste qui ravageait l'armée qu'il conduisait pour aider Louis Ier (né en 1339), fils de Jean le Bon et de Bonne de Luxembourg, frère du roi Charles V, son neveu, par conséquent, à conquérir le royaume de Naples.

Nous avons des preuves du sejour de ce prince à Paris, dans l'hôtel de la rue de Nesle. Le mardi 18 avril 1368, il dînait à l'hôtel d'Artois chez le duc de Bercy, son voisin, qui recevait une douzaine de hauts personnages. (E. Petit, *Itinéraire.*) Les livres de comptes nous fournissent des détails sur des achats faits par lui, entre autres des commandes de tapisserie au fameux Colin Bataille et à d'autres tapissiers de l'époque.

Note 31. — Terrasson (p. 20). Ferreri a Labriano, *Arbor gentilitiæ Domus Sabaudæ* (p. 108).

Note 32. — Guichenon, *Preuves de l'histoire de Savoye* (2e vol., p. 188).

« Traités et eschanges entre Jean, roy de France, Charles, son fils aisné, daufin de Viennois, et Amé VI, comte de Savoye », trouvés dans la « Chambre des comptes du Dauphiné ».

Ce document étant très long, nous en donnerons des extraits.

Fin du premier paragraphe :

« Tractantibus pro nobis Rege et Delphino ex una parte et pro nobis Comite, ex altera parte, certis personis ad hæc deputandis. »

Deuxième paragraphe :

« In Primis nos Rex prædictus Hospitium versus portam Sancti Honorati Parisius situatum, quod olim fuit claræ memoriæ Regis Bohemiæ, donamus cum suis pertinentiis universis dicto Comiti, pro se, hæredibus et successoribus suis in perpetuum, donatione pura et simplici inter vivos, in augmentum Vice-Comitatus Maleporarii (Maulevrier) quod cum sua nobilitate, et omnino de justitia alta, media et bassa plures prædecessorum ipsius Comitis, de dono Regio sub homagio in feudum ligium, a nostris prædecessoribus Regibus tenuerunt et receperunt. Promittimus Nos Rex prædictus pro nobis et successoribus nostris, dictum Comitem et hæredes ac successores ejus Comites, ad hujusmodi feudum ligium in nostrum hominem et vassallum (recipere) pro vice-comitatu et Hospitio prædicto, conjunctim cum omnibus pertinentiis eorumdem, absque diminutione qualibet vel augmento. »

Plus loin, voici l'acceptation des parties. D'abord le Roi :

« Et nihilominus nos Rex Franciæ pro nobis et successoribus nostris, eidem pro se et hæredibus et successoribus ejus, promittimus quod ipsum, hæredes et successores ejus; et homagium hujusmodi nullo unquam tempore separabimus, alienabimus vel transferemus a nobis et successoribus nostris Regibus et a corona Franciæ quacunque ratione, occasione vel modo. »

Puis le comte de Savoie :

« Et nos Comes prædictus pro nobis hæredibus et successoribus nostris prædictum homagium facere promittimus et præstare dicto Domino Regi et ejus successoribus Regibus in perpetuum ; et illud nullo unquam tempore quittare, renuntiare, dimittere aut in alium a nobis et successoribus nostris Comitibus transferre, quacumque intentione, colore, occasione vel causa. »

Voici les noms des personnages députés par le roi et le comte.

Pour le roi et le dauphin :

Regnaud, évêque de Châlons-sur-Marne ; Aymard, chanoine de Valence, ou Aymon, seigneur de Garencières; Guillaume Flotte, seigneur de Reuel (Rueil); Simon de Bucy, conseillers du roi.

Pour le comte de Savoie :

Guillaume de Balna, Grandmont, Saint-Amour, Jean Ravasse et Jean Mistral.

NOTE 33. — Terrasson (p. 23).

NOTE 34. — Censier, 1373.

NOTE 35. — Le censier de 1373 prouve qu'à cette date l'hôtel de Bohême ne consistait que dans la *grande maison*. Quant aux dépendances · la Grange de la rue de Grenelle située derrière la grande maison appartenait encore à Mons. de Savoie et la maison de Jean de Nesle, au coin des rues de Grenelle et Coquillière, avait été vendue depuis longtemps. (Voir à ce sujet l'opinion de Terrasson, pp. 26, 27, 28.)

On lit dans les *Archives administratives* de la ville de Reims (tome III, p. 213) ce passage *curieux pour nous* des mémoires de Rozier (fol. 112 et suiv.), lettre adressée le 5 février 1361 par les habitants de Reims aux abbés de Mireval et de Milet de Voisines .

« ... Que pour la seureté des peuples on peult bien abbattre bonnes maisons et églises comme on a vu à Paris et ailleurs que les propres maisons du roy, *comme Néele* et celle de madame la royne Jehanne et plusieurs eglises au Louvre, celles des Cordeliers et des Jacopins et plusieurs aultres mesmement en la ville d'Orleans, les églises de Sainct-Aignen, de Sainct-Euvertre, de Sainct-Avit et aultres, avoient esté abbatuz, etc. »

(Jehanne est probablement la reine Jehanne de Boulogne, † 1361, veuve de Philippe de Bourgogne, † 1348, et seconde femme de Jean le Bon.)

Ce passage tendrait à prouver qu'on aurait abattu les vieux bâtiments de l'hôtel de Néele — ce qui paraît assez probable — et que ce Neele appartenait au roy. En ce cas, il s'agirait de l'autre hôtel de Nesle.

Note 36. — Livre auquel sont les lettres, chartres, privilèges et autres escrits touchans monseigneur le duc d'Orléans, comte de Valois, de Beaumont et seigneur de Coucy (1245-1358).

« ...Item. Les lettres touchant les acquisitions faittes à Paris et environs comencans au ccccii feuillet et fenissans au ccccxv feuillet. »

Page ccccii. « Charles, par la grace de Dieu roy de France, scavoir faisons a tous presens et avenir que nous aians desir et affection que nostre tres chier et tres ame frere le duc de Touraine, conte de Valoiz et de Beaumont sur Oise, soit pourveuz de bonne maison pour la demourance de lui et ses genz en nostre ville de Paris qui soit en bon lieu et pres de nostre chastel du Louvre ou nous nous tenons le plus souvent quant nous sommes en nostre ditte ville de Paris, afin que promptement et aisement il puisse venir devers nous et rettourner en son hostel toutesfoiz qu'il lui venrra a plaisir; considerans que la maison de Behaigne, assise en laditte ville, en la rue vulgairement nommée la rue de Neele, laquelle nous avons nouvellement acquise de nostre tres chiere et tres amee tante la reyne et de nostre tres chier et tres ame cousin le roy de Jérusalem et de Sécille, son filz, est assez près de nostredit chastel et bien aisee et convenable pour nostredit frère, avons icelle maison ainsi comme elle se comporte de long et de large avec tous ses drois, jardins et appertenances quelconques et en quelque lieu qu'ils se extendent et eslargissent, donné et donnons de grace especial par ces présentes à nostredit frère franchement et entièrement sans retenue en aucune chose de ladite maison, ne desdites appertenances à tenir, avoir et posséder ladite maison entierement avecques toutes ses appertenances par nostredit frère, ses hoirs, successeurs, aians cause a tousiours et perpetuellement comme leur propre chose et héritage, si donnons et mandons à nos ames et feaulx gens de nos comptes et conseillers sur le fait de nostre domaine à Paris, au prevost de Paris et à tous nos autres justiciers et officiers ou à leurs lieuxtenans presens et avenir et a chacun deulx, si comme a lui appartiendra que de nostre presente grace et don facent sueffrent et laissent joir et user paisiblement nostre dit frère ses hoirs, successeurs et aians cause sans faire ou aler... pour le temps a venir en aucune manière au contraire. Et pour ce que ce soit ferme chose et estable a tousiours nous avons fait mettre nostre seel a ces presentes lettres sauf en autres choses nostre droit...

Fig. 132. — CHARLES V (1364-1380) [Collection Gaignières. — B. N., Estampes].

Fig. 133. — Louis Ier d'Anjou [Collection Gaignières. — B. N., Estampes].

« Donné à la noble maison de Saint-Ouyn au mois de janvier de l'an de grace mil trois cens quatre vins et huict et le huictieme de nostre regne. Ainsi signe par le roy presens messeigneurs les ducs de Berry et de Bourgogne. Charite. Et estoit ainsi escript en la marge basse : Registratur in cauda et expedita ibidem de ordinatione Dominorum die undecima Januarii anno MCCCIIII^{xx}VIII. » (KK. 896, A. N.)

L'original de cette pièce se trouve aux archives. (J. reg. 133, nº 269.)

MANDEMENT DE CHARLES VI

Note 37. — « A TOUS CEUX QUI CES LETTRES VERRONT : Audry Chauveron, chevalier, conseiller du Roy, notre Sire, et garde de la prévôté de Paris, salut. Scavoir, faisons, Que Nous le Jeudy septieme jour de Janvier l'an mil trois cent quatre-vingt et huit, veismes lettres scellées du Grand scel du Roy, notre Sire, contenant ceste forme CHARLES, PAR LA GRACE DE DIEU, ROI DE FRANCE : A nos Amés Conseillers, les gens de nos Comptes à Paris, et ceux qui sont ordenez sur le fait de notre Demaine et Trésors à Paris ; SALUT ET DILECTION : Comme nous ayons naguères achepté de nos tres chiers et tres Ames Tante et Cousin la Royne et le Roi de Jérusalem et de Cécille son fils (1), une maison en notre ville de Paris, près de la Porte Saint-Honoré, nommée la maison de Bahaigne, pour le prix et somme de douze mil francs, laquelle est en la censive de notre amé et féal Conseiller et Président en notre Chambre des Comptes l'Évêque de Paris (2), à cause de son

(1) Louis II d'Anjou, couronné roi de Naples par Clément VII en 1390, à l'âge de treize ans, eut le même sort que son père il ne put jamais entrer en possession de son royaume. Il avait le titre de roi de Jerusalem et de Sicile (Cecille)

(2) Pierre d'Orgemont.

Pierre Ier d'Orgemont, chancelier du Dauphiné, né en 1303, † 3 juin 1384 ou 1389, epousa Marguerite de Voisines

Pierre II d'Orgemont, évêque de Thérouanne, puis évêque de Paris, † 1409.	Amaury d'Orgemont, chancelier du duc de Touraine, Sr de Chantilly, ép. Marie de Paillart, † 1400	Nicolas, chanoine † 1417.	Guillaume d'Orgemont, † 1421.	Nicolas d'Orgemont.	Marie et Marguerite.

Enfants d'Amaury d'Orgemont :

Pierre II d'Orgemont, chambellan du roi, † à Azincourt, 1415	Autres enfants

Pour les d'Orgemont, voir Léopold Pannier (Méry-s.-Oise) (*S. de l'Hist de Paris*, t. I). Nous donnons cet extrait de leur généalogie parce que nous citons plusieurs membres de la famille.

Évêché, pour laquelle vendition de ladite maison nous feussions tenus à notredit Conseiller en la somme de mil francs, à cause des rentes deues pour ladite maison, laquelle nous avons depuis donnée à notre tres chier et tres amé frère le duc de Touraine ; et depuis notredit Conseiller nous ait supplié que nous lui vouzissions faire satisfaction et payment desdites ventes montans à la somme de mil francs, laquelle il nous quitta libéralement pour la somme de cinc cens francs : Nous, voulans satisfaction être faite à notredit Conseiller; Vous Mandons, et à chacun de vous, si comme à lui appartiendra, Commandons que lesdits cinc cens francs vous faciez payer et délivrer à notredit Conseiller, ou tellement l'en assignez, que briesvement satisfaction lui peust être faite : Car ainsi le voulons nous être fait, et à notredit Conseiller l'avons octroyé nonobstant quellesconques Ordonnances, Mandemens ou deffences à ce contraire. Donné en notre Chastel du Louvre, le second jour de janvier, l'an de grâce mil trois cens quatre-vingt et huit et de notre règne le neuvième. *Ainsi signé*, par le Roi, Mons. le duc de Bourbonnois, et Mess. Cigneiran, Deudin, présens Montagu. Et Nous, à ce transcrit, avons mis le scel de la Prévôté de Paris, l'an et le jour susdit. P. de Montigny. »

Sur le repli sont écrits ces mots : « Collation est faite ».

Cette pièce se trouve aux archives : 1° sur un parchemin, acte en trois rôles, copié par les ordres du cardinal du Bellay en 1554, alors évêque de Paris; 2° sur papier, collationnée en 1753 ; et 3° à la Bibliothèque nationale (anc. fonds latin. 5185 A).

Note 38. — « Le samedi 13e jour de mars 1371 (v. s.), à deux heures du matin, naquit le second fils de nostre seigneur le roy Charles dans l'hôtel Saint-Paul...

« Il fut tenu sur les fonts baptismaux par Monseigneur Bertrand du Guesclin, connétable de France, qui, après la cerémonie et l'enfant encore tout nud, lui présenta une épée nue et lui dit en français : « Monseigneur, je vous donne ceste espee et la mets en vostre main « et prie Dieu qu'il vous doint un tel et si bon cœur que vous soyez « aussi preux et aussi bon chevalier comme fut oncques roi de France « qui portast espee. Amen, amen, amen. »

L'évêque de Reims, Jehan de Craon, administra le sacrement.

(Ballades d'Eustache Deschamps, 1368-1371 ; Leroux de Lincy, *Chants historiques de France*, tome I, p. 243 ; *Histoire de Charles VI*, Juvénal des Ursins, éd. in-fol., annotations, p. 531).

Nous avons les preuves que le duc d'Orléans avait la passion du jeu.

Le 18 mars 1392, il paie 200 liv. sur 2,000 francs perdus à la paume contre Boucicault et ne s'acquitte complètement envers lui que le 15 mai 1394. (De Bastard.)

En août 1393, il allait jouer chez Jehan le Flamenc avec le Roi, et chez Jehan Poulain, son trésorier, avec Jacques Hémon, Guillaume d'Orgemont, le vicomte de Melun (Tancarville), Bernard du Cigne et autres, et perdait près de 1,500 frans du 20 au 25 août.

Le Flamenc lui prêtait de l'argent (P. O. 2152, B. N.).

Le 15 août 1393, il paye 300 frans perdus à la paume à Abbeville, contre Jehan de Hangest.

En 1394, il perd 50 escus contre son cousin, le conte de Genièvre (?) (C. F.);

Le 25 février 1394, il rembourse à Jacques de Montmor, gouverneur du Dauphiné, 300 frans qu'il lui a empruntés pour jouer à la paume (de Bastard);

En septembre 1394, il perd 10 escus contre Charles d'Albret au trinquet;

En décembre 1394, il perd 8 escus au jeu d'eschez contre M. de Colombière, son chambellan, contre lequel il avait déjà perdu 600 frans au même jeu, le 18 mai 1394 (Ch. F.);

Le 16 avril 1395, il perd 24 frans d'or, représentant la valeur d'une aumusse de gris à chanoine, contre maistre Mahieu Regnault, son amé et féal phisicien, qui était en même temps son aumosnier et devint trésorier de Tours et archidiacre d'Arras. En 1396, ce personnage recevait 100 frans pour « les treilles et façons des jardins de Saint-Marcel les Paris » (de Bastard);

Le 9 nov. 1395, il paie 225 liv. t. perdues contre Philippe d'Artois, comte d'Eu, connétable de France, au jeu de paume (de Bastard);

Le 11 mai 1396, il perd 3,000 livres à la paume contre le comte d'Ostrevant, son cousin, et 67 s. 6 d. t. aux cartes (J.);

Le 13 mai 1396, il perd 600 frans au *billars* contre le maréchal de Boucicault, contre lequel il avait perdu 246 frans le 8 février et 1,300 liv. t. le 17 avril de la même année (Ch. F.);

Le 3 octobre 1396, il perd son cheval contre messire Gaudifer de la Salle, et le fait racheter 30 escus d'or (J.);

Le 25 mars 1397, il perd 30 escus d'or contre Bertrand du Mesnil au jeu de paume (J.);

1398, 13 oct. — Sachent tuit que je Guille de la Champaigne, escuier et eschancon de mons. le duc dorliens, confesse avoir eu et receu de Godefroy Lefèvre apothicaire et varlet de chambre de mondit S. la somme de trente escus en quoy mondit S. estoit tenus à Ogier de Nantouillet, Bertrand du Mesnil et Guiot Gourle pour raison de jeu de paulme et dont jestois respondant pour mondit S. envers les dessus diz. De laquelle somme je me tieng pour bien content et en promet faire tenir quitte et paisible envers les dessus nommez mondit S. le duc ycelui Godefroy et tous autres a qui quittance en pnet (appartient) et doit appartenir. Tesmoing mon seel et seing manuel mis a ceste presente quittance derrenier jour d'octobre l'an mil CCCIIII^xx et dix huit (1398).

Signé : CHAMPAIGNE. (Titres orig. 26029, B. N.)

Le 1er décembre 1398, il perd 200 frans contre le sire de Miramont au jeu de paume (J.);

En 1400, il perd 12 escus contre le comte de Clermont au jeu de paume (J.);

Enfin le 11 juillet 1402, il paie 100 liv. t. dues à Guillaume de Trie, et 600 livres dues à Raoul, seigneur de Gaucourt, sommes perdues au jeu de paume (de Bastard).

Ce total de 3,970 frans d'or, de 113 escus d'or, de 5,225 livres tournois 67 sous 6 deniers, représente plus d'un million de francs de nos jours, perdus au jeu en dix ans, et ce n'est là qu'une minime portion des pertes du duc d'Orléans, car nous sommes loin de posséder *tous* les livres de comptes!

NOTE 39. — « Aux écoliers du collège de Praelles, 10 frans que Ms le Duc leur donna pour le prêt et louage d un livre en françois nommé la *Cité de Dieu*, qu ils lui prêtent pour un certain temps pour y estudier et d'icellui faire sa volente (juillet 1398). » (J.)

En novembre 1396, il se rendait à Arras pour examiner des tapisseries et donnait 67 sous 6 deniers aux ouvriers qui les avaient déployees pour les lui faire voir.

Nous trouvons dans les comptes du 15 janvier 1394 une note de 823 l. t. payée à Jean de Troie, sellier, pour un char ou carré, et, le 23 mars 1395, une somme de 252 livres 12 sous 6 d. t. payée par le duc pour un carré ou char branlant vert, avec un tapis de laine au fond armorié aux armes de la duchesse, qu'il avait commandé pour son épouse. (J.)

En 1397, la maison de Valentine était ainsi composée : Dame de la Prugne [Catherine d'Angoussole (Angossoli), femme de Renier Pot, Sr de la Prugne]; dame d'Anneville; dame de Clarly; Mlle Marguerite de Neufmoulins; Mlle Jehanne de Poissy; Mlle Jehannette d'Houdetot; Mlle Marie du Solier. — Marie la payenne, femme de chambre; Jehannette Bourrieu, ouvrière des atours de la duchesse; Jehannette la pertuise, lavandière; dame de Maucouvent, garde de Charles d'Orléans [Louis d Orléans donne à cette dernière, en 1396, une patenostre d'or de 15 frans dont les signaux sont en manière de violettes émaillées de blanc] (Champ.-Fig., p. 24, 3e partie); Jehanne la brune, berseresse des deux enfants; N., femme de chambre du deuxième fils; la berseresse de Philippe son fils; Jaquette, femme de chambre des enfants, et deux nourrices congédiées parce que Charles est sevré et que Philippe en a une nouvelle. (J. catal. manuscrit.)

Nous avons jusqu'aux détails des jarretières de Valentine de Milan:

« 2 paires de jarretières en tissu de fine soye garni d'argent doré avec boucles, mordans et 4 petits besans à faire fermeure d'argent doré, 36 s. p. » (4 août 1400) (Voir Delaborde, *Glossaire*);

Et des souliers des enfants :

« Fourni par Jean de Saumur, cordonnier, à Charles et Philippe, des souliers pour 8 frans 3 sous 4 deniers et haultes bottines pour les femmes de chambre « desdicts syres », 10 s. t. la paire. » (J.)

La haquenée de Valentine se nommait « Beauregard ». (B. N., fonds Bourré)

Pour donner une idée de la depense, pour la nourriture seulement, à l'hôtel d'Orléans, nous citerons le *Mesnagier de Paris*, paru quelque temps avant Guillebert de Metz (1373) :

« Orléans consomme par sepmaine quatre vins moutons, douze veaulx, douze beufs, douze porcs, et par an six vins lars.

« Le fait du poulailler : pour jour trois cens poullailles, trente six chevreaulx, cent cinquante paires de pigeons, trente-six oisons. »

Quant au prix approximatif des denrees qui change suivant la rigueur du temps et les émeutes soulevees par les deux partis à chaque instant aux prises, le voici d'après le *Journal d'un bourgeois de Paris* :

En 1415, le pain qui avait valu 8 blans valoit 5 sols parisis, le vin 2 deniers parisis la pinte. Un œuf coûtait un blanc, et un fromage commun 3 ou 4 solz parisis.

En 1417, après la Toussaint, ung petit quartier de monton valloit VII ou VIII solz p., et un petit morsel de beuf de bon androit II s. p. qu'on avait en octobre pour VI d. p.; une froissure de mouton II ou III blans, une teste de mouton VI d. p., un bien petit porc coustoit LX solz ou III frans.

En 1418 le porc coutait VI ou VII francs, le bœuf XXXVIII frans.

En 1419, le petit mouton de XVI s. coustoit XX solz, le pie de mouton 4 deniers, le pié de beuf VII blans.

En 1420, une petite queue de mouton X s. p., une teste de veel XII s. p.

En 1421, on avait 3 pommes pour un blanc; un cent de noix pour 4 sols; 2 poires pour 6 blancs; 2 livres de chandelle pour 16 solz parisis; un petit fromage pour 13 sols parisis; un œuf pour 3 blancs; un boisseau de fèves ou de pois pour 2 frans; une livre de beurre pour 28 blancs; une pinte d'huyle pour 16 sous parisis, une pinte de vin pour 4 sols; une paire de souliers pour 24 sols.

Les vins étaient de

Bourgoing, Gascoing et Angevin,
Beaune, Rochelle, Saint Pourçain,

c'est-à-dire Bourgogne, Bordeaux, vin d'Anjou, des Charentes et d'Auvergne. *(Paris et ses historiens.)*

« Les dépenses de nourriture ne prouvent nullement la somme des viandes et de comestibles consommés à la table des ducs d'Orléans, pas plus que leurs innombrables joyaux, leurs souliers renouvelés presque chaque jour et différents objets achetés par douzaines ne prouvent qu'on se couvrait de joyaux, qu'on marchait de manière à user tant de souliers, qu'on s'affublait de tous ces vêtements. L'armée des familiers, des partisans, l'obligation de nourrir de ses restes, d'orner de ses joyaux, d'habiller de sa défroque une domesticité besogneuse, expliquent ce luxe et le motivent. » (Delaborde, *Ducs de Bourgogne*, t. III, p. 36.)

NOTE 40. — Voici l'opinion d'un homme du peuple, contemporain du duc d'Orléans, sur ce prince et sur le roi

« Nous sommes bien tailliez d'avoir assez à faire et à souffrir ; le Roy n'est pas en son bon sens et est folz et mons. le duc d'Orléans est jeunes, et jeu (joue) volontiers aux dez et ayme les p......» [Injures dites par un homme de Bagneux à un homme de Chartres.] — (*Lettres de rémission*, 1398. — Pièces inédites du règne de Charles VI.)

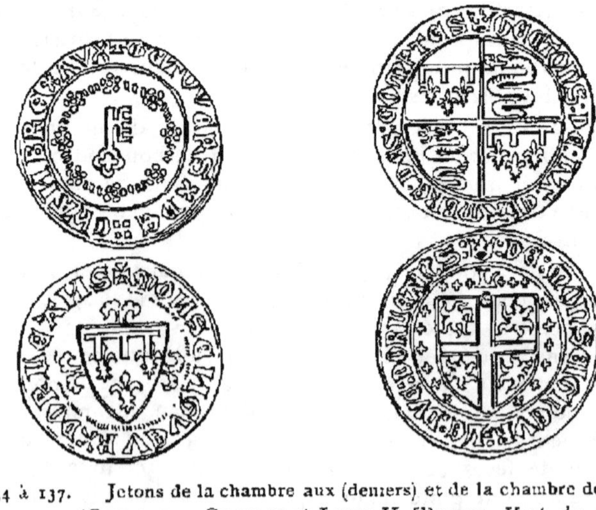

FIG. 134 à 137. Jetons de la chambre aux (deniers) et de la chambre des comptes des DUCS D'ORLÉANS — CHARLES et LOUIS II. [Rouyer, *Hist. du jeton*.]

g. 138. — Louis II d'Anjou [d'après une aquarelle de l'époque. — B. N., Estampes].

Fig. 139. — VALENTINE DE MILAN recevant l'offrande d'un livre. Miniature d'un ouvrage de l'époque. — B. N. Mss.

GÉNÉALOGIE DES DUCS D'ORLÉANS

Charles V ép. Jeanne de Bourbon

1. Charles VI
2. Louis Ier duc d'Orléans (13 mars 1372, + 23 novembre 1407) ép. à Melun le 17 septembre 1389, Valentine Visconti (de Milan) (1370, + 4 décembre 1408)
3. Jean
4. Jeanne
5. Bonne
6. Jeanne
7. Marie
8. Isabelle
9. Catherine

---

1. N enfant femelle mai-juil. 1390
2. Louis, 26 mai 1391, août 1393, enterré aux Celestins
3. Jean, né à Asnière 1393, + sept 1395
4. Charles duc d'Orléans, né à l'hotel St Paul (24 nov 1394, à 4 h de la nuit, + à Amboise, 4 janvier 1466.

   épouse
   - 1° Le 29 juin 1404, à Compiègne, Isabelle de France (9 nov 1389, + 13 sept 1409, veuve de Richard II roi d'Angleterre + 1399, qu'elle avait épousé le 1er novembre 1396.

     Jeanne d'Orléans (1409, + 1432, ép. en 1421 Jean II duc d'Alençon, + s p 1476 (En 1415, Oudard de Foulloy, secretaire de mons le duc Charles, maistre d'escolle de mons le comte d'Angoulesme, achette à Jeanne âgée de six ans un abece en parchemin avec des lettres dorées XLV solz.)
   - 2° En 1410, Bonne d'Armagnac, + nov 1415, s p
   - 3° En 1440, Marie de Clèves qui se remarie, après sa mort, avec Jean de Rabodanges, capitaine de Gravelines, vers 1480. Elle meurt en 1487.

   Enfants
   - 1 Louis II d'Orléans (Louis XII, roi) (1462, + 1514).
   - 2 Marie d'Orléans, + 1493, ép. Jean de Foix, vicomte de Narbonne, comte d'Étampes.
   - 3° Anne d'Orléans, + 9 septembre 1491, abbesse de Fontevrault.
5. Philippe né à Asnière juil. 1396, + 1420, filleul de Philippe, duc de Bourgogne
6. Jean comte d'Angoulême né à Asnière (1400 [?]. + 30 avril 1467, otage des Anglais contre 310,000 frans d'or, de 1412 à 1444, dus par Charles d'Orléans au duc de Clarence, fils de Henry IV.
7. Jehanne ou Marie (1401, + 1421)
8. Marguerite (1406 + 24 nov 1468, ép. en 1422 Richard de Bretagne, comte d'Étampes, dont elle a plusieurs enfants, au moins deux (1424).

   Elle est comtesse de Vertus à un certain moment. En 1420 le duc Charles fait faire pour sa sœur des *Heures* à Yvonnet de la Motte à Blois).

   Philippe-Antoine, né en Lombardie (1424, + 1445).

Le fils de Yolande ou Mariette d'Enghien, femme d'Aubert le Flamenc, seigneur de Cany, dit le Bastard d'Orléans, Jean, comte de Dunois et de Longueville, seigneur de Valbonnois (1403, 23 nov. + 24 nov 1468 ou 1470), ép. 1re Marie Louvert, 2e Marie d'Harcourt, fille de Jacques d'Harcourt, comte de Tancarville et de Montgomery, et de Marguerite de Melun

François, comte de Dunois et de Longueville, + 1491, ép. Agnès de Savoie. [Le duc reprend à Jean le Romorantin et Milancais et le comté de Vertus en échange des comté et vicomté de Chateaudun et de Dunois 21 juillet 1439. Mademoiselle Jehanne d'Orléans donne à son oncle le bastard d'Orléans un annel d'or garny d'un dyament à l'occasion de son mariage av (1422.] Cab hist, t III.

Auteurs consultés : Le P. Anselme, le Religieux de St-Denis, Valet de Viriville, Éc. des Chartes t. III, 2e série, p. 59, Cab. des Mss., L. Delisle, Jean Chartier, Joursanvault, Delaborde, E. Garnier, E. Jarry.

GÉNÉALOGIE DES DUCS D'ORLÉANS *(suite)*

Charles d'Orléans
Marie de Clèves

Louis XII duc d'Orléans de 1465 à 1498,
né à Blois, le 27 juin 1462 à 5 h 8 minutes du matin, † le 1er janvier 1515.

épouse

1° le 8 septembre 1476,
Jeanne de France, duchesse de Berry, fille de Louis XI, née en 1464, mariée par contrat, le 28 octobre 1473, mariage déclaré nul le 12 décembre 1496, † le 4 février 1505

Margot sa fille (J.)

2° le 8 janvier 1499,
Anne, duchesse de Bretagne, née le 26 janvier 1476, veuve de Charles VIII, † le 9 janvier 1514

3° le 9 octobre 1514,
Marie d'Angleterre, sœur de Henri VIII, fille de Henri VII et d'Elizabeth d'York, née en 1496, se remarie le 31 mars 1515 à Charles Brandon, duc de Suffolk, † 25 juin 1534

DUCS ET DUCHESSES D'ORLÉANS

De 1371 à 1407 Louis Ier d'Orléans
De 1407 à 1465 Charles d'Orléans
De 1465 à 1498 Louis II d'Orléans (Louis XII).

De 1389 à 1408 Valentine de Milan.
De 1404 à 1409. Isabelle.
De 1410 à 1415. Bonne.
De 1440 à 1465 Marie de Clèves, duchesse douairière
De 1476 à 1496 Jeanne de France.

CHAPITRE II

HOTEL DU DUC DE TOURAINE (1388-1391)

HOTEL D'ORLÉANS (1391-1499)

1388-1499

NOTE PREMIÈRE

JOURSANVAULT (Catalogue de la collection).

Bonamy pretend que Louis d'Orléans avait obtenu la permission de Charles VI de détruire une partie de l'enceinte de Philippe-Auguste, à la reserve d'une portion qui tenait à la porte de Behaigne ou Coquillière, et de deux tours du côté de la rue Saint-Honoré. C'est possible, puisque nous savons que l'hôtel d'Orléans s'étendait jusqu'à la rue de Grenelle. (Delaborde, *les Ducs de Bourgogne*, t. III, 1404 et 1406.)

NOTE 2. — Sauval, *loc. cit.*

NOTE 3. — Est-ce l'assassin d'Etienne Marcel ?

Mandements de Charles VI. En 1373, Charles V avait accordé la noblesse à tous les bourgeois de Paris sans exception.

« En la noble ville de Paris, tous sont bourgeois et n'y a gens de poste (serfs) », dit une maxime de jurisconsulte du temps. Cette noblesse fut confirmée par Charles VI, Louis XI, François Ier et Henri II; mais Henri III, en 1577, la restreignit aux prévôts des marchands et aux échevins.

NOTE 4. — Buchon (Taille). — La maison du roi ne comprenait pas moins de trois cent cinquante personnes en 1386. (De Vyon, *Mémoriaux*. Chambre des comptes.) Charles VI avait alors comme maître d'hôtel Nicolas Braque, et comme conseillers huit personnages parmi lesquels Jehan Braque et Philippe des Essars. Voici quels étaient leurs « gaiges » quand ils étaient de service :

« Auront foing et avene pour quatre chevaux; 6 solz 9 deniers par jour pour gaige de varlets et hostelages; busche un mosle, en hyver chandelle quatre caiers, un escuyer mangeant en salle, vin de coucher et n'auront les maistres d'hostel qui ne serviront, nul commandement sur les offices et n'y prendront pain, vin, foin ni auene ne autres choses quelconques, et aussi ceux qui serviront n'y prendront fors leur livroison accoustumée. »

NOTE 5. — (Voir Pièces justificatives.) Ce Ligier nous a laissé un inventaire des tapisseries de l'hôtel de Bohême que nous publions (Appendice). Nous le verrons dans la suite devenir propriétaire d'une maison que lui achète le duc d'Orléans dans la rue de Grenelle et qui porte pour enseigne le « Chaudron » que ses descendants (?) vendront un jour (fév. 1501) aux Filles Pénitentes.

NOTE 6. — Voir Guiffrey : Nicolas Bataille, tapissier parisien du XIVe siècle, auteur de la tapisserie de l'*Apocalypse* d'Angers, Paris, 1877, *Société de l'Histoire de Paris*.

NOTE 7. — Huntingdon (Jean de Hollande, comte de), né du second mariage de la princesse de Galles, Jeanne d'Angleterre, avec Jean de Hollande, était frère utérin du roi Richard et avait épousé Marie de Lancastre. Il fut créé duc d'Exeter par Richard, à Windsor, et assistait au Parlement de Westminster qui déférait la couronne au duc de Lancastre. Compromis dans le complot du comte Spenser, il fut fait prisonnier par les gens de la comtesse de Hereford et décapité par son ordre en 1399. Il avait pris part, le premier, à ce tournoi extraordinaire offert aux seigneurs etrangers par les trois Français, Boucicault, Renaud de Roy et messire de Saimpry (1390), dans lequel les trois Français demeurèrent vainqueurs, à « Sainct Enghelbert » (Inglevert) entre Boulogne et Calais (1). Le comte de Huntingdon faisait cadeau d'un « henap d'or et d'une esguière, plus un fermaillet à un diamant ou milieu a trois balais rubis et trois grosses perles qui disoit qui l'y

(1) Dans l'inventaire des meubles de Charles VI, en 1421, on lit : « Un grand tappiz des joutes de Saint-Inglevert, qui furent faictes par trois chevaliers de France, contre les Anglois, faict de fille d Arras », estimé 142 liv. par. Cette tapisserie etait connue sous le nom de « Tapis Boucicaut ». — Godefroy, dans l *Histoire de Boucicaut*, désigne ainsi ce lieu Sainct Tin le vert

avoient cousté dix huit mille frans », et la contesse d'Houditon donnait un beau diamant, le 1er novembre 1396, le jour de ses noces, à la reine Isabelle de France, cette enfant mariée à Richard II d'Angleterre qui meurt en 1399 (Douet d'Arcq). Son fils, Jean Holland, comte de Huntingdon, assistait à l'audience donnée aux ambassadeurs français par le roi d'Angleterre, commandait un corps de l'armée anglaise à la bataille de Baugé en-Vallée où fut tué le duc de Clarence, frère de Henri d'Angleterre ; il y fut lui-même fait prisonnier (1420).

En 1424 27, le roi d'Angleterre lui faisait don de la baronnie d'Yvry. (JJ. 302, p. 1137.)

Enfin, en 1440 (7 mai), il était lieutenant général, gouverneur de Guyenne. (Carton des rois ; Compte de depenses de Charles VI, 1395 ; Mémoires de Pierre Fenin ; Joursanvault.)

Nous possédons les sceaux de Jean de Holland, comte de Huntyngdon (Holand comitis Huntyngdon camerarii, 1396 ; J. 643, no 11, A. N.) et d'un Guillaume de Clinton, comte Huntington (11 septembre 1351), dont nous ignorons le degré de parente avec le précédent.

Ce nom est ainsi écrit dans les auteurs : Hontiton, Hantinton, Houtiton, Horlinegon, etc.

Note 8. — Voici l'énumération des achats faits par le duc d'Orleans :

Dans la rue de Nesle :

1. — Maison avec jardin à dame Sainte du Chatelier ;

2. — Grange à Raoul Lozart ou Ozart ;

3. — Courtil à Gilles Dumoulinet ;

4. — La place où fut Alain le Breton ;

5. — La place où fut la maison du maître des arbalétriers ;

6. — Les galeries basses.

Dans la rue Coquillière :

7. — La maison de Colin Petit, aumussier ;

8. — La maison de Jean Creux, sergent d'armes du roi ;

9. — Une maison achetée en 1391 à son chambellan, le seigneur de Garencières, située « rue du Champ-Fleuri, près Saint-Honoré », et non porte du Louvre, comme le dit Bonnefons ; mais cette maison ne touchait pas à l'hôtel d'Orleans ;

Dans la rue de Grenelle :

10. — Une maison à Thomas Potier, pelletier ;

11. — Une maison à Raoul Ozart (V. cart. de Blois et P. J. et Censier) ;

12. — Enfin l'ostel de Tonnerre (1394), au coin de la rue de Grenelle et de la rue Coquillière.

HOTELS DU DUC D'ORLÉANS A PARIS ET PRÈS PARIS

Le duc d'Orléans, « ce grand desbaucheur des dames de la cour, et des plus grandes » (Brantôme), possédait plusieurs hôtels, — au moins quatre, — à Paris et dans les environs.

1. — « L'hostel Saint-Marcel lez-Paris, sis rue au Boulies du côté devers Saint-Victor par les jardins duquel passe la rivière de Bièvre, tenant d'une part à la maison du curé de Saint-Médart et à Guillaume de Chielle, et de l'autre part au long du chemin par où l'on va de la boucherie dudit lieu de Saint Marcel à Coppeaux et à la rue au conte de Boulogne aboutissant d'une part à la rue sans chief et à Guillaume Roichet, quel hostel fu pieça a l'evesque de Beauvais, chancellier de France. (Acte du 25 mai 1399, Delaborde.)

« Loys donna son hostel de Saint-Marcel à Jehan, sire de Montagu, vidame de Laonnois, grand maistre d'ostel de S. M. le roy en décembre 1405. » (Id.)

Cet hôtel avait été donné au duc d'Orléans par Isabeau de Bavière en 1392, en échange pour le Val la-Reine, près Pouilli.

Il était alors « enrichi de viviers, de saulsayes, d'un jardin rempli de cerisiers, de lavande, de romarin, de pois, de fèves, de cerises, treilles, haies, choux, porrées pour lapins et chenevis pour les oiseaux ». (Sauval.)

D'après Jaillot, son emplacement comprenait tout l'espace renfermé entre les rues d'Orleans, Moufetard, du Fer à moulin, de la Muette et du Jardin du Roi, à la reserve du carre qu'occupaient l'église et le cimetière Saint Medard et les maisons voisines jusqu'à la Bièvre et du terrain de l'hôtel de Clamart (60 toises carrées).

Après avoir appartenu à Jean de Mauconseil, sous le nom d'hôtel des Carneaux, l'evêque de Beauvais, Milles de Dornans, l'avait vendu 15,000 frans d'or, en 1386, à Jean, duc de Berry, qui l'avait cédé l'année suivante à Isabeau de Bavière. On l'appela depuis Fief d'Orléans ou Petit Sejour d'Orleans, et il donna son nom à la rue d'Orléans-Saint-Marcel.

2. — « L'hôtel, près la porte Saint Germain des Prez, appelé vulgairement Séjour d Orléans, ou hostel du Séjour, assis en la ville de Paris et paroisse Saint-André-des-Ars, tenant d'une part à la rue des murs de la ville de Paris du cousté de Saint Germain-des-Prez et faisant le coing de la rue qui va de la rue Saint-André-des-Ars aux Cordeliers, debuctant par derrière à l'ostel de Reims. » (Acte du 9 janvier 1484.)

Cette dernière rue est la rue Gaugain, actuellement rue de l'Eperon, et l'hostel était à Monseigneur l'archevêque de Rouen. Le duc payait 6 s. 4 d., obole de cens pour son hôtel.

En 1292, cet hôtel avait appartenu au roi de Navarre. (Vieux censiers de Saint-Germain-des-Prés [1485], cités par H. Géraud, p. 321.)

Cette demeure se trouvant « en ruyne et décadence, desmolye et inhabitable », Louis, duc d'Orléans, de Milan et de Valois, comte de Blois, de Pavie et de Beaumont, seigneur d'Ast et de Coucy, la donna à rente perpetuelle à Mes. Guill. Auzé, conseiller du roi, Jehan Hurault, licentié en lois, advocat, et Nicole Violle, correcteur de la Chambre des comptes. (Delaborde, tome III, pp. 387, 398.)

Cet hôtel avait d'abord appartenu à Philippe d'Orléans, cinquième fils de Philippe de Valois. A sa mort, il passa à Louis de France, duc d'Orléans, frère de Charles VI. Ce dernier l'acheta, en 1401, pour la somme de 22,500 liv. d'or et le donna à Amé VII, comte de Savoie, ensuite au duc de Berry. De Gaulle ajoute que le duc d'Orléans rentra enfin en possession de cette demeure et que c'est là que logea Valentine de Milan, quand elle revint de Château-Thierry demander justice de la mort de son époux. Nous croyons qu'elle descendit à l'hôtel de la rue d'Orléans Saint-Honoré, — celui dont nous nous occupons, — comme Sauval l'affirme et comme le dit la majeure partie des historiens.

3. — L'hôtel de la Poterne Saint-Pol, dont Jehan Godeschaut, dit Leroy, avait la garde. D'après un acte daté du 17 février 1394, le duc d'Orléans avait acheté cette demeure de Nicolas de Rance, conseiller du roi, qui, moyennant 3,000 livres tournois, lui avait vendu « deux maisons s'entretenans avec les cours, jardins, terre, appartenance et appendance quelsconques qu'il avait, assise à Paris, en la grant rue Saint-Antoine, tenant d'une part à une porte et alée par laquelle on va à la cousture Sainte-Catherine du val des Escoliers. »

Cette maison n'étant pas assez grande, le duc d'Orléans avait acquis du sieur de Giac (1) un hôtel qui, après avoir appartenu à Hugues Aubriot, avait été acheté à ce dernier par Guy de la Trémoille. Le roi l'avait ensuite racheté 8,000 francs pour le donner à son chancelier Pierre de Giac. « La maistre entrée était rue de Jouy donnant par derrière rue St-Antoine » (février 1383), tenant d'une part à la rue Percée et d'autre aux anciens murs de la ville de Paris, aboutissant aux maisons de Guillaume d'Orgemont et des hoirs de feu

(1) Un descendant de Loys de Giac, grand échanson en 1289 (?).

Le duc lui donna en échange les deux maisons rue Saint-Anthoine tenant à une allée qui va à la couture Sainte-Catherine et a la maison de Jehan Payen [J] (22 décembre 1397), citées plus haut.

Pierre de Giac, conseiller, chambellan et favori du roi, fut noyé en 1428 dans l'Auron, à Bourges, par ordre du connetable de Richemont.

A Issoudun, quand on se présenta pour l'arrêter, il était couché. « Sa femme, dit Gruel, se leva lors toute nue . et ce fut pour sauver sa vessele. » (Cosneau, page 132) Au xve siecle on couchait tout nu, sans chemise

Pierre de Monsigny, notaire au Chatelet de Paris et à l'hostel de la Nef qui est en la rue Saint-Anthoine. (KK. 267.)

C'est dans cette maison qu'était la librairie « neuve nouvellement faite » en l'ostel dudit seigneur, assavoir à Paris en la rue de la Poterne, près de l'ostel de Saint Pol à l'opposite de la rue des Fauconniers; 24 février 1397 (1). (L. de Lincy, *Bibl. du duc d'Orléans en 1427*, Paris, Didot, 1843.)

Le 26 décembre 1405, Jean de Montaigu, maître d'hôtel du roi, et Jaqueline, sa femme, donnaient au duc d'Orléans l'hostel situé à Paris, rue Saint-Antoine, près du Châtel de la porte Saint-Antoine, appelé la Conciergerie du Chastel de la porte Saint-Antoine, et, le 5 janvier 1406, le roi Charles VI donnait également ce même hôtel au duc d'Orléans son frère. (Bournon, *Hôtel Saint-Paul*.)

Il est évident, par conséquent, qu'il y eut un échange entre eux puisqu'à cette date, le duc d'Orléans donnait à Montaigu son hôtel de Saint-Marcel. (Voir un peu plus haut.)

En 1383 (février), Charles VI avait « fait abatre et araser la porte, tour, et entree des viex murs de sa bonne ville de Paris, seans en la grant rue Saint-Anthoine près de l'église Sainte-Katherine au val des Escoliers, et il avait baillé à ferme à Pierre Giac les murs jusqu'au bout de l'hôtel et du jardin, comprins en ce la tour qui est en iceux murs, joignant audit jardin, en laquelle tour a à présent un colombier, et une autre tour qui est au bout dudit hostel et jardin sur la porte en la rue par laquelle l'en va dudit hostel à l'église de Saint-Pol. » (Douet d'Arcq, *Pièces du règne de Charles VI*, t. II, p. 55.)

Il y avait une vigne dans les dépendances de cet hôtel. Le vigneron Perrin touchait 8 liv. pour « avoir fait ladite vigne de toutes façons » et recevait 45 s. t. pour les « eschalas ». (Delaborde.)

Le duc d'Orléans avait dû se défaire d'une partie de cet hôtel vers 1404. Nous lisons en effet dans les comptes (KK. 267) que messire Jehan Bracque, chevalier, conseiller et maître d'hôtel à 1,000 l. t. par an, fait à Jehan de la Chapelle un paiement des œuvres de l'ostel, qui nagaires appartenait à mondit seigneur, de la Posterne à Paris, 11 févr. 1404.

Le duc d'Orléans l'avait échangé avec le duc de Berry contre l'hôtel des Tournelles où nous le voyons descendre en 1441.

Voici, au reste, l'histoire de cet hôtel situé près l'église Saint-Paul, dans la censive de l'abbé de Tiron, acheté en partie par Aubriot (1366-68) à Jacques de Pacy et à ses frères (appelé alors maison des

(1) La rue de Jouy, la rue Percée (actuellement rue du Prévôt), la rue du Faucon-nier existent encore (1889).

Marmousets), et donné en partie ou payé par Charles V, en 1369, 1,500 frans d'or.

Février 1383, 4 — Pierre de Giac, chancelier de France, l'achète, et le roi lui donne les anciens murs, avec les deux tours auxquelles joignait le jardin, pour 12 deniers de cens annuel.

En 1397, de Giac le vend au duc d'Orléans 8,000 livres. Il était situé entre deux autres maisons, dont l'une fut achetée à de Rance et l'autre à Guy de la Trémoille; il prend alors le nom du Porc-épic.

En 1404, le duc de Berry l'échange avec le duc d'Orléans contre l'hôtel des Tournelles et le donne à Jean de Montagu qui, en 1405, donne au duc d'Orléans la conciergerie du chastel de la porte Saint-Antoine (1).

En 1409 (17 octobre), à la mort malheureuse de Jean de Montagu, le duc de Bourgogne, usant du pouvoir royal, le donne à Guillaume de Hollande, comte de Hainaut, qui le possède jusqu'en 1417.

En 1418 (octobre), après la surprise de Paris par les Bourguignons, une nouvelle donation en est faite au duc Jean et à la duchesse de Brabant, gendre et fille du duc Guillaume.

Vers 1436 (12 avril), l'hôtel appartenait à Arthur de Richmond, connétable de France, qui s'y loge pour ne pas s'eloigner de la Bastille qu'il assiège, et sa femme, Marguerite de Bourgogne, y mourait en 1442, 2 février (n. s.).

Il passa ensuite à Robert d'Estouteville, prévôt de Paris, qui mourut en 1479 et qui payait 12 deniers de cens pour la jouissance des murs en 1472-76. On l'appelle alors l'hôtel du Prévôt de Paris. A sa mort, le nouveau propriétaire s'appelait Jacques d'Estouteville, qui meurt en 1509, puis son cousin, Jean d'Estouteville, prévôt de Paris comme son oncle, y demeure en 1533.

On le voit revenir, après lui, à Louis Malet, dit l'amiral de Graville, petit-fils de la fille de Jean de Montagu. En 1516, son gendre, Pierre de Balzac d'Entragues, l'habite, et enfin, en 1572, il est occupé par Guillaume le Gentilhomme.

C'est probablement l'amiral de Graville qui a fait élever l'hôtel qu'on voit actuellement en cet endroit dans le passage Charlemagne. (J. Pichon, *Mesnagier de Paris*, t. II, p. 255; Ménorval; Cosneau.)

4. — Un hôtel « à Chailliau » acheté 5,000 frans à monseigneur de Coucy (juin 1380), et à Jehan Arrode ou à sa veuve Marie (1394), et à Nicolas Braque.

5. — Et un « à Braye conte Robert », ou plutôt un « châtel ».

Nous savons qu'il se rendait souvent dans un de ses hôtels situé à Boissy, aux environs de Paris. Dans une *balade à monseigneur d'Or-*

(1) En 1408, le 25 avril, la duchesse d'Orléans donne au duc de Guienne un ostel à Paris, devant le chastel de la bastide Saint Anthoine. Copie d'un vidimus. (KK. 56, nº 18 *bis*, A. N.)

léans, Eustache Deschamps a chanté les « grandes desbauches du chasteau de Boissy ». Parmi les compagnons du duc, nous voyons les noms de Jehan Lebreth (Jean d'Albret) et de Garencières. (Champ.-Figeac, *Louis et Charles d'Orléans.*)

Le duc d'Orléans avait en outre les « chastels de Blois, de Châteauneuf en Charente, de Cognac, de Coucy (avec canonnier, arbalétrier, artilleur), de Bouteville, de Marle, de Jarcy, d'Assy, le grand chastel d'Angoulême, le petit chastel d'Angoulême, le chastel de Merpin et de la Tour Blanche, les chastels Danviller, de Luxembourg, de Gesvres, de Chasteau-Thierry, de Soissons, d'Yèvre, etc., etc. » (1405).

NOTE 9. — Sans discuter les dimensions avancées par Sauval, nous ferons remarquer que le censier de 1399 nous prouve qu'il y avait encore dans la rue de Nesle, près de la Croix-Neuve, des granges « très importantes », appartenant à Ysabelle de Lassy. D'après le cens, cette propriété payait 68 solz, tandis que l'hôtel de Nesle ne payait que 30 s. 6 d.

Dans la rue de Grenelle, la maison « du Chaudron » n'appartenait pas encore à Mons. d'Orléans.

Enfin, dans la rue Coquillière il restait alors des maisons à Jean Griseau, deux à Ysabelle de Lassy, et une dernière assez considérable à Jacques du Pressouer.

L'HOTEL DE MAISTRE JAQUES DUCHIÉ EN LA RUE DES PROUVELLES (1)

NOTE 10. — « La porte duquel est entaillie de art merveilleux ; en la court estoient paons et divers oyseaux à plaisance.

« La première salle est embellie de divers tableaux et escriptures d'enseignemens, atachiés et pendus aux parois. Une autre salle remplie de toutes manières d'instrumens, harpes, orgues, vielles, guiternes, psalterions et autres, desquelz le dit Maistre Jaques savoit jouer de tous. Une autre salle estoit garnie de jeux deschez, de tables et dautres diverses manières de jeux a grant nombre. Item une belle chappelle ou il auoit des pulpitres a mettre liures dessus de merveilleux art, lesquels on faisoit venir a diuers sieges loings et pres a dextre et a senestre. Item ung estude ou les parois estoient couuers de pieres precieuses et despices de souefues oudeur. Item une chambre ou estoient foureures de plusieures manieres. Item plusieurs autres

(1) Ce J. Duchié est un nommé Jaques Ducq, Duchi ou Duchié, clerc du roy Charles V, en la Chambre des Comptes. (*Paris et ses hist.*, p. 348, 349. L. de L.)

Maistres Jacques Ducy et Mahieu de Linières, conseillers du Roy. (Testament d'Aimeri de Montsagoux, notaire, consul de Brives-la-Gaillarde, assassiné à Paris, 1405, 21 août.) — *Mélanges historiques*, t. III, p. 411, 1880). — Nommé de Dussy par M. de Boislisle. Chambre des Comptes. Nicolay, p. 9.

chambres richement adoubez de lits, de tables engigneusement entaillies et pares de riches draps et tapis a or frais. Item en une autre chambre haulte estoient grant nombre d'arbalestes dont les aucuns estoient pains a belles figures. La estoient estandars, banieres, pennons, arcs a main, picques, faussars, planchons, haches, guisarmes, maillez de fer et de plonc, pauais, targes, escus, canons et autres engins, avec plerité d'armeures, et briefment il parroit aussi comme toutes manieres dappareils de guerre. Item la estoit une fenestre faite de merueillable artifice par laquelle on mettoit hors une teste de plates de fer creusé parmi laquele on regardoit et parloit a ceulx dehors se besoing estoit sans doubter le trait. Item par dessus tout lostel estoit une chambre carree ou estoient fenestres de tous costés pour regarder par dessus la ville, et quand on y mengoit on montoit et aualoit vins et viande a une polie pource que trop hault eust esté a porter. Et par dessus les pignacles de lostel estoient belles ymages dorees. Cestui maistre Jaques Duchie estoit bel home de honeste habit et moult notable. Si tenoit seruiteurs bien moriginés et instruis d'auenant contenance, entre lesquels estoit bon maistre charpentier qui continuelment ouuroit a lostel. Grant foison de riches bourgeois auoit et dofficiers que on appeloit petits royeteaux de grandeur. »

Dans un compte payé à Pierre Lescot, cagetier, on voit qu'on mettait un treillis de fil d'archal aux fenestres « pour deffence des oyseaux et autres bestes et à cause et pour la garde des livres qui y sont mis ». (Librairie du Roy au Louvre, 4 mai 1368 ; Comptes cites par Berty, *le Louvre*, t. II.)

Les extraits du catalogue de la collection Joursanvault et des ouvrages de Delaborde que nous donnons aux Pièces justificatives laissent loin derrière eux comme authenticité les récits de Sauval, et donnent une idée *vraie* de ce qu'étaient et l'hôtel d'Orléans et les gens qui l'habitaient.

LES DUSSY

Nous avons trouvé les documents suivants sur ces personnages.

1. — 1360 (6 nov.). Quittances signées J. de Douchy (26002, p. 725 ; 26003, p. 1008, B. N.).

1357 (11 juin). Prenez sur le compte de l'ostel, mons. le duc de Normandie, ainsné fils du Roy et son lieu tenant, cent onze livres huit soulz parisis et les rendez à Thibaut le compte pour cire, limeignon, beng à torches et sacs à mettre cire, despenses ou dit hostel es moys d'avril et may derrenier passés. Fait IIe jour de juing, l'an M CCC LVII. *Signé :* J. Lecoq.

Au-dessous, deux notes de chiffres, dont l'une rayée, portent toutes deux la signature de J. de Douchy, avec les dates suivantes : 1359 (19 janvier); 1362 (14 avril).

Fig. 141.

Fig. 142.

2. — Trois reçus de Reginaldus de Dormans avec cette mention : Registrata in camera compotorum. *Signé :* Jac. Dussy.

1380 (30 avril). 30 jours; 15 sols, val. 28 l. 5 s. p.

1380 (31 mai). 39 jours; 15 sols, val. 23 l. 5 s. p.

1390 (30 juin). 25 jours; 15 sols, val. 18 l. 15 s. p. (vol. 26016; pièces 2683, 2593, 2703) [fig. 143].

3. — Enfin un reçu ainsi conçu :

« Je Jacques de Dussy, conseillier du roi nostre sire et maistre de sa chambre des comptes ......, reconnais avoir reçu de Guillaume de Longueil, vicomte d'Auge, par la main de Jehan Legay voitturier, un esturgeon pour et ou nom de messeigneurs des comptes, le 16 juin 1403. » (vol. 26032, pièce 3501, B. N.) (1).

Fig. 143.

Ces personnages appartiennent-ils à la même famille ? Ces deux derniers sont-ils père et fils ? et le dernier, le gourmet, ne serait-il pas le propriétaire du fameux hôtel parisien de la rue des Prouvaires ? C'est probable.

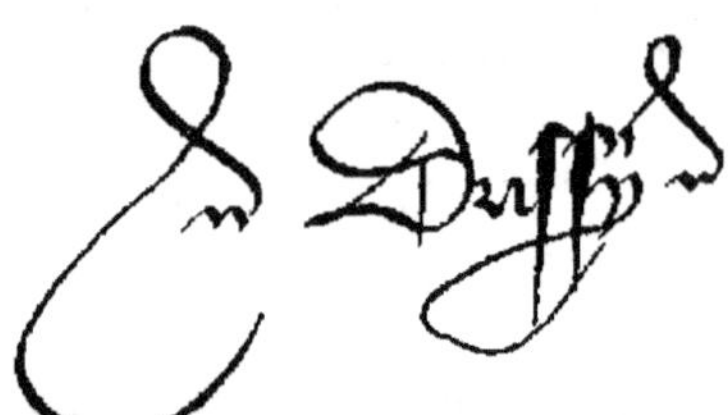

Fig. 144.

NOTE 11. — En 1396, Valentine de Milan donne à Isabeau de Bavière « un tableau d'or a une imaige de Saint Jehan garni de neuf balais (rubis), un saphir et vingt et une perles » (Joursanvault.)

(1) Dans un compte de Guillaume Deschamps, relieur de Charles VI, exposé par M. Leon Gruel, au palais des arts liberaux (E. U. 1889), on lit, à la date de 1387 (19 décembre) : A maistre Jasques de Dussy, je attaché avec les comptes des aides de Pontieu, VII pièces, valent 2 s. 4 d.

Note 12. — Le duc d'Orléans habitait probablement l'hôtel de Bohême ou celui des Tournelles quand il fut assassiné. Il était monté sur sa mule, et revenait avec une faible escorte, quand il eut le poignet coupé d'un coup d'épée. Sa main tomba dans la rue et ne fut ramassée que le lendemain matin au petit jour, avec la cervelle et mise dans la bière. Il ne pouvait venir de l'hôtel de la Poterne qu'il ne possédait plus depuis 1404. Le corps, porté d'abord à l'hôtel du seigneur de Rieux, maréchal de France, fut transporté à l'église Saint-Guillaume, qui était la plus proche du lieu de l'assassinat. Il fut ensuite mené en grande pompe aux Célestins.

La Reine venait d'acheter cette année-là son hôtel à Jean de Montaigu, maître d'hôtel du roi.

Nous voyons dans les *Comptes de l'hôtel* (1304) le roi Philippe le Bel emprunter à Jehan de Montagu, l'oncle de celui-ci, secrétaire, et à Jehan Neelle, clerc de cuisine (petit-fils de Symon et plus tard grand-queux de France), le dimanche XII avril, pour jouer aux dez par II fois la somme de 6 livres parisis.

Ce Jean de Montagu, frère d'un évêque de Poitiers et d'un evêque de Sens, allié aux princes du sang, fut décapité le 20 octobre 1409, par les ordres de Pierre des Essars. (Félibien, t. II, p. 746, Le Laboureur, l. XXIX, ch. VII; Juvénal des Ursins.)

Gérard de Montagu, père du grand maître, était mort en 1380 laissant une veuve, Biète de Montagu qui vivait encore en 1391 (8 déc.) et dont la fille Jehanne était mariée au seigneur Hagan d'Haguenonville. (*Registre criminel du Châtelet*, 1389-1392 ; S. des Bibliophiles.) Jehan, sieur de Guigny, son oncle, était mort le 5 avril 1388.

Ses frères étaient Gérard, evêque de Poitiers, et Jehan, évêque de Chartres, puis évêque de Sens, qui mourut à Azincourt ainsi que le fils du grand maître, Charles de Montagu (1415).

Note 13. — Faut-il répéter l'histoire acceptée par de Barante qui l'avait trouvée dans Brantôme (*Dames galantes*, discours VII) où on lit :

« Ce prince (Louis d'Orleans) s'estant une fois vanté tout haut, en un banquet, ou estoit le duc Jean de Bourgogne, son cousin, qu'il avoit en son cabinet le pourtrait des plus belles dames dont il avoit joui, par cas fortuit un jour le duc Jean entrant dans ce cabinet, la première dame qu'il vit pourtraite ce fut sa noble dame et espouse »

Le comte Delaborde a prouvé l'invraisemblance de ce fait. (*La Renaissance des arts*, t. I, p. 70.)

Les soupçons se portèrent un instant sur Aubert de Chauny ou mieux de Cany (Aubert le flamenc), mari de la maîtresse du duc d'Orléans, mère de Dunois, mais on s'aperçut rapidement que ce seigneur n'était pas coupable. Quant à l'assassin, Raoul de Hauquetonville, il avait été poursuivi par la reine (4 juin 1401) et condamné (7 juin 1401) à restituer 7,000 frans. (*Pièces inédites*, t. I, p. 200.)

LES CHAINES DES RUES DE PARIS

Depuis le milieu du XIVe siècle, l'entrée des principales rues de Paris était défendue par des chaînes. En 1407, après l'assassinat du duc d'Orléans, on donna l'ordre de rétablir ces chaînes qui avaient été supprimées par Charles VI en 1382. Plus de six cents chaînes de fer furent forgées dans l'espace de huit jours. On défendit à tous les serruriers de vaquer à d'autres besognes jusqu'à ce que celle-ci fût terminée; mais, en 1413, Tanneguy du Chastel, prévôt de Paris, les fit ôter et transporter à la Bastille. Elles furent rétablies bientôt et enlevées de nouveau en 1416. Elles étaient encore utilisées en 1436. (Voir plus loin *Reddition de Paris.*)

Il y avait des chaînes à l'entrée des rues des Vieilles Étuves, d'Orleans et du Four. Elles ne furent supprimées complètement qu'après la Fronde. (*Mémoires d'un bourgeois de Paris* ; Lefebvre; *Etat des chaînes de la ville de Paris*, mss. an 1648, et L. de Lincy, *Saint-Eustache.*)

Il ne reste aucune trace aujourd'hui des emplacements de ces chaînes. On a enlevé, il y a quelques années, une des bornes qu'on prétendait avoir servi à les attacher (?).

NOTE 14. — Isabelle de France, troisième enfant de Charles VI et d'Isabeau de Bavière, née le 9 novembre 1389, épouse, le 1er novembre 1396, Richard II, roi d'Angleterre, qui meurt en 1399. Elle devint ensuite (1404) la femme de Charles d'Orléans et mourut à Blois, le 7 avril 1409, en donnant le jour à une fille, Jeanne d'Orléans, qui épousa Jean, duc d'Alençon, à Blois en 1421. (P. Cochon, *Chroniques normandes.*)

De Barante dit que lors de son mariage avec Charles d'Orléans, la jeune Isabelle avait déjà dix ans de mariage, qu'elle épousait un enfant et perdait son titre de reine, ce qui la fit beaucoup pleurer. Il y a là une légère erreur. Cette enfant avait sept ans quand elle fut mariée à Richard, avec lequel elle passa trois années et non dix, ce qui fait qu'elle est qualifiée par Le Laboureur de « veuve et vierge ». Elle avait par conséquent, lors de son mariage avec Charles d'Orleans, quatorze ans et lui dix ans. A sa mort, en 1409, le duc avait quinze ans, et sa femme dix neuf.

NOTE 15. — « Août 1408, samedi XXVIe jour... Car l'en disoit que pour ce que la Royne et le dauphin qui estoient et avoient esté a

Meleun longuement, devoient venir à Paris, si faisoit la duchesse d'Orléans aussi qui paravant estoit à Blois pour requerir justice contre le duc de Bourgogne qui avoit fait occire le feu duc d'Orléans, son mari, pere du duc d'Orléans a present et son filz et qui estoit frère du Roy.

« Dimenche xxvie jour. Entrerent à Paris et vindrent de Meleun la Royne et le dauphin accompaignez environ IIII heures apres disner des ducs...., et alerent parmi la ville loger au Louvre.

« Ce dit jour (lundi 27) entra à Paris la duchesse d'Orléans, mère du duc d'Orléans qui a présent est et la Royne d'Angleterre, femme dudit duc et fille du Roy, oncle dudit duc, en une litière couverte de noir a IIII chevaulx couvers de draps noirs, à heure de vespres, accompaignez de plusieurs charios noirs, pleins de dames et femmes et de plusieurs ducs et contes et gens d'armes. » (Reg. XIII du Conseil, fol. 40 et 41 ; Felib., t. IV, p. 553 ; Douet d'Arcq.)

Nous savons par des pièces de la collection de Bastard (B. N.) que Valentine de Milan était à Château-Thierry le 6 décembre 1407 et à Blois le 1er mai 1408. Charles était à Blois le 3 sept. 1408. (Ch. F.)

NOTE 16. — Charles d'Orléans, le poète, avait épousé à l'âge de dix ans (1404) la veuve du roi d'Angleterre (V. note ci-dessus), « veuve et vierge tout ensemble ». (Le Laboureur, *Hist. de Charles VI.*) Devenu veuf, il s'alliait avec la fille du comte d'Armagnac, Bonne d'Armagnac (1410). Enfin, en 1440 (16 nov.), il convolait en troisièmes noces avec Marie de Clèves, nièce du duc de Bourgogne.

NOTE 17. — Champollion-Figeac, page v, *Poésies de Charles d'Orléans.*

Le roi etait revenu à Paris le 22 novembre avec le duc de Bourgogne et le duc de Lorraine. Les Parisiens envoyèrent chercher la reine, malade à Melun, « laquelle se fist porter par plusieurs hommes de pié en la ville de Paris et se logea à l'ostel d'Orléans avec la duchesse d'Aquitaine (ou mieux de Guyenne), fille dudit duc de Bourgogne ». (Monstrelet, *Chroniques* ; J. Lefebvre.)

NOTE 18. — On avait déjà banni des gens compromis dans l'assassinat du duc d'Orléans (1413). M. Douet d'Arcq a publié une liste de cent vingt noms.

A la suite de l'assassinat de Jean sans Peur, les confiscations et les bannissements recommencèrent sur une plus vaste échelle. (Voir Sauval, tome III.)

NOTE 19. — Ledit Me Jaques de Rouen fut « occis » quelque temps après dans Paris. (Sauval, *loc. cit.*)

NOTE 20. — Claude ou Guy (Félib.) de Beauvoir, seigneur de Chastellux, avait servi Jean sans Peur pendant les troubles de Charles VI. Il fut nommé par le duc de Bourgogne, maréchal de France le 6 juin 1418, le jour même où le comte d'Armagnac, enfermé au Petit Châtelet, était transféré dans la grosse tour du Palais, où il était assassiné le dimanche suivant 12 juin. En 1423 il assistait à la bataille de Crevant-sur-Yonne et en 1433 il était avec le duc de Bourgogne au siège d'Avallon. En 1424, le 5 octobre, il assistait à un déjeuner à l'hôtel de ville avec Regnier Pot et plusieurs autres.

Le sieur de Chastellux mourut en 1453. (Le Laboureur, Dulaure, Lefevre, L. de Lincy.)

DON DE L'HOTEL D'ALBRET A CHASTELLUX

« Henry, par la grâce de Dieu, roy de France et d'Angleterre, en considération des services de nostre aimé et féal conseiller Claude de Beauvoir, comte de Chastellux, lui donnons l'hostel d'Albret assis en la ville de Paris, rue du Four, tenant d'une part à l'ostel feu Me Jehan Delacroix et d'autre à un nommé Guillaume le Prévost brodeur, etc. Donné à Paris, le 9 décembre 1424. » (Hôtels de Paris, B. N., 22389 f. fr., et JJ. 302, A N., p. 1132.)

NOTE 21. — En 1422, l'hôtel de Nesle fut témoin de fêtes curieuses. Nous lisons dans le *Journal d'un bourgeois de Paris* :

350. « Item, pour l'amour du roy d'Angleterre et de la royne, et des signeurs du dit païs, firent les (gens de) Paris les festes de la Penthecoste, qui fut le derrain jour de may, le mistère de la Passion Sainct George en l'ostel de Neelle. »

M. Tuetey ajoute : Cette représentation, organisée par « aucuns habitans qui s'entremetoient d'iceulz jeus », dura deux jours, les mardi 2 et mercredi 3 juin 1422. L'élite de la noblesse anglo-française y assistait avec le roy et la reine d'Angleterre.

S'agit-il de l'hôtel d'Orléans ou de l'autre hôtel de Nesle situé sur le bord de Seine ? M. Tuetey, éditeur du *Journal d'un bourgeois de Paris*, croit que c'est le même que l'hôtel de Bohême. On aurait joué en présence de Charles VI, de Henri VI et de toute la cour une pièce à quatre personnages, ayant, comme on le dit plus haut, la vie de saint Georges pour sujet. (Leroux de Lincy, *Paris et ses historiens*, p. 286.)

Nous croyons qu'il s'agit ici de l'autre hôtel de Nesle. En tout cas, il se peut que cette fête ait eu lieu à l'hôtel d'Orleans à ce moment confisqué (1421), qui n'etait habité par personne : il ne fut donné à Willoughby qu'en 1425.

Les tapisseries de Charles VI furent vendues, cette même année 1422, par les Anglais. (Voir Guiffrey, *Éc. des Chartes*, tome XLVIII.)

LE SIRE ROBERT DE WILLOUGHBY

Ce personnage joue un rôle si important dans l'histoire que nous écrivons que nous n'avons pas hésité à faire les recherches nécessaires pour reconstituer sa biographie. Nous devons ajouter que nous avons trouvé une grande partie de notre travail dans l'ouvrage de M. A. Longnon, *Paris pendant la domination anglaise*.

Ce capitaine anglais est appelé par nos historiens Willeric, Willebic, Willeby, Wiblevy, Willevy, Wilughby, Wilbach, Wlbi et Huillebit.

Il assistait, en 1408, comme conseiller du roi d'Angleterre, au discours que Jehan Courtcheuse, représentant l'Université de Paris, prononçait devant le roi de France contre le pape Benoît XIII.

En 1415 il debarquait avec Henri, roi d'Angleterre (1), près de la Toucque en Normandie, ou entre les tours du Hâble (du Havre), et obtenait, en récompense de sa conduite à Azincourt, la lieutenance de la ville et du château de Rouen (1419), après avoir assisté au siège de Caen.

En 1423, il défend Crevant-sur-Yonne, et en août 1424 il fait le siège d'Yvrey-la-Cauchie (Yvry, Eure) et assiste à la bataille de Verneuil.

Par lettres du 20 sept. 1424, il recevait de Bedfort (2) les « conté, terre, seigneurie et justice de Vendôme, avec les rentes, revenus, cens et autres droits appartenant audit conté, etc. », confisqués sur Louis de Bourbon et relevant du duché d'Anjou. Ce don fut confirmé le 21 octobre 1425 par le roi Henri VI. (JJ. 173, n° 263, A. N.)

Le 26 mai de la même année, Henry VI lui avait donné l'hôtel de Bohême ou d'Orléans à Paris, confisqué sur Charles d'Orléans. Voici cette donation telle qu'elle se trouve aux Archives nationales (JJ. 173, n° 552) :

Henri VI donne à Robert, comte de Vendôme et seigneur de Willoughby, l'hôtel de Bohême confisqué sur le duc d'Orléans (1425).

« Henry, par la grace de Dieu roy de France et d'Angleterre, savoir faisons à tous presens et a venir, que pour consideracion des bons et grans, notables et aggreables services que nostre tres chier et tres amé cousin, Robert, conte de Vendosme, seigneur de Wilughby, a fais a feu nostre tres chier seigneur et père, cui Dieu pardoint, à nous, à nostre tres chier et tres amé oncle, Jehan, regent nostre royaume de France, duc de Bedford, ou fait de nos guerres et autrement, fait de jour en jour et esperons que face ou temps à venir, et autres

(1) Henri V (1413, † à Vincennes le 31 août 1422)

(2) Jehan duc de Bedfort, troisième fils de Henri IV, † 4 sept 1435

justes et raisonnables causes, audit seigneur de Villughby, avons donné, cédé, transporté et délaissié, donnons, octroions, transportons et délaissons de grace especial par ces presentes, pour lui et pour ses hoirs masles légitimes, venans de lui en directe ligne, un hostel nommé l'hostel de Behaigne, assis en nostre bonne ville de Paris, ensemble les jardins, revenues et toutes les appartenances quelzconques d'icellui, qui fu et appartint au duc d'Orléans, tenant d'un bout ou est la premiere entree en la rue de Neelle, et de l'autre par derrière aux rues de Flandres et de Garneles, lequel et appartenances est a nous escheu, forfaict et confisqué par les rebellion et desobeissance dudit d'Orléans, et voulons que d'icellui hostel et de ses dictes appartenances et appendances ledit seigneur de Wilughby et ses dis hoirs masles légitimes, venans de lui en directe ligne, joissent et usent et les exploictent de cy en avant pleinement, paisiblement, hereditablement, perpetuellement...

« Si donnons en mandement à noz amez et feauls les gens de noz comptes, tresoriers et generaulx gouverneurs de noz finances, en France... aux prevost et receveur, etc.

« Donné à Paris, le xxvie jour du mois de may, l'an de grâce mil quatre cens et vint cinq et de nostre regne le tiers.

« Ainsi signé : Par le roy, à la relation de monseigneur le regent le royaume de France, duc de Bedford.

« PARKER. »

(A. Longnon, *Paris pendant la domination anglaise.)*

Le 25 mai 1427, il obtient « toutes les autres terres, héritages, rentes, revenus et possessions quelzconques que icellui Loys de Bourbon, jadis tenoit et possedoit ou royaume de France, oultre et par dessus ledict conté de Vendosme, avec tous les fiefs et arrière fiefs lors tenuz de lui ». (JJ. 173, n° 657, A. N.) Cette donation comprenait implicitement l'hôtel de Vendôme, situé à Paris, rue de Bièvre, par derrière la rue Saint-Nicolas-du Chardonnet, près des hôtels des archevêques de Rouen et de Reims (Sauval, t. III, p. 316, 580, 589), aujourd'hui rues de Bièvre et des Bernardins, et le château de Maugarni, également situé rue de Bièvre (?).

Le dimanche 8 may 1429, le seigneur de Wlbi (*sic*), assiégé dans Orléans, allait regarder l'endroit où la Pucelle avait donné l'assaut, le mercredi précédent, à la bastide Saint-Lo (Perceval de Cagny, J. Quicherat), et quelque temps après il était fait prisonnier avec Talbot et Scales (Thomas Scales 1399, † 1460) à Meun, ainsi que les Anglais qu'il commandait (3,000 ?), par la Pucelle qui les avait attaqués (Walter Bower, J. Quicherat). Il dut se racheter ou être échangé peu de temps après. Le Vendômois étant retombé au pouvoir des Français à la suite des succès des armes de Charles VII en 1429, pour indemniser Willoughby de la perte de son comté, le roi d'Angleterre lui donnait, le 4 octobre 1430, le comté de Beaumont-sur-Oise avec les terres d'Asnières (Oise) et de Luzarches, avec les « cens, rentes, maisons, revenus, héritages, forfaitures, fiefs, arrière-fiefs, eaues, moulins, bois, forests, forteresses, seigneuries, justices, possessions, appartenances et dépendances quelsconques (JJ. 175, n° 15) et les biens de Jacques de Bourbon (JJ. 301) (1).

Cette année-là (1430) le « vaillant chevalier anglais » (Lefèvre) avait été défait avec les Anglais à Couty près Roye, à cinq lieues d'Amiens, et le 8 septembre il se joignait à Scales, le commandant des forces anglaises qui devaient mettre le siège devant Louviers.

Le 15 décembre 1431, Willoughby s'intitule : comte de Vendôme et de Beaumont, lieutenant du duc de Bedfort aux bailliages de Caen, Cotentin et Alençon, seigneur de Beaumesnil et de Montdoubleau et lieutenant général de Normandie (sur une quittance du 6 novembre 1431).

Le 20 juillet 1432, il assiste au siège de Lagny et attaque le château de Poüancay.

En juillet 1433, il est devant Saint-Valery, et, le 15 octobre, amène, avec Thomas Quiriel, douze cents Anglais de renfort à Saint-Pol et au comte de Ligney.

En 1434, il amène encore cinq cents Anglais au comte d'Etampes qui faisait le siège de Saint-Valery, repris par les Français. Après la prise de Saint Valery, il va mettre le siège devant Saint-Cellerin au Maine, à deux lieues d'Alençon, mais là les Anglais sont battus et forcés de lever le siège, et, après avoir fait le siège de Louviers, il est nommé capitaine de Pont-de-l'Arche et de Bayeux. (Carton des Rois)

En 1436, il se rabat sur Paris, et à la fin du mois d'août assiège Saint-Denis.

En 1435, il laisse à Pontoise, où il commande, son lieutenant Jehan de Repellay et vient defendre Paris à la tête des gens de guerre anglais. Il commandait une des trois « batailles » avec le chancelier (L. de Luxembourg) et le prévôt (S. Morhier) et Jehan Larcher, lieutenant criminel de la prévôté de Paris. (Voir la reddition de Paris plus loin.)

Enfin, quand Paris fut réduit à l'obéissance du roi de France, Willoughby, muni d'un sauf-conduit, put regagner Rouen avec ses troupes. Il assiste encore à un combat près d'Amiens et revient à Rouen.

(1) La donation de Beaumont-sur-Oise est signée par le chancelier, les évêques de Beauvais, de Noyon, de Paris, le comte de Warrewik, les abbés de Fescamp et du Mont-Saint-Michiel, le *sire de Crosmwell*, le sire de Saint-Pierre, maistre Guillaume Lindew de, le prevost de Paris, etc (Douet d'Arcq, *Cart. de Beaumont-sur-Oise.*)

Le 28 septembre 1436, il était encore capitaine de Pont-de-l'Arche (depuis 1430, dit Charpillon dans le *Dictionnaire historique de l'Eure;* Pont de l'Arche ne fut repris par Louis XI que le 8 janvier 1466). Nous avons donné plus haut le sceau de ce chevalier, sur lequel nous possédons un dossier plus complet que nous publierons séparément.

Nous avons consulté pour réunir ces documents biographiques : A. Longnon, Rochambeau, *Robert de Wilughby*, Vendôme, 1871 ; Douet d'Arcq, *Cartulaire de Beaumont-sur-Oise*, p. 126 ; *Journal d'un bourgeois de Paris*, *Mémoires* de J. Lefèvre.

Nous savons en outre que parmi les biens donnés à Willoughby se trouvaient des terres confisquées sur la famille Sainte-Beuve dans le département de l'Eure. (Communication de M. F. Bournon.)

REDDITION DE PARIS (AVRIL 1436)

Le connétable de Richmont vint de Poissy jusqu'à la *Grange-dame marie deuers le Vigneul*. Il se rapprocha ensuite d'une demi-lieue et s'en vint près des *Chartreux*, le vendredi, 3 avril, après Pâques, avant le point du jour. Là un homme, monté sur la porte qui se trouvait de ce côté, agita un chaperon en criant : « Tirez à l'autre porte : celle ci n'ouvre point ! » Le connétable se dirigea vers la porte Saint Jacques, et, après quelques mots échangés avec les gens de l'intérieur, ceux-ci lui ouvrirent la porte en brisant les planches. Le connétable voyant la route libre fit avancer ses gens. Pendant ce temps, des bourgeois excitaient le peuple contre les Anglais en criant : « Saint-Denis ! » C'était Michel de Laillier, Jehan de Lafontaine, Thomas Pigache, Nicolas de Louviers, Jacques de Vergens, qui tuent des Anglais en les refoulant devant eux jusqu'à la porte Saint-Denys. Les troupes royales descendirent tout le long de la rue Saint-Jacques, traversèrent le Petit Pont, le Pont Nostre-Dame et arrivèrent en place de Grève où on leur annonça que les Anglais venaient de se retrancher dans la Bastille Saint-Antoine.

« Les Anglois avaient pensé gagner la porte Saint-Denys et y mettre de là en subjection ceux de la ville ; mais aussitôt toutes les chaînes de la ville furent tendues au travers des rues et se prirent hommes et femmes a jetter sur les Anglois et sur leurs alliez et partisans pierres, busches, tables, treteaux et autres choses pour greuer iceux Anglais parmy les rues, en criant : « Saint-Denis ! Vive le noble roy de France ! »

« Grand nombre des habitants de Paris suivoient a pied parmi les rues les Anglois en combatant contre eux du mieux qu'ils pouvoient. Tellement que le susdit Euesque de Therouenne (Louis de Luxembourg), le sire de Wilby (Willoughby), le prevost de Paris et autres leurs partisans qui purent eschapper furent contraints de se retirer et sauver en la Bastille Saint-Antoine. »

Le prévôt de Paris pour les Anglais, qui, depuis le mois de décembre 1422, était Simon Morhier, ancien maître d'hôtel de Charles VI, natif de Nogent-le-Rotrou (1), à qui était confiée la defense du Pont de Charenton, fut fait prisonnier par Denys de Chailly en regagnant son poste. (Ce Denys de Chailly, écuyer, se battait déjà contre les Anglais en 1413, 24 juillet.)

Le connétable partit le lendemain de Notre-Dame de Paris par la porte Baudes (Baudoyer) pour se rendre devant la Bastille où il mit « bon guet ».

« Dans la Bastille estoient l'evesque de Terouenne, et le sire de Willeby avec plusieurs autres jusques au nombre de mille a douze cent.

« Mais le connétable qui n'avait que mille frans que le Roi lui avait donnés ne pouvait parvenir à payer les hommes nécessaires pour faire le siège : il essaya vainement d'emprunter quinze mille frans. Dans ces conditions il fut forcé d'accepter la reddition des Anglais et leur donna composition et sauf conduit. Après quelques coups de canon tirés devant la Bastille, les Anglais purent se retirer eux et leurs biens, mais à condition de ne point entrer dans la ville par crainte de soulèvement du peuple contre eux ; ils furent conduits par dehors jusqu'à la rivière.

« Comme ils passoient devant la porte Saint-Denys, le peuple criait après l'evesque de Therouenne, prétendu chancelier pour les Anglais : « Au renard ! au renard ! » (*Histoire de Charles VII*, par Jean Chartier, Paris, imp. royale, 1661, éd. Denys Godefroy ; *Remarques sur l'histoire de Charles VII* tirées d'une histoire d'Artus III, duc de Bretagne depuis 1393 jusqu'en 1457, par le sieur Théod. Godefroy, M. P. ; Nicole Gilles.)

Parmi les Français qui avaient embrassé le parti anglais, se faisaient remarquer « Jean de Sainct-Yon, maistre des bouchers de la grande boucherie et grénetier de Paris, et Jacques de Raye, espicier, demeurant devant l'Ours, à la porte Baudès (Baudoier), qui avaient crié : « Saint-Georges ! Saint-Georges ! traistres Français ! vous êtes tous morts ! » (Felibien, t. II, p. 824.)

Philippe, seigneur de Ternaut, fut nommé prévôt de Paris le 13 avril 1436, et, le samedi 14 avril, Michel de Lailler, prévôt des marchands en remplacement de Hugues le Cocq, avec Jehan de

(1) Sa femme Blanche de Pouppaincourt, dame du Mesnil Aubery, † le 10 décembre 1422, a son tombeau dans l'église du Mesnil-Aubery. (La Guilhermie.)

Bellay, Pierre de Landes, Jehan de Grandrue et Nicolas de Neufville, comme échevins. (Félibien, *Preuves*.)

(738) « La première sepmaine de may 1438, à chascune des IIII portes de Paris (1), on attacha 3 pièces de toile très bien peintes de très laides histoires ; car en chascune avoit painct un chevalier des grans signeurs d'Angleterre, icelluy chevalier estoit pendu par les piez à un gibet, les esperons chaussés ; tout armé senon la teste, et à chascun costé un diable qui l'enchaînoit et II corbeaux laidz et hideux qui estoient en bas en son visage, qui luy arrachaient les yeux de la teste par semblant.

« Le premier était Guillaume de la Poulle, comte de Sufford (William Pole comte de Suffolk).

« Le deuxième estoit Robert, comte de Huillebit, parjure une fois de sa foy mentie et de son seel audit Tanguy du Chastel, chevalier devant dict.

« Le troisième étoit Thomas Blond (2), chevalier, non pas comte, ne chevallier de la Jartiere comme les deux autres... »

Ces trois Anglais étaient tous « parjures à Tanguy du Chastel (3) ». (*Journal d'un bourgeois de Paris*, 1405, 1449 ; Tuetey, éd. *Société de l'histoire de Paris*.)

Nous possédons, à la date du 10 avril 1428, une quittance d'une somme payée à Jehan Falstolf, grand maître d'hôtel du duc de Bedford, « de nouvel ordonné capitaine de 20 hommes d'armes et 60 archers du nombre de 100 lances et 300 archers ordonnés pour faire guerre aux ennemis du roy sous le gouvernement de monseigneur de Willeby ». (Collection de Bastard.)

Ce John Falstolf, né vers 1377 à Caister-Castle (Norfolkshire), mourut le 15 octobre 1459 · c'est le prototype du sir John Falstolfe de Shakespeare, dans *Henri VI*, qu'il ne faut pas confondre avec l'immortel *Falstaff* de *Henri IV* et des *Joyeuses Commères* dont dame Quickly déplore la mort dans le 1er acte de *Henri V*.

C'est entre ses mains, alors qu'il était écuyer du duc de Clarence, que Charles d'Orléans versait diverses sommes (le 10 avril et le 19 octobre 1413) pour la rançon de son frère Jean, comte d'Angou-

(1) Les quatre entrées de Paris etaient . 1° par devers Saint-Denis ; 2° la porte Saint-Antoine, 3° le Roule vers les Quinze-vint aveugles ; 4° à Nostre Dame des Champs. (Paulin Paris, *Grandes Chroniques de Saint-Denis*, tome V, page 173.)

Elles ont existé jusqu'à l'invention des chemins de fer. En 1789, les bureaux des Messageries etaient porte Saint-Denis, porte Saint Antoine, porte Saint-Honoré et rue de Vaugirard (Almanach royal).

(2) C'est Thomas Blount, trésorier de Normandie, fils de ce Thomas Blount à qui on arracha les entrailles pour les jeter au feu et qui eut ensuite la tête tranchee. Conjuration de Spenser (1399) Rel. de Saint-Denis.

(3) Tanneguy du Chastel fut tué au siège de Bouchain, au printemps de 1477.

lème. (K 59, n° 4, A. N.) A Azincourt, Falstolfe fit prisonnier le duc d'Alençon. (Vallet de Viriville, *Nouvelle Biographie générale.*)

Enfin, c'est encore ce même seigneur anglais qui fut le premier capitaine de la Bastille Saint-Antoine de Paris sous la domination anglaise (1421, 14 janvier) (1).

« Ledit Johan Fastolfe a la garde de la Bastille de Saint-Antoygne de Paris pour un an, avec vingt hommes d'armes, soixante archers, avec un traitement de deux sous pour chaque homme d'armes, et 12 sous le dernier jour, et 6 deniers pour chaque archer. Il touche pour sa solde sept franks de la blanche monoye ore courrante en France et est payé de mois en mois (Rouen 1420, 24 janvier). (Société des antiquaires de Londres, *Archæologia*, vol XLIV, p. 113, d'après l'original appartenant à Robert, F. Dalrymple, *Bull. de la Société de l'Hist. de Paris*, 1874, tome I.)

Il avait reçu, en 1433, les terres de Aurichier et d'Angierville, et de plus une somme de 1560 écus, du roi d'Angleterre. (JJ. 302, p. 1169 et 1166, A. N.)

Note 22. — « Une grand maison toute demolie qui fut à Me Jean de la Croix, occis à Paris, scise rue du Four, tenant d'une part à l'hostel qui fut Me Charles Dalebret, jadis connestable de France, et d'autre part au long de ladite rue de la Hache, aboutissant par derrière en la dite rue des Etuves. »

Ce Jean de la Croix périt victime de son attachement à la cause du duc d'Orléans. Il avait un frère nommé Simon de la Croix. (Sauval, *loc. cit.*)

Note 23. — De Barante, *Hist. des ducs de Bourgogne.*

Note 24. — 795. « Item, le sabmedi XIIIIe jour de janvier, l'an mil IIIIe XLI, entra le duc d'Orléans à Paris qui avoit este prinsonnier aux Angloys ou pais d'Angleterre par l'espace de XXV ans et plus. Quant il ot este environ huit jours à Paris, il se departy de Paris, lui et sa femme qu'il avoit admenee avec lui, et se party de Paris le jeudy ensuivant qu'il fut venu à Paris, et alla veoir son pays d'Orléanois... »

Le duc ne recouvra sa liberté que moyennant une rançon de 400,000 écus d'or, suivant Jean Chartier. Il fit son entrée à Paris le 14 janvier 1441, à cinq heures de l'après-midi, et avant de descendre à l'hôtel des Tournelles vint à l'improviste visiter Notre-Dame ; il y retourna le mardi suivant (17 janvier) en compagnie du bâtard d'Or-

(1) Le second (?) fut Johannes Midelstrete, capitaneus Bastilli, 1423, 20 mars, (26047, p. 223, B. N.)

léans et de l'archevêque de Narbonne et fut reçu solennellement par l'évêque au milieu des acclamations populaires. (A. N., LL. 218, fol. 27.)

La duchesse ne se rendit à Notre-Dame que le 18, entre midi et une heure et y entendit la messe. (A. N., ibid., fol. 28, éd. Tuetey, *Journal d'un bourgeois de Paris.*)

L'hôtel des Tournelles avait été vendu le 16 mai 1402, par Pierre d'Orgemont, évêque de Paris, au duc de Berry (Jean); nous lisons dans le contrat de vente : « sis à Paris, près du château et bastide de Saint-Antoine », et dans un autre document du temps : « hostel séant en la grant rue Saint-Antoine à Paris, nommé hostel des Tournelles » (KK. 267.)

Note 25. — Jongleurs, ménétriers, musiciens, chanteurs du temps. On sait qu'il y avait en 1321 des statuts de « menestreurs et jugleurs », et Boileau, dans le chapitre « del paage de Petit-Pont » (du péage du Petit-Pont) à Paris, dit « et ausi tot jougleur sunt quite por ver de chançon ». (G. B. Depping, *Liv. des métiers*, p. 287, 1837.)

Note 26. — 813. « Item quand le roy se fut party de Paris, ung pou après le xve jour d'octobre, l'an mil IIII^{c} XLI, vint le duc d'Orléans à Paris prendre une beschée sur la povre ville de Paris, et s'en retourna en son païs le xxe jour dudit moys, sans nul bien faire pour la paix ne pour autre chose quelconque. » *(Journal d'un bourgeois de Paris.)*

Note 27. — « Le duc d'Orléans fit son entrée à Orléans, le 24 janvier 1448, avec Marie de Clèves. Les procureurs de la ville lui donnèrent quatre mille écus d'or et la *Tapisserie navale orléanaise*, « toile peinte de 2 thoises 1/2 de haut et assez longue pour couvrir les murs du cloître Saint-Aignan ». Cette toile représentait le cours de la Loire depuis Roanne jusqu'au Croisic. Elle formait trente gros rouleaux et fut brûlée lors de l'incendie du château de Blois en 1540. A cette entrée la bande des hauts menestriers était menée par Oudin de Saint-Arry, et la bande des joueurs de luth conduite par Jehan Champeaux. On avait dressé douze échafauds où furent joués divers personnages comme celui des *Laboureurs*, des *Vertus morales*, le *Combat de Goliath et de David* et autres sujets. » (Delaborde, *Ducs de Bourgogne*, tome III.)

Note 28. — Le contrat de mariage de Charles d'Orléans et de Marie de Clèves existe aux Archives nationales (carton K. 535). Il fut fait par Jehan Pocholle, bourgeois de Montreuil, le 16 nov. 1440, et le mariage eut lieu à Saint-Aumer, dans l'église Saint-Bertin, après un second contrat qui existe également. Marie de Clèves apportait « cent mille Salus d'or qui valent cinquante mille nobles d'Angleterre », et son douaire fut reconnu de 8,000 liv. tournois de rente assignés sur le duché de Valois.

NOTE 29. — « Ses ossements furent ramenés à Paris le 21 février 1505. Un service fut dit aux Célestins, après lequel il fut déposé avec les ayeul, ayeule et oncle du roy dans une cave estant en la chapelle d'Orléans. » (Félibien, tome II, p. 618, P.)

C'est à Blois que Valentine prit pour devise une « chantepleure » (arrosoir) entre deux S, initiales de Soupir et de Soucy, et la mélancolique légende *Rien ne m'est plus, plus ne m'est rien.* (De la Saussaye, *Blois.*)

NOTE 30. — Champollion-Figeac, *ibid.*, page xj.

NOTE 31. — Voici quelle était la composition de la maison de Louis XII, lorsqu'il monta sur le trône (inédit) :

« Comptes des gaiges des officiers de l'hôtel, 1498-99.

« Comptes de Jacques Desmoulins, conseiller du roy, 3 juillet 1498, 5 janvier 1499, etc.

Chapelle............. 5 personnes
Me Laurent Bureau,
Me Geoffroy de Pompadour,
Jehan Lapostolle, etc.
Chappelains......... 3 —
Sommeliers de chappelle............... 11 —
Médecins............. 7 —
Salomon de Bombelles
Barbiers............ 2 —
Cirurgiens........... 5 —
Me Jacques de Lassy.
Chambellans......... 6 —
Maistres d'ostelz..... 13 —
Pannetiers........... 7 —
Eschancons.......... 8 —
Varlets tranchants.... 8 —
Escuiers d'ecurie.... 9 —
Enfans d'honneur... 9 —

Varletz de chambre.. 24 personnes
Sommeliers de chambre et garde-robbe (notaire, tailleur, chaussetier, pelletier, cordouannier). 12 —
Paintres ordinaires : Jehan Bourdit et Jehan de Paris à 24 liv. chacun par an.. 2 —
Huissiers de salle et d'armes............ 8 —
Trompette.......... 1 —
Secrétaires........... 2 —
Mareschaulx des logis :
Mons. de Montalembert, etc.......... 4 —
Fourriers............ 16 —
Clercs d'office........ 6 —
Tabourins........... 2 —

Escuiers de cuisine de bouche	4	personnes
Ceulx du commun	5	—
Sommeliers de panneterie	5	—
Ceux de la panneterie	9	—
Sommeliers d'eschansonnerie de bouche	5	—
Sommeliers deschansonnerie du commun	20	—
Queulx de bouche	7	—
Queulx du commun	19	—
Porteurs desdites cuisines	5	—
Galopins de cuisine de bouche	3	personnes
Ceulx du commun	4	—
Saulciers	6	—
Fructerie	8	—
Fourriers	11	—
Tapiciers : Guillemin Sousse-menart, Lancelot Platel, J. Lefevre, Jehan Bruet du pret, Mehun de Myn	5	—
Portiers	16	—
Autres	5	—

En tout 327 personnes.
(KK. 87. A. N.)

N. B. Il n'y a plus, comme sous Charles VI, un oubloyer, des chauffecires, des austruchiers, des fauconniers, des menestriers, un joüeur des orgues, un brayeur de mortier, un roy des ménestrels et un roy des ribauds [1422]. (Testament du Roy. *Mémoriaux* de Vyon.)

Comptes de dépenses du duc, de la duchesse, et de la petite Margot sa fille (1473-1484).

Il s'agit ici de Jeanne de France. La petite Margot serait un enfant mort en bas âge (?). En 1473, 1481, 1484, 1493, nous trouvons des details sur les réparations faites à l'hôtel de Bohême. (V. Appendice.)

On lit dans un vieux chroniqueur de l'époque :

« Alors souvent monseigneur le duc de Bourgogne (Philippe le Bon), monseigneur le duc de Clèves, voire monseigneur d'Orléans et madame sa femme (Marie de Clèves), sœur dudict seigneur de Clèves, alloient après souper esbattre et passer temps au long et dessus les anciennes murailles de Paris, depuys ledict hostel d'Artoys (habité alors par le duc de Bourgogne; il n'en reste d'autre vestige aujourd'hui que la tour de Jean sans Peur, rue Étienne-Marcel, 20) jusque dedans ledict hostel d'Orléans vers les halles, sans que ceux de la ville les vissent. » (*Galliæ historia*, ab anno 1461 ad annum 1467. *Bibl. vaticane*, mss cité dans *Bibl. hist. de la France*, Supplément, nº 17297, Ed. Fournier.)

Martin Lutet, chevaucheur d'écurie du duc d'Orléans, et Bernard du Puys, serviteur du seigneur d'Albret, font deux mois de prison au Châtelet, en 1487. (Comptes de la Prévôté de Paris; Sauval, tome III.) Cette simple note prouverait, jusqu'à un certain point, que ces deux coquins, habitant deux hôtels voisins, auraient commis ensemble quelque méfait pour lequel ils subissaient une peine légère au Châtelet. Le duc d'Orléans était alors prisonnier à Bourges (1485-88).

NOTE 32. — Joursanvault.

Cette date de 1493 est précieuse pour nous. Elle nous permet de fixer un point sur lequel les historiens n'étaient pas d'accord. A propos du don que fait Louis XII aux Filles Pénitentes, Sauval dit :

« Peu d'historiens, après tout, conviennent du temps que ce prince fit une si grande charité. Le P. du Breul et André Duchesne prétendent que ce fut en 1492 ; Pierre Dufey, orateur troyen, qui a augmenté les chroniques de Monstrelet, veut que ce fut en 1493 ; Nicole Gilles de son côté et Belleforest, que ce fut en 1493. »

En 1493, dit Gilles, Charles VIII de passage à Lyon « y fonda premièrement des Mineurs observantins, ès faubourgz de la dicte ville, sur le Rosne, au nom de Dieu et de N.-D. des anges, par le conseil de frère Jehan Bourgeois, religieux du dit ordre, de sainte vie, lequel Bourgeois avait un compagnon nommé frère Jehan Tisserant, qui, à sa prédication, convertit la plus grande partie des filles perdues de Paris, qui vivaient en lubricité et jusqu'au nombre de deux cents ou environ, des plus jeunes et belles, dont a été dressée une religion en la dite ville de Paris, appelée la religion des filles repenties, et depuis y en ay veu plus de trois cens ». (Nicole Gilles, t. II, p. CXXVI, v°.)

Felibien et Bonamy donnent la date de 1492 ; du Tillet, Terrasson et Dulaure fixent cette donation à l'année 1494.

Comment admettre que le duc d'Orléans ait fait faire les réparations indiquées ci-dessus et décorer sa « chambre d'armurerie », s'il avait eu à cette époque l'intention arrêtée de donner son hôtel, ou plutôt une partie de son hôtel ?

Nous savons sûrement que la donation ne fut faite qu'après *avril 1498*, « peu de temps après son avènement à la couronne ». Et de plus, que Louis XII perdit son hôtel proprement dit, au jeu de paume ou de cartes ou de dés. (Voir Joursanvault et Delaborde. P. J.)

NOTE 33. — Dans l'histoire de France, c'est une chose assez commune de voir des prédicateurs convertir des femmes publiques. Au XIIe siècle, un Pierre de Roussy, par ses sermons, convertit les usuriers « et aussy les folles femmes qui se mettoient aux bordeaux et aux carrefours des voyes, et s'abandonnoient, pour petit prix, à tous, sans honte ni vergogne ». (*Grandes Chroniques de France.*) Foulques de Neuilly, ennemi déclaré des Juifs, convertissait, vers 1200, des usuriers et des femmes de mauvaise vie. (Leb.)

Ces femmes repenties faisaient des pèlerinages *nu-pieds et en che-*

mise, ou étaient recueillies par le prédicateur dans un monastère dont elles étaient les premières religieuses.

C'est ainsi qu'avait été fondée l'abbaye Saint-Antoine-des-Champs à Paris. (Dulaure, tome I. p. 348.)

DÉCLARATION DE CHARLES VIII

NOTE 34. — « Charles, par la grâce de Dieu roy de France, à tous ceux qui ces presentes lectres verront, salut.

Comme puisnagueres moyennant les bonnes remonstrances faictes par notre cher et bien aimé frère Jehan Tixerrant, religieux de l'ordre des frères Mineurs ditz communément de l'observance, et par plusieurs autres grans personnages tant de nostre ville de Paris que dailleurs, ledit frère Jehan Tixerrant preschant en nostre dite ville de Paris par longue espace de temps, se sont converties plusieurs pauvres filles pescheresses et retraictes du péché jusques au nombre de cent ou six vings. Lesquelles n'ont maison propre pour faire leur demourance et prier Dieu en clausure perpetuelle et parfaicte pénitence. A ceste cause icellui frère Jehan Tixerrant comme père spirituel desdictes filles, ministre de nostre sauveur Jésus Christ et coopérateur avec sa grâce de leur conversion, desirant en icelle la bonne perseverance, et des autres qui pourront venir après elles a leur bon exemple, s'est tiré par devers nous et nous a supplié et requis que nostre plaisir soit leur donner et octroyer une maison en ladite ville de Paris ou a tout le moins consentir qu'elles y en puissent faire acquester une pour faire leur habitacion et demourance perpetuelle et en icelle faire tels bastimens et edifices qui seront necessaires et sur ce imparer nos grace et liberalité.

Savoir faisons que nous les choses dessusdictes considérées, ayans tres grande et singuliere consolacion du bon vouloir et propos desdites Filles, désirans l'exaltation de la foy chrestienne et a l'onneur et reverance de la passion de Nostre Seigneur Jésus Christ, de la glorieuse vierge Marie, sa mere, et de Marie-Magdeleine et des saints et saintes de Paradis qu'elles puissent cy apres perseverer et continuer en leurs prieres et oraisons et faire leurs penitences selon leur vouloir et propos et aussi prier Dieu pour nous et notre prosperité et mectre bonne paix et union en nostre Royaume. Pour ces causes et autres a ce nous mouvans avons de notre certaine science, grace speciale, plaine puissance et auctorité royal octroye et octroyons, voulfons et nous plaist que lesdictes pauvres filles pénitentes puissent et leurs hoirs achepter et àcquester ou faire acquester telle maison et place que bon leur semblera et qu'ilz pourront trouver en notre dicte ville de Paris et en icelle ville faire bastir et edifier tels edifices et bastimens que bon sera pour leur habitacion et demourance perpetuelle, de la quelle de notre plus ample grace avons déclaré et nous déclarons par ces présentes estre fondateur, sans ce qu'on leur puisse mectre ou donner aucun destourbier ou empeschement en quelque manière que ce soit.

Ci donnons en mandement par ces dites présentes a noz amez et féaulx conseillers les gens de nostre court de parlement, au prévost de Paris et a tous noz autres justiciers et officiers ou a leurs lieuxtenans présents et avenir et a chacun d'eux, si comme a lui appartiendra que de nostre présente grace, octroy et déclaration, ils facent souffrir et laissent lesdites pauvres filles penitentes joir et user pleinement et paisiblement, sans encore leur faire mectre ou donner ne souffrir estre faict, mis ou donné aucun destourbier ou empeschement, au contraire en quelque maniere que ce soit lequel se faict, mis ou donne leue avoit esté ou estoit... et mectent ou facent oster et mectre incontinent et sans delay a plaine delivrance et premier estat et deu, car ainsi nous plaist-il estre faict nonobstant quelzconques ordonnances, restrictions, mandemens ou deffences a ce contraires.

« En tesmoing de ce nous avons fait mectre nostre scel a cesdites présentes. Donné aux Montilz-lez-Tours le XIIIe jour de septembre l'an de grace mil quatre cent quatre vings et sèze et de nostre regne le quatorziesme.

Signé sur le reply par le roy, le seigneur de Graville, admiral de France, et autres presens. LEMOYNE.

Le grand sceau de cire jaune a disparu. (S. 4742, A. N.)

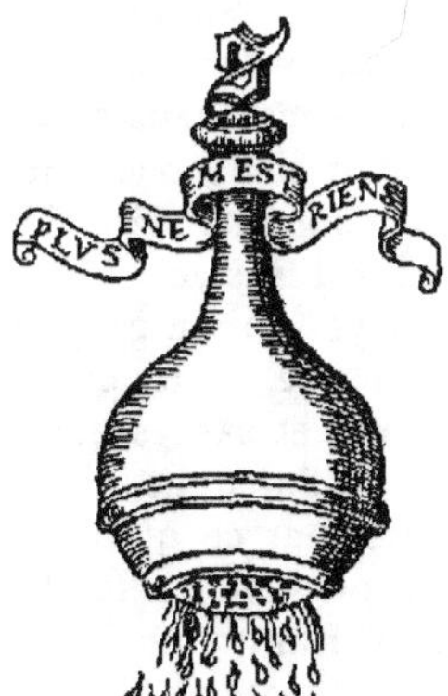

Fig 145. — Chantepleur de VALENTINE DE MILAN [d'après les *Symboles héroïques* de Paradin]. 1567.

S. : Solam sæpe seseipsam sollicitari suspirareque.

CHAPITRE III

LES FILLES PÉNITENTES (1498-1572)

NOTE PREMIÈRE

Les lettres patentes du mois de mars 1499 portent que ce don est fait à Robert de Framezelle « pour consideration, en faveur et reconnaissance des bons et notables, vertueux et recommandables services qu'il a par ci-devant et par longtemps faits, tant à l'entour de la personne (du Roi), au fait de ses guerres et autrement, en maintes manieres, etc. ».

Ce Robert de Framezelle était probablement un descendant d'Eustache Framezelle que nous voyons cité dans Clairambault :

1305 (26 mars). « Les gages d'Eustache de Framezelle pour service de guerre en Flandre, sont payés en vin par le maître d'hôtel du roi. »

En conséquence, le roi « donne, cède et transporte à Robert de Framezelle, pour lui, ses hoirs et successeurs ou qui de lui auront cause, son hôtel et maison de Bahaigne à lui appartenant..... en ce non compris et réservé seulement ce qu'il a baillé et delaissé dudit hôtel et jardin aux Filles repenties de ladite ville de Paris, pour édifier leur Église, Maison et Habitation ; pour de ladite maison et appartenances jouir et user par ledit de Framezelle, ou autrement en faire disposer à son plaisir comme de sa propre chose et héritage, en faisant, payant et acquittant les charges et devoirs de ladite maison, si aucuns en étoient pour ce dus, où et ainsi qu'il appartiendra. » (Terrasson, p. 55, 56.)

Note 2. — Jaillot dit à ce sujet (II quartier, p. 28, 29) :

« Quelques auteurs (Piganiol) croient que ce ne fut qu'en 1499 que Louis XII, par sa déclaration du mois de mars de la même année, donna *la moitié* de cet hôtel ; d'autres (du Breul) disent que, dans les statuts qui leur furent donnés en 1497, Charles VIII est appelé leur fondateur. Il n'est pas difficile de concilier ces contradictions.

« Louis, duc d'Orléans, reçut les Filles Pénitentes dans son hôtel, dès 1492 ou 1493, il leur donna les bâtiments nécessaires — (c'est là une erreur) — il engagea ensuite Charles VIII à autoriser cet établissement, comme il fit par ses lettres patentes du 14 septembre 1496, et ce prince fit approuver et confirmer cet ordre sous la règle de Saint-Augustin, par une bulle d'Alexandre VI, du mois d'octobre de l'année suivante : c'est ainsi qu'à juste titre il est qualifié de fondateur. »

Terrasson cite, à l'appui de l'établissement des Filles Pénitentes du temps de Charles VIII, une pièce de vers, composée quelque temps après la mort de ce roi, qui fixe la date à l'époque où le duc d'Orléans venait d'être mis en liberté (1491-1492).

. .. Puis mit hors de prison
Louis, duc d'Orleans pour Filles Repenties
Furent dedans Paris lors des maisons bâties

Ces vers, cités par Corrozet, Bonfons et du Breul, ne prouvent rien quant à la date.

Du Tillet est plus precis quand, dans sa *Chronique des Rois de France*, il place en 1494 l'institution du collège des Filles Repenties à Paris.

Les preuves que nous apportons aujourd'hui mettent fin à ces hypothèses; mais, bien que l'acte de donation du roi soit daté de 1499, l'acte suivant que nous avons trouvé dernièrement prouve que les religieuses occupaient déjà l'hôtel ou maison d'Orléans au 14 juillet 1498.

Don de 1,200 fr. aux Filles Repenties de la maison ou hostel d'Orléans à Paris, 1498 ; original 22389 f. fr. B. N.

« Loys par la grace de Dieu roi de France, a noz amez et feaulx les generaulx conseillers par nous ordonnez sur le fait et gouvernement de noz finances, salut et dilection. Nous voulons et vous mandons que par nostre amé et féal conseiller Mᵉ Anthoine Bayard, trésorier et receveur général de nos dites finances au pays du Languedoc, Lyonnois, Foretz et Beaugeolais et des deniers qui luy ont este ou seront ordonnez pour convertir et emploier au fait de son office, vous faites payer ou appoincter a nos bien amees les pouvres filles Repenties et Retraictes estant en nostre maison d'Orleans de ceste nostre bonne ville de Paris la somme de trois cens livres tournois faisant la quarte partie de XII c. l. t. que pour honneur de Dieu et en faveur de pitié et charité affin qu'elle soient plus enclines de pryer et intercéder envers luy pour nostre bonne Intention nous leur avons donnée et aumosnee, donnons et aumosnons par ces présentes pour ayder tant a edifficr leur eglise en nostre dite maison d'Orléans que a faire autres édiffices en icelle maison pour leur logis. Et dont du reste ladite somme nous avons fait lever sembles (semblables) acquietz ès charges et qualitez de languedoil normandie et oultreseine en chacune de pareille somme. Et par reportant ces dites presentes signees de nostre main et quittance des dites pouvres filles ou de leur procureur et administrateur sera souffisant, seullement nous voulons la dicte somme de III c. l. t. estre allouee es comptes et rabatue de la Recepte de nostre dit trésorier et receveur géneral par noz ames et feaulx les gens de nos comptes ausquelz nous mandons ains le faire sans difficulté, car tel est notre plaisir, nonobstant quelzconques ordonnances, restreintz mandements ou deffenses à ce contraires. Donné à Paris le xviie jour de juillet l'an de grace mil cccc[e] quatre vingts dix huict et de nostre regne le premier. — Loys.

« Par le Roy l'archevesque de Rouen, le maistre d'ostel Raoul du Refuge et autres présens. » — Robertet.

Il existe un acte en tout semblable au precedent, sauf que le nom du conseiller est celui de Jehan Lallemant, receveur du pays de Normandie; mais il porte les mêmes sommes et est daté du même jour et du même endroit avec les mêmes témoins et la même signature autographe du roi à gauche. (Chartes royales, 25718, B. N.)

Nous n'avons trouvé que dans Sauval et ses copistes la mention de cette donation faite par Louis XII à Le Brun. En tout cas, elle aurait eu lieu avant la libéralité du roi envers les Filles Pénitentes. Pour nous, il est probable que le Roy aurait perdu au jeu contre Pierre Le Brun, et lui aurait donné en paiement cette portion de son hôtel qui ne devait plus lui servir, comme il fit plus tard avec Robert de Framezelle, qui dut désinteresser Le Brun, si toutefois le Roi ne l'avait pas fait lui-même auparavant, car nous ne voyons plus le nom de Le Brun cité dans les transactions avec les Filles Pénitentes.

DON DE LOUIS XII AUX FILLES PÉNITENTES

« Loys par la grace de Dieu Roy de France. A tous ceulx qui ces presentes lettres verront, Salut. Comme peu de temps apres nostre advènement à la couronne, nous ayons donné aux pouvres filles penitentes Relligieuses de l'ordre Saint Augustin nouvellement elevees en nostre ville et cité de Paris, les galleries, préau ou est la fontaine et jardin à l'opposite d'icelluy faisant partys de nostre maison appelee Behaigne situee en nostre ville, à nous appartenant de conquest faict par nos predecesseurs ducs d'Orléans afin de y faire esglise, dortouer, refectouer et aultres leurs necessites pour l'entretenement de Religion au salut et remede des ames de nosdicts predecesseurs et de nous. Parquoy voullant ledict don avoir lieu et sortir effect a ce que les dictes relligieuses ayent meilleur couraige de suyvre la voye de salut par elles ja bien encommencee a la louenge et gloire de Dieu notre createur et exemple a tous chretiens de bonne vie et vraye penitence, savoir faisons que nous en conservant le don par cydevant faict comme dict est auxdites pauvres filles penitentes, avons de rechef et de nouvel donne et octroye, donnons et octroyons de grace especiale par ces presentes les dictes galleries, préau ou est la fontaine et jardin a l'opposite d'icelluy faisant partye de nostre maison de Behaigne pour iceulx applicquer et estre mis et employez a faire leur eglise, dortouer, refectouer et aultres choses necessaires a icelle relligion selon et en ensuyvant le devis faict par noz amez et feaulx conseillers les evesques d'Alby et de Paris, les sires de Graville, amiral de France et du Bouchaige par nous a ce commis, en déclarant nostre voulloir et intention avoir este lors dudict don premièrement faict et a présent estre que les Relligieuses et icelles qui seront ou temps advenir en joyssent tant et si longtemps qu'ilz observeront la regle Saint-Augustin selon les modifications, reservacions et declaracions faictes et a faire par nostre conseiller l'évesque de Paris qui est a present et ceulx qui seront apres lui, et non aultrement. Car tel est nostre plaisir En tesmoing de ce nous avons faict mectre nostre scel a ces presentes. Donne à Paris le 16ᵉ jour de juin, l'an de grace 1499 et de nostre regne le deuxième.

« Et sur le ply Mᵉ Jehan de Pierrepont, maistre des requestes ordinaires. »

Scellé sur double queue de cire jaune. Copie collationnée, 14 sept. 1540. (A. N., S. 4742. L'original existe aux Archives.)

Note 3. — Félibien. — Terrasson, p. 57 et 59. — Annales des Filles Pénitentes.

On voit par cette vente que les Filles Pénitentes avaient dû recevoir des dons assez importants pour pouvoir disposer d'une somme aussi considérable que la vente — 2,000 écus d'or à la couronne — qui furent réellement comptés et délivrés au sieur de Framezelle. (Acte du 6 avril 1499, ensaisiné par Jean, évêque de Paris, le 30 avril 1500.)

Voici des extraits de cet acte :

« Nobilis et potens vir Robertus de Framezelle, miles, consiliarus et cambellanus ordinarius Domini nostri Regis, ac Dominus locorum de Framezelles et de Vergio..... vendidit et vendit tituloque et ex causa puræ, perpetuæ, perfectæ, stabilis, simplicis et irrevocabilis venditionis, dat, tradit, concedit, guerpit, resignat, transfert et transportat, pariterque perpetuo remisit et remittit per præsentes.... venerabilibus et religiosis sororibus Gubernatricibus Filiarum Penitentium Ordinis Sancti Augustini Parisius residentium..... absente viro discreto Domino Johanne du Sablon Presbytero Cameracensis Diocesis, artium Magistro, una cum dicto Regio Notario publico et sub nominatis testibus ibidem presentibus, ementibus, acquirentibus et super hoc cum dicto Domino milite venditore specialiter tractantibus, acceptantibus, recipientibusque et solemniter stipulantibus pro nomine et ad opus dictarum Dominarum Religiosarum et suarum successorum Dominarum in eodem conventu perpetue quorumcumque, causamque ab eisdem in futurum habentium et habiturarum quorumcumque, et hoc pretio justo legali et equipolenti videlicet duorum mille scutorum auri in auro ad coronam per easdem Dominas religiosas sorores emptrices præfacto domino militi venditori realiter et in actu reali tradito et expedito..... totam Domum altam, mediam et bassam appellatam de *Bahaigne*, alias *d'Orléans*, sitam Parisius in Parochia Sancti Eustachii, juxta suos legitimos confines, sibi ipsi Domino militi venditori spectantem et pertinentem vigore litterarum donationis, cessionis et remissionis eidem Domino militi venditori per prælibatum Dominum nostrum Regem factarum, ex certis causis plenius in eisdem Litteris Regiis desuper concessis. »

Comme le fait remarquer Terrasson, Robert de Framezelle vendit aux Filles Pénitentes l'ancien hôtel de Bahaigne libre de toutes charges, à l'exception de celles auxquelles cet hôtel avait été sujet de tout temps. (Voir censiers 1373 et suiv.)

« ..... Ab omnibus vero oneribus et chargiis quibuscumque exceptis, oneribus et chargiis anticis super eadem domo et pertinentiis ejusdem debitis....., francam et liberam, etc. »

Note 4. — « Comme puis nagueres nous ayons donné, cédé, transporté et délaissé a notre amé et feal conseiller et chambellant ordinaire Robert de Framezelles, chevalier, seigneur dudit lieu et de Vergi, notre maison de Bahaigne *que nous avons a nous appartenant et non étant du Domaine de notre couronne*, assise en notre bonne ville et cité de Paris..... en ce non compris et réservé ce que nous avons baillé et délaissé dudit hôtel et jardins aux Filles Penitentes..... lequel notre chambellant, de notre pouvoir et plaisir, ait depuis baillé, cédé, transporté et delaissé *le reste dudit hôtel et maison de Bahaigne* ainsi par nous a lui donné, aux dites Filles Pénitentes pour accroître leur logis, aisances et demeure, moyennant certaines choses convenues entre eux..... les dites cession et transport ainsi a eux faits par notre dit conseiller et chambellant le sieur de Framezelles de ladite maison de Bahaigne, par vertu de notre dit don, avons eu et avons agréable, l'avons ratifié et approuvé, ratifions et approuvons de notre certaine science, grace espéciale, pleine puissance et autorité Royale par ces présentes signées de notre main ; voulons et octroyons qu'ils le tiennent et possèdent, et puissent tenir et posséder doresnavant perpétuellement et à toujours, comme si le dit don, cession et transport leur en avoit été par nous fait. »

Avec au dos l'ensaisinement. (3 avril 1500.)

« Nous Jean, evêque de Paris, certifions à tous à qui il appartiendra, que nous avons ensaisiné et ensaisinons les Filles Pénitentes nommées au Blan (c'est-à-dire dans la partie du parchemin collée au bas de l'acte principal, terme de jurisprudence), pour elles et leurs sœurs présentes et à venir, de l'hôtel contenu audit Blan, en notre Censive et grande Justice, du prix contenu au dit Blan ; selon les modifications que nous entendons faire mettre et déclarer pour leur amortir ladite Maison, et sauf notre droit et l'autrui ; témoing notre seing manuel ci-mis, le dernier jour d'Avril mil cinq cent. » Signé : Simon, évêque de Paris, avec paraphe.

ENREGISTREMENT DU CONTRAT DE CESSION ET TRANSPORT DE ROBERT DE FRAMEZELLE

Note 5. — « Nous les gens de compte du Roy, etc....., consentons l'entérinement d'icelles deux lettres selon leur forme et teneur a la charge toutesfois que icelles filles pénitentes diront chacun jour et tous iours durant la vie du Roy notre seigneur apres leur messe ordinaire ung *De profundis* avec l'oraison *Inclina* pour le salut et remede des ames des predecesseurs du Roi notre seigneur, et pareillement apres vespres l'oraison *Quæsumus, omnipotens Deus, ut famulus tuus Rex noster Ludovicus*, etc., pour le salut et prospérité dudit seigneur. Et apres la mort d'iceluy seigneur diront chacun jour apres leur dite messe ledit *De profundis* avecques ladicte oraison *Inclina, Domine, aurem tuam ad preces meas quibus misericordiam tuam suppliciter deprecamus ut animam famuli tui Ludovici regis fundatoris nostri et animas omnium predecessorum suorum, etc.* Donné à Paris soubz notre dit, signetz, le 5 may 1500. Leblanc. (A. N., S 4742.)

1500. Nous trouvons un titre touchant les droits promis aux Filles Pénitentes par accord fait entre le curé de Saint-Eustache et les religieuses, et son « osmologation », vers 1500 ou avant. (A. N, LL. 723.)

NOTE 6. — Voir rue de Grenelle (30 décembre 1498 et 10 février 1501.)

NOTE 7. — Voir Pièces justificatives.

M. l'abbé Valentin Dufour, dans sa *Bibliographie de Paris*, s'exprime ainsi au sujet de ce document : « C'est un livre tellement rare que c'est seulement d'après l'exemplaire de M. Taillandier († 1867) que Brunet en a eu connaissance. » Nous savons aujourd'hui que cet exemplaire, acheté à la vente Taillandier, par l'abbé Bossuet, a été revendu, en avril 1888, à M. Damascène Morgan au prix de 710 fr.

Il existe à la Réserve de la Bibliothèque nationale deux exemplaires de cet ouvrage. Celui que nous avons fait photographier porte sa première page déchirée et recollee, tandis que l'autre est en meilleur état, mais nous ignorions son existence au moment où nous l'avons fait reproduire. (Invent. E. 1828, double de E. 854.) Ce livre renferme 108 feuilles dont 24 pour les « Règles et Constitutions » ; les autres contiennent des instructions religieuses. Sur le verso de la première page du bon exemplaire on lit ces lignes tracées d'une belle écriture du temps : « Nostre mere je ditz ma coulpe dieu e a vous de Lin reuerance que je eu au sainct seruice *diuint diuent* diuin aussi et de la *mauuesse* mauauise example que je montre a mes seurs jen demande a dieu perdon et a vous mere penitente salutaire pour mon ame. »

Les mots en *italique* sont rayés dans l'original. Cet exemplaire a assurément appartenu à une fille pénitente. En outre, on lit sur un petit morceau de papier imprimé collé dans l'intérieur, sur le recto, en bas du frontispice : Ex libris quos Collegio Parisiensi Societatis Jesu legavit nobilissimus D. D. Achilles du Harlay, comes de Beaumont, Regia Sanctioribus consiliis.

C'est l'exemplaire consulté par Terrasson chez les Jésuites : il est en effet « numéroté 161 avec un B au dessus et un 9 au-dessous ». (Terrasson, p. 51.)

NOTE 8. — Entre autres celui de Claude Marie de la Vaigne (19 mai 1572), contenant deux corps d'hôtel, cour au milieu, jardin derrière ; celui de Nicolas Habert (1564), appartenant à demoiselle Denis de Bomont, veuve de Pierre Habert en 1556-1581 (*Mémoire historique*), et celui de la veuve Jean de la Bretonnière. (Sauval, tome III.)

Nous pouvons affirmer que les Filles Pénitentes n'occupaient pas *tout* l'espace compris entre les rues d'Orléans, Coquillière et de Grenelle, puisqu'il y avait encore en 1575, dans la rue de Nesle ou d'Orléans, une maison portant l'enseigne de « l'Ecu de France », qui tenait aux Filles Pénitentes et qui appartenait à la famille Cossart, et une autre portant l'enseigne « l'Ecu d'Orléans », près la Croix-

Neuve (voir : rue de Nesle, 22 octobre 1600), appartenant à François Petit.

NOTE 9. — « Leur monastère... n'est doüé que de bien peu de revenus qui consistent en une pension de laquelle leur avoit este fait don par le feu roi Henry que Dieu absolve, confirmee par le feu roy Francoys, dernier décédé et par le roy a present regnant, dont elles ne sont payees que selon la commodité des affaires du roy. » (Félibien, *Chambre des comptes*, t. III, p. 711.)

Fig. 147. — Monument de BLONDEL DE ROCQUENCOURT.

Un Thomas Bustanguier était procureur de la Cour en 1417. (Félibien, *Preuves*.)

C'est dans la chapelle de leur couvent, alors qu'il était dans la rue d'Orléans, que fut exposé le corps de Diane de Poitiers, veuve de Louis de Brézé, grand sénéchal de Normandie, duchesse de Valentinois, morte à Paris, à l'âge de 66 ans, le 22 avril 1566, à l'hôtel Barbette. Elle avait manifesté ce désir dans son testament. Le corps fut ensuite transporté à Anet, où il fut inhumé. (Hilarion de Coste, *Dames illustres*, t. I, p. 510.)

NOTE 10. — Le financier André Blondel, sieur de Rocquencourt, grand trésorier de France, dont l'hôtel se trouvait dans la rue d'Orléans, du côté de la rue Saint-Honoré, voulut être enterré dans leur chapelle alors que le couvent était à Saint-Magloire, et sa veuve lui fit ériger un monument au milieu du chœur. Le bas-relief de ce monument, œuvre de maître Ponce, a été conservé et se trouve au Louvre, salle Michel-Ange, nº 38. C'est une plaque en bronze destinée à être appliquée contre le tombeau.

Il décéda à Beauvais, le 7 nov. 1577. Une messe de 300 livres de rente avait été fondée par noble dame Anne de la Rue, sa femme, et Catherine Blondel, sœur et héritière du défunt.

QUITTANCES DES FILLES PÉNITENTES (1509)

Note 11. — « Nous seur Jehanne Bordiere indigne mere des religieuses penitentes de ceste ville de Paris. Confessons auoir receu de maistre Jeh. Lalemant, trésorier et receueur genéral de Languedoc, la somme de dix liures tournois a nous donnees et aumosnes par messeigneurs les generaulx des finances pour nous ayder a viure. Et aussi a ce que soyons tousiours plus enclines a prier Dieu pour la bonne prosperite et sante du Roy nostre seigneur, ce a quoy de bon cueur nous obligeons. Tesmoing nostre scel et seing manuel cy mis le xxviiie jour de mars l'an mil cinq cens et neuf, auant Pasques. J. Bordiere. »

Fig. 148. — Jeanne Bordière, mère des Filles Pénitentes, en 1510, quelques années après leur fondation.

1575. « Nous seur Jehanne Giffart, humble mere des religieuses pénitentes de ceste ville de Paris confessons auoir eu et receu de noble homme Me Francoys de Vigny recepueur de ladite ville la somme de six liures cinq solz tournois pour ung quartier escheu le dernier jour de décembre dernier passe, a cause de vingt cinq liures tournois de rente qui nous ont este donnez par dame Marguerite Juvenel vuefue de feu sire Jehan Roussin en son viuant marchant et bourgeois de Paris, a laquelle a este transportee par Me Jacques de Montmiral faisant moytie de cinquante liures tournois de rente qui luy ont este transportez par eschange auec aultres rentes par M[e] Thierry de Montmiral, sieur de Chamberry, auquel ladite rente appartenoit de son conquest par luy fact de maistre Vallentin du Caurroy et dame Marie Courtin sa femme et au droict de Caurroy venduz et constituez par les preuost des marchantz et escheuins de ladite ville des le jeudi xviii[e] jour daoust mil v[c] lxix tant sur ladite

et imposez de deulx sols six deniers pour. . . . . entrant et issant en ladite ville et faulxbourg dicelle comme generallement sur tout le dommaine et reuenu patrimonial de ladite ville, de laquelle somme de six liures cinq sols tournois quictons ledit sieur de Vigny et toutz aultres. En tesmoing de ce nous auons signe ses presentes et faict sceller du sceau de notre conuent ce joudhuy xvme de janvier 1575. Seur Jehanne Giffart. »

Fig 149 — Sœur JEANNE GIFFART, mère des Filles Pénitentes en 1575, quelque temps apres leur translation à Saint-Magloire.

1579 « Nous sœur Guillemette Bezart, abbesse et mere du conuent des filles pénitentes de la dite ville de Paris, confessons auoir receu comptans de Mr Claude le Tonnellier conseillier du Roy et receueur général de ses finances audit Paris la somme de huict vingtz six escuz quarante solz tournoiz pour le quartier de juillet de la presente

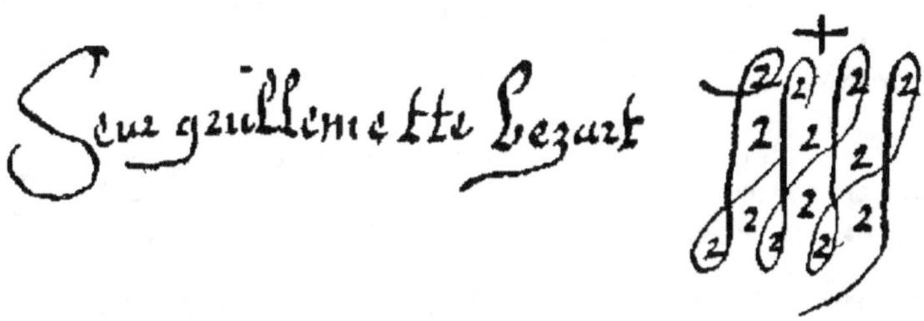

Fig. 150. — Sœur GUILLEMETTE BEZART, mère des Filles Penitentes en 1579.

annee, a cause de la somme de ive LXV jt ii tiez de rente que ledit conuent a droict dauoir et prendre par chascun an sur ladite recepte et generalite de Paris, de laquelle somme de viii xx vjt ii tiez nous nous tenons pour contentes et en quictons ledit conseiller le Tonnellier et tous autres. En tesmoing de quoy nous auons signe la presente et icelle faict cachetter du cachet dudit conuent. Le dernier septembre mil vc soixante dix neuf. Seur GUILLEMETTE BEZART. »

Nov. 1587. Reçu un écu 35 sols dix deniers, montant d'un quartier échu le dernier septembre. 1587. Legs de seur Claude Buthoys, du 17 oct. 1553. Signé : JEHANNE GIFFART.

Nov. 1590. Reçu un écu 35 sols dix deniers (même provenance). Signé : JEHANNE GIFFART.

1590. Reçu 3 écus 5 sols tournois. Legs de sœur Charlotte Amyot. Signé : JEHANNE GIFFART.

Juin 1596. Reçu un écu. Legs feu honorable femme Catharine Bourgeois, femme de honorable homme Bourgeois. Signé : MARGUERITE TESSON.

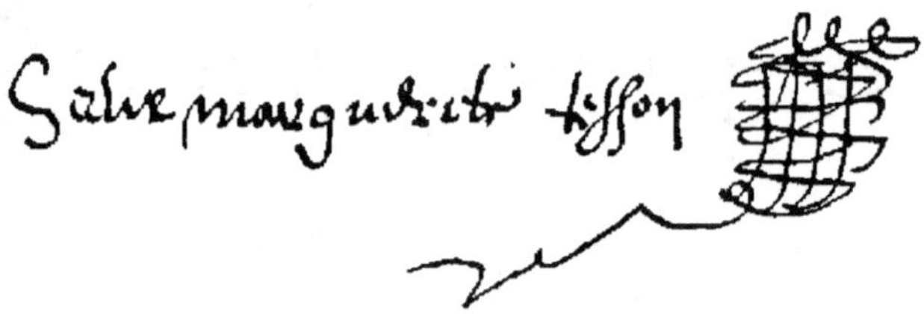

Fig. 151. — Sœur MARGUERITE TESSON, mère des Filles Pénitentes en 1596. C'est elle qui touche le restant des sommes dues par Catherine de Médicis.

Sept. 1596. Reçu 25 écus. Legs de Mr André Blondel de Rocquencourt, 1558. Signé : MARGUERITE TESSON.

15 août 1600. Reçu 25 écus, même provenance, même signature.

15 sept. 1606. Reçu 62 sols 6 deniers. Legs de Mr Pierre Gruet, du 18 sept. 1573. Signé : GUILLEMETTE FOURNIER.

(B. N., Fr. 25979 ; quittances ecclésiastiques.)

NOTE 12. — Voici les pièces concernant les Filles Pénitentes qui nous ont été conservées :

1496, 14 sept. Autorisation de Charles VIII datée de Montilz les Tours. (Original.)

1499, mars. Lettres patentes de donation de Louis XII à R. de Framezelle. Lyon. (Original.)

1499, mars. Vente faite par R. de F. et ensaisinement par Jean, évêque de Paris.

1499, 16 juin. Ratification du don de Louis XII aux Filles Pénitentes

1499, juin. Ratification des lettres de Louis XII, au sujet de la vente de l'hôtel de Bohême par R. de F. (original), le 6 avril 1499 (latin).

1500, 5 may. Enregistrement du contrat de cession et transport de R. de F. par les gens des comptes du Roy.

· 1514, 27 juin. Concession d'une fontaine de la grosseur d'un pois.

. 1572, 17 sept. Lettres donnant commission à Mes Arnoul Boucher et Masparault, maîtres des requestes pour la translation. (KK. 335, A. N.)

1572, 31 octobre, 2 et 4 novembre. Contrat d'eschange entre la reyne mère du roy Charles IX, les abbé et religieux de l'église Saint-Magloire et les revérendes mères religieuses Augustines pénitentes de leur maison d'Orléans à la reyne en contreschange de ladite abbaye de Saint-Magloire a elle cédée par lesdits sieurs abbé et religieux. (Annales des F. P., LL. 1684, A. N.) Ce contrat (12 pages in-8) a été publié *in extenso*, par M. E. Frémy, dans le *Bulletin du Comité d'histoire*. Paris, 1885, pp. 136, 172. Voir Bibliographie. (A. N., S. 4742.)

1572, 18 nov. Ordre de Pierre de Gondy, évêque de Paris et abbé de Saint-Magloire, d'avoir à quitter les lieux. (Original).

1572, décembre. Lettres patentes de la translation. Signé : Charles, et homologation du contrat passé entre la reine et les Filles Pénitentes. (Original.)

1573, 27 mars. Protestation de 53 sœurs. Supérieure Marguerite Motrot. (Original.)

1667, mars. Ratification du contrat d'échange. Signé : Louis (XIV). (Voir Topographie.) (Original.)

1668, 16 nov. Confirmation de la ratification. Collation.

Enfin les quittances citées. (B. N., fr. 25979 ; A. N., S. 4742, KK. 335 et LL. 1684.)

NOTE 13. — Sur Grand Remy, voir chapitre suivant. Quelques auteurs ont appelé les Filles Pénitentes, filles de la Madeleine (origine des madelonnettes), c'est une erreur.

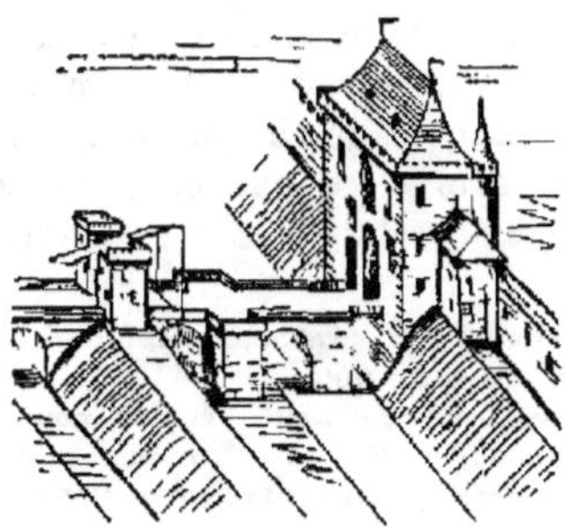

Fig 152 — Porte Saint-Honoré au XVe siècle.

CHAPITRE IV

HOTEL DE LA REINE (1572-1589)

CATHERINE DE MÉDICIS

NOTE PREMIÈRE

POUR permettre d'avoir une idée juste de la reine Catherine de Médicis, nous allons exposer des portraits faits par divers contemporains à différentes époques.

Jean Michiel s'exprime ainsi (1561) :

« La reine mère aime fort les commodités de la vie; elle est désordonnée dans sa manière de vivre et elle mange beaucoup; mais après cela elle cherche des remèdes dans les grands exercices corporels. Elle marche, elle monte à cheval, elle ne reste jamais en place. Ce qui est le plus étrange, c'est qu'elle va même à la chasse. L'année dernière elle n'a jamais quitté le roi, elle courait le cerf avec lui, allant, chose incroyable, dans le fourré le plus épais, esquivant les taillis et les rameaux des arbres, ce qui exige beaucoup d'adresse et un grand art du manège (1) Malgré tous ces exercices, son teint est

(1) En 1537, elle s'était démis le bras, probablement à une chasse dans la forêt de Fontainebleau, comme le prouve cette note

« 27 aout, à François Arnault, chevaucheur d'écurie, pour être allé en poste, de Chailly à Paris, quérir le renoueur du Roi, a cause du bras dénoué de Madame la Dauphine, et de Melun audit Paris quérir les medecins Braillon et Morelly, 18 liv » (*C des dépenses*, t. II, p. 235)

En 1550, elle avait un tour dans le château de Saint-Germain-en-Laye, « . . . le tour ou besongne la Royne. ... ». (Id. *ut supra*.)

toujours blême ou olivâtre, son embonpoint énorme ; et les médecins ne trouvent pas que son état soit très rassurant. Sa largesse va jusqu'à la prodigalité ; aussi depuis quelque temps elle est fort endettée et ses affaires sont en désordre. Maintenant son douaire est de trois cent mille francs par an, c'est-à-dire double de celui des autres reines douairières : par ce moyen elle a non seulement de quoi payer ses dettes, mais de quoi dépenser richement. Voilà pour ce qui concerne la reine ». (*Relation des ambas. vénitiens*, t. I, p. 429.)

La reine avait alors 43 ans.

Marc-Antoine Barbaro écrit (1563) :

« La reine a 45 ans, est d'un tempérament chaud et humide, portée à la paix. Sa figure est encore jeune et agréable, son teint blanc, sa personne belle, ses manières aimables ; quant à son esprit, je puis vous assurer qu'il est très fin et vraiment florentin. »

Jean Correro écrit (1569) :

« Le reine a 51 ans le 12 avril ; elle est très robuste et d'une bonne santé. L'exercice qu'elle fait lui conserve un très bon appétit ; elle mange beaucoup et de toute sorte de chose indifféremment ; ce qui, selon les médecins, est la cause de maladies qui la mettent à deux doigts de la mort.

« ..... Elle aime à laisser des monuments de son nom dans les édifices publics, dans les bibliothèques et dans les musées. Après avoir commencé plusieurs de ces établissements, elle a été forcée de tout interrompre. Princesse, au reste, bonne et aimable envers tout le monde, elle fait profession de contenter tous ceux qui s'adressent à elle, au moins par des paroles dont elle n'est vraiment pas avare. Son assiduité aux affaires est un sujet d'étonnement ; rien ne se fait à son insu, pas même la plus petite chose...

« ..... Elle ne saurait manger ni boire, ni presque dormir sans en entendre parler.

« Elle se rend aux armées sans ménager ni sa santé, ni sa vie ; elle fait tout ce que les hommes seraient obligés de faire : et cependant on ne l'aime guère. »

Jean Micher (1575) écrit :

« Elle ne se soucie ni de la haine ni des imputations dont on l'accable... Elle connaît les livres publiés contre elle et qu'on vend publiquement dans les boutiques... »

Le secretaire de Jérome Lippomano (1577-78-79) :

« La reine mère, quoique fort âgée (60 ans), conserve encore une certaine fraîcheur : elle n'a presque aucune ride sur son visage qui est rond et plein ; elle a la lèvre inférieure pendante, comme tous ses enfants. Elle garde toujours ses habits de deuil, et elle porte un voile noir qui lui tombe sur les épaules mais ne descend pas sur le front.

En sortant elle se coiffe toujours d'un chapeau de laine qu'elle met par-dessus. »

Enfin Mézeray (tome I, p. 150) écrit :

« Cette reine était de médiocre hauteur, mais grosse et carrée ; elle avait le visage large, la bouche relevée, le teint parfaitement blanc, mais peu vermeil, les yeux doux mais gros, qui se remuaient avec une grande volubilité, la tête fort grosse, ne pouvant marcher deux cents pas qu'elle ne l'eût toute en eau. Pour son esprit, il était extrêmement subtil, caché, plein d'ambitions et d'artifices..... Au reste fort douce, au moins en apparence, généreuse et magnifique. »

On connaît l'opinion de Brantôme sur cette reine « qui a taillé une si belle besogne qu'un bon et zellé écrivain en eust faict une Iliade entière. Elle avait, dit il, la charnure belle et le cuir net, la jambe et la grève (cuisse) très belle, ainsi que j'ai ouï dire à ses dames...., la plus belle main qui fût jamais veue.... Le roi Henri III hérita de beaucoup de cette beauté de main. »

Quant à sa santé, malgré tout ce qu'a écrit Michelet, nous savons qu'elle était florissante. Elle avait eu plusieurs accidents à la chasse : d'abord, en 1537, elle se foulait le bras à Fontainebleau, puis, en 1538, alors qu'elle faisait partie de la *petite bande*, sa haquenée s'emporta, la fit se heurter à une cabane sous laquelle elle passait, et la jeta à terre. Elle en fut quitte pour quelques jours de repos. En 1522, du 18 au 25 juin, elle est un peu indisposée. A la mort de Henri II, elle resta un jour pâmée. En 1563, elle fait une grande et lourde chute qui ne l'a guère blessée mais « marquée sur la nuque comme les moutons du Berry, et m'a t-on fait saigner et prendre des pileures si byen que m'en aura servi à guérir mes gales ». Ce sont ses propres expressions. (*La Chasse des Valois*. La Ferrière, p. 63.)

En 1569, elle est malade, le 13 avril.

En 1574, à Metz, elle attrape le charbon et la peste qu'elle avait gagnée à aller voir les religieuses ; mais, grâce à son médecin, elle guérit vite. (*Lettres de Marguerite de Valois*.)

A la fin de sa vie, elle ne s'alite que le 19 décembre 1588, à Blois, le jour où elle fut prise de fièvre. Elle se remit, et se recoucha pour ne plus se relever. (Baschet, *Diplomatie*.)

NOTE 2. — On lit dans de Thou :

« Entêtée des vaines prédictions de quelques astrologues qui lu avaient annoncé qu'elle verrait tous les princes, ses fils, couronnés, etc. » (T. X, p. 105.)

Et ailleurs :

« Comme les astrologues, pour qui elle n'avait jamais eu que trop de confiance, l'avaient avertie de se défier de Saint-Germain, elle évitait avec soin tous les lieux qui portent ce nom, et qui ne sont pas rares en France. Ainsi, lorsque la Cour allait à Saint-Germain en Laye où nos rois ont un château, elle n'y restait que fort peu de jours et en sortait aussitôt qu'elle sentait la moindre incommodité. De même, comme le Louvre est dans la paroisse Saint-Germain l'Auxerrois, elle s'était fait bâtir dans la paroisse Saint-Eustache, qui en est tout proche, un palais séparé qui lui avait coûté des sommes immenses. » (De Thou, *Hist. univ.*, tome X, p. 502.)

Ce n'est qu'en 1599 que Groulart apprit à Blois l'histoire de Saint-Germain, et il prétend que le château de Blois est soubz une paroisse qui s'appelle Saint-Germain. (*Mémoires* de Claude Groulart.)

Note 3. — Malgré toutes ses précautions, Catherine de Médicis ne put échapper à la prédiction de l'astrologue. « La fortune voulut même se jouer d'elle jusque dans le moment qui devoit terminer ses jours. Il y avoit à la Cour un gentilhomme de Normandie, nommé Julien de Saint-Germain (confesseur de Henri III), à qui le Roy avoit donné la riche abbaye de Charlieu. Comme il ne se trouvoit personne pour assister la royne mère au lit de la mort, ce fut lui qui s'acquitta de cet emploi. » (De Thou, éd. lat. de Londres, t. X, p. 502, trad. ; Ét. Pasquier, l. XIII, l. 8 ; Mézerai, *Hist. de F., Henri III* ; l'abbé C. Chevalier, *Debtes et Créanciers*.)

Mezeray pretend que les craintes superstitieuses de Catherine lui firent interrompre les travaux des Tuileries. (Berty, *le Louvre*, t. II, p. 52.) Elle aurait pris cette résolution à la fin de 1571 ou au commencement de 1572. Néanmoins on travaillait encore aux jardins des Tuileries le 24 avril 1575. (Berty, *loc. cit.*, p. 53.)

Nous pouvons ajouter que, le 30 juillet 1587, Jehan de Verdun, « payeur des œuvres et bastimens de la reyne mère du roy au bastiment de son pallais des Tuilleries, signait une quittance de 666 escus 40 sols 10 deniers t., pour payer les jardiniers », et qu'il remettait à Jehan Tarquin, « jardinier ordinaire de Sa Majesté au grand jardin de son pallais des Thuilleries, 112 escus 20 s. t. ». (KK. 117, A. N.)

Berty écrit (*Louvre*, t I, p. 52) : « Le palais bâti ou plutôt rebâti par Catherine, dans les limites de la paroisse Saint-Eustache, c'est l'hôtel dit plus tard de Soissons, dont elle fit l'acquisition vers 1572 et qu'il lui aurait été inutile d'acheter si ces absurdes appréhensions ne l'avaient point déjà décidée à abandonner les Tuileries. Il paraît qu'elle prit cette résolution à la fin de 1571 ou au commencement de 1572. » Ces suppositions sont absolument gratuites, et rien ne les autorise.

Note 4. — Ce qui peut nous rendre ce récit suspect, c'est que nous apprenons par les registres du Parlement que, dans le même temps que Catherine de Médicis achetait des maisons pour bâtir son hôtel de la reine, elle en acquérait aussi pour agrandir son palais des Tuileries et qu'en 1574 elle acheta entre autres deux maisons où il y avait des tuileries. (Bonamy.)

Catherine de Médicis avait une autre maison dans Paris, près du Louvre. Le 3 mai 1558, elle avait achete une maison rue des Poulies. En 1564, elle avait acheté le jardin des Cloches, faisant partie des Thuilleries, clos de murailles et tour, à Me de Villeroy (Neufville). (*Arch. de l'art français.*) Le 16 decembre 1567, elle l'agrandissait par de nouvelles acquisitions de maisons et de jardins « applicqués au pallais de la reyne mère » ; enfin, le 30 mai 1568, messieurs de Neuville cédaient leur hôtel entier, contigu à ces maisons, au duc d'Anjou. C'est cette demeure qui, dans les comptes de janvier 1557 à décembre 1558, est appelee la *Petite maison de Paris*, et c'est Claude de Beaune, demoiselle du Goguier, dame d'honneur de la reine, ayant la garde et charge et administration des deniers mis es coffres de ladite dame, qui fait les paiements et reçoit un traitement de 400 livres par an (1). Berty cite des comptes de 1570 à 1577 où il est fait mention tantôt *de la maison*, tantôt *des maisons* de Paris. Il est probable que certains de ces comptes embrassaient *l'autre maison*, surtout dans les comptes postérieurs à 1573, parce que les noms de certains entrepreneurs sont les mêmes : ainsi le plombier Jehan de la Rue, le peintre Thomas Aulbert, etc.

Nous avons trouvé des notes payées pour travaux faits tant en son chasteau de Saint Maur que « en ses *maisons de Paris* et *hostel d'Orléans* ». On paie à des charpentiers des notes dues depuis 1570, par conséquent antérieures au commencement des travaux de la rue des Deux Ecus. Des notes de 1572 à 1577 ne sont payées qu'en 1585, et quelquefois aux héritiers des entrepreneurs. (KK. 116, A. N.)

M. Legrand affirme que dans les Archives Nicolaï (lettres originales, sections 17 et 18), dans des restes de comptes, l'hôtel de Catherine est désigné sous le nom de Petit-Nesle. Nous n'avons jamais rencontré ce nom pour désigner cet hôtel.

NOTE 5. — « Longe diverso modo se gessit Catharina Medicea regina mater regis erga abbatiam Sancti Maglorii quam secularem voluit, et ut uniretur mensæ episcopali Parisiensi obtinuit bullis Pii IV pontificis an. 1564 et Gregorii XIII 1575 cui negotio perficiendo senatus consultum accessit 24 nov. 1581.

(1) Monseigneur et Madamoyselle du Gougier avaient une chambre au château de Saint-Germain en Laye, en 1548. (*C des dépenses*)

« Inter hæc 1572 cum eadem regina monasterium pœnitentium Puellarum in ædibus Aurelianensibus situm ad construendum palatium, quod modo Suessionense vocant delegisset, has puellas ad monasterium Maglorianum quod in vico Dyonisiano hucusque permanserat, transferre decrevit. »

Le 17 septembre de la même année, les moines de Saint-Magloire étaient transférés à Saint-Jacques-du-Haut-Pas. (*Gallia christiana*, 1744, t. VII, p. 310.) Ce passage de *Gallia christiana* fut écrit au XVIIIe siècle, car il était impossible que l'hôtel portât le nom de Soissons du vivant de Catherine.

NOTE 6. — Voir censiers (1535, 1575).

NOTE 7. — Philibert de l'Orme était architecte du tombeau de François Ier, dont l'effigie était faite par Pierre Bontemps, maître sculpteur, bourgeois de Paris, Ambroise Perret, Germain Pilon, sculpteurs, Georges Vaubertrand, menuisier, Cosme Barly, maçon, et Mathurin Bon, serrurier, en 1557. On a une quittance de lui du 26 mai 1548. (*Amateur d'autographes.*)

Le 24 février 1552, Jean de l'Orme, son frère, était maistre général des œuvres de maçonnerie et fut remplacé en 1558 par Guillaume Challoy, aux gages de 600 livres par an.

Philibert de l'Orme, seigneur d'Yvry, mourut en 1570, le 8 janvier.

Fig. 154. — Signature de JEAN BULLANT, la *seule* que nous ayons rencontrée, et reproduite, croyons-nous, pour la première fois.

[1575, 8 oct.] Reçu de 150 liv. t., pour un quartier de ses gaiges. Fontainebleau. (B. N., f. fr. 26159, n° 231.)

Ce fut Jean Bullant qui le remplaça. A. Berty (*les Grands Architectes de la Renaissance*, page 153) dit : « Ce que Bullant fit en matière de construction de 1559 à 1570, on ne le voit guère. » Et ailleurs : « Quant à Bullant, il n'en est fait nulle mention pour cette période. » (Berty, *Louvre*, t. I, p. 36.)

Nous savons par acte du 25 oct. 1557, daté de Saint-Germain en Laye, que Jean Bullant avait alors remplacé « le vieux maistre, Pierre des Hostels, notaire au Châtelet, dans la surintendance des bastiments qu'il avoit depuis 1528 ». (Delaborde, *Renaissance*.) Jean Bullant prêtait serment le 29 novembre 1557, et touchait 1,200 livres par an.

A la date de janvier 1559, dans une requête adressée à François II par François Gannat, contrôleur général des dépenses, Philibert de l'Orme, alors superintendant des bâtiments, avait réduit de 600 liv. les les gages de Jean Bullant, prédécesseur de François Gannat, afin de donner les 600 autres à Jean de l'Orme, son frère, pour ordonner en son absence. (Destailleur, *Notice sur quelques artistes français*. Rapilly, 1863, p. 9.)

Les manuscrits de la Bibliothèque nationale (S. fr. 10399 et 1921) nous prouvent qu'en 1567 il travaillait aux Tuileries, qu'en 1570 il touchait 500 livres, et qu'il avait touché 1,000 livres les années précédentes pour les « travaux exécutés aux Tuileries et à Sainct Maur ».

En 1567, il avait eu 1,200 livres de gages comme Pierre Lescot, et en 1570 il était surintendant aux Tuileries depuis 1557 et l'était encore le 7 janvier 1571.

Il mourut le 10 octobre 1578, et eut comme successeur le jeune Baptiste Audrouet du Cerceau.

Le palais de la rue des Deux-Écus fut probablement bâti de 1574 à 1581, puisque la reine mère achetait encore en 1573 (oct.) la maison des marguilliers de Saint-Eustache qui faisait le coin de la rue des Deux-Écus et de la rue du Four. Voir rue des Deux Écus, 1573 (7 oct.). A la mort de Bullant il n'était pas achevé, puisqu'on y travaillait trois ans après.

Voici des noms de surintendants que nous avons relevés, avec les dates, dans les comptes des bastiments du roi (1528-1599. B. N., f. fr. 11179) :

1535, 22 janvier. Messire Philbert Babou, sieur de la Bourdaizière, père de Mre Phillebert Babou évêque d'Angoulême, qui vend l'hôtel de Clisson à Anne d'Est et à François de Lorraine, son mari, en 1553.

1539, 22 nov. Pierre des Hostels, clerc des œuvres, 1532, commis aux travaux de Saint-Germain, 1548 (décembre).

1541, 16 juillet. Nicolas Picart, † 1555.

1546, 2 août. Pierre Lescot.

1555, 2 janvier. Bertrand le Picart et Jehan Durant.

1557. Philibert de l'Orme.

1559, 8 juin. Jean Bullant.

1558. Pierre Lescot (1,200 livres de gaiges).
1562. Pierre Lescot.
1562, 19 sept. Estienne Grand Remy, trésorier des bastimens, etc.
1578. Jehan Pottier est « maître des ouvrages de massonnerye de la Reyne notre très honnoree dame et mère en son chasteau de Mousseaulx, aux gaiges de 600 livres t. par an et aux taxations qui lui seraient faites et ordonnées par nostre cher et bien-aimé beau-frère le duc de Monty (Montmorency), pair et mareschal de France ».
Déclaration du roy du 18 juillet 1578. (K. 961, A. N.)
Mais revenons à Grand Remy, qui meurt en 1574.

Fig. 155. — Signature de Grand Rémy, entrepreneur chargé des réparations de Saint-Jacques-du-Haut-Pas et de Saint-Magloire, lors de la translation des Filles Pénitentes à Saint-Magloire et des religieux à Saint-Jacques-du-Haut-Pas.

ÉTIENNE GRAND RÉMY

Estienne Grand Rémy, qui n'a jamais été architecte, comme on l'a prétendu à tort, était probablement le fils de Jehan Grand Remy, charpentier de la *grant coignée*, qui travaillait pour les Quinze-Vingts en 1513, 1514 et 1515 (23 novembre) (voir Le Grand, *les Quinze-Vingts*), et il dut naître, probablement encore, vers cette époque. Les charpentiers de la *grant coignée*, comme *les Bons Cousins* en 1601, étaient des *compagnons*, ainsi que le prouvent les comptes de la Marguillie de Saint-Germain-l'Auxerrois, 1544, publiés dans les *Comptes des Bâtiments du Roy*, par L. de la Borde, t. II, p. 285 et suiv., et s'appelaient ainsi par opposition aux charpentiers de *la petite coignée*, — autrement dits les menuisiers, — depuis la fin du XIVe siècle. La *grand coignée* disparut au XVIIe siècle, vers 1649. (Havard, *Dict. Charpentiers.*)

M. Charles Sellier (*Bull. de l'Hist. de Paris*, 1887), après avoir cité Grand Rémy, dont le nom se trouve dans une expertise à propos de la vente de la Tourelle de la rue Vieille-du-Temple, ajoute que, en dehors de l'article de Lance *(Dict. des Arch. français)* et du passage de de Laborde *(Renaissance des Arts)* sur Grand Rémy, le document qu'il a trouvé est peut être le seul connu.

Le nom de Grand Rémy se trouve déjà mentionné dans un compte de dépenses faites par la fabrique de Saint-Pol au sujet du don de la Court la Royne par le Roi à l'Église, 1541-1543. (S. 3472, A. N., cité par M. F. Bournon. L'hôtel Saint-Pol.)

« Jeudi XVII nov. 1541. Payé par commandement de mesdiz sieurs les marglliers, pour le disner faict au Petit Cert, pres le Palais, ausdiz Chambige, Poireau, Jehan Goulart, Jehan Bastier, Estienne Grand Remy et plusieurs autres, present ledit David (Jacques David, marguillier), LIII s. t.

— « Audit Chesneau (Philippes Chesneau, marguillier) à luy payé IXC sous de XX l. v s. t. pour payer c'est assavoir audiz Chambige, Poireau, Bastier et Goulart, à chacun d'eulx, IIC sols et audit Grand Remy qu'il n'auroit juré C solz, pour ce XX l. v s. t. »

1559. E. Grand Remy est clerc de l'escriptoire des maistres des œuvres et jurez es offices de maçonnerie, et Guillaume Guillain maistre des œuvres de maçonnerie. Ils touchent ensemble 92 l. pour travaux exécutes pour le Roy (réparations, toisés, expertises, etc.).

1560. E. Grand Rémy est garde de la voirie de Paris, et Léonard Fontaine maistre charpentier. Ils touchent ensemble 29 liv. 14 s. pour vacations.

1566 Il visite le pont de Poissy avec G. Guillain. Ils touchent ensemble 68 l. 13 s. 4 d. Jean de l'Orme lui cède sa charge de maistre général des œuvres de maçonnerie, le 11 avril.

1562, 6 oct., à 1568, 30 nov. Il est clerc des œuvres de la ville de Paris et trésorier des œuvres du Roy (à la place de Jehan Durant, privé de son estat), aux gaiges de 386 liv. 17 s. 6 d. t. Il paie cette charge 5,000 liv. le 11 sept. 1562.

1568. Il bâtit comme maître maçon deux corps de garde, sur l'ordre du Roy, près du château du Louvre, pour la seureté de sa personne, et touche de ce fait 160 liv. De plus, il exécute divers travaux au Petit Châtelet, au pont Saint-Michel, etc., pour lesquels il touche 78 liv.

Enfin, cette même année, il touche avec Léonard Fontaine, maître charpentier, 635 liv. pour travaux exécutés dans les vieilz châteaux et résidences du Roy.

1571. Comme maître de maçonnerie, il paie à Ives, maître maçon, pour divers travaux faits pour le Roy au Châtelet et ailleurs, 504 l. 4 sous ; et il touche lui-même, pour travaux exécutés au fort du pont de Saint-Cloud, 700 liv., et pour les corps de garde près du Louvre une nouvelle somme de 131 liv.

1572, 28 nov. Il fait l'expertise de l'hôtel de Nesle avec Léonard Fontaine. (*Top. de Paris*, Université, pp. 585, 586.)

Nous retrouverons son nom plus loin, à l'occasion des travaux de réparations que lui commande Catherine de Médicis, à Saint-Magloire et à Saint-Jacques-du-Haut-Pas, lors de la translation des Filles Pénitentes, en 1572.

Son nom se trouve encore en 1568, dans les comptes du roi Henri II, à côté de ceux des Bullant, de Jehan Bullant, architecte aux gaiges de 600 livres par an, pendant les années 1573-74-75, et de Charles Bullant, son neveu, entrepreneur de maçonnerie aux mêmes dates (1).

1573. Il travaille pour la reyne mère à Saint-Magloire et à Saint-Jacques-du-Haut-Pas.

1573. A Estienne Grand Remy, maçon, pour les ouvrages de maçonnerie par lui faits en l'hôtel des Estuves du Pallais à Paris, pour réparer les logis et faire ung autre pour servir à la fabrication des marbres sculptures de la dite sépulture, 120 livres.

A Germain Pilon, sculpteur ordinaire du roy, 50 liv., etc. (Delaborde, *l. c.*)

Quel est cet « hostel des Estuves du Pallais » ?

Nous savons par l'Inventaire de Catherine de Médicis que Germain Pilon avait « sa maison size en l'isle du Palais, où il mourut le samedi 3 février 1590 ». D'autre part, nous lisons dans les *Comptes des bastimens*, tome II, p. 371, que François Ier (1518) donne à Mathée d'Alnassar, de Vérone, peintre et graveur en pierres fines, une somme d'argent pour faire réparer et approprier le logis appelé *les Estuves*, au bout de l'île du Pallais de Paris. C'est évidemment du même logis ou hôtel qu'il s'agit ici, cinquante-cinq ans plus tard.

Nous savons également qu'en 1550 on avait établi dans le logis des Etuves un atelier de fabrication mécanique des monnaies, sous la direction d'Aubin Olivier.

1594, 6 juin. Un arrêt du 6 juin 1594 ordonne que Germain Pilon fils et Barthélemy Prieur réclamant l'office de sculpteur ordinaire du roi, ce titre soit donné au plus expérimenté, avec la jouissance de la maison où habitait le défunct Pilon, assise en l'île du Palais, appelée les « Estuves du Roy ». (*Arrêts du conseil d'Etat, Henri IV*, De Valois, éd., n° 916.) Ce fut Prieur qui l'emporta. (Voir Guiffrey, *Bull. Soc. de l'Hist. de Paris*, t. IX, 1882.)

(1) Ce Charles Bullant est emprisonné à la Conciergerie en 1580, pour avoir volé « 9 petits populotz (figures d'enfant) de marbre » destinés à la fameuse sepulture.

Nous trouvons un Thomas Bullant, mentionné dans une monstre d'archers à Boulogne sur la mer, en 1525. (P. O. 121, f. 273, B. N.) Est-ce un parent? un oncle de Jean?

Voici, à titre de documents, les généalogies de De l'Orme et de Bullant (Archives de l'art français.)

LES DE L'ORME

- Philibert De l'Orme
  - enfants naturels
    - Philibert
    - Charlotte
- Jean De l'Orme
- Anne De l'Orme, ép. Martin contrerolleur.
- Jehanne De l'Orme, ép. 1° Charles de Burlet
  - Martial Burlet
    - François
    - Guillaume
  - 2° Olivier Rouillard

LES BULLANT

- 1. Charlotte marraine le 3 novembre 1569, 16 sept 1573
- 2. Charles
  - Charles neveu de Jean 1580
- 3. Marie
- 4. Jean ép. Françoise Richaud vers 1555
- 5. N. Bullant ép. David

Enfants de Jean :

1	2	3	4	5	6	7	8	9
Jean	N	Anne	Réol	Pierre	David	Magdeleine	Guy	Claude
25 juin	14 mai	5 octobre	24 juillet	27 mai	3 décembre	7 août	14 juin	20 septembre
1556	1558	1561	1565	1568	1569	1571	1573	1575

On cite encore un Jacques Bullant, 23 mai 1571, et Pierre Bullant 12 janvier 1575.

Les dates sont prises sur des extraits de baptême où ces membres de la famille Bullant sont parrains ou baptisés (les enfants).

NOTE 8. — « La Reine donna aussi à souper aux ambassadeurs de Pologne dans son palais des Tuileries, sur le rempart et auprès du Louvre. Lorsque les tables furent ôtées, il parut tout d'un coup un rocher fort élevé, qui marchait de lui-même autour de la salle. Sur le sommet il y avait seize nymphes qui représentaient les seize Provinces du royaume de France. (Ces nymphes étaient des filles de condition de la maison de la Reine.) Après qu'elles eurent fait admirer la douceur et les charmes de leurs voix, elles récitèrent de beaux vers que Ronsard et Daurat, deux des plus beaux génies de ce siècle, avaient composés à la louange de la France et du roi de Pologne. Elles descendirent ensuite de leur rocher pour faire des présents à ce prince. Elles finirent par la danse. Le bel ordre de leurs mouvements, leurs gestes pleins de grâce et les figures extraordinaires de ces danses pleines de tours et de retours qu'on n'avait jamais vus, et qu'on avait inventés en cette occasion pour donner plus de plaisir, amusèrent agréablement les spectateurs. » (De Thou, *Hist. universelle*, tome VII, 1573; *Charles IX*, Londres, 1734.)

M. Ed. Fournier avait trouvé le volume renfermant les poésies de Daurat récitées à cette fête. Ce précieux livre contenait aussi des gravures sur le même sujet. (Voir Berty, *Quartier du Louvre*.)

NOTE 9. — Il y avait encore sur ce terrain des maisons appartenant à Bernard Coullon, à demoiselle Jeanne Thuleu, à Etienne Pinguet, Nicolas Buyer, Brillet, etc. (Voir censiers.)

TRANSLATION DES FILLES PÉNITENTES

Translation des Filles Penitentes de l'hostel d'Orléans au monastère de Saint-Magloire (1572). (Tiré des *Mémoires* manuscrits de Sauval; Félibien, t. I, p. 712.)

«1572. ... Par devant Pierre Pontrain et Edme Parques, notaires du Roy, furent présens en leurs personnes ladite dame Reine mère du roi Charles IX, d'une part, et révérend père en Dieu Pierre de Gondy, évêque de Paris, etc., d'autre part, les religieux de Saint-Magloire estans de présent audit lieu de Saint-Jacques-du-Haut-Pas, et noble et discrète personne maistre Pierre le Vigneron, docteur en théologie, leur père, et devotes et religieuses sœurs Marguerítte Motrot, Jossine de Collemont, Jehanne Gueneberde, Gilette Langlois, Agnès la petite, Françoise Bichot, Isabeau Boulet, Jehanne d'Esmery, Jacqueline Berault, Françoise Maleton, Pernette Regnault, Jacqueline Maton, Jehanne L'Hermisse, Catherine Crochet, Marguerite Feucher, Marie l'Amour, Nicolle Raverdy, Agnès de Ligny, Charlotte Amyot, Estiennette le Noble, Catherine Godine, Guillemette Bezard, Jehanne du Moret, Jehanne de la Roche, Anne Tolle, Jacqueline du Hamel,

Jehanne le Grain, Guillemette Fournier, Anne Favier, Claude de Butois, Jehanne Giffart, Catherine Beaudouin, Imberde Pinjon, Marie Seurés, Françoise Martel, Françoise de la Clef, Jehanne Donnée, Philippe le Tirant, Marguerite le Moine, Renée Savatte, Marie Pirot, Guillemette Colombel, Catherine Mesnart, Catherine Gressier, Geneviève l'Escuyer, Magdeleine du Chemin, Marguerite Tesson, Jehanne du Manoir, Nicolle l'Amy, Jehanne de Lyon, Mathurine Sorée, Jehanne David, Michelle Vilart, Charlotte le Grand, Marie Mougret, Renée Prévost, Michelle Genaille, Claude Rouge-Oreille, Jehanne Gironon, Hélène le Verdier, toutes religieuses professes représentant la plus grande et la plus saine partie des religieuses dudit monastère.

« La Reine promet aux Filles Pénitentes de faire réparer Saint-Magloire, de faire commuer la pension de 2,000 livres donnée par le roi Henri II en une donation pure et irrévocable de 2,000 l. t. de rente, sur la recette générale des finances, payable par quartier... à commencer du 1er oct. 1572, ladite rente racheptable pour la somme de 24,000 liv. tournois.

« En outre elle leur donne 1,000 liv. t. de rente à prendre sur l'Hôtel de ville de Paris, et promet de leur faire donner 1,000 liv. de pension annuelle par les ducs d'Anjou et d'Alençon, payables de quartier en quartier, racheptables de la somme de 12,000 liv. tournois, ou 6,000 liv. t. chacun. »

Note 10. — Henry, duc d'Anjou, plus tard Henri III.

Note 11. — François, duc d'Alençon, quatrième fils de Catherine et de Henri II, † 1584.

Note 12. — Les charges étaient deux sous de censive par an envers l'évêque de Paris.

Note 13. — Voir compte de 1571-72 (à la Topographie). — Nous lisons dans les comptes des pensionnaires du Roy de 1571-78 (fonds Dupuy, 852, B. N.) :

« Jean Raffelin, vallet de chambre de Sa Majesté, capitaine, concierge et garde des meubles de la maison de la Rocquette lez Paris, appartenant à Sa dicte Majesté, 300 livres. »

TRANSLATION DES FILLES PÉNITENTES A SAINT-MAGLOIRE

Note 14 — Lettres patentes du 17 septembre 1572 du roi Charles IX donnant commission à maistre Arnoul Boucher (1), sieur d'Orsay,

(1) Voir son fils (*Debtes et créanciers*, p. 83 et 123), Charles Boucher, seigneur d'Orsay, président au grand conseil (échevin 1593).

maistre des requêtes ordinaires de son hôtel et premier président de son grand conseil, et à maistre de Masparault (1), conseiller, maistre des requêtes pour la translation des Filles Pénitentes.

« Charles, par la grace de Dieu roy de France, à nos amés et féaulx conseillers, maistre Boucher, sieur d'Orsay, maistre des requestes ordinaires de nostre hostel et president de nostre grand conseil, et ..... Masparault, aussi maistre des requestes de nostre hostel, salut et dilection.

« Nous avons tousiours eu entre toutes les choses qui nous sont recommandées singulier désir et affection de subvenir et aider aux pauvres relligieux et relligieuses qui sont renfermez et tenuz soubs bonne règle et reformations en leurs monastaires, mesmement ceulx et celles qui n'ont fonds que des bienfaits et ausmosnes. Et d'autant que nous entendons de plusieurs endroicts la grande paouvreté et nécessité que endurent et suportent les paouvres filles pénitentes de ceste cité et ville de Paris tant à cause que leur monastaire situé et assis pres la Croix neuve de la parroisse Sainct Eustache, au lieu auparavant appelé l'hostel d'Orléans, n'est doué que de bien petit revenu, combien que les dictes Filles Pénitentes soient maintenant ung grand nombre, que aussi pour ce que il leur est faict si peu d'aumosnes que la plus part du temps elles n'ont de quoy vivre. Et considérans que cela en partie procedde à cause que ledict monastaire est en lieu tellement destourne et esloigné des endroicts dont elles peuvent estre secourues d'aumosnes qu'elles en demeurent plusieurs jours de la semaine en grande et extrême nécessité de vivre des choses nécessaires à la vie humaine.

« Considerant aussi que est convenable et expedient que telle relligion soit plus tost en lieu apparens et en rues qui soient plus célèbres et notables en nostre dicte ville de Paris, affin que leurs vie et austérité de relligion soit plus cogneue et recommandée, et par ce moien les gens de bien incitez a leurs bienfaits, et que au lieu ou elles sont à present l'on pourroit soupconner et penser qu'il s'y commette quelque scandale, pour ce qu'il est détourné et en quartier qui n'est guère passant (2).

« Nous, à ces causes, désirant pourvoir et remédier en sorte qu'elles soient doresnavant logees en lieu plus celebres et honnorables, et par mesme moien que les gens de bien soient incitez à leur donner et aumosner de leurs biens, avons avisé de les translater, habituer et

(1) Étienne de Masparault, sieur de Chennevières en Brie, maître des requêtes de l'hôtel (échevin 1593).

(2) Nous n'avons pas besoin de faire remarquer la perfidie de ces insinuations évidemment suggérées par Catherine de Médicis.

acomoder au lieu ou est a present l'église de Sainct Magloire située et assise au milieu de la rue Sainct Denis, auquel lieu, oultre les commoditez qu'elles pourront recevoir tant à cause de l'église et des bastimens, dortoirs, cloistres, refectuaires, chappitre, salles, chambres, chappelles et oratoires qui y sont déjà construits et edifiez, et pour l'estendue, grandeur et amplitude des cloistres et jardins dudict monastaire elles seront chacun jour et à toutes heures visitées par bienfaicts et aumosnes des gens de bien habitans de ladite rue Sainct Denis et estans es environs d'icelle. Et d'autant et par mesme moien nous desirons pourvoir a ce que les relligieux du couvent de Sainct Magloire qui sont environ douze ou treize, soient acommodez de quelque autre lieu propre et convenable à leur profession et relligion et ou ils puissent continuer à faire et celebrer par chacun jour le service divin selon leur ordre et en la manière qu'ils ont accoustumé. Nous voulons les dits relligieux dudit Sainct Magloire estre translatez, acomodez et establiz en l'église Sainct Jacques du Haut Pas située et assise es faulxbourgs de ceste cité et ville de Paris appele le faulxbourg Sainct Jacques, auquel lieu ils trouveront toute telle et pareille commodité tant de faire le dit service divin, et de leur logis est aussi grande estendue de terres et jardins en plus que au dit lieu de Sainct Magloire, à la charge toutesfois que tout le revenu de la dite abbaye Sainct Magloire, cens, rente, justice et tous autres droits que ont les abbés relligieux et couvens d'icelle abbaye leur demeurera ; sans que les dites Religieuses pénitentes y puissent prétendre, ne demander aucune autre chose que ladite abbaye, maisons, logis et jardins ainsi qu'ils se consistent pour y estre par elles celebrer le divin service avec la commodité de leurs personnes et de leur meshaige.

« Et oultre le revenu de ladite abbaie nous voulons tous les fruicts, terres et possessions apartenant et dependant du bénéfice dudit Sainct Jaques soient et demeurent a perpétuite aux dits abbés relligieux et couvents dudit Sainct Magloire, lequel bénéfice nous récompenserons en sorte que celuy qui en est titulaire aura occasion d'en demourer contant et satisfait, et ce dedans un mois au plus tard.

« Et affin que les filles pénitentes puissent doresnavant avec plus de commodité vivre et que la grande paouvreté et necessité ne les puissent distraire de vaguer à prières et oraisons, et aussi, qu'elles cognoissent combien elles sont advantagées par le moien de ceste translation et leur revenu augmenté au lieu que nous avons accoustumé leur donner deux mille livres tournois par chacun an et par forme de pension dont elles estoient paiées selon la commodité de nos affaires, nous leur avons faict et faisons don par ces présentes signees de nostre main de la somme de deux mille livres tournois par chacun an, rachaptables de vingt quatre mil livres tournois. A icelle somme de deux mil livres tournois avoir et prendre par chacun quartier d'icelluy selon et ainsi qu'il sera porté par le contract que nous promettons passer de ladite donation en leur faveur et icelle leur assigner sur la recepte générale des finances établie en ceste cité et ville de Paris, et ce oultre et par dessus le revenu et autres aumosnes qu'elles peuvent avoir de nous par chacun an. Non compris ladite pension qui demourera esteinte par le moien de ladite assignation que leur en faisons sur notre dite recepte générale, et encore et a notre dite invitation et par œuvre charitable la Royne, nostre très honorée dame mere, donnera du sien aux dites relligieuses Pénitentes la somme de mil livres tournois de rente qu'elle leur achaptera et sera assignée sur l'hostel de ceste cité et ville de Paris rachaptables de douze mil livres tournois, et nos tres chers et tres ames freres les ducz d'Anjou, d'Alançon, donneront aussi a icelles religieuses Pénitentes chacun mil livres tournois par an à prendre de quartier en quartier sur les receveurs et trésoriers généraux dont l'on leur baillera promptement les assurances nécessaires.

« Et pour ce que pour satisfaire à l'exécution de ces présentes et mettre à effet la susdite translation est besoing de commettre quelques bons et notables personnages qui, selon nostre bon vouloir et intention, s'en puissent fidèlement et soigneusement acquitter, nous a plain confience de vos soins, suffisance, prudence, expérience et bonne diligence, et pour la parfaite cognoissance que nous avons de vos personnes nous avons commis, ordonnez et deputez, et par ces présentes commettons, ordonnons et deputons et l'un de vous en l'absence de l'autre pour vous transporter audit monastaire de Sainct-Magloire et illec de par nous et en notre nom faire auxdits abbés relligieux du couvent tres expres commandement qu'ils ayent incontinent et dedans tel jour que vous adviserez estre raisonnable, a vuider ladite église de Sainct-Magloire, ensemble toutes les habitations, maisons, cloistres, dortouairs, réfectouaires, jardins et toute autre chose comprise et encloze dans l'enclos de ladite abbaie, et à nous en laisser la possession libre et entière, excepté du lieu des prisons et de l'espace ou l'on tient la justice audit Sainct-Magloire qu'entendons estre séparé et demoure audit abbé et relligieux de Saint-Magloire pour l'exercice de la justice qu'ils ont en ladite rue Saint Denis et es environs, et par mesme moien que lesdits Relligieux, leurs gens et familles et tous ce que dessus ayent à se transporter avecques les choses servantes tant à célébrer le service divin comme aornemens, relicques, calices, croix et tout ce qui appartient audit service que ce qui est de leur commodité et dont ils ont affaire pour leurs personnes et de leurs serviteurs estans au service des Relligieux en l'église dudit Saint-Jaques du Hault Pas sise comme dict est aux faulxbourgs Saint-Jaques. Et les metre en possession tant de ladite église dudit Saint-Jaques du Hault Pas que de tous les logis, jardins et autres choses dépendant du bénéfice dudit Saint-Jaques et qui y appartiennent, et incontinent que vous aurez satisfait et accompli ce qui est requis tant pour ladite translation desdits religieux abbés et couvens dudict Saint-Magloire audit Saint-Jaques du Hault Pas et que vous les aurez mis en la reelle et actuelle possession de ladite église et de tout ce qui apartient audit bénéfice, vous vous transporterez au lieu ou sont a present lesdites filles pénitentes auxquelles vous ferez aussi de par nous commandemens tres expres de laisser leur monastaire et tout ce qui en dépend, réserve leur revenu ordinaire vuide libre, et leur ordonnerez de se transporter en ladite abbaye de Sainct-Magloire assise en ladite rue Saint-Denis, et les y ferez transporter et conduire avecques toutes leurs reliques, aornemens d'église et tout ce qu'ils ont qui peult servir tant au service divin qu'a leurs commodités, et les mectrez en la réelle et actuelle possession de ladite église de Saint Magloire et des maisons et cloistres, dortouaires, refectuaires et autres logis qui estoient destinés pour servir auxdits abbés relligieux et couvent dudit Saint-Magloire, faisant les dites églises logis, visiter aussi tost que lesdits relligieux en seront hors, par personnes a ce cognoissans, affin que incontinant après tout ce qui sera a réparer soit remis en bon estat ainsi qu'il appartient.

« De ce faire nous avons dit à l'un de vous en l'absence de l'autre, donné, donnons plain pouvoir, auctorité, commission et mandement spécial par ces présentes, par lesquelles nous promettons avoir pour agréable, ferme et stable, tout ce que par vous ou l'un de vous sera faict que de négocier en tout ce que dessus, promettant en oultre par ces dites présentes faire passer tous contratz nécessaires pour l'exécution de ces presentes et translation des susdites et leur faire omologuer tant en court de Romme que ailleurs ou besoing sera par tous ou il appartiendra.

« Mandons et commandons à tous nos justiciers, officiers, sujets qu'à vous en ce faisant, obeyssant et entendant diligemment selon et ainsi que par vous requis en serons ; et affin que l'exécution de ces présentes ne soit aucunement retardée, nous voulons que par vous y soit proceddé nonobstant oppositions, etc. Car tel est notre bon plaisir.

« Donné à Paris, le 17 sept. 1572.

« Charles, et plus bas la reyne mère et les ducs d'Anjou et d'Alençon. — Pinart. — Scellé sur queue simple de cire jaune. »

« Catherine, par la grâce de Dieu, reyne de France, mère du roy.

« Le Roy, nostre très cher Seigneur et fils ayt voulu et ordonné... le transfert des F. P. afin qu'elles puissent retirer du lieu où elles estoient auparavant habituées, appelé antérieurement le séjour d'Orléans, etc., etc.

« Daté du 15 décembre 1572. »

Tiré du volume KK. 335, A. N.

Réparations faites à Saint-Magloire et à Saint-Jaques du Hault Pas depuis le 1er septembre 1572 jusques au dernier décembre 1574. 2e volume, 6e compte 1576.

Compté, examiné et clos le 30 décembre 1583.

Signé: *Duhamel*; *Lesueur*; *Dudezé.*

Commis : Michel Peton ; Estienne Grand Remy, entrepreneur des travaux de maçonnerie.

Note 15. — Du vendredy vii mars (1586). Veû par la cour des lettres patentes du roy données à Paris le 22 décembre 1585... Le roy loue et approuve la translation des Filles Pénitentes en l'église Saint-Magloire. (Félibien, *Preuves*, t. III, p. 20.)

Note 16. — Nous avons vu précédemment qu'en 1582, le « visiteur » Jehan Haton avait fait saisir l'hôtel de la reine pour se faire payer 25,000 livres qu'il obtint : c'était sans doute le rachat de la rente de 1,000 livres que devait payer le duc d'Anjou ou le duc d'Alençon, fils de Catherine.

Mais le couvent avait encore à toucher d'autres sommes sur le prix de la vente faite à la reine mère, et ce ne fut pas sans peine qu'il y parvint.

Les Filles Pénitentes ne furent payées qu'en 1604, quinze ans après la mort de la reine.

En 1602, « sœur Margueritte Tesson, humble mère des relligieuses Filles Pénitentes de ceste ville de Paris, et venerable et discrette personne Me Adrian de Beaurains (épitaphe de l'église Saint-Magloire · Adrien de Beaurain, prêtre, bachelier en théologie et bienfaiteur des religieuses du couvent de céans, † 25 mars 1610), prebstre, père spirituel desd. Filles Pénitentes, qui auroict assisté pour elles aux assemblées cy apres declarees », accordent la jouissance provisoire de Chenonceau à la duchesse de Mercœur, avec les autres créanciers.

Les Filles Pénitentes furent payées par la duchesse de Mercœur en plusieurs fois, de la façon suivante :

Le 23 juin 1603, elles reçoivent 3,000 livres ;

Le 9 juillet 1603, elles touchent encore 3,000 livres ;

Le 12 février 1604, leur créance se monte encore avec les intérêts à 23,000 livres tournois, et la dame de Mercœur est chargée de leur en payer les intérêts à raison du denier seize ;

Enfin, le 10 may 1604, les religieuses, au nombre de onze (les pro fesses), assistées de Me Loys Godebert, docteur en théologie, grand vicaire de l'évesque de Paris, superintendant et visiteur desd. mères religieuses, et de Adrian de Beaurains, prebstre, leur père spirituel, reconnaissent que la duchesse de Mercœur a remis à « honnorable homme Jean de Creil, marchant et bourgeois de Paris, la somme de 3,000 liv. tournois pour payer les dettes du couvent et autres necessitez ».

Pour le surplus de la dette, montant à 20,000 livres tournois, la duchesse fera aux dames religieuses une rente annuelle et perpétuelle de 1,250 livres tournois, etc.

Les religieuses rétrocédèrent aux autres créanciers une rente de 330 écus un tiers à elles donnée par la dite feue royne mère sur la conté de Melun, au mois d'août 1575, ensemble avec les arrérages dus jusqu'à ce moment.

On voit par les détails curieux de ce document que Catherine de Médicis avait réellement acheté aux Filles Pénitentes l'hôtel d'Orléans, et qu'elle ne leur avait jamais donné en paiement que la rente de 330 écus un tiers qu'elle ne leur servit que fort irrégulièrement, et les 25,000 livres que le père Haton lui avait arrachées en 1582. (Voir *Debtes et Créanciers de la reyne mère*, par l'abbé Chevalier ; *Quittances des Filles Pénitentes*, 1603-1604, p. 114.)

Les marguilliers de Saint-Eustache ne furent payés qu'en 1605.

« ... Le douziesme avril mil six cens, oposé maistre Pierre le Rahier, procureur des marguilliers de l'œuvre et fabricque Saint Eustache, aussy pour estre paiez de cinq cens escus de dommaiges et intérêts adjugez par arrest. » (Procédure des créanciers de Catherine de Médicis, 1593-1606, *Debtes et Créanciers*, p. 105.)

« ... Les dicts marguilliers de la dicte église Saint-Eustache de la somme de deux cens quatre vingts cinq livres tournois contenue en un exécutoire de despens. » (Arrests du Parlement en faveur de plusieurs créanciers, 1604-1605, *Debtes et Créanciers*, p. 123.)

NOTE 17. — Terrasson prétend que les religieuses étaient de très jeunes personnes dont il a vu « les petites têtes et les petits ossements assez blancs et assez polis pour donner lieu de croire qu'ils étaient des restes de personnes délicates mortes dans la fleur de l'âge » (!).

Il ajoute que, lorsqu'elles étaient mortes, on les mettait dans des trous ou espèces de tiroirs creusés en long dans le mur. Il aurait vu ces trous lors des fouilles faites sur l'emplacement de l'hôtel de Soissons... (?).

NOTE 18. — Germain Brice le trouve « fort triste et mal ordonné, n'ayant rien de considérable que son étendue ».

Saugrain dit : « Il n'a rien de singulier, quoique d'une grandeur extraordinaire. »

Enfin, Louis Guyon, sieur de la Nauche, conseiller du Roi, dans son livre : *les Leçons diverses*, Lyon, 1604, in-12, p. 708-709, écrit :

« Catherine de Médicis, veuve du feu roy Henry Second, lorsqu'elle estoit régente, combien qu'elle fust pourveue d'un bon jugement et dame d'honneur, si est-ce qu'elle se laissa persuader à aucuns flatteurs de cour que, pour rendre sa mémoire à la postérité esternelle, debvoit esdifier quelque beau palais : à quoy elle acquieça, avec beaucoup de longues persuasions ; mais elle n'eust jamais veu la seconde partie de son bastiment hors de terre, qu'elle s'en repentist, disant qu'elle recognoissoit bien que c'estoit une vraie et pure vanité de l'immortaliser par des bastiments caducs et subjets à ruine dans peu d'années, et laissa cette entreprise. Ladite dame avoit bien des maisons aux champs, passablement belles et commodes, mais elle n'en avoit à Paris, pour se loger, ses enfants estant parvenus en âge. Le Louvre, logis royal, n'estoit bastant à grand'peine pour y loger leur train : parquoy, vu que la cour en ce temps se tenoit ordinairement à Paris, elle en fist bastir un autre *de médiocre coustange*, au lieu où estoit fondé l'ordre et religion de la Magdeleine, des femmes et filles pécheresses, converties à pénitence, et fist transporter les pénitentes au lieu de l'abbaye de Sainct-Magloire, plus commode, réprouvant patemment l'avis qu'on luy avoit donné, disant que l'argent seroit mieux employé à racheter les domaines de la couronne, payer les debtes, soulagé le peuple foulé de tailles, que non pas l'employer à chose si vaine. »

Dans une lettre autographe, signée de Catherine, à Philibert de l'Orme, on lit . « Je vous renvoye lome que mayes envoye haveques les dernyers dessins dont jean suys contante et les aprouve en toutes chauses et me tarde de les pouvoir voyr mectre en œuvre..... Je vous prie vouloir tout layser par dela pour venir mettre a fin secy, car je ne desyre ryen *tant que je puysse en avoir de mon vivant le contentement de le voir terminer.* » (Vente Laroche-Lacarelle, 1847.)

Que deviennent après cela les idées que lui prêtent ci dessus Louis Guyon et de Thou ? (Voir page 56.)

Terrasson (p. 79), qui parle de ce « fameux palais qui prit alors le nom d'hôtel de la Reine », ajoute aussitôt « que la construction de cet édifice ne fut cependant pas un ouvrage d'une aussi longue haleine que bien des gens l'ont pensé ».

NOTE 19. — Le Père Pingré (*Mémoire sur la colonne de la Halle aux bleds*, Paris, 1764) prétend prouver que les fondements du palais furent jetés dès l'année 1573. Il cite comme preuve une pierre portant cette date avec un écusson « oval, parti des armes de France et de Médicis, avec ces trois lettres R. D. F., trouvée à une encognure de l'hôtel vers la jonction de la rue de Grenelle et de celle des Deux-Écus ».

Or, l'hôtel n'a jamais eu de construction importante de ce côté, qui était l'emplacement du jardin. Le mur de la rue des Deux-Écus à la rue de Grenelle ne fut bâti qu'en 1581, et, en 1575, le plan de Belleforest montre encore les bâtiments avec les murs et la tour. On y lit : « les Filles Pénitentes, où elles étaient ci-devant. » La Reine n'avait donc encore rien fait changer à cette date, puisqu'elle achetait alors la maison du coin de la rue du Four et de la rue des Deux-Écus aux marguilliers de Saint-Eustache.

Il est cependant possible que cette pierre ait été transportée en cet endroit après cette époque, mais ce n'est guère probable.

NOTE 20. — Jaillot dit qu'il n'a pas trouvé les preuves de ce fait. Elles sont dans les *Livres de comptes* des Archives.

En 1581 Supplice Bourdillon et Pierre Aussudre touchent 100 écus pour la construction du mur de la rue des Deux-Écus à la rue de Grenelle. (KK. 124.)

La Bibliothèque nationale (A. N., fr. 763) possède un *Mémoire* manuscrit *sur la qualité et l'étendue de l'emplacement de l'hôtel de Soissons* dans lequel on lit, page 31 :

« Dans une lettre du 6 septembre 1577, Catherine de Médicis demanda à la ville d'avoir une entrée par les sousterreins et casemates pour aller en bateau de son hôtel au Louvre (!). »

Nous n'avons jamais vu semblable lettre que l'auteur présumé du *Mémoire*, — probablement Bouquet, — prétend exister aux Archives de la Ville. Il est impossible qu'il veuille parler de la lettre que nous citons.

Nous en connaissons bien une autre, citée par le même Bouquet dans son *Mémoire* contre Terrasson, adressée par Catherine à M. de Villeroy, en date du 9 septembre 1567, où il est fait allusion à des travaux de canalisation, mais c'est du palais des Tuileries qu'il s'agit alors, et non de l'hôtel de la Reyne mère.

NOTE 21. — *Mémoire historique*, p. 328. — Lazare et d'autres auteurs. Il y avait des hôtels assez importants dans le voisinage de l'endroit choisi par Catherine. Quand Jehanne d'Albret vint à Paris, elle s'installa rue de Grenelle-Saint-Honoré, à l'hôtel de Charles Guillart, ancien évêque de Chartres, qui professait ouvertement le calvinisme. Il était fils de Louis Guillart, Seur de l'Espischelière ou de Pichelières, sieur du Mortier. Le 4 juin, mercredi soir, elle fut saisie d'une fièvre ardente. Le lundi 9 juin, à neuf heures du matin, elle expirait, âgée de quarante quatre ans. Les calvinistes publièrent qu'elle avait été empoisonnée avec une paire de gants que lui avait vendue le *napolitain* maître René Bianchi ou Bianco, marchand *milanais* parfumeur de Catherine de Médicis, qui tenait boutique sur le pont Saint Michel, devant le palais. Néanmoins la Popelinière, Palma Cayet et de Thou disent qu'elle mourut d'une fluxion de poitrine ou d'une pleurésie. (Michel de la Huguerye et Delaborde.)

Est-il possible que ce René Bianchi ait empoisonne Jehanne d'Albret, quand nous voyons son fils parfumeur du roy en 1578 ? Nous lisons en effet dans la liste des pensionnaires du Roy (1571-1578, fonds Dupuy 852. B. N.)

« Artisans. — Jehan Baptiste de Biancque, fils aisné de Rene de Biancque parfumeur du Roy, icelluy Bapt. retenu audit estat de parfumeur aux gaiges de 500 livres. » (Page 75.)

Voir Censiers (1575, 95, 99, 1601-1603).

Terrasson fait justement remarquer que l'indication des Censiers . « Coin de la rue du Four et de la rue d'Orléans devant la Croix-Neuve », implique l'idée de l'existence d'un bout de la rue d'Orleans qui devint par la suite le cul-de-sac de l'hôtel de Soissons et enfin la rue Oblin. Catherine ne put faire fermer cette rue à sa rencontre avec la rue Coquillière, à cause des maisons dont l'entrée se trouvait située dans la rue d'Orléans elle même. Cette disposition s'est conservée jusqu'à nos jours (1888).

- Du reste, tous les plans de l'hôtel de Soissons portent l'indication de certaines places qui n'ont jamais appartenu à l'hôtel.

NOTE 22. — Les ornements de la chapelle (nos 598, 611, 804 de l'inventaire) servaient à cette chapelle *privée*, situee dans les bâtiments mêmes de l'hôtel, et non à celle qui était située au coin des rues Coquillière et de Grenelle, qui était publique.

Nous trouvons dans les *Livres de comptes* des reparations faites à des étoffes servant à cette chapelle *privée*.

La princesse de Lorraine semble avoir eu également dans son appartement un oratoire *privé*.

NOTE 23. — L'inventaire mentionne « un grand bassin de marbre de diverses couleurs pour servir à une fontaine contenant XXI piedz de tour et circuit ».

Voici comment s'expriment les auteurs sur ce sujet :

G. Brice : « Dans un petit jardin on remarquera une statue de marbre au milieu d'un bassin élevé en guéridon, que l'on attribue à Germain Pilon. »

Saugrain : « Il y a deux jardins dans cet hôtel : un grand qui est public, et un petit auprès, dans lequel vous verrez une statue faite par Jean Goujon, qui est d'un grand prix.

Enfin Piganiol : « Au delà de la grand cour il y a un parterre au milieu duquel est un bassin de marbre porté par quatre consoles, sur lequel est une Vénus de marbre qui est d'une excellente beauté et de l'ouvrage de Jean Gougeon. »

Nous croyons avec Brice que cette statue était de Germain Pilon qui travaillait pour la reine. A la mort de Catherine nous voyons sur la liste des créanciers figurer le nom de Germaine Durand, veuve de Pilon. Le nom de Jean Goujon aura été mis par erreur par un auteur que tous les autres ont copié; cet artiste ne paraît pas avoir travaillé pour la reine mère (?).

NOTE 24. — La volière avait toujours fait partie du palais ou des hôtels des grands seigneurs. Au XIVe siècle il y avait des volières dans les deux hôtels de Nesle: celui de la rue de Nesle et celui du bord de la Seine (Jehannin, oiseleur à Nécle). Il y avait une volière chez Mme Duchie, dans la rue des Prouvaires.

Le *Mesnaigier de Paris* (1393) dit : « *Nota* que en la cage de Hesdin la plus grant de ce royaume, ne en la cage du roy à Saint-Pol, ne en la cage de messire Hugues Aubriot ne porent oncques estre couves et apres parnourris petis oiseaulx, — en la cage de Charlot si font, *scilicet* pons, couves nourris et parnourris. » Mais quel était cet Hesdin ? quel ce Charlot ?

En 1377 nous trouvons dans les comptes :

« XX frans donnés à Jobin d'Ays qui garde noz rossignols de nostre chastel du Louvre. »

En 1416, Isabeau de Bavière fait payer :

— « A Jaquet Saunier, garde-harnoiz, pour avoir acheté du blé, du millet chenevis et navette pour les tuites et petis oyselez de la reyne par commandement d'Alizon, III s. » (7 mars.)

— « A Henry Ollevier sergent d'armes, qu'il avoit paié du sien pour fil d'archal pour faire la caige aux oiseaux de la reyne, IIII sols. » (Septembre 1416) — (KK. 49, A. N., cité par P. Bournon, hôtel Saint-Pol.)

Le 24 avril 1394, à Pierre Baloches, paintre, pour avoir paint tout de neuf la caige au papegaut (perroquet) de la Royne (Isabeau de

Bavière) et en icelle avoir fait un grant guichet tout neuf et livrés III gobelés d'estain, III bastonnez feutrez fil d'areschal et autres choses à ce nécessaires, etc., 60 s. p. (*Archives de l'art français*, 1re série. Documents.)

En 1403, Louis d'Orléans achetait un papegault à Avignon 50 escus d'or et le faisait apporter par deux hommes, chargés de veiller à sa nourriture jusqu'à Pont-Saint-Esprit. Il leur payait 4 escus pour leurs gages. De là il le faisait venir à Lyon, 2 fév. 1403, et leur remettait 6 escus. (Champ.-Figeac, p. 252.)

En 1587, celui qui avait l'entretien de la volière de Sa Majesté la reine mère touchait 33 escus 20 sols par quartier (KK. 117, A. N.).

Nous savons de plus que Catherine avait un perroquet qu'elle emportait avec elle en voyage.

— A une femme de chambre, 6 sous qu'elle a baillés à un garçon pour avoir apporté le « paroquet » de ladite dame (la reine) de Beauvais à Saint-Germain (fr. 10396, B. N.).

Si Catherine de Médicis aimait les oiseaux, comme le prouve cette note des comptes de 1579:

— « Pour avoir fait une cage pour porter les autres cages par les champs où sont les petits oyseaulx d'icelle dite dame la Reine, la somme de x solz tournois »,

En revanche, sa petite-fille aimait les singes:

— « Pour une quaisse à mectre la guenon de madicte dame la princesse de Lorraine avec une boulle pour la astacher, L. s. t. » (1579.)

Un pareil animal devait coûter cher à cette époque; nous savons en effet que Jehanne d'Albret, passant par Blois, avait payé au sieur Arnaud Duvergier 38 livres pour une guenon, en 1577. (Delaborde, *Ducs de Bourgogne*.)

Mais nous voyons, d'après les tapisseries et les miniatures, que cet animal était assez commun; aussi ne sommes-nous pas surpris de trouver la note suivante:

1456, 24 avril. Note de 12 s. 6 d. t. payée à Jehan Raujart, serrurier de Blois, « pour avoir fait deux colliers de fer fermans à clef, l'un pour atacher Belon la folle, et l'autre pour mettre au col de la cingesse de madame la duchesse » [d'Orléans]. (Coll. de Bastard, B. N.)

Il y a un curieux travail sur les animaux privés au moyen âge, en cours de préparation. Le docteur Hamy, qui en est l'auteur, nous apprend que, vers 1245, on trouvait dans le cloître N.-D., à Paris, des ours, des cerfs, des corbeaux et des guenons.

En 1416, Marguerite de Bavière élevait, à Dijon, un porc épic.

En décembre 1481, Guillaume Moire vendait à Louis XI des élans et des rennes, 1,875 livres, et les amenait au Plessis-les-Tours.

Enfin, en 1531, un capitaine Piton était envoyé par François Ier à

Fez, pour y acheter des lions et des onces. Le capitaine du vaisseau qui l'emmenait s'appelait Baptiste Auxilian.

Note 25. — Les plans de Paris ne nous ont été d'aucune utilité dans notre restauration de l'hôtel de la Reine. Les seuls documents offrant de l'intérêt sont les deux vues d'Israel Silvestre (1621, † 1691), faites au moins quarante ans après la mort de Catherine. *Toutes* les autres vues de l'hôtel de Soissons, Mérian, Saint-Victor, etc., ne sont que de mauvaises copies de celles de Silvestre.

Note 26. — Les écuries indiquées sur notre plan de l'hôtel de la Reine (nº 23) pouvaient contenir une quinzaine de chevaux *au moins*. Les autres devaient être logés dans les environs, au Louvre, ou chez les différents officiers.

Note 27. — P. de L'Estoille.

Note 28. — Nous citerons dans les *Livres de comptes* ce detail curieux :

« Pour huile de peterolles acheptée pour gresser la jument, xxiii sous tournois. » (1563.)

Nous savions déja que l'huile de pétrole était connue, car nous avions vu dans Delaborde (*la Renaissance des arts*, tome Iᵉʳ, p. 88), à propos d'un catafalque élevé à l'enterrement de François Iᵉʳ (compte de François Clouet) :

« Pour les painctures et colles, pinceaulx, huille de petrolle et autres estoffes qu'il a convenu avoir pour les dictes effigyes et mains, x livres. »

Elle était employée dans les moulages en plâtre.

Si nous voulions entrer dans les petits détails de la vie de Catherine de Médicis, nous ajouterions qu'elle payait « 20 liv. tournois à Jean Scipion, peintre, demeurant à Paris, pour un tableau auquel est la figure de madame de Crussol que la Reine a retenu pour envoyer en son château de Monceaulx ;

— « A Pierre Pertat, peintre, demeurant à Rennes, 23 livres 3 solz 6 deniers pour avoir peint sur canevatz et toille 206 fleurs à raison de 2 solz la pièce ;

— « A Priamus Lucas, peintre, à Paris, 4 liv. 18 solz pour avoir portrait en parchemin le parterre du cloz du pail maille de Monceaux, etc. ».

Elle était généreuse et faisait l'aumône, comme l'indiquent les lignes suivantes :

« — A des soldats gascons, à quatre soldats allemands rencontrés sur les routes, 2 escus. »

Enfin nous avons la preuve que Catherine portait des faux cheveux puisqu'elle paie en 1558 :

— « A une pauvre femme qui amena une fille à la reine pour avoir ses cheveulx, 5 sous. »

Voici, pour terminer, le prix des objets les plus communs :

— « Pot de chambre en terre, 2 solz ; en estain, 8 solz. » (10396, S. fr. 178 [21], B. N.)

Cet état de dépenses est signé : *Caterine*, 1558.

Nous attendons avec la plus vive impatience la fin de la remarquable publication de M. Hector de la Ferrière (*Correspondance de Catherine de Médicis*, 3 vol. déjà parus). Il est probable que nous trouverons dans les derniers volumes des lettres qui jetteront quelque lumière sur des faits jusqu'ici ignorés.

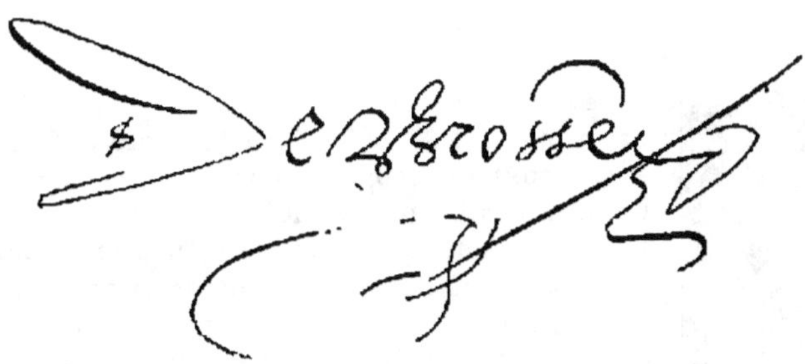

Fig. 156. — Signature de Salomon de Brosse

[1615, 13 février.] Reçu de 900 livres pour les quartiers de janvier, avril et juillet 1614. F. fr. 26194, nº 893. B. N.]

CHAPITRE V

PREMIÈRE PARTIE

L'HOTEL DE LA REINE APRÈS LA MORT DE CATHERINE DE MÉDICIS, 1589

NOTE PREMIÈRE. — « ... Et à la vérité la face de Paris estoit misérable, car l'on eust veu un Clerc, un Louschard, un Senault et un Morlière, un Olivier et autres, qui avec main armée fourageoient les meilleures maisons de la ville, principalement où ils sçavoient qu'il y avoit des escus, et ce sous un masque digne de voleurs, pource qu'ils estoient (disoient-ils) Royaux et pourtant de bonne prise. » (Ed. de Cologne, 1660, p. 124. Pierre de L'Estoile.)

NOTE 2. — Le 13 mars 1589, Mayenne avait été nommé lieutenant général de l'État royal et couronne de France par le conseil général de la Sainte-Union ou des Quarante, créé par les Seize.

Il était président du conseil des Seize en 1591.

NOTE 3. — Jehan, licentié clerc au greffe de la chambre des comptes. (*Inventaire*, p. 48.)

NOTE 4. — Ce La Chastre eut la garde des faubourgs Saint-Jacques et Saint-Germain-des-Prés. Mayenne se réserva celle dès faubourgs Saint Denis et Saint-Honoré.

NOTE 5. — « ... Mon procureur général m'a amené ung jeune jacobin qui disoit avoir lettres du premier président de ma court de parlement, à me dire quelque chose de sa part... » (Lettre escripte par le feu roy Henry III, deux heures après sa blessure, à la reyne son espouse. *Cab. hist.*, t. III.)

Henri III fut assassiné à sept heures et non à huit.

La mort du roy fut sceue à Paris dès le mercredi matin. Le peuple, pour tesmoigner sa joie, s'habilla de vert, qui est la livrée de la maison de Lorraine. La duchesse de Montpensier, que le Roy avait menacée de faire brûler vive, s'il rentrait à Paris, fut la première à distribuer des écharpes vertes à tous les bons ligueurs. Estant montée en carrosse avec la duchesse de Nemours, sa mère, elle se fit promener avec elle par toutes les rues, et toutes deux criaient au peuple : « Bonnes nouvelles, mes amis ; bonnes nouvelles. Le tyran est mort : il n'y a plus de Henry de Valois en France. » (Felib., p. 1183 ; Godefr., p. 287.)

Note 6. — Pierre Bernardon, dit Bouville, était vallet de chambre de la Reyne et concierge de Monceaulx en 1558. (B. N., 10396. S. fr.)

Note 7. — Le 30 mai 1591, à sept heures du soir, les dames duchesses de Mayenne et de Montpensier se faisaient livrer par Mathieu d'Herbannes, tapissier du roi, un lot de meubles, qu'elles emportaient du Louvre malgré les protestations inutiles de d'Herbannes. *(Chambre des Comptes*, archives Nicolay, éd. Boislisle, 1873, pp. 198 et 199.)

Note 8. — Le 24 mars 1594, Henri IV, deux jours après son entrée dans Paris, alla visiter les duchesses de Nemours et de Montpensier qui logeaient ensemble (probablement à l'hôtel des Princesses).

— Vous voulez bien du mal à Brissac ? (le gouverneur de Paris), leur dit-il. Une de ces dames lui répondit :

— Je savais bien qu'il fût lâche, mais je ne savais pas qu'il fût traître.

A ce moment, Mayenne était hors de Paris, et le duc de Nemours, élu gouverneur de Paris le 11 mai 1590, avait été remplacé par le comte de Belin, destitué le 17 janvier 1594, pour céder la place à de Brissac qui vendit Paris pour la somme de 1,695,400 livres !

COLLECTIONS DE CATHERINE DE MÉDICIS

(d'après l'Inventaire)

Nous avons eu la curiosité de rechercher les objets ayant fait partie des collections de Catherine renfermées dans son hôtel et conservées dans nos musées. Voici le résultat de nos recherches :

ARMES

Le Musée d'artillerie possède l'arbalète à jalet (petite balle) dont Catherine se servait avec adresse, au dire des contemporains. C'est une arme élégante admirablement ouvragée.

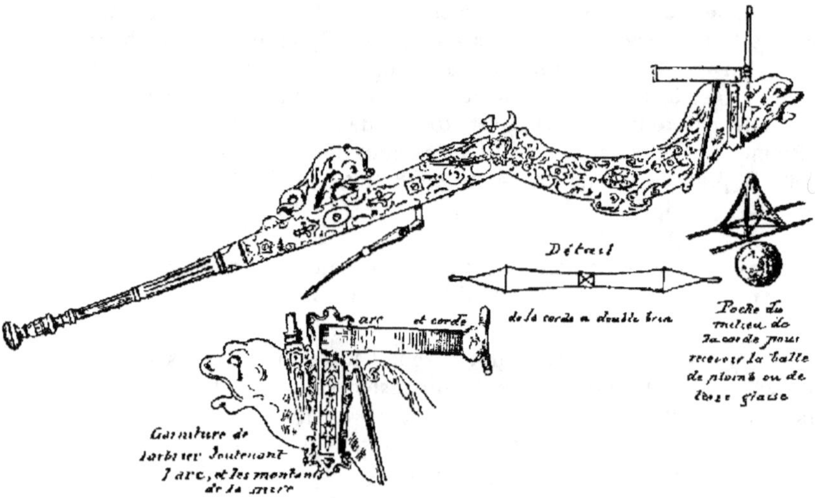

Fig. 158 à 161.

Arbalète à jalet ayant appartenu à Catherine de Médicis (Musée d'artillerie). Longueur 0m80. Arbrier en bois d'if sculpté. Cette arme, destinée à la chasse aux petits oiseaux, lançait des balles de plomb ou de terre glaise. La corde, doublée, offre dans sa construction un logement pour y placer le projectile. Deux montants en fer, traversés par un fil dont le milieu était marqué par une perle de verre, servaient, avec une hausse mobile, à determiner la ligne de mire.

LIVRES

La Bibliothèque nationale, les Archives, les musées de Cluny et du Louvre, et en général les bibliothèques de Paris, renferment toutes des autographes de Catherine avec sa signature (1).

Au musée de Cluny, sa signature se trouve sur un titre en parchemin (nº 1833).

Au Louvre, on trouve dans la galerie d'Apollon, D. 978 :

Un merveilleux livre de prières avec ses armes. La reliure est en

(1) La Bibliothèque renferme une correspondance autographe volumineuse et de nombreuses quittances signées de sa main.

maroquin rouge, avec des appliques d'or émaillées sur les plats. Au centre un S barré (fermesse) soutenu par deux mains entrelacées, et la devise en vers : *Firmus Amor, junctæ adstringunt, quem vincula dextræ.*

Ce livre renferme, sur 223 feuillets de vélin manuscrits, une quarantaine de portraits de famille.

Il est probable que ce livre a été fait en plusieurs parties et à différentes époques.

A la Bibliothèque nationale, outre une grande partie de ses manuscrits provenant de la collection mentionnée dans l'*Inventaire,* nous trouvons des livres imprimés, reliés superbement. C'est d'abord un magnifique volume portant la devise ΦΟΩΣ ΦΕΡΟΙ, etc., deux fois sur les plats, avec les H et les C entrelacés. Il contient les Discours astronomiques de Bassantin (Lyon, De Tournes, 1557).

Un autre volume aux armes de Catherine et de Charles IX, — un K et un C couronnés, — renferme l'éloge de Henri II, par Paschal.

Un « Agapetus » de 1563, etc.

Un manuscrit des poésies de Charles d'Orléans, grand in-4 sur vélin très blanc de 112 feuillets, minuscules gothiques. Reliure de pièces rapportées. Monogrammes de Catherine : C. M., répétés et entrelacés Au milieu on lit la devise : *Per ardua surgo.* Ce manuscrit provenait de la bibliothèque de Henri II. Il passa, après Catherine, dans celles de Bellesdins, de Baluze, de Colbert, pour arriver enfin à la bibliothèque du roi.

La Description du pais de Lyonnois par le P. de Nicolay (mentionné dans l'*Inventaire*), etc.

Un manuscrit de Théon d'Alexandrie, f. g. 2400.

Quatre livres de mathématiques d'Angèle de Crète, f. g. 2340, magnifiquement reliés, avec armes et devises, et d'autres.

TAPISSERIES

Le Cabinet des estampes possède les dessins de la suite des tapisseries d'Artémise commandées par Catherine à Henry Lerambert et exécutées à la Trinité.

OBJETS D'ART (sculpture, peinture, émaux, verreries, bijoux, etc.).

Le musée de Cluny nous offre :

1. — Un médaillon en marbre : figure en pied de Catherine en Junon, attribuée à Germain Pilon (451) ;

2. — Un soulier provenant de sa garde-robe, à pointe longue, plate et carrée, garni jusqu'au cou-de-pied d'une étoffe de soie brodée de rosaces en argent très serrées. Le talon est droit et très haut ; la

semelle forme patin et retient la pointe. On voit encore les traces d'un galon sur les bords du soulier et sur les coutures. Le soulier est en peau blanche. Plusieurs autres chaussures analogues;

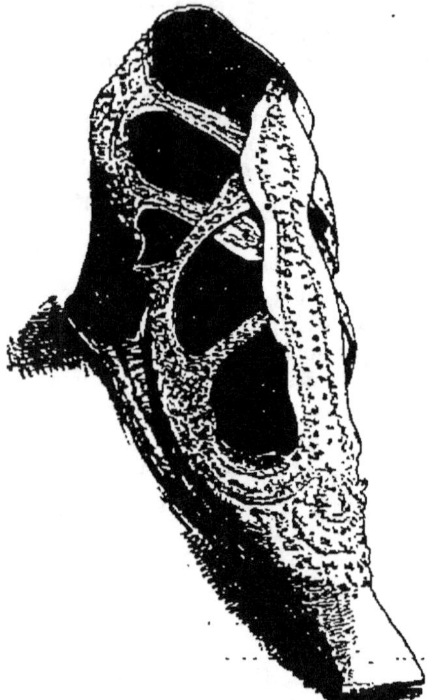

Fig. 162. — Soulier de la garde-robe de Catherine de Médicis. (Musée de Cluny, n° 6647.)

Fig. 163. — Soulier de la garde-robe de Catherine de Médicis. (Musée de Cluny, n° 6646.)

3. — Des émaux, entre autres le portrait d'Éléonore d'Autriche, et un magnifique cabinet de deuil (triptyque), aux chiffres de Henri II et de Catherine, renfermant son portrait sur émail. Elle porte un costume de deuil et est agenouillée dans un oratoire.

Sujets religieux sur les volets renfermés dans neuf médaillons $\frac{10}{18}$. 4589. — Des faïences.

Le Louvre possède dans la galerie d'Apollon :

1. — Des portraits en cire à cadre d'ébène;

2. — Des verres à boire en cristal de roche avec monture en or émaillé, des faïences de Palissy, des plats, des salières, des brocs, des saucières, des coupes, etc. (1);

3. — Des émaux, portraits de François II et de François de Lorraine ; un portrait de Catherine en deuil, avec deux personnages inconnus;

4. — Une coupe ajourée, dite *aux marguerites*, aux chiffres de Henri II et de Catherine ;

5. — Des verres, des gondoles, des coquilles, des pendeloques, etc.;

6. — Enfin un buste en albâtre de Charles IX par Germain Pilon.

Fig. 164. — GERMAIN PILON
[d'après une estampe du XVIe siècle.]

(1) Catherine de Médicis dinait rarement chez le roi ; ceci ressort des *Comptes de bouche* (fr. 25759-60, B. N.).

1587 (1er avril). Le roy dîne avec la Reyne mère du roy, madame la princesse de Lorraine et train à Paris.

1588 (21 mars), d° à Paris.

1588 (16 avril), d° à Paris.

1588 (13 sept.), d° à Bloys.

DEUXIÈME PARTIE

LA COLONNE DE LA HALLE AU BLÉ

NOTE PREMIÈRE. — Malgré toutes nos recherches, nous sommes forcé d'avouer que nous n'avons rencontré aucun document qui indiquât que ce fût Bullant le constructeur de la colonne, excepté la gravure de Silvestre et Sauval, t. III, p. 10.

Une observation curieuse : la colonne est orientée suivant les diagonales de l'entablement carré, indiquant exactement les quatre points cardinaux. Est-ce l'effet du hasard? Le seul fait certain concernant les observations astrologiques de Catherine est celui-ci : à Blois, existe la vieille tour du Foix sur le sommet de laquelle elle avait fait bâtir un petit édifice portant cette inscription au-dessus de la porte d'entrée : *Uraniæ sacrum*. Et c'est tout. (De la Saussaye, Blois.) Il faut reléguer au rang des fables l'histoire de l'apparition du miroir au château de Chaumont que Catherine achetait en 1550. Si Catherine s'était adonnée à l'astrologie *avec Ruggieri* à ce moment, quel âge aurait-il eu, lui qui était jeune en 1574, et qui meurt 65 ans plus tard, en 1615.

Le seul auteur *contemporain* qui avance que « cette reine fit faire exprès la colonne pour y aller quelquefois étudier avec ses mathématiciens » est un certain Heutzneuve, cité par Sauval. Il nous a été impossible de retrouver l'ouvrage de cet auteur.

Le seul livre *contemporain* où nous ayons vu citer la mention d'une prédiction faite à la reine mère est un almanach de Rantzovius dans lequel le nom de Ruggieri ne se trouve pas (1580). Voici le passage qui nous intéresse. « Reginæ Franciæ Catharinæ Medices Henrici Regis conjugi prædictum est ab astrologis eam natam esse ad destruendum principatum ad quem connubio perveniret, teste Guicciardino. Quemadmodum etiam ejus avunculus Pontifex Clemens VII Carolo V retulit Jovio narrante, in sua historia. Id an ita sit, penes lectorem judicium esto. » (*Catalogus imperatorum ac regum qui astrologicam artem amarunt*. Anvers, 1580, p. 53, V, 8°, 603.)

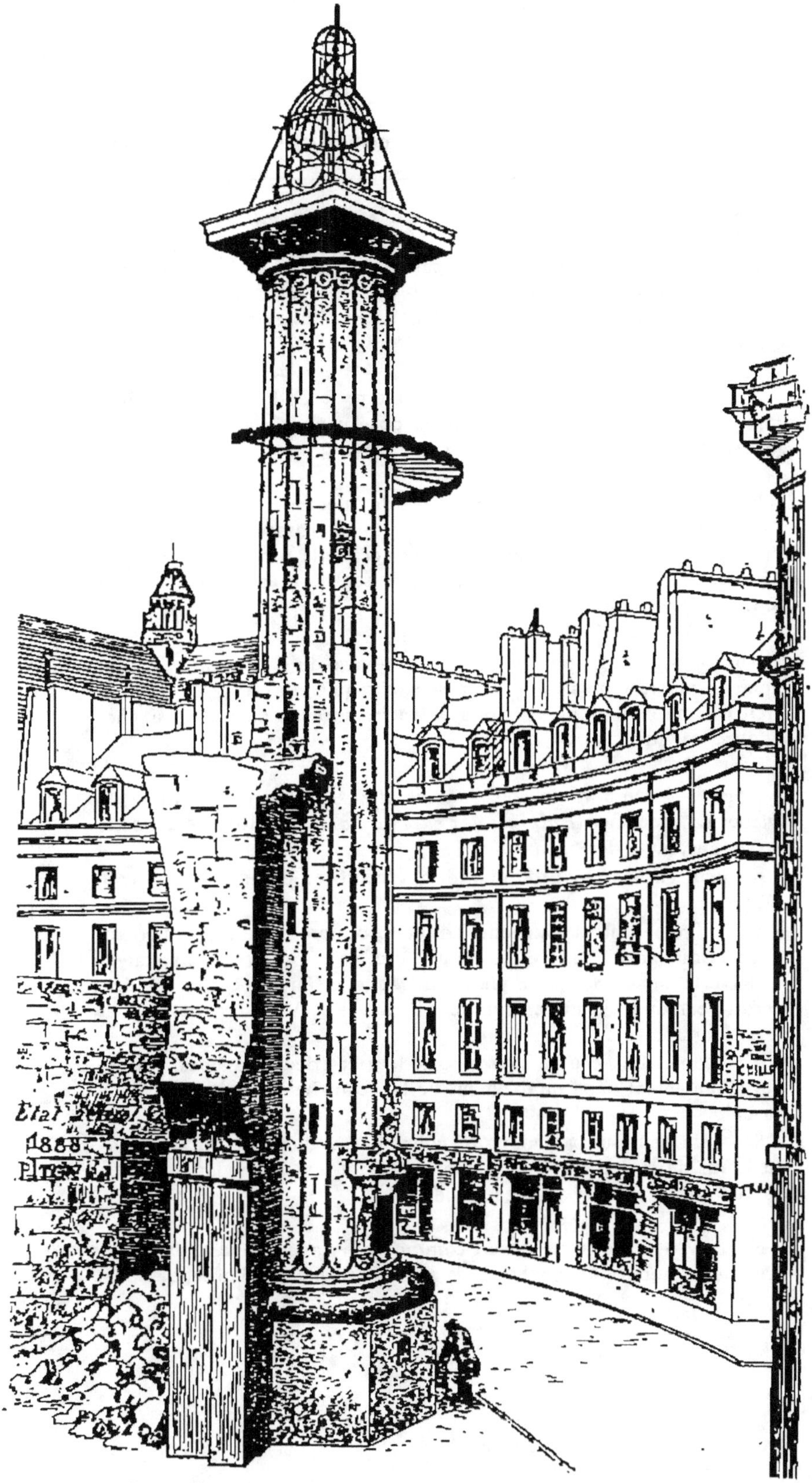

Fig. 166. — Vue de la Colonne de la Halle au Blé en 1888.

NOTE 2. — Et non 32 (Bonnaffé). Le *Magasin pittoresque*, t. IX, p. 184, donne : hauteur totale, 32,48, et diamètre intérieur, 2,92. Son diamètre est de 3m154mm dans la partie inférieure, et de 2m653 dans la partie supérieure. Elle aurait 31m50 en comprenant l'amortissement en fer qui la surmonte. M. A. de Barthélemy lui accorde *143 pieds, 47 mètres !*

NOTE 3. — « Elle servait d'observatoire à Catherine de Médicis lorsque celle-ci se livrait à ses folles observations astronomiques. » (Berty, t. II, p. 33, *Louvre*.) Et les preuves ?

NOTE 4. — « Quoiqu'elle soit imitée de la colonne Trajane, cependant elle ne lui ressemble ni en hauteur, ni en grosseur », répète Piganiol après Sauval. Il est vrai que ce dernier, ne la trouvant ni dorique, ni toscane, ajoute : « Le mieux qu'on puisse faire est de lui donner le nom d'*hermaphrodite* » (!).

NOTE 5. — « C'est pour marquer le veuvage de Catherine et témoigner en même temps la douleur sensible qu'elle avait de la mort de Henri II, ne voulant plus plaire à personne après la mort d'un si cher epoux. » (Sauval, p. 220, t. II.)

NOTE 6. — On a voulu voir dans ce chiffre la lettre D, initiale de Diane. Ed. Fournier (*Énigmes des rues de Paris*, p. 280) a réfuté cette erreur insolente de Piganiol.

On peut encore aujourd'hui (1890) déchiffrer distinctement sur le fût :

1. — Trois chiffres couronnés (H et C, et non D) situés un peu au-dessous du cadran solaire de Pingré qui les a préservés. Ils etaient recouverts d'une couche de plâtre sur laquelle étaient peintes des draperies portant les chiffres romains des heures. (Voir les gravures et les lithographies) ;

2. — Une naissance de couronne de laurier à deux branches, coupée horizontalement par l'entablement de la corniche de l'ancienne halle au blé ;

3. — Un peu plus bas, un motif, coupé perpendiculairement par l'ancien mur de la halle et representant des cornes d'abondance reliées par un ruban terminé par des glands.

NOTE 7. — Cette porte devait communiquer avec l'hôtel ; la porte actuelle a toujours débouché sur la cour. (Voir plan de l'hôtel de Soissons.)

Note 8. — « Ce faîte est surmonté d'une espèce de sphère de fer qui couronne tout l'ouvrage ; je dis une *sphère* pour me conformer à l'usage reçu. J'ai considéré attentivement ce couronnement, je n'y ai rien trouvé d'analogue à ce que nous entendons communément par le nom de sphère armillaire ; ce sont des cercles et des demi-cercles entrelassés qui ne me paraissent avoir aucun trait à l'astronomie. Ont ils quelque rapport avec les profondeurs de l'astrologie ? On l'assure : mais je ne suis point assez initié dans les mystères de cette science pour prononcer sur cette question ; sa décision d'ailleurs me paraît fort peu intéressante. » (*Mémoire sur la colonne de la halle aux bleds*, par A.-G. Pingré, astronome-géographe de la marine. Paris, 1764.)

La sphère, — de 10 pieds de diamètre sur 6 ! dit Sauval qui n'etait pas géomètre, — dont parle Pingré, n'existait plus à l'époque où Bachaumont aurait, soi-disant, acheté la colonne. Il ne restait à ce moment que la cage en fer, comme le montre la gravure de Carmontelle.

M. A. de Barthélemy (*Mémoires de la Société de l'histoire de Paris*, tome VI) voit dans cette sphère un emblème destiné à rappeler les devises de Henri II et de François II. Pour nous, c'était simplement une boule décorative qui surmontait la cage. (Voir les gravures de Silvestre, faites très vraisemblablement d'après nature.)

Il est à remarquer que dans la gravure donnant la colone en élévation, en coupe, et surmontée de la sphère, les cotes se trouvent partout, excepté sur la sphère qui n'est même pas dessinée sur la coupe !

Note 9. — Ils sont indiqués grossièrement sur la gravure de la calcographie du Louvre par Olivier.

Il nous faut ici remarquer que, tandis que nous lisons dans les comptes de Henri III : « 1° En 1578, à Abbatia, médecin et *astrologue* du roi, a raison de xxv s. par jour, 456 liv. 5 solz (F. Dupuy 852, B. N.) ; 2° en 1580, à Bernard Abatia, medecin et *astrologue* dudit seigneur (le roi), la somme de quinze escus sols pour ses étrennes, 25 janvier (KK. 140, A. N.) ; 3° et en 1582, à Me Bernard Abattia, médecin et *astrologue* dudit roi, la somme de douze escus deux tiers quinze solz t. à lui ordonnée pour sa pension qu'il a plu à Sa Majesté de lui bailler pendant le mois de janvier, ledit contenant xxxi jours qui, à raison de xxv solz par jour, xxii escus 2 tiers xv solz..., » on retrouve *quatre* fois la même mention a des dates différentes. (B. N., 26170-26171. Henri III.) Les livres de comptes de la Reine mère, qui entrent dans les détails les plus minutieux et mentionnent tous les gens « à gaiges », ne citent *jamais* le nom d'un astrologue. Ne pas confondre Abbatia avec *Akakia* Martin, dont le vrai nom etait *Sans Malice*, qui était médecin lecteur au Collège de France, et qui mourut en 1551. — Un Martin Akakia, son petit fils, meurt en 1677. (Lucas de Montigny, *Catalogue.*)

Les astrologues étaient nombreux, puisque L'Etoile écrit : « En février 1587, Dominique Miraille et sa femme, le vingt septième, furent accusez de magie, furent penduz et estranglez, puis bruslez.

« On trouva cette exécution nouvelle à Paris, pour ce que ceste vermine y estoit toujours demeurée libre et sans estre recherchée. Et mesmes du temps du roy Charles IX estoit provenüe par l'impunité jusques au nombre de trente mille, comme confessa leur chef en 1572. »

NOTE 10. — On cite encore parmi les *amants* de Catherine, Jacques de Savoie, duc de Nemours, et Chemerault de Barbesières (Méry de la Roche), celui-là même qui fut envoyé en Pologne annoncer la mort de Henri III C'est vraiment trop pour cette reine que Niel qualifie « la chasteté même ».

TROISIÈME PARTIE

RUGGIERI

NOTE PREMIÈRE. — Lettre de Lanssac au Procureur général :

« MONSIEUR,

« La Reyne mère m'a commandé de vous escrire que le petit Cosme nigromancien que vous scavez a esté prins prisonnier et mis entre les mains du prévost de l'hostel qui a commandement de le vous amener affin de le faire diligemment et incontinent interroger, ouir et très expressement examiner par messieurs les présidents premier et de Bouville, et surtout de le faire interroger sur certaines images de cire qu'on dit qu'on a trouvé parmy les besongnes de La Molle, ainsy que dit le lieutenant du chevalier du guet et dont la dicte dame reyne avait commandé monsieur de Bonneul, fils de monsieur le président, d'en avertir le dit sieur le premier président pour en savoir la vérité dont Sa Majesté a grand désir de savoir des nouvelles. Si vous en scavez, vous me fairez grand plaisir de m'en mander par ce porteur. Et ce tant je me recommande très affectueusement à votre bonne grâce.

« Du bois de Vincennes, le 22 avril 1574.

« *Vostre obéissant et parfaict amy à vous servir,*

« LANSSAC. »

Lettres de la reyne mère Catherine au Procureur général du Parlement de Paris, touchant Cosme Ruggieri, accusé d'avoir fait une image de cire contre le roy Charles IX (1574).

« MONSIEUR LE PROCUREUR,

« Ce soir l'on me dit de vostre part que Cosme ne disoit rien, c'est chose certaine qu'il a faict ce que mon fils d'Alençon avoit sur lui, et que l'on m'a dit qu'il a faict une figure de cire à qui il a donné des coups par la teste, et que c'est contre le Roy, et que ladite figure a esté trouvée parmi les besongnes de La Molle, aussy que où il logeoit à Paris il a beaucoup de meschantes choses et de livres et autres papiers; je vous prie m'advertir de ma part de tout ce que dessus le premier président et le président Hennequin et me mander tout ce qu'il aura confessé et si ladite figure a esté trouvee, et qu'au cas qu'elle le soit, faicte que je la voie.

« Du bois de Vincesnes, ce vingt-neuviesme d'avril.

« Je suis...

« CATHERINE. »

Autre lettre de la Reyne au dit Procureur pour même sujet :

« MONSIEUR LE PROCUREUR,

« Je vous envoye ce porteur qui est a moy qui vous dira ce que le lieutenant du prévost de l'hostel luy a dit que Cosme luy dit quand il le prit, et affin qu'il ne change je luy ay faict dire, et je vous l'escris icy, qui est que ledict Cosme incontinent qu'il fut pris luy demanda si le Roy vomissoit et s'il saignoit encore et s'il avoit douleur de tête, et comment il alloit de La Molle, et qu'il l'aymeroit tant qu'il vivroit. Faictes luy tout dire et envoyez quérir ledit lieutenant et communiquez la présente au premier Président et au président Hennequin, et que l'on scache la vérité du mal du Roy, et que l'on luy fasse deffaire s'il a faict quelque enchantement pour faire aimer La Molle à mon fils d'Alençon, qu'il le deffasse. »

« A unze heures du soir, 29 avril.

« Je suis..... « CATHERINE. »

A Monsieur le Procureur général. (F. fr. 18452, B. N.)

NOTE 2. — 1574. De Thou, à propos du procès et de la condamnation de La Molle, dit qu'on avoit trouvé chez lui une petite image de cire, dont il avoit percé le cœur avec une éguille, qu'il prétendit tenir d'un Florentin, nommé Cosme Ruggieri : « Le Florentin sur-le-champ fut arrêté et rasé, traitement ordinaire de ceux qui se mêlent de malefices. Mais la Reine, chez qui Ruggieri et tous ses semblables étoient très bien reçus, le tira des mains des juges. » Laboureur prétend au contraire que Catherine voulait le voir pendre, et Bayle (*Dict. phil.*, art. « Ruggieri ») partage cette opinion, qui est la nôtre.

NOTE 3. — Extrait d'un contrat de vente reçu et passé par-devant Lermon et Le Camus, notaires au Chastellet de Paris, en date du quinziesme jour de mars mil six cens trois, par lequel fut présent réverend père en Dieu messire osme de Rogery (Ruggieri), conseiller et aumosnier ordinaire du Roy, abbé de l'église et abbaye de Saint Mahé, fins de terre (Finistère), diocèse de Lehon (Léon) en Bretaigne, estant de present à la suitte de la cour de Sa Majesté en ceste ville de Paris, logé rue du Four : (avoir vendu) à honorable homme Barthelemy Bidault, M^e tailleur d'habitz, bourgeois de Paris, et y demourant en ladite rue du Four, en la maison cy après déclairée : « Une maison contenant un corps d'hostel applicqué a quatre estaiges et greniers avec une petite cour, salles et aussy ses appartenances et dépendances, les lieux ainsi qu'ils se poursuivent, comportent et extendent de toutes parts et de fondz en comble, assise en ceste ville et assiz en ladite rue du Four où soulloit estre cy devant pour enseigne sur la porte « le Lyon noir » audit sieur vendeur appartenant de son conquest qu'il a faict de deffunct Gilles Bynet en l'an 1587, tenant d'une part, icelle maison aux enfans feu Me de Brion..., aux enffants deffunct le sieur Michel Charpentier, vivant marchand, abboutissant d'un bout et derrière au logis de feu Me Pierre de la Fa, vivant conseiller de la chambre des comptes, et d'autre bout par devant sur la dicte rue du Four... moyennant la somme de 3900 livres tournois. » (S. 1099, A. N.)

NOTE 4. — M. Capefigue écrit dans son étude sur Catherine : « J'ai recherché très sérieusement quels pouvaient être les rapports de Catherine de Médicis avec Cosme ou avec d'autres astrologues italiens de Florence et de Venise : je n'en ai trouvé nulle trace, si ce n'est pour la conjuration de La Molle et Coconas dans laquelle Cosme paraît s'être séparé de la reine mère... »

« Les astrologues, physiciens, parfumeurs, baigneurs étaient tous Italiens au service de chaque gentilhomme ; ils savaient bien des secrets parce qu'on les mêlait à toutes les intrigues de politique et d'amour. » (Page 77.)

Le même auteur défend la mémoire de Catherine qu'on a injustement accusée de tous les crimes, et finit en disant : « La guerre civile, elle espéra l'apaiser : elle périt à l'œuvre. Les partis se sont vengés sur elle. Voilà l'histoire. » (*Catherine de Médicis*, Capefigue.)

Parmi les astrologues de Catherine, Destigny (de Caen) cite sans faire connaître ses autorités : « Gabriel Siméoni; Cardan, Milanais ; Gauric ; Regnier; et mad. Castellane. » (*Hist. myst. de C. de M.*, Paris, P. Boizard, rue Jacob, 25, ouvrage de parti pris fait dans un but de spéculation. Il n'en parut que les premières livraisons. J.-P. Destigny [de Caen].)

Nous pouvons ajouter que M. Mayer, dans la *Galerie philosophique du* XVIe *siècle*, et M. Louis Paris, rendent pleine justice à la Reyne mère, qui du reste avait été parfaitement défendue par M^r^ des Portes Bevilliers dans son discours à la reine mère Marie de Médicis, dès 1621. (Voir *Cabinet historique*.)

Fig. 167, 168. — Méreau des vendeurs de grain de la ville de Paris (1550). Plombs trouvés dans la Seine (Forgeais.)

CHAPITRE VI

PREMIÈRE PARTIE

HOTEL DE SOISSONS (1589-1741)

NOTE PREMIÈRE. — Voir dans La Saussaye le plan du château de Blois, avec la chambre de la Reine mère et le passage où le duc de Guise fut assassiné, situe au-dessus de la chambre de la Reine. (*Château de Blois*, 1875.)

NOTE 2. Publié par l'abbé C. Chevalier dans *Debtes et Créanciers*, 1867.

« ... Et pour la bonne amitié qu'elle (la Reine mère) a et porte à madame Chrestienne, princesse de Lorraine, sa petite fille, pour l'avoir nourrie comme sa propre fille, lui a donné et légué... sa maison et palais qu'elle a en la ville de Paris, appartenances et dépendances, avec la moitié de tous et chacuns ses meubles, cabinets, bagues et joyaux qu'elle aura et se trouveront luy appartenir lors de son décès. » (*Debtes et Créanciers :* Testament de Catherine de Médicis, 5 janvier 1589, page 17.)

NOTE 3. — « ... et Delaistre pour nostre procureur général dit... qu'aïant requis commission pour informer de la spoliation desd. meubles par le duc de Mayenne et douairière de Montpensier, contre lesquels et aultres qui se trouveraient chargez de lad. spoliation indeue, il auroit protesté de tous despans, dommaiges et intérests, mesme de la vente desd. terres, si cela advenoit, d'*autant que lesd. meubles eussent peu suffire a l'acquit et liberation entière de ladicte succession*, etc. Les duchesses de Mayenne et de Montpensier volaient les meubles de la couronne, au Louvre, le 30 mai 1591, malgré les protestations de Mathieu d'Herbannes, tapissier. (*Chambre des Comptes*. M. de Boislisle, pp. 198, 199.)

Procédures des créanciers de Cath. de Méd.; saisie de la terre de Chenonceau, etc. (1593-1606) (*Debtes et Créanciers*, p. 90-91).

Parmi les noms de ces créanciers nous lisons ceux de messire Pierre Séguier et Nicolas Pothier, conseillers au Parlement, du président de Thou, de Jean Nicot, le même qui avait presenté à Catherine « l'herbe à Nicot », le tabac, de la sœur Marguerite Tesson, mère et religieuse des Filles Pénitentes, de la dame Germaine Durand, veuve de Germain Pilon, et des marguilliers de l'église Saint-Eustache à Paris, et, à Blois, celui de Magdelaine Delaistre dite la Guespine, femme Claude Trager, réclamant 30 escuz pour deux mois de la nourriture de la civette de lad. deffuncte, 400 escus pour la nourriture des grands moutons, etc.

Louis de Molard était gardien judiciaire des meubles de l'hôtel de Paris et ne fut paié qu'en 1604 1605, comme le prouve l'extrait suivant de l'arrêt du Parlement :

« Entre Loys de Molard, sieur de Dieulament, demandant avoir paiement de deux mil quatre cens livres, comme estant le premier colloqué par l'arrest d'ordre, à laquelle somme il a accordé avec Cadot sindicq pour ses frais, sallaires et vaccations de la garde des meubles de la feue Royne qui estoient en sa maison de ceste ville, aiant rendu compte d'iceulx suivant l'arrest d'ordre du vingt troisiesme aoust mil six cens ung, attendu que l'assignation qui luy a esté baillée par ledict Cadot, sindicq, pour recevoir lad. somme sur les deniers de la vente des marbres et anticques vendus au Roy, ne luy a esté paiée dans le temps passé par le contrat passé entre les parties le vingt septiesme janvier mil six cens quatre, quelque diligence qu'il ayt peu faire...;

« Ledict Loys Molard esd. noms sera paié de la somme de deux mil quatre cens livres, en retroceddant par ledict Molard esdicts noms au proffict des créanciers postérieurs, sans garantie ni restitution de deniers, ses actions pour lad. somme de deux mil quatre cens livres pour l'assignation à eux baillée sur la somme de dix-sept cens escus restans à paier de la vente des meubles anticques acheptez par le Roy. »

Arrest du Parlement en faveur de plusieurs créanciers, 1604-1605. (*Debtes et Créanciers*, pages 122-123.)

En 1598 la bibliothèque de Catherine était encore consignée entre les mains de Benciveni, abbé de Bellebranche. Par lettres patentes et par une procédure du Parlement, Henry IV la fit réunir à la bibliothèque des rois de France. Tous les meubles et tous les vêtements, appréciés par le crieur public, furent vendus à l'encan à Paris. Henri IV acheta tous les objets d'art qui en faisaient la principale richesse, les sauva de la dispersion et de la ruine et en dota la France. (*Debtes et Créanciers*, Introduction, p. v et LVII.)

NOTE 4. — Catherine de Lorraine, née en 1552, fille de François de Lorraine, duc de Guise, sœur des Guise assassinés à Blois et veuve de Louis de Bourbon, duc de Montpensier, † 1596. Elle était boiteuse et demeurait à l'hôtel de la Roche-sur-Yon, rue de Tournon, paroisse Saint-Sulpice (Coll. Fillon. Catalogue, n° 1604), en 1586, 7 février. Son portrait se trouve à la Bibl des *Arts et Métiers*. (Bouchot, p. 313.)

NOTE 5. — Anne d'Este, petite-fille de Louis XII, duchesse de Nemours (1531, † 1607), mère des Guise, de la duchesse de Montpensier et du duc de Mayenne, épouse : 1° en 1549, François de Lorraine, duc de Guise, tué par Poltrot de Mérée en 1563 ; et 2° en 1566, Jacques de Savoie, duc de Nemours, † 1585. Elle était bossue. (Baron de Fœneste.) Son portrait se trouve dans Clairambault, vol. 1114, et aux *Arts et Métiers*, Bibliothèque.

NOTE 6. — Charles de Lorraine, duc de Mayenne, deuxième fils de François de Guise, marié à Henriette de Savoie (Henrye de Savoie), marquise de Villars, comtesse de Tende, qui était veuve du seigneur de Montpézat et avait épousé le duc de Mayenne en 1576. Son portrait se trouve aux *Arts et Métiers*, fait par Dumonstier.

NOTE 7. — *Debtes et Créanciers.*

NOTE 8. — « ... Et que Gouzet pour ledict curateur (Philippes-Anthoine) auroit dit, apprès avoir eu communiquation des dicts contractz et de l'inventaire des biens meubles appartenans à la dicte deffuncte dame nostre belle-mère, faict incontinant apprès son deceds à la requeste desdits créanciers, trouvez dans son pallais à Paris, et certiffication que depuis led. temps les dicts meubles estoient toujours demeurez en la posession du duc du Mayne (Mayenne) et de la dame de Montpensier qui s'en estoient serviz et servoient encore lors, aiant tousjours depuis logé dans le dict pallais, lesquels à l'occasion de la calamité du temps il n'y avoit moien de retirer pour en faire la vente... » (Procédure des créanciers de Cath. de Méd., 1593-1606. *Debtes et Créanciers*, p. 87.)

NOTE 9. — Terrasson (p. 88).

NOTE 10. — Sauval, Lebeuf.

NOTE 11. — Voir Censiers.

NOTE 12. — Catherine de Bourbon, fille d'Antoine de Bourbon et de Jeanne d'Albret, née à Paris le 7 février 1559, † 1604, sœur d'Henri IV. Elle épousait le 29 février 1599, malgré elle, le duc de Bar, de la maison de Lorraine.

NOTE 13. — Sully (tome II, p. 297, et note).

NOTE 14. — Charles de Bourbon, comte de Soissons, fils de M. Louis de Bourbon, prince de Condé (né le 7 mai 1530, tué à Jarnac, 13 mars 1562), et de Françoise d'Orléans-Longueville, veuve et sa seconde femme († 11 juin 1601).

Cette princesse, pour faire sa cour à Catherine de Medicis, avait acheté, rue de Grenelle, deux maisons à Isabelle Gaillard, femme de René Baillet, seigneur de Sceaux.

Son fils, follement amoureux de Catherine de Bourbon, duchesse de Bar, que, pour des raisons politiques, il ne put épouser, « répandait sur les vitres et sur les planchers » de la demeure maternelle « ses chiffres entrelacés dans ceux de Catherine de Bourbon ». Celle-ci devenue, comme nous l'avons vu, propriétaire de l'hôtel de la reine mère, mourut en 1604.

Le comte vendit en 1605 l'hôtel de sa mère, qui devint plus tard l'hôtel des Fermes, 55,000 livres, au duc et à la duchesse de Montpensier, et acheta la maison où avait demeuré celle qu'il avait tant aimée « pour avoir devant les yeux les confidens de son amour ».

Le musée Carnavalet possède deux contrats signés de « Francese d'Orléans » (*sic*). Ce sont des engagements pour six ans, faits par la duchesse envers un jardinier, Pierre Le Nostre, père de Jean Le Nostre et grand-père du fameux André Le Nostre, pour l'entretien du jardin de son hôtel. Ces documents, écrits d'une façon presque illisible, ont été déchiffrés pour nous par un jeune élève de l'École des Chartes, M. Fernand Mazerolle, et nous donnent une idee des jardins de la reine mère qui devaient être exactement dans le même genre, c'est-à-dire « avec partere à compartimens de tain ou autres herbes et fleurs », treilles, berceaux, palissades, « allées nettes qui doivent estre nectoiées et saibliées, et bordures de partere tondues bien et duement comme il appartient ». (15 janvier 1581.)

Pierre Le Nostre, jardinier-marchand de fruits, bourgeois de Paris, touchait une certaine somme pour l'entretien des bastimens et jardins du parc de Sa Majesté la Royne mère, 1572. (Jal, p. 1210, art. « Tuileries ».)

Voici la publication du premier ban du mariage du comte de Soissons, l'acte de naissance d'une de ses filles, Charlotte, et un extrait de son inventaire qui renferme des détails intéressants sur l'hôtel de Soissons :

« Le deuxième jour de décembre mil six cens un, le premier ban fut proclamé d'entre très hault et très illustre prince monseigneur Charles de Bourbon, comte de Soissons, grand maistre de France, fils de feu très puissant et très illustre prince monseigneur Louis de Bourbon, prince de Condé, et de feu très haulte et très illustre princesse madame Françoise d'Orléans, d'une part, et très noble damoiselle Anne de Montafie, comtesse de Montafié, fille de feu très hault et puissant seigneur Ludovic de Montafié et de très haulte et très illustre princesse madame Jeanne Coismes, princesse de Conty, d'autre part.

« Jeanne de Coësme, dame de Bonnestable, mourut le 26 avril 1601, peu de jours après le mariage de sa fille. » (Jal, *Dictionnaire.*)

« 26 mai 1615. Baptême de Charlotte-Anne, fille de feu hault et puissant seigneur Charles de Bourbon, comte de Soissons, pair et grand maistre de France, et de haulte et puissante dame Anne de Montafier, sa femme, demeurant à l'*hostel de la Royne*, aultrement l'hostel de Soissons, estant aagée de sept ans au quinziesme jour du mois de juin aud. an 1615. Parrain Louis de Bourbon, son frère, pair et grand-maistre de France. [Saint Eustache.] » (Jal, *Dictionnaire.*)

1613. Décès de Charles de Bourbon. Inventaire fait par l'ordre de Anne de Montafié, sa veuve, le mercredi 16 janvier 1613. (B. N., Mss. f. fr. 11424.)

Cuisine.
Garde-manger.
Chambre des officiers de la cuisine joignant le garde-manger.
Chambre des officiers de sommellerie.
Office de la fruicterye.
Chambre des fourriers.
Office de la sommellerie.
Salle des communs proche ledit office.
Salle des communs des filles.
Salle du conseil joignant la piramide.
Petite chambre.
Chambre du concierge.
Chambre du suisse.
Chambre du sieur...
Chambre de l'aumosnier de Madame.
Garde-robbe de feu Monseigneur.
Chambre de monsieur le...
Chambre de monsieur l'argentier.
Chapelle de la maison
Au-dessus de la dicte chapelle, chambre de monsieur de la Follye.
Garde-robbe joignant la dicte chambre.
Garde-robbe de M. La Coure (?).

Chambre de M. Douz (?).
Chambre de M. Sallus.
Chambre de M. Roye.
Chambre du tailleur de Madame.
Garde-robbe de ladicte chambre.
Chambre des gentilshommes.
Chambre de Casenauve.
Chambre du mareschal des logis.
Chambre de X., vallet de garde-robbe.
Chambre de monsieur le controlleur.
Chambre des paiges.
Chambre du vallet de pied de Monseigneur.
Chambre des cochers.
Chambre des lavandiers.
La petite escuirie.
Chambre des filles.
Grande salle.
Antichambre de Madame.
Chambre de Madame.
Cabinet.
Grand cabinet.
Chambre de mes damoyselles.
Garde-robbe des dictes.
Cabinet.
Grande chambre appelée antichambre de Monseigneur.
Chambre de Monseigneur.
Chambre de madame Tourcy.
Chambre d'honneur de feu Monseigneur.
Antichambre de mondit seigneur.
Petite salle joignant.
Galletas sur la gallerie.
Chambre du sieur de Saint-Osway (?).

INVENTAIRE DU COMTE DE SOISSONS (suite)

Carrosses.
Chevaulx.
Vaisselle d'argent.
Argent monnoyé.
Tentures et étoffes.
Couchettes.
Chambre basse appelée « la Tourteville ».
Garde-robbe.
Chambre appelée la « chambre noire » joignant.
Grande salle basse.
Cuisine.
Panneterye.
Chambre des Suisses.
Chambre du maître d'hôtel.
Chambre basse suivant.
La salle pour les filles.
Chambre et pavillon de l'apoticaire.
Salle sous la chambre de Madame.
Garde robbe joignant.
Chambre de pavillon.
Garde robbe de la dicte.
Autre chambre du pavillon.
Chambre de Monseigneur.
Cabinet.
Garde-robbe de ladicte chambre.
Grande salle du château.
Chambre de Madame.
Cabinet et chambre joignant.
Petite garde-robbe de ladicte.
Chambre et galletas au-dessus de ladicte chambre de Madame.
Chambre de madame de Tourcy.
Chambre de la damoiselle de Châteauroux.
Chambre des filles.
Garde-robbe.

Chambre au coing sur la chambre de Monseigneur.
Cour au bout de la gallerie.
Chambre de la concierge.
Dans Lognol (?) a esté trouvée toute une collection de livres.
Cabinet de Monseigneur.
Salle basse du pavillon où logeait madame de Thourcy.
Salle dudit château.
Chappelle.
Papiers et contrats.

Inventaire des successions des princes et seigneurs, etc., n° 11424, fonds français, tome I, B. N., Mss.

Signé par Anne de Montafié.

Extrait d'un arrêt du Parlement qui adjuge par décret au comte de Soissons les hôtels et maisons qui avaient appartenu à S. M. Catherine de Médicis, moyennant 90,300 livres (1606) (Arch. nat.).

Le 10 janvier 1611, le comte de Soissons faillit faire éclater une émeute dans Paris.

Rencontrant par hasard, auprès de la Croix du Trahoir, non loin de son hôtel, le Carrosse de son frère le prince de Conti, il se produisit un embarras de voitures, assez fréquent dans des rues aussi étroites, et, selon l'habitude du temps, les gens des deux seigneurs échangèrent des paroles plus que vives.

L'attention des seigneurs éveillée par le tapage, ils se reconnurent et le comte envoya un de ses serviteurs présenter ses excuses au prince de Conti. Celui-ci, furieux, ne se trouva pas satisfait, et, mettant la tête à la portière, il cria au comte : « A demain, monsieur mon frère, à pourpoint bas ! »

L'affaire fit du bruit à la cour. Marie de Médicis envoya le lendemain le duc de Guise auprès de Conti pour arranger l'affaire. En se rendant chez le prince, le duc passa devant l'hôtel de Soissons, rue des Deux-Écus, escorté de cent cinquante cavaliers. Le comte crut que c'etait pour le braver et se plaignit fort.

La querelle fut sur le point de recommencer, mais le duc de Guise déclara qu'il n'était passé devant l'hôtel du comte que *parce que c'était le chemin le plus court.* Tout fut terminé. L'explication paraît singulière si l'on se rend compte du chemin qu'avait à faire le duc pour aller du Louvre à l'hôtel de l'abbaye de Saint-Germain-des-Prés.

Enfin on échangea des « satisfactions », suivant le terme usité alors, et l'honneur fut sauf.

Le prince de Conti avait épousé, en 1582, la veuve de M. de Montafie, Jeanne de Coesme. Il décéda le 13 août 1614, en l'abbaye de Saint Germain des Prés et y fut enterré. De son premier mariage avec Mme de Bonnestable, veuve du comte de Montafié, il n'eut pas d'enfant ; de son second avec Mlle de Guise, il n'eut qu'une fille qui mourut au maillot.

NOTE 15. — La Reine annonça cette mort à Bassompierre qui se trouvait alors en Lorraine. Il revint à Paris et écrit dans ses *Mémoires* : « Je saluay la Reine à l'hostel de Soissons ou elle estoit lors avesques une très grande et belle compagnie, de quy je fus bien veu et receu. » (Tome I, p. 311.) (Voir : « Les larmes et regrets de la France, sur la mort du très illustre et très valeureux prince messire Charles de Bourbon, etc., décédé à Blandy, le 1er nov. 1612. Paris, Abraham Lefèvre, rue Saint-Jacques, devant le gril, à l imprimeur de taille-douce, 1612, avec permission de la Cour. » Plaquette de 15 pages. — Clairambault, vol. 1118, B. N.)

NOTE 16. — Anne de Montafié, fille de Jehanne de Coesme, dame de Bonnestable et de Ludovic de Montafié.

« Anna antiquis moribus fœmina, castitate atque pietate insignis, cæterum tanta huic gravitas, severitasque fuit, ut hanc superbam, plerique esse dicerent, vitio humani ingenii virtutem alienam, vix æquo animo ferentis. » (*De Rebus Gallicis*, marquis de Marolles, p. 121.)

Madame la comtesse de Soissons (Anne de Montafié, dame de Bonnestable et de Lucé). (Tallemant des Réaux, *Hist.*, XXIV.)

« Le père de madame la comtesse estoit d'une maison de Piémont qu'on appelloit Montafié ; il avoit espousé mademoiselle de Coesme, du Maine. Il n'eut qu'elle d'enfans ; on l'appelloit mademoiselle de Lucé. Son bien en France pouvoit estre de vingt mille livres de rente ou environ.

« Le prince de Conty espousa cette madame de Montafier, et M. le comte de Soissons devint amoureux de mademoiselle de Lucé qui passoit pour une des plus belles personnes de la cour ; et en effect, sans qu'elle avoit les yeux un peu trop hors de la teste, elle eust esté parfaitement belle. Elle en usa comme elle devoit. Monsieur le comte avoit beau estre prince du sang, spirituel, beau et de bonne mine, sans le sacrement il n'y avoit rien à faire. Feu monsieur de Guise s'en esprit aussy : on croit que cela ne servit pas peu à faire conclure monsieur le comte. Il l'espousa, et par sa qualité il tira du duc de Savoye, Le Bossu, qui ne l'eust pas fait autrement, cinq à six cents mille escus, pour le bien que sa femme avoit en Piémont, dont Le Bossu s'estoit saisy parce qu'il n'avoit à faire qu'à une fille, et qui encore demeuroit en France. Ainsy mademoiselle de Lucé estoit bien plus riche pour monsieur le comte que pour un autre.

« Elle vivoit bien avec monsieur le comte, à quelques petites querelles près qu'ils eurent souvent pour des femmes de chambre. Car madame la comtesse s'est toujours laissé empaumer par quelqu'un, et monsieur le comte, qui estoit soupçonneux, ne le trouvoit nullement bon. Ils se raccommodoient aussy facilement qu'ils s'estoient brouillez.

« Elle avoit un mauvois mot dont elle n'a jamais pû se desfaire : c'est qu'elle disoit toujours *ovec* pour *avec*, et cela sembloit le plus vilain du monde à une personne de sa condition. Il y a une autre chose que je luy pardonnerois encore moins, c'est de n'avoir rien laissé à mademoiselle de Vertus, qui a esté assez longtemps avec elle et qui est une fille de mérite. »

Le nom de mademoiselle de Vertus ne figure pas en effet sur le testament de la comtesse de Soissons. (Moreau, 801, mss., copie, B. N.)

Dans l'historiette suivante, T. des Réaux ajoute (25, 36) :

« Madame la comtesse estoit bien faitte, mais une pauvre femme du reste. Elle avoit des oreillers dans son lict de toutes les grandeurs imaginables : il y en avoit mesme pour son poulce. (Elle ne fermoit jamais les mains, parce que cela rendoit les jointures rudes ; elle avoit les mains belles.)

« Monsieur le comte estoit glorieux d'une sotte gloire. Il estoit soupçonneux, bizarre et d'une petite estendue d'esprit, mais homme de cœur, d'honneur et de foy... Il estoit bien fait et dansoit fort bien. »

Tallemant des Réaux prétend que Henri de Senecterre, seigneur de la Ferté-Nabert, 1573-1662, ministre d'Etat, ambassadeur en Angleterre, devint l'époux morganatique de la comtesse de Soissons, quand elle fut veuve. Il en aurait eu une fille, religieuse à Faremoustier.

Note 17. — 1619 (13 juin), rue des Vieilles-Étuves.
1623 (2 mai).
d° (27 mai), rue d'Orléans.
d° (4 juin), rue d'Orléans.
d° (11 et 14 juin), rue d'Orléans.
d° (11 juillet), rue des Vieilles-Étuves.
1624 (4 avril), rue des Vieilles-Étuves.
d° (19 août), rue des 2 Ecus.
1636 (5 mai), rue du Four.
d° (20 juin), rue des 2 Écus.
1637 (7 décembre), rue des 2 Ecus.
d° (16 d°), d°
d° (23 d°), d°
d° (23 d°), d°
d° (d° d°), rue du Four.
d° (d° d°), rue des Vieilles-Étuves.

On voit qu'il y avait encore beaucoup de terrains et de maisons en dehors des acquisitions faites par Catherine de Médicis et même dans les rues des Vieilles-Étuves et d'Orléans. (Voir à ces dates : Topographie.)

NOTE 18. — 5 mai 1636. Ensaisinement de maisons achetées par la comtesse de Soissons, de maisons rues de Grenelle, d'Orléans, des Deux-Écus et du Four, enclavées dans l'emplacement de l'hôtel de Soissons de 1636 à 1639. Une rue du Four contenant deux corps de logis : un sur la rue, l'autre sur le derrière joignant l'hôtel de Soissons, tenant d'un côté à Pinguet, d'autre côté à Chanteau, par derrière audit hôtel de Soissons, et par devant sur la rue du Four.

NOTE 19. — Salomon de Brosse, architecte, neveu de Jacques Androuet du Cerceau, né à Verneuil-sur-Oise. Malgré les recherches de MM. Berty, Read, M. Tisserand, Guiffrey, A. de Dion, Coüard-Luys, la vie de cet artiste n'est pas encore complètement connue. On sait qu'il était architecte de l'hôtel de Bouillon, depuis hôtel de Liancourt, rue de Seine (février, mai 1613), du Luxembourg, château de Monceaux, du diocèse de Meaux, où il succédait au Primatice, vers l'an 1615 (*l'Ancien château de Montceau*. Th. Lhuillier. Melun, 1885) du portail Saint-Gervais (1616-1621), de la grande salle du Palais de justice (1619-1622), du temple de Charenton, de l'aqueduc d'Arcueil (1613, 17 juillet), du château de Coulommiers, du palais des Etats de Rennes, etc.

Le Livre de comptes des bâtiments de la reine Marie de Médicis nous montre Salomon de Brosse (nommé par erreur, dans un endroit, Etienne de la Brosse) faisant payer :

A Anthoine Defourmantel, charpentier à Monceaux, 1,800 liv. (2 décembre 1616 ; 22 juillet, 16 août, 15 novembre 1617) ;

A Sebastien Jacques (jeu de paume et pavillon y attenant), maître maçon, 500 livres ;

A Charles du Ry, maître masson à Paris, à Nicolas Lallemant, maître menuisier, 500 liv. ; à Jaques Lemoyne, menuisier, 69 liv. ; à Jacob Troublé, maître victrier, 275 liv. 6 s. t., à Josias Leclerc, paveur, 200 l.; à Jehan Marchant et à Sancti Baleramy, jardiniers, 45 liv. (25 juillet 1617).

Enfin il est payé à Salomon de Brosse, architecte général des bastimens du roy et de la royne mère de Sa Majesté, la somme de trois cens livres tournois à lui ordonnées par ledit estat au vray ci-devant rendu pour ses gaiges ordinaires a sa dicte charge attribuez et appartenant et par luy desservis durant l'année commençant le premier jour du mois de janvier 1615 et fini le dernier jour du mois de décembre audit an.

Il est payé en 1616, en 1617, mais il ne touche son argent que le 27 mai 1618.

En 1618, 1619, le trésorier ne paie ni l'architecte, ni le capitaine de Monceaux, « parce que cela ne lui a pas été ordonné ».

Salomon de Brosse mourut le 9 décembre 1626.

En juin 1632 et le 16 décembre 1632, Jacques Lemercier (déjà mentionné en 1618) était architecte du roy et des bastimens de la reyne. (A. N., KK. 193, KK. 194.)

En 1624 Salomon de Brosse touchait 2,400 liv. par an ; Paul de Brosse, 800 liv. par an (Berty, *le Louvre*), et Jacques Lemercier, 1,200. (*Arch. de l'art français.*) Voir, au sujet de cet artiste, la *Société de l'Hist. de Paris*, tome IX, avec des détails sur sa famille. Sa fille Marie renonça à la succession paternelle le 27 nov. 1629. Elle était mariée à René de Saint-Martin, écuier, † 1653, et vivait encore en 1661.

1er janvier 1637. Catherine, une autre fille, était mariée à Gédéon de Petau. Enfin, Magdeleine de Brosse épousait successivement Pierre Le Blanc, sieur de Beaulieu, et, le 24 septembre 1634, François Hotman, sieur de la Tour. (Voir Bauchal, *Dict. des archit. français*, 1887.)

NOTE 20. — Guérin était *un* des entrepreneurs de maçonnerie de Catherine de Médicis. (Voir *Livre des comptes*. A. N.)

NOTE 21. — Cette chapelle, appelée église de l'Annonciade, était ouverte au public. Il y avait une chapelle privée dans l'intérieur de l'hôtel. (Voir plan.)

« ... Et pour prier Dieu pour son âme, a ladite dame fondé et par ces présentes fonde nombre de religieux tels qu'advisera le dit Seigneur Roy son fils en *l'église de l'Annonciade en son Palais à Paris...* » (Testament de Catherine de Méd., *Debtes et Créanciers*, p. 16.)

La description de Sauval est faite vers 1625, époque du mariage de Marie de Bourbon qui demeure dans l'hôtel avec son mari.

Nous lisons dans Dulaure :

« Le 20 mai 1636, des faux monnayeurs arrêtés rue Champ-Fleuri par deux commissaires de police escortés de dix à douze sergents rencontrèrent dans la rue du Four l'équipage de la comtesse de Soissons. Les pages et les laquais attaquèrent les commissaires et les sergents, prenant parti pour les faux monnayeurs. Un combat sanglant eut lieu entre les gens de l'hôtel accourus au secours de leurs camarades. Un commissaire fut battu ; un sergent et un soldat furent tués ; un maître d'armes qui avait pris la défense des gens de justice reçut quarante coups d'épée. »

A cette époque les hôtels des grands seigneurs servaient quelquefois de refuge aux malfaiteurs. Le 20 juin 1659, les nommés Dorvillier et Dumoulin s'étant battus en duel, ce dernier tua son adversaire et se réfugia dans l'hôtel de Soissons. Le commissaire de police et le substitut du procureur se présentèrent pour le réclamer, mais ils furent repoussés et maltraités par les domestiques. Le Parlement réclama vainement pour instituer des poursuites contre les propriétaires de l'hôtel. (Dulaure.)

EXTRAIT DU TESTAMENT D'ANNE DE MONTAFIÉ

NOTE 22. — « ... Plus, je donne et lègue au petit chevallier, fils naturel de mon très cher fils le comte de Soissons, la moitié qui m'appartient par indivis en la terre de Luzarches et prétends acquérir l'autre moitié de laquelle je luy fais aussy don, et, en cas que je ne puisse faire la dicte acquisition devant mon decedz, je lui donne la somme de cent cinquante mil livres pour estre employées à l'achapt d'un autre bien et luy tenir lieu avec la moitié de Luzarches de dix mil livres de rente, laissant à la volonté de mes héritiers de lui donner une terre de six mille livres de rente au lieu des ditz cinquante mil escus, leur recommandant d'en avoir soin.

« Au cas que le chevallier décède sans enfans, je veux que ce que je lui donne retourne à ma fille et à ma petite-fille et leurs descendans, chascun egallement, n'entendant pas que ledit chevallier en puisse disposer ailleurs.

« Après toutes ces choses, je veux et je désire disposer de tous mes biens entre mes héritiers qui sont ma fille la princesse de Carignan et ma petite-fille de Longueville, affin qu'elles n'ayent aucun sujet de débat ni différend entre elles apres mon deceds.

« Après ces choses je déclare ma fille la princesse de Carignan et ma petite-fille la princesse de Longueville mes héritières, etc. » (26 oct. 1642, fr. 4332, B. N.)

. . . .

« Je veux que mon corps et mon cœur soient portez à Gaillon pour estre inhumez au milieu du cœur de la Chartreuse de Bourbon, dans la sépulture que j'y ay fait faire pour être unis avec le corps de feu mon tres honnoré seigneur et mary, de mon filz et de mes autres enfants qui y sont inhumés.....

[Le magnifique tombeau du comte et de la comtesse se trouve dans Clairambault (vol. 1118, B. N.); c'est un lavis à l'encre de Chine.]

« ... A sçavoir que pour ma maison de Paris je veux que ma fille de Carignan et ma petite-fille la possèdent et en jouissent par moitié, sans qu'elles ou l'une d'elles ni ceux qui les représenteront la puissent vendre ny engager, et si de ma fille Carignan ou de ma petite-fille de Longueville il y avoit plusieurs enfants après leur décès et j'entends que ce soit l'aisné des fils qui jouisse de ladite moitié, et au défaut des fils que ce soit l'aisnée des filles et ainsy de toute leur descendance, et advenant que de l'une ou de l'autre ou de leurs descendants il n'y eust point d'enfant, je veux que ma dite maison soit et demeure à celle qui survivra à son fils aisné ou fille aisnée qui se trouveront descendre de ma fille ou de ma petite-fille.

. . . .

« En foi de quoy j'ai escrit de ma propre main et signé mon présent testament, à Creil, ce vingt troisième octobre mil six cent quarante-deux. Ainsi signé : Anne de Montafié. » (B. N., Mss. Moreau, 801.)

Elle donne :

A La Follie, son ancien escuyer, 1,000 liv. de rente sa vie durant;

A Nicolle sa femme de chambre et son mary, 1,500 liv. de rente;

A Marguerite et à la petite Casenauve sa fille : à la mère 3,000 liv., à la fille 1,500 liv.;

A Agnès, femme de chambre, 2,000 liv. une fois payées;

A Marisseau et à Mars mes apoticaires, à chacun 300 écus;

A Denis, 50 liv. annuellement;

A la nourrice de mon fils, 600 liv. sa vie durant;

A Quatroux mon vallet de chambre, 1,000 liv. de rentes;

A Rigault, 2,000 liv. une fois payées;

A Villarnault, 2,000 liv. d°;

A St-Jean, 900 liv. d°;

A Dougast, vallet de garde-robbe, 2,400 liv. d°;

A Foissis, (Boissy ?) 1,800 liv. d°;

A Gaillard fruitier, 300 escus d°;

A Jouannot, 400 escus d°;

A Nicolas Lannoys, 1,500 liv. d°;

Aux garçons de l'office, chacun 300 liv.;

A Rousseau, à cause de sa pauvreté, 1,500 liv.;

A Jean escuyer des cuisines, 1,000 liv.;

A deux aydes des cuisines, chacun 300 liv.;

A trois pauvres garçons qui sont ordinairement à la cuisine, chacun 100 liv.;

Au garde-vaisselle, 300 liv.;

A Cadet, mon cocher, 600 liv.;

A La Fontaine, second cocher, 400 liv.;

A deux postillons, chacun 200 liv.;

A un palfrenier, 100 liv.;

A 5 vallets de pied, chacun 300 liv.;

A la mère du petit chevalier, 1,000 liv. et son logement;

A Jean mon tailleur, 2,000 liv. une fois payées;

A deux Suisses, chacun 300 liv. une fois payées;

Continuer les pensions de Duclos, jardinier, et de la veuve Champagne et d'un autre officier nommé de Witt.

. . . .

« Je veux que les 1.500 livres que je donne à Bagrau et à sa femme soient payées *sur les deux maisons qui sont attenant ma maison de Paris* ; et si les louages ne suffisent, le surplus sera payé sur la ferme de Blandy, à quoi les locataires et le fermier s'obligeront...

« Et pour ce qui est de mon aumosnier, j'ay cru qu'il estoit satisfait du prieuré des 1,500 escus qu'il a eu. » (B. N., Moreau, 801.)

INVENTAIRE DES MEUBLES DE L'HOTEL DE SOISSONS DU 20 JUIN 1644 signé par le cardinal de Retz et Henry de Mesmes.

Nous croyons devoir donner quelques extraits de cet inventaire qui feront comprendre dans ses moindres détails le plan que nous publions.

Cave, 20 muids de vin.

Fourrière, bois à brûler.

Salle du commun.

Sommellerie.

Petite soubspente.

Chambre des officiers.

Chambre de l'escuyer de cuisine (Jean, 1,800 livres).

Garde-manger.

Chambre du sieur Quatroux, vallet de chambre de feue ladite dame (1,000 liv. de rente).

Grande cuisine.

Chambre de mademoiselle de Vertus.

Garde-robbe joignant.

Fig. 170. — Tombeau du Comte et de la Comtesse de Soissons, aux Chartreux de Gaillon, par Cochelet, 1633.
Prix : 36.000 livres. A la tête : Charles de Bourbon ; aux pieds : Anne de Montafié ; à gauche : Charlotte-Anne de Bourbon ; à droite : Elisabeth, le corps emmailloté. Dans le caveau quatorze corps. (Clairamb. 1118, fos 56 et 57 ; original 0,415×0,300. B. N.)

Autre chambre de mademoiselle de Vertus.

Autre chambre de l'homme des filles.

Autre chambre de madame Barbot, femme de chambre (Nicolle 1.500 liv. de rente ?).

Cuisine neufve.

Garde-manger.

Chambre de Mr d'Argilliers, escuyer de ladite feue dame comtesse.

Chambre de Mr de Villarnault, vallet de chambre de feue ladite dame (2,000 liv. une fois payées).

Chambre du vallet de pied (300 liv. à chacun des cinq valets).

Chambre de l'apothicaire (Marisseau) (300 escus).

Chambre de madame de Casenaves, Marguerite, femme de chambre de feue madame (3,000 liv., la mère, 1,500 liv., la fille).

Chambre du sieur de Boissy et sa femme, fille de ladite dame Casenaves (1,800 liv. à Boissy).

Chambre de Mr l'aumosnier (1.500 escus).

Chambre des cochers (Cadet, 600 liv.; La Fontaine, 400 liv.).

Chambre du cocher et des postillons de ladite feue dame (200 liv.)

Chambre des garçons des coiffeurs.

Chambre des pages.

Autre chambre de madame de Saint-Martin (Agnès, 2,000 liv.?).
Garde-robbe joignant.
Fruicterie (Gaillard, fruictier, 300 escus).
Chambre du concierge et autres lieux qu'il occupe.
Chambre des Suisses (300 liv. chacun).
Chambre de Mr de la Folye, escuyer de ladite feue dame (1,000 liv. de rente).
Petit cabinet où couche le garçon dudit sieur de la Folye.
Seconde salle à gauche.
Salle du département de feu monseigneur le comte.
Cabinet proche de ladite salle.
Chambre de feu mondit comte.
Une autre chambre de Monseigneur.
Garde-robbe à côté.
Autre petite garde-robbe.
Petit cabinet proche.
Autre chambre du département de Mr le comte.
Chambre suivant.
Antichambre de feue Madame.
Grande chambre de Madame (tableaux, étoffes, etc.).
En l'un des cabinets de ladite chambre regardant sur le jardin, appelé le cabinet des Émaux (miroirs, tableaux, etc.).
Chambre à côté du cabinet.
Cabinet lambrissé peint et doré où Madame s'habillait ordinairement (tableaux, portraits de famille).
Grande salle neuve.
Chambre proche ladite grande salle.
Petite chambre de feue Madame (tableaux, ivoires).
Grand cabinet doré de Madame à côté de ladite chambre.
Garde-robbe de Madame (coffret de bahut avec des hardes).
Garde-robbe de Bageau, secrétaire de ladite dame.
Petite garde-robbe regardant sur la cour des cuisines (livres).
Chambre du sieur de la Chambre, tailleur et vallet de chambre de ladite dame (des cimares en satin).
Chambre basse sous l'aisle droite en entrant audit hostel;
Sa garde-robbe.
Aultre chambre attenant, proche à celle ci-dessus;
Sa garde-robbe.
Salle basse à côté attenant à ladite chambre.
Chambre basse proche *la tour* dans laquelle sont les armoires des papiers.
Cabinet joignant ladite chambre.
Galetas au-dessus du département neuf.

Galetas au-dessus de la grande salle (coffres de bahut).

Galetas au-dessus de la gallerie (tapisseries nombreuses, tableaux).

Garde-robbe de feue Madame (montres, bijoux, miroirs, chapelets, drageoirs, boîtes d'or et d'argent, émaux, bracelets, esguillettes émaillées, escaille).

Autre garde-robbe (bijoux, cristal de roche, croix, coupes).

Grande armoire proche *la tour*, renfermant : la vaisselle d'argent vermeille dorée, plats, assiettes, cadenaz, cuilliers, vaisselle de fruiterie, brazier, flambaux.

Vaisselle dorée, deux bassins en ovalle, deux cadenaz, etc., 1,809 liv. 10 sous.

Vieille vaisselle blanche, 2,550 liv. 20 solz, esguière, flacon garni de chaîne, réchault, sallière ronde (argent).

Vaisselle de fruiterie, 2,063 liv. 10 s. tournois.

Vaisselle de cuisine, 22,389 livres.

Pierreries (diamants, rubis, perles, croix d'or émaillée, anneau d'or, etc.).

Oratoire (reliquaires, croix).

Cabinet des cristaux (corail, miroir, flacon ; coupe d'agathe, de lapis, sallière d'argent, cristal de roche, cep de vigne (argent), tableaux peints sur albastre.

12 chevaux dans l'écurie de l'hostel ;

1 chariot et 5 carrosses dedans la grande cour de l'hostel.

Au jardin : 49 orangers en quaisses à 20 liv. chacun ; 4 grenadiers en fleurs à 12 livres chacun.

La comtesse de Soissons avait en outre les châteaux de Creil, de Blandy, de Dreux, de Bonnestable, de Condé et de Bagnolet (1644). (B. N., nº 11425, fonds français.) Ce dernier lui venait d'André Briois. En 1639 (15 juillet), elle demandait à y établir une chapelle domestique. (Lebeuf.)

(Les sommes marquées à la suite des noms sont celles que la comtesse a laissées à ses serviteurs dans son testament.)

NOTE 23. — C'est à l'hôtel de Soissons que naquit en 1655 le prince Louis-Guillaume de Bade, qui devint un général célèbre.

(Le prince Louis-Guillaume Ier, margrave de Bade, général des armées impériales, mourut le 4 janvier 1707, à Rastadt, après avoir fait vingt-six campagnes, commandé à vingt-cinq sièges et livré treize batailles.)

« Ma fille m'a mandé la mort du prince Louis. Sa femme me fait compassion, mais je ne sais comment elle pouvait l'aimer si fort, car il était très laid et débauché ; il avait fort bien fait de chasser les moines

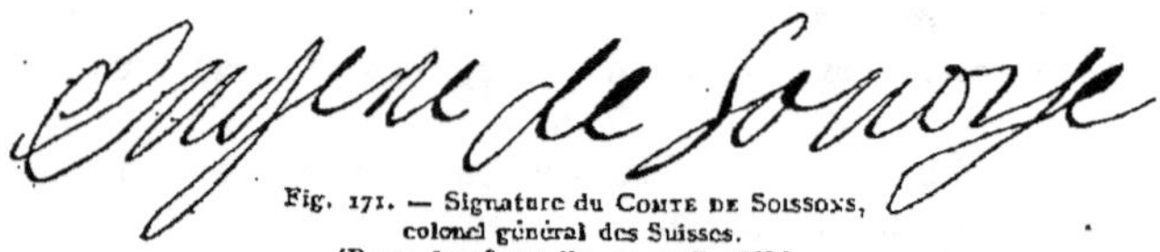

Fig. 171. — Signature du Comte de Soissons,
colonel général des Suisses.
(Reçu de 18,000 liv. 10 avril 1668.)

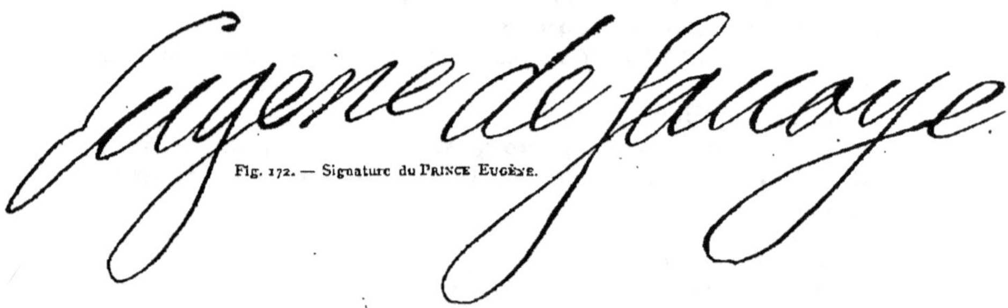

Fig. 172. — Signature du Prince Eugène.

Fig. 173. — Signature de Charles de Bourbon, comte de Soissons.
Lettre de désistement de ses promesses de mariage avec Catherine de Navarre, 1594, 23 février. — Enguien (Dupuy, 434. B. N.).

qui lui avaient parlé avec tant d'impertinence. » (P. 47, *la Palatine*, G. Brunet.)

C'est également dans ce palais que vint au monde, le 18 octobre 1663, celui qui devait devenir le fameux prince Eugène, un ennemi redoutable pour la France.

François-Eugène de Savoie-Carignan était un des enfants d'Olympe. Il mourut en 1736. (Voir plus loin : Généalogie.)

« Quand on ressemble au prince Eugène de figure, on ne peut être beau ; il est encore plus petit que son frère aîné ; mais, à l'exception du prince Eugène, tous les frères ont valu peu de chose. Le puîné, prince Philippe, était un grand fou, qui est mort de la petite vérole à Paris. Il était tout blond, laid de visage ; il avait mauvaise grâce et avait toujours un air égaré ; avec un nez d'épervier, il avait une grande bouche, de grosses lèvres, des joues creuses ; je le trouvais presque en tout point semblable à son frère aîné. Le troisième frère, qu'on appelait le chevalier de Savoie, est mort d'une chute de cheval. Le prince Eugène était leur cadet. Il y avait aussi deux sœurs également très laides ; l'une est morte, l'autre vit encore (1717) dans un couvent de Savoie. L'aînée avait une figure monstrueuse et une taille de naine ; elle a mené une vie déréglée. S'étant enfuie avec un drôle, l'abbé de la Bourlie, elle s'était fait épouser par lui à Genève : ils se sont bien battus ; enfin elle est morte.

« Dans sa jeunesse, le prince Eugène n'a pas été aussi laid qu'il l'est devenu ensuite. Mais jamais il n'a eu ni bonne mine, ni air noble. Les yeux étaient passables ; mais le nez gâtait le visage, ainsi que deux dents qu'il montrait toujours en ouvrant la bouche. Avec cela, il est toujours sale, a les cheveux gras et ne les frise jamais.

« Ce prince fait peu de cas des dames ; et tant qu'il a séjourné ici, on n'en a pu citer une seule qui lui ait plu, ou qu'il ait distinguée ou fréquentée plus qu'une autre. En général, ce n'est pas d'aimer les femmes qu'on l'a soupçonné, mais d'avoir eté la maîtresse d'autres jeunes gens ; d'où il a reçu le sobriquet de madame Simoni, ou madame Putana. Ayant peu d'argent, il n'a pas été difficile, s'il est vrai, comme on le prétend, que pour un écu il ait fait tout ce qu'on a voulu, c'est une chose horrible à penser. Sa mère n'en avait aucun soin ; elle le laissait courir comme un galopin, aimant mieux jouer son argent que de l'employer pour son fils cadet. Voilà comment font ordinairement les femmes de ce pays-ci. » (*La Princesse Palatine*, p. 313-314.)

« J'ai fait rire une fois de bon cœur madame la comtesse de Soissons ; elle me demanda : D'où vient, Madame, que vous ne vous regardez pas en passant devant un miroir, comme tout le monde fait ici ? Je répondis : C'est parce que j'ai trop d'amour-propre à me voir laide comme je suis. » (P. 16, *Palatine*.)

Et plus loin :

« ... Quant à la comtesse de Soissons, le roi a toujours eu beaucoup d'amitié pour elle, sans en être amoureux. Il lui faisait des présents considérables; le moindre était de deux mille louis. » (P. 44.) La comtesse de Soissons avait un appartement aux Thuilleries (1671) et a Versailles (1679). (*Comptes des bâtiments du Roy*.)

NOTE 24. — Les fiançailles eurent lieu le 19 février 1652. (Clairambault, vol. 1114, p. 280. B. N.) » La seconde (Olympe Mancini) était brune, avait le visage long et le menton pointu. Ses yeux étaient petits mais vifs, et on pouvoit espérer que l'âge de quinze ans leur donnerait quelque agrément. Selon les règles de la beauté, il était néanmoins impossible alors de lui en attribuer d'autre que celle d'avoir des fossettes à ses joues. » (1647.) (*Mém. de Mme de Motteville*, éd. Charpentier, t. 1er, p. 368.)

NOTE 25. — Plus tard exilée à Amboise. (Lettre de Bussy, 17 février 1680.)

NOTE 26. — La Voisin et la Vigouroux.

NOTE 27. — Il était son amant :

Si la bécasse Soissons
En eust valu la peine,
Le jeune roi des Penons
Eût coiffé de cornichons
Eugène, Eugène, Eugène.

(Chanson de 1670, Maurepas.)

Les Penons sont les Lyonnais, et le jeune roy des Penons est précisément le duc de Villeroy. (En 1789 il y avait encore à Lyon 28 pennonages et 28 capitaines penons, et le gouverneur de Lyon était encore un duc de Villeroy.)

NOTE 28. — La vie était agréable à l'hôtel :

« ... Pour madame de Marbeuf, elle est de ses anciennes connaissances; elle a été des hivers entiers à souper et à jouer à l'hôtel de Soissons. » (26 novembre 1684. *Lettres de Sévigné*.)

NOTE 29. — La princesse de Carignan était alors insultée dans les rues, comme le prouve cette lettre :

Le marquis de Seignelay à la Reynie (16 août 1690):

« Le Roy a esté informé que madame la princesse de Carignan a esté attaquée par la populace qui a crié après elle qu'elle estoit une *Savoyarde* et qu'il falloit la mener en prison... Le Roi ordonne de « réprimer l'insolence du peuple » et de faire le procès aux autheurs de cette violence. » (*Correspondance administrative* de Louis XIV. G.-B. Depping.)

L'hôtel de Soissons servait de refuge à des fripons.

Lettre du roi à Deffita, à Versailles, le 9 décembre 1696 :

« Estant informé qu'il y a dans l'hostel de Soissons une chambre où le nommé Mercier, accusé d'usure, a mis plusieurs effets qui lui avoient été donnés en gage, je vous escris cette lettre pour vous dire que mon intention est que vous vous transportiez incessamment dans le lieu de l'hostel qui vous sera indiqué, que vous y fassiez saisir et enlever tous les effets qui se trouveront y avoir été mis par le sieur Mercier, pour servir à l'instruction de son procès. »

Enfin on jouait dans l'hôtel.

Le comte de Pontchartrain à Robert, procureur du roi, le 17 décembre 1696 :

« Tout ce que vous avez fait à l'hôtel de Soissons a eté sagement conduit, et quand vous y auriez fait arrêter Vaubertran, il n'y auroit pas eu d'inconvénient. Il faut espérer que vous trouverez le moyen de le faire dans la suite. Le roy m'a ordonné de vous escrire de retourner à l'hôtel de Soissons et de dire à mademoiselle de Soissons que le devoir de vostre charge vous ayant obligé de rendre compte d'une lotterie qui s'y fait et des gens que vous y avez veu jouer aux billards qui sont dans son département au préjudice des règlements de police, Sa Majesté vous a ordonné de luy dire de faire cesser cette lotterie pour laquelle il n'y a eu aucune permission, et de faire oster sans délai ces billards, sinon que vous avez ordre de les faire rompre. » (*Correspondance administrative* sous le règne de Louis XIV.)

M. Bournon nous communique le curieux document suivant qu'il a trouvé aux A. N. (O1 44 f° 192, Reg. du Secrétariat de la maison du Roy.)

« A M. le comte Picon (22 juin 1699).

« Le Roy a appris par des voyes seures que depuis la mort de Mme la princesse de Carignan, l'hôtel de Soissons sert à toutes sortes de personnes, qu'il y loge plus de 30 ménages, mesme jusques à des perruquiers et des boutonniers ; qu'on y tient publiquement chambre garnie et qu'on y donne à jouer aux jeux deffendus, surtout chez le nommé Berthelot, et enfin, qu'on reçoit sans distinction les personnes décrétées et prévenues de crimes. Et quoiqu'on se serve de vostre nom envers les officiers de police pour authoriser tous ces désordres, Sa Majesté ne peut croire que vous en soyez pleinement instruit et

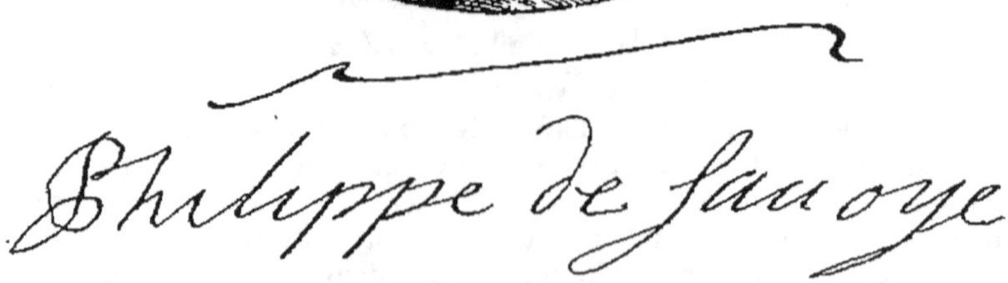

Fig. 174 et 175. — Très haut et très puissant prince, monseigneur PHILIPPE DE SAVOIE, abbé de Saint-Pierre de Corbie, de Saint-Médard de Soissons, abbé commendataire de l'abbaye Notre-Dame du Gard, etc.

Signature au bas d'un reçu de 35 liv. pour 7 millions de harang. Daté de l'hôtel de Soissons, 30 avril 1684. (C'est le fameux prince Philippe.)

m'ordonne de vous escrire de vous employer pour les faire cesser, en sorte qu'une maison qu'on considère par ceux à qui elle apartient ne serve pas de retraite à des criminels et à des gens qui vivent dans une continuelle contravention aux réglemens de la police de Paris.

« Je suis, etc..... » (sans signature.)

Note 30. — Mercredi 27 février 1698. (Dangeau.) D'Estrades, lieutenant des gardes du corps, alla, par l'ordre du Roi, à Paris, pour mener mademoiselle de Carignan dans les filles de Sainte-Marie; on l'y mena dans le carrosse de l'ambassadeur de Savoie qui savait apparemment la résolution que le roi avait prise. Il y avait déjà longtemps que Sa Majesté n'était pas contente de la conduite de mademoiselle de Carignan. Mademoiselle de Soissons, sa sœur, a eu la même destinée à Bruxelles depuis un mois, et M. l'Électeur de Bavière, à la prière de madame la comtesse de Soissons, sa mère, l'a fait mettre dans un couvent où elle ne voit personne.

Le 1er mai, mademoiselle de Carignan, qui devait aller en Savoie avec mademoiselle de Soissons sa sœur, se raccommodait avec madame la comtesse de Soissons, sa mère, et obtenait la permission d'aller la rejoindre à Bruxelles.

La comtesse habitait la maison de Treuves (Ter-Vuren, château à deux lieues de Bruxelles) que le roi d'Espagne lui avait donnée, et que l'Electeur de Bavière lui échangeait bientôt contre deux mille écus de rentes viagères (1699).

Note 31. — Thomas, dont l'existence ne fut pas heureuse, était mal marié.

« Le 22 septembre 1684, Thomas de Savoie, comte de Soissons, fait ondoyer dans la chambre de son hôtel, sans cérémonie, une fille de lui et de dame Uranie de la Croppe (*sic*) son épouse : ladite fille née le 11 dudit mois. [Saint-Sulpice.] » (A. Jal, *Dict. hist.*)

Cette dame de la Croppe était une demoiselle de la Cropte-Beauvais que Thomas épousa après avoir vécu quelque temps avec elle. Cette mésalliance mit tout le monde contre lui.

Le 1er février 1684, il tint sur les fonts de Saint-Sulpice un fils de Thomas Liburge, son valet de chambre. (A. Jal.)

Note 32. — [1697, oct.] (Dangeau.) Le prince de Carignan s'accommode avec madame la comtesse de Soissons la mère. Il donne à la comtesse 40,000 écus d'argent comptant pour payer ses dettes et 40,000 fr. de pension. Il donne à mademoiselle de Carignan et à mademoiselle de Soissons, chacune 10,000 écus d'argent comptant et 20,000 francs de pension; à M. le comte de Soissons et à M. le prince Eugène, son frère, 5,000 francs de pension chacun. Ils ont beaucoup moins que leurs sœurs parce que madame la princesse de Carignan leur grand' mère les avait déshérités.

(Toutes ces personnes demeuraient dans l'hôtel de Soissons, propriété du prince de Carignan.)

NOTE 33. — Germain Boffrand, doyen de l'Académie d'architecture, pensionnaire des bâtiments du Roy, premier ingénieur des ponts et chaussées, né à Nantes en 1667, neveu de Quinault et ami de J.-M. Mansart, meurt en 1754. Il avait collaboré à l'orangerie de Versailles (1685), avait fait le piédestal de la statue équestre de Dijon (1687) et dessiné les plans et profils de trois côtés de la place Vendôme (sept. 1685).

12 nov. 1718. Vente d'une très grande portion de l'ancien hôtel de Soissons par M. le prince de Carignan au sieur Germain Boffrand, architecte des bâtiments du Roi, ensaisiné pour le receveur de l'archevêché le 25 sept. 1719, moyennant et à raison de 225 liv. pour chaque toise de terrain.

On lui vend :

1. — Tout le terrain du jardin de l'hôtel de Soissons;

2. — Deux maisons situées rue des Deux-Écus, la première aux héritiers Jean Nepveu, et l'autre avec les places à Noël Jean, maître charron;

3. — Bâtiments où était autrefois la chapelle de la Reyne, au coin des rues de Grenelle et Coquillière;

4. — Les écuries et remises depuis la rue de Grenelle jusqu'à la porte cochère de l'hôtel, rue Coquillière;

5. — Les murs de clôture des jardins et bâtiments depuis l'endroit de la rue des Deux-Écus, vis-à-vis la rue des Vieilles-Étuves, jusqu'à la rue de Grenelle; dans la rue de Grenelle, depuis la rue des Deux-Écus jusqu'à la rue Coquillière et depuis la rue de Grenelle jusqu'à la porte cochère du dit hôtel de Soissons, ditte rue Coquillière; généralement tous les terrains et bâtiments depuis le corps de l'hôtel de Soissons entre les rues des Deux-Écus et Coquillière jusqu'à la rue de Grenelle, sans exception.

Lettre de O. Duclot, architecte, à Monsieur Ballin, eschevin, 1718 :

« A Monsieur Ballin, Escuier et Conseiller du Roy, Eschevin à Paris.

« Voicy, Monsieur, le plan de l'hostel de Soisson dont je vous ay parlé ; et comme Monsieur Law doit faire construire une place de change pour le commerce des actions de la Compagnie des Indes, on ne peut trouver dans Paris un lieu plus convenable que cet hostel, parce que il est dans le centre de la ville, comode pour tous les négotians, voisin de l'hostel des Fermes et d'une distance raisonnable de la Banque, parce que il ne convient pas qu'une place de change soit si proche de la Banque, à cause des embarras que cela peut causer et pour d'autres raisons.

« Il y a dans cet hostel une colonne qui est un des plus agréables monuments qui soient dans Paris et qu'il faut tâcher de conserver, et en construisant la place elle peut en faire le centre.

« Ainsy que je l'ay dessigné et en ce faisant avec des portiques tout autour, on fera la plus belle et la plus agréable place de change qui soit. Ce qui reste de cet hostel et des jardins peut servir à construire des magazins pour les marchandises qui viendront des Indes et d'ailleurs et qui ce vendront par la Compagnie des Indes et pour autres usages. Voilà les ydées que j'ay toujours eu pour le bien et l'utilité du commerce en France, et je suis persuadé que si on la met à exécution que cella perpetuera la mémoire de son Altesse Royale Monseigneur le Régent et de Monsieur Law.

« Enfin, Monsieur, si vous jugés à propos de luy présenter le plan que j'en ay fait, qui n'est autre qu'une ydée de la chose parce que je n'en scay point les mesures autres que de représenter la place tel qu'elle peut être et qu'il est à présent, et je ne serai pas fâché de sçavoir son sentiment là-dessus.

« J'ay l'honneur d'être, Monsieur, très parfaitement, vostre très obéissant serviteur.

« O. Duclot.

« Ce 26 novembre 1718. »

(Cab. des Estampes. Topogr. de Paris, quartier des halles.)

On songea également à élever un théâtre sur cet emplacement. On trouve à la B. N. (Estampes, Topogr. de Paris) le « Projet d'une salle d'Opéra » dressé par le sieur de Lassaux, maître maçon (19 janvier 1718), pour être exécutée sur l'emplacement de l'hôtel de Soissons.

Note 34. — Voir le *Mémoire* historique et critique sur la topographie de Paris (Aug. Martin Lottin, 1771), où il est dit :

« Mais comme ce prélat (M. l'archevêque) a lui-même pris la voie indirecte de *Mélanges d'histoire*, etc., de M. Terrasson, un de ses conseils, la Ville a aussi profité du droit de son historiographe pour rétablir sa topographie, etc. » (*Avertissement*, p. iv.)

Malheureusement ce mémoire est plein d'ignorance et de mauvaise foi. (Voir la *Réfutation d'un mémoire prétendu historique et critique sur la topographie de Paris, etc.* Paris, Michel Lambert, 1772.)

Je dois à l'obligeance de M. A. Longnon, l'archiviste distingué, la communication d'un cahier d' « observations historiques sur l'hôtel de Soissons à Paris et sur le peu de fondement des prétentions de l'archevêque. » (K. 1027. A. N.)

L'auteur de ce mémoire prétend que l'hôtel de Soissons n'était pas dans la censive de l'archevêque en disant que l'ancien hôtel de Bohême n'aurait pu être cédé, en 1354, en accroissement du comté de Maulevrier s'il n'avait pas été aussi féodal que le comté. C'est ignorer que les deux hôtels n'avaient rien de commun comme emplacement.

L'auteur donne ensuite comme date de la fondation du couvent des Filles Pénitentes l'année 1467! et s'appuie sur une erreur de scribe qui, au lieu de Charles de Valois, écrit dans un censier *Charles d'Artois*, erreur que nous avons signalée en son lieu et place.

Il ajoute que les vieux murs de Philippe-Auguste avaient des fossés et des murs, ce qui est faux, ainsi que Terrasson l'a prouvé, et enfin il veut que Catherine de Médicis ait fait faire des canaux souterrains pour aller de son hôtel à la Seine, comme les indique une lettre du 7 sept. 1577. Nous avons montré que tous ces arguments étaient faux. La Ville avait dans Bouquet un défenseur malhabile et ignorant.

Note 35. — [Mars 1719.] On assure que le sieur Law a acheté le démembrement de l'hôtel de Soissons pour une somme de sept cent cinquante mille livres payées au prince de Carignan sous le nom d'une société d'architectes. (12 avril 1719.)

Le même jour, un détachement de quinze gardes du corps du roi avec un exempt se transportèrent à l'hôtel de Soissons et y arrêtèrent le prince de Carignan et devaient le conduire jusqu'au pont de Beauvoisin, frontière de Savoie, où un autre détachement des gardes du roi de Sardaigne devait le prendre pour le conduire en Piémont, pour avoir, disait-on, vendu une partie de cet hôtel au sieur Law, comme on a dit ci-devant pour une somme de sept cent cinquante mille livres, sans le consentement du duc de Savoie, roi de Sardaigne. (Juin 1719.)

Le prince de Carignan obligea le comte de Vernon, ambassadeur de Sardaigne, de quitter l'hôtel de Soissons, ne pouvant plus y souffrir aucun ministre de la cour de Turin après ce qu'on avait attenté sur sa personne inutilement un mois auparavant. On avait alors formé le projet de bâtir des maisons sur le terrain du grand jardin de cet hôtel avec soixante boutiques pour y loger un pareil nombre de marchands et d'artisans. (*Journal de la Régence*, 1715-1723. Jean Buvat, t. I.)

LA BOURSE DE LAW DANS LE JARDIN DE L'HOTEL DE SOISSONS

« Au mois de juillet 1720 on ne comptait que quatre-vingt-dix baraques, et dans chaque baraque il y avait une table et quelques chaises de paille avec une tapisserie pour l'enjoliver. » (*Journal de la Régence* de Jean Buvat, édité par Emile Campardon. Plon, 1865, 2 vol., Paris.)

« ... Le même jour (31 juillet 1720) on publia et afficha une ordonnance du roi qui fit défense aux agioteurs de s'assembler davantage en la place Vendôme, mais qui leur permit de s'assembler dans l'enclos du jardin de l'hôtel de Soissons qui pour cette raison fut nommé la Bourse. Au mur duquel jardin on avait pratiqué deux portes à chacune desquelles était un Suisse de la livrée du Roi, avec un corps de garde composé de huit archers et d'un exempt de la prévôté qui y restaient toute la journée et toute la nuit quand il en était besoin, pour empêcher le tumulte et qu'il ne s'y fît aucun désordre. La même ordonnance fait défense de laisser entrer aucun carrosse, ni autre voiture, ni chaise à porteur, aucun ouvrier, ni artisan, ni colporteur, ni gens de livrée, ni gens sans aveu, et permettait aux agioteurs d'y tenir leurs assemblées en été depuis sept heures du matin jusqu'à sept heures du soir, et l'hiver depuis huit heures du matin jusqu'à cinq heures du soir avec défense de consommer aucune négociation hors de leurs bureaux.

« On y augmenta le nombre des baraques jusqu'à celui de cent trente-sept, qui étaient numérotées au-dessus de la porte, depuis le numéro un jusqu'à celui de cent trente-sept, toutes proprement tapissées et accommodées, dont chaque agioteur devait payer d'avance la somme de cinq cents livres par mois, comme on a déjà dit, ce qui devait produire celle de soixante-huit mille cinq cents livres par mois et celle de huit cent vingt-deux mille livres par an, au profit du prince de Carignan, comme propriétaire du jardin qui dépendait de son hôtel de Soissons, duquel jardin on avait arraché tous les arbres qui en faisaient l'ornement et qui servait de promenade aux personnes du voisinage avant l'établissement de la nouvelle Bourse. » (Tome II.)

Le 17 novembre 1721, le prince de Carignan ayant commencé à faire demolir les loges du jardin de son hôtel de Soissons qui avaient servi à l'agio en 1720, l'exécution en fut suspendue par une lettre de cachet.

[1720, lundi 29 juillet.] — On transporta jeudi à l'hôtel de Soissons le commerce qui se faisait dans la place de Vendôme, et il y a cent soixante loges établies qui sont toutes louées (1). Les billets de banque qu'on trafique ont perdu jusqu'à quarante-cinq sur cent, mais perdent un peu moins présentement. A l'égard des actions nouvelles, ceux qui avaient pris des souscriptions y gagnaient le premier jour, mais il n'y a pas grand profit présentement. (Dangeau.)

NOTE 36. — 1720 (1er août). On lit dans le *Journal* de Barbier :

« La place pour trafiquer les actions est changée. Ce n'est plus à la place Vendôme, c'est dans le jardin de l'hôtel de Soissons. Tout autour on a fait des loges toutes égales, propres et peintes, ayant une porte et une croisée avec le numéro au-dessus de la porte. C'est de bois; il y en a cent trente-huit, avec deux entrées, l'une dans la rue de Grenelle, et l'autre dans la rue des Deux-Écus. Des Suisses à la livrée du roi aux portes et des gardes du corps avec une ordonnance du roi pour ne laisser entrer ni artisans, ni laquais, ni ouvriers. Ce sont deux personnes qui ont entrepris cela, peut être au profit de la Banque. Ils donnent cent cinquante mille livres à M. le prince de Carignan; il leur en coûte encore cent mille pour l'accommodement, et chaque loge est louée cinq cents livres par mois, ce qui ferait par an huit cent vingt-huit mille livres. »

NOTE 37. — 1739 (mars). On lit dans le *Journal et Mémoires* du marquis d'Argenson :

« ... On joue au *biribi*, au *pharaon*, et les jeunes gens s'y ruinent.

« Les jeux de l'hôtel de Soissons et de l'hôtel de Gesvres sont les causes de ce désordre; on ne saurait reprendre un jeu particulier qu'on ne cite la tolérance pour ces deux académies...

« On proposa de donner à MM. de Carignan et de Gesvres un équivalent : de remettre l'impôt sur les cartes et de cette ferme, leur faire bon à chascun de 40,000 écus. Thuret, directeur de l'Opéra, donne à chascun de ces messieurs 10,000 livres par mois, ce qui fait 240,000 livres par an en tout. »

NOTE 38. — 1741 (avril). Barbier, dans son *Journal*, écrit :

« Le prince de Carignan, premier prince du sang de Savoie et le plus proche parent du roi, est mort à Paris au commencement de ce mois, âgé de cinquante-un ans.

(1) Cet agiotage public demeura encore quelque temps à la place Vendôme avant que d'être transporté au jardin de l'hôtel de Soissons, où véritablement il était plus dans son centre, sous les yeux de M. et de Mme de Carignan et leur payant bien le louage et en bien des façons. (Note de Saint-Simon.)

« C'était un fort bon prince, mais extrêmement décrié par ses débauches avec nombre de filles d'Opéra, dont il était le premier directeur, et pour le dérangement de ses affaires. Ses créanciers sont sans nombre et il tenait à cet égard la conduite d'un escroc, attrapant tant qu'il pouvait marchands et autres ; c'est ce qui a fait dire qu'il y avait un homme à l'Opéra, qui jouait toutes sortes de rôles hors celui de prince.

« Il laisse un fils et une fille. Son fils est à Turin et marié à la princesse de Hesse, sœur de la feue reine de Sardaigne et de la jeune duchesse seconde douairière.

« Sa fille épousa en 1741 (octobre) le prince de Soubise.

« Il laisse pour cinq millions de dettes qui pourront se payer soit par la vente de l'hôtel de Soissons dont le prix sera considérable, soit par tous ses effets mobiliers ; son écurie est rare, il y a un grand nombre de chevaux à six mille et à quatre mille livres. Il avait un jeu à l'hôtel de Soissons qui lui rapportait un gros revenu, et qui a été fermé la veille de sa mort. La princesse de Carignan est fille légitime du dernier duc de Savoie et de madame de Verue ; elle a une pension du roi de France de cent soixante mille livres par an, par suite de conventions, ce qui lui suffira pour mener un train convenable à son état. » (*Journal* de Barbier, avril 1741 et août 1742.)

Note 39. — On sait que l'idée de raser l'hôtel de Soissons n'était pas nouvelle. « Si la mort n'eût point prévenu si vite Jean-Baptiste Colbert, il avait résolu de renverser ce grand hôtel, pour une place au milieu de laquelle on aurait vu le plus superbe monument de l'Europe, comme on l'a dit, en parlant de l'attelier de Girardon. » (Germain Brice.)

On eut encore plus tard l'idée de placer sur les terrains de l'hôtel la statue de Louis XV. (*Mém.* de d'Argenson, tome III, p. 214.)

Note 40. — Certaines parties de l'hôtel avaient été encore habitées après la mort du prince.

En 1741, Carle Vanloo demeurait à l'hôtel de Soissons.

En 1741, dimanche 16 avril, Abraham Ignace Bolkaman, peintre de défunt M. le prince de Carignan, demeurant à l'hôtel de Soissons, âgé de 34 ans ou environ, fait deux tableaux pour le roi de Danemarck. Il est témoin involontaire d'un duel dans lequel un peintre tue un marchand de tableaux sous le guichet du Louvre. (*Nouvelles archives de l'art français*, t. IV, 1876.)

En 1742, 1743, 1745 le sculpteur La Datte y demeurait à son tour et Carle Vanloo allait demeurer (1742-45) chez Mme la princesse de Carignan aux écuries du Petit-Luxembourg.

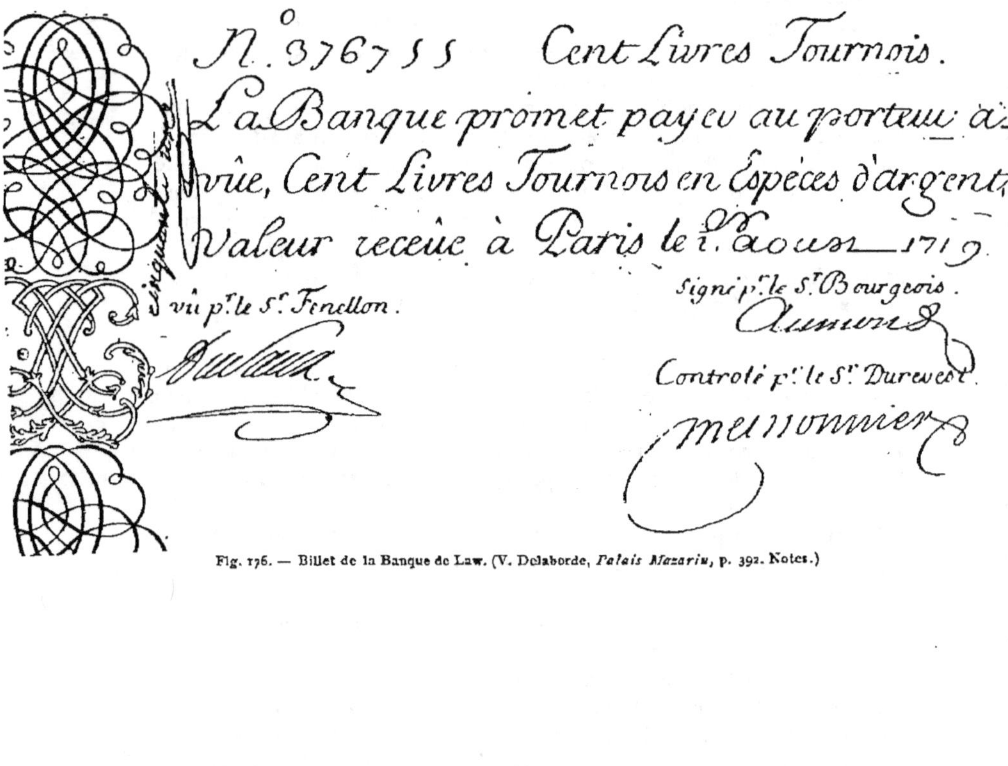
N° 376755 Cent Livres Tournois.

La Banque promet payer au porteur à vüe, Cent Livres Tournois en Espéces d'argent, Valeur receüe à Paris le 1. Aoust 1719.

vü p.r le S.r Fenellon.

Signé p.r le S.r Bourgeois.

Controlé p.r le S.r Durevest.

Fig. 176. — Billet de la Banque de Law. (V. Delaborde, *Palais Mazarin*, p. 392. Notes.)

N.° 2621308 CINQUANTE livres Tournois.

Division Ordonnée par Arrest du 2. Septembre 1720.

LA BANQUE promet payer au Porteur à vüe CINQUANTE livres Tournois en Especes d'Argent, valeur reçüe. A Paris le deuxiéme Septembre mil sept cens vingt

Vû p.r le S.r Fenellon,
Giraudeau.

Signé p r le S.r Bourgeois,
Delanauze.

Controllé p.r le S.r Durevest.
Granet.

Fig. 177. — Billet de la Banque de Law, émis pendant l'occupation des jardins de l'hôtel de Soissons (août-octobre 1720).

Dumont le Romain demeurait rue des Deux-Ecus, et Boucher demeurait, en 1745, rue de Grenelle, vis-à-vis celle des Deux-Écus.

EXTRAIT DES PAPIERS DE BACHAUMONT, BIB. DE L'ARSENAL

NOTE 41. — « Ceux qui ont acheté la colonne de l'hôtel de Soissons ne l'ont achetée que pour la démolir; ils la céderoient volontiers au prix coûtant; ils épargneroient par là les frais de la démolition, on peut la faire estimer. Avec très peu de dépense on pourroit se contenter de la restaurer (regratter) seulement : on pourroit dorer d'or en feuille la sphère de fer qui est au haut de la colonne, ou y mettre simplement à la place de la sphère un trophée de pierre ou de plomb doré avec quelques légers attributs de la Paix, et, sur le piédestal de la colonne, mettre une courte inscription dont la pensée seroit que ce monument, élevé autrefois pour une science aussi fausse que frivole, vient d'être restauré et consacré à un événement plus vrai et plus utile, c'est-à-dire à la Paix et au Pacificateur. On appelleroit cette colonne la colonne de la Paix. Elle constateroit l'époque de ce grand et heureux événement. On mettrait au bas de l'inscription le nom des restaurateurs, etc. Cette colonne pourroit en quelque chose ressembler à la colonne milliaire qui étoit au milieu de la ville de Rome et d'où partaient tous les grands chemins de l'Empire romain.

« Projet d'une inscription pour la colonne de l'hostel de Soissons. On suppose qu'elle est transformée en fontaine publique. C'est la colonne qui parle.

Arti vana steti vanæ, nunc publica curo
Commoda, consilio sic bona cuncta forent !
Restauratores, etc.
Paci ac Pacificatori Ludovico XV, etc.
Dicaverunt, etc.

Passage caché sous une bande de papier :

« On sait que si Monseigneur le comte d'Argenson vouloit bien dire un mot à monsieur le prévôt des marchands par lequel il paru qu'il désire que la colonne soit conservée jusques à nouvel ordre, elle le seroit, on prendroit les mesures nécessaires pour cela. Sans ce préalable, ceux qui l'ont achetée vont la démolir.

« P. S. — Autre inscription préférable :

Arti vana steti vanæ, nunc utilis adsum.

« P. S. — Un citoyen zélé et passionné pour les beaux-arts vient d'acheter cette colonne et l'a cédée à la ville qui en fera faire une fontaine. »

(Mémoire sur la colonne de l'hôtel de Soissons, déc. 1749. Bib. de l'arsenal.)

Titre de la pièce de vers de Gresset imprimée: « Epître à monsieur de Tournehem, directeur et ordonnateur général des bâtiments, jardins, arts et manufactures de Sa Majesté, sur la colonne de l'hostel de Soissons, par M. Gresset, de l'Académie françoise et de celle de Berlin. 1748. »

Le mémoire de Bonamy fut lu le 24 février 1750, et se termine par les vœux de l'historiographe de la ville de Paris pour que l'on conserve la colonne. qui « servira à constater à la postérité l'emplacement d'un ancien hôtel de nos rois et des plus grands princes qui l'ont habité pendant près de cinq siècles ».

Vers adressés à Bachaumont par M. l'abbé Le G..... (endre ?) :

Amateur des beaux-arts, généreux citoyen,
Dans l'horreur du néant j'allais être entraînée ;
En me sauvant des mains d une troupe effrénée
Toi seul de cette horreur affranchis mon destin :
Puisse à jamais Paris conserver ta mémoire,
Et tous ses vrais enfants, indignés de l'affront.
Graver en lettres d'or aux fastes de l'histoire,
Au lieu de Médicis, le nom de Bachaumont !

M. de Bachaumont mourut en mai 1771. Voici ce que Grimm écrit à ce sujet dans sa *Correspondance littéraire*, tome I (mai 1771):

« Nous venons de perdre un amateur des arts dans la personne de M. de Bachaumont. C'est lui qui acheta, il y a quinze ou dix-huit ans, cette colonne de l'Hôtel de Soissons où l'on a construit depuis la halle aux blés. Monument passablement mesquin de la régence de Catherine de Médicis; elle l'avait fait ériger pour observer le cours des astres ; les créanciers du prince Carignan la voulurent démolir, M. de Bachaumont l'acheta pour la conserver à la postérité. Lorsque la ville acquit le terrain de l'Hôtel de Soissons pour y construire la Halle, il me semble qu'elle remboursa les frais de la colonne à M. de Bachaumont et qu'elle la laissa subsister dans le coin de ce terrain qu'elle occupait depuis près de deux cents ans. »

NOTE 42. — Antoine Moriau, † 20 mai 1759, fut le fondateur de la Bibliothèque de la ville. Avec un fonds acheté au conseiller de la ville Baizé (1742), il commença cette collection qui devait compter jusqu'à 60,000 volumes, qu'il légua en mourant à la ville. Transportée de la rue Pavée, hôtel de Lamoignon, elle fut ouverte le 16 juin 1773 à la maison de Saint-Louis, rue Saint-Antoine. C'est celle qui devait être brûlée en 1871 à l'Hôtel de ville où elle avait été transférée en partie par le préfet de la Seine, le comte de Chabrol. Aujourd'hui, grâce à la générosité de M. Cousin, qui apporta sa bibliothèque personnelle, et de M. de Liesville, la collection de la ville est reconstituée au musée Carnavalet.

Tous les Parisiens connaissent cette collection de 70,000 volumes, 50,000 estampes et 25,000 médailles, avec les anciens plans, estimée au bas mot 1,200,000 francs. Les bâtiments nouveaux sont achevés et quand l'Etat aura restitué les livres, estampes, plans, etc., illégalement détournés de la Bibliothèque de la ville, lors de la fondation de l'Institut national, par le citoyen Ameilhon, au mépris des volontés formelles des donateurs et d'Antoine Moriau, le musée Carnavalet contiendra certainement la réunion la plus complète des documents sur Paris.

NOTE 43. — Gresset propose d'elever une statue à Louis XV sur

L'astrologique observatoire
Que Médicis avoit bâti
Pour le chimérique grimoire
De Gauric ou de Ruggieri.....

pour que de cette façon la colonne « Iodoïque »

Au lieu de la sphère armillaire
Porte l'image auguste et chère
D'un monarque victorieux.

Piron répondit à l'épître de Gresset par cette épigramme (oct. 1748) :

La colonne de Médicis
Est odieuse à notre histoire;
Pour en effacer la mémoire
On ne doit pas être indécis.
Il faut être un hétéroclite
Pour y vouloir placer le roy :
C'est du vainqueur de Fontenoy
Faire un saint Siméon Stylite.

(Ed. Fournier, *Enigmes des rues de Paris*.)

Ce Gauric était un astrologue célèbre. Rantzovius, dans l'ouvrage cité de lui plus haut, dit :

« Gauricus monuit Henricum secundum, regem Galliæ, per litteras quinquesimo ante, priusquam moreretur, ut circiter 41 annum vitaret duellum : astra enim minari vulnus in capite quod vel cæcitatem vel mortem continuo afferret. »

Ce magicien prédit encore à Paul III sa maladie et sa mort. Il fut, en récompense, nommé évêque de Civita Castellana et chevalier de

Saint-Paul quand sa prophétie se fut réalisée. (P. 52-53.) Il existe une médaille de ce célèbre personnage.

NOTE 44. — Cette planche se trouve à trois états différents :

1er état. L'écusson au bas de la colonne ne porte aucune armoirie. Les vers de Gresset ne sont pas encore gravés sur la planche.

2e état. L'écusson est aux armes de Bernage. L'Ignorance a de longues oreilles d'âne, et les vers de Gresset sont gravés.

3e état. L'épreuve a été corrigée. On a replané l'écusson pour effacer les armes de Bernage, qui sont remplacées par celles de la ville de Paris (1763). Les démolisseurs s'apprêtent toujours à renverser la colonne, guidés par l'Ignorance, mais cette dernière a perdu ses oreilles d'âne ; deux sauvages se disposent à défendre le monument. Les épreuves de la planche dans l'état précédent furent défendues comme injurieuses pour le prevôt des marchands. (Ed. Fournier.)

FIG. 178 et 179. — Prévôté de Messire J. B. LE CAMUS DE PONTCARRÉ DE VIARME, conseiller d'Etat (1763). Jeton d'argent. (Cluny.)

NOTE 45. — M. A. de Barthélemy, qui cite cette pièce, dit que Laurent Destouches achetait de Jean-Louis Duchesnois « les matériaux au prix de 1,800 livres, — la colonne en faisant partie. » Il est impossible que les matériaux en bloc de l'hôtel de Soissons ne valussent que 1,800 livres (page 189), quand la colonne seule est estimée 1,128 livres (page 195).

Leroux de Lincy doit avoir raison.

NOTE 46. — Beausire avait trouvé la superficie totale du terrain de 4,706 toises 3 pieds et avait estimé la toise à 595 livres.

La ville conserva 2,293 toises 2 pieds 5 lignes, et le reste fut acheté par les Oblin, Camus de Mézière, Devarenne et Babille pour 195,969 liv. 19 sous 2 deniers. (Voir de Barthélemy.)

NOTE 47. — Le prévôt des marchands était alors messire Jean-Baptiste-Elie-Camus de Pontcarré, chevalier, seigneur de Viarme, conseiller d'Etat.

MM. Louis Mercier (1761), Laurent-Jean Babille (1761), Pierre Devarenne (1762), échevins, et M. Jollivet de Vannes, procureur du roi et de la ville, donnèrent leurs noms aux rues nouvelles (1). Les frères Oblin (François-Bernard) et Charles ne faisaient pas partie de l'administration. S'étant rendus acquéreurs d'une partie des terrains, ils y firent élever des maisons et percer une rue qui portait leur nom. (L. de L.) Fournier cite M. Oblin comme « entrepreneur des travaux ». Nous verrons, dans la note suivante, quel fut le rôle des Oblin. Toutes ces rues nouvelles, autorisées en 1762, furent ouvertes en avril 1765.

Fig. 180 et 181. — Prévôté de Messire LOUIS BAZILE DE BERNAGE, conseiller d'Etat ordinaire (1743). Jeton d'argent. (Cluny.)

NOTE 48. — 1763. C'est à M. Oblin († 1786) que M. de Viarme s'adressa pour chercher le moyen de tirer partie du terrain de l'hôtel de Soissons. M. Oblin travailla en conséquence et y réussit. Il forma une compagnie qui se rendit adjudicataire de la majeure partie du terrain, et son projet, réuni au plan de M. Le Camus de Mézières, fut accepté par la ville.

Les lettres patentes du Roi furent expédiées le 25 novembre 1762 et enregistrées le 22 décembre de la même année. Les travaux commencèrent le mois de mars suivant et durèrent trois ans (1763-1766).

Le sieur Quenofel (Allemand) fit l'appareil des voûtes (2).

(1) Portraits de de Viarme, prévôt des marchands, de Mercier, de Babille, de Devarenne et Deshayes, échevins, avec les autres officiers composant le corps de ville. (1763). Tableau peint en 1767, par Noel Hallé. H. 3,24, L. 4,57, gravé par Née. *Voy. Pitt de la France*, in-f°. 1784 (Musée de Versailles n° 217 *bis*.)

(2) Cet appareil porte le nom de *voûte d'arêtes en tour ronde*. L'épure en est difficile et l'exécution en serait peut-être encore plus difficile *aujourd'hui* La halle au blé renfermait en outre un escalier à double révolution que les élèves des écoles

La coupole fut exécutée par Roubo fils, maître menuisier, Legrand et Molinos, architectes.

La lanterne en fer située au sommet fut faite par Contou, maître serrurier, et les échafaudages étaient l'œuvre d'Albouy, maître charpentier.

Enfin les médaillons de marbre de Louis XVI et de Philibert de l'Orme furent sculptés par Rolland, sculpteur du roi. (Thiéry, *Guide des amateurs*, 1786.)

Les lettres patentes, du 26 nov. 1762, portent :

« C'est pour suppléer au peu de commodité des halles actuelles, devenues beaucoup trop resserrées, par l'agrandissement successif de Paris, que nous avons, dès le mois d'août 1755, par nos lettres patentes, enregistrées au Parlement, ordonné à nos chers et bien-aimés les prévôt des marchands et échevins de notre bonne ville de Paris, de faire l'acquisition du terrain où était ci-devant l'hôtel de Soissons et l'employer à la construction d'une nouvelle halle. » (Léon Biollay, *Mém. de la Soc. de l'Hist. de Paris*, t. III, 1877.)

NOTE 48 *bis*. — C'est ce qui explique le buste placé dans l'intérieur de la Halle et l'erreur qui a fait attribuer à Philibert de l'Orme l'exécution de la colonne comme l'indiquait faussement une plaque en marbre encore scellée dans le mur de l'ancienne Halle. De l'Orme était mort (1570) avant que Catherine ait acheté un pouce de terrain en cet endroit.

NOTE 49. — Notice sur Roubo, par Boileau, menuisier. (Ed. Fournier, *le Vieux-Neuf*, tome II, p. 141.)

NOTE 50. — *Mémoire sur la colonne de la halle aux bleds*. A.-G. Pingré, Paris, 1764.

Pingré reçut 1,200 liv. et une montre en or avec aiguille à secondes que lui fit donner M. Le Camus de Mézières. La municipalité avait voté 1,500 livres pour ce cadeau. C'est le plâtre placé pour recouvrir les cannelures qui a préservé les chiffres (H et C entrelacés) encore visibles aujourd'hui (1890).

NOTE 51. — Voir *Moniteur* (16 octobre 1802).

NOTE 52. — Un décret impérial du 4 septembre 1807 porte ce qui suit :

« La halle aux bleds de Paris sera couverte au moyen d'une charpente en fer dont les axes verticaux seront en fer fondu Elle sera couverte en planches de cuivre étamé. « *Signé :* NAPOLÉON ».

spéciales venaient visiter Ces exemples de belle coupe de pierre, du XVIIIe siècle, ont été démolis malheureusement.

Il avait été question de faire le dôme en pierre. Voir à ce sujet VIEL (Ch- F.), *Dissertations sur les projets de coupoles de la halle au blé*. Paris, juin 1809, in-4°.

Note 53. — Dimensions des fers qui doivent former la coupole de la halle aux grains. (*Album* par F. Brunet. Didot, 1809.)

Fig. 182. — Médaille de Fort de la Halle (1789). Musée de Cluny (rare).

On voit dans ce document que la conservation de la colonne de Médicis occasionna une irrégularité dans la distribution des arcades qui se trouvent dans le pourtour de la Halle.

Une commission nommée pour remplacer la charpente brûlée reçut six projets en janvier 1806. — On voulait la coupole en pierre de taille, mais M. Berquey de Beaupré déclarait, le 20 août 1807, que le fer pouvait parfaitement servir en employant le fer fondu et le fer forgé, et le projet de M. Bélanger fut adopté. Commencée en juillet 1811, la coupole était achevée en un an. La lanterne du sommet a 10m30 de diamètre.

Note 54. — Lazare, *Rues de Paris.*

En 1812 on restaura la fontaine, qui avait été bâtie entre le mois de mars 1763 et la fin de 1765.

Voici l'inscription peinte qui y fut placée :

In basi turris hujus e regiarum ædium
reliquiis extantis quod insigne opus
a Joanne Bullant architecto
anno post J. C. 1572 ædificatum, anno autem
1749 destructum ut frumentarias
nundinas conversum sit utilitate civium et
hujusce fori ornamento præfectus et ædiles
fontem restauraverunt anno MDCCCXII.

(Voir A. de Barthélemy, *Soc. de l'Hist. de Paris.*)

Fig. 183. — Madame la Duchesse de Nemours, mère des Guise assassinés à Blois.
(Clairamb. et Estampes. B. N.)

Note 55. — M. Bonnaffé ajoute :

« Ce jour-là, nos édiles reconnaissants se souviendront de Bachaumont ; ils feront graver son nom au pied du chef-d'œuvre qu'il nous a conservé, avec l'inscription de Carmontelle en guise d'épitaphe : « Qu'il repose en paix : la colonne est debout. »

La colonne, comme on le voit sur le plan, existe toujours. Malheureusement la plupart de ses ornements ont disparu ; de plus, comme nous l'avons fait entendre plus haut, il n'est rien moins que prouvé que ce soit à Bachaumont qu'on soit redevable de sa conservation. Tant qu'on n'aura pas trouvé les preuves irrécusables de cet achat. nous nous rangerons de l'avis de Bonamy, de Terrasson et de.... Leroux de Lincy.

Fig 184. — Médaille de Fort de la Halle (1789). — Musée de Cluny. (Rare.)
(Face et revers, voir page 432.)

DEUXIÈME PARTIE

HOTEL DE SOISSONS (1604 1741)

EZÉCHIEL SPANHEIM. — EXTRAITS DES *Mémoires* DE SAINT-SIMON, DES *Journaux* D'HÉROARD ET DE DANGEAU ET DES *Lettres* DE Mme DE SÉVIGNÉ, DE LA *Muse historique* DE LORET. — PORTRAITS PAR LA PRINCESSE PALATINE. — GÉNÉALOGIE DES BOURBON SOISSONS-SAVOIE-CARIGNAN.

EZÉCHIEL SPANHEIM. — RELATION DE LA COUR DE FRANCE EN 1690 DE LA PRINCESSE DE CARIGNAN.

MARIE DE BOURBON-SOISSONS était la sœur du feu comte de Soissons qui fut tué à la bataille de Sedan en 1641, et dès l'année 1624 fut mariée au prince Thomas de Savoie, fils de Charles-Emmanuel, duc de Savoie et frère de Victor-Amédée, son successeur. Elle eut deux fils de ce prince : Emmanuel-Philibert, et Eugène-Maurice, comte de Soissons, et une fille qui fut mariée au feu marquis Fernand de Bade et duquel mariage est né le marquis de Bade, qui, après avoir signalé son courage et sa valeur dans les campagnes passées en Hongrie contre le Turc, s'y est encore signalé davantage cette dernière campagne (victoires de Jagodina, de Nissa et de Widdin, 30 août, 24 sept. et 14 oct. 1689) qu'il y a commandé en chef l'armée impériale. Pour la princesse de Carignan susdite, sa grand'mère, comme

Fig. 186. — Madame la Princesse de Carignan, épouse d'Amédée de Savoie. (Gravure de modes. Estampes. B. N.)

elle est née en 1606, elle se trouve présentement fort avancée dans l'âge. C'est une princesse qui a témoigné beaucoup de courage dans les divers événements de la vie et de la fortune du feu prince Thomas,

Fig. 187. — MADAME DE SOISSONS EN ROBE DE CHAMBRE.
(Gravure de modes. Estampes. B. N.) — Le seul document que nous ayons trouvé.

son mari, qui fut conduite en Espagne et y resta quelque temps prisonnière, ensuite que le prince son époux eut quitté le parti et le

*

service de cette monarchie et fut passé à celui de la France. Depuis sa délivrance et son retour, elle fut envoyée en France comme en otage pendant que le prince son mari commandait l'armée de cette couronne en Italie, et où il mourut durant le siége de Pavie en 1656. Son second fils, le comte de Soissons, qui était resté en France, épousa l'année suivante une des Mancini, nièce du cardinal Mazarin ; en a eu des enfants : le comte de Soissons d'aujourd'hui, et le prince son frère (le prince Eugène).

DES COMTES DE SOISSONS DESCENDANTS DU PRINCE THOMAS

Le comte de Soissons Eugène-Maurice, second fils du prince Thomas, resta en France et fut revêtu des charges de colonel général des Suisses et Grisons et du gouvernement de Champagne. Il épousa en 1657 une Mancini, nièce du cardinal Mazarin, et qui se trouve présentement à la cour d'Espagne, après avoir eté obligée de sortir de la cour de France au sujet d'une intrigue où elle entra dès l'an 1668, avec le marquis de Vardes, capitaine alors des Cent-Suisses, dans la vue de brouiller le roi avec sa maîtresse, qui était alors la duchesse de la Vallière, et de mettre une autre à sa place. Au reste, ledit comte a eu plusieurs enfants, et dont l'aîné se trouve appelé de même le comte de Soissons depuis la mort du frère, decédé en 1673.

Ce dernier, qui est à présent le chef de la branche des princes de la maison de Savoie en France, et qu'on y appelle souvent du seul nom de MONSIEUR LE COMTE, s'est contenté d'épouser, par inclination, une simple demoiselle qui était fille d'honneur de Madame et s'appelle Mlle de Beauvais, et dont il a déjà des enfants. Ce mariage, qui se fit en cachette et à l'insu de la cour et de la princesse de Carignan, sa grand'mère, fut déclaré enfin, avec le consentement du roi, en 1687, malgré toute l'opposition de ladite princesse qui n'a jamais voulu recevoir en grâce ledit comte son petit-fils, ni abandonner en apparence le dessein de le déshériter ; ce qui fait que ce même comte est assez mal partagé jusques ici des biens de la fortune, n'a pas de quoi soutenir la dignité de sa naissance et de son rang, ne subsiste que par quelques pensions que le roi lui donne et dont même il est assez mauvais ménager. Il ne laissa pas, dans la dernière promotion de chevalier de l'ordre du Saint-Esprit qui fut faite sur la fin de l'année 1688, de refuser honnêtement d'en être, pour n'être pas obligé de marcher après le duc de Vendôme.... Au reste, ce comte de Soissons a encore deux frères : l'un qui est resté en France, et qu'on appelle le prince Philippe ; et l'autre, le prince Eugène de Savoie, qui, s'étant attaché à la disgrâce de sa mère, passa en Espagne où elle était, et de là à Vienne au service de l'Empereur, où il est encore, et où il a su s'y faire distinguer par sa valeur et son attachement au dit service. Il en a donné encore des preuves récentes l'an passé, au dernier siége de Mayence où il fut dangereusement malade et en sorte qu'on ne croyait pas qu'il en réchapperait comme il a fait. (E. Spanheim.)

[Janvier 1612.] Le roi est mené en carrosse au sermon et à vêpres à Saint-Germain de l'Auxerrois pour tenir à baptême M. le comte de Soissons, âgé de sept ans, avec la reine sa mère, en la chapelle de la maison du comte, baptisé par M. l'évêque de Paris. (Héroard.)

Louis XIII allait souvent jouer avec le jeune comte à l'hôtel de Soissons. (17 déc. 1609. — 28 nov. 1607.) (H).

[Le 17 nov. 1612.] Le roi chasse à Neuilly avec les chiens du feu comte de Soissons. (H.)

[Le 10 décembre.] Le roi reçoit le serment de la charge de grand maître de M. le comte de Soissons (le fils de Charles de Bourbon) chez la reine. — *Note.* M. le comte fut baptisé dimanche dernier, habillé d'une robe blanche et nommé Louis par le roi qui fut parrain et la reine marraine. Le lendemain, il prit le haut-de-chausses et vint faire le serment de grand maître en présence de la reine, dans le cabinet du conseil. (Lettre de Malherbe, 15 décembre 1612.)

[Le 29 fév. 1616.] Le comte de Soissons, d'Epernon, Villeroy, Bassompierre, Villaines « tombent sans beaucoup se blesser », avec le plancher qui s'écroule dans la chambre de la reine à Tours. La reine se trouve par hasard sur une grosse poutre qui résiste ; elle se sauve par-dessus son lit. (H.)

[1619, décembre.] En ce même temps s'était mû un très grand différend entre M. le prince de Condé et M. le comte de Soissons, sur le sujet de la serviette que chacun d'eux prétendait devoir présenter au roi quand ils se rencontreraient tous deux près de Sa Majesté, l'un comme premier prince du sang, l'autre comme prince du sang et grand maître de France. Cette affaire fut fomentée par ceux qui désiraient le trouble et portée aux extrémités... (*Mémoires* de Phélypeaux de Pontchartrain, p. 295-296.)

[Le 3 fév. 1619.] Le roi est parrain avec la comtesse de Soissons du fils de Pierre Brulart, vicomte de Puisieux. (Voir Catherine de Médicis.) Le fils se nomme Louis Brulart. (1619 + 1691.) (H.)

Mme de Sévigné, dans ses *Lettres*, qualifie la comtesse de « vieille Médée » et la traite comme « la plus indigne des femmes ». (24 fév. 1673 ; 20 mars 1673 ; 29 déc. 1675.) Bonnefons.

[Le mercredi 24 janvier 1680.]... Je vous dirai que Mme la comtesse de Soissons est partie cette nuit pour Liège ou pour quelque autre endroit qui ne soit point la France. La Voisin l'a extrêmement masquée et je pense que Sa Majesté lui a donné charitablement le temps de se retirer. (S.)

[Le 29 janvier 1680.] ... Pour Mme la comtesse de Soissons, c'est une autre manière de peindre : elle a porté son innocence au grand air ; elle partit la nuit et dit qu'elle ne pouvait envisager la prison, ni la honte d'être confrontée à des gueuses et à des coquines. La marquise d'Alluye est avec elle. Ils prennent le chemin de Namur ; on n'a pas dessein de les suivre. (S.)

[Le 16 fév. 1680.] On instruit le procès de la comtesse. M. d'Alluye est exilé à Amboise, mais on apprend plus tard qu'il est allé rejoindre la comtesse à Hambourg. A Bruxelles, on fait sortir la comtesse d'une église en faisant un sabbat épouvantable. (S.)

[1684, 17 nov.] Le prince de Carignan épouse la sœur du prince César d'Este contre la volonté du roi, qui donne ordre à Mme de Bade de partir pour Rennes dans les vingt-quatre heures, et fait défense à la princesse de Carignan de se présenter devant lui. (D.)

[1685.] La comtesse de Soissons, emportée dans un traîneau (janvier 1685), se casse le bras et se blesse à la tête. (C'est la jeune femme de Thomas). (D.)

[1686.] Olympe est à Madrid avec le prince Eugène et se fait présenter au roi d'Espagne. (D.)

[1688, juin.] Le prince Philippe se bat avec le prince d'Elbeuf pour une querelle de jeu et le blesse à la cuisse. (D.)

Fig. 188. — Louis-Thomas, comte de Soissons, mari d'Uranie de la Cropte Beauvais, tué au siège de Landau (1702). (Clair., 1118, B. N.)

LOUIS THOMAS

[1689.] Le roi accorde une pension de 12,000 francs à Mme la comtesse de Soissons la jeune et donne 1,000 pistoles au comte de Soissons pour « faire son équipage ». (D.)

[1690, mars, Dangeau.] Le comte de Soissons (Louis-Thomas) est nommé maréchal (mars 1690). Sa femme refuse de venir garder le corps de la Dauphine, ainsi que Mme de Nemours, quoique averties par le grand maître des cérémonies.

[Marly, 27 avril.] Le roi ayant manifesté son mécontentement, elles y viennent le 1er mai, à onze heures du matin.

Le comte se blesse « considérablement » en voulant entrer à cheval au camp de l'infanterie à Wachenheim, où il se prend la tête entre le haut d'une porte et le col de son cheval. La comtesse va le rejoindre. (D.)

[1691.] On joue la *Bassette*, le *Hoca*, le *Pharaon*, la *Barcarole* (ou barbacole), la *Dupe*, la *Banque faillite* et autres jeux. (Clair., 562 p. 871, Jal.)

[1694.] Le roi ayant appris que le comte, au lieu d'aller servir les Vénitiens comme il en avait la permission, s'est rendu près de Monsieur de Savoie, lui retire sa pension de 10,000 écus et celle de sa femme de 9,000 francs.

[1695, mars.] Olympe est à Aix-la-Chapelle et demande quelques secours d'argent à M. de Mazarin qui lui envoie 200 pistoles. (D.)

[1695, 12 mai.] La comtesse (la jeune) va au Palais royal voir Monsieur et se rend ensuite à Aix-la-Chapelle auprès de sa belle-mère. Pendant ce temps, son mari en Angleterre se trouvait mal accueilli par les Anglais, qui lui font « une manière d'insulte », et se trouve dans un grand embarras. (D.)

[1697.] Mlle de Soissons et Mlle de Chambonneau sont cause d'un duel entre le bailli d'Auvergne et le chevalier de Caylus. Le roi, furieux, force Mlle de Soissons à quitter Paris sous huit jours. Mlle de Chambonneau est exilée à trente lieues de Paris. (D.)

[1699.] Mlle de Carignan, qui avait eu la permission de rejoindre sa mère à Bruxelles, ne peut « s'accommoder » avec elle et demande à retourner en Savoie : elle obtient la permission de se retirer dans le val d'Aoste. (D.)

Mme DE NEMOURS

Mme de Nemours ne mourut qu'en 1707, à l'âge de 83 ans.

[1704, janvier. Dangeau.] La duchesse de Nemours, reléguée à Coulommiers, obtient la permission de revenir à Paris. Elle arrive le

6 janvier « dans sa chaise suivie d'un chariot plein de porteurs : il y avait dix carrosses, quatre chaises roulantes et deux cents chevaux des habitants de Coulommiers venus jusqu'au faubourg Saint-Antoine ; le badaud devant l'hôtel de Soissons. » (Lettre de la marquise d'Huxelles du 7 janvier 1704.)

Enfin elle tombe malade en 1707, et bientôt se trouve à la dernière extrémité (mai). Elle reçoit les sacrements et meurt le jeudi 16 mai, en laissant ses biens au chevalier de Soissons, bâtard de M. le comte de Soissons, prince du sang, qui fut tué à la bataille de Sedan. L'héritage est de cinq millions.

Mme de Nemours était la seule personne reçue en audience dans le cabinet du roi, après souper. (Juin 1699.)

En 1707, Mme de Nemours... avait la moitié de l'hôtel de Soissons, et Mme de Carignan l'autre, avec qui elle avait souvent des démêlés quoique sœur de sa mère et princesse du sang. (Saint S.)

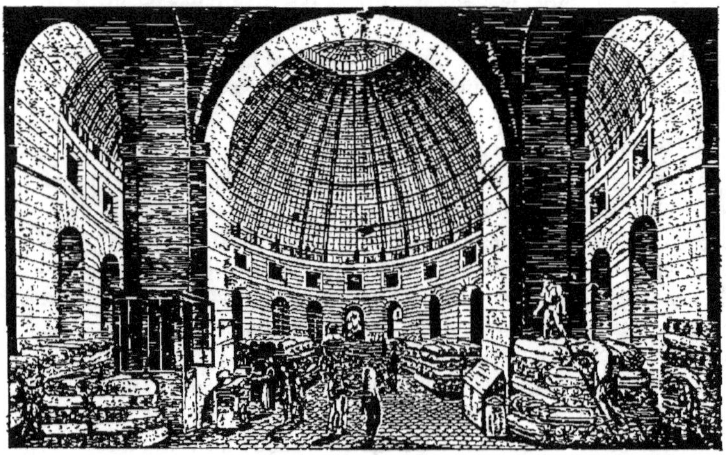

Fig. 189. — Vue intérieure de la Halle au Blé.

En 1719, Mme de Carignan... obtint un jeu à l'hôtel de Soissons qui lui valut extrêmement. Sur cet exemple, le duc de Tresmes prétendit et obtint l'établissement du sien (Saint-S.)

A trois heures le roi est allé chez M. de Gesvres, secrétaire d'État, pour porter au baptesme le fils du sieur de Tresmes à Saint-Germain-l'Auxerrois. (Saint-S.)

Voir un portrait de Law dans la *Princesse palatine*, p. 253-263. Son abjuration à Melun, sa fuite à Bruxelles dans la chaise de Mme de Prie à qui il donne une bague de cent mille écus. — Établie rue Sainte-Avoye, dans l'hôtel d'Avaux (20 déc. 1716), la banque avait commencé à fonctionner le 1er juin 1716.

Il achète, le 21 nov. 1719, le palais Mazarin, un million, et la maison du comte de Tessé 550,000 livres. Il est membre de l'Académie des sciences (nov. 1719), et c'est lui qui fait remplacer les chandelles de l'Opéra par des bougies (24 décembre 1719). Il est nommé contrôleur général des finances au mois de janvier 1720. (Dangeau.)

Loret, dans sa *Muze historique*, parle souvent du comte et de la comtesse de Soissons.

L'aimable et charmante princesse
Qui de Soissons est la comtesse
Dont ma muze a parlé cent fois....

(Liv. X, let. LXV)

En février 1657, la reine fait cadeau à Olympe Manciny, à l'occasion de son mariage, de bijoux valant « six mille loüis d'or comptant ».

On dit que madame Royale. ..
A cette belle Olympe envoie
En pur don tout plein de joyaux
Extrêmement brillans et beaux...

(Liv. VIII, let. VIII.)

Plus loin :

Soissons, ce comte aimé de tous,
De la belle Olympe l'époux...

Est nomme colonel général des Suisses.

(Liv. VIII, let. XLVI.)

Ailleurs :

Dimanche l'épouze d'Eugène,
Après l'inévitable gêne
Et les espèces de tourments
Que l'on souffre aux enfantements,
Eut d'un beau fils la délivrance.

(1657. déc. ; liv. VIII, let. L)

Il s'agit ici de Louis Thomas. A cette occasion, la comtesse fit délivrer sept prisonniers.

Ailleurs :

Le fils du comte de Soissons,
Que, Dieu mercy, nous connaissons,
Fut baptisé cette semaine
Dans la *chapelle de la reine*,
Dont plusieurs furent réjouis,
Et fut nommé Thomas-Louys
Par les deux Majestes de France.

(Avril 1658, liv. IX, let. XVI.)

Dans d'autres endroits :

Le Prince à la cour tant aimé,
Le comte de Soissons nommé,

est fait gouverneur du Bourbonnais (mars 1659; liv. X, let. XIII), puis nommé ambassadeur extraordinaire en Angleterre (oct. 1660; liv. XI, let. XLII).

Enfin, en 1664, la comtesse, après avoir eu un cinquième garçon en 1663 (liv. XIV, let. XLIII), est surintendante.

Primo, cette aimable princesse
Qui de Soissons est la comtesse,
Un des beaux esprits de la cour,
Digne d'honneur, digne d'amour
Et (ce qui vaut mieux qu'un domaine)
Surintendante chez la reine.

(Fév., liv. XV, let. VII.)

La *Muse royale* du 19 février 1657 annonce ainsi le mariage :

Monsieur le comte de Soissons
Va quittant le rang des garçons,
. . . .
Prendre le titre de mari
Dont il ne sera pas marri,
Donnant la main de Son Altesse
A l'illustre et brune déesse
Qui n'a pas plus de dix-sept ans,
Mais de ses appas éclatants
Qui font dire par tout le monde
Qu'Olympe n'a point de seconde
Et que l'Amour a réuni
Dedans l'infante Mancini,
Par un avantage suprême,
Tout ce qui force à dire j'ayme
Et qui le ferait dire aux dieux

En 1631, 14 mai, le comte de Soissons avait été nommé commandeur de Paris, etc., en l'absence du roi. Il était lieutenant général le 13 décembre de la même année. (Félibien, *Preuves*, t. III.)

PORTRAIT DU CHEVALIER DE SOISSONS

« On ne saurait nier que la comtesse de Soissons, Angélique Cunégonde, fille de François Henri de Luxembourg, n'ait beaucoup de vertu et d'esprit, mais elle a ses défauts comme tout le monde. On peut bien dire d'elle que c'est une pauvre princesse. Son mari, Louis-Henri, chevalier de Soissons, était bien laid, ayant une longue figure, les yeux très près d'un nez d'épervier, jaune comme un coin (*sic*), une bouche trop petite pour un homme et pleine de dents gâtées qui puaient horriblement; de grosses et vilaines jambes, les genoux et les pieds en dedans, ce qui lui donnait la démarche d'un perroquet;

Fig. 190. — Sérénissime Prince FRANÇOIS-THOMAS DE SAVOIE, prince de Carignan, etc. Général des armées de Sa Majesté catholique en Belgique et gouverneur-général. — Ant. Van Dyck pinxit. — Paulus Pontius sculpsit. — Gillis Hendrixs excudit.

(C'est le mari de Marie de Bourbon.)

sans grâce dans ses gestes, il faisait mal la révérence ; il était plutôt petit que grand ; il avait de beaux cheveux en grande quantité. Etant

EUGÈNE-MAURICE DE SAVOYE, comte de Soissons, duc de Carignan, colonel général des Suisses, etc.

Gouverneur et lieutenant général pour le Roi, en Champagne et en Brie. W. Vaillant pinxit. — P. Lombart sculpsit.

Fig. 191 et 192.

enfant, il avait été très joli; j'ai vu des portraits de lui faits dans le

Fig. 193. — FRANÇOIS-EUGÈNE, PRINCE DE SAVOIE.
Petrus A Gunst delin. sulp. et exc. t'Amsterdam, op de binnen Amstel, op de hoek van de Kysers graft (1703).
(C'est le PRINCE EUGÈNE.)

temps. Si le fils de la comtesse de Soissons avait ressemblé à sa mère, il aurait été très bien, car elle a de beaux traits ; les yeux, la bouche, le tour du visage ne sauraient être mieux ; seulement elle a le nez un peu trop gros et la peau n'est pas assez fine. » (*La Princesse Palatine.*)

Mme DE VERUE

Mme de Verue est âgée, je crois, de 48 ans (1718). J'ai profité de son vol : elle m'a vendu cent soixante médailles d'or : c'était la moitié de toutes celles qu'elle avait volées au roi de Sicile (Victor-Amédée II). Elle avait eu aussi des cassettes remplies de médailles d'argent ; celles-ci ont toutes été vendues en Angleterre. » (*Princesse Palatine*, p. 264.) [Voir ci-contre la généalogie.]

En 1650, 27 février, le gouverneur des deux princes de Carignan, Emmanuel-Philibert, le sourd-muet, et Eugène-Maurice, le bègue, était Vaugelas. (Jal.)

Fig. 194. — François Miron, prévôt des marchands.

TABLEAU GÉNÉALOGIQUE

DES

BOURBON — SOISSONS — SAVOIE — CARIGNAN

LOUIS Ier DE BOURBON, PRINCE DE CONDÉ, ÉP. FRANÇOISE D'ORLÉANS.

Charles de Bourbon, comte de Soissons (3 nov. 1566, + au château de Blandy-en-Brie, 1er nov. 1612), ép. le 27 déc. 1601, Anne de Montafié (1577, + 17 juin 1644), fille unique de Louis, comte de Montafié, et de Jeanne de Coesme.

- Louise de Bourbon (7 fév. 1603, + 9 sept. 1637), ép., le 30 avril 1617, Henri II d'Orléans, duc de Longueville (1595, + 11 mai 1663), qui se remaria avec Geneviève de Bourbon-Condé.
  - Marie d'Orléans (1625, + 16 mai 1707), ép. Henri II de Nemours (1625, + 1659). S. p. Fin des Soissons-Nemours.
- Louis de Bourbon, comte de Soissons (11 mai 1604, + 6 juillet 1641), tué d'un coup de pistolet dans les rangs ennemis, à la Marfée, près Sedan. Fin des Bourbon-Soissons.
  - Fils naturel, Louis-Henri, chevalier de Soissons, puis prince de Neufchâtel (1640, à Sedan, + 5 fév. 1703), ép., 6 mai 1694, Angélique-Cunégonde, fille de François-Henri de Luxembourg.
    - Louise-Léontine-Jacqueline (1696, + 1721), ép. en 1710 Charles-Philippe d'Albert, duc de Luynes, né en 1695.
    - Marie-Anne-Charlotte de Bourbon (26 sept. 1701, + 23 août 1711).
- Marie de Bourbon (3 mai 1606, + 3 juin 1692), dernière princesse du sang de la branche cadette de Bourbon, ép., le 10 oct. 1624, Thomas-François de Savoie-Carignan (21 déc. 1596, + 22 janv. 1656), fils de Charles-Emmanuel, duc de Savoie, et de l'infante Catherine, fille de Philippe II.
  - Emmanuel-Philibert-Amédée de Savoie, prince de Carignan (sourd-muet) (août 1628, + 23 avril 1709), ép. en 1684 Angélique-Catherine d'Este (+ 1722), fille du marquis de Scandiano.
    - Isabelle-Louise (mars 1687).
    - Marie-Victoire (juillet 1688).
    - Victor-Amédée de Savoie, prince de Carignan (29 fév. 1690, + 4 avril 1741), ép. Victoire, bâtarde du roi de Sardaigne Victor-Amédée II François et de la comtesse de Verue (1).
      - Victor-Joseph-Amédée (1716, + 1716).
      - Anne-Thérèse (1717, + 5 avril 1745), ép. le prince de Soubise.
      - Prince Louis-Victor-Amédée-Joseph (24 sept. 1721, + 16 déc. 1778), ép. la princesse Christine de Hesse-Rheinfels (+ 1778).
        - Victor-Amédée, général (+ 1780).
          - Charles-Emmanuel (1770, + 1800), ép. Marie de Saxe.
            - Charles-Emmanuel-Albert (1798), etc., etc.
    - Thomas (mai 1696, + 12 sept. 1715).
  - Joseph-Emmanuel-Jean (24 juin 1631, + 12 juin 1656 de la petite vérole à Turin).
  - Amédée.
  - Ferdinand.
  - Charlotte-Christine.
  - Eugène-Maurice de Savoie-Carignan, comte de Soissons (3 mai 1633, + 7 juin 1673, subitement en Champagne), ép., le 21 fév. 1657, [illegible] Mancini (1637, + 10 oct. 1708). Il fait lignée.
    - Louis-Thomas de Savoie, comte de Soissons (15 oct. 1657, + 25 août 1702, au siège de Landau), ép., le 12 oct. 1680, Uranie de la Cropte-Beauvais (1656, + 13 nov. 1717).
      - Louise-Victoire de Savoie (Mlle de Soissons la jeune) (13 sept. 1683, + 13 oct. 1763), ép. le prince de Saxe.
      - Thomas-Emmanuel, prince de Soissons (8 déc. 1687, + 28 déc. 1729), ép. Thérèse-Anne-Félicité, princesse de Lichtenstein.
      - Eugène, chevalier de Soissons (23 janv. 1690, + à Londres de la petite vérole, 7 mars 1712), cap. de cavalerie sous son oncle le prince Eugène.
      - Maurice (mars 1692, + à Barcelone, 15 mars 1710).
      - N. (mars 1697).
    - Philippe de Savoie (prince Philippe) (8 avril 1659, + 4 oct. 1693), grand escroc et grand débauché [Dangeau], ramène de Corse en Morée une petite Turque qu'il fait baptiser à Paris, 3 juil. 1686 [Jal.]. Il mourut de la petite vérole.
    - Louis-Jules (le chevalier de Savoie) (2 mai 1660, + août 1683 d'une chute de cheval).
    - Emmanuel, comte de Dreux (16 oct. 1662, + 22 avril 1676).
    - François-Eugène de Savoie-Carignan (le prince Eugène) (18 oct. 1663, + 21 avril 1736).
    - Marie-Jeanne-Baptiste de Savoie (Mlle de Soissons), 1er janv. 1665, + 30 mai 1705), ép. l'abbé de la Bourlie, à Genève, est marraine de Thomas Aug. Kalignan et signe M. Jean B. de Savoye, St Sulpice, 2 juillet 1695. [Jal.]
    - Louise-Philiberte (Mlle de Carignan) (22 nov. 1667, + 22 fév. 1722).
    - Françoise (Mlle de Dreux), (24 oct. 1668, + 24 fév. 1671).
  - Louise-Christine, dernière princesse du sang de la branche Bourbon-Soissons (+ 7 juillet 1689), ép. Ferdinand-[illegible] 1653).
    - Louis-Guillaume de Bade, filleul du roi (1655, + 1707, à Rastadt).
- Charlotte-Anne de Bourbon (15 juin 1608, + 1623).
- Elisabeth de Bourbon (1610, + 1611).
- Plus : 2 filles naturelles : Charlotte, Catherine, filles de Anne-Marie Bohier.

(1) Ce sont eux qu'on voit faire toutes sortes d'indignes affaires, la femme devenir la complaisante de celle du garde des sceaux Chauvelin, et le mari se faire le fermier de l'Opéra et le surintendant de ce spectacle, et, avec des millions de rapines, le mari dans l'obscurité et la débauche, la femme dans l'intrigue de toute espèce et l'écorce de la plus haute dévotion, caressant tout le monde, ménageant tout, se fourrant partout, se moquer de leurs créanciers et vivre en bohémiens ; le mari mort dans cette crapule à Paris, en 1740, la femme se raccrocher aux Rohan par le mariage de sa fille avec M. de Soubise, et son fils, devenu prince de Carignan, ôté d'avec eux longtemps avant la mort du père par le roi de Sardaigne. [Saint-Simon.]

PLANS CHRONOLOGIQUES

DU

QUARTIER DE LA HALLE AU BLÉ

(BOURSE DE COMMERCE)

ET DES ENVIRONS

DU XIIIe AU XIXe SIÈCLE

*

PLANS CHRONOLOGIQUES
DU QUARTIER DE LA HALLE AU BLÉ

DATES	Nos	RÈGNES	AUTEURS	OBSERVATIONS NE CONCERNANT QUE LE QUARTIER EN QUESTION
1180-1223	1°	Ph.-Auguste	DULAURE	L'hôtel de Nesle n'est que mentionné.
1285-1314	2°	Ph. le Bel	A. LENOIR	Inexact.
1380	3°	Charles VI	LEGRAND	Inexact (Annexe de *Paris et ses historiens*).
1530	4°	Henri II	SÉB. DE MUNSTER	Grossièrement indiqué.
1530	5°	Henri II	GEO. BRAUN	Assez exact : montre l'enceinte, les deux portes Coquillière et Saint Honoré.
1512-1540	6°		Pl. dit de tapisserie	Assez exact ; porte les rues du Four, des Étuves, d'Orléans, de Guernelles et les Filles Randus (Repenties).
1540 (?)	7°	François Ier	Copie de GAIGNIÈRE	Inexact.
1552	8°	Henri II	OL. TRUSCHET et GEO. HOYAU.	Plan de Bâle, inexact dans l'indication des tours et du mur d'enceinte ; ne montre plus de portes.
1555	9°	Henri II	Attribué à J. ANDROUET du CERCEAU	Plan de Saint-Victor. Les murs, les tours et les rues sont bien indiqués ; gravé par d'Heullant en 1756.
1575	10°	Henri III	BELLEFOREST	Montre « les Filles Pénitentes où elles étaient ci-devant » et le mur, les tours et la rue d'Orléans assez exactement.

PLANS CHRONOLOGIQUES
DU QUARTIER DE LA HALLE AU BLÉ *(Suite)*

DATES	Nos	RÈGNES	AUTEURS	OBSERVATIONS NE CONCERNANT QUE LE QUARTIER EN QUESTION
1604	11°	Henri IV	FR. QUESNEL	Assez exact. L'hôtel de Soissons et la colonne sont indiqués sur la rue du Four; plus de murs, plus de tours.
1609	12°	Henri IV	VASSALIEU	Inexact; hôtel de Soissons mal indiqué.
1615	13°	Louis XIII	MAT. MÉRIAN	Inexact; copie du précédent.
1630	14°	Louis XIII	MELCH. TAVERNIER	Inexact; autre mauvaise copie.
1649-1652	15°	Louis XIV	J. BOISSEAU	Plan des Colonnelles; plan au trait, suffisamment exact pour sa destination.
1654	16°	Louis XIV	J. BOISSEAU	A peu près exact.
1652	17°	Louis XIV	J. GOMBOUST	Un des plus exacts.
1670-1676	18°	Louis XIV	BULLET BLONDEL	Aussi exact que Gomboust.
1676	19°	Louis XIV	JOUVIN DE ROCHEFORT	Une feuille; exact.
1690	20°	Louis XIV	JOUVIN DE ROCHEFORT	Quatre feuilles; exact.
16 (?)			F. DE WITT	Inexact; il n'y avait pas de maisons autour du grand jardin, et la colonne est mal indiquée.
1697	21°	Louis XIV	NICOLAS DE FER	Exact.
1707-1713	22°	Louis XIV	B. JAILLOT	Exact.
1714	23°	Louis XIV	LACAILLE	Exact.

1728	24°	Louis XV	Abbé DE LA GRIVE	Montre le démembrement des jardins et de l'hôtel de Soissons.
1730	25°	Louis XV	ROUSSEL	Moins de rues dans les jardins que sur le plan précédent.
1734-1739	26°	Louis XV	TURGOT	Exact.
1760	27°	Louis XV	VAUGONDY	Plus d'hôtel de Soissons. L'emplacement est traversé par des rues projetées.
1763	28°	Louis XV	DEHARME	Semblable au précédent; montre le cul-de-sac de Soissons et les terrains « qui ne sont pas de l'hostelle ». La colonne est seule indiquée.
1772-1775	29°	Louis XVI	JAILLOT	Montre la Halle au blé.
1789-1798	30°	Louis XVI; Rép.	VERNIQUET	Moderne; excellent.

NOUS MENTIONNERONS ENCORE :

	31°	Plan archéol.	BERTY	Ne se compose que de deux feuilles et ne comprend pas le quartier de la Halle au blé.
	32°	Calcographie du Louvre	Anonyme	Plan de Paris avec l'enceinte de Philippe-Auguste — Gravure non terminée, et r. Traversaine mal placée.

**

Les plans de Félibien et de Delamare nous ont été également utiles bien que renfermant des inexactitudes, surtout ceux de Delamare. Celui de M. Mareuse, publié dans son édition du *dit des rues de Paris*, n'est pas plus exact dans la partie de Paris que nous avons étudiée que ceux de A. Lenoir et de H. Legrand.

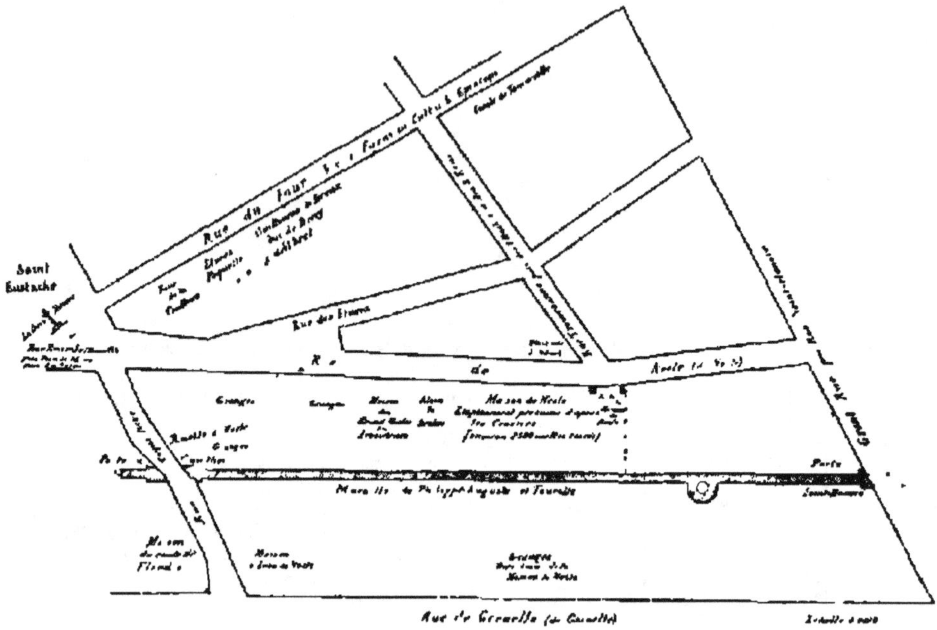

Fig. 195. — Plan du Quartier au XIIIe siècle.

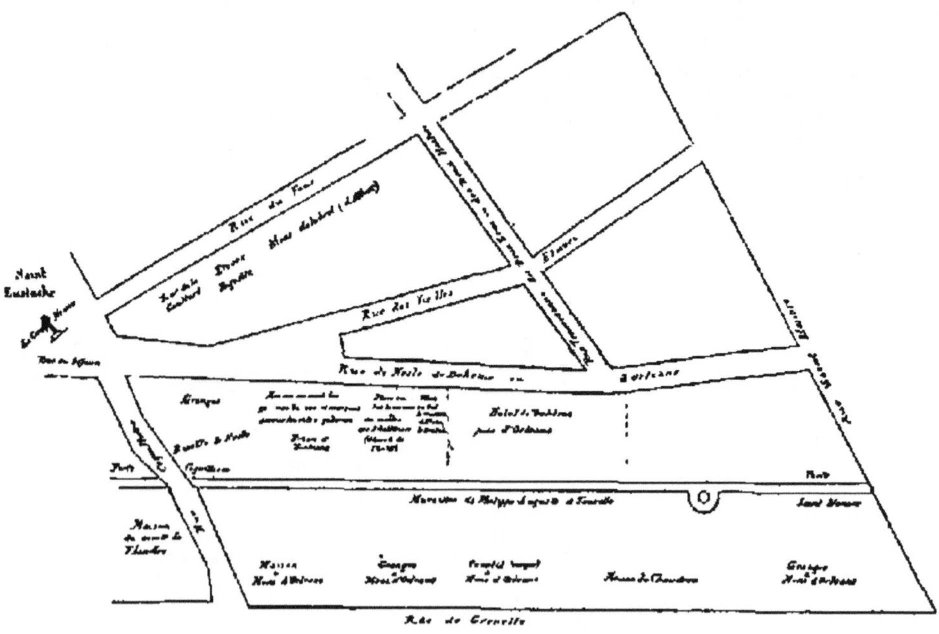

Fig. 196. — Plan du Quartier au XIVe siècle.

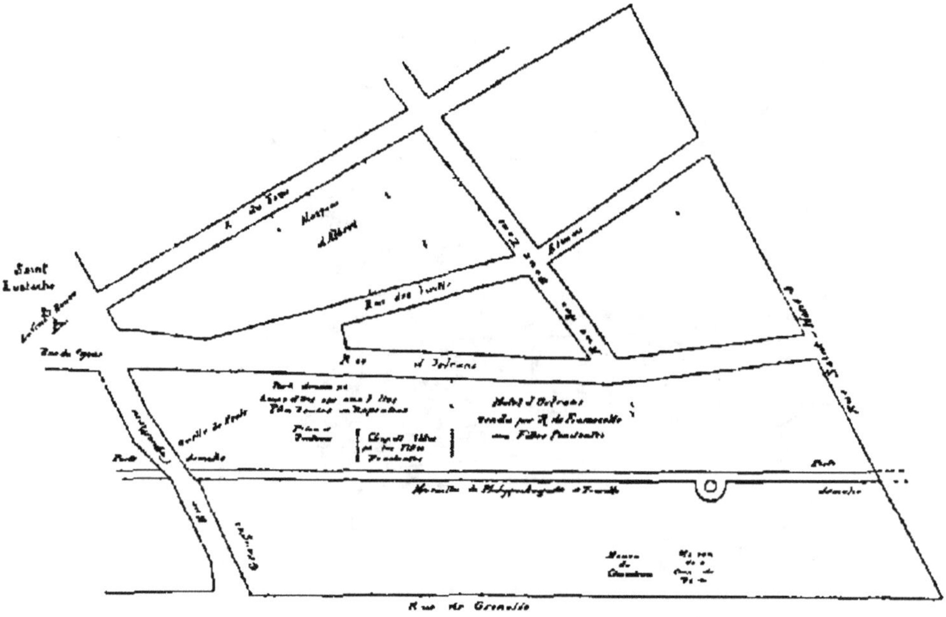

Fig. 197. — Plan du Quartier au xvᵉ siècle.

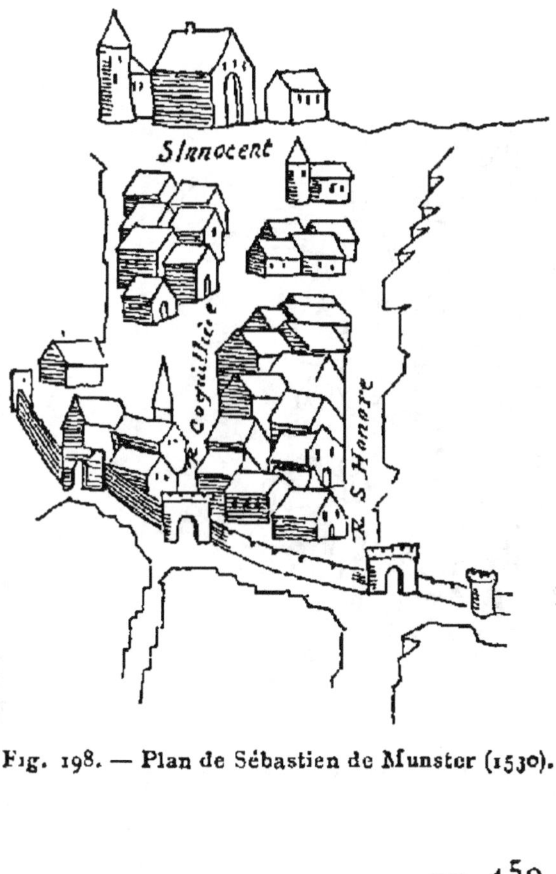

Fig. 198. — Plan de Sébastien de Munster (1530).

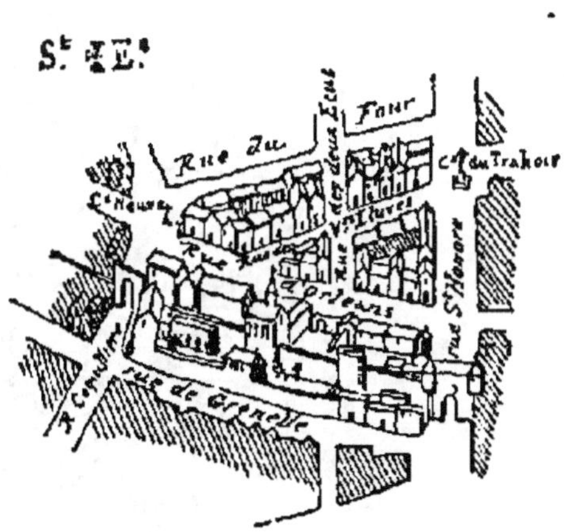

Fig. 199. — Plan de George Braun (1530)

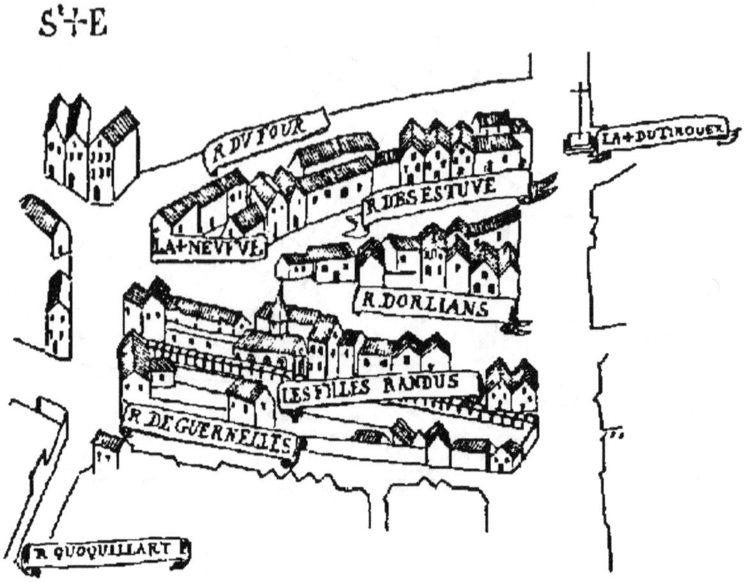

Fig. 200. — Plan dit de Tapisserie (1540).

Fig. 201. — Copie du plan de Tapisserie, par Gaignière.

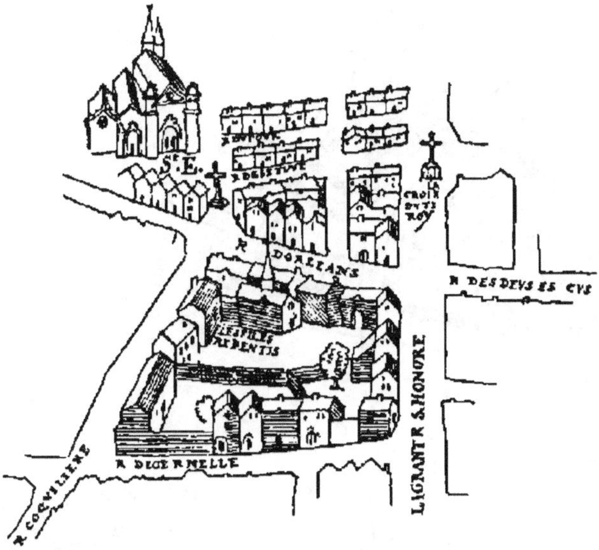

Fig. 202. — Truschet et Hoyau (1552), dit plan de Bâle.

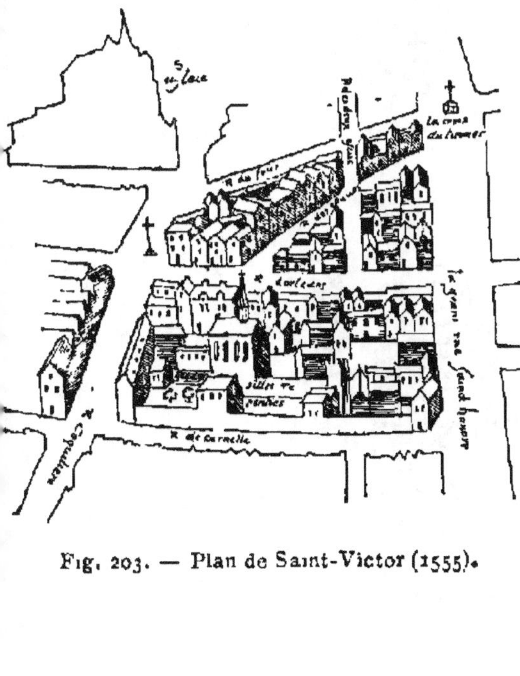

Fig. 203. — Plan de Saint-Victor (1555).

Fig. 204. — Plan de Belleforest (1575).

Les Filles Penitêtes, ou elles estoiêt cy deuât (46).

***

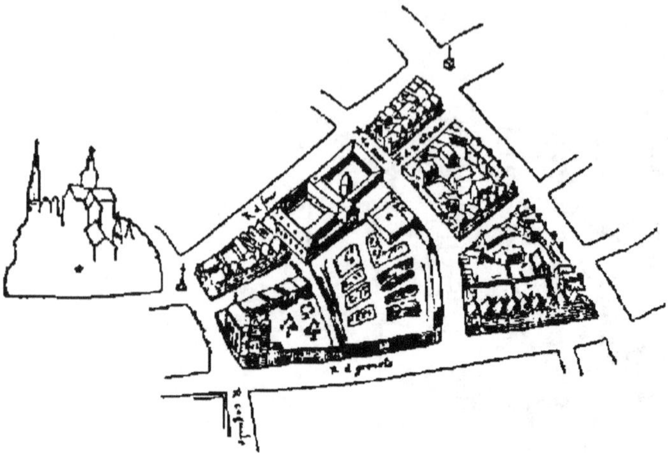

Fig 205. — Plan de Quesnel (1604).

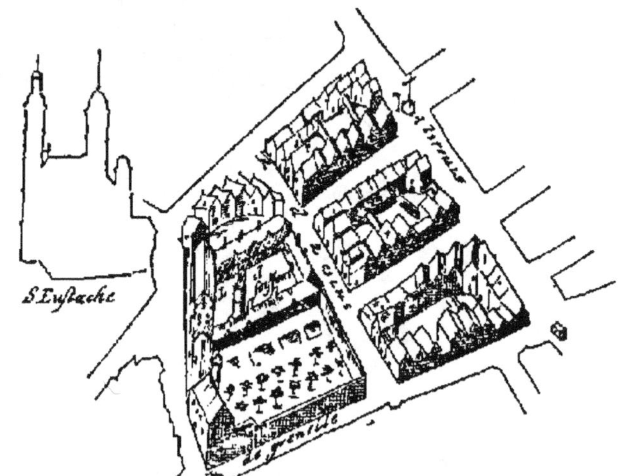

Fig. 206. — Plan de Vassalieu (1609).

Fig 207. — Plan de Mathieu Mérian (1615).

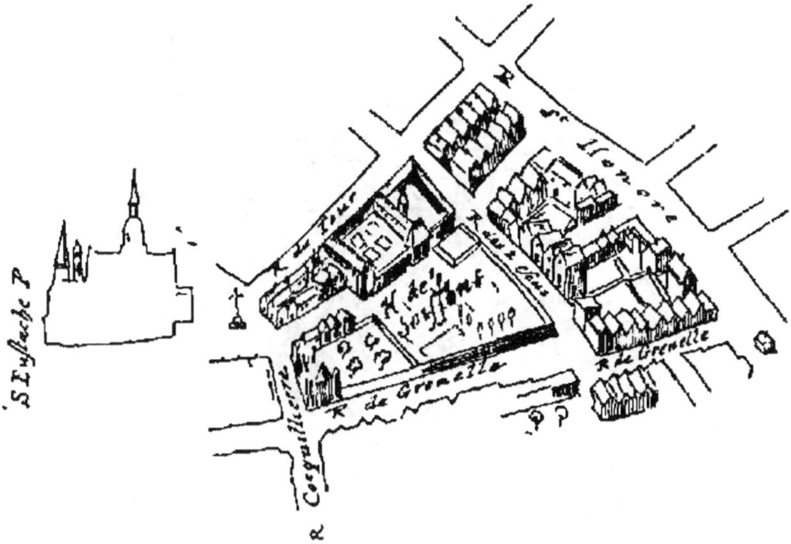

Fig. 208 — Plan de J. Boisseau (1654).

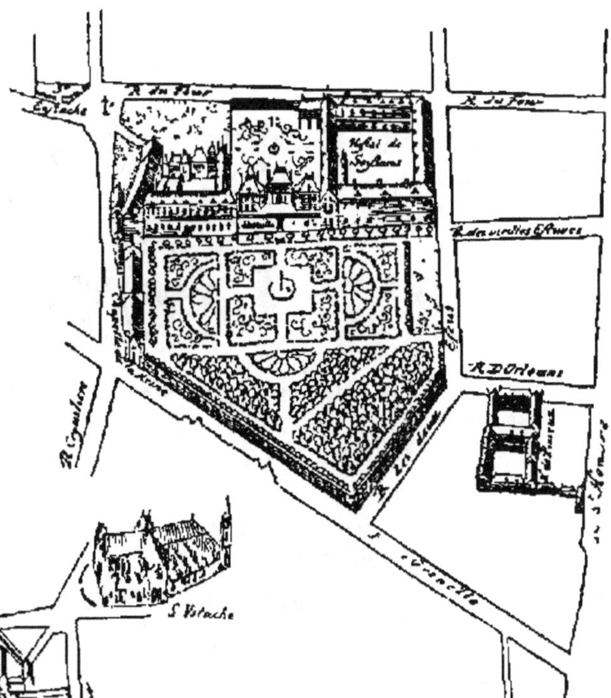

Fig 209 — Plan de J Gomboust (1652).

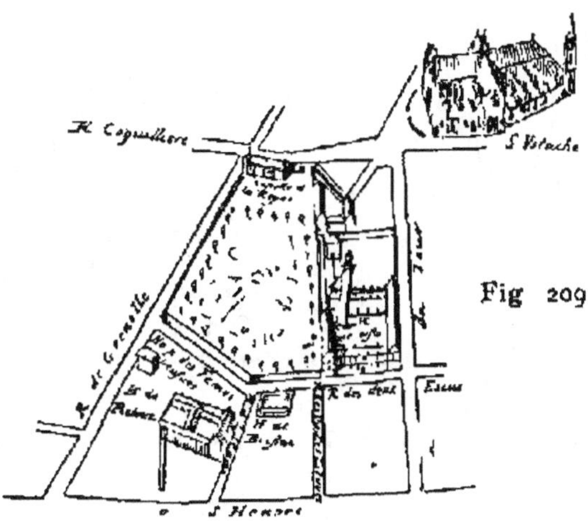

Fig 211. — Plan de Jouvin de Rochefort (1676).

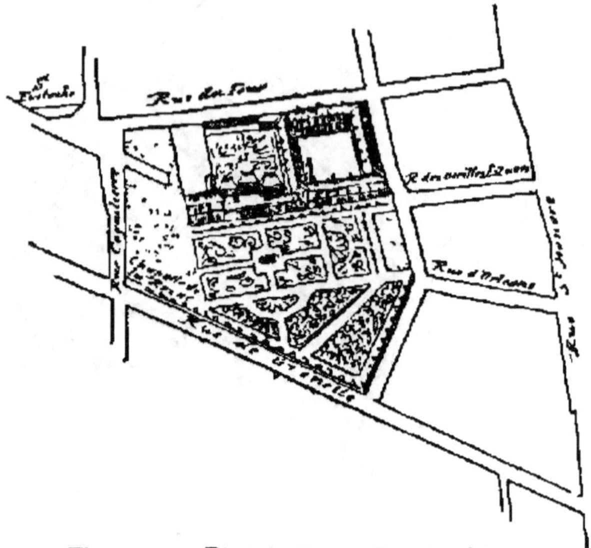

Fig. 210 — Plan de Bullet Blondel (1676).

Fig. 212. — Second plan de Jouvin de Rochefort (1690).

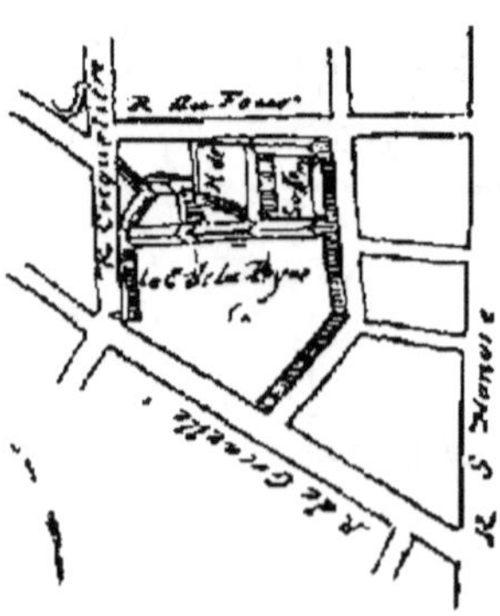

Fig. 213 — Plan de F. de Witt (XVIIe siècle). Fig. 214.— Plan de B. Jaillot (1713).

Fig. 215. — Plan de Lacaille (1714).

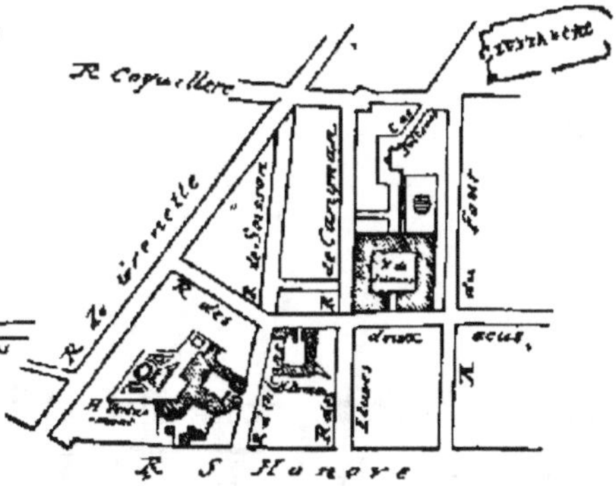

Fig. 216. — Plan de la Grive (1728).

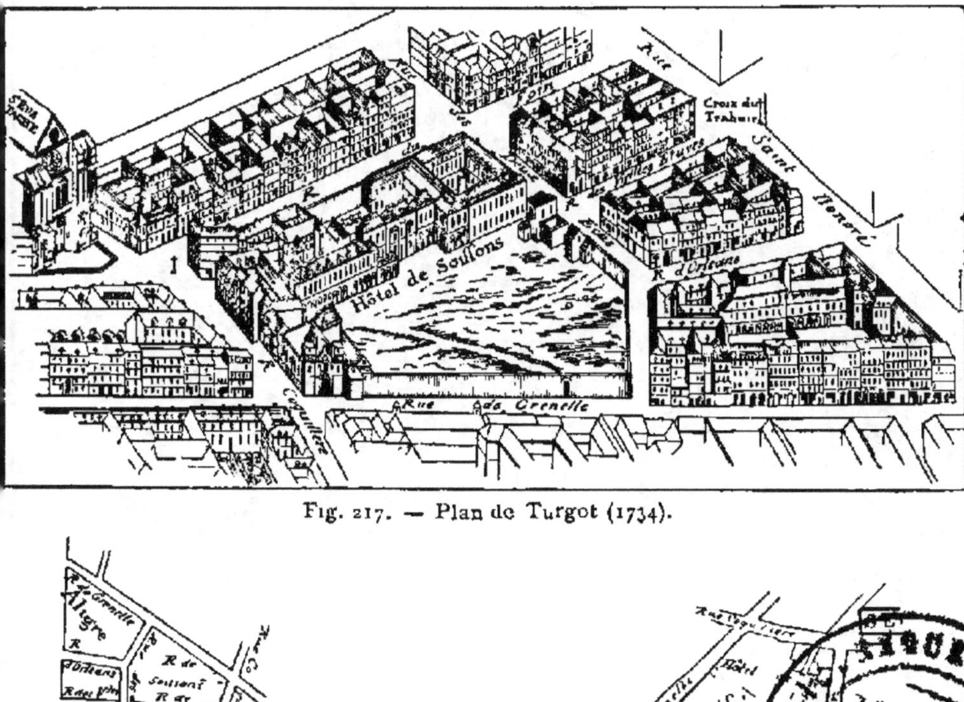

Fig. 217. — Plan de Turgot (1734).

Fig 218. — Plan de Vaugondy (1760).

Fig 219 — Plan de Deharmes (17..).

Lutece à present nomee Paris Cité capitalle de France.

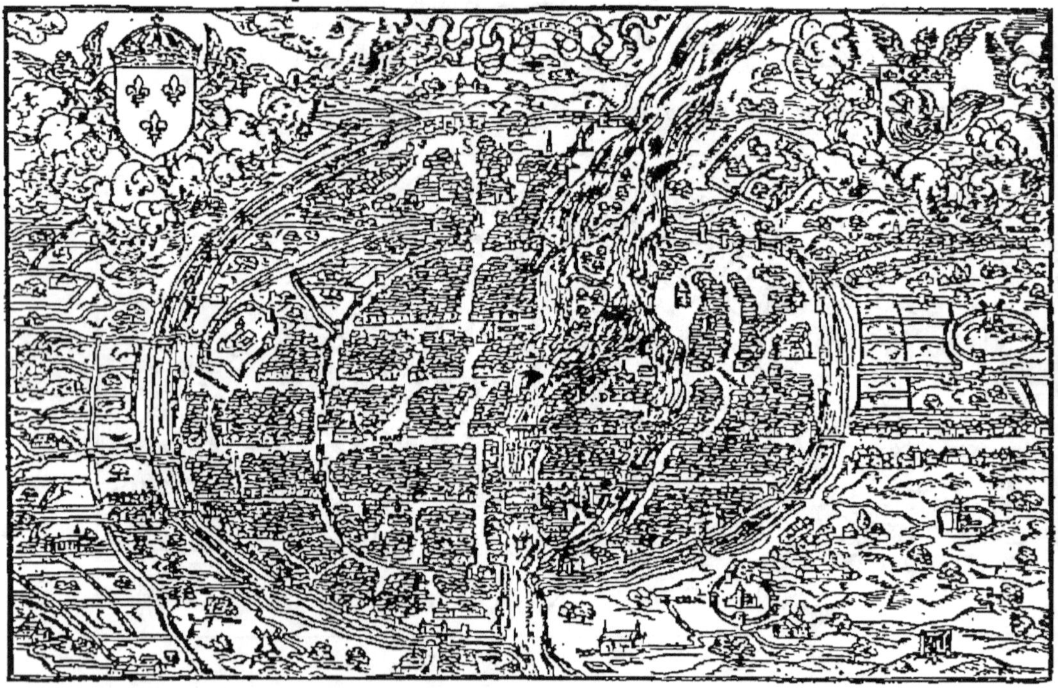

A Sorbone. B Le Palais Royal ou se tient le parlement. C La Maison de la ville.
D La grand Eglise nostre Dame. E Le chemin de Picardie. F La Porte & voy de sainct Denis.
G La porte & voye de sainct Martin

Fig. 220. — Vue de Paris du Temps de Catherine de Médicis, tiré de l'Épitome de la Corographie d'Europe illustré de pourtraits des villes renommées d'icelle, mis en français par Guillaume Gueroult, Lyon, Balthazar Arnoullet, MDLIII. — [Le plus ancien plan de Paris dont le plan de Sébastien Munster n'est qu'une grossière copie.]

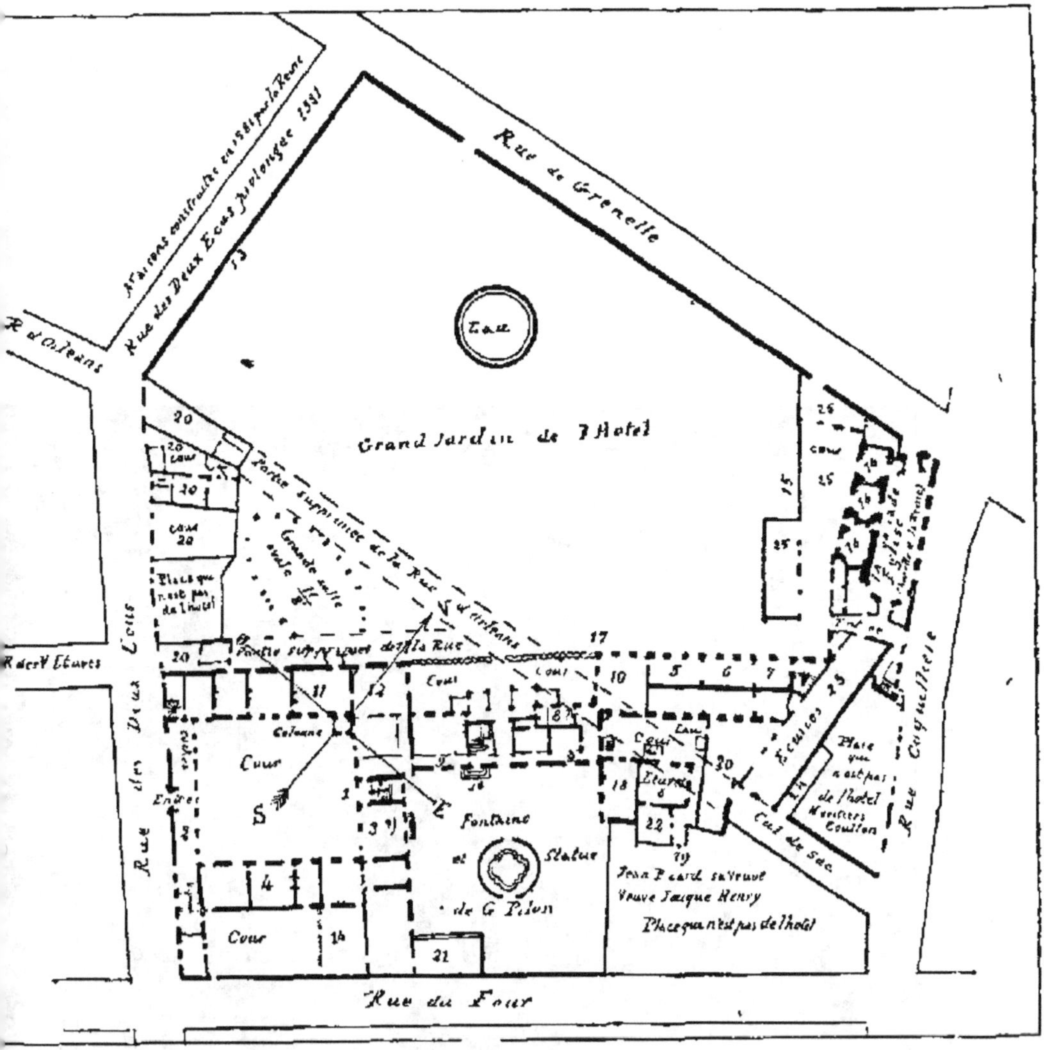

Fig 221.

Légende du Plan

1. Escalier principal — 2 Grande galerie de l'hôtel avec cabinet à chaque extrémité — 3 Chapelle joignant le grand escalier (?). — 4. Partie ancienne (vieilz logis — 5 Cabinet des miroirs — 6 Cabinet des émaux. — 7 Cabinet (portrait de famille). — 8 Cabinet de devotion 9 Corridor qui sert de passage conduisant aux cuisines. — 10 Grand cabinet de dessus la voliere (?). — 11, 12. Chambre et cabinet de Catherine (1er étage). — 13. Mur elevé en 1581 par Supplice Bourdillon. — 14 Galerie de bois elevée dans la petite cour — 15 Mur separant l'eglise du jardin — 16 Chapelles et oratoires — 17. Abri pour les orangers s'etendant le long de la façade sur le grand jardin. — 18 Cuisines et étuves (bains). cuisines de Madame de Carignan et de Madame de Nemours (plan de la B. N.).
19, 20 Parties achetées plus tard par la comtesse de Soissons appartenant alors à G Falaise, Guy Bonnet, Thibault et Pierre Habert, on y mit des ecuries et remises — 21 Partie démolie par la comtesse de Soissons. — 22. Offices. — 23. Ecuries pour 14 chevaux au moins — 24. Forges et petite cour — 25. Remise et basse-cour. — 26. Grand escalier indiqué sur un plan (grandes pièces).

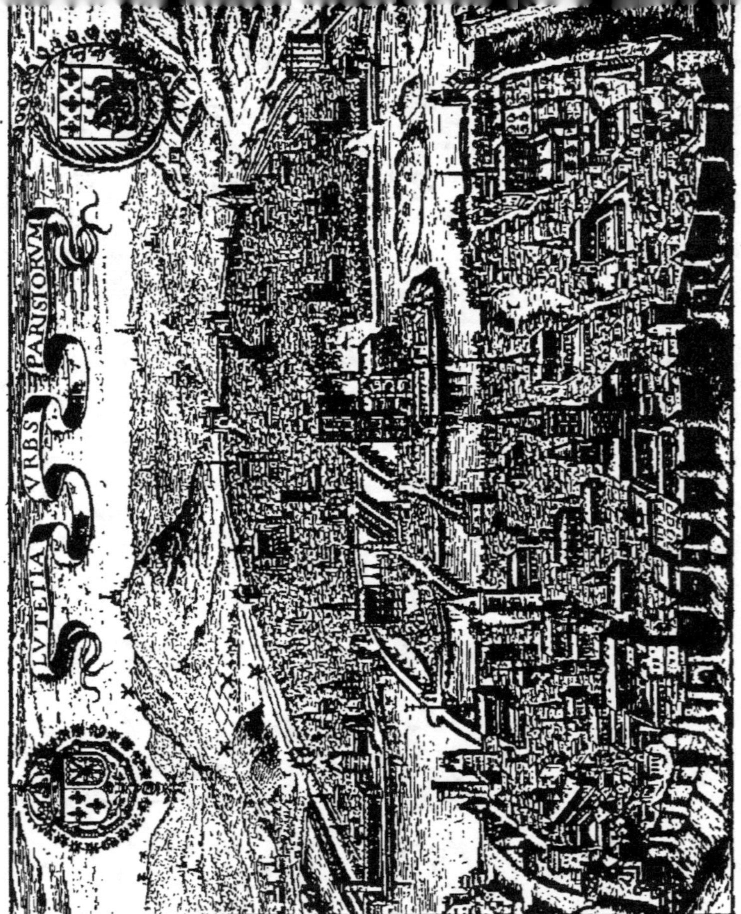

Fig. 222. — Plan de Paris de Léonard Gaultier. — (160[illegible]).

Fig. 223. — PLAN DE L'HOTEL DE SOISSONS

(*Inédit*) [Estampes. B. N.]

Ce plan dont M. Moriau a fait faire copie sur l'original prêté par Bonamy, porte au dos : 15 janvier 1750.

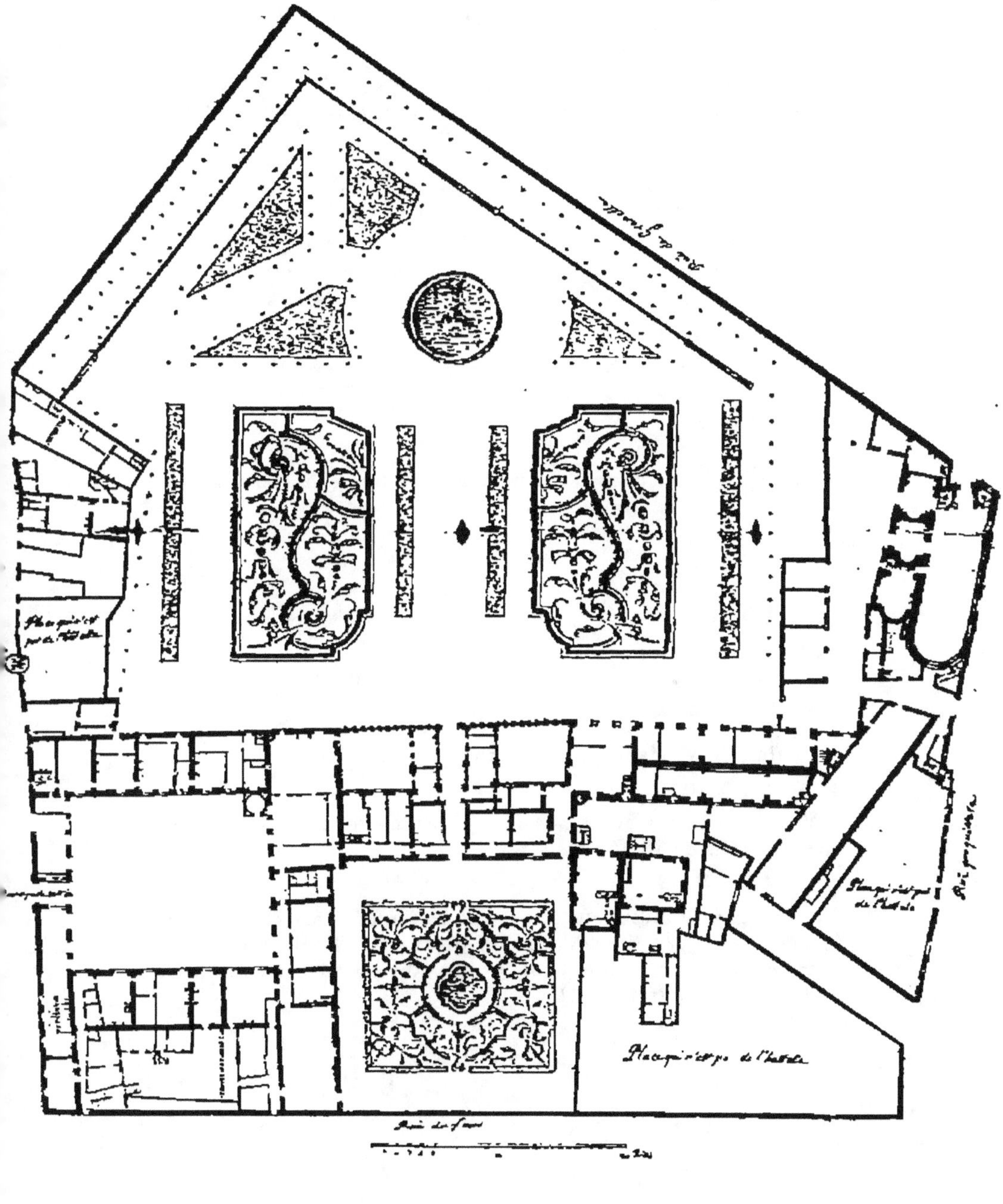

Note écrite au revers de ce grand plan (grandes pièces, n° 814). Topographie de la France (Paris), 1er arrondissement. Estampes. B. N. $\frac{0,95}{0,80}$.

HOSTEL DE SOISSONS

4,600 toises superficie, scavoir 1,300 bâtics et 3,300 en cour et jardin sur quoy est faicte une rue 72 de long sur 4 de large. 280 toises à oster de 3,300; reste 3,000 toises (*sic*).

500 bastiments bon à 400.	200,000	livres.
500 à 300 bastiments bon à 300. . . .	150,000	—
300 à 200 bâtis	60,000	—
1000 de place en bon ordre à 150 . . .	150,000	—
1000 de plus en d'autres endroits à 130 .	130,000	—
1000 de place vuide à 120	120,000	—
	810,000	livres.

Il y a un pied et demi d'eau qui fait 210 lignes à 100 livres la ligne. 21,000

831,000

Achapt	600,000	
... et vente. . . .	36,000	
Dechet	30,000	a causse des 8 deniers.
La façon	15,000	
Intérêts pendant. .	681,000	

D'autre part, nous avons calculé la superficie totale du terrain que nous trouvons de 18,364 mètres.

Les plans se trouvent au cabinet des Estampes. Topographie de la France (Paris), 1er arrondissement, quartier de la Halle au blé et Grandes pièces, nos 814 et 815), n° 12, cote 19. Il y a deux plans de $\frac{0,40}{0,42}$ et deux autres de $\frac{1,10}{0,80}$.

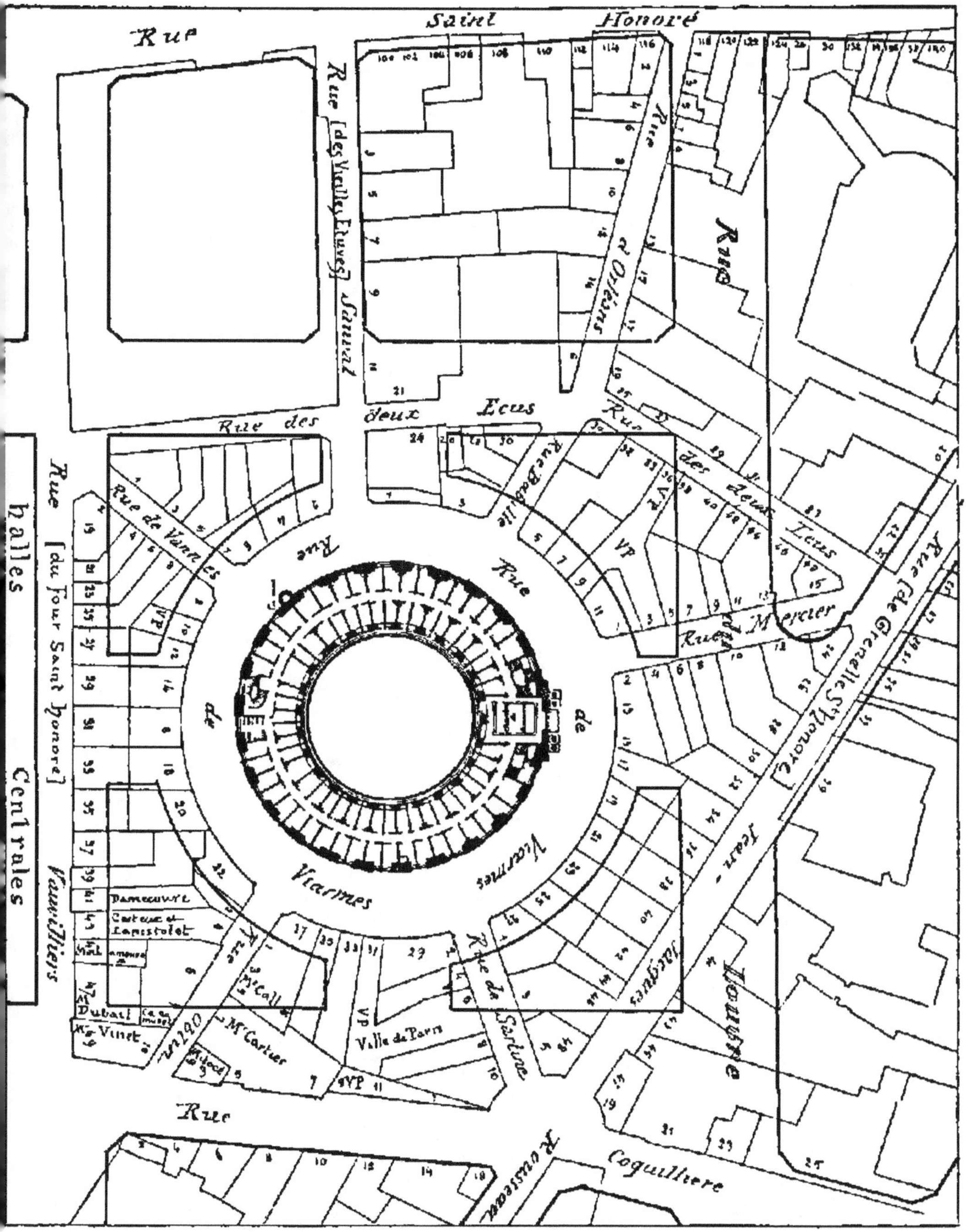

Fig. 224. — Plan indiquant les dernières transformations (1889).

**

NOMS ET SCEAUX

DES

PROPRIÉTAIRES D'HOTELS

DU QUARTIER

DE LA HALLE AU BLÉ

NOMS ET SCEAUX

DES

PROPRIÉTAIRES D'HOTELS

Jean de Nesle (1230-1232). — Sceau : Sigillum : Johannis : domini : Nigellæ ; contre-sceau : Secretum meum.

Eustachie, dame de Nesle. — Sceau : Sigillum, Eusstacie : dne Nigelle ; contre-sceau ; et caste... (llane) Brugis.

2. — Louis IX (1232) ; [J. 189, n° 6 (1240), A. N.]. — Sceau de majesté : Ludovicus : di : gra : francorum rex.

3. — Blanche de Castille (1232-1252). — [Sceau de Picardie, vers 1248, collection de M. Farcy, à Bayeux] : Sigillu. Blache dei gratia francorum regine; contre-sceau : Blancha filia regis Castelle.

4. — Philippe le Hardi (1252-1285). — [S. 5161 (1285) A. N.] :

S. Phi. dei. gra. franc. ad. regimen regni dimissu.

5. — Philippe le Bel (1285-1296). — [K. 36, n° 4 (1286) A. N.] : Philippus dei gracia francorum rex.

6. — Charles de Valois (1296-1325). — [J. 164, n° 8 (1296). A. N.] : S. Karoli, regis : fracie : filii : comitis. Valesie et Alesonis; Contre-sceau : S. Karoli comitis andegaviæ.

***

7. — Philippe de Valois (1325-1327). — [J. 357, n° 3 (1330). A. N.] : Philippus dei gracia francorum rex.

8. — Jean de Luxembourg, roi de Bohême (1327-1346) 28 mai (1323). — [J. 199, n° 26. A. N.] : Johannes dei gracia rex bœmie ac lucemburgensis comes ; contre-sceau : Secretum Johannis regis boemie et comitis lucenburgen.

9. — Bonne de Luxembourg (1346-1349). — [K. 47, n° 1 bis (1344) A. N.].

10. — Charles, Ier Dauphin de France (1349-1351). — [J. 283, n° 14 (1349) A. N.] : S. Karoli primogeniti : primogeniti. regis. francor. dalphini. Viennensis.

11. — Amédée VI, comte de Savoie (1351-1373). — [J. 286, n° 10 (1376). A. N.] : Amedeus comes Sabaudie et marchio in Ytalia; contre-sceau : Sigillum Amedei comit. Sabaddie.

12. — Louis de France, duc d'Anjou (1373-1384). — [J. 231, n° 7 (1374) A. N.] : Sig. Ludovici filii regis et paris... et domini de Guysia; contre-sceau : cotras. Ludovici regis... lii ducis and... cenoman.

13. — Marie de Chatillon, dite de Blois (1384-1388). — [J. 375, n° 6 (1384) A. N.] : Apulie princip... ducissa andegavie; contre-sceau : S. Marie regine ihrlm et Sicilie.

14. — Louis II d'Anjou (1384-1388). — [K. 57, n° 34 (1403) A. N.] : Ludovicus secundus dei gra. rex ihrl'm (hierosolymæ, et sicilie ducatus Apulie.

15. — Charles VI (1388-1388). — [J. 151, n° 9 (1392). A. N.] : Karolus dei gracia francorum rex.

16. — Louis Ier de France, duc d'Orléans (1388-1407) (23 novembre). — [J. 222. Bayeux, 15 (1401) AN] :

S. Ludovici regis francorum filii ducis aurelian. comitis Valesie et bellimotis super Ysaram.

17. — VALENTINE DE MILAN (1407-1408). — [K. 554 (1387). A. N.] : S. Valentine... tris principis comitis virtutum.

18. — CHARLES D'ORLÉANS (1408-1421). — [K. 57, n° 25 (1412). A. N.] : S. Karoli. aureli... sis et... s (valesii ducis) et bellimontis comitis.

Ce sceau est-il l'œuvre de Jehan du Boys qui avait gravé à Paris pour le duc, un sceau en 1394, pour 6 livres tournois (Delaborde), ou de Pierre Blondel (1401, 16 juin), (de Bastard), ou d'Arnoul de Bremel (1404-1405)? (Demay.) Hôtel confisqué de 1421-1425, et donné à

18bis. — CHARLES D'ORLÉANS, rentré en possession de ses biens (1436-1465).

19. — ROBERT, baron et seigneur de Willoughby (1425-1436). — [K. 63, n° 19[12] (1432) A. N. et Clairambault B. N.] : devise : en bon espoir. Sigillum Roberti de Wylughby, domini de Eresby.

20. — LOUIS D'ORLÉANS (Louis XII) (1465-1499). — [S. 4062, n° 28 (1485) A. N.]: Sigillu. Ludov. ducis aurelian. sis papie ac bellimontis astensisque domini.

21. — FILLES PÉNITENTES (1499-1572). Sceau en papier : Les Filles Pénitentes.

22. — CATHERINE DE MÉDICIS (1572-1589). — [J. 1131 et sceaux de Normandie A. N. (1569)] : Catherine par la grâce de Dieu, royne de France, mère du roy.

23. — HOTEL DES PRINCESSES (1589-1594), occupé par Mme de Montpensier ; Mme de Nemours, sa mère ; M. et Mme de Mayenne.

24. — EN LICITATION (1594-1601).

25. — PRINCESSE DE BOURBON, duchesse de Bar (1601-1604).
26. — EN LICITATION (1604-1606).
27. — CHARLES DE BOURBON, comte de Soissons (1606-1612).
28. — ANNE DE MONTAFIÉ, comtesse de Soissons (1612-1642).
29. — MARIE DE BOURBON (1642-1692), et Marie d'Orléans, duchesse de Nemours, † 1707.
30. — EMMANUEL-PHILIBERT-AMÉDÉE DE SAVOIE, prince de Carignan (1692-1709).
31. — VICTOR-AMÉDÉE DE SAVOIE-CARIGNAN (1709-1741).
32. — Vente et aliénation des jardins; Bourse de papier de Law (1720).
33. — Abandon de l'hôtel (1741-1749).
34. — Démolition (1749-1750).
35. — Construction de la Halle au blé (1763-1766).
36. — Démolition (1886-1887).
37. — Bourse du Commerce (1888-1889).

Fig. 226. — Signature de VALENTINE DE MILAN.

Cette signature autographe est presque unique. Elle se trouve sur un vélin daté d'Etampes, 8 mai 1408, feuillet in-4°, oblong. Signet de cire brune presque effacé. La duchesse déclare avoir reçu des mains de Guillaume Gauvet, commis du trésorier du comte d'Alençon, la somme de 260 francs d'or, dus par ledit comte à son fils. (Collection Fillon. Charavay, éd. 1879.)

Une autre signature (fac-similé), analogue comme forme à celle-ci, a été reproduite dans l'ouvrage de Champollion-Figeac sur Louis et Charles d'Orléans.

BIBLIOGRAPHIE

DES

OUVRAGES CONSULTÉS

BIBLIOGRAPHIE

DES

OUVRAGES CONSULTÉS

AFFRY DE LA MONNOYE (D'). *Les jetons de l'échevinage parisien.* Public. de la Ville.

ANSELME (Pierre de Guibours, dit le Père). *Histoire généalogique de la maison de France et des grands officiers de la Couronne.* 1674, 9 vol. in-fol.

ANTONINI (L'abbé). *Mémorial de Paris et de ses environs.* Paris, 1722, in-12.

ARCHIVES *de l'art français.* MM. de Montaiglon et de Chennevières, 2 séries et Nouvelles Archives.

ARGENSON (D'). *Journal et Mémoires*, éd. E.-J.-B. Rathery, 9 vol.

ARNAUD D'ANDILLY. *Journal inédit* (1614-1620), éd. Ach. Halphen. Paris. J. Techener, 1857, 1 vol.

BACHAUMONT (DE). *Epître à la colonne de Soissons.* 1762, in-12.

BACHAUMONT (DE). *Papiers manuscrits.* Bibliothèque de l'Arsenal, 2 vol.

BARANTE (DE). *Histoire des ducs de Bourgogne.*

BARBIER (*Journal de*), éd. de la Villegille. 1718-1762, 4 vol.

BARTHÉLEMY (A. DE). *La Colonne de l'hôtel de Soissons* (Mémoires de la Société de l'histoire de Paris, tome VI).

BASSOMPIERRE. *Mémoires ou Journal de ma vie*, 4 vol.

BASTARD D'ESTANG (*Catalogue de la collection de*), *donnée à la Bibliothèque Nationale*, par L. Delisle. 1885.

BAUCHAL. *Dictionnaire biographique des architectes français*. Paris, 1887, gr. in-8°.

BEAUREPAIRE. *De l'administration de la Normandie sous la domination anglaise*. Caen, 1859, in-4°.

BEAUREPAIRE. *Les Etats de Normandie sous la domination anglaise*. Paris. 1859. in-8°.

BELGRAND. *Service des eaux de la ville*, 3 vol, 1872-77 avec planches.

BERTY (AD.). *Les Architectes français de la Renaissance*. Paris, Aubry, 1860.

BERTY (AD.). *Le Louvre*. Publications de la ville de Paris, 2 vol.

BEUGNOT. *Les Olim*. Registre des arrêts rendus par la cour des rois, depuis saint Louis jusqu'à Philippe le Long. Paris, 1839-48, 4 vol.

BOILEAU (ETIENNE). *Le Livre des métiers*, éd. Depping.

BOISLISLE (De). *Les Nicolay*, 2 vol. tirés à 50 exemplaires. La chambre des comptes.

BONAMY. *Description historique et topographique de l'hôtel de Soissons*. Mémoires de l'Acad. des Insc. et B.-Lettres, tome XXIII, Paris, 1756.

BONNAFFÉ (EDM.). *Inventaire de Catherine de Médicis*. Paris, Aubry, 1874.

BONNARDOT. *Etudes sur Gilles Corrozet.* Paris. 1848, in 8°.

BONNARDOT (A.). *Études archéologiques sur les anciens plans de Paris.* 1851.

BONNARDOT (A.). *Dissertations archéologiques sur les anciennes enceintes de Paris,* 1852. Appendice, 1871.

BONNASSIEUX (P). *Notes sur trois hôtels à Paris.* Société de l'histoire de Paris, mars-avril 1880.

BONNEFONS. *Les Hôtels historiques de Paris.* Paris, 1852, in-8°.

BOULAY (EGASSE DU). *Historia Universitatis Parisiensis authore Cæsare Egassio Bulæo.* Paris, 1665-1673, 6 vol.

BOUQUET. *Observations sur les mélanges d'histoire de Terrasson.* $\frac{\text{LK } 7}{7440}$ (B. N.).

BOURNON (FERNAND). *Hôtel Saint-Paul.* Paris, 1884.

BOUTARIC (E.). *La France sous Philippe le Bel.* Paris, Plon, 1861. Ouvrage couronné par l'Institut.

BOUTARIC (E.). *Actes du Parlement de Paris.* 2 vol. in-8°.

BOUTARIC (E.). *Notice sur un manuscrit inédit,* 1862. Ce manuscrit est le livre des Tailles de 1297-98-99-1300, conservé au musée des Archives. (Recueil des notices et extraits des manuscrits, Acad. des Ins. et B.-Lettres.)

BOUTARIC (E.). *Recherches archéologiques sur le Palais de justice de Paris.* Paris, 1862, in-8°.

BOVET. *Catalogue de la collection Bovet,* éd. Charavay. Paris, 1885.

BRANTOME. *Œuvres complètes.* 10 vol. S. de l'h. de F.

BREUL. (Le Révérend Père J. DU). *Le théâtre des antiquitez de Paris,* 1639.

BRICE (GERMAIN). *Description de la ville de Paris*. 1742, 4 vol. in-12.

BRUNET (F.). *Dimensions des fers qui doivent former la coupole de la halle aux grains, calculees pour l'exécution du projet de M. Bélanger, architecte des monuments publics*. Paris, Didot, 1809.

BUCHON. *Taille de* 1313. Paris, 1827. in-8°.

BUCHON. *Panthéon littéraire* (Collection du).

BUSSY-RABUTIN. *Lettres et Mémoires* (1856-1860). S. de l'h. de F.

CABINET HISTORIQUE (Collection du).

CAPEFIGUE. *Catherine de Médicis*. Paris, Amyot. 1856.

CARTONS DES ROIS. *Archives Nationales*.

CATALOGUE *des Rolles normands, gascons et français*. Londres Paris, 1743, 2 vol.

CHAMPOLLION-FIGEAC. *Les Poésies de Charles d'Orléans*. Paris, 1842.

CHAMPOLLION-FIGEAC. *Documents inédits sur l'histoire de France* (Lettres des rois, etc.). 2 vol.

CHAMPOLLION-FIGEAC. *Histoire de la vie littéraire et artistique des ducs Louis et Charles d'Orléans*.

CHARLES VI. (*Choix de pièces inédites du règne de*). 2 vol. S. de l'h. de F.

CHARTIER (JEAN). *Histoire de Charles VII*, éd. Denys-Godefroy. Paris, impr. royale, 1661. — *Remarques sur l'hist. de Charles VII*, par Théod. Godefroy (1393-1457).

CHEVALIER (l'abbé). *Debtes et Créanciers*. Paris, 1869.

CHEVALIER (ULYSSE). *Répertoire des sources historiques du moyen âge*. Paris, 1877.

Christine de Pisan. *Histoire de Charles V.*

Chroniques *d'un religieux de saint Denys*, éd. Bellaguet, 6 vol. Documents inédits sur l'h. de F.

Chroniques de France (Les grandes). *Chroniques de saint Denis*, publiées par Paulin Paris. 1836-38, 6 vol. in-8.

Cluny (*Catalogue du Musée de*).

Cochon (P.). *Chroniques normandes.*

Corrozet (Gilles). *La Fleur des Antiquitez*, etc. (N. Bonfons). Paris, 1576, in-16.

Cosneau. *Artur de Bretagne, connétable de Richemont.* Paris, Hachette, 1886.

Cousinot de Montreuil. *Chroniques de la Pucelle.* Paris, Delahaye, 1860.

Crevier. *Histoire de l'Université de Paris.* Paris, 1761, 7 vol.

Dangeau (*Journal du marquis de*), éd. D. Feuillet de Conches. Paris, Didot, 1860. 19 vol.

Darcel (Alf.). *Notice des Émaux du Louvre.* Paris, 1883.

Davila (Henri-Catherin). *Hist. des guerres civiles de France.* Amsterdam-Paris, 1757, 3 vol. in-4.

D'Avrigny. *Abrégé de l'histoire de Paris.* 5 vol. in-12.

Delaborde (comte). *Les Ducs de Bourgogne.* 1849-1855, 3 vol.

Delaborde (comte). *Mémoires et dissertations.* Paris, 1852. A. Leleux.

Delaborde (comte). *La Renaissance des arts au* XVIe *siècle.* 2 vol., 1855.

Delaborde (comte). *Les Émaux du Louvre.* Glossaire, 2 vol.

DELABORDE (comte). *Les Comptes des bâtiments du Roi* (1528-1581), éd. Guiffrey. 1877, 2 vol.

DELAMARE. *Traité de la Police*. Paris, 1729, 4 vol.

DELISLE (LÉOPOLD). *Cabinet des manuscrits*. Paris, 1868-1882, 3 vol., et planches, 1 vol. Publication de la ville de Paris.

DELISLE (LÉOPOLD). *Catalogue des actes de Philippe Auguste*. Paris, Durand. 1856.

DEMAY. *Sceaux de Flandre et de Picardie.*

DEMAY. *Sceaux de l'Artois et de la Normandie.*

DEMAY. *Inventaire des sceaux* de la collection Clairambault.

DEMAY. *Hist. du costume par les sceaux*. Paris, Dumoulin.

DEPPING (G.-B.). *Correspondance administrative de Louis XV*.

DESCHAMPS (EUSTACHE). *Œuvres choisies*, éd. Crapelet.

DESTIGNY (J.-F.) (de Caen). *Hist. myst. de Catherine de Médicis*. Paris, P. Boizard (184?).

DEVILLE. *Le Château de Tancarville*. Rouen.

DÉZALIER D'ARGENVILLE. *Voyage pittoresque de Paris, par M. D...* Paris, de Bure, 1749.

DOUET D'ARCQ. *Collection de sceaux*. 3 vol.

DOUET D'ARCQ. *Comptes de l'argenterie au* XVIe *siècle*. 2 vol.

DOUET D'ARCQ. *Comptes de l'hôtel au* XIVe *et au* XVe *siècle*. 1 vol.

DOUET D'ARCQ. *Cartulaire de Beaumont-sur-Oise.*

DUBOIS (GÉRARD). *Historia Ecclesiæ Parisiensis*. Paris, 1690-1710, 2 vol. in-fol.

DU CHESNE (ANDRÉ). *Les Antiquitez et Recherches des villes*, etc. Paris, 1668, 2 vol. in-12.

Du Chesne (André). *Histoire de la maison de Béthune.*
Dufour (l'abbé Valentin). *Bibliographie de Paris.* Paris, 1882, in 8.
Dugdale. *Baronage of England.* London, 1675-79, 2 vol. in-fol.
Dulaure (J.-A.). *Histoire de Paris.* 1849, 4 vol.
Dupain (S.). *Notice historique sur le pavé de Paris depuis Philippe Auguste jusqu'à nos jours.* Paris, Ch. de Mourgues, imp., 1881.
Duplessis (dom Toussaint). *Nouvelles annales de Paris,* 1753.
Ecole des Chartes (*Bibliothèque de l'*).
Ernoul et Bernart le Trésorier. *Chroniques*, éd. de Mas Latrie. 1 vol. Soc. de l'h. de F.
Escouchy (*Chroniques de Mathieu d'*), éd. M. G. du Fresne de Beaucourt. 1873. Soc. de l'h. de F.
Estoile (P. de l'). *Journal de Henry III.*
Expilly (l'abbé). *Dictionnaire géographique.*
Fagniez (G.). *Études sur l'industrie à Paris au* XIIIe *et au* XIVe *siècle.*
Fayet (Pierre). *Journal historique de* 1566 à 1593.
Félibien et Lobineau. *Histoire de Paris.* 1725, 5 vol.
Fénin (Pierre de). *Mémoires*, éd. Mlle Dupont. 1 vol. Soc. de l'h. de F., 1837.
Fournier (Ed.). *Chroniques des rues de Paris.* 1864.
Fournier (Ed.). *Variétés historiques et littéraires.* 2 vol. (Histoire espouvantable de deux magiciens.)
Fournier (Ed.). *Énigmes des rues de Paris.* 1860.
Fournier (Ed.). *Histoire du Pont-Neuf.* 2 vol.
Fournier (Ed.). *Le Vieux-Neuf.* 2 vol.

Franklin (Alf.). *Les rues et cris de Paris au* XIIIe *siècle*. 1874.

Franklin (Alf.). *Estat, noms et nombre des rues de Paris en* 1636. 1873.

Fremy (E.). *Les Filles Pénitentes et Catherine de Médicis*. Bulletin du Comité d'histoire et d'archéologie du diocèse de Paris. 1885.

Froissart. *Chroniques*. 7 vol., éd. Siméon Luce, S. de l'h. de F.

Froissart. *Chroniques*. Éd. belge.

Gallia Christiana. 1742 et sqq. Paris.

Garnier (E.). *Tableau généalogique des souverains de la France*. Paris, A. Franck, Hérold, success., 1863.

Gaulle (de). *Nouvelle histoire de Paris et de ses environs*. Paris, Pourrat frères, 1839, 5 vol.

Geliot. *La vraye et parfaite science des armoiries ou l'indice armorial de feu maistre Louvan-Geliot par Pierre Palliot, Parisien*. Paris, chez Jean Guichard, Guil. de Luynes, Hélie Josset, 1660.

Géraud (H.). *Paris sous Philippe le Bel*. Taille de 1292. 1837.

Grancolas. *Histoire abrégée de l'Eglise et de l'Université de Paris*. 1728, 2 vol.

Grégoire de Tours. *Hist. eccl. des Francs*, éd. Guadet et Taranne, 4 vol. S. de l'h. de F.

Gresset. XVIe *Epître à M. le Normand de Tournehem, surintendant des bâtiments du roi, beau-frère de Mme de Pompadour*.

Guérard. *Cartulaires de N.-D.* 1850, 4 vol.

Guichenon. *Preuves de l'histoire de Savoie*. 3 vol.

Guiffrey. *Nicolas Bataille, tapissier parisien du* XIVe *siècle*. Paris, 1877. S. de l'histoire de Paris.

GUILHERMY (DE). *Itinéraire archéologique de Paris*. 1855.
GUILLAUME DE NANGIS. *Chroniques et Continuation*, éd. H. Géraud, 2 vol. S. de l'h. de F.
GUILLEBERT DE METZ. *Description de la ville de Paris au XVe siècle*, éd. Leroux de Lincy. 1855.
GUILLOT. *Le dit des rues de Paris*. Marcuse, éd., 1875.
GUYON (LOUIS). *Leçons diverses*. Lyon, 1604.
HÉLYOT (LE P.). *Histoire des ordres monastiques*. Paris, 1721.
HÉROARD. (*Journal de* JEAN) *sur l'enfance et la jeunesse de Louis XIII*, éd. Soulié et éd. de Barthélemy. Paris, Didot, 1868, 2 vol.
HILARION DE COSTE. *Éloges et les vies des Reines*, etc. Paris, Cramoisy, 1647, in-4°.
HISTOIRE GÉNÉRALE DE PARIS. *Collection de documents*, par MM. Tisserand, Berty, Legrand, Leroux de Lincy, Franklin, Delisle (L.). etc. Imp. Nat.
HUILLART BRÉHOLLES. *Essai sur le caractère de Catherine de Médicis* (L b^{34} 833. B. N.).
HUGUERYE (MICHEL DE LA). *Memoires*, éd. P. de Ruble. 3 vol. S. de l'h. de F. (1570-1602).
HURTAUT ET MAGNY. *Dictionnaire historique de la ville de Paris et de ses environs*. Paris, Montaud, hôtel de Cluny, 1779. 4 vol.
ISOGRAPHIE *des grands hommes*, etc. Paris. Didot, 1836, 2 vol.
JAILLOT. *Recherches sur la ville de Paris*. Paris, 1762, 5 vol. in-fol.
JAL (A.). *Dictionnaire historique*.
JANDUN (JEAN DE). *Éloge de Paris par un habitant de Senliz*. 1323.

JARRY (E.). *La vie politique de Louis de France duc d'Orléans* (1372-1407). Paris, Orléans, 1889.

JOINVILLE (SIRE DE). *Histoire de Saint Louis.*

Journal d'un bourgeois de Paris (1405-1449), éd. Alexandre Tuetey. 1881. S. de l'h. de F.

JOURSANVAULT (*Catalogue de la collection*), par de Gaulle. Paris, Techener, 1838.

LABARTE (J.). *Inventaire du mobilier de Charles V*. 1 vol.

LABORDE (de). *Le Palais Mazarin* (Bibliothèque Nationale) et les grandes habitations au XVIIe siècle. Paris, 1846, gr. in-8°.

LA CHESNAYE DES BOIS et BADIER. *Dictionnaire de la noblesse.*

LACOMBE (PAUL). *Bibliographie parisienne*, préface de J. Cousin. Paris, 1887, in-8°.

LA FERRIÈRE (HECTOR DE), *Correspondance de Catherine de Médicis*. 4 vol., 1533-1563, 1563-1566, 1567-1570, 1570 ? en cours de publication.

LALAIN (DE) (*Chroniques de*). Panthéon littéraire, t. XLI.

LAZARE (F. ET L.). *Dictionnaire des rues de Paris*. Paris, 1844.

LE BEL (*Les vrayes chroniques* de Messire JEHAN), éd. L. Polain. Bruxelles. 1863, 2 vol.

LEBEUF (l'abbé). *Histoire de la ville et du diocèse de Paris*, éd. Cocheris. Paris, 1754, et éd. 1883.

LEBEUF (l'abbé). *Dissertations*. Paris, 1739, 3 vol.

LE CAMUS DE MÉZIÈRES. *Recueil des différents plans et dessins concernant la nouvelle halle aux grains située au lieu et place de l'ancien hôtel de Soissons par N. Le Camus de Mézières, architecte du roi et de son Université, expert des bâtiments à Paris.* 1769, in-fol.

Lecaron (Frédéric). *Les travaux publics de Paris au moyen âge.* Mémoires de la Soc. de l'H. de Paris, t. III, 1876.

Lecoy de la Marche. *Titres de la maison ducale de Bourbon.*

Lefebvre (*Chronique de* Jehan) (1408-1422), éd. F. Morand. 1876. Société de l'H. de Fr.

Legrand (Henri). *Paris en 1380.* Paris. 1868. Inexact. Mentionne les Filles Pénitentes en 1380.

Le Grand (Léon). *Les Quinze-Vingts.* S. de l'H. de P.

Le Laboureur. *Vie de Charles VI.*

Leland. *Chronique anonyme.*

Lelewel. *Numismatique du moyen âge.* Paris, 1835, 2 vol. in-8° avec atlas.

Lelong (*Bibliothèque historique de feu*), éd. Fevret de Fontette. 1768-1778, 5 vol. in-fol.

Le Maire. *Paris ancien et moderne.* 1685.

Leroux de Lincy. *Chants historiques de France.*

Leroux de Lincy. *Histoire de l'Hôtel de Ville.* Paris. 1845. (Le Livre des Sentences du Parlouer au bourgois.)

Leroux de Lincy. *Notice du plan de Paris de Gomboust.*

Leroux de Lincy. *Essai historique sur la paroisse de l'église de Saint-Eustache.* In fol.

L'Espinoy. *Recherches sur les antiq. et nobl. de Flandres.* Douai, 1631.

Lille (*Archives de*).

Longnon (A.). *Paris pendant la domination anglaise.*

Loret. *La Muze historique.*

LUCE (S.). *Duguesclin.* — *Jeanne d'Arc.*

MAHOWS (Dr). *Paris artistique et monumental en 1750*, éd. Bonnardot, Paris, 1881.

MALINGRE DE SAINT-LAZARE (CLAUDE). *Les Antiquitez de la ville de Paris.* Paris, 1640, in-fol.

Mandements et actes de Charles VI, éd. L. Delisle. Soc. de l'h. de F. (1371).

MAROLLES (l'abbé DE). *Description de Paris* (1677).

MAUREPAS (*Chansons de*).

MÉMOIRE *historique et critique de l'histoire de l'hôtel de Soissons* par Terrasson. Bouquet, bibliothécaire et historiographe de la ville. Paris, 1771.

MÉNORVAL (DE). *Paris depuis ses origines jusqu'à nos jours.*

MERCURE FRANÇOIS. 1605 et sqq.

MESNAGIER DE PARIS (LE) composé vers 1313, éd. baron J. Pichon. Paris, 1847, 2 vol. in-8°.

MÉZERAY (FRANÇOIS EUDES DE). *Histoire de France.* 3 vol.

MONOGRAPHIES. Montfaucon, Secousse, Foncemagne, Bonamy et Caylus.

MONSTRELET (*Chroniques* D'ENGUERRAND DE). 6 vol. S. de l'H. de F. (1390-1455).

MORÉRI. *Dictionnaire.*

MOUSKÈS (PHILIPPE DE). *Chroniques belges inédites*, éd. de Reiffemberg, 2 vol.

NICOLLE GILLES, *Chroniques et annales de France.* Paris, Buon, 1556-62, 2 vol.

NOSTRADAMUS. *Prophéties.* Lyon, 1563.

ORDONNANCES *des rois de France* (Collection des).

LA PALATINE. *Mémoires sur la cour de Louis XIV et de la Régence.* Extraits de la correspondance allemande de Mme Elizabeth-Charlotte, duchesse d'Orléans, mère du Régent. Paris, Ponthieu.

Lettres inédites de la princesse Palatine. G. Brunet, 1853. Palais-Royal, 1823.

Palma Cayet. *Chronologie novenaire.*

Pannier (L.). *La Noble maison de Saint-Ouen.* (Clippiacum). Paris, 1882, in-8°.

Papire Masson et Pithou. *Annales Franciæ.*

Paris et ses historiens, XIVe et XVe siècles. Leroux de Lincy et Tisserand. Paris, 1867.

Paris-Guide. Paris, Lacroix, 1867.

Pasquier (Et.). *Œuvres* (Lettres).

Paulin Paris. *Catalogue des manuscrits français.* 7 vol.

Paulin Paris. *Romancero.*

Perrens. *Etienne Marcel*, préface de Tisserand. Paris, 1879.

Petit (E.). *Itinéraire de Philippe le Hardi.* Paris, Imp. nat., 1888.

Petrarca. Ed. Italienne. Bagioli, Paris, 1822.

Philippe-Auguste (*Cartulaires*), éd. L. Delisle.

Piganiol de la Force. *Description,* etc. 8 vol.

Pingré (A.-G.). *Mémoire sur la colonne de la halle aux bleds.* Paris, 1764.

Pontchartrain (*Mémoires de* Phélypeaux de). Collection Petitot, 2e série, vol. XVII.

Prud'homme (Louis-Marie). *Voyage descriptif de l'ancien et du nouveau Paris.* 1814, 2 vol. in-18.

Puisieux. *Siège de Rouen.* Caen, 1860, 1 vol.

Quatremère de Quincy. *Dictionnaire des architectes.*

Rantzovius. *Catalogus imperatorum ac regum qui astro-*

logicam artem amarunt. Anvers, 1580. (Deux éditions à la B. Sainte-Geneviève.)

Recueil des historiens des Gaules et de la France (Congrégation de St-Maur). Paris, 1737-187? 23 vol. in-folio.

Réfutation et observations. Réponse de Terrasson au Mémoire historique de Bouquet $\frac{KL\ 7}{7741}$ B. N.

Registre criminel du Châtelet (1389-1392). Société des bibliophiles. 2 vol.

Registres du bureau de la ville (1499-1610). 3 vol. parus. Public. de la ville.

RENÉE (A.). *Les Nièces de Mazarin*. Paris, 1858, gr. in-8°. Le portrait de la comtesse de Soissons (Olympe Mancini) donnée dans l'édition illustrée, n'a aucune valeur historique.

REPORTS (ANNUAL) *of deputy keeper of the public Records*. 1887-88.

RETHEL (*Notice sur le cartulaire du comté de*), éd. L. Delisle. 1867.

RIGORD ET GUIL. LE BRETON, éd. P. Delaborde. 2 vol. S. de l'H. de F.

ROCHAMBEAU (Marquis DE). *Galerie des hommes illustres du Vendômois*. Robert de Wilughby. Vendôme, 1871.

ROUYER (J.) et HUCHER (E.). *Histoire du jeton au moyen-âge*. Paris, Le Mans, 1858, avec planches.

RYMER. *Fœdera*, etc.

SAINT-FOIX. *Essais historiques sur Paris*. 1742, 2 vol.

SAINT-SIMON (*Mémoires* du duc DE).

SAINT-VICTOR. *Tableau de Paris*. 1822, 4 vol.

SAUGRAIN. *Curiosités de Paris*. 1718.

Saussaye (de La). *Histoire du Château de Blois.* 1875.

Sauval (Henry). *Histoire de Paris.* 1724, 3 vol.

Sévigné (*Lettres de* Mme de).

Spanheim (Ezechiel). *Relation de la cour de France en 1690.* 2 vol.

Springer. *Paris im dreizehnten Iahrhunderte.* Paris au XIIIe siècle. Leipzig, Paris, 1857. Édition française, Aubry, 1860, in-12.

Stevenson (Rev. Jos.). *Wars of the English in France during the reign of Henry the sixth.* London, 1861, 3 vol.

Symon de Champigny (Jean), évêque de Paris. *Règlement et Constitution des Filles Pénitentes.* Paris, 1500. Geoffroy de Marnef, au Pelican. Trois exemplaires connus, l'un vendu à la vente Bossuet (avril 1888), à D. Morgan, 710 fr. ; les deux autres à la Bibliothèque Nationale (réserve).

Société de l'histoire de Paris et de l'île de France. 10 vol. Paris, *Mémoires, Bulletins et Documents.* — *La Sépulture des Valois*, A. de Boislisle. — *Les anciennes halles de Paris*, Léon Biollay, etc., etc.

Sully (*Mémoires de*).

Tallemant des Réaux. *Historiettes.* 6 vol.

Tanon (L.). *Histoire des justices des anciennes églises et communautés monastiques.* Paris, 1883, in-8°.

Tardif. *Monuments historiques.* Cartons des rois, 1 vol.

Terrasson. *Mélanges d'histoire*, etc. *Histoire de l'emplacement de l'hôtel de Soissons.* Paris, 1768.

Tessier (Jules). *Etienne Marcel.* Paris, Picard et Kaan. 1888.

Testaments enregistrés au Parlement de Paris sous le

règne de Charles VI, éd. Tuetey. Paris, Imprimerie Nationale, 1880.

TEULET ET J. DE LA BORDE. *Layettes du Trésor des Chartes.* 1862-1881, 3 vol.

THÉRY. *Guide des amateurs et des étrangers voyageurs à Paris.* 1786.

THOU (J.-J. DE). *Histoire de France* (1543-1607). Trad. de l'éd. lat. de Londres.

Topographie de Paris. Cabinet des Estampes.

TRÉMOILLE (LOUIS DE LA). *Guy de La Trémoille et Marie de Sully.* Livre de comptes (1395-1406), publié à Nantes, 1887. Emile Grimaux.

TILLEMONT (LE NAIN DE). *Vie de saint Louis.*

TYNNA (DE LA). *Dictionnaire des rues de Paris.* Paris, 1816, 1 vol.

VIOLLET-LE-DUC. *Dictionnaire d'architecture.*

VYON (DE). *Extraits de mémoriaux*, etc., par M. de Vyon. éd. de Juvénal des Ursins. Paris, 1653.

WARNKŒNIG. *Histoire de Flandre*, trad. par M. Gheldolf. Bruxelles-Paris, 1825-1864, 5 vol.

WAUTERS (ALPH.). *Table chronologique des chartes ou diplômes imprimés concernant la Belgique.* Bruxelles. 1884, 6 vol.

WAURIN (JEHAN DE). *Chroniques des anchiennes histoires de la grant Bretaigne*, éd. Wil. Hardy. Londres, 1879. Edition française, Mlle Dupont, éd. 1863. 3 vol. Soc. de l'histoire de France.

ARCHIVES NATIONALES

Livres de comptes de Catherine de Médicis :

KK., 115-117. Trésorerie de la Reine (1579-85-87).

KK., 118. Comptes de l'argenterie (1556).

KK., 119. Comptes de l'hôtel (1561-1563).

KK., 120-122. Comptes de l'écurie (1561-1563-1565).

KK., 123. Comptes des pensionnaires de la Reine (1550-1559).

KK., 124. Comptes des bâtiments de la Reine (1581).

LL., 1684. Maglorines. Annales du monastère des Filles Pénitentes, chanoinesses de Saint-Magloire (Domaines ecclésiastiques, 1493-1765).

S., 4742. Translation des religieuses de la rue Coquillière à la rue Saint-Denis.

KK., 335. Réparations faites à Saint-Magloire et à Saint-Jacques-du-Haut-Pas (1572-76).

J., 234. Acte original de la donation de Jean de Nesle et de sa femme avec les deux sceaux.

KK., 283. Livre des tailles (1297-98-99-1300).

Enfin pour éviter une énumération trop longue, voici la liste des documents consultés qu'on trouvera facilement dans l'Inventaire général :

N^2, Seine, 175 ; N^3, Seine, 233, 235 ; S., 1089-1090 ; Q^1, 1182, 1186, 1187, 1190, 1194, 1197, 1192 : J., 164, n° 58 ; J., 165, n° 96-97 ; J., 377. n° 2 ; J., 432, n° 1 ; K., 543, n°s 15 à 19 ; L., 450. n° 28 ; JJ., 65^1, n° jjj : Z., 6027, f° 40 ; Z., 6031. f° 139 ; Z., 5967, f° 236 ;

Z., 5975, f° 76; X^{1a}, 8748, f° 37; X^{1a}, 8772, f° 398; S., 1852, État des censives; S., 1080, rue de Grenelle; J., 234, n° 1; V., 785, K. 535 (Coconas et La Molle); J., 370. J., 383. J., 477. J., 376. J., 432. JJ., 275-276; KK., 265 : KK., 553. Ch. d'Orléans; KK., 88 (Louis XII); S., 844. Saint-Denis-du-Pas, titres de propr. : S., 6348, Collège d'Autun, à Paris. titres de propr., rue des V. Étuves; S., 1834, 1836, titres de propriété, rues du Four et de Grenelle; S., 3329, 3330, 3334; S., 1848-1849, Ensaisinement; S., 3331, Coquillère; 3332, Grenelle, Orléans; 3335, Four, Coquillère, Orléans, Grenelle; 3337, Grenelle, Deux-Haches, du Four; 3338, 3339, 3340, titres de la fabr. de St-Eust.; 3341, amortissement des maisons; K., 960, 961; KK., 143, 144, 193, 194, 963, 264, 265, 267, 268, 269; KK, 1010, Visite aux murs; 270, 272, 500, 502, 503, 535, 553; Q^1, 109, 206; S., 1078, 1098^A, 1098^B, 1099^A, 1099^B. 1107, 1385^A, 1385^K; LL., 723, 724; L., 643; L., 436.

Bibliothèque nationale, départ. des manuscrits.

Paris en 1571-1572. Perception d'un emprunt de 300,000 livres pour Charles IX. Fonds fr., vol. 11692.

S., f. fr., 10399. Comptes de Cath. de Méd., 1571.

S., f. fr., 10406. Comptes de la Cour au xvie siècle.

S., f. fr., 24075. Liste des curés de Saint-Eustache (1223-1678) depuis l'érection de la paroisse.

F. fr., 11179. Extrait des registres de la Chambre des Comptes. Architectes, surintendants, etc. (1578-1599).

F. fr., 20291. Généalogie des Nesle (pleine d'erreurs).

F. fr., 11424. Inventaires de l'hôtel de Soissons (1613-1643).

F. latin, 18610. Inventaire des meubles de la Reyne-mère,

retenus dans son château de Mirefleur, en Auvergne, 1560 (folio 201).

Nouv. f. l., 14359, fol. 417. Inventaire de Catherine, 1589.

F. fr., 894. Devises de la main de Catherine.

Moreau, 774 (Fontette 23), f°s 315, 316, 317. 318, 321.

Moreau, 764 (Fontette 24 A). f°s 163, 236, 206.

F. fr., 25979. Quittances ecclésiastiques, Filles Pénitentes, (1509-1506).

F. fr., 26190-26191. Pièces du XVIe siècle.

10399. Comptes des Tuileries, 1571.

F. fr., 4596. Manuscrit de pièces concernant saint Louis et la Taille de 1313.

F. fr., 11425. Inventaires des successions des princes et princesses. etc.

ESTAMPES

1. — Frontispice du livre des Règlements et Constitutions des Filles Pénitentes (gravure sur bois, 1500). — Filles Pénitentes, 2 pl. P. Helyot. de Poilly del.

2. — Veué de l'hostel de Soissons bâti par Catherine de Médicis et conduit par Jean Bullant, architecte du roy (0,247 × 0,115 m.). Israël Siluestre fecit. Israel ex. cum priuil. Regis. — (Dans le coin à droite, en bas du trait du cadre : 44.)

3. — Veuë de l'hostel de Soissons, du costé du jardin (0,155 × 0,085). Israel Siluestre delin. et fecit. Israel excudit cum priuil. Regis.

4. — Prosp. de l'hostel de Soissons (0,29 × 0,18). Inscrip-

tion dans le ciel. Copie de Mérian, d'après la grande gravure de Silvestre (sans nom de graveur).

5. — Prosp. des Pallasts de Soissons (dess Pallasts, en caractères allemands), même gravure que la précédente. — Les mots « de l'Hostel » ont été planés et on a regravé à la place « des Pallasts » (sans nom de graveur).

6. — 't Huys de Soissons (0,11 × 0,13), petite vue copiée de la précédente. par Mérian (sans nom de graveur).

6 *bis*. — Petite vue, (0,11 × 0,067) avec les angles arrondis.

7. — Vue de l'hôtel de Soissons, copie très maladroite de Silvestre, à l'aqua-tinte (Saint-Victor).

8. — Porte de l'hostel de Soissons, Iean Marot fecit. Porte de Salomon de Brosse.

9. — Ruines de l'hôtel de Soissons, 2 dessins, par Will, 1747.

10. — Projet d'un hôtel des Monnaies sur l'emplacement de Soissons. 5 pl. mss.

11. — Plan de la Bourse de Paris établie par ordonnance du roy le 1er août 1720.

12. — Hôtel de Soissons établie pour le commerce du papier en 1720. A. Humblot invenit. — A Paris, chez F. Gérard Jollain, rue Saint-Jacques à l'enfant Jésus.

13. — Ancien hôtel d'Orléans, Bonamy, 2 planches dont une dessinée par Gomboust (Mém. de l'Acad. des Inscrip. et B.-Lettres, t. XXIII).

14. — Terrasson. 6 plans aux différentes époques. (Voir : Topographie.)

15. — Plan des halles couvertes et incombustibles en l'emplacement de l'hôtel de Soissons. 1763. Paris. Le Rouge.

16. — N. Le Camus de Mézière. Grand album in-folio. 2 planches détachées (Estampes).
17. — Plan et coupe des halles couvertes. Krafft et Ransonnette.
18. — F. Brunet. — Album des planches de la couverture en fer, 1809.
20. — Plan des halles couvertes gravé par Bury (Monuments anciens et modernes). Vues intérieure, géométrale et coupe.
21. — Colonne de Soissons, 3 états. 1° Écusson sans armoiries. Épreuve sans les vers de Gresset 0,25×0,18, chez Leveaux, Port au Bled, Paris. 2° Écusson aux armes de Bernage, vers de Gresset. Ignorance avec les oreilles d'âne (1750) ; 3° Écusson aux armes de la Ville. Ignorance sans les oreilles d'ânes (août 1763), 0,52 × 0,36, gravé par de la Grive, 1750 ; dernier état, 1763.
21*a*. — Colonne, 1752, 0,14 × 008, sans la cage en fer et sans vers.
22. — Columnâ stante quiescit. Portrait de M. Petit de Bachaumont, assis à côté de la colonne. J.-C. de Carmontelle delin. 1761 ; Houel, sculpsit.
23. — Nouvelle halle (petite vue circulaire.)
24. — Couche fils, 1818 (petite gravure).
25. — Lithographie. Jaime-Lemercier. La colonne est enveloppée au-dessous du cadran de Pingré par une plaque sur laquelle sont peintes des draperies.
26. — Vue circulaire Testard del., Roger, sculp. Paris, Campion frères, 3 vues, extérieur, intérieur, colonne.
27. — Corn market, 1841, 2 vues.
28. — Courvoisier, grande vue intérieure.

29. — C. Normand, gravure au trait; plan et géométral.
30. — Landon (plan et géométral).
31. — A. Lenoir, Leblan, dessinateur, Ollivier, graveur, au trait avec des détails.
32. — Vues circulaires, Janninnet del.; Durand, sculp.; 3 vues, extérieur, intérieur, colonne.
33. — Cap. Batty, dessinateur ; Heath, graveur, Londres.
34. — Vilquin, dessinateur.
35. — Vue intérieure de L. Théry, gravée par P. Jourdan, 1786. Guide des amateurs.

Il faut ajouter toutes les vues gravées sur bois et publiées par les éditeurs dans les livres d'histoire ; et l'eau-forte de Martial Potémont, 1849.

Enfin il existe une vue prise en 1789, représentant les têtes de Foulon et de Berthier promenées au bout de piques, autour de la halle au blé : la colonne est au second plan.

SCEAUX

Archives Nationales, Normandie et Clairambault.

Jetons des XVIe, XVIIe et XVIIIe siècles. — Musée de Cluny et Cabinet des médailles. B. N.

MUSÉE D'ARTILLERIE

Les lecteurs qui désireraient se rendre compte des costumes militaires des différents personnages cités dans ce travail trouveront dans les « Restaurations » du Musée d'artillerie ceux des époques suivantes :

XIIe siècle. Philippe-Auguste, Mathieu de Montmorency, n° 5.
XIIIe — Saint Louis, Mathieu II, duc de Lorraine, n° 6.

xiiie siècle. Philippe le Bel, Sire Hugues de Châtillon, n° 7.
xive — Philippe de Valois, n° 8.
xive — Le roi Jean. Chef de milice urbaine de Paris, n° 9.
xive — Le roi Jean. Le Dauphin Charles (Charles V), n° 12.
xve — Charles VI, Charles d'Orléans, n° 15.
xve — Charles VII, le connétable de Richmont, n° 17.
xve — Louis XI, Charles d'Artois, comte d'Eu, n° 23.

Le musée renferme les armures authentiques du duc de Mayenne, fin du xvie siècle (G. 76) et du comte de Soissons, commencement du xviie (G. 88).

Nous avons reproduit, page 383, l'arbalète à jalet de la reine Catherine de Médicis.

Nous signalerons, dans les collections des costumes, une erreur dans la représentation de l'armure du connétable d'Albret qu'on a coiffé d'*oreilles d'âne*, alors que ce devrait être des *oreilles de lièvre*. (Voir page 257.)

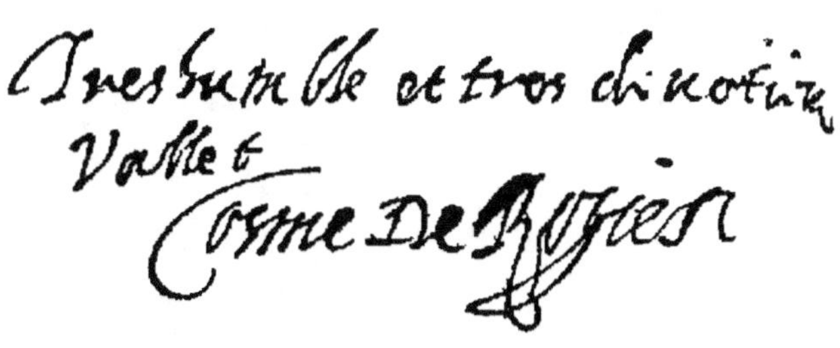

Fig. 228. — Signature de Cosme Ruggieri.

Au bas d'un horoscope du second fils d'Henri IV (4 oct. 1608). (Coll. Dupuy. B. N.)

APPENDICE

PIÈCES JUSTIFICATIVES

APPENDICE

PIÈCES JUSTIFICATIVES

— I —

CHARTA PACIS. 1222. TRAITÉ DE PAIX ENTRE PHILIPPE AUGUSTE ET L'ÉVÊQUE DE PARIS, GUILLAUME DE SAIGNELAY (1220-1223).

Cet acte, — dont l'original, en latin, est publié dans *Gallia Christiana,* tome VII; dans les *Cartulaires de N.-D.*, p. 122-125, et en français du XIIIe siècle dans la collection Dupuy, 222. B. N., — a une importance capitale pour l'étude des juridictions du roi et de l'évêque aux Champeaux, au vieux bourg Saint-Germain (quartier Saint-Germain-l'Auxerrois) et au clos Bruneau (rive gauche de la Seine, actuellement boulevard Saint-Germain, passage du Clos-Bruneau).

Nous comptons le publier dans la suite, *in extenso,* quand nous étendrons nos recherches jusqu'aux *Champeaux,* c'est-à-dire au quartier des Halles.

Nous nous bornerons à dire que par lui nous apprenons que le Roi accorde à l'évêque un prévôt et des sergents ; que le Roi ne peut lever de taille au bourg Saint-Germain (l'Auxerrois) sans l'assentiment de l'évêque.

L'évêque doit faire exécuter les voleurs et les assassins pris sur ce terrain, à Saint-Cloud, ou en sa terre hors de la banlieue.

L'évêque a l'autorisation de placer ses boîtes pour recevoir ses revenus dans les maisons du roi, sises au Grand Pont et au Petit Pont, etc.

Enfin il est fait mention dans cette charte du *marais* qui s'étendait entre Montmartre et Paris, le Grand Pont et Chaillot, marais cité dans une charte de Louis VII (1176) (Lebeuf), et qui existait encore au milieu du XIIIe siècle.

Fig. 231 et 232. — Jeton de BLANCHE DE CASTILLE.
(Rouyer, *Hist. du jeton.*)

— II —

LES NESLE . . . .

DOCUMENTS SUR LES PREMIERS PROPRIÉTAIRES DE LA MAISON DE NESLE

SUR la famille des Nesle les documents sont très nombreux; nous n'avons réuni que ceux qui concernent Jean Ier et Jean II, évitant, autant que cela nous a été possible, la confusion dans les membres de cette famille portant les mêmes noms.

[1202-1212]. Jean de Nesle. « Castellanus Nigellensis, homo, tenet vicecomitatum et dominium in terra Radulfi de Biaufort et in terra Fulconis de Warvilla et apud sanctam Luireongam et apud Peronam X libras de fondo et XX solidos de censu in domo. » (Longherane. — Longeau, prieuré de filles dont Guy de Chastillon fut le bienfaiteur. — Chr. de Rains. Louis Paris.)

— Johannes de Nigella, « homo ligius, tenet hic quod dominus rex habebat apud Mategni et advocatos qui pertinent ad Mantegni, et debet exercitum [et] equitatum ad usum Viromandesis. (*Hist. des Gaules*, t. XVII, p. 658.)

[1206. 10 décembre]. Une lettre d'Innocent, pape, à l'évêque de Soissons, datée de Rome, sur les choses de l'Église d'Occident, porte le nom de Jean de Nesle, châtelain de Bruges. (*Hist. des Gaules*, Bouquet.)

[1214]. Jean de Nesle fait prisonnier Guillaume Longue-Epée et reçoit du frère Guérin la garde de Renaud de Dammartin. (Phil. XI. 547-716. B. de Bouvines.)

[1214]. « Hugo de Gastina quem hostagiavit Johannes de Nigella super C marcis. » (Guil. le Breton. B. de Bouvines.)

[1215]. Johannes de Nigella est sur un rôle des chevaliers bannerets de France) A. Duchesne, *Hist. de la maison de Béthune.*)

[1224]. Jean de Nesle vend sa Châtellenie de Bruges à Jehanne, comtesse de Flandre, 24,545 livres 6 sols 8 deniers. (Archives de Lille.)

1224. Jehans de Niièle, li grans

. . . .
Et s'ot vendue endemetiers
De Bruges sa castelerie
Ki siene estoit d anciserie ;
Mais blasmes en fu durement
Par Flandre, par France ensement.

(Ph. de Mouskés, v. 28,349-56.)

[1226]. Dans un acte signé Nicola de Baia on trouve cité le nom de J. de Nesle à côté de ceux de Robert de Courtenay, boutellier de France, et d'Ours le Chambellan. (Gesta Lod. VIII, Francorum regis.)

[1230]. Contestation entre l'abbaye de Saint-Germain-des-Prés et les habitants de Samoreau, terminée au logis du roi à Paris en présence de Jean de Nesle, d'Ours le Chambrier, de Hugue d'Athis, panetier de France, et autres bonnes gens (viris bonis). (*Olim, actes du Parlement,* Boutaric.)

[1230]. Les sceaux de Jean de Nesle et de Hugues de Châtillon, comte de Saint-Paul, sont appendus à une ordonnance de saint Louis sur les Juifs, signée à Melun.

Nous trouvons dans les Archives de Lille : [1er mai 1216]. Eustachie, fille de Gaucher de Chastillon, comte de Saint-Pol, femme de D. (Daniel), avoué d'Arras.

Ce Daniel, avoué, seigneur de Béthune (advocatus attrebatensis et Bethunie dominus, mars 1223, avec son sceau. Saint-Germain-en-Laye) est cousin et ami de Jean de Nesle, châtelain de Bruges, et se porte caution pour lui de 3,000 livres parisis, envers André Wagon et Robert Cosseth, bourgeois d'Arras en 1220 (prima dominica post quintanam).

En 1238, Hugues V de Chastillon, comte de Saint-Pol, est le mari de Marie d'Avesnes, fille de Wautier, sire d'Avesnes, et en 1232, Eustachie, sœur du comte de Saint-Pol, remet à l'arbitrage de l'évêque de Beauvais et de Jean de Nesle, les difficultés qu'elle avait eues avec l'avoué d'Arras : elle promet d'exécuter ce qui sera décidé.

Enfin en 1244, Hugues V, de Chastillon, comte de Saint-Pol, (devenu veuf) épouse Machaut de Brabant, veuve de Robert comte d'Artois et sœur de Bauduin III, comte de Guines.

Nous apprenons en outre par ces Archives de Lille, que en février 1227, Jean, seigneur de Nesle, déclare que s'il manque au paiement de 4,000 livres, qu'il doit à son frère Jean de Nilly (erreur de copie) et qu'il a promis payer en quatre ans dans la maison du *Temple* à Paris, il constitue pour caution son cher cousin Robert, avoué d'Arras, pour la somme de 500 liv. parisis. (Archives de Lille.)

(Ce Robert était le frère puiné de Daniel. A. Du Chêne.)

[1231. Mai]. Pallia Penthecostes. Pallia militum. Johan. de Nigella, x l. avec 40 autres noms. Dans les Comptes de la Toussaint, 1255, nous voyons dépenser 4 l. 10 s. pour Néelle, c'est évidemment notre hôtel. (Fontanieu, 40 à 46. B. N.)

[1234]. Comptes des dépenses et recettes de saint Louis « quidam valetus domini Johannis de Nigella de dono apud Vicenas, in octabis paschæ » (30 avril). XL, s. teste regina.

[1234]. « L'an de grace mil deux cens trente et quatre eut le roy conseil de prendre femme pour avoir hoir de son corps qui le royaume peust gouverner apres son deces. Si envoya l'archevesque de Sens et messire Jehan de Neele au comte de Provence et luy manda qu'il luy envoya Marguerite sa fille car il la vouloit espouser et prendre pour femme. » (*Grandes chron. de France*, tome V, p. 253. P. Paris.) Il s'agit ici du *neveu* de Jean II.

[1256]. Sur les tablettes de cire conservées aux Archives Nationales le nom de « Joh. de Nele » est porté pour XX sous dans le « tor de tables ».

Comptes de Johannes Sarracenus.

En consultant des documents originaux, nous apprenons que Raoul de Clermont Nesle, le petit-fils du beau-frère de Jean II de Nesle, ce fameux connétable de France, qui tombait glorieusement sur le champ de bataille de Courtrai (1302, juillet), avait à Paris, dans son hôtel, des draps d'or, des draps brodés et travaillés à l'aiguille, des draps de Venise, des draps tartares, des draps d'outremer et des draps d'œuvre sarrazinois, des tapisseries aux armes de Neele et de Falvy, des pièces de velours et de soie, des joyaux, de la vaisselle d'or et d'argent, des objets de sainteté, des croix d'argent doré émaillées, des tapis pour couvrir les stalles de sa chapelle, des armures, des arbalestres de cor (corne) et de fust (bois), des cors d'ivoire, des cotes à armes pour tournoier, des outils de forge, des englumes, des fers de Bourgoigne pour ses chevaux, des objets de cuisine, des grils à fondre le fromage, des vins, des chevaux, des livres (rommans, livres de fusike [physique]), etc... et de plus, en dépôt chez Jehan de Trainllei, des draps de Malines, et chez Gérard le tailleur, des coussins.

Ce précieux document est de 1303. En 1305, le comte de Flandre, Gui, dont l'hôtel se trouvait au coin de la rue Coquillière et de la rue Plâtrière, possédait des cloches d'or pour chauffer les vins, un jeu d'échec, des rommans, des tapisseries, etc., etc.

Enfin nous lisons, dans les Comptes de la comtesse d'Artois, cet article qui nous paraît avoir trait à une dépense déjà ancienne :

[1315]. « Le tiers jours de Juingnet, à Simon Nevelon, de Paris, pour une couronne et un chapel d'or à rubis, esmerauldes et pelles (perles), lesquiex furent donnez *à la fille Monseigneur de Saint-Pol quand elle espousa Monseigneur Jehan de Neelle*, VIII^{xx} livres (160 livres). »

(*Histoire de l'art en Flandre*, etc., avant le XVe siècle, par le chanoine Dehaisnes. Lille, 1886, pp. 389, 90, 91.)

Fig. 234. — Sceau de Jehan Popin (du porche Saint-Jacques la Boucherie), bourgeois de Paris, prévôt des marchands. (1271, mars. A. N.)

— III —

INVENTAIRE DES JOYAUX DE BONNE DE BOHÊME (LUXEMBOURG) ENGAGÉS A VINCENT LOMELIN, DE GÊNES.

VOICI ce curieux document inédit :

..... « Disoient encores les gens du Roy nostre dict Seigneur contre ledit Vincent (Lomelin marchant de Jennes) que ycellui Vincent du commandement du Roy nostre dict sire trespassé dont Diex ait l'ame, avoit eu et receu de Edouart Tadelin de Lucque (1), bourgeois de Paris, certains et plusieurs vaissellemens et joyaulx d'or et d'argent à pierres précieuses designez en un instrument publique et autres hors ledit instrument qui estoient à feu madame la duchesse de Normandie (Bonne, femme de Jean, fille du roi de Bohême).

C'est assavoir pour et en nom de gaiges de plusieurs sommes de florins d'or que ycellui Vincent se disoit avoir présenté jadis au Roy.... »

(Ce qui suit est en latin dans l'original.)

Un fermillet (2) en or avec une aigle et un lion d'or et quinze émeraudes, trois saphirs, seize rubis balais et vingt et une perles, pesant ensemble un marc, quatre onces et neuf esterlins.

Item un chappel (3) en or avec quatre peignes (pigna) de perles de douze perles chacun, vingt-deux rubis balais, huit

(1) Voir *Argenterie et comptes de l'hôtel*. Douet d'Arcq.

(2) Fermail ou fermillet, broche.

(3) Un chappel ou chapel est une couronne ou un cercle pour la tête.

grosses émeraudes, quinze émeraudes de grosseur moyenne, huit petites émeraudes, huit diamants, pesant en tout un marc, sept onces, quinze esterlins.

Item un chappel d'or avec huit grosses émeraudes, sept peignes de douze perles chacun, et des rubis-balais pesant en tout un marc, six onces et dix esterlins.

Item un chappel avec six grosses émeraudes et six peignes de douze perles chacun, dans lesquels sont enchâssés quatre diamants et un rubis-balais pesant en tout deux marcs et une once.

Item une couronne d'or avec sept très grosses émeraudes, trente-cinq petites émeraudes et vingt-huit rubis-balais.

Item sept peignes de quatorze perles chacun, surmontés d'un diamant.

Item sept peignes de quatre perles chacun, surmontés d'un petit diamant.

Item sept peignes de trois perles chacun, surmontés d'un rubis.

Item quatorze diamants qui n'ont pas été pesés.

Item deux grandes coupes d'or, un pot ou pinte et une petite coupe.

Item deux hanaps à trois pieds avec des couvercles d'or.

Item un tabernacle d'argent pesant soixante-deux marcs et quinze onces.

Item deux figurines de saint Jean en argent pesant onze marcs et trois onces.

Item un hanap ou gobelet à trois pieds et une petite coupe d'argent de même travail et façon pesant dix-sept marcs.

Item un hanap ou gobelet à trois pieds avec une aigle pesant douze marcs, six onces et quinze esterlins d'argent.

Item un hanap à trois pieds avec une fontaine de cristal entourée d'enfants pesant dix marcs, trois onces et dix esterlins d'argent.

Item une fontaine surmontée d'une urne pesant huit marcs et une once d'argent.

Item un vaisseau d'argent doré pesant quinze marcs et six onces.

Item deux cuvettes ou bassins d'argent doré pesant onze marcs.

Item un vaisseau d'argent pesant vingt et un marcs et six onces.

Item quatre couronnes scellées avec les sceaux de l'abbé de Saint-Denis et de ses compagnons (gens).

Item d'autre part cinq couronnes d'or scellées du sceau de Symon de l'Ile, bourgeois de Paris (1).

Et plus loin :

... Un gobelet ymagé de trois papegaux à quatre pieds pesant dix marcs d'argent.

Item un gobelet à trois pieds ymagé sur le sommet d'un coq et de trois cavaliers avec un pampre (vinea) pesant dix marcs et quatorze onces.

Item une petite coupe avec un pied d'or.

Item une autre petite coupe en or.

Item un gobelet ymagé avec une fontaine de cristal et une petite coupe d'argent pesant trente marcs et six onces.....

Fait à Saint-Ouen près Saint-Denis en France, juin 1351.

(1) Simon de Lille, célèbre orfèvre · Son véritable nom est Simon de Clokettes et son sceau (1348), conservé aux A. N. porte trois sonnettes. (Cf. Douet d'Arcq, Argenterie. *Nouv. recueil*, 1874.)

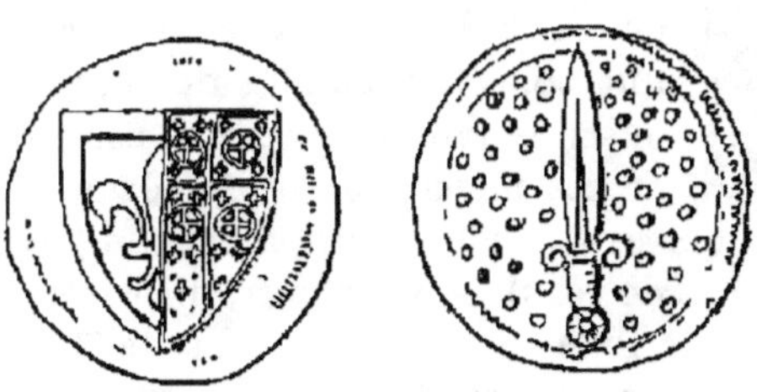

Fig 236 et 237. — Jeton de CHARLES DE VALOIS
(Rouyer, *Hist. du jeton.*)

— IV —

CATALOGUE JOURSANVAULT (1)

EXTRAITS DU CATALOGUE ANALYTIQUE DES ARCHIVES DE M. LE BARON DE JOURSANVAULT, 2 VOL. EN UN SEUL. PARIS, TECHENER, 1838; DE GAULLE, ÉLÈVE DE L'ÉCOLE DES CHARTES, RÉDACTEUR. (Voir une lettre de M. Jules Pautet, *Cabinet historique*, IV, p. 1, 193, 301.)

NÉ à Beaune, en 1752, le baron de Joursanvault, mort à Châlon en 1793, amateur passionné de vieux documents, était parvenu à former une collection de plus de 80,000 pièces manuscrites ramassées un peu partout. Beaucoup de ces pièces, conservées dans les couvents, les églises, les archives des villes, sur parchemin (peau de mouton), sur vélin (peau de veau), ou sur papier, dispersées ou vendues au poids en 1792 (à Lille on en vendit plus de 3,000 kilogr.), servirent à faire des emballages, des reliures, etc., jusqu'à des gargousses pour l'artillerie. M. de Joursanvault parvint à racheter presqu'en bloc les archives de Blois concernant la maison d'Or-

(1) Nous renvoyons nos lecteurs à la *Revue historique* (1872), *le Vandalisme révolutionnaire*, par E. Boutaric, et à la *Chambre des Comptes* de M. de Boislisle; notice préliminaire pp. CXXIX et suiv. avec les curieux détails sur les collections de Gérigney et C. de Beaumarchais; sur les 37,725 liv. de parchemins enlevées aux Cordeliers en 1792, et les 125,000 liv. vendues en 1793.

léans. Son fils, dont la fortune avait été ébranlée par des spéculations malheureuses, fut obligé de se défaire de cette collection inestimable. Il offrit au gouvernement, en 1832, de lui vendre la collection de son père pour 50,000 francs payables en dix ans: le gouvernement REFUSA ! M. de Montalivet était ministre de l'intérieur; M. de Salvandy, ministre de l'instruction publique; M. Letronne directeur de la Bibliothèque avec un fonds d'acquisition de 75,000 francs par an et enfin le duc d'Orléans, Louis-Philippe 1er était sur le trône ! Alors eut lieu la vente publique que M. Delaborde qualifie si justement de « désastre littéraire, sorte de retraite de Moscou ». M. Techener fit faire le catalogue par M. de Gaulle, archiviste, élève de l'Ecole des Chartes, et « ce catalogue est devenu un livre de bibliothèque ». Le commissaire-priseur adjugea la plus grande partie des manuscrits dans une vente qui eut lieu au mois d'août 1838, qui produisit 40,000 fr.! Puis il partit en Californie. Grâce à M. Delaborde, nous connaissons les noms de la plupart des acheteurs, entr'autres celui de M. Moore, représentant du British Museum, qui acquit les pièces concernant les costumes, les armures, les meubles, les tapisseries, la bijouterie des XIVe et XVe siècles; environ 1,200 pièces, qu'il faut aller consulter à Londres aujourd'hui !

Faut-il ajouter que les Anglais, généralement si prévenants pour les savants qui veulent consulter les manuscrits de leur bibliothèque, n'ont jamais consenti à nous communiquer le sceau de François 1er qui se trouve appendu au traité fait avec Henri VIII (Camp du drap d'or), pièce unique en or, en échange du fac-similé en galvanoplastie de celui de Henri VIII que nous avons eu la naïveté de leur offrir dernièrement sur leur demande ?....

Malheureusement pour nous, les pièces qui nous intéressent le plus, concernant les travaux exécutés à l'hôtel de Bohême, furent retirées de la vente et passèrent quelques années plus tard dans une des ventes du bibliophile Jacob (24 février 1840). Elles sont presque complètement perdues pour nous, et nous en sommes réduits à citer les titres et analyses des pièces sans avoir pu consulter les manuscrits originaux.

Nous disons « presque complètement » parce que nous avons pu retrouver des traces de ces documents dans les *Ducs de Bourgogne*. Preuves, Paris, 1852, Plon frères, 2e partie, tome III, du comte Delaborde où nous avons pris la plupart de nos renseignements.

[1388, janvier]. *Item* pour don fait à un pouvre homme varlet de maçon qui est cheust en lostel de mondit S. en telle manière qu'il s'est tout cassé et brisié les rains en servant les diz maçons qui ouvroient en lostel d'ycellui seigneur sans autre mandement fait de bouche, 11 frans (de Bastard). Il s'agit ici de l'hôtel de Bohême.

[1388, 5 février]. Vente faite au duc de Touraine par Thomas Potier, pelletier, d'une maison sise rue de Grenelle (de Bastard). (Voir rue de Grenelle, même date.)

Ce Thomas ou Thomassin Potier est qualifié de foureur et varlet de chambre du duc d'Orléans, 15 oct. 1394. (De Bastard.)

[1388, 9 février]. Note de dépenses faites par Poulain pour le duc d'Orléans :

Item, à Jehan Amiot, paieur des œuvres de l'ostel de mondit Seigneur appelé l'ostel de Behaigne pour certaines maisons qui ont esté achetées pour accroistre ledit hostel par quittance dudit Amiot sur ce faicte. Donné le IXe jour dudit mois de février, 130 frans.

Item à Mons. qu'il a receu comptant à Paris en l'hostel Mess. Guille de la Trémoille, quand il joua à la paume avec Mess. de la Bret, Mess. Pierre de Craon et plusieurs autres dont il a fait sa voulente par commandement de bouche tant seulement et dont il ne veult autrement ci estre desclaré... 104 frans.

Item à un pouvre homme menestreul pour son fait à lui pour son instrument apelé un lux (luth) que mondit Seigneur avoit rompu et despecié en l'ostel de Mons. le connétable, par commandement de bouche... 10 frans. (26.023, pièce 1327 B. N.)

Item l'an 1389, le dymenche VIe jour de mars, le Roy, la Royne toutes nos dames et damoyselles en l'ostel Monseigneur de Thouraine et y ot ce jour grandes joustes de chevaliers.

Le mardi XVIIe jour d'aoust le Roy à Meleun et la fut espouse Mons. de Thouraine depuis duc d'Orléans.

Le dimanche XXIIe jour d'aoust, le Roy au palais et ce jour entra la Royne à part et madame de Thouraine. (Lat. 14,669, f° 101, v[o], B. N.)

[1389, 22 mars]. « Item Jehannin le Voirrier confesse que

dimenche, derrenier passé ot XV jours, lui estant à l'ostel mons. de Touraine, ou il estoit alé veoir les dances, et que sur le soir, en regardant ycelles, il osta une petite dague sans gaigne à un homme qui l'avoit pendue a sa sainture et laquelle dague il vendi depuis à un mercier du Palays. » II s. p. d'amende.

[1390, 26 décembre]. Jaquette, femme Jehan du Fay, demourant en la rue de Neelle près de l'ostel Mons. de Touraine est volée aux halles en marchandant des chastaignes et des grosses noix. Un voleur, Jehannin du Bois, lui enlève sa bourse : elle le fait mettre en prison.

[1391, 29 octobre]. Hervy Petit, vole des draps et des couvertures à une *fille de vie*, Gilete de Saint-Denis, demeurant avec sa chamberière Mariete rue des Deux-Escus, et les cache dans une sienne chambre estant en la rue des Deux-Escus vers la porte Saint-Honoré au devant de l'ostel de maistre Guillaume de Neufville.

(Registre criminel du Châtelet de Paris, du 6 septembre 1389 au 18 mai 1392. *Société des Bibliophiles*, 2 vol.)

[1390, 4 août]. Thomas le Borgne, familier et serviteur de mons. de Touraine. (*Loc. cit.*)

[1390, juillet]. Noces du seigneur de Montagu et de sa sœur célébrées dans l'hôtel du duc de Touraine. (Probablement le grand hôtel de Behaigne. Ch. F.)

— Achat de draps de soie, « tant veluaux comme satin et autres que mondit seigneur fait prendre et achater pour mestre et emploier aux dictes noces. »

— A Robert Thiery, marchand et bourgeois de Paris, « pour l'escuier d'escuirie de mondit seigneur, pour estre employé au fait des joustes CVII francs 5 sols tournois — aux hérauts et menestriers qui furent en l'hostel de mondit seigneur le jour des noces de Montagu. » (Champollion-Figeac, p. 59.)

Lorsqu' « Anthoine de Lucembourt » apporta au duc d'Orléans les présents de l'Empereur, il logea à « l'hostel du roi des Romains. » (Champ.-Figeac.)

Il est plus que probable que c'est l'ancien hôtel de Bohême qui est ainsi désigné.

[1389-90-92]. Comptes des dépenses de la maison du duc d'Orléans (mai, octobre 1389 ; octobre 1390 ; avril, mai, août, septembre 1392) et autres comptes.

[1389, novembre]. Quittance d'orfèvre de 140 francs d'or,

« prix d'un fermillet et d'un dyamant » que le duc (d'Orléans) lui acheta pour donner l'un à Pierre de Craon (l'assassin du connétable O. de Clisson, 1392) et l'autre au roi (Charles VI) *lesquels forjousterent la feste en Behaigne dernièrement.*

[1390, 31 juillet]. A Jehan de Billy valet de chambre, pour avoir fait curer et nestoier la rivière de Bièvre qui passe par Saint-Marceau par l'ostel de mondits. et aussi pour faire faire les jardins du dit hostel et autres reparacions. Daté de Poissy.

[1391]. Louis, duc de Touraine, fait payer à Guillaume Ligier, son fourrier, certaine somme pour la garde de son hôtel de Behaigne (Bohême) *à Paris, et de sa tapisserie qui est en iceluy.*

[1392]. Le duc d'Orléans accorde une pension à Guillaume Ligier, gardien de son hôtel à Paris.

[1392]. Achat fait par le duc d'Orléans d'une rente assise sur une maison rue de Garnelles, derrière l'hôtel du duc, près de Saint-Honoré. — C'est la maison qui portera plus tard pour enseigne : « le Chaudron ».

[1392]. Mandement du duc Louis d'Orléans pour les frais de réparations de son hôtel à Paris et pour la *fontaine* qu'il a ordonné d'y faire venir.

[1392]. Le duc d'Orléans achète de Jean de Garencières, son chambellan, une maison à Paris, rue du Champ-Flori, devant Saint-Honoré.

[1392]. Quittance d'un marchand qui a livré un drap de damas vert broché d'or « pour faire un poelle a metre sur le sire de Bethencourt et sa femme à la messe de leurs espousailles ».

[1392]. Jehan Gerart habille cinquante varlez vestus de noir, pour les obsèques de Jehan, fils du duc d'Orléans.

[1392, 20 janvier]. Le duc d'Orléans donne au sire de Bethencourt, à l'occasion de son mariage :

Item pour un hanap d'or poinssonné a un fretelet d'un gros saffir et de v perles pesant II mars II onces XVII esterlins obole, que nous avons semblablement fait prendre et achetter de Pierre L'uillier, changeur à Paris, le XXVIe jour de ce present mois au pris de IIII^{xx} frans le marc valent IX^{xx}VII frans X s. t. et ycellui avons donné au sire de Bethencourt le jour de ses noces.

« Et pour un autre hanap d'argent doré, pesant IIII marcs II onces X esterlins, pris et achette semblablement de lui le dit jour au pris de X francs le marc valent XLIII fr. II s. VI d. t.

Fig. 239. — Portraits de CHARLES D'ORLÉANS et de MARIE DE CLÈVES.

Frontispice du Manuscrit sur la Passion (fr. 966), ayant appartenu à Marie de Clèves, et qui fit partie de la Bibliothèque de Blois; au verso du deuxième feuillet se trouve la signature autographe *Marie*. On remarquera la façon dont Charles porte son chaperon : le *bourrelet* pend derrière son épaule droite et la *queue* retombe par devant jusqu'à terre. B. N.

lequel fut donné de par notre tres chiere et tres amée compaigne la duchesse, audit sire de Bethencourt le jour de ses noces. » (Coll. de Bastard. B. N.)

[1392, 15 novembre]. Le duc d'Orléans donne à Mess. Regnier Pot et à Katherine Dangoussole, sa femme, 4,000 frans d'or. (Pièce 1826.)

[1392, 11-20 mars]. Le duc d'Orléans donne à son médecin maistre Mahieu Regnaut, 60 frans, pour soy vestir et tenir plus honnestement à son service. (Pièces 1854-55, 26,026 fr. B. N.)

[1393]. Fournitures pour envelopper Philippe, fils de la duchesse d'Orléans, pour la nourrice, la damoiselle et la berseresse de l'enfant et pour Pierre Daret, son médecin.

[1393]. Tasse d'argent perdue en l'hôtel du duc et criée dans les rues de Paris par le crieur du roi.

[1393]. Quittance du père de Bezoux, panetier de Mme la duchesse, de 100 francs d'or que lui avait donnés le duc pour lui avoir annoncé la naissance de son fils Jehan.

[1393, 19 octobre]. Quittance pour l'obit de feu Jehan « son très chier filz qui nagueres a esté fait en l'église des Celestins de Paris ou le corps de son dit filz est en terre ».

[1393, 19 octobre]. Le duc d'Orléans donne à damoiselle Jehanne de Cherances naguères nourrice de feu Jehan nostre très cher fuilz, dont Dieux ait l'âme, pour services rendus depuis sa nessance jusques à son trespas..... 50 frans d'or.

[1393, 22 octobre]. Confirmation du don précédent par Valentine.

[1393, 24 mars]. Mahieu Regnault reçoit du duc d'Orléans 100 l. t. dues pour réparations qu'il a fait faire en son hostel de Saint-Marcel lez Paris. — (Pièces 1912, 14, 74, 26.026 fr. B. N.)

[1393]. Le duc d'Orléans achète une maison rue de Garnelles.

[1393]. Paiement des travaux de l'hôtel de Bohême à Paris.

[1391-92]. Le duc achète de Colin Bataille : l'histoire de « Thezeus et de l'aigle d'or », tapisserie de haute-lisse payée 1,200 fr. d'or; payée en 1392.

[1393-1395]. Colin Bataille, marchand de tappicerie, vend certaines étoffes pour la chambre de satin vermeil, brodée a arballestes de la duchesse d'Orléans (1) (Valentine de Milan).

[1394, 15 mai]. Quittance de la *dernière* partie d'une somme de 1,200 frans due à Boucicaut (perdue au jeu de paume par le duc d'Orléans).

[1392, 18 mars]. Quittance de 200 l. t. acompte sur cette dette.

[1394, 30 juin]. Le duc d'Orléans fait payer à Pierre Cordelle 30 liv. pour 18 douzaines de fromages du pays de Chauny qu'il a fait venir pour donner et distribuer à son plaisir. — C'est assavoir : les 18 douzaines de fromages, 24 l. 12 s. p.; la voiture 6 l. 6 s. p. (Pièces 2213, 26,026 fr. B. N.)

[1394, 21 août]. Mandement du duc d'Orléans pour payer deux hanaps et une aiguière d'argent doré donnés en son hôtel de Behaigne aux ambassadeurs que le comte de Foix avait envoyés au roi de France. (De Bastard.)

[1394, 31 octobre et 12 décembre]. Le duc d'Orléans visite les travaux de son hôtel de Bohême à Paris et donne une gratification de 10 frans aux ouvriers. — Dépenses de ces travaux.

[1394]. ... Mad. Marguerite de Landes en son vivant demou-

(1) Voir *Nicolas Bataille, tapissier parisien*, par J.-J. Guiffrey, 1884. Société de l'hist. de Paris. On trouve à la Bibl. N. Pièces originales, n° 213 ; Cabinet des titres, l'acte suivant.

« Loys fils du roy de France, etc. Salut. Paye à Colin Bataille la somme de 1,200 francs pour la vente d'un drap de haulte liche de l'Histoire de Theseus et de l'Aigle d'Or qu'il a baillé à Guillaume Ligier par notre ordre. — Daté du 28 janvier 1390. (Guiffrey, p. 38.)

M. Muntz dit en parlant de ce Bataille (*Histoire de la Tapisserie*, page 114) : « On le voit défrayer... même des souverains étrangers, tels que Amedee de Savoie » et page 128 : « Nos voisins d'outre-monts se contentaient de faire venir à grands frais des tapisseries de Paris ou des centres manufacturiers flamands. C'est ainsi qu'en 1376, on voit le comte Amédée de Savoie, confier une commande importante à Nicolas Bataille. »

D'après un texte conservé et publié à Turin, Nicolas Bataille aurait fourni à Amédée VI, deux chambres entières de tapisseries, composees chacune de neuf pièces, décorées d'aigles et de nœuds.

« ... Ces rapports... avec un souverain d'un Etat étranger ne sont-ils pas caractéristiques ? » (Guiffrey, *Histoire des tapisseries françaises*, p. 29.)

Il est tout naturel que Bataille ait vendu des tentures à ce prince qui possédait et habitait l'hôtel de Bohême à Paris. Voir . Additions et Corrections.

Colin Bataille, dont le nom est cité dans une vente de six tapis d'euvre d'Arras au prix de 20 liv. du 23 septembre 1373 (Dehaisnes), mourut en 1400, laissant une veuve originaire de Troyes, Marguerite de Verdun, et un fils du premier lit, Jehan Bataille, tapissier et bourgeois de Paris (4 septembre 1395) âgé, à la mort de son père, de 29 ans.

Nous trouvons un Jehan Bataille mentionné en 1314-1320, (*Trésor des Chartes*. Inv. JJ. 301), un autre, varlet, va avec la reine d'Angleterre à Calais en 1396. (20684 fr. B. N.)

rant avec Mme la duchesse d'Orléans. Elle était sa chambellane et meurt à Paris le 2 mai 1394. (De Bastard.)

[1394]. Le duc d'Orléans vend « une maison que l'on dit l'hostel de Tonnerre sise à Paris, rue des Quoconniers (mot mal écrit ; c'est évidemment *du Coquillier* ou rue Coquillière), à l'opposite de l'ostel de Guillaume de la Tremoille et de l'ostel du duc, et joignant les anciens murs de la ville. »

[1394, 10 février]. Le duc la rachète.

[1394, 15 janvier]. Hanap et aiguière d'or, garnis de perles et de saphirs, donnés par le duc d'Orléans au grand prieur d'Angleterre. — Semblable présent fait au comte de Hautidonne (Huntington) d'Angleterre, le 15 janvier 1394, qui dina chez le duc d'Orléans dans son hôtel de Bohême.

[1395]. Le duc d'Orléans achète « cinq quarterons de drap de Damaz vert et violet » pour couvrir « deux livres esquels il dit ses heures en sa chapelle ».

[1395]. Dépenses des travaux de l'hôtel de Bohême.

[1395]. Travaux à l'hôtel de Bohême (rue de Nesle près la porte Saint-Honoré).

[1395, 27 septembre]. Le duc d'Orléans donne à la duchesse 200 frans d'or par mois pour faire sa voulente et plaisir. (Pièce. 2238, 26,027 fr. B. N.)

[1395, 9 novembre]. Quittance de 225 l. t. dues à Philippe d'Artois comte d'Eu, connétable de France (perdues à la paume par le duc d'Orléans).

[1395]. Jean Noble, épicier et valet du roy, reconnaît avoir reçu de Jehan Poulain, trésorier du duc d'Orléans, 26 l. 5 s. t. pour 120 liv. de cire livrées en l'église des Célestins pour les obsèques de Louis d'Orléans depuis peu trépassé, 8 oct. 1395.

[1395, 24 janvier]. Colin-Bataille vend au duc d'Orléans deux tapis de laine couleur azur pour la chambre d'azur de feu Louis d'Orléans pour mettre devant les huisseries et deux tapis armoiés pour mettre devant l'autel de la chapelle de feu Louis Monsieur d'Orléans. (De Bastard.)

[1396]. Tableaux peints pour le duc dans son hôtel de Bohême pas Jean de Saint Eloi, peintre à Paris. — Sommes payées aux gardiens du grand et du petit hôtel du duc.

[1396, 13 avril]. Le duc d'Orléans donne à la duchesse

2,000 frans pour avoir du linge et aultre mesnage. Daté d'Asnières (sur Oise).

[1396, 8 mai, 26 mai, 22 Juin, 10 décembre]. Reçus de Valentine de 200 fr. 400 fr. 960 l. t. datés d'Asnières, — de 440 l. t. restant de la somme, daté de Chasteauneuf sur Loire. (Pièces 2329, 42, 45, 54, 58 ; 26,027 fr. B. N.)

[1396, 20 novembre]. Jehan Godeschaut dit le Roy, garde du petit hostel Mons. le duc d'Orliens, estant en la rue Saint-Anthoine à Paris, touche 10 escus. — Signé Godeschaut (Pièce 2447 ; 26,028 fr. B. N.)

— Audit Jehan Godeschaut, garde du petit hôtel de Mons. pour deux seaux à traire eaue par lui achatez pour mettre ou puis dudit hostel d'emprez l'eschanconier, pour ce 40 s. t.

— A lui pour une corde à pendre lesditz seaulx, 2 s. 6 d.

— Audit Jehan Godeschaut pour une corde pour le puis de derrière le jardin, 2 s. 6 d. (P. O. Orléans. B. N.)

[1396]. A un marchant 12 s. p. qui deuz lui estoient pour cause de plusieurs eschalas prins et achetez de lui pour mettre en la vigne du petit hostel de Mons. 15 s. t. (C'est l'hôtel de la Poterne.)

— A un ouvrier pour avoir nestoié la cave dudit petit hostel de Mons. ou l'yeaue avoit esté en yver dernier passé et pour sablon porté par lui en ladite cave 12 s. t. (P. O. Orléans. B. N.)

[1398]. Frais des obsèques de Louis d'Orléans. (Il s'agit ici de Louis III de la maison de Châtillon, comte de Blois, † 1372.)

[1398-1399]. Cahier de trois feuillets, sans date, écriture de la fin du XIVe siècle, contenant un état détaillé de toutes les tapisseries qui se trouvaient dans les diverses résidences du duc d'Orléans et notamment dans l'hôtel de Behaigne *(Bohême)* à Paris. (Original avec sceaux et signature.)

[1400, 13 mars]. Quittance de Andriet Saquespée, épicier de Paris, pour le paiement de cierges destinés à la chapelle du duc d'Orléans à Saint-Eustache qui doit être desservie par les frères Carmes et Cordeliers, écoliers des couvents de Paris, 1401 (25 mars).

[1401, 20 février]. Huguet-Foubert, libraire à Paris, enlumine d'or, d'azur et de vermillon deux petits livres pour monseigneur d'Angoulesme et pour Philippe, monseigneur d'Orléans, et les lie entre deux ais de cuir cordouan vermeil.

[1401, 4 mai]. Don au comte de Tancarville d'un hanap d'or pour ses étrennes.

[1401 9 décembre]. Quittance du concierge de l'hotel de Bohaingne pour vingt douzaines de fromages du pays de Brie que le duc d'Orléans avait fait venir et qu'il devait donner aux prochaines étrennes. (De Bastard.)

[1402, 11 juillet]. Trois quittances: 1° de 100 l. t., dues à Guillaume de Trie; 2° deux de 300 l. t., dues à Raoul, seigneur de Gaucourt (perdues à la paume par le duc d'Orléans).

[1413]. Le duc d'Orléans va en ambassade à Blois « de par son tres cher et tres amé père le conte d'Armignac ».

[1418, 4 janvier]. Pierre Compaing, drapier à Orléans, livre une aulne de fin blanc de Suppe pour faire des chaussons pour mesdamoiselles Marguerite et Jehanne d'Orléans, les sœur et fille de monseigneur le duc (de Bastard).

[1421]. Étienne Courtet, secrétaire du duc d'Orléans, certifie qu'en l'année 1410 étant au service de Pierre Regnier, trésorier général du duc, il a fait placer tout ce qui appartenait à son maître dans une maison louée à Paris, rue de la Poterne (1), qu'au mois de septembre de la même année ces biens qu'il avait fait transporter à l'hostel du duc (l'hôtel de Bohême) pour les mettre en sureté, y ont été complètement pillés et perdus — à cause de la confiscation faite par les Anglais.

[1473-1484]. Quittance pour cinq aunes et demie de gros drap noir qui ont servi a *feustrer* les fenestres de la chambre du duc d'Orléans (plus tard Louis XII) à Bahagne (British museum, add. chart.)

Paiement des dépenses faites pour les menuz nécessités de la duchesse d'Orléans (Jeanne de France, fille de Louis XI, répudiée en 1499, remplacée par Anne de Bretagne, veuve de Charles VIII) et de la *Petite Margot*, sa fille.

[1473-1484]. Pièces relatives aux dépenses de l'écurie du duc d'Orléans.

[1481-1493]. Réparation de la *fontaine* de Bohême. Décora-

(1) Le duc d'Orléans avait un hôtel rue de la Poterne près Saint-Paul, dont « Remon du Temple sergeant d'armes et maçon du Roi » avait fait la maçonnerie. Des comptes d'entrepreneurs nous permettent d'en etablir une restauration *théorique* que nous ublierons plus tard.

tion de la chambre d'armurerie du duc d'Orléans à l'hôtel de Bohême.

[1481-1493]. Réparations à l'hôtel de Bohême : *tuyaux conduisant l'eau dans cet hôtel.*

AUTRES EXTRAITS DE DIFFÉRENTS AUTEURS

[1394, décembre]. Louis d'Orléans se livre paisiblement au « jeu d'eschez » avec son chambellan messire de Colombiere dans le petit hotel de monseigneur le duc séant devant la fontaine de Saint-Pol en la grant rue Saint-Anthoine (c'est l'hôtel de la Poterne), ou dans « son hostel de Brehaingne ». (Champ.-Figeac, *Louis et Char. d'Orléans.*)

[1394]. A Eustace des Champs dit Morels, bailly de Senlis, et maistre d'ostel de mondit S. le duc. C'est assavoir lorsque ycellui seigneur ordonna lui estre baillés à Asnières, le IXe jour dudit mois de novembre pour distribuer aux offices du Roy tant d'eschançonnerie, de panneterie, comme de ce qu'ils avoient eue par trois jours le Roy estant audit lieu, etc. (28 nov.)

[1395, janvier]. A un vieleur pour avoir chanté en la conciergerie de Saint Pol une chançon de Lombardie, 12 s. 6 d. (P. O. Orléans. B. N.)

[1395, 19 octobre]. Colart de Laon, peintre et valet de chambre de monseigneur d'Orléans, reconnaît avoir reçu 30 frans d'or pour la peinture qu'il fait en l'ostel de monseigneur qu'on appelle de Brehaingne. (Champ.-Figeac.)

Ce Colart de Laon reçoit 42 frans d'or pour un « harnois de jouste » fourni au duc d'Orléans. (15 avril 1402.)

Un « harnois de jouste » était composé de « Selle, pissière, chanfraing et escu doré de fin or et semez de porc espy de paincture, » et coûtait jusqu'à 58 frans d'or. (1400-1401.)

Le duc d'Orléans paie pour un écu ou estoient pains d'un costé les armes du duc et de l'autre plusieurs lettres à sa devise pour le pas d'armes de maistre Claude Vaudrez, le 16 septembre 1484, la somme de 40 solz (1484) (1).

(1) Nous lisons dans les chroniques de Lyon XIIIe et XIVe siècle (*Revue Lyonnaise*, III, avril 1882) Lyon, Pitrat :

[1458-93]. « Depenses faites pour le pas d'armes tenus de l'autorisation du roi par messire Claude de Vauldray, chevalier, sieur de l aigle, au-dessus du pont de bois sur le Rhône. » (mai 1492.)

[1396, 3 juillet]. Item pour Loys monseigneur, une chambre de satin bleu en laquelle a un grant compas d'argent de chypre (?) de broderie et est ledit compas si grant qu'il contient la plus grant partie du dossier et dedens ycellui compas a un grant escu de brodeure des armes de mondit seigneur et le contrefons du compas de satin noir dyapré d'argent de chypre (?) cousu de noire pour le obscurcir et celui du ciel semblable et pareillement ouvré de celui dessus, 110 francs.

(C'est une chambre de l'hôtel de Bohême.)

[1396]. A une boursière de Paris, 12 s. par quoi Mons. le duc lui estoit tenu pour cause de deux bourses de velour noir à mettre ses reliques avec une autre petite bourse à mettre la vraye croix qu'il porte à son col laquelle il avait fait prendre et acheter de lui, pour ce. 15 s. t. (P. O. Orléans. B. N.)

[1399]. Fourni à la duchesse d'Orléans par Jehan de Troyes, sellier et valet de chambre du roy « une chaière de chambre de quatre membreures, painte fin vermeil dont le siège et acoutouers sont garnies de cordouan vermeil ouvré et cherchié à solaux (?) oyseaux et autres devises, garnis de frenges de soye et cloez de cloz de latton. »

[1401, 10 août]. Nicolas Rappine, sellier, « fait une chaiere perciee necessaire pour la garde robe de ma duchesse d'Orléans », et une autre « pour le retraict du duc, pour servir quand il est devers madame, » 112 sous p. (Original, signature avec sceaux.)

[1402]. Dans un souper donné à l'hôtel du duc d'Orléans à Paris (hôtel de Bohême) au mois de janvier 1402, on vit paraître dans un entremets des dames costumées en divinités qui proposent de créer une nouvelle association en faveur des dames sous le nom de « Ordre de la Rose ». Voici quelques extraits de la pièce récitée à cette occasion. *Escript le jour de Saint-Valentin.* (14 février.)

En voici les premiers vers :

A tous les princes amoureux
Et aux nobles chevalereux...

La date est contenue dans les derniers vers :

Escript le jour Saint-Valentin
Ou mains amans, très le matin,
Choisissent amours pour l'année;
De par celle qui ce dictié

A fait par loyale amitié.
S'aucun en veut le nom savoir
Je lui en diray tout le voir.
Qu'un tout seul *cry* crieroit
Et la fin d'aou *st* y mectroit
Se il disoit avec une *yne*
Il sauroit le nom bel et digne.

Le poème est joli, mais *Cry...st...yne* a une façon originale de signer. (Paulin Paris, *les Manuscrits français de la Bibliothèque Royale,* tome V, 1842, p. 170. *Le Dit de la Rose.*)

[1404, 12 mars]. A Jehan Mace, valet de chambre de Monseigneur le duc, concierge de son hôtel des Tournelles, 100 l. p. pour yceux tourner convertir et emploier es reffections et repparacions des jardins dudit seigneur de son dit hôtel, mettre à point la fontaine d'icellui et y faire venir l'eau et en ycellui hostel faire plusieurs autres repparacions nécessaires. (KK. 267, p. 49 v°. A. N.)

[1404, 30 oct.]. Yvonnet Lentame, plâtrier, fournit 36 l. 12 s. p. de plâtre pour l'ostel de la poterne lequel Monseigneur a jadis transporté par manière d'échange à Mgr le duc de Berry. (*Ib.*)

INVENTOIRE FAIT EN L'OSTEL DE BAHAIGNE DES TAPPIS CHAMBRES ET AUTRES CHOSES ESTANS EN LA GARDE DE GUILLAUME LIGIER CONCIERGE DE L'OSTEL.

Premièrement une chambre de drap d'or a roses borde de veluau vermeil c'est assauoir ciel, dossier et couverture de lit, et sont les cortines a presens en la chambre où feu Monseigneur le duc d'Orléans gisoit si comme relate le dit Jehan Billy lesquelles sont de satin vermeil et granie. Porté à Yevres le Chastel avec les cortines. (Château près de Yevre-la-Ville, Loiret, arr. de Pithiviers, datant du règne de Henri Ier, 1005-1060, formant un carré d'environ 33 mètres de côté.)

Item la chambre qui fu feu beaux oncles de Bourgogne, de drap d'or a Moulins [c'est assavoir ciel, dossier et couverture. Vendu à Pillot.

Item deux carreaux de mesmes.

Item une autre chambre qui fu du dit feu Monseigneur de

Bourgogne à colz de maflart et VI serges paillées de vert et de blanc.

Item VI tappiz à boucherons des neufz et derrenierement faiz à une couverture de lit de mesmes. Porté à Yevres.

Item un autre tappiz des vielz et premiers faiz à pareille façon. (Dont les... sont ou teryer de la tapisserie des Tournelles.)

Item X tappiz a fleurs de liz a or de haulte lice. Porté à Yevres.

Item le tappiz de Gaude de VII vices et VII vertus. Porté à Yevres

Item le grant tappiz de l'istoire de Charlemaigne.

Item un aultre tappiz de Saint-Loys. Porté comme dessus.

Item une vieille chambre de bateure aux armes de Monseigneur et de madame contenant VI pièces et autres menues pièces qui en dépendent.

Item un viel tappiz a or de l'arbre de vie. Porté à Yevres.

Item un petit dosseret a enfanz de haute lice. Porté comme dessus.

Item un autre dosseret viel qui fu feu Mme d'Orléans dernierement trespassée, de drap d'or fin, champ bleu (1408).

Item VI serges vermeilles ou il a escussons aux armes de Monseigneur pour tenir les grans jours.

Item un couvertouer d'ermines bordé de drap d'or assis sur un champ d'écarlate vermeille. Vendu à Pillot.

Item XIIII petits tappiz veluz a chaize.

Item IIII cuirs d'Arragon a mectre en chambre par terre en esté.

Item un pavillon de soye d'Arraz en maniere d'un esprevier entretaillé de blanc et de rouge. Vendu a Cony.

Item XIIIJ quarreaux de cuir d'Arragon vermeil. Porté a Yevres.

Item une courtepointe blanche de soye blanche toute rayée d'or.

Item VI quarreaux de drap blanc de soye vielz.

Item un materat couvert de cendal vermeil.

Item IIII quarreaux vielz armoyez aux armes de feu Monseigneur.

Item X serges vermeilles de IIII et de V rayes.

Item VJ quarreaux vielz de drap d'or sur champ vermeil.

Item une saillie de letton pour servir a la *fontaine* dudit hostel.

Item un couvertoer de Tane forré de menu veir.

Toutes les chambres et tapisseries qui sont croisiés en ce roule ont este porteez a Braye conte Robert (1).

· (Bonnefons et P. O., tome XXIII, n° 158 B. N.)

Dans un inventaire du 29 janvier 1408 (V. S.) nous trouvons, parmi les 175 serviteurs du duc d'Orléans, dans les fourriers, le nom de « Guil. Ligier, consierge de l'ostel de Behaigne : 8 frans ».

C'est dans ce rôle des menus officiers que figurent dans la fruiterie les deux noms suivants : « Robin Huppe, qui fut mutilé avec Mons. le duc : 10 frans.

« Guil. Quidoit, qui fut semblablement mutilé avec mondit Seigneur : 12 frans. » (2156. P. O., B. N.)

EXTRAITS DU TOME III DES DUCS DE BOURGOGNE DU COMTE DE LABORDE ET D'AUTRES OUVRAGES.

LES DUCS D'ORLÉANS

Ces documents nous prouvent que les ducs d'Orléans étaient des personnages très riches, ayant des gouts luxueux (notes d'orfèvre) et des gens instruits (nous n'avons pas énuméré les livres

(1) Charles VI avait donné la terre de Brie Comte Robert, qui lui venait de Charles V, à Louis, duc d'Orléans, son frère puiné, qui en gratifia son plus jeune fils, Jean, lequel fut comte d'Angoulême Elle resta dans cette maison jusqu'en 1515, date où elle fut réunie à son domaine par François Ier. En 1389, Valentine de Milan, héritière de la reine Jeanne de France, faisait une magnifique fondation en l'église de Brie-Comte-Robert. En 1404, un libraire de Brie comte-Robert, Jean de Tournes, (un ancêtre du fameux imprimeur de Lyon ?) fournissait des livres au duc d'Orleans. En 1416, le comte d'Angoulême avait un capitaine à Brie, nomme François de l'Hospital. En 1424, sous la domination anglaise, cette ville alors tres importante, fut donnée par le roi d'Angleterre, le 6 mai, à la veuve de Charles VI. Les lettres furent renouvelees en 1427, 2 fevrier. (Lebeuf, Fontanieu 804, 5, 6. B N.)

Il ne reste aujourd'hui à Brie-Comte-Robert que les fossés et les tours ruinées du château du XIIe siècle, seules marques de sa splendeur passée. L'église, rebâtie au XVIe siècle, ne renferme rien de remarquable. Brie-Comte-Robert avait encore une grande importance comme marché et relai de poste avant l'invention des chemins de fer ; aujourd'hui il est toujours celèbre par ses grains et ses fromages, mais surtout par ses roses qui ont *détrôné* les fameuses roses de Provins d'antan.

de leur bibliothèque, ce qui eût été trop long). En outre, nous les voyons s'occuper de faire réparer l'hôtel de Bohême ou d'Orléans.

Enfin, dernière observation : Le duc Louis d'Orléans était très joueur. On comprend alors facilement que Louis XII, son petit-fils, ait perdu au jeu l'hôtel de Bohême contre son chambellan Robert de Framezelle.

Plusieurs de ces documents proviennent de la collection Joursanvault et ont été recueillis par le comte Delaborde, soit au British Museum, soit dans les collections qui se sont enrichies des débris de la collection Joursanvault. (Farrenc, L'aubespin, etc. B. N. et ex-biblioth. du Louvre, brûlée en 1871, etc., etc.)

D'autres documents se trouvent dans le catalogue de la collection de Bastard d'Estang, donnée à la Bibliothèque Nationale — publié par M. L. Delisle, 1885, dans le fond Bourré, etc.

[1387.) Maistre Raoul de Justines, aumosnier et maistre d'escole de M. de Touraine. Il fut depuis curé de Saint-Paul en 1396. (Mss. Menant. Arsenal.)

[1388, décembre]. Despence faicte pour MS le duc de Touraine, par moy Jehan Poulain son varlet de chambre.

[1389, 1er janvier]. Inventaire de la vaisselle, tant d'or comme d'argent, receue par Jehan Poulain de Messire Almaury d'Orgemont, chancellier de MS le duc de Touraine. Premièrement : un gobelet d'or gauderonné a un esmail ou fons, d'un cerf volant et sur le couvercle a un chappelet de XXXIX perles en façon de couronne et sur le fretelet du couvercle a VI grosses perles et I saphir, etc., etc.

[1388, 14 mars]. Loys, fils de roy de France, duc de Touraine, a nostre amé varlet de chambre Jehan Poulain, commis de par nous a recevoir nos finances, salut. Nous vous mandons que la somme de deuz cens frans d'or, en quoy nous sommes tenus a nostre amé Jehan du Vivier, orfèvre et varlet de chambre de MS le roy, pour la façon d'une sainture d'or qu'il a faite pour nous, vous baillez et délivrez. Donné en nostre hostel à Paris, le XIIIIe jour de mars, l'an de grâce mil CCC IIIIxx et huit.

[1389, 1er janvier au 1er juillet.] ... pour tendre les chambres et salles de M. de Touraine en l'hostel de Bahayne à Paris. (Mss. Menant. Arsenal.)

[1390, 10 février]. Valentine de Milan paie des broderies

apportées de Lombardie (huit escussons, trois custodes pour l'oratoire, etc. ; hôtel du duc).

[1390, juillet]. Despence faicte pour MS le duc de Touraine par moy Jehan Poulain son varlet de chambre et garde de ses finances pour le mois de juillet 1390.

A Guillaume d'Estreville, maçon, pour certaine maçonnerie qu'il a faite en l'ostel de Behaigne en la chambre ou a esté mis la tappicerie de MdS et pour refaire le trilleiz d'icelle chambre, y mectre serrure et autres ferrures pour ce par commandement de bouche de mondit Seigneur et quittanee dudit maçon x fr. xv s. 5 d. t.

A Jehan de Troyes, sellier, — à Colart de Laon, paintre, pour avoir paint un harnois de joute pour MdS.

[1390 janvier]. A Maistre Mahieu, phisicien de MS. (Mahieu Regnault).

[20 juillet]. A Jehan Biterne, paintre, Paris, pour paindre et cuirer un queurre pour madame la duchesse de Touraine.

[1391, octobre]. A messire Jehan de Garencières.

A Guillaume Broulart, tavernier, demourant à Paris à l'ymage Saint-Martin près de la croix du Tyrouer. (Dépenses faites par sept pages de MS restés à Paris pendant un voyage de MS en Berry.)

[1er novembre]. A Colin Bataille, tapissier et bourgeois de Paris. (Le British Museum possède presque toutes les quittances de Colin Bataille à cette époque.)

[Février]. A Jehan le Mengre dit Boucicaut, mareschal de France (1).

[1399, 6 février]. Les cardinaux envoyés à Paris pour servir d'intermédiaires entre Charles VI et Benoît XIII par le roi Martin d'Aragon dînent à l'hôtel de Bohême avec les ducs de Berry et de Bourgogne. (BM. ad. chart. 46; cité par E. Jarry, p. 223.)

[1401, 16 mai]. Le duc de Bourgogne dîne avec le duc d'Orléans, probablement à l'hôtel de Bohême. (E. Petit, *Itinéraire*.)

[1405]. A Guillaume Judas clerc Ogier de Nantouillet premier escuier de corps de monseigneur le duc et par lui commis au fait et gouvernement de son escuierie xc s. p. pour avoir fait

(1) Jean le Meingre dit Boucicaut, maréchal de France, depuis le 23 décembre 1391, mourut en captivité en 1421. (*Journal d'un Bourgeois de Paris*.)

désassembler et mettre par pièces séparées les arbres et bastons IIII arbalestes dudit seigneur estans en son hostel de Behaigne et icelles mettre en queues c'est assavoir lesdits arbres d'un costé et les dits bastons d'un autre pour icelles faire par l'ordonnance de mondit seigneur porter l'une partie d'icelle à Pierrefons et l'autre partie à la Ferte millon si comme il appert plus amplement par sa lettre et recongnoissance donnee le XXe jour de septembre l'an mil cccc et cinq rendue cy a court pour ce xl s. p.

[1404]. A Jehan Moreau voiturier par terre et Perrin Chanu varlet (de) Guillemin Ligier consierge de l'ostel de Behaigne appartenant à monseigneur le duc huit livres huit sols parisis qui deue leur estoit c'est assavoir audit Moreau pour sa paine et sallaire d'avoir mené en une charrette a quatre chevaulx de Paris à Soissons des le XXVIe jour de mars derrenier certaine tapisserie pour ledit seigneur ou il a vacqué par l'espace de six jours XX s. par jour valent VI l. p. et le dit Perrin pour sa peine et despense pour conduire la dite tapisserie et attendre audit lieu x l. VIII s. p. si comme il appert par lettre de recongnoissance desdits Jehan Moreau et Perrin donnee le second jour d'avril l'an mil cccc et quatre.

[1405]. A Guillaume Ligier consierge de l'ostel de monseigneur le duc appelé Behaigne et garde de sa tapisserie ja piéça retenu de par mondit seigneur aux gaiges de L. l. t. par an si comme il appert par lettres de mondit seigneur sur ce faites et rendues sur les comptes précédents sur ce à lui paié par sa lettre de recongnoissance donnée le XXVIIIe jour de novembre l'an mil cccc et cinq rendue cy a court XL., l. t. (KK. 267. A. N.).

[1404, 26 avril]. A Jehannin Fradet, commis de par les gens de Monseigneur le duc au fait et paiement de certains ouvraiges et repparacions d'une chambrette que Monseigneur a ordonnée estre faite en son hostel de Behaigne à Paris, au bas étage de la Tour dudit hostel ou préau de ladite chambre des comptes, pour l'aisement et emploiement d'icelle chambre des comptes et pour certaines autres causes contenues et déclarées es lettres de mondit S., etc. (26 avril 1404), 200 l. t. (KK., 267, f° 50.)

[24 novembre]. A Alain Diennys pour un tapis de haulte lice (*l'istoire de Dieu*, 130 liv., long de 8 aulnes 1/2).

[19 janvier]. A Jehan Sore, natier à Paris, vingt huit toises de nattes neuves mises dans la chambre du duc et dans celle de Henri de Bar. 7 liv. t.

[1396]. A Jehan Gombaut, jardinier de MS le duc à Bray conte Robert pour cause de freses nouvelles par lui apportées de Vire a icelui seigneur, 67 s. 6 d. t. ;

[3 mai 1396]. A Nicolas Bataille trois tapis de haulte lice : histoire de Pentasilée (15 aunes sur 4 1/4). Renne de Hantonne (plus loin Beuvon de Hantonne (20 aunes sur 3 1/2) (et le tiers de l'istoire des enfans Regnault de Montauban et des enfans de Riseus de Ripemont (20 aunes sur 3 1/2).

[11 mai]. A son très cher et amé cousin le comte d'Ostrevan (1) trois mil livres tournois que le duc a perdues avec lui a l'esbatement du jeu de paume.

[1396, 30 octobre]. A messire Gaudifer de la Sale 30 écus d'or pour racheter le cheval du duc engagé au jeu des quartes.

[Novembre]. A Ph. de Poitiers, chambellan, 3 ecus pretés au duc pour soy esbattre et jouer aux quartes.

[Novembre]. A Loribant 2 sous parisis pour cause d'une chançon de la royne d'Engleterre par lui achetée à des chanteurs pour MS le duc.

[1396]. Mahieu Regnault, trésorier de Saint Martin de Tours, gagne au duc d'Orléans au jeu des échaiz une aulmuce de gris à chanoine.

[1396, 14 décembre]. Le roi des Ribaux du duc d'Orléans, Julien le Viezmaire, nettoie la cour de l'hostel près la porte Saint Germain des Prez et fait vider les gravois. (Champ. Fig.)

[1397, 28 juin]. Le duc d'Orléans a 132 chiens courants et 40 lévriers pour le cerf. Nous avons le détail du personnel des chasses, les noms des veneurs, des chiens et des lévriers, signé Villehier, clerc de la vénerie. (F. fr. 26,028 ; pièces 2557 et 2453.)

[1397 98]. Laurent du Hest met des cordes neuves à la harpe

(1) L Ostrevent était une province du Hainaut qui appartenait aux comtes de Flandre et pour laquelle ils faisaient hommage au roi de France. Valenciennes était dans la province d Ostrevent. (Boutaric, p. 584-5.)

Le comte Ostrevant, fils du comte de Hainaut, un des seigneurs envoyés au-devant d Isabeau de Bavière lors de son entree a Paris, assiste à Londres a un tournoi du roi Richard (Rel. de Saint-Denis.) Veuve plusieurs fois, sa femme, Jacques de Bavière, épousait en 1427 Francq de Borsel (Lefebvre). Voir E. Petit, *Itinéraire*.

de la duchesse et y pose plusieurs brochettes. Quittance datée de Château-Thierry.

[1399, 24 mars]. A Laurent du Hest, faiseur de harpes à Paris, pour avoir rappareillé et reffaite et mis a point la belle harpe de mad. la duchesse d'Orléans.

[1399, 31 sept.]. La duchesse a une « petite harperesse ». (10,432 fr., p. 216. B. N.)

[1398, 4 nov.]. Frère Victor de Camerin, confesseur de madame la duchesse d'Orléans à Paris, reçoit 100 l. t. pour s'acheter une robe, pour lui et son compagnon. Signé : *Fr. Victor.*

[4 décembre]. A Estienne Tronchay, marchant de Paris. Drap pour les folz, messires Ogier, Coquinet, Hanotin et Gillot le fol.

[15 janvier]. A Emelot de Rubert, brodereisse, Paris.

[8 février]. A Nicolas Bataille.

[1393, 12 novembre]. A Girard de Senliz et Guillaume Denis, marregliers de l'église Saint-Eustace de Paris, pour certaines voirrières que MdS a fait faire en la dicte église.

[3 décembre]. A Jehan le Changeur, drapier et bourgeois de Paris.

A Hans Croist pour un porc espy d'argent pour la capeline de MdS. 5 fr. 17 s. t.

— Idem, garnison d'un pomeau d'espee ou il y a esmaille un loup d'un coste et de l'autre un porc espy.

— Idem, le signet d'or de MdS où il a taillié un leu et un porc espy.

[25 mars]. A Jehan Gilon, paieur des euvres de nostre Chappelle des Celestins de Paris, pour travaux à faire exécuter en l'église de Saint-Eustace.

[Avril]. A Jehan le Mengre dit Bouciquaut, mareschal de France (sur 2,000 liv. perdues au jeu de paume) 200 liv.

(J. Quicherat, *Ec. des Chartes*, tome III, 2e série, page 59. Cédule du cabinet des titres de la B. N.)

[19 septembre]. A Pierre Blondel, orfèvre, et Jehan du Boys, graveur de seaulz, Paris.

[23 septembre]. A Jehan de Marson, scelleur de l'Université de Paris pour les Eppistres de Saint Pol, 20 fr.

[Septembre]. A Jehan Prez pour truffles que MdS a fait prendre et acheter de lui, 22 sous 6 deniers.

Godefroy Lefèvre, varlet de chambre et garde des deniers des coffres, donne à MS le duc : a lui, ce jour, au soir, en sa chambre, pour soy esbattre au trinquet avec messire Charles d'Alebret et autres pour ce x escus valent XI l. V s. t.

[1394, 1er décembre]. A Gubozo, bombarde, et Triboux, cornemuse, menestrel du roy NS, 40 escus d'or, — pour une fois, — pour les services et plaisir qu'ils lui ont faiz de leur mestier tant en son hostel a Asnières où il a jestié le roy NS, MS de Berry et MS de Bourbon et en autres lieux.

[1395, 2 mai]. Mandement de Louis duc d'Orléans, aux gens de ses comptes, d'allouer à Godefroy le Fèvre son apoticaire et garde de ses deniers, la somme de 50 livres payées à un messager de l'empereur de Constantinople dont il n'a pu tirer quittance parce qu'il ne parlait que grec et qu'il n'y avait aucun par delà qui entendît son langage. (Daté de Lyon le 2 mai 1395.)

[1395, 19 octobre]. Acte par lequel Colart de Laon, paintre et varlet de chambre du roy et du duc d'Orléans, reconnoit avoir receu de Jehan Amiot clerc, payeur des œuvres du roy, 70 frans d'or pour la peinture qu'il fait en l'ostel du duc d'Orléans qu'on appelle l'hôtel de Behaingue.

[27 octobre]. A Jehan de Saligny, apoticaire, Paris.

[24 novembre]. A Jaquet Dordin, marchant et bourgeois de Paris, pour tappiz de haulte lice de fin fil d'Arras ouvré à or de Chippre dont les deux sont de l'istoire du *Credo* a douze prophètes et douze apostres et l'autre du couronnement de nostre dame, 1,800 frans (1).

[Février]. A Simon de Dampmartin, changeur, pour un gobelet d'or poinçonné a un fretelet d'un gros saphir et de III perles. — lequel gobelet MdS fist prendre et achater pour donner à MS Bouciquaut le jeune qui forjousta la feste de ceulx de dehors, laquelle fu en l'ostel de MdS, à Paris, pour ce par mandement

(1) Ce Dordin ou Dourdin est le rival de Bataille. Son nom est cité dès 1387. (Dehaisnes.) En 1394, avril, il reçoit de Josse de Halle, trésorier du duc de Bourgogne, 640 francs pour une chambre de tapisserie. En 1400, 30 janvier, il touche 500 fr. (10,432 p. 372. B. N.) En 1403, janvier, il touche 1,115 fr. 2 solz de Josse. (E. Petit. *Itin.*) Ces sommes énormes prouvent l'importance de son commerce.

Enfin, en 1407, un Jacques Dordin fait refaire le vieux charnier des Ecrivains, dans le cimetière des Innocents, avec sa femme et ses aïeux. (*Les Halles*, par l'abbé V. Dufour, p. 21, t. II. *Paris à travers les âges*.)

Sauval (t. III, p. 307), cite une veuve Jacques Dourdin, sœur de la veuve de Jean Pijart et de la femme Gauvain des Loges, toutes trois filles de Simon Bruny.

dudit mois de mars CXVII frans. (Rouleau long d'un mètre 20 cent.)

[1er mars]. A. Jehan Tarenne, changeur, pour un fermeillet d'or garni d'un gros saphir, 3 balloys et 9 perles, 80 frans et pour un annel et un dyamant 16 frans, lesquieulx fermeillet et dyamant MdS. a fait prendre et achepter pour donner, c'est assavoir au Roi nostre sire ledit fermeillet et à Jehan Desgreville ledit dyamant lesquieulx forjoustèrent ladite feste de ceux du dedans : 96 frans. (P. O., 2152, p. 156.)

On trouve également dans ce recueil l'article qui précède ; ceux du *dedans*, c'est-à-dire ceux qui dans la lice étaient du côté de la tribune, étaient le Roi et Jehan Desgreville, et ceux du *dehors* étaient Boucicaut et un autre chevalier, peut-être Pierre de Craon. (On peut consulter sur les tournois, *le petit Jehan de Saintré*.) Le duc d'Orléans offrit deux tournois en son hôtel de la rue d'Orléans, l'un les 6 et 7 mars 1390, et l'autre le 29 février 1392.

[1392 16 novembre]. A Jehan Poitevin, roy des menestriers du royaume de France, ou nom de lui et de plusieurs autres menestriers et heraulx. — Confesse avoir eu et receu de Jehan Poulain, trésorier de MS le duc d'Orléans, la somme de cinquante frans d'or que le dit MS le duc leur donna, de sa grace especiale, pour une fois, le jour que le roy NS. dina en l'ostel dudit MS le duc.

[1392, mars]. A Messire Jehan le Mengre dit Bouciquaut, mareschal de France (sur 2,000 frans perdus à la paume), 250 livres.

[Mars]. A Gilet Vilain et Jaquemart le Fèvre, joueux de personnages.

[1393, 9 juillet]. A Jehan Sac marchant de jennes (pierres précieuses) et à Hance Feudric, orfèvre et bourgeois de Paris ; A Iehan Sac pour un gros balay (rubis) que nous avons fait prendre de lui pour faire une noiz pour mettre en une arbalestre de nostre devise 68 frans ; et à Hance Feudric pour avoir taillié ledit balay, 32 fr.

[1393, 31 juillet]. Le Roi donne à Louis d'Orléans, son frère, 4,500 frans par mois, pour ses dépenses. (E. Jarry, *Louis d'Orléans*.)

[1404, 12 septembre]. A Jehan de Fontaines, maçon es noms de lui et de plusieurs autres maçons, ses compaignons en ceste partie, desquels il se fait fort 120 s. 10 d. p. ; pour avoir hastivement estouppé de plastre et moiron (moellons) un huis sur les degrez d'emprès la cuisine en l'ostel dudit seigneur, nommé Behaigne, et avoir maçonné pareillement un autre huis oudit hostel, qui fait yssue sur les murs de la ville de Paris et aussi avoir relevé et maçonné par manière de closture un pan de mur, contenant environ VI toises de long et XIIII pieds de hault ou environ qui estoit cheu des murs des jardins dudit hostel devant l'ostel de Pierre de la Trémoille et pour tout ce avoir livré plastre, meuron et clayes pour eschaffaud et tout avoir este fait. Le XIIe jour de septembre l'an mil CCCC et quatre : VI livres, VIII s. VI d.

[1405, janvier]. Martin Dimanche, chevaucheur, qui avait tué Jean de Vaulx pour avoir laissé échapper de sa chambre les lévriers du duc d Orléans, est enfermé au Châtelet. (*Pièces inédites.*)

[27 septembre, 1406]. Autre despence pour faire ung pan de mur en l'ostel de MS le duc nommé Behaigne par devers la rue de Garnelles, contenant 6 toises de long sur 2 toises et 2 pieds de haut au pris de 20 s. chacune toise 17 l. 10 s. t., le XXVIIe jour de septembre l'an mil CCCC et six. C'est une addition faite au compte (KK. 267, A. N.).

[Octobre, 1484]. A Jehan Bioche, Jehan Mallet, petit Jehan Mallet son filz et Pierre Malaquis, tabourins et menestriers de la ville de Paris.

[8 décembre]. Aux gallans sans soulcy, joueurs de farces le VIIIe décembre pour avoir joué par devant lui plusieurs fois pour ce cy X livr. IIII s.

[1410]. Quittance de Jean, comte d'Angoulême.

[1410]. Quittance de Philippe d'Orléans, comte de Vertus.

[1410]. Quittance des nourrices, gouvernantes, femmes de chambre de Jehanne et Marguerite d'Orléans et du comte d'Angoulême.

[1409, 18 février]. Jehannete de Chasteauthierry, nourrice de madamoiselle Jehanne d'Orléans, confesse avoir receu au mois de janvier dernier passé de maistre Pierre Sauvage, secrétaire et garde des coffres de monsieur le duc d'Orléans, par les mains de monsieur François de .... de mondit S., la somme de dix livres tournois sur ce qu'il luy pourra estre deu de sa pension de cinquante escus que mondit S. luy a ordonné chascun an prendre... pour nourrir de let madite damoiselle commençant sadite pension le XVᵉ jour dudit mois de janvier de laquelle somme de x l. t. elle aquitte ledit maistre Pierre Sauvage et tous autres p. et r.

Fait à Blois le XVIIIᵉ jour de février l'an mil IIIIc et neuf.

Signé : B. VILOT.

(Pièces Orig. 16,252, B. N., Château-Thierry.)

[1404, 8 décembre]. Simonnet Ligier, receveur du domaine du duc d'Orléans à Chauny. (KK. 267. A. N.)

[1411-12, 10 août]. Simon Ligier est concierge et grennetier des grains du duc d'Orléans au chastel de Crespy-en-Valois. (26,038, P. O., nº 4619 B. N.) C'est évidemment un parent d'Etienne Ligier.

Un Etienne Ligier est procureur en Parlement et en l'audience du Roi et touche 60 s. p. de pension du duc d'Orléans, arriérée, le 12 oct. 1398. (10,432 fr., B. N.)

[1448, 12 oct.]. Au Natier, pour avoir torchié et mis à point les liz en l'ostel de Behaigne à Paris.

[1450]. Jehan Chaudon, trésorier du duc d'Orléans, donne, par son ordre, 27 sous 6 deniers au frère de la *feue pucelle*, qui demeure à Orléans.

[1416, 12 janv.]. Envoi de vêtements au duc prisonnier. — Jehan Destroiz, chambellan du duc, reçoit de Paris de Pierre Renier, trésorier général du duc, « une houppelande de gris de Monstivillier à mi-jambe à manches closes toute plaine sans deccouppeures, fourrée de martres brunes de prusse avecques un grant chapperon de drap vert brun de Monstivillier sans deccouppeure, pour tout porter ou faire porter en ma compaignie par devers le duc ou pays d'Angleterre pour sa personne.

« Tesmoing mon seing manuel cy mis *en l'absence de mon seel* le XIIᵉ jour de janvier l'an mil cccc et seze.

« Signé : JOH. DESTROIZ. » — (Titres orig. 26,041 fr., B. N.)

[1440-44]. Reçu du roi des 80,000 couronnes payées par le duc d'Orléans. (Westminster, 3 novembre.)

— Lettres d'obligation délivrées à Jean, duc de Bretagne, à Jean, duc d'Alençon, et à d'autres.

— Sauf-conduit pour le duc d'Orléans et 100 personnes « in his retinue, to leave England ». (3 nov.)

— L'évêque de Rochester, John Cornevale, doit recevoir à nouveau le serment du duc d'Orléans, à son arrivée en France, d'observer le traité conclu avec le roi d'Angleterre. (3 nov., *Annual reports*.)

— Sauf-conduit pour Raoul Lempereur, secrétaire du duc d'Orléans. (1440, 28 oct., Westminster.)

— Sauf-conduit pour un an au duc d'Orléans qui s'est plain souvent de la longueur de sa captivité. (1441, 3 nov., Westminster.)

— Notes de l'épicier de Valentine de Milan.

Nous avons trouvé environ 22 notes semblables, de 1407 à 1408 et 1409, portant les mêmes articles fournis à Paris, à Blois ou à Braye-Comte-Robert.

Ce sont les espices de chambre que Phlot (Philippot) Boullart, espicier demourant à Paris, a livreez en l'ostel de madame la duchesse d'Orléans pour le mois d'octobre 1407.

Premièrement :

IIII l. dragiée à x s. la l.	xl s.
IIII l. nois (confites) à vii s. la l.	xxviii s.
IIII l. sucre rozat à x s. la l.	xl s.
II l. manuxpr (1) à x s. la l.	xx s.
II l. paste de Roy à x s. la l.	xx s.
II l. citron à xii s. la l.	xxiiii s.
I l. sucre rozat vermeil	xii s.
V l. pignollat (2) à vii s. la l.	xxxv s.
Somme des espices XXIIII livres à divers pris d'argent.	x l. xix s.

Signé : G. Malet.

(P. O., 2156, pp. 278 et suiv. B. N.)

M. Douet d'Arcq a publié dans les *comptes* de l'hôtel (1401), des notes analogues d'un autre épicier, Guil. Testard. On y fait mention de « madrien » et de « dragée magistral » bonbons de l'époque, et les clients sont « la Royne, nosseigneurs les ducs de Guyenne (Louis, Dauphin de France), de Touraine, et nos dames la duchesse de Bretagne et Michelle de France. »

(1) Manuchristi, espèce de bonbon.
(2) Sorte de bonbon, amande de pin mise en dragée.

GENS DE LA SUITE DU DUC D'ORLÉANS A SON RETOUR DE CAPTIVITÉ

M. de Barante et, après lui, M. Champollion-Figeac, ont dit que le duc d'Orléans, à son retour de captivité, avait une escorte de 300 cavaliers qu'il devait à la générosité de son cousin le duc de Bourgogne. Il est possible que le duc de Bourgogne ait prêté de l'argent à son cousin d'Orléans, mais nous savons par des actes originaux (Rymer) que le roi d'Angleterre avait fait délivrer des laisser-passer aux gens de sa suite, ainsi qu'à leurs serviteurs et à leurs chevaux. L'ensemble de ces personnes atteint le nombre de 209. Le duc d'Orléans avait donc dû subvenir à l'entretien de tous ces gens attachés à son service pendant son séjour en Angleterre. Ces actes sont datés du 20 octobre 1440.

Fig. 240 et 241.

Jeton de POILLEVILLAIN, 1340 à 1355.

[+ Jetes. contes. gardes. de. + falir. faites. par. loirsir.] (ROUYER, *loc. cit.*)

Fig. 242 et 243.

Jeton de JEHAN POILLEVILAIN DE FONTENOI.

[+ Par : amours : sui : donc : si :] (Id., *Ibid.*)

— V —

RAIMOND DU TEMPLE

Rémon du Temple, dont nous publions la signature en fac-similé, est le plus grand architecte du xiv° siècle. C'est lui qui avait reconstruit (1365) une partie du Louvre et bâti un escalier remarquable dans ce palais; il était l'architecte du collège de Beauvais à Paris, du cloître N.-D., et de plusieurs autres monuments importants, principalement des églises puisqu'il était maçon juré de l'église de Paris, comme on le voit sur des procès-verbaux de visite de terrains du 24 avril et du 13 décembre 1372

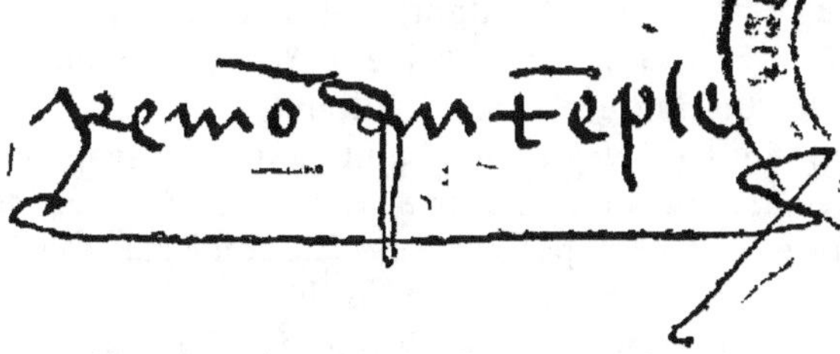

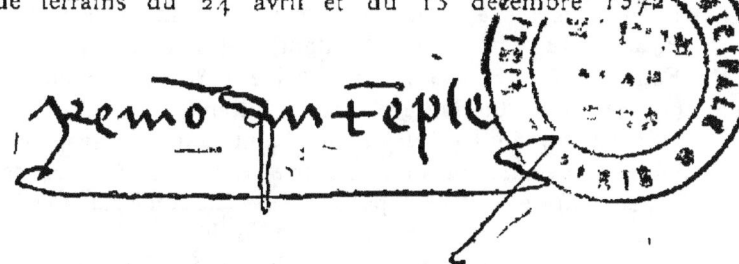

Fig 245. — Signature de Rémon du Temple.
(H. 2785^{1}; Comptes de 1377 à 1382. A. N.)

(J. 151.78). Il était architecte au service du duc d'Orléans et avait travaillé à réparer ses hôtels de Bohême, de la Poterne, etc. C'est ce qui explique les recherches auxquelles nous nous sommes livré sur ses travaux.

Le sceau de Remon du Temple, maçon du roi, se trouve appendu à des actes du 13 décembre et du 14 avril 1372. (J. 151.)

Fig 242 — Sceau de REMONT DU TEMPLE.
[*Seel Remont du Temple.*] (1394, 21 octobre.)
(P. O. T. 2,806, cote 62,388. nº 14 B. N)

Un autre sceau se trouve dans la collection de Bastard, daté de 1399 et représente une tête de more. Légende « † le seel Remont du temple ».

Celui que nous donnons est le mieux conservé et le plus lisible. La tête de more (?) (Tisserand) nous paraît une pierre antique (?).

Raimond du Temple — probablement un descendant du maître charpentier du roi, Fouques du Temple, dont le nom se trouve dans le *Livre des Métiers* d'E. Boileau, — était maçon juré du roi, à la même époque que Jehan Pintovin (1349), Adam le Picart (1349), Vincent de Bourg-la-Reine (1349), Jehan de Fontaine (1365), Guillaume Hallé (1371-72), Michel Mote (1372), Jehan de Han et Reynaut Thibout.

[1363, 17 juillet]. Jean de Saint-Romain, imagier, pour tailler et peindre un lion de pierre qui a esté mis ou sauvoir (aquarium) de Saint-Pol par marchié fait à lui par maître Raimond du Temple, VIII frans vallant VII liv. IIII s. p.

[1364, 15 juin]. Raimont du Temple fait changer les armes et peindre les lions qui sont sur l'hôtel Saint-Pol par le peintre Evrard. (Menant, Mss. de l'Arsenal, fol. 44 et 45, rº et vº. Maçonnerie pour Saint-Pol, cité par M. F. Bournon.)

[1364, 22 avril; 1376]. Raimont du Temple est mentionné comme maître maçon du Roi en la vicomté de Paris ; en 1394 il est maître des œuvres de maçonnerie. (Mss. Fontanieu, 797, B. N., cité par M. F. Bournon. L'hôtel Saint-Pol.)

En 1370, le 2 septembre, il était chargé de visiter la maison Coquatrix qui menaçait ruine.

[1376, 5 septembre]. Le roi donne à Charles du Temple, son filleul, fils de Raimon, 200 fr. d'or pour lui permettre de continuer ses études à Orléans.

[1376, 27 mars]. Don de 200 fr. d'or au même.

[1377, 6 novembre]. Reçu de Charles du Temple, escholier à Orléans.

[1394, 21 octobre]. Reçu de Raimon du Temple de 100 l. t., acompte sur 200 (avec sceau).

[1374, 1er mars, Paris]. Charles V donne aux maire, bourgeois et habitants de la ville de Mantes, une somme de 500 francs d'or pour être employée aux fortifications de la ville. Le don est en partie motivé par les pertes que les habitants avaient souffertes « par la prinse de nostre dicte ville ».

« ... Comme par noz amez et feaulz conseillers, Mouton de Blainville, mareschal de France, Nicolas Braque et Jehan le Mercier et plusieurs autres, present à ce maistre Raymon du Temple, nostre maistre maçon, ait été advisé nagaires, pour la seurté et défense de nostre dicte ville, les repparacions qui ensuyent, estre necessaires en icelle, c'est assavoir maçonner les veues des carneaux, y laissier testieres pour veoir dehors et arballestrieres où besoing sera, hausser tous les murs d'icelle espoisse des murs des diz carneaux, et d'abundant où les garites sont assises d'environ troiz piez au dessuz des diz murs, faire lesdictes garites, repparer les couronnes des portes et des tours, eslargir les alées des diz murs où besoing sera, et repparer les fossez et arrere fossez, lesquelles choses par estimacion pourront bien couster environ seize cenz livres parisis. « Par le roy, TABARI. »

(Original fr., 20582, n° 35.)

[1374, 16 avril, Paris]. Charles V ordonne de payer à Jehan Blanchaudin une somme de 300 l. p. pour l'indemniser d'une maison qu'on lui avait prise pour les travaux du fort de Mantes. « Comme par ordenance et deliberacion de nostre conseil, où estoient noz amez et feaulx conseillers Mouton de Blainville, mareschal de France, Nicolas Braque et Jehan Le Mercier, appelé avecques euls maistre Raymon du Temple, nostre maistre maçon et aultres, ait été ordené une alée estre faicte par dedens nostre fort de nostre ville de Mante, afin de passer par dessuz le pont d'illec, pour laquelle alée faire, ont esté demolie et abatue une maison et estuves que avoit illecques Jehan Blanchaudin...

« Par le roy, present le confesseur, TABARI. »

(Orig. français, 20582, n° 33.)

[1390]. Raymond du Temple va visiter les châteaux du duc d'Orléans (décembre 1390, janvier 1391) ; vérification des comptes des œuvres de maçonnerie. (Coll. Jarry, cité par M. E. Jarry, *Louis de France, duc d'Orléans*, Paris, 1889.)

[1394]. Raimont du Temple achève la chapelle d'Orléans aux Célestins (février-juillet 1394. K. 179, n° 141, A. N.; P. O. Temple n° 13. B. N.), cité par M. E. Jarry *ut supra*.

[1394, 8 juillet]. « Loys, filz de Roi de France, duc d'Orléans, conte de Valoiz et de Beaumont, a nostre amé et féal trésorier Jehan Poulain, salut et dilection. Pour considération des bons et agréables services que nous a faiz et fait chascun jour nostre amé maistre Remon du Temple, sergent d'armes et maistre des euvres de maçonnerye de Monseigneur le Roy, et des peines et travaulz qu'il a eu et a continuelement pour noz euvres tant de nostre chappelle que nagaires nous avons fait faire et édifier coste l'église des Celestins de Paris, comme de nostre hotel de Bahaigne, nous lui avons donne et donnons de grace especial par ces presentes la somme de deux cens frans d'or, à yceux prendre et avoir pour une fois, des deniers de noz finances. Si vous mandons que des deniers de noz dites finances vous paiez, baillez et delivrez audit maistre Remon ou a son certain mandement ladite somme de II c frans, et par rapportant ces présentes et quictance souffisant, icelle somme sera allouee en nos comptes et rabatue de nostre recepte par nos amez et féaulz gens de noz comptes sans aucune difficulté ou contredit, non obstant quelconques ordenances, mandemens ou defenses a ce contraires. Donne à Paris le VIIIe jour de juillet, l'an de grace mil CCC IIII[xx] et quatorze.

« Par Monseigneur le duc, Nous present, H. GUINGANT. »

Scellé en queue de parchemin du grand sceau du duc d'Orléans, de cire rouge à moitié brisé.

[1395, 7 août]. Acte par lequel Remon du Temple, sergent d'armes et maitre des œuvres du roi, reconnait avoir eu de Jean

Poulain la somme de cent liv. tournois en déduction de celle de 200 l. que le duc lui a donnée. (Fr. 10431, p. 140. B. N.)

[1396]. A Adenin, qu'il a paié pour les despens de maistre Remond du Temple, un varlet et deux chevaulx et des despens d'un maçon et de son cheval qu'il mena avecques lui à Suly, et party le XXIIe jour de juing pour aler veoir et visiter la place et la tracier et ordonner ou se doit faire le chastel dudit Suly, et demoura jusques au XXIXe en suivant par VIII jours entiers, tout en alant, séjournant là et retournant, a 16 s. 8 d. t. par jour, valent : 6 fr. 13 s. 4 d. t.

Pour les despens et le louaige d'un cheval que Perrinet, frère de Adenin, a chevauchié au mois de juing, pour avoir esté à Compiengne, devers les généraulx, pour les besongnes de monseigneur, tant que Adenin fu à Suly, où il mena, par l'ordonnance de Monseigneur, maistre Raimond du Temple pour veoir et ordonner les ouvrages du chastel de Suly, auquel voyaige ledit Perrenet demoura par V jours, à 3 s. 6 d. t. par jour, le louaige du cheval, et 3 s. 3 d. p. pour les despens du cheval, valent : 35 s. 5 d. t.

A Phelisot de Compans, drappier, le 19 novembre... et pour maistre Remond du Temple, maistre maçon du Roy, III aulnes de vert, pour une robe que monseigneur (la Trémouille) li ordonna donner à son partir, afin qu'il alast visiter son chastel de Suly, à 2 fr. 6 s. t. l'aulne, valent 6 fr. 15 s. t. (Comptes de la Trémouille et de Marie de Sully.)

[1397, 24 février]. Colart de Laon, peintre et varlet de chambre de M. S. le duc d'Orléans en son nom et es noms de Jehan de Saint Eloy, Perrin de Dijon, Colin de La Fontaine et de Copin de Gand, etc., confesse avoir eu et receu de Jehan de la Chappelle la somme de cent sols parisis, qui deue leur estoit, pour cause de plusieurs besoignes de leur mestier, par euls faictes en la librairie neuve, nouvelement faicte, en l'ostel dudit seigneur, assavoir, à Paris en la rue de la Poterne, près de l'ostel de Saint-Pol, à l'opposite de la rue des Fauconniers, etc., si comme ces et autres choses sont plus a plain déclairé, es lettres de certification de maistre Remon du Temple, sergent d'armes et maçon du roy nostre sire, desquels cent sous parisis ledit Colart, ès dis noms, se tint à bien paiés, quictent, etc. Fait l'an mil CCCIIII^{xx}

dix-sept, le dymenche XXIII° jour de février. G. Accart; Manessier. (Delaborde, Preuves; S. fr. 2638. B. N.)

[1399, 27 mars]. Certificat de Remon du Temple, sergent d'armes et maçon du roi, portant qu'en la semaine finie aujourd'huy, Guillaume Guernier, potier de terre, a livré en son hostel, en la place Maubert, 200 carreaux de brique de 3 doigts d'épaisseur ou environ, pour amener à l'hostel de M. S. le duc d'Orléans, assis à Paris, en la rue de la Poterne, près Saint-Paul, pour faire les deux contre cœurs des deux cheminées des galletas qui sont ou soulloit être la chapelle dudit hostel, 40 s. p. et pour avoir amené les 200 de carreaux dessusdits de la dite place Maubert au lieu dessusdit 6 s. p., somme totale 54 s. p. (Mss. Joursanv. fr. 0432. B. N.)

[1398, 18 avril]. Certificat de Remond du Temple sergent d'armes et maçon du roy portant qu'en l'hôtel de MS le duc d'Orléans, à Paris, en la rue de Neelle, lez la porte Saint-Honoré, Jehan Bignom, treilleur, a travaillé pendant deux journées pour avoir refait et redressé les tournelles (tonnelles) et hayes du jardin de l'hôtel qui fu de Tonnerre et aussi pour avoir relié en plusieurs lieux la haye losengée du bout du grand préau qui fait à raison de 3 s. p. par jour 6 s. p. Et Raoul de Pontbruiant, marchand de merrien a treilles pour 3 pièces de merrien sçavoir 2 cinquantins et un quarteron par luy livrés pour employer en ladite besogne, 6 s. p. Colin le Sueur, pour une gerbe d'osier de Saint-Marcel 4 s. 6 d. p. et Hervy Jehan, porteur d'affeutrure, pour avoir porté ledit merrien et ozier de la Bucherie du Petit Pont audit hotel 16 d. p. Somme pour tout 17 s. 10 d. p. laquelle a été (paiée) par ordonnance dudit du Temple aux dessus dicts par Jehan Amiot, clerc et payeur des œuvres du Roy.

L'hôtel de Tonnerre nous paraît être la maison du *Tournoire*, dont le mot tonnerre serait une corruption. Il était situé au coin de la rue de Grenelle et de la rue Coquillière, en face l'hôtel La Trémoille et en dehors de la porte Coquillière. (V. J. 1394 et rue de Grenelle 1399.)

[1399, 31 mai]. Certificat de Remon du Temple, sergent d'armes et maçon du roy, portant que dans les cinq semaines entre suivantes, finissant le samedi 31 et dernier may 1399, Guillaume le Paige a amené des carrières du pont de Charenton et livré en l'hostel de Mgr le duc d'Orléans, sis à Paris, en la rue de la Poterne près Saint-Paul, la pierre qui suit dont par marché à lui fait par le d. du Temple il doit avoir les prix d'argent sur chaque partie ci-après déclarée; scavoir, pour 6 marches de liais desdites carrières, chacune de 5 pieds et demi de long et d'un pied et demi de lit, pour les marches de la descente de la cave dudit hostel à 9 s. p. la pièce valent 54 s. p., et pour 12 autres marches dudit liais, chacune de 5 pieds de long et dudit lit pour ladite cave, à 8 s. p. la pièce, valent 4 l. 16 s. p. et pour 2 charretées de rabot de liais desdites carrières pour le pavement de la cour dudit hostel à 8 s. la charretée, valent 16 s. p., en tout 8 l. 6 s. p.

[1399, 5 juillet]. Quittance de Guillaume le Page, carrier, à Jean de la Chapelle, de la somme de 8 l. 6 s. p. pour pierre par lui livrée des carrières du pont de Charenton en l'hostel de Mgr le duc d'Orléans, sis à Paris en la rue de la Poterne lès Saint-Paul, comme appert par certificat de M' Remont du Temple, sergent d'armes et maçon du roi, du dernier mai dernier. (Fr. 10432, p. 22, B. N.)

[1399, 26 juillet]. Certificat de Remon du Temple, sergent d'armes et maçon du roi, relatif aux quantités de plâtre fournies pour la maçonnerie de l'hôtel du duc d'Orléans à Paris, en la rue de la Poterne, près Saint-Pol.

[1400, 16 octobre]. Certificat de Remon du Temple, sergent d'armes et maçon du roi, portant que, le 3 octobre 1400, il a compté et mesuré la pierre de taille que Perrin Rousseau et ses compagnons, tailleurs de pierre, ont faite pour une vis à l'hôtel du duc d'Orléans, sis à Paris, rue de la Poterne près Saint Paul, présens et appelés avec lui maîtres Jean de Han et Regnaut Thibout, maçons jurés du roi en la ville de Paris, en l'office de maçonnerie, de la manière amplement détaillée dans le présent certificat toutes lesquelles parties font en somme totale 250 l. 6 s. p. (Fr. 10432, B. N.)

[1401]. Pour les despens de mess. Jehan Gaillart, qui, par mesdits seigneurs (les ducs de Bourgogne) fut envoyé à Paris pour parler à maistre Remond, maistre des œuvres du roy et scavoir à lui se il pourroit venir par deça pour visiter l'église (d'Auxerre), lequel s'excusa, en la présence de M. S. d'Auceurre, et bailla audit messire Jehan Gaillart, maistre Jehan Aubelet et maistre Jehan Prevost, son nepveu, pour icelle visite, XII l. t.

Les dessusdits, maitre Jehan Aubelet, son nepveu et un de leurs valets, arrivent à cheval le jeudi après la Saint-André, à Auxerre, visitent l'église en présence de l'évêque et de Thomas Michelin, Colin Guignon, Jehan Gilot, maçons, Jehan de Nantes et Remond, charpentiers, et vont loger à l'hôtel du Cygne où leur note se monte à XVI s. VIII d. pour un dîner qu'ils font avec les ouvriers le vendredi.

La veille, jeudi, les deux maîtres maçons avaient dîné avec l'évêque.

Jehan Aubelet reçut pour sa visite 24 l. x s. (British museum, 15803, cité par Delaborde.)

Raimond du Temple vivait encore en février 1403. Il avait eu deux fils Charles et Jean. Jean remplaça son père le 18 avril 1402 dans son office; il prêtait serment le 31 juillet de la même année. En décembre 1406, Jean du Temple a un débat avec maître Robert de Hellebutene ou Helbucerne, autre maître des œuvres de maçonnerie. (N. de Baia.)

Raimond et son fils habitaient un hôtel, place Maubert, en 1399, dans le cens du Chardonnay, d'après le registre censier de Sainte-Geneviève. (S. 1627, fol. 23 et 24. — LL. 215 pp. 32 et 36. A. N. com. de M. Bournon.)

Cette maison appartenait à la fabrique de l'église de Paris; mais en 1415 le maître des œuvres ne fut plus logé aux frais de la fabrique.

Les archives de l'Hôtel-Dieu mentionnent Jean du Temple le Jeune (layette 9).

En 1443, 10 juillet, un Jean Frankelen ou Franklin, dit du Temple, est maître des ouvrages de charpenterie du roy au baillage de Caen.

En 1361, 8 janvier, un Henri du Temple était condamné à une amende. (Fontanieu, 795. B. N.)

Un Jean du Temple, traducteur de Xénophon, reçut 30 escus d'or de Louis XI. (*Cab. hist.*, tome II.)

Enfin un descendant des du Temple, Jean du Temple, était procureur et receveur de monsieur le grand prieur de France. Nous avons de lui des reçus de 1481 à 1496.

[Voir Félib., *Christ. de Pisan.* — J. Quicherat, *Ec. des Ch.*,

t. VIII, p. 55. — De Bastard. — Moranvillé, *Bul. de la S. de l'h. de Paris*, 1886. — F. Bournon, *l'hôtel Saint-Paul*. — Mss. Menant à l'Arsenal, publié par L. de Lincy dans la *Revue archéologique* (1852), et par Berty, dans *le Louvre*. — Fontanieu. B. N. — K. 179, n° 141. A. N. — S., fr. 2638. B. N.; fr. 10431, p. 140; fr. 20582, nos 33, 35. B. N. — P. O. Temple, n° 13. B. N. — M. E. Jarry, *Louis de France, duc d'Orléans*. Paris, 1889. — Comptes de la Trémoille et de Marie de Sully, éd. par M. le duc de la Trémoille. Nantes. — Catalogue Joursanvault, manuscrit, fr. 10432. B. N. — Registres d'Aubron. — P. O., t. 2806, nos 15, 16, 17. B. N. — De Laborde, *les Ducs de Bourgogne*. Preuves, t. III. — Cabinet historique, t. II. — Demay, collection de sceaux. — British museum. Mss., 15803. — Boutaric, Palais de justice].

Le *Dictionnaire* de Bauchal (architectes français), paru pendant le cours de ce travail (1887), mentionne en outre :

[1370 à 1385]. Collège de Beauvais ;

[1372]. Visite à des terrains vagues, à Paris ;

[1383-84]. Visite au château de Rouvres avec Drouet de Dampmartin ;

[1387]. Palais-Royal (Palais de justice) ;

[1397]. Tombeau de du Guesclin, à Saint-Denis ;

[1403]. Visite aux murailles de Paris (14 toises de long, aux Blancs-Manteaux). — Une tour existe encore dans les bâtiments du Mont-de-Piété (1890).

Fig. 247 — Sceau de J. de Bonnes-Coquatrix, échevin, 1359, 5 août. [Clair., reg. 34 p. 2535. B. N.].

— VI —

RÈGLEMENT ET CONSTITUTION

DES FILLES PÉNITENTES

IEHAN par la permission divine euesque de Paris A noz bien aymées et a dieu données les religieuses et conuent des filles penitentes : dictes les repenties de Paris a nous subiectes sans moyen. Salut. Comme par la grace de Dieu et par vraye inspiration du temps que auons eu le régime : administration et joyssance de nostre dit euesche : et par le moyen de gens de deuotion qui ont eu lœil sur vous plus que vous mesmes : vous estes assemblees tellement que estes en grant nombre. Et au jourd'huy environ onze vingtz et plus. Et pourroit estre chose frustatoire vostre assemblee et bon propos si non quelle fust pardurable et perpetuellement obseruee et gardée : qui ne se peut faire sans statutz : ordonnances et constitutions. A ceste cause en ensuyuant lobligation à laquelle de nostre office pastoral sommes tenuz et obligez du conseil de plusieurs notables personnages gens de religion : et du consentement de vous toutes tant pour vous que pour vos successeresses religieuses qui seront audit monastere en l'hostel qui fut appelle de bochaigne que le Roy nostre sire vous a donne estant en nostre censive : justice et seigneurie a cause de nostre dit euesche auons statué et ordonné statuons et ordonnons les choses qui cy apres seront declarees estre inviolablement gardees et obseruees audit monastere.

Et premièrement avant que entrer en vostre regle et statutz particuliers vous est besoing cognoistre les instrumens des bonnes œuvres et vous exercer en icelles. Qui sont aymer dieu de tout son cueur ; toute son ame : et toute sa vertu. Et son prochain comme soymesmes. Puis non tuer. Non adulterer : ne faire fornication : ne larrecin : ne convoiter : ne dire faulx tesmoignage. Honorer toute personne. Et ne faire à aultruy ce que on ne veult estre fait a soymesmes. Denyer soymesmes pour suyure Jesuchrist. Chastier son corps : non querir delices. Aymer jeunes. Recréer les pauuvres. Vestir le nu, visiter le malade, enseuelir le mort, subuenir a celluy qui est en tribulation, consoler celluy qui est en douleur, soy estranger des œuvres du siecle. Riens ne preposer a l'amour de Jesus, non mectre a effect son ire, non garder temps pour laccomplir, non tenir deception en son cueur, non faindre paix, non dechasser charité. Non jurer affin que on ne se perjure, dire verite de cueur et de bouche. Non rendre mal pour mal, ne faire injure. Et paciemment porter injure faicte, aymer ses ennemis: Non mesdire de ses mesdisans : mais les beneistre. Soustenir persecution pour justice. Non estre orgueilleux, non estre amoureux de vin ne de viande en habundance. Non endormy : non murmurateur ne detracteur : mais commettre a dieu tout son espoir. Non attribuer a soy quelque bien : mais a dieu. Et scauoir le mal estre de soy : et s'imputer a soy : ne se macerer en relligion oultre les constitutions : ne plus que les autres pour bruyt acquerre et avoir vaine gloire. Non riens de soy persumer : craindre le jour du jugement : auoir paour denfer : et de tout son pouoir desirer la vie eternelle. Auoir tous les jours la fin deuant ses yeulx suspecte, et garder a toute heure ses operations scauoir estre veues de dieu en tout lieu. Les mauuaises pensees des ce quelles viennent au cueur : fault frayer a Jesuchrist et les manifester a son amy spirituel : garder sa bouche de mauuais langaige : non aymer fort parler, non dire vaines parolles propices a ris : oyr voulontiers sainctes leçons : souvent saccliner a oraison : ses mauuaistiez tous les jours confesser a dieu en oraison auec larmes et pleurs. Et doresenauant se amender. Non mectre a effect les desirs de sensualite. Hair sa propre voulunte. Obeir en toutes choses aux commandemens de la mère : et de ses majeurs, pose que facent aultrement. Non vouloir estre dit bon deuant que l'estre. Mais l'estre affin que plus vrayement se puisse dire. Tous les jours accomplir en faiz les commandemens de dieu. Aymer chastete, nul ne nulle hair, non auoir mauuais zel ou envie, non aymer noises, fouyr elations et ostentations. Honorer les anciennes. Aymer les jeunes en Jesuchrist. Prier pour ses ennemys. Auec les discordantz retourner en paix deuant que le soleil se couche. Et jamais ne se deffier de la misericorde de dieu. Lesquelz instrumens regardez souvent pour veoir et cognoistre les faultes qui seront en vous pour vous en corriger.

Item pour garder vostre religion et statutz vous est besoing de garder les degrez de humilite.

Le premier est de mectre la crainte de dieu deuant ses yeulx, et fuyr du tout delectation mauluaise en ayant memoire de ce que dieu a commande. Car pour contemner les commandemens de dieu : on endure la peine denfer. Et est besoing dauoir tousiours en son cueur la vie eternelle preparee a ceulx qui craignent dieu. Et se garder a toute heure de pecher. Et se haster de refraindre les desirs de la chair. Car nous sommes de dieu des cieulx continuellement regardez : et sont noz faitz en tous lieux veuz du diuin regard. Et par les anges a toute heure denoncez. Doncques affin que soyez soigneuses contre ces mauluaises pensees : dye tousiours lumble seur en son cueur : je seray necte deuant dieu quant me seray gardee de iniquite.

Le deuxiesme degre de humilite est que aucun non ayant sa volente ne preigne plaisir a acomplir ses desirs : mais ensuyue par faictz nostre seigneur qui dit. Je ne suis venu faire ma voulente : mais de celluy qui ma enuoye.

Le tiers degre de humilite est quant aucune pour lamour de dieu en toute obedience se rend subjecte a ses majeurs en ensuyuant nostre seigneur qui fut fait obéissant jusques a la mort.

Le quart degre de humilite est quant en obedience de dures choses et contraires et de quelques injures imputees la personne en sa conscience secretement en pacience et en soustenant ne se lasse et perseuuere jusques a la fin pour estre sauuee. Et auec saint Pol lapostre telz gens soustiennent persecutions et mauuaises seurs et beneissent ceulx qui les maudient.

Le v. degre de humilite est quant on ne cele point a ses majeurs par humble confession toutes ses mauuaises pensees qui viennent au cueur et les maulx qu'on a commis occultement.

Le vi. degre de humilite est que la religieuse soit contente de toute vilite et extremite : et quelle se juge mauuaise ouvriere et indigne a toutes choses qui luy sont enjoinctes.

Le vii. degre de humilite est que la religieuse non seulement die de bouche mais aussi croye par affection de cueur secrete estre moindre que toutes les aultres en soy humiliant et disant auec le prophete Je suis ver et non pas homme, lopprobre des hommes et le refust du peuple. Je suis exaltee et humiliee et confondue.

Le viii. degre de humilite est que la religieuse ne face riens fors ce que la reigle du monastere commune ou les exemples des majeurs admonnestent.

Le ix. degre de humilite est que la religieuse refraigne sa langue de parler : et ne parle sinon quelle soit interroguee.

Le x. degré de humilite est que la religieuse ne soit facile ou prompte a rire.

Le xi. degre de humilite est que si la religieuse parle quelle die peu de parolles et raisonnables doulcement sans riz : humblement auec competent grauite. Et se garde d'estre clameuse en voix.

Le xii. degre de humilite est non seulement monstrer tousiours humilite en cueur mais aussi en corps a ceulx qui vous voyent. C'est assauoir que en œuure en tout le monastere : en leglise : au jardin : en allant ou cheminant ou quelque part que soyez que vous ayez tousiours la teste enclinee et les yeulx fichez en terre en considerant a toute heure vous estre coulpables pour voz pechez. Et pensez ja estre presentees au jugement de dieu. Et pource soiez tousiours en crainte en disant ce que le publicain disoit en regardant la terre. Sire je ne suis pas digne leuer les yeulx au ciel. *Propicius esto mihi peccatori.*

Or doncques seurs ayez tousiours deuant vos yeulx ces saincts degrez de humilite instituez par les aucteurs de toute religion. Car se les auez : viendrez a la charite parfaicte qui chasse crainte dehors et naturellement sans labour par bonne accoustumance : non pas pour les craintes denfer : mais pour lamour de Jesus : et par plaisir de vertuz.

Et par aultre moyen se auez auec vous lesdits degrez de humilite : vous serez parfaictes en vostre veu dobedience. Et si tost qve vous sera commande aucune chose de vos maieurs le ferez tout ainsi que se diuinement vous estoit commande. car puisque estes en religion il vous fault cheminer au jugement d'autruy : et viure en obedience cenobiticque. Et ensuyurez la sentence de nostre seigneur qui dit. Je ne suis venu faire ma voulente : mais de celluy qui ma enuoye : mon pere. Et lors sera vostre obedience acceptable a dieu : doulce aux hommes : mais que le faciez non craintiuement : non tardement ou laschement : ne auec aucun murmure. Car lobedience qui est faicte aux majeurs et faicte a dieu. Et si accomplissez ce que vous sera commande : et y obéissez auec mauluais couraige et murmurassez : non de bouche mais de cueur. Toutesfois il ne sera point agreable a dieu qui regarde et congnoist le cueur des murmurans. Et pour telle obedience plustost encourrez la peine des murmurans que den auoir loyer : si non que en facez amende ment auec satisfaction. Et se auez aucune chose a requerir ou demander. demandez le a voz maieurs en toute humilite et subjection de reuerence. Et a ceste cause vous enjoignons que vous vous gardez de scurrilitez : parolles oysiues et mouuemens a rire en tous lieux.

Item et pource que les choses dessus dites vous pourront exerciter et conduire en la vie spirituelle Nous auons oultre pour plus y estre conduictes a la fin du royaulme eternel pour la perpetuation de vostre bonne inspiree et devote assemblee fait les statuz : reigles : constitutions : et ordonnances qui sensuyuent lesquelles nous voulons inuiolablement estre obseruees et gardees sans enfraindre.

Item a ceste cause nous auons statue et ordonne statuons et ordonnons que en vostre dite religion et monastere y aura closture perpetuelle dedans laquelle demourrez toutes a perpetuite sans yssir si non pour faire la queste necessaire pour vostre vie comme sera dit cy apres.

Item de dans ladicte closture seront vostre parc de leglise, le cloistre : refectouer : dortouer : chapitre : enfermeries : et toutes aultres officines auec les jardins et aultres edifics necessaires pour la conseruation de ladite closture tellement que en ladite closture ny aura eschelle ne lieu pour monter ne descendre ne voye par laquelle on puisse entrer ou saillir de la dite closture : ne aucune ouverture fors une seule porte qui pour entrer et yssir quant on aura besoing sera ordonnee et deputee. Et sera toute ladite closture enuironnee de muraille de bonne et competant haulteur.

Item que de ladite closture celles qui auront fait profession en vostre dit monastere ne pourront jamais saillir Mais auons decrete et ordonne : decretons et ordonnons que vous et voz successeresses demourrez perpetuellement encloses et recluses dedans ladite closture fors et excepte que si extreme necessite de viures aduenait ou fortune de feu : ou que la ruine vensist si grande en vostre monastere et edifice dicelle et closture que necessite vous contraignist den saillir : ou que si aucune estoit si griefuement malade que par le conseil des medecins pour le remede de sa sante luy fust besoing yssir de vostre dite closture. et changer lair. En ce cas de nostre consentement : ou de noz successeurs et du conseil et congie des mere soubzmere et discretes en pourrez yssir pour estre en lieu convenable pour vostre sante tel que sera aduise et iusques a tel temps que besoing sera. Aussi les questeresses tant que besoing sera que en ayez et pareillement en aultres semblables cas du conseil desdites mere soubzmere et saine partie du couuent en pourrez saillir de nostre congie et licence et de noz successeurs euesques de Paris ou de leurs vicaires.

Item semblablement Nous auons inhibe et deffendu inhibons et deffendons sur peine dexcommuniement que nulle personne soit homme ou femme entre en vostre dite closture sinon es cas exceptez de droit C'est assauoir nous et nos successeurs euesques de Paris pour vous visiter et aultrement pour le bien de vostre monastere. Aussi voz confesseurs pour ouyr les confessions des malades et leur administrer les sacremens. En cas aussi de euidente utilite et urgente necessite pourueu que fussent deux ou trois. Aussi y pourront entrer les medicins : cyrurgiens : charretiers : macons : couureurs : charpentiers et aultres pour tels et semblables cas et en temps de besoing et necessite et non aultrement. Le tout en la presence daucunes des seurs. Aussi y pourront entrer les gens de bien qui vous bailleront aucunes choses a faire pour avoir leur poix ou mesure. Et semblablement le Roy : la royne : et aultres princes du sang : Euesques et prelatz :

et aultres gens notables et de bonne renommee de noz congie et licence ou de noz successeurs ou vicares Ou du conseil et consentement de la mere soubzmere discretes et de vostre pere confesseur. Et deffendons que nul ne couche dedans ladite closture sil veult eviter sentence dexcommuniement. Et que tous ceulx qui es cas dessus dit entreront dedans la closture de vostre dit monastere quilz ny rentrent devant soleil levant : et soyent dehors au soleil couchant ou devant. Et ordonnons que celles qui auront les clefz de la porte comptent tous ceulx et celles qui y entreront et en ystront affin que aultres que lesd. religieuses ne puissent demourer dedans lad. closture.

Item auons statue et ordonne que vous serez de lordre monseigneur sainct augustin.

Item que nulle ne sera receue en vostred. monastere sinon quelle eust peche actuellement du peche de la chair. Et avant quelle soit receue sera par aucunes de vous à ce commises et deputees visitee. Lesquelles ainsi deputees feront serment es mains des mere ou soubzmere et en la presence des discretes de faire vray et loyal rapport tant a scavoir si elles sont corrompues comme si elles ont aucunes maladies secretes q. empeschassent que ne deussent estre en vostre congregation. Et vous enjoignons de garder cest article sans enfraindre Car vous scauez que aucunes sont venues a nous qui estoient vierges et bonnes pucelles et telles ont este par vous trouvees : combien quelles eussent a la suggestion de leurs meres et parens qui ne demandoient que sen deffaire afferme estre corrumpues. Toutesfois touchant cest article nous ou noz successeurs pour grant cause et pour le bien de nostre monastere du conseil et consentement de la plus grant et saine partie de vous toutes et non aultrement y pourrons dispenser.

Item et pource que on pourroit dire que cest article pourroit estre cause que aucune qui auroit este refusee a vostre societe pour y estre se feroit corrumpre : qui seroit plus grant inconvenient que de lauoir receue Nous auons ordonne et ordonnons que quant aucune aura requis estre receue religieuse auec vous et quelle aura este refusee par ce quelle sera trouvee entiere et non corrumpue que luy sera declare que si par aduenture a nul temps elle se corrumpoit que jamais ne sera receue religieuse de vostre monastere affin que ledit refus ne soit cause de cheoir en ce maudit peche pour y entrer.

Item et oultre auons ordonne que si aucune vouloit entrer en vostre congregation que elle soit interroguee par les mere et soubzmere present vostre confesseur si elle se dit corrumpue et que telle soit trouuee si par auant quelle fust corrumpue elle auoit eu desir dentrer en vostre religion : et si affin de y entrer elle s'est point fait corrumpre, et sera tenue faire serment sur les sainctes euangiles en la main de vostre pere confesseur et en la presence de cinq ou six sur peine de damnation eternelle si elle sest point fait corrumpre en intention de entrer en vostre religion, lequel lui declairera que pose quelle fust professe ou non et que on fust aduerty quelle se fust fait corrumpre en ceste intention quelle ne sera reputee religieuse de vostre monastere quelque veu quelle ait fait. Et des a present auons declare pour nous et noz successeurs quelle ne sera religieuse ne de vostre conuent quelque laps de temps quil y ait. Et vous enjoignons de nous en aduertir ou noz successeurs si a quelque temps venoit a vostre congnoissance affin den faire punition plus ample ainsi que de raison.

Item et aussi pource que vostre conuersion est du sainct esperit et non de vous et que vostre mutation est soubdaine et de la dextre de dieu : et que plusieurs soubz umbre destre receues en vostre religion pourroient continuer ce detestable peche. pensans tousiours a tout temps et a toute heure y estre receues Nous auons ordonne et ordonnons que nulle qui aura passe laage de xxx. ans ne soit receue en vostre dit monastere sinon pour grant cause et pour le grant bien et utilite dicelluy dont nous aduertirez ou noz successeurs. Et en ce cas nous ou nosdits successeurs selon lexigence du cas du conseil et aduis des mere soubzmere discretes et de vostre pere confesseur y pourrons dispenser ou noz vicaires.

Item auons statue et ordonne que quant vous vestirez nouuellement une religieuse ou plusieurs en vostre monastere vous ouurerez la grille et receuront lesdites religieuse ou religieuses le corps nostre seigneur par la main de celluy qui aura dit la messe a la grant grille les custodes tirees et seront les mere et soubzmere assises lune pres de lautre, et apres ladite reception du corps nostre seigneur lesdites filles se agenouilleront deuant lesdites mere et soubzmere et en grant humilite leur demanderont labbit de ladite religion pour faire leur an dapprobation, et les interroguera la mere sur leur desir de religion et si elles veulent estre parfaictes religieuses et renoncer au monde, et si elles respondent que ouy lesdites filles sortiront de leglise et les conduiront aucunes anciennes discretes qui leur osteront lhabit de mondanite et les vestiront de vostre habit auec une piece noire sur la poitrine les cheueulx pendans sur lesquelz nauront que ung simple cœuurechief sans estre atache : mais sera ledit cœuurechief en double et lesquelles religieuses a ce commises ameneront lesdites filles a lendroit ou seront assises lesdites mere ou soubzmere se agenouilleront et auront le visaige tourne deuers le peuple : et deuant elles sur une selle sera mis ung cierge ardant et elles agenouillees la chantre commencera *Veni Creator* et icellui dit les seurs qui les auront amenees les feront prosterner deuant le peuple et apres les mettront a genoulx deuant la mere et soubzmere lesquelles mere et soubzmere dunes forces coupperont ung peu de leurs cheueulx et leur attacheront leurs cœuurechiefz tellement que tous leurs cheueulx soient couuers, et ce fait se prosterneront deuant la mere et soubzmere et se iront agenouiller deuant le peuple ou estoient par auant, et incontinent la mere ou soubzmere ou aultre a ce ordonnee diront *Confirma hoc deus quod operatus es in nobis.* Et le chœur respondra *A templo sancto tuo quod est in hierusalem.*

Dira la mere *Onde nobis domine.* Et le chœur respondra *Et salutare*, etc. *Domine exaudi. Oremus. Deus qui corda fidelium sancti spiritus illustratione docuisti :* etc. et *Per christum dominum nostrum. amen.*

Item auons statue et ordonne statuons et ordonnons que nulle sera admise a faire profession en vostre religion sinon quelle ayt fait dedens vostre closture son an de probation, et ledit an de probation acompli si par les mere soubzmere et discretes elles sont trouvees suffisantes et ydoines pour estre religieuses : et telles par elles tesmoignees au conuent elles feront profession es mains de nous ou de noz successeurs si bon nous semble ou de la mere la grille ouuerte et present tout le conuent.

Item que auant que faire leur an de probation seront tenues de affermer par serment si elles sont mariees ou non : car nulle femme mariee ne seroit receue en vostre monastere sinon que son mary semblablement se mist en religion. Et si elles auoient recele quelles fussent mariees et apres quil viensist a congnoissance elles seroient punies par nous ou noz successeurs et puis rendues a leurs mariz.

Item aussi ordonnons que si aucune religieuse apres quelle auroit este vestue en vostredit monastere et fait son an de probation ne vouloit faire sa profession quelle soit mise hors de vostre monastere et luy rendrez ses habitz du monde quelle auroit apportez en vostredit monastere.

Item auons statue et ordonne statuons et ordonnons que voz veuz et profession apres vostre an dapprobation acomply se feront en la maniere qui sensuit. Cest assauoir que le jour de ladite profession apres la messe dicte et chantee la seur ou seurs qui vouldront faire ladicte profession et veuz receuront bien et deuotement le corps nostre seigneur a la grant grille par la main de celluy qui aura dit la messe, et ce fait chascune se mettra en son lieu et seront au millieu a genoulx la religieuse ou religieuses qui vouldront faire profession, et seront les dites religieuses sans voilles auec leur enseigne noire de nonnes et se fera ladite profession es mains de leuesque sil y veult estre ou son commis : ou es mains de la mere ou soubzmere ou aultre plus ancienne qui scaura bien lire. Et auant que faire ladite profession la chantre ou soubzchantre commanceront *Veni Creator spiritus.* Et ledit hymne dit celluy ou celle qui receuront ladite profession diront l'oraison qui sensuit.

OREMUS

Deus qui per unigenitum tuum eternitatis nobis aditum devicta morte referasti vota nostra que preveniendo aspiras etiam adjuvando prosequere. Per eumdem christum dominum nostrum.

Et le chœur respondra. Amen.

Et ce fait celle ou celles qui feront leurdite profession se leueront toutes debout sans bouger de leur lieu et liront lune apres lautre leurs veuz si hault que ceulx de dedans et ceulx de dehors les puissent ouyr et en chascun profession seront escriptz les jours et an de ladite profession et incontinent que lune aura leu son veu elle le portera sur lautel qui est par deuers vous et le signera sur ledit autel si elle scait escripre, Et si elle ne scait escripre elle y fera une croix dancre. Et apres la mere ou soubzmere prendront tous lesdits veuz et professions et les bailleront a garder a qui ilz verront estre le plus expedient de les bailler pour les garder. Et se feront les ditz veuz en la maniere qui sensuit.

Je N. voue et prometz a dieu et a la vierge marie et a monseigneur leuesque de Paris mon prelat et pere espirituel et a vous mere soubzmere et tout le conuent stabilite et fermete soubz closture perpetuelle en ce lieu icy la conversion de mes meurs chastete : pauurete : et obedience selon la regle monseigneur sainct Augustin et selon les statutz reformation et modification faitz et a faire par reuerend pere en dieu monseigneur Jehan euesque de Paris lan mil quatre cens quatre vingtz dix sept.

Et apres tous lesdits veuz faitz et les cedulles mises sur l'autel et signees ou croisees celluy ou celle qui receuront lesdits veuz et profession diront les oraisons qui sensuyuent :

Mais leuesque ou son commis silz font loffice diront *Dominus vobiscum*. Et le chœur respondra *Et cum spiritu tuo*. Mais si sestoit la mere ou aultre religieuse elle dira *Domine exaudi orationem meam*. Et le chœur respondra : *Et clamor meus ad te veniat*. Et apres celluy ou celle qui feront loffice diront.

OREMUS

Incorruptum eternitatis deum et inuiolabilis nature dominum frates et sorores humiliter deprecemur poscentes pro sororibus nostris (1) que corpore ac mente perfecte continentie se domino seruituras deuouerunt ut petentibus famulabus suis ipse qui est judex penitentium perfectam tribuat continentiam. Qui viuit et regnat cum deo patre in unitate spiritus sancti deus. Per omnia secula seculorum. Amen.

OREMUS

Consolare domine has famulas tuas : concede eis domine pudicitie fructum ut antiquarum non meminerint voluptatum : nesciant ergo incentiua viciorum desideria ut tibi soli subdant propria cola quo possint per laboribus tantis sexagesimo gradu percipere munus delectabile sanctitatis. Per christum dominum nostrum. Amen.

OREMUS

Da quesumus omnipotens deus : ut hee famule tue que pro

(1) Le volume donne la variante au singulier dans tous les cas qui suivent.

spe retributionis eterne se tibi domino desiderant consecrari plena fide animoque in sancto proposito permaneant tu eas omnipotens pater sanctificare bene dicere et in perpetuum conservare digneris : tribue eis humilitatem continentiam : obedientiam : caritatem et omnium bonorum operum quantitatem : da eis domine pro operibus gloriam : pro pudore reuerentiam : pro pudicitia sanctitatem : ut ad meritum glorie possint pervenire. Per christum dominum nostrum. Amen.

Apres lesquelles oraisons dictes : celluy ou celle qui auront receu lesdits veuz et profession benistront les voilles qui seront mis a part sur ung siege ou scabelle : et diront Cest auavoir les gens deglise. *Dominus vobiscum.* Et les religieuses *Domine exaudi orationem meam.* Comme dessus. Et apres dira celluy qui fera loffice.

OREMUS

Visibilium et inuisibilium creator deus adesto nobis propitius : ut hec indumenta sanctitatis effigiem ostendentia desuper gratia tua irrigante benedicere et sanctificare digneris. Per christum dominum nostrum. Amen.

OREMUS

Aperi quesumus domine oculus tue maiestatis ad benedicendum hec velamina ut que in ordinatis vestibus viris placuerunt : in sacris indumentis benedictione tua seruari mereantur. Per dominum nostrum jesum christum filium tuum. Qui tecum viuit et regnat in unitate spiritus sancti deus. Per omnia secula seculorum. Amen.

Et ce fait la mere soubzmere et aultres religieuses qui par auant auront este a ce esleues prendront chascune ung voille autant qu'il y aura de religieuses professes de ce jour et mectront a chascune desdites professes le voille sur leur teste et le atacheront et osteront la piece noire : et dira chascune a haulte voix.

Accipe soror velamen quod perferas ante tribunal christi.

Et lors chascune des seurs respondra. *Amen.*

Et ce fait la mere donnera de leau benoiste a chascune sur la teste : et se retireront la mere soubzmere et aultres qui auront mis lesdits voilles chascune en son lieu : et se leueront debout toutes les professes lesquelles diront toutes en chantant.

Suscipe me domine secundum eloquium tuum et vivam : et non confundas me ab expectatione mea.

Et ce fait le chœur leur respondra autant pareillement en chantant et apres le chœur toutes les filles derechief le diront encore une fois : et le chœur pareillement leur respondra. Et de rechief les professes le diront pour la tierce fois : et pareillement le chœur le respondra.

Et ce fait toutes les professes se prosterneront et mectront toutes estendues et couchees le visaige contre terre en signe de vraye et parfaite humilite. Et apres celluy ou celle qui receuront ladite profession diront les oraisons qui sensuyuent. Cest assauoir premierement ce verset.

Confirma hoc deus.

Et les professes seulement respondront a haulte voix toutes ensemble.

Quod operatus es in nobis.

Et apres celluy ou celle qui auront receu ladite profession. diront les oraisons qui sensuyuent.

OREMUS

Famulas tuas quesumus domine tue pietatis custodia muniat : ut continentie sancte propositum quod te inspirante susceperunt te protegente illese custodiant. Per christum dominum nostrum. Amen.

OREMUS

Domine jesu christe omnipotens deus qui inter cetera virtutum documenta ad salutem nostram vigorem castitatis et pudicitie reparasti : te suppliciter exoramus ut has sorores nostras ad gratiam tue pietatis ex toto corde conuersas ab omnibus tentationibus inimicorum tutas defensasque custodias : et hec capitis velamina ad interioris mulieris tutamen perseuerare facias Per te Jesus christe saluator mundi qui cum deo patre et spiritu sancto viuis et regnas deus. Per omnia secula seculorum. Amen.

OREMUS

Confirma hoc deus quod operatus es in his penitentibus ut fideles custodire valeant permissiones quas tibi promiserunt ut castitatem corporis et anime tibi exhibere valeant et digne occurrant et ad gaudia eterna pervenire mereantur. Per christum dominum nostrum. Amen.

OREMUS

Domine deus celestium virtutum eterne tibi supplices fundimus preces ut has famulas tuas consecrare digneris quas de maligna conuersatione ad nouitatem vite expoliantes veterem hominem et induentes nouum conuerti fecisti : et sicut anna prophetissa multis temporibus jejuniis et orationibus fideliter deseruiuit sic et he famule tue tibi soli deo in ecclesia tua deuota mentem deseruiant. Per christum dominum nostrum. Amen.

OREMUS

Deus qui per coeternum filium tuum cuncta creasti quique mundum peccatis inueteratum per mysterium sancte incarnationis ejus renouare dignatus es : te suppliciter exoramus ut ejusdem domini nostri jesu christi gratia super has famulas tuas que seculo abrenunciauerunt clementer respicere digneris : per quam gratiam in spiritibus suarum mentium revocate veterem hominem cum actibus exuant et nouum qui secundum deum creatus est cum omnibus sororibus suis induere mereantur. Per eumdem dominum nostrum jesum christum filium tuum qui tecum viuit et regnat in unitate spiritus sancti deus. Per omnia secula seculorum. Amen.

OREMUS

Domine Jesu Christe qui es via sine qua nemo venit ad patrem: quesumus benignissimam clementiam tuam ut has famulas tuas a carnalibus desideriis abstractas pariter regularis discipline deducas : et quas (!) peccatores vocare dignatus es dicens venite ad me omnes qui laboratis et onerati estis : et ego reficiam vos : ꝑsta ut hec inuitationis tue vox ita in istis penitentibus conualescat quatinus peccatorum onus deponentes et que dulcis es gustantes tua refectione sustentari mereant et sicut de tuis ovibus attestari dignatus es : agnosce eas inter oues tuas et ipse te sic agnoscant : ut alienum non sequantur sed te neque audiant voces alienorum sed tuam qua dicis qui michi ministrat me sequatur ut ipse cum sororibus suis te facie ad faciem videre mereantur. Qui viuis et regnas cum deo patre in unitate spiritus sancti deus. Per omnia secula seculorum. Amen.

OREMUS

Sancte spiritus qui deum ac dominum reuelare mortalibus dignatus es immensam tue pietatis gratiam postulamus : ut sicut ubi vis spiras : sic et his famulabus tuis affectum deuotionis indulgeas : et quoniam tua sapientia sumus conditi tua quoque providentia gubernemur : et per intercessionem gloriose virginis marie beate marie magdalenes : beati augustini quem precipuum hujus sancte institutionis legislatorem dedisti : necnon et aliorum sanctorum ad quorum nomina petitionem facis eas a vanitate seculi veraciter conuerti : et sicut es omnium peccatorum remissio deprimentes impietatis obligationes in eis dissolue ad obligationem hujus et votorum fac eas certatim fervere et in tribulationibus et angustiis tua indeficiente consolatione respirare valeant et juste ac pie per veram humilitatem atque obedientiam in fraternitatis caritate fundate quod te donante promiserunt fideli cursu cum cunctis sororibus suis compleant prestante gratia tua. Qui cum patre et filio viuis et regnas deus. Per omnia secula seculorum. Amen.

Et ce fait : et lesdites oraisons acomplies : la fille ou toutes les filles nouuellement professes se souldront et mectront a genoulx : et ce fait toutes ensemble commenceront et diront *Kyrie eleyson.* a haulte voix. Le chœur et communite apres dira *Christe eleyson.* a haulte voix : et les nouuelles professes diront apres *Kyrie eleyson.* Et incontinent la mere soubzmere et aultres a ce ordonnees les feront leuer : les baiseront, et apres les meneront baiser les aultres seurs professes : mais ne leur feront pas baiser les non professes. Car ce jour celles qui ne seront professes seront toutes ensemble en ung siege : et pendant quelles baiseront les seurs professes : la chantre ou soubzchantre commenceront *Miserere mei deus.* Duquel pseaulme se dira par le cueur de chascun coste : ung verset lun apres lautre auec *Gloria patri* etc. *Et sicut erat in principio* etc. bien a traict tellement quil puisse durer jusques ad ce que les mere soubzmere et aultres qui auront conduyt lesdites nouuelles professes a baiser leurs seurs soient retournees et mises et installees en leurs sieges en lordre que doresenauant deuront demourer : et celles ainsi installees et mises en leurs sieges et lesdites meres et aultres estantes en leurs sieges : tout le conuent se agenouillera et dira tout dune voix et d'un train *Kyrie eleyson, Christe eleyson Kyrie eleyson*. Et ce dit celluy ou celle qui fera loffice dira hault *Pater noster*. Et chascune religieuse professe et non professe le dira bas, et incontinent celluy ou celle qui feront ledit office diront.

Et ne nos inducas in tentationem. Et le cueur respondra Sed libera nos a malo. Lofficiant dira Ostende nobis domine misericordiam tuam Et le cueur respondra Et salutare tuum da nobis

Lofficiant. Non nobis domine non nobis. Et le cueur respondra.

Sed nomini tuo da gloriam. Lofficiant.

Esto nobis domini turris fortitudinis. Et le chœur respondra.

A facie inimici. Lofficiant.

Ecce quem bonum et quem jocundum. Et le chœur respondra.

Habitare sorores in unum. Lofficiant.

Domine exaudi orationem meam. Et le chœur respondra.

Et clamor, etc. Et si lofficiant est prestre il dira.

Dominus vobiscum. Et le chœur respondra.

Et cum spiritu tuo. Et apres lofficiant dira. Oremus. Deus qui per beatum Augustinum normam vite et precipue seculo renunciantibus sanxisti quesumus clementiam tuam ut impius ac beatarum marie magdalenes : marie egiptiace : et omnium sanctorum tuorum intercessione placatus super has famulas tuas que seculo renunciauerunt clementer ac pie respicias corda earum ab ejus vanitate conuertas : et ad tue vocationis amorem accendas : gratie tue donum misericorditer infundas : ut sobrie pie ac juste viuentes jussionis tue precepta custodiant : et contra oblectamenta peccati mentis ratione persistentes carnalium desideriorum prauitatem fugiant : et tuorum rectitudinem mandatorum in omnibus ad implere valeant quatinus in spiritu humilitatis et animo contrito perdurantes obedientie sacrificium tibi convenienter offerant : et ad eos qui mites et humiles esse didicerunt perunigenitum tuum pertinere mereantur et quod te donante promiserunt seu vouerunt sancti spiritus unctione edocte cum omnibus sororibus suis presentibus et futuris opere compleant. Per eundem dominum nostrum jesum christum filium tuum qui tecum viuit et regnat in unitate ejusdem spiritus sancti deus. Per omnia secula seculorum. Amen.

Et si votre euesque ou aultre euesque par la licence et congie du vostre receuoit voz veuz et profession : ilz feront la benediction en la maniere qui sensuit.

Benedic domine has famulas tuas precioso sanguine filii tui reparatas. Et le chœur respondra. Amen.

Benedictiones tue gratiam quam desiderauerunt et desiderant consequanter : et sine ulla offensione majestati tue dignum exhibeant famulatum. Amen.

Cursum vite sue impleant sine ullis maculis delictorum et superent in omnibus actibus inimicum. Amen.

Quod ipse prestare dignetur cujus regnum et imperium sine fine permanet in secula seculorum. Amen.

Et benedictio dei omnipotentis patris et filii et spiritus sancti descendat super nos et maneat semper. Amen.

Item et pour ce que en vostre dit veu et profession faictes le veu de pauurete qui a este ordonne par tous les bons peres anciens qui ont fait et institue regles monachales. Et aussi de disposition de droit ceste mauldicte propriete doit estre du tout desracinee en vraye religion. A ceste cause nous vous deffendons que nulle quelque soit : soit la mere ou aultre presume auoir aucune propriete en quelque maniere que ce soit. Et ne die ne presume dire aucune chose sienne. Et vous deffendons que ne recevez aucune chose que ce soit de vos parens ou amys ne daultres ne lune de lautre sans lexpres vouloir et consentement des mere et soubzmere. Et si du commandement desdites mere ou soubzmere et de leur consentement aucune chose estoit receue par vous il sera en la volunte desdites mere et soubzmere et discretes ensemble de le bailler a qui elles vouldront et ne vous en deuez marrir : car par vostre profession de religion voz corps et voz propres voluntez ne sont en vostre puissance. Mais par le veu de obedience en la puissance de voz maieurs. Et ordonnons que a chascune de vous soit pourueu sans acception de personne selon ce que le besoing sera. Et vous enjoignons et commandons que si aucune de vous estoit trouuee ayant propriete quelque soit quelle soit admonestee de la laisser. Et si par deux fois admonestee ne la laissoit que elle soit corrigee en plain chapitre. Et oultre que si a lheure que aucune de vous religieuses yra de vie a trespas estoit trouuee en sa possession aucune chose notable mussee qui fust jugee par le conuent estre propre que en ce cas vous enterrez ladite religieuse auec sa propriete en terre prophane.

Item soubz umbre de nauoir aucune propriete nentendons pas que si on vous donnoit aucuns biens que ne les puissiez accepter, fussent heritaiges : rentes : meubles : ou aultres choses quelzconques pour estre a tout vostre conuent en commun regiz et gouuernez par officieres comme sera dit cy apres. Et lesquelles officieres auront la garde de ce que vous apporterez et qui vous sera aumosne donne ou de ce que gaignerez des operations que chascune de vous scaura et pourra faire Ausquelles vous vacquerez pour euiter oysiuete qui est cause de la destruction de infinies religions et perdition des ames.

Item et a ceste cause ordonnons que en vostre religion y aura une qui sera la maieur et se appellera mere. Et se fera par lelection de toutes les professes : et ne durera que trois ans. Mais au bout desdits trois ans procederez a nouuelle election. Toutesfois si vostre mere estoit si vertueuse que nen eussez dautre suffisante la pourrez continuer encore troys ans et non plus. Mais nest a entendre que apres que une aultre laura este trois ans que une qui aultresfois laura este ne puisse estre esleue. Et se fera vostre election par la voye de scrutine. Cest assauoir premierement vous en eslirez trois qui scauront lire et escrire Lesquelles trois donneront premierement leurs voix. Et apres chascune de vous lune apres lautre. Et ferez serment de eslire celle que penserez la plus utile pour le bien de vostre monastere conseruation de ses statutz et de vostre closture. Et celle qui aura le plus de voix la publication faicte fera le serment es mains de vostre beau pere confesseur presentes les seurs de bien regir et gouverner vostre monastere tant en temporel que spirituel de faire garder les dites clostures et veuz : et de faire pourueoir a chascune selon sa necessite sans acception de personne et selon que les seurs le meriteront.

Item aussi en vostredit monastere y en aura une qui sera soubzmere esleue comme la mere et qui fera pareilz sermens a laquelle si la mere auoit necessite on aura recours. Et se eslira pareillement de trois ans en trois ans.

Item et semblablement aurez en votredit monastere XII seurs qui seront appellees discretes qui se esliront par tout le conuent. Et se changeront et mueront selon et toutesfois et quantes que sera aduise par les mere soubzmere et conuent que en sera besoing, et sans lesquelles discretes la mere et soubzmere ne pourront aucune chose faire qui puisse préjudicier a vostredit monastere ne aussi aux ordonnances d'icelluy.

Item et semblablement eslirez deux seurs seures et feable qui receuront tout ce qui vous sera donne et aumosne. Et aussi tout ce qui viendra des operations diuerses que vous ferez : soit en tapisserie : linge : filerie : que aultrement et tout ce qui sera apporte par les seurs soit linge blanchet ou aultre chose. Et tout ce qui sera receu par elles : sera mis par elles-mesmes en escript en la presence des meres et soubzmere et mis en ung coffre qui aura quatre clefz dont la mere et soubzmere en auront chascune une : et lesdites deux seurs chascune une aultre. Et lequel coffre sera dedans ung aultre coffre qui aura quatre aultres clefz que auront les dessusdites dedans lequel se mettra seulement ce dont len aura a besoigner journellement a soy ayder. Et ne se fermera le dit grand coffre ausdites quatre clefz sinon que les mere et soubzmere le voulsissent fermer.

Item et lesquelles deux seurs rendront compte toutes les sepmaines aux mere soubzmere et discretes de ce qui aura este despendu la sepmaine. Et ne feront aucunes mises particulières ou despenses mais distribueront en general ce quifauldra pour les aultres officieres selon lordonnance des mere et soubzmere. Et ne bailleront riens que premier ne layent escript en leur papier : et prendront recepisse de ce que bailleront en la presence de la mere ou soubzmere.

Item ordonnons que pareillement vous eslirez deux seurs qui s'appelleront boursieres qui receuront des deux qui auront la garde de l'argent ce qui en fauldra pour faire voz despenses. Lesquelles escripront en leurs papiers ce que receuront et le moys et le jour. Et pareillement au papier de celles qui le leur bailleront. Lesquelles boursieres bailleront ce qui sera de besoing bailler pour toutes les necessitez de vostre monastere aux aultres officieres : soit pour achapter viures blanchetz bois et aultres choses necessaires ordonnees par les mere et soubzmere. Lesquelles choses ainsi achaptees seront baillees aux officieres selon leurs charges et office. Et le résidu de largent sera rendu ausdites boursieres auec le brevet contenant le jour et pris de chascune chose achaptee soubscript par celles qui lauront achapte. Et par ledit breuet la dite boursiere comptera.

Item aussi aurez deux seurs quon appellera celerieres qui

seront esleues par le conuent. Et gardez bien quelles soient sages sobres doulces benignes et qui craignent dieu. Lesquelles auront le soing et cure de tout ce qu'il fauldra au dortouer pour le repos des seurs : et des choses necessaires pour le refectouer comme de pain vin et pitance. Et de soy oultre ordinaire ne feront aucune chose sans le commandement des mere et soubzmere : et feront ce que leur commanderont. Et bailleront lesdites celerieres a lenfermiere tout ce qui luy fauldra pour la necessite des malades. Et auront lesdites celerieres la charge de faire diligence que tout soit prest aux heures pour le conuent. Et lesquelles celerieres mectront par escript et declaration les biens que receuront soit daumosne ou dachapt : et en bailleront autant aux mere soubzmere que en retiendront par deuers elles : et escriront toute la despense que feront et combien auront despendu car de tout rendront compte à la mere et soubzmere et aux discretes. Ausquelles celerieres si besoing est par les mere et soubzmere seront baillees aucunes seurs en tel nombre que verront pour leur ayder et pourueoir a tenir les vaisseaulx nappe tout le linge le refectouer et aultres lieux de vostre monastere netz.

Item et pareillement en vostre monastere y aura une enfermiere qui sera esleue par les mere soubzmere et discretes. Et se doyuent garder que la prennent doulce charitable diligente et craignant dieu. A laquelle les mere et soubzmere pouruoyeront de ayde des aultres seurs selon lexigence et necessite des malades laquelle enfermiere de tout ce qui luy sera baille par les boursieres ou celerieres et quelle receura pour la cure des malades elle le mettra ou fera mettre par escript tant dargent dextensiles que de linge. Et soit ladite enfermiere bien soigneuse de bien penser les malades : et si elles estoient debiles leur donnera de la chair les jours de mercredy jusques soient refaictes et restaurees. Et aussi soient songneuses les mere et soubzmere de les faire bien penser et les visitent souuent affin de pourueoir a leur faire auoir tous leurs sacremens. Aussi ladicte enfermiere doit admonnester souuent les malades delles confesser. Et quant les verra si malades qu'il y a apparence de mort les doit admonnester de receuoir les sacremens de derniere unction. Et quand vous verrez une de voz seurs en dangier que les mere soubzmere discretes et aultres que appelleront auec elles se trouvent a lentour de la malade en disant entendiblement prieres oraisons et suffrages confortatifz à la seur malade. Et deffendons a vos mere soubzmere religieuses et a tout le conuent que des biens dont aucune aura eu administration de par le conuent ou aultrement nen disposez pour cause de mort ou aultrement : car en ce faisant seriez tenues et reputees proprietaires et enterrees en terre prophane.

Item ordonnons que celles qui trespasseront sans propre seront enseuelies et enterrees dedans vostre closture en terre beneiste. Et pour leur bailler leurs sacremens soit de confession, reception de leur createur : ou derniere unction : et les enterrer : vos beaulx peres tant que en verrez estre expedient entreront dedans vostre closture auec la croix et leaue beneiste. Et linhumation faicte sortiront incontinent de vostre closture, et ferez le service des morz en vostre eglise. Mais pendant que vos dits beaulx peres seront dedans vostre dite closture vous enjoignons que ne les laissez seulz ne a part mais y ait tousiours trois ou quatre seurs discretes qui ensemble les voyent jusques ils saillent de vostre dite closture et a eulx aussi qui ne se separent les ungz des aultres jusques soient hors de vostre dite closture sinon que plusieurs de vos seurs malades eussent a mesme heure semblable besoing : mais neantmoins auec chascun deulx y ait tousiours deux ou trois seurs qui les voyent jusques soient dehors.

Item semblablement ordonnons que vous aurez ung tour et ung parlouer. Et a ceste cause vous aurez une touriere qui sera ordonnee par les mere soubzmere et discretes. Laquelle touriere aura la charge desdits tour et parlouer. Et gardez quelle soit competemment aagee et discrete. Laquelle aura une petite cellette ou chambre pres du tour affin que ceulx qui demanderont aucune chose puissent incontinent auoir response et que le plus tost que faire se pourra soient expediez. A laquelle la mere baillera une des seurs pour luy ayder et lacompaigner. Et deffendons a ladite touriere quelle ne laisse les tour et parlouer ouverts. Et aussi deffendons que aultre que ladite touriere ne ouure le dit parlouer. Et luy deffendons quelle ne laisse personne parler audit parlouer a quelque religieuse que ce soit sans le congie de la mere ou soubzmere : et sans ce que celle a qui on vouldra parler ayt la mere ou soubzmere ou une des discretes auec elle pour lacompaigner et ouyr.

. Item et pareillement ordonnons que en vostre dit monastere y aura une portiere esleue par le conuent. Car il fault quelle soit des plus saiges et discretes et assez ancienne. Et aurez une grant porte seulement en laquelle y aura ung petit huys ou guichet. A laquelle grant porte y aura deux clefz et aussi au guichet. Et ne pourra ladicte portiere ouurir la dessusdicte porte ou guichet sinon en la presence desdictes mere ou soubzmere. Laquelle mere aura une desdictes clefz desdictes porte et guichet. Ou la dite mere commandra une aultre en son lieu pour ouurir auec ladite portiere a laquelle baillera ses clefz et les recouurera le soir. Et encore y aura une tierce seur pour leur ayder. Et ouureront aux questeresses aux heures accoustumees. Et se donnent bien garde quelles scaichent et congnoissent les questeresses affin que nen laissent saillir dautres que lesdites questeresses. Lesquelles questeresses auront leur visaige descouvert quant sortiront pour aller a la queste jusques soient hors du monastere. Et enjoignons a la dite portiere quelle visite les hottes desdites questeresses quant sortiront affin de garder quelles nemportent riens de vostre dit monastere qui ne leur soit ordonne par les mere soubzmere et discretes. Et se gardent bien lesdites questeresses de prendre ne receuoir aucunes lettres missiues desdites religieuses ne daucunes delle. Toutesfois sil etoit besoing que aucune religieuse escripuist lettres pour son bien ou salut et pour le bien de vostre monastere faire le pourra du congie et consentement des mere et soubzmere qui scauront le contenu. Et bailleront lesdites lettres ausdites mere et soubzmere qui les enuoyeront si elles voyent que faire se doyue. Et si aucune estoit trouuee escripre ou porter lettres sans le congie et licence desdites mere et soubzmere ordonnons quelle en recoiue punition publicque telle que sera aduisee par le conuent. Et si une fois chastiee le faisoit deux ou trois fois en aduertirez nous ou noz successeurs pour les punir ainsi que de raison.

Item ordonnons que celles qui auront les clefz desdites portes ou guichet incontinent que auront ouvert la porte ou guichet et mis dedans ceulx auxquels est permis dy entrer selon que dessus a este ordonne seront tenues de incontinent clorre la porte. Et gardez vous que une religieuse ne soit seule auec aucun ou aucunes personnes. Et laquelle portiere aura une clef de toutes les portes et huys tant du cloistre que pour aller aux aultres officines et des jardins pour les ouurir au matin et clorre au soir.

Item ordonnons que en vostredit monastere y aura une religieuse par les mere soubzmere et discrète commise qui receura tous les habillemens des seurs tant vielz que nouueaulx et mettra ou fera mettre le tout par escript. Et fera la dite seur faire tous les habillemens tant de toutes les religieuses que des freres : et de tout rendra compte. A laquelle la mere pourra bailler une seur pour luy ayder.

Item ordonnons que vous aurez une secretaine qui aura la gardes des chappes calices et de tous les ornemens de leglise qui sera tenue auec une seur que la mere luy baillera de nettoyer leglise le cloistre et le chapitre. Et laquelle baillera ce que sera necessite pour dire les messes et seruice : et incontinent les recouurera. Et quant aucune seur se confessera ladite secretaine ou sa compaigne la verra sans louyr. Et cependant ladicte secretaine ou aultre religieuse doit besoigner aux jours ouvriers : et aux festes lire quelque chose de deuotion pour fuyr oysivete. Aussi aura ladite secretaine la charge de tout le luminaire de vostre eglise. Et pouruoyra de ce qui sera necessaire pour receuoir les disciplines du conuent.

Item et pource que nauez aucune fundation vous est besoing de viure en partie de l'aumosne des bonnes gens jusques a ce que ayez reuenues pour viure avec vostre labour. Nous auons ordonne et ordonnons que les mere soubzmere et discretes esliront aucunes questeresses en tel nombre que verront estre a faire. Lesquelles reuiendront aux heures qui leur seront ordonnees par les mere et soubzmere. Et lesquelles questeresses ne buront ne mengeront hors vostre conuent sinon que leur aduiensist quelque foiblesse et que necessite fust a elles de boire ou menger. Et ne iront seules mais seront tousiours deux et deux affin que lune puisse secourir a lautre. Et leur deffendons que nentrent dedans les maisons sinon pour prendre ce que on leur donnera. Et voisent lesdites questeresses en humilite et competent grauite.

Item aussi ordonnons que les mere soubzmere et discretes mecttront en la cuisine deux seurs cuisinieres auec telle ayde que verront estre expedient. Lesquelles cuisinieres ne distribueront aucune chose plus a lune que a lautre des religieuses sans l'expres commandement de la mere ou soubzmere. Et lesquelles mere et soubzmere se gardent dauoir acceptation de personnes : mais se conduisent si sagement que elles facent egalement auxdites seurs Toutesfois doyuent les mere et soubzmere congnoistre les debilitations et enfermetez des seurs et selon leurs complexions et necessitez leur doyuent pourueoir ; et ne sen doyuent les aultres marrir : Car celes qui sont de bonne complexion et qui nont besoing d'auoir plus de secours ou ayde que les aultres sont bien eureuses. Aussi ne sen doyuent esleuer celles a qui telles gratuitez seroient faictes : mais les receuoir en humilite.

Item ordonnons que si les mere ou soubzmere voyent que bon soit pourront ou par sepmaine ou par quinzaines changer lesdites cuisinieres. Et ne se doyuent celles qui auront este esleues par les mere et soubzmere a ceste charge excuser ne le refuser. Et a la fin de leur sepmaine quinzaine ou aultre temps a elles prefix par les mere et soubzmere rendront tout nect aux celerieres pour le rebailler a celle qui seront mises apres elles.

Item nous ordonnons que les seurs se seruiront les unes les aultres au refectouer sans ce que aucune soit excusee de seruir a table sinon pour cause de maladie necessite ou utilite de vostre conuent jugez et telz declarez par les mere et soubzmere qui vous pourront par bonne discretion tenir pour excusees. Et pourront les sepmainieres qui seruiront les aultres prendre auant disner ung peu de pain affin de mieulx seruir les aultres seurs. Et apres la refection prinse par les seurs : les officieres et celles qui auront seruy prendront la leur ensemble.

Item Ordonnons que pendant que vous prendrez vostre refection au refectouer il y ayt une de voz seurs qui tousiours lise quelque bonne doctrine en françois. et quelle sache punctuer et accentuer. Et que vous faciez aprendre a lyre le plus que pourrez a voz seurs affin que chascune puisse lyre sa sepmaine par ordre et dira ladite lisante le Benedicite.

Et respondra la mere : soubzmere ou la plus ancienne discrete. Mense celestis participes faciat nos rex eterne glorie. Laquelle lysant auant que lyre pourra prendre quelque peu de chose : et disnera apres auec les aultres officieres et sepmainieres.

Item aussi ordonnons que en vostre dit monastere y ayt une chantre et soubzchantre esleues par les mere soubzmere et discretes. Lesquelles chantre et soubzchantre commenceront. Et pourront ordonner aux aultres selon ce que les cognoistront propices pour chanter ce que aduiseront, soit pour dire versetz :

commancer anthiennes : dire respons ou aultre seruice. Lesquelles seront tenues faire ce que leur diront.

Item et pource que affin de euiter oysiuete et aussi pour vous ayder a viure vous est besoing de labourer et besoigner corporellement selon les operations que chascune de vous scaura faire : et selon ce que vous sera ordonne par les mere et soubzmere. Vous ne direz que les heures de nostre dame a lusage de romme auec les prieres et collectes pour le roy : la royne : votre prelat : le peuple et bienffaicteurs. Vigiles de mors pour voz seurs trespassees quant une trespassera. Et toutes les sepmaines une fois en général pour tous voz bienffaicteurs trespassez : et pour voz seurs trespassees : sinon que de plus largement en eussiez prins la charge par la fundation daucunes gens de bien que ne pourrez accepter sans le conge et auctorite de vostre euesque. Et ausdits vigiles ne seront que celles qui scauront lire et chanter : affin que les aultres ce pendant puissent labourer.

Item direz matines a mynuit en vostre dortouer jusques ad ce que ayez descente pour venir en leglise. Auquel dortouer toute nuyt aurez deux lampes ardantes. Et ordonnons que la nuyt y ait deux seurs commises par les mere et soubzmere qui veilleront jusques a minuyt : lesquelles fileront si les jours sont ouurables ou feront aultre operation selon que pourront, ou lyront aucune chose de deuotion aux jours de festes. Et matines dictes se coucheront, et de la jusques au jour veilleront deux aultres : et pourront lesdites veillieresses prendre leur repos sur jour.

Item ordonnons que toutes soyez en vostre dortouer pour prendre vostre repos a VIII heures au plus tard : exceptees celles qui seront a lenfermerie. Et en partirez despuis le premier jour de mars jusques au premier jour d'octobre a six heures. Et despuis le premier jour d'octobre jusques au premier jour de mars a sept heures direz prime. Et icelle dicte se dira la messe. Laquelle par vous oye direz tierce. Et ce fait irez a la besoigne jusques a dix heures. Et a dix heures direz sixte. Laquelle dicte prendrez votre refection : excepte aux jours de jeusne que ne direz sixte jusques a XI heures. Et vostre refection prinse irez toutes a leglise en disant Miserere. Et a leglise la mere ou soubzmere ou aultre plus ancienne commencera graces : lesquelles dictes irez besoigner au lieu a ce ordonne. Toutesfois une fois ou deux la sepmaine : la mere ou soubzmere vous pourront donner congie de prendre recreation ou aux jardins ou aultres lieux de vostre monastere. Laquelle prendrez sans parler hault ne faire noise : mais en toute humilite et doulceur.

Item et besoignerez jusques entre deux et trois. A laquelle heure direz nonne sinon que leussiez dicte deuant disner. Et incontinent direz vespres. Et icelles dictes : irez besoigner jusques a faire collation. Laquelle ferez a six heures. Et icelle faicte : direz graces comme dessus. Et apres complie.

Item aux jeusnes commandez direz nonne deuant disner. Et apres nonne prendrez vostre dite refection. Excepte en quaresme que vous direz vespres deuant.

Et oultre les jeusnes commandez jeusnerez le jour de vendredi, exceptees les debiles : et selon lordonnance des mere et soubzmere. Et durant laduent jeusnerez le mercredi et le vendredi.

Item pourrez menger de la chair quatre fois la sepmaine. C'est assauoir le dimenche : lundi : mardi et jeudi. Et vous en abstiendrez le mercredi sinon pour debilite ou maladie. Et quil vous fust ordonne en menger par les mere ou soubzmere. Et vous enjoignons que toutes venez a table a l'heure qui vous est ordonnee pour prendre vostre refection deuant la lecture commancee. Et y en aura une commise pour sonner le signe qui sera en vostre cloistre. Et si estiez trouuees faisantes le contraire par deux ou trois fois, ordonnons que vous en soyez punies a la discretion des mere soubzmere et discretes. Et si aucune par la correction ne samendoit de ce vice ne soit receue a menger auec les aultres, mais mengera seule sur une sellette a part au refectouer jusques elle aura satisfait de sa faulte. Et ne presume aucune de vous deuant lheure ordonne a prendre vostre refection ne apres de prendre aucune chose sinon qu'il vous soit enjoinct et ordonne par la mere ou soubzmere par le commandement desquelles prendrez aussi tout ce que vous ordonneront. Aultrement en seriez punies.

Item ce qui est ordonne que toutes venez a table le signe sonne nentendons des officieres comme des cuisinieres : cellerieres : portieres : seruantes et enfermieres, lesquelles fault que soient occupees a leurs charges.

Item ordonnons que en vostre refectouer durant le disner

et pendant quon lyra : en vostre dortouer : en cloistre : en leglise et en chapitre vous tenez silence, car il est necessaire pour le salut de vous religieuses.

Item tiendrez chapitre trois foys la sepmaine. Cest assauoir le lundi : mercredi et vendredi. Auquel toutes prosternees en terre direz vos coulpes en general. Mais celles qui requerroient conseil de confesser et penitance particuliere les direz a vostre confesseur. Et si aucune chose y auoit qui fust de grant consequence : tellement que voz veuz essentiaulx fussent rompuz ou que fust question denfraindre vostre closture : ou de rompre ces presens statutz : ou de receuoir religieuse nouuelle contre ces statutz et a la charge de vostre monastere nous en aduertirez ou noz successeurs euesques de Paris ou leurs vicaires.

Item et ausdits chapitres oultre la recongnoissance de voz coulpes en general apres que aurez este prosternees vous agenouillerez toutes deuant la mere ou soubzmere ou aultre qui presidera audit chapitre. Et direz toutes les parolles qui sensuyuent. Jay offense dieu en loffice diuin : je nay garde silence es lieux et heures a ce ordonnez : et ay este negligente de besoigner et mal soigneuse des choses qui appartiennent a mon obedience et en plusieurs aultres choses dont je dy ma coulpe. Et en ce disant vous frapperez toutes vostre poictrine et demanderez penitence a vostre mere. Laquelle incontinent dira : Exaudi domine supplicum preces et confitentium tibi parce peccatis ut pariter nobis indulgentiam tribuas benignus et pacem. Per christum dominum nostrum. Et vous respondrez. Amen. Et ce dit ladite mere ordonnera une legiere penitence a toutes. Et ordonnons que si aucune de vous auoit commis quelque offense dont il faillist que elle eust penitence particuliere en chapitre : elle mesme se prosternera et accusera devant la mere laquelle luy ordonnera sa penitence. Et si elle ne saccusoit et quelle fust accusee par une des aultres seurs la mere ou presidente en chapitre luy en baillera plus grand penitence. Et celle qui sera ainsi accusee ne procede par reaccusation ne murmure contre celle qui laccusera, mais auec toute humilite preigne la penitence qui lui sera enjoincte. Et naccuserez aucune sans premierement demander congie a la mere ou que layez obtenu delle.

Item vous deffendons que vos accusations ne se facent par hayne ou vengeance : mais en toute charite : affin de vous exercer en bonne pacience. Et vous deffendons que lune ne deffende lautre pour quelque cause que ce soit es penitences qui seront ordonnees par la mere. Car si aucune faisoit le (con) traire ordonnons quelle en soit griefuement punie affin de obuier a scandale.

Item et ausdits chapitres sil estoit question de parler daucune chose qui touchast vostre monastere fust pour bastir : pour accepter aucun lays a charge ou acquerir au proufit de vostre dit monastere. Ou de aliener aucune chose : ou de quelque grand cas commis contre voz veuz : vostre closture : et enfrainte de ces presens statutz : ou aultre chose jugee par vous de grande consequence. La mere ou soubzmere le mectront en terme. Et oyra vos deliberations pour icelles oyes conseiller vostre pere confesseur qui sera tenu vous donner conseil. Et si la matiere estoit de consequence : par luy ou aultre frere de vostre conuent nous en ferez aduertir ou nos successeurs ou vicaires affin que voz affaires se tractent par bon et meur conseil.

Item ordonnons que oultre lesdits chapitres tiendrez une fois lan ung chapitre general. Le premier lundi de quaresme : au quel les coulpes generalement dictes et penitences receues. Toutes les officieres renonceront a leurs offices en la main de la mere : ou de celle qui presidera. Et demanderont en humilite estre dechargees et licenciees de l'administration et charge que auront eue. Dont la mere du conseil de la soubzmere et discretes deschargera celles que verra estre a descharger et ainsi que verra estre expedient de le faire. Et y commettra d'aultres par le conseil des dessusdites ou les continuera. Et ordonnons que chascune de vous en humilite sexcuse de la charge qui luy sera baillee, mais que neantmoins quant la mere vous aura dit que vous vous leuez : que par obedience facez les charges qui vous seront enjoinctes.

Item pareillement ordonnons que la mere ne pourra receuoir aucune religieuse sans le conseil et consentement de la soubzmere et des discretes et de vostre pere confesseur : et sans le consentement de nous ou noz successeurs quant seroit besoing en receuoir qui ne seroient de la qualite par nous dessus ordonnee.

Item ordonnons que en vostre dortouer dormirez chascune seule a part sans estre deux ensemble. Et soyez en dormant vestues de vostre robbe de dessoubz et ceinctes de layne ou de chanure. Et vous ordonnons que celles qui auront clefz les ostent auant que se coucher : et les mettent derrière leur aureiller. Et aussi ostez vos gaynes et cousteaulx affin que ne vous blecez. Et si faisoit froit vous pourrez couurir de vos aultres robbes.

Item ordonnons que en vostre dit dortouer soyez meslees. C'est assauoir entre anciennes une jeune : et entre deux jeunes une ancienne. Et que la mere ou soubzmere ordonnent vos lieux de gésir. Et sur vos couches de boys que chascune verra aurez de la paille. Et sur la paille des materatz ou grosses coultes poinctes. Touteffois chascune pourra auoir un aureiller et coussin de plume. Et vous deffendons que en vostre dit dortouer il ny ayt lict de plume. Et enjoignons a la mère : soubzmere et discretes que une fois la sepmaine visitent vos licts affin que ny ayt faulte.

Item vous enioignons que auant que partes le matin de vostre dortouer que vos licts soient faitz : et que chascune face le sien. Et que vostre dortouer soit nettoy par celles a qui la mere ou soubzmere le commanderont.

Item ordonnons que vous ayez toutes habitz de pareille sorte et de mesme pris soit la mere : soubzmere ou aultre sinon que ce fussent habitz qui fussent ja achetez et donnes par aucunes notables personnes par deuotion a aucunes de vous. Pose toutesfois quilz vous soient donnez a aucunes particulierement : si sera il a la mere du conseil de la soubzmere et discretes les bailler a aultres par bonne discretion. Et ne vous en deuez courroucer, car cest pour vous parfaire en vostre veu dobedience.

Item nous vous permettons que puissiez porter chemises de chanure affin que ne faille souuent lauer vos habitz : et que en soyez plus nectement.

Item ordonnons que tous les jours une fois ou deux pendant ce que vous serez occupees au labour : et durant les heures que vous est ordonne vous y occuper : y aura deux de voz seurs qui a ce seront deputees par la mere : soubzmere et discretes qui enuironneront vostre monastere pour veoir et sercher sil y en aura de paresseuses et courantes discourantes ou vagantes en lieu de faire les œuures qui leur seront ordonnees. Et celles qui seront trouuees ainsi le faire soient corrigees. Et si aucune d'entre vous estoit reprinse une fois ou deux : et elle ne se chastioit elle seroit corrigee publicquement pour donner crainte aux aultres.

Item aussi vous enjoignons et commandons que nulle de vous soubz umbre de plus scauoir que les aultres ou plus gaigner au proufit de vostre monastere ne sen orgueillisse ne eslieue : mais tout ce que ferez faictes le auec toute humilite. Car aultrement enjoignons a vostre mere vous deffendre que nen facez plus jusques a ce quon voye et apparcoiue que ne faictes aucune chose par orgueil ne eleuation de cueur.

Item ordonnons que en tout temps le jour de vendredi vous prenez discipline sinon que fust une des festes nostre dame ou la toussainctz ; noel ou les roys. Et en laduent et en quaresme le lundi et le mercredi. Et despuis pasques fleuries jusques a pasques tous les jours. Laquelle discipline baillerez lune a lautre sans ce que aucune soit excusee : soit la mere ou aultre si nest pour necessite de maladie ou foiblesse : et du congie de la mere. Et ce affin que vous exercez chascune de vous es œuures de humilite.

Item vous deffendons sur peine de punition publicque que nulle de vous ne prengne aultre discipline que les aultres a part ne publicquement affin que egalement soiez en pareil degre de humilite et que lennemy ne vous induise a ce pour vous en orgueillir et vous faire tumber de la bonne voye ou vous estes.

Item ordonnons que vous aurez ung lieu ou se mettront toutes voz lettres comptes et les professions des seurs qui fermera a deux clefz que auront la mere et une des seurs ordonnee par les mere soubzmere et discretes. Et que deux foys lan seront visitees vos chartres par les mere soubzmere et discretes pour les voir si riens se gaste. Et oultre de toutes voz lettres ferez ung papier auquel elles seront copiees affin que quant en aurez a besongner les puissez trouuer plus aisement. Et auquel papier mettrez par escript tout ce que vous sera donne par aumosne soit pour une fois : ou rente ou heritaige. Et la charge a laquelle vous sera donne soit de service ou aultre pourueu quil ait este auctorise et approuue par nous ou noz successeurs.

Item et des choses qui vous seront donnees aumosnees ou legueez la mere en baillera quittance de son petit seel. Mais si cestoit rente ou heritaige. Et quil y eust de par vostre obligation sera seelle du seel du conuent lequel gardera une qui a ce sera esleue par ledit conuent.

Item deffendons a la mere que ne recoyue aucune chose sinon en la presence de deux discretes. Et que une heure apres quelle aura receu au plus tard le face mettre au coffre presentes celles qui auront les clefz qui lescriront en leur papier.

Et aussi pourront receuoir lesdites seurs qui auront les clefz en la presence de la mere ou aultre ordonne a ce de par elle a qui elle baillera son seel pour seeller la quittance si quittance fault bailler.

Item ordonnons que en vous visitant quant besoing sera pourrons ou noz successeurs si bon nous semble veoir les comptes et comment y procederez de toutes vos offices. Et aussi les verra vostre pere confesseur affin que riens ne perisse en vostre monastere.

Item ordonnons que la mere et soubzmere ordonnent tel nombre de maistresses descolle que verront estre a faire qui instruiront les seurs tant a lire comme a chanter es heures qui seront ordonnees par lesdites mere et soubzmere.

Item ordonnons que quant aucune seur nouuellement sera vestue en vostre monastere que la mere soubzmere luy baillent une seur sage et bien renommee de prudence pour linstruire en vostre reigle et bonnes meurs durant son an de probation et ne parlera a personne sinon deuant sa maistresse.

Item ordonnons que si auez receu aucune seur et vestue en vostre monastere et ne fust ydoine pour y estre : fust pour maladie . mauuaises meurs ou inconstance ou pour aultre chose jugee incapable destre en vostre monastere que le plus tost que pourrez nous en aduertissez ou noz successeurs pour y pourueoir. Et vous enjoignons garder les habillemens seculiers de voz nouices jusques elles ayent fait profession pour les leur bailler si sen alloient. Mais les habillemens de religion que auront euz en entrant en vostre religion ne les pourront emporter.

Item ordonnons que en vostredit monastere aurez trois ou quatre freres religieux si tant se peuvent trouuer qui auront leur demeure dedans vostredit monastere hors vostre closture qui seront de la reigle monseigneur sainct augustin comme vous.

Item et lesquelz religieux seront vestuz de robbes et chaperons gris et par dessoubz auront une robbe de blanchet.

Item que lesdits religieux apres que auront este vestuz

auront ung an de probation. Et ledit an passe seront tenuz de faire les veuz a la grant grille de vostre conuent es mains de la mere et de celluy qui sera vostre pere confesseur en ceste maniere. Je tel prometz et voue a dieu et a monseigneur leuesque de Paris mon prelat : a vous mere a tout le conuent et a vous beau pere confesseur : chastete : pauurete : et obedience, principalement a mon prelat monseigneur leuesque de paris et au conuent des seurs de ce monastere.

Item et lesquelz beaulx peres en faisant leur profession promettront ne tenir ne garder aucunor argent ne aultre chose sinon ce qui leur sera baille par le conuent : ne pareillement de leurs messes quand on leur en donneroit par deuotion. Mais le tout bailleront aux dispositaires qui le serreront et en rendront compte. Et si aucun frere estoit trouue a lheure de son deces ayant aucune chose qui par le conuent vostre pere confesseur et aultres freres fust juge estre propre ordonnons que ledit frere soit enterre en terre prophane auec sadite propriete.

Item ordonnons que vous religieuses pouruoyez ausdits freres de viures vestemens et de ce quil fauldra pour leur repos et estude en leurs selles. Esquelles seront chacun a part sans coucher deux ensemble. Et commettrez aucunes pour leur bailler par le tour leur refection es heures acoustumees.

Item des freres qui seront en vostredit monastere vous seurs en eslirez ung pour vostre pere confesseur. Lequel ainsi esleu du conseil des mere soubzmere et discretes pourra ordonner tel ou telz de ses aultres freres que verra estre besoing et selon la necessite pour luy aider a confesser des seurs. Et ne vous pourrez confesser a aultres que a vostre pere confesseur ou ceulx ainsi esleuz pour la necessite.

Item nauront vosdits freres aucune administration temporelle affin que mieulx puissent vacquer a contemplation. Mais ad ce que puissiez mieulx conduire vos affaires spirituelz et temporelz sil vous suruient aucunes difficultez en demanderez conseil a vos beaulx peres qui seront tenuz le vous donner : ou selon la grandeur de la matiere viendront a conseil a nous ou a noz successeurs et vicaires.

Item ordonnons que lesdits beaulx peres en certain lieu qui leur sera dispose dient leur services et heures canoniales a lusage de Romme bas et succinctement auec pause et grauite competant : et diront leurs matines a minuyt a lheure que direz les vostres.

Cy finissent les reigle et constitutions des filles dictes les repenties.

EXTRAIT DE LA RÈGLE ET CONSTITUTIONS DES FILLES PENITENTES (1500)

INSTRUCTION RELIGIEUSE PAR JEAN SIMON DE CHAMPIGNY EVÊQUE DE PARIS

. ... Contre le péché de luxure.

. . . .

Le cinquiesme chappitre sera du peschie de luxure duquel comme il est vraysemblable vous auez plus est esoullies et tachiees le temps passe que des aultres en desobeissant a dieu et en faisant contre ses commandemens. Exodi xx et deuteronomi quinto non methaberis. Car nostre seigneur a defendu sur peine de dampnation eternelle tout illicite atouchement de lhomme a la femme et toute couple charnelle desordonnee et non parmise dont dit vostre pere saint augustin. O quanta iniquitas et quanta lugenda perversitas ut animam quam christus suo sanguine redemit luxuriosus propter unius momenti delectationem libidinis, dyabolo vendat. C'est une trop grande iniquite et dolorieuse perversite et digne de grans pleurs et gemissemens que ung luxurieux ou une luxurieuse pour une delectation dung instant et dung moment vend son ame au dyable que jesuchrist a rachectee de son precieux sang. Et dit plus sainct augustin. Vere plangenda nimis et miseranda condicio ubi cito preterit quod delectat et permanet sine fine quod cruciat sub momento libidinis impetus transiit et permanet sine termino infelicis anime opprobrium. Or doncques filles louez et remerciez dieu qui vous a retirez et osteez par son infinie bonte ceste orde et puante delectation qui est si tost passe et qui vous a preservees des tourmens eternels denfer en feu, en flambe, en misere et opprobre que souuent vous auez deseruiz et ou le diable vous menoit plusieurs fois neust este que dieu par ses anges vous a conseruees et gardees et vous a appelees en la maison de repentance et penitance mais que vous ayez fait vraye et entiere confession et que doresenauant vous aymiez continence et chastete de laquelle aymer vous admoneste sainct Paoul. Teipsum castum custodi. et dit vostre pere sainct augustin une moult belle doctrine a vostre instruction. Singularis castitas sola est numinem invictum sanctimonie sanctitatis judicium abolitio scandalorum exercicium continencie vastacio tota luxurie caritatis fastigium et dedecoris precipitium que dum sibi substrahit advuncula concupiscencie mortua membra sua cognoscit baculare. Chastete a de singulieres vertus car par elle on vit saintement invinciblement et qui plus est quant on veoit une personne chaste on la juge sainte. Chastete abolit tous scandales fait la personne contenir destant toute ordure puantise et luxure elle enlumyne et clarifie ceulx qui vivent chastement fait les personnes toutes belles et toutes pures et si fait acquerir d'autres biens et d'aultres graces. Or doncques filles si vous auez este ordes puantes et luxurieuses soies doresenauant chastes et continentes de fait et de voulente et en ce faisant vous ne descruites jamais tant de maulx quelle vous fera auoir de biens desquels en arez cinq car premierement tout ainsi que le temps passe luxure vous a faictes viles ordes infames et deshonnestes doresenavant chastete vous rendra toutes belles toutes pures et toutes nectes car de lame chaste il est escrit aux cantiques Sicut lilium inter spinas sic amica mea inter filias. et dit monseigneur saint Benard que chastete fait les genz estre angez parce quilz ont la similitude des angez qui sont chastes. Secondement chastete fait la personne estre auec dieu comme dit Ysidore. Continencia hominem deo proximum facit ubi ista manserit ibi et deus manet et proverbiorum xx, qui diligit cordis mundiciam habebit amicum regem. Tiercement si vous estes chastes les angelz vous aymeront singulierement car vous veoyez que chascune beste ayme son semblable. Quartement vous en serez louees et priseez de chascun. Sapientie iiii. ô quanta pulcra est casta gñatio cum caritate immortalis est memoria illius. Quintement si estes chastes et continentes dieu vous a promis la gloire de paradis, Mathei v. Beati mundo corde quem ipsi deum videbunt. Et si doresenauant vous ne viviez chastement vous seriez les plus mauldictes et malheureuses du monde car pour ce faire vous estes entrees en religion et y estes obligees par veu parquoy vous fault estre chastes de fait de voulente et de pensee mesmement que a ceste fin vous vous estes deuiez vous mesmes et estes entrees en la maison de penitance pour chastier vostre corps en ensuyuant le commandement de nostre seigneur. Luce XIIII. Tunc vere nosmetipsos abnegamus cum carnalibus desideriis non acquiescimus sed potius et reluctamus. Vous delaissez vous mesmes quant vous ne donnez point de consentement au desirs de la chair mais vous les fuyez et y resistes.....

Saint Augustin dit que la chair est hastive et incitative de luxure en la commettant sans vergongne quant elle a fait ung mal elle ne desire que en faire ung aultre et accumuler mal sur mal et peschie sur peschie et induyre les gens a faire infiniz aultres maulx dignes de mort temporelle et eternelle et en auez veu plusieurs comme larrons sacrileges forceurs de filles et aultres qui pour leurs mesfaits ont este batuz par les carrefours et les aultres pilloriez eschellez et essoreillez qui promectent assez de jamais faire mal et neantmoins jamais ne se chastient tellement que souuent sont pendus et estranglez. Aussi filles du pechie de la chair et de vostre meschante et orde vie du temps passe plusieurs fois vous en estes confessees et promis jamais ny retourner et soubz ceste promesse accepte penitance et qui plus est receu a pasques le corps nostre seigneur mais incontinent apres pasques retourner a ce mauldit pechie comme une chienne qui a vomy et apres va mengier ce quelle a vomy et quantes foys vous y estes rencheutes vous le scavez mieulx et toutesfois vostre esperit ne desiroit aultre chose que vous fussiez pures et nectes etc. etc...

La IIIe chose qui vous fera chastes cest que vos habillemens soient de petit pris et par dessoubz durs et aspres car par ce moyen est oste un grand soing et curiosite a vostre charogne. Saint Benard. Tout ainsi que le plus dur et le plus aspre chardon cest celluy qui plus adoussit le drap pareillement les plus durs habitz sont ceulx qui font la chair plus chaste...

Qui veult estre chaste il ne fault point regarder sa et la en allant parmy les rues commes folz et folles...

. . . .

Et deuez bien et souuent considerer et penser que cest une extreme follie maleurte et imprudence pour une si petite orde et salle volupte de luxure qui est si tost passee que de souffrir perpetuellement tourmens inhumains et dyaboliques.

— VII —

DOCUMENTS

SUR L'HOTEL DE LA REYNE (KK. 124. A. N.)

BASTIMENS de la Reyne, mere du Roy, en son chasteau de Sainct Maur des fossez, *sa maison de Paris* pour une année finie le dernier jour du mois de décembre mil cinq cens quatre vingts ung.

Compte cinqiesme de Me Octauio Douy (1) comis par la Reyne, mere du roy... au paiement des bastimens de sa maison sise en ceste ville de Paris...

— Me Anthoine Poupeau au nom et comis procureur dudit Douy premier comptable...

— Me Claude Marcel conseiller trésorier et receveur général de la Reyne...

— Les sieurs de Bellebranche (2) et Pottier (3) ordonnateurs d'iceulx bastimens.

MAÇONNERIE

Claude Guérin, Me masson touche environ 2,022 escus.

— Accomode a neuf une grande chappelle que sadicte Majesté

(1) « Octavien Douy sieur d'Angé, *Debtes et créanciers*, page 108.
(2) Bencivenni, dans l'*Inventaire*. Voir Epit. de Saint-Eustache, note du chap. 1er, page 284
(3) Jehan Pottier, maistre des travaux dès 1578. Voir ch. IV, note 7, page 362

a ordonnée et commandé estre faicte au bout de son jardin le long de la rue Cocguère de laquelle chappelle l'entree sera sur la rue de Grenelle, etc.

— Rend logeables deux corps de logis en icelle maison l'ung tenant à la grand gallerie lelong du viel logis devers la rue du Four et l'aultre retournant en esquerre ou est la chappelle et grand escallier tant aux lambris de maçonnerie de plastre de cloysons cheminées portes que a une gallerie de bois a jour que l'on fait aussi de neuf hors œuvre, plantée le long du susdict logis dedans la petite court devers la dicte rue du Four que pour continuer et haulser une montée a vis qui est dedans la dicte court tenant au susdit logis de hauteur pour servir à monter par hault aux galletas.

— Fait la maçonnerie d'une gallerie pour servir à aller à couvert du logis de ladite maison dedans la grande salle ovalle que l'on construit de neuf dans le jardin, et celle d'une montée a viz pour descendre en icelle gallerie.

— Fait plusieurs maisons tant le long de la rue qui sera fete de neuf appelee la rue de la reyne mere du roy, traversant de la rue d'Orléans en la rue de Grenelle en travers de son hostel d'Orléans.

Pierre Aussudre (102 escus).

— Fait une muraille de closture reprenant en esquerre pres l'église et chappelle que sa majesté la dicte dame faict faire de neuf a l'ung des bouz de sondict jardin près de sadicte maison de Paris pour servir de separation et closture entre ladicte église et ledict jardin laquelle muraille contient dix-sept thoises de long sur deux thoises de haulteur... à 32 solz tz la thoise.

Pierre Aussudre et Supplice Bourdillon (100 escus).

— Font une muraille faite de neuf traversant de la rue des Deux-Escus en la rue de Grenelle.

François de Boys et Rene Rotrou (232 escus).

— Font les « desmolitions, abatage de vieilles murailles, vuydange des terres, desmolition du grand vieil mur dudict jardin qui est près ladicte maison que aultres vieilles murailles et descombres d'icelles que aussy la vuydange des terres, pierres et gravoyes d'une fosse à cause du cloacque qu'il convient faire de neuf en la rue que l'on fera de neuf au bout dudict jardin.

Martin Alexandre, enfonsseur de puis, reçoit 12 escus.

— Fait la vidange de terre, sable et eau pour enfonsser une fosse jusqu'a ung pied dans l'eau qui sera de forme ronde de neuf à dix pieds de large en diametre, dans la rue que l'on fera de neuf pour recevoir les eaux et esgoutz des rues qui sont es environs d'icelle fosse.

F. de Boys (788 liv. 60 s. 1/13).

— Fait une grande salle de forme ovalle avec gallerie au partour contenant de longueur 16 thoises et de largeur 8 thoises, le tout dans œuvre ou environ ; dans ceci se comprendra ladicte gallerie logée et plantée dedans l'encloz dudict grand jardin joignant ladicte maison audict Paris. 3,171 escus 30 s. t.

CARRIERS ET MARCHANDS DE PIERRES DE TAILLE

Estienne Gaudart et Pierre des Cannes, carriers, demourans à Notre Dame des Champs (7 mai 1581).

— Fournissent 235 pieds de pierre de taille lyaiz tant pour le portail à l'entrée de l'église... que pour emploier aussi a la massonnerie des chappelles que l'on fet de neuf tenant à ladicte église devers ledit jardin parce qu'il n'y avait plus de ladicte pierre de taille sur les lieux appartenant à sadicte Majesté qui fut propre et convenable pour emploier esdicts ouvrages.

Georges Regnier.

— Fournit de la pierre de Saint-Leu pour le portail et entrée de l'église et pour les chappelles et oratoires.

Pierre Pinsson, carrier à N. D. des Champs.

— Fournit des pierres pour le portail et les chappelles (bas clicart des carrières de Vaugirard). Anthoine Jolly et Pierre des Cannes, Laurans Tasse, carriers ; Jehan Douart, voicturier, Jehan Crougnoux, Nicolas des Cannes, Cosme Coignet.

— Fournissent des pierres.

Estienne Godart.

— Transporte des pierres qui estoient soubz la gallerie par bas joignant le grand portail de la maison de la dicte dame pour rendre la place nette afin de loger en partie les coches de sa dicte Majesté, et icelles pierres mener et charryer audict lieu.

— Charrye cinquante marches de pierre de lyaiz en icelle eglise pour la montée à viz que sa Majesté a ordonné être faite. 620 escus 55 s. t.

MENUSERYE

David Fournier, M[e] menuisier.

— Fait une porte a deux vanteaulx et ung guichet adjousté dedans qui est de huit à neuf pieds de hault et de sept à huict pieds de large ensemble de battans traverses desdicts clouz par dessus servant en la rue de Grenelle pour vuider la pierre de la rue qui est au bout du jardin.

— Fait une aultre porte de pareille façon a deux vanteaulx sans guichetz servant pres de la chappelle pour entrer en la petite court à l'aultre bout dudict jardin.

— Desmolit les huis des orangeries et les sert à couvert.

[21 juin]. — Accommode et approprie de menuiserie les deux corps de logis qui restent à parfaire tenant à la gallerie et retournant en esquerre où est l'escallier et chappelle.

— Fait le planchement des menuiseries et lambris et les portes, croisées et fenestres qu'il est necessaire faire pour rendre logeable les deux corps d'*hostel* (mot rayé dans l'original) de logis.

[5 août.] — Rend logeables trois corps de logis qui restent à achever en icelle maison.

[12 août.] — Approprie de menuiserie les trois corps de logis ci-dessus.

Isabeau Gasteau, veuve de feu David Fournier.

[24 septembre]. — Est payée pour les fenestres des croisées de la grande salle de forme ovalle et pour les ballustres et aultres menuiseries que la reyne commandera.

[26 novembre]. La Reyne commande les ouvrages estre fetz en diligence pour y loger promptement leurs Majestés.

Nicolas Consel.

— Garnit de lambris de menuiserie l'antichambre et chambre du corps de logis ou sont les estuves au second etage, lequel lambris sera faict a dix pièces d'armoires qui sont audit logis sy icelles armoueres y peuvent satisfaire lesquelles ont été faites, par cy devant pour servir d'armouers aux aultres logis en ladite maison — 48 thoises et demye de lambris. 706 escus 45 s. t.

COUVERTURES

Mathieu de Guesne.

— Couvre une gallerie de charpenteries à jour faite de neuf sur la petite court devers larue du Four.

Descouvre et recouvre une montée en viz élevée plus haut qu'elle n'estoit pour servir a entrer dans les logis des galletas.

— Fait des reparations et recouvre d'ardoises en plusyeurs endroits les combles des logis devers la rue du Four et le logis ou est la chappelle.

— Fait la place descouvre et recouvre pour placer trois grands yeulx de bœuf de plomb, et fait la couverture de deux petites lucarnes de charpenterie pour donner clarté dedans les galletas appropriés de neuf sur la chappelle et les rendre logeables durant le mois de juillet. (5 août.)

— Couvre d'ardoise une grande salle de forme ovalle avec gallerie au partour. (Travail faict en grande diligence a l'un des boutz du jardin.)

— Rétabli des couvertures d'ardoises sur tous les combles des quatre corps de logis en esquerre et des pavillons et des corps de logis qui sont sur les estuves et fait toutes aultres couvertures d'ardoises qu'il convenait faire en ladite maison. 286 escus.

CHARPENTERYE

Guillaume Regnier, Me charpentier.

— Construit une grande salle de forme ovalle plantée et érigée au bout du dict jardin le long du grand pan de mur de closture sur la rue d'Orléans vers la croix neufve audict Paris. (En grande et extrême diligence.)

Jehan Gaultier.

— Fournit du bois pour la construction d'une montée à viz... tenant au grand escallier pour servir à monter en la grande salle haulte dudit logis et pour les cloisons des galletas audessus des étuves.

— Accommode et rend logeables deux corps de logis l'un tenant à la grand gallerie le long du viel logis devers la rue du Four : l'aultre où est la chappelle et grand escallier.

— Travaille a la gallerie a jour dans la cour du côté de la rue du Four, et rehaulse la montée qui conduit aux galletas situés au dessus de la chappelle.

— Leve, assemble et dessemble les bois d'un ouvrage de charpenterie et les met dans l'auvent de la gallerie qui sert à clore et fermer pres l'escuyrie l'espallier des orangers (?)

Abat et desmolit les charpenteries des orangers contenant 24 thoises de long, garnye d'un pan de bois, peuplées de posteaux espassez de trois pieds et demy près l'ung de l'autre, garnie de sablière tant par haut que par bas et la desassemble pour la conservation d'iceulx.

— Destache et hoste les aulvents d'au dessus qui sont deux l'ung au dessus de l'aultre et les porte et les range dans une grande salle.

— Remet les rancs desdites clostures et appentis doublés desdicts orangers et reprend tout le bois de charpente, le reconstruit avec des chevilles et le remet dans le jardin. (Avril 1580.) 1,360 escus 30 s. t.

MARCHAND DE BOIS DE CHARPENTE

Jehan Pistouy, marchand de bois carré à Paris,

Guillaume Mercier, Me charpentier.

— Fournissent des pièces de bois de chêne de 9 thoises 1 pied de long, grosses d'un bout de deux pieds et de l'autre dix huit pouces pour les combles de la salle ovalle; quinze grosses poutres pour la maçonnerie de l'église. 688 escus 32 s. t.

SERRURERYE

M. Mathurin Boy, serrurier.

Fait et livre 9 tirans de gros fer carré pour tenir la charge de la voulte dans la maison neuve du coing de la chappelle; 5 petites soupentes garnyes de cloux avec une cheville de fer pour la voulte de la chappelle; 2 goujons garnis de cloux, 5 petites soupentes; 2 grandes barres; 8 chevilles, 225 grands cloux.

— Fournit la serrure de l'entrée de la porte du jardin, fait cinq clefs à plusieurs foys qui servent aux dites portes avec un verrou sur tachette garni de clous crampon avec une plataine persée de plusieurs trous pour servir de guignette au devant du guichet dans ladite porte.

20 crochets pour servir aux huis qui ferment la gallerie des orangers avec deux torniquetz.

Grande esquerre qui porte un bourdonnier garni d'une grosse gache doublée d'un grand lien, le tout garni de grands clous pour attacher avec une grosse serrure a bosse garnie de verroux crampons, gache et ung aultre gros verrou plat, etc., servant à la grand porte qui ferme le passage de l'entrée de ladite chappelle.

— Fournit les serrures des croisées, des huis, lambris, portes et châssis à vitres des deux corps de logis.

Fournit les mêmes objets aux trois autres corps de logis l'un tenant à la gallerie le long du vieilz logis sur la rue du Four, l'aultre ou est la chappelle et grand escallier, et le troisieme ou sont les estuves. 598 escus 23 s. 6 d. t.

PLOMBERYE

Jehan de la Rue.

— Livre 21 tables de plomb pour l'enfestement des combles et couvertures d'ardoise du corps de logis ou est la grand salle, chappelle et escallier. 1840 livres de plomb.

— Livre deux grands yeulx de bœuf et deux bavettes.

— Livre un petit œil de bœuf et deux bavettes : puis un grand et un petit œil de bœuf avec une bavette.

— 4 petits yeulx de bœuf et trois grands garnis de leurs bavettes.

— Couvre les terraces d'une petite gallerie de charpenterie à jour faicte de neuf dedans la petite court devers la rue du Four et couvre d'autres lieux et endroits sur les combles.

Rétabli des thuiaux de plomb des fontaines tant au bout de la grande salle basse joignant le grand escallier que dans le grand jardin. 113 escus 34 s. 6 d. t.

PAINCTURE

Henry Martin, Thomas Aulbert paintres, mettent en couleur les planchers, croisées et portes des trois corps de logis restanz à achever.

[14 septembre]. Roger de Rogery, paintre ordinaire de sa Majesté, fait un ouvrage tant de painture sur thoille que aultrement, sculture et tournemens de festons de lyerre et cliquant et aultre que pour les facons et estoffes de deux cheveaulx et d'une façon de nue le tout faict et attourné de belle sorte et manière tant de ladicte paincture que sculture qu'il a promis et commencé à faire pour sa dicte Majesté et pour l'aornement d'une grande salle de forme ovalle, contenant 16 thoises de longueur et huit thoises et demye de large. 873 escus.

VICTRERYE

Jehan de Poys.

— Fournit des vitres aux trois corps de logis, aux autres appartenances et à la grande salle ovalle. 215 escus.

NATTES

Pierre Bergeron Mr nattier.

— Fournit des nattes pour la grande salle à 18 solz tournois la thoise.

— Et pour des nattes mises et posées en place dans les chambre et antichambre. 50 escus.

CARREAULX, BRICQUES, PAVÉS ET PIERRES DE TAILLE

Guillaume du Mayne, potier de terre et paveur de carreau de de terre cuite, faulxbourg Saint Jacques.

Pour le galletas sur la grande salle et la salle joignant audit galletas.

— Pavement de la grande salle par bas à l'ayre de la court tenant à l'escallier; des planchers des galletas audessus d'icelle salle, appartenances des logis y tenant ou sont les estuves.

Pavement des logis ou galletas sur la grande salle, du petit galletas sur la petite salle joignant et soubz le grand escallier au rez de chaussée.

Pierre Jambefort, Me paveur de carreaulx de grez.

Destourne les ruisseaulx des cours des eaux des rues que sa dite Majeste a fait fermer et clore es environs de sa dite maison et jardins ;

— Rend et conduit les eaux au dedans une grande fosse ou cloaque faicte de neuf pour recevoir icelles eaux en la rue qui sera faicte de neuf ci apres traversant de la rue des deux escus en celle de Grenelle.

Laurans de la Granche maçon bricquetier.

— Fournit un millier de briques en l'église et pour emploier aux thuiaux des cheminées, des chappelles et oratoires. 227 escus 2 s. 6 d. (1).

En 1585 : Noel Badin a la charge du contrôlement du jardin de sa Majesté à Paris (K K. 116, A. N.).

Somme toute 10,027 escus 25 s. 11 d. t.

(1) N. B. Ce compte a été publié dans les *Comptes des bâtiments du Roy* de Delaborde (édit. J. Guiffrey) mais moins complet, et l'hôtel y est qualifié d'Hotel de Soissons, l'église est confondue avec la chapelle et on y a laissé un article de peinture qui concerne le château de Saint-Maur.

Fig. 250. — Sceau de JEHAN POILLEVILLAIN, parent des Marcel.
(Poings le vilain), 1258, 11 avril. Uzès.— Quittance de 60 l. 10 s. t. (J. 173, n° 16 A. N.)

[+, Ce est le Seel. Jehan : Poilevilein].

— VIII —

ORIGINES DE LA HAUTE BOURGEOISIE PARISIENNE. — PRÉVOTS DES MARCHANDS. — CONSEILLERS DE VILLE. — ÉCHEVINS, ETC. DEPUIS LE XIIIe SIÈCLE.

MALGRÉ les études partielles des auteurs qui nous ont précédé nous croyons notre travail absolument nouveau. Douet d'Arcq, il y a quelques années, regrettait que M. Hercule Géraud n'ait pas eu connaissance des tailles des archives : il est évident que c'était l'homme indiqué pour mener à bien une pareille œuvre; malheureusement la mort ne lui a pas permis d'achever le travail commencé, c'est pourquoi nous n'hésitons pas à publier des documents pour la plupart inédits.

Paris ne commence à être Paris qu'à la fin du XIIIe siècle. Les murailles de Philippe-Auguste se remplissant de maisons peu à peu, les rues nouvelles se formèrent et prirent des noms. Le prenier ouvrage sur ce sujet fut la taille de 1313 (Buchon 1827). Dix ans plus tard (1837), H. Géraud publiait la taille de 1293 et pouvait commencer à donner des détails précis sur Paris.

Nous offrons aujourd'hui de nouveaux renseignements sur les membres de la haute bourgeoisie parisienne vers 1300, qui serviront à reconstituer ce qu'on peut appeler « l'extrait de baptême » de Paris. Déjà M. G. Fagniez a publié ses remarquables *Études sur l'industrie et la classe industrielle à Paris au* XIIIe *et au*

XIVᵉ *siècle*; mais ce livre, comme son titre l'indique, ne s'occupe que des métiers; nous nous occuperons des personnes.

Chose curieuse ! ces prévôts, ces échevins, ces conseillers de ville ont encore aujourd'hui des descendants parmi nous. Cocheris (dont le nom lui-même indiquait un descendant des Cocatrix), avait retrouvé, en 1867, une famille Cocatris à Saint-Maurice en Valais (Suisse) ; nous retrouvons, nous, à Paris même, des Augier, des Barbette, des Gentien, des Asselin, des Picdoe, des Poinlane, des Bourdon, des Bonnefille, et même des Cocatrix (1890), descendants certains, mais qui l'ignorent sans doute, de ces illustres « conseillers municipaux »!

Jetons d'abord un rapide coup d'œil sur la ville elle même, et servons-nous de cette série de monuments comme d'un cadre pour la liste de ces familles ainsi présentées aux Parisiens pour la première fois.

Nous ferons remarquer que la plupart des vieilles rues, qui portent des noms de personnages, datent précisément de cette époque, telles que les rues Pierre-Sarrazin (fils de Raoul Sarrazin, 1205 ; *Ec. des C.*, t. XLIX, p. 305-306), père (?) de Jehan Sarazin, chambellan du roi de France, mari d'Agnès Barbette, mère de Jean Barbette († 1276, à trente-six ans. Gaignières, p. 38), et d'Etienne Barbette, et de son second lit, de Thiébaut Sarrazin, monnaier, 1296 (Cf. C. N D. etc.), Aubry le Boucher, Symon le franc, Pierre au lard, Boutebrie (Erembourc de Brie, juillet 1211, avril 1214, et ses deux enfants Pierre et Renaud), Bertin Poirée (le Bertinus Porée de 1200), Geoffroy l'asnier, etc.

Elles se comptent encore aujourd'hui par vingtaines les rues dont nous connaissons sûrement les parrains.

En 1300, Paris renfermait les monuments suivants. Le Louvre, dont Philippe-Auguste avait fait une « maison forte et magnifique » ; le Palais, qui venait d'être achevé ; la Sainte-Chapelle ; Notre Dame alors terminée: le Temple, et des églises sans nombre — environ quatre-vingts — telles que Saint-Julien le-Pauvre, Saint-Séverin ; des monastères. Sainte-Geneviève, Saint-Martin-des-Champs, Saint-Victor, etc., *extra muros*, dont il ne reste rien aujourd'hui. Nous ne citons pas la Sorbonne, qui était une maison ordinaire. M. Henri Denifle, de l'ordre des frères prêcheurs, a trouvé et publié l'acte par lequel « Louis donne à maistre Robert de Sorbonne, chanoine de Cambrai, la maison de

Jean d'Orléans avec les étables qui étaient auparavant à Pierre Point l'asne, tenant à la maison, situées à Paris, rue de Coupe Gueule, devant le palais des Thermes « vico de coupe-gueule ante palacium Termarum ». Feb. 1257. (Société de l'histoire de Paris. A. N., S. 6213, n° 85. Cf. Jourdain et du Boulay qui citent cet acte et celui de 1255, octobre.)

Quant à la Bastille, Simon de Gaucher, payeur des œuvres de la ville de Paris en 1369, 1370, 1371, donne à Jehan de Moigneville dix livres baillées par le prévost des marchands et échevins, pour être distribuées aux maçons et aydes, au sujet de l'assiette de la première pierre assise en la Bastide Saint-Anthoine (1370). Elle existait néanmoins avant 1368. Le garde, J. de Laigny, touchait 4 frans d'or par mois. (Voir Société des Biblioph., *Mél. d'hist. et de litt.*)

Les hôtels principaux étaient : 1° Devant le Louvre, du côté de Saint-Germain l'Auxerrois l'hôtel d'Alençon. (Pierre, fils de saint Louis, comte d'Alençon, † à Salerne en 1284. Sa veuve, Jeanne de Châtillon était morte en 1292 (de B.) à la chandeleur, et l'hôtel portait encore le nom du dernier propriétaire.) Voici comme preuves les extraits des tailles : « Nycaise fame au charretier la comtesse d'Alençon : 3 sous... rue de Guerneles ; Thoumas le tailléeur, consierge la contesse d'Alençon : rue Hosteriche. » — 2° Aux halles : l'hôtel des comtes d'Artois, situé où est la tour Jean-sans Peur, rue Etienne-Marcel, 20. (Robert II l'Illustre, alors comte d'Artois, 1250-1302.) Preuves : « Robin, le messagier au conte d'Artois : 12 deniers, rue Mauconseil ; Jehan, le consiergc au conte d'Artois, 70 sous, aux hales ; Gervese, le queu mons. Phelipe d'Artois . 40 deniers, rue de la Ferronnerie. Ce Gervese devient cuisinier de Charles de Valois en 1313 ; Vivian, serjant, mons. Philipe d'Artays, rue de Hosteriche. » 3° L'hôtel de Bretagne (Jean II duc de Bretagne 1286-1305) situé suivant Géraud, quai aux Fleurs : mais suivant nous, près des Quinze Vingts, ou les Aveugles *extra muros*. En effet, nous trouvons un acte de Charles, duc de Bretagne, vicomte de Limoges, seigneur de Guise et de Mayenne, daté « de nostre manoir de Petite Bretagne delez Paris le 24e jour de novembre de l'an 1356. » Don de 80 escus à Jehan de Serent. (*Dom Morice.* Preuves, t. I, col. 1512, cité par S. Luce. Du Guesclin.) — 4° Rue Froidmantel, l'hôtel de Dreux. (Jean II le Bon, comte de Dreux et grand chambrier de France.) Preuves : « Rogier, consierge au conte de Dreux, rue Fretmantel. « 5° Quai des Célestins, l'hôtel d'Eu (Jean de Brienne 1er). — 6° Rue J. J.-Rousseau au coin de la rue Coquillière, l'hôtel de Flandre (Gui de Dampierre, comte de Flandre, 1282-1305). Preuves : « Robert Povre home, consierge au conte de Flandres, rue Plastrière. » — 7° Rue de Betisy, l'hôtel de Ponthieu (Edouard II, comte de Ponthieu. 1290). — 8° Rue de Reims, l'hôtel de Bourgogne (Robert II 1273-1305) et les hôtels des archevêques de Rouen, rue Gaugain (de l'Eperon) ; des évêques de Chartres, rue de l'Hirondelle, des abbés de Compiègne, rue Saint-André-des-Arts, et des abbés de Fécamp, rue Hautefeuille ; les hôtels des rois de Navarre, rue Saint-André-des-Arts : et de Sicile, rue du roi de Sicile ; l'hôtel du Petit-Bourbon, devant le Louvre, les hôtels des moines de Lonc Pont, de Pruillé [on voit encore aujourd'hui rue Geoffroy-l'Asnier, 19, la porte de *l'hôtel de Pruylly*] (Preuilly, chef lieu de c., Indre-et Loire), de Reigny (commune du département de la Loire), de Fiennes (Pas-de-Calais) (Baudouin de Fiennes, 1270, dont le fils Jehan de Fiennes épouse, en 1307, Isabelle de Flandre, fille de Gui de Dampierre, et a un fils Robert vers 1308 1309. *Ec. des Ch.*, 1852, éd. Garnier); un comte de Saint-Pol, Jean de Châtillon, rue de Jouy, épouse Jeanne de Fiennes (1340) voir ch. 1, note 17 : de Chaaliz (Chaalis, Carolus locus, Oise, arrondissement de Senlis) ; enfin les deux hôtels de Nesle. Preuves : « Girart, le consierge de Neele, rue Pavee Saint André des ars (c'est celui du bord de l'eau), et Roussel, tailléeur et consierge de Neele, rue de Neele » (c'est celui que nous avons étudié).

Tous les noms que nous allons citer ont été portés par des prévôts des marchands, des conseillers de ville ou des échevins, excepté celui du plus riche personnage de tous, du *lombart* Gandouffle, dit Gandouffle le grand ou Gandouffle d'Arcelles, qui payait 140 livres de taille !

Ce Gandouffle, italien de Plaisance, un *Lombart*, le Rothschild de l'époque, était propriétaire, à Montreuil-sous Bois, d'une maison avec dépendances. Lebeuf, qui le cite, le nomme dans un endroit Gandulphe de Arablis, et dans un autre Gandulphe d'Arcelles (1).

(1) Dans des comptes de 1287 (Philippe le Bel) (20,683 fr., p. 5, B. N.), nous lisons : *Gandulfus de Arcellis pro debita comitis alenconis Vc l. t.*

Gandouffle mourut vers l'an 1308. Philippe le Bel, qui voulait doter le couvent des dominicains de Poissy, fit acheter tout ce que cet homme, puissant en fonds, possédait à Montreuil et à Neuilly-sur-Marne. Mais ces biens n'ayant pas convenu au couvent, le Roi les fit revendre par le prieur Renaud d'Aubigny, en 1309, du moins les moins profitables. Matthieu de Thotée et sa femme achetèrent du prieur six maisons à Neuilly, dix arpents et demi de vignes, dix arpents de terre labourable et un quart et demi de pâtis, le tout pour 350 livres parisis. (Leb.)

Nous possédons le testament (1291) de ce financier dans les Testaments des Rois (T. d. C.). Nous le publierons prochainement à cause des curieux renseignements qu'il contient. Nous savons par lui, que Gandouffle était en rapport avec Pierre Marcel le vieil : il lui fait rembourser des sommes indûment extorquées par l'usure. Il avait deux frères et quatre nièces, et fait des legs nombreux à des léproseries, des églises, etc. Il demeurait rue Saint-Merry, près de Saint-Bon.

Nous avons rangé les noms des familles, et les noms des membres de chaque famille par ordre de valeur pécuniaire. c'est-à dire suivant le montant de leur taille. Remarque importante. les noms marqués d'un astérisque sont ceux des personnes qui payaient au moins 4 livres de taille, somme énorme pour l'époque.

FAMILLE MARCEL

La famille bourgeoise la plus riche de Paris était sans contredit celle des Marcel, ou comme on lès désignait alors : les *Marceaulx*. Voici les noms des membres de cette famille que nous connaissons.

Les Marcel sont généralement drapiers et demeurent près du Palais, dans la cité, rues de la Pelleterie et de la Draperie. Il y a bien entendu des exceptions.

* Pierre Marcel le Viel, maître des comptes en 1225, février (1),

(1) En 1296, Pierre Marcel l'aîné vend à Becquard, archevêque de Sens, moyennant 840 l p « une maison, granges et jardins, sis à Paris en la paroisse Saint-Pol hors des murs, sur la rivière » (*Arch de l'Yonne*, art G. 96 cite par Bournon, hot. Saint-Pol)

Cette maison était chère, et devait par conséquent être importante si nous la comparons au prix moyen des propriétés à cette époque

En effet, Theofanie, veuve de Philippe Comin (ce bourgeois de Paris qui avait vendu un hôtel au comte d Etampes dans le quartier Saint-Pol en 1250), vendait,

paie 58 livres de taille, est le mari de Jeanne Cocatrix et possède un hôtel, gardé par Gieffroi le linier rue des rosiers. Il est le père des quatre suivants:

* Pierre Marcel le jeune, conseiller en 1298, 1301, 1303, 1304, mari d'Agnès, qui fonde la chapelle Saint-Etienne dans l'église Saint Barthélemy.

* Jacques Marcel, père de Garnier M. mari d'Eudeline (+ 1252) et d'Agnès M., épouse de Jehan Poillevillain, maître particulier des monnaies 1331, ou son père, dont un parent, Guill. P., avait fondé deux chapelles à Saint Eustache 1223. Ces deux frères récoltent des vins qu'ils font vendre par un nommé Henry (1).

* Jehan Marcel, dit de la Poterie, gendre de Thomas de Saint-Benoist (conseiller en 1276 92-96-98 1304 1312, Son fils (?) Jehan Marcel est encore échevin de 1334 à 1376 et fonde une chapelle à Saint-Barthélemy (T. d. C.).

Enfin, le quatrième fils du vieux Pierre, * Estienne Marcel, mari de Jeanne, + 1319. C'est le père du fameux prévôt (1354 + 1358) Etienne Marcel, mari 1° de Jeanne de Dammartin, sœur de Geoffroi de Dammartin et 2° de Marguerite des Essarts qui lui donne deux enfants, Robin ou Robert et Marion ou Marie Marcel (2).

* Jehan Marcel, mercier.

* Symon Marcel, gendre de Symon de Saint Cloud.

* Symon Marcel.

* Martin Marcel (receveur de la chambre aux deniers, 1300, 7 janvier).

Guillaume Marcel, marchand de laine.

André Marcel, Phelippot Marcel.

en décembre 1259, une maison avec un jardin, sise à Paris, en dehors des murs, au delà de la porte Saint Eustache sur la route qui conduit à Montmartre pour 208 liv paris La location était en moyenne de 8 liv. 2 s 9 d

L'arpent à Paris, ou sous Paris, coûtait environ 5 l. 10 s, le droit de cens étant de 16 s

Un bœuf coûtait 1 l 10 s, un mouton, 6 s 3 d, une poule, 2 deniers

Un breviaire coûtait jusqu'à 16 liv, une Bible en deux volumes, 200 l t (C.-N. D)

(1) En août 1313, Pierre et Jacques Marcel, expropriés, occupent la maison de Jacques Penoche (T. d. C, reg 48, n° 217)

(2) Etienne Marcel, le prevot, etait en relation d'affaires avec Aymar de Valence (Adomarus de Valentia), comte de Pembroke, celui la même dont la veuve, deja âgée, Marie, fille du comte de Saint-Pol, recevait souvent les visites du roi Jean, prisonnier alors à la tour de Londres. (Cf. *Annual reports*, 1888)

On comprend mieux, d'après les alliances de cette famille, les notes suivantes : Etienne Marcel et Jehan de Saint Benoist, pour 3 draps et demie, marbrez, verdeles, cours, de Broixelles, pour robes aux enffens de la chappelle royal à Paris et leurs maistres, 58 liv. 16 s. p.

— Les mêmes, pour 6 drap vers et demi de plusieurs pais pour faire cotes hardies et houces pour le bois aus huit veneurs du roy à deux escuiers de déduit, a huit archers et à quatre aides, 118 l. 6 s. p.

— Les mêmes, pour un roié vermeil de Gant, délivré aus trois guaictes du Roy pour leurs robes de Toussains, darrenièrement passée à Paris, le 1er février 1351, rendu à court, 14 l. p.

Ce Jehan de Saint Benoist était un nevcu de Thomas de Saint Benoist, dont le gendre, Jehan Marcel, avait une censive à Fontenay près Vincennes. Il est vendu dans cette censive le jeudi après la Saint-Aubin 1305 un demi arpent de terre.

En 1342, 10 juin, Jean de Saint Benoist, drapier et bourgeois de Paris, était seigneur de Fleury sous-Meudon et en 1378 un Symon de Saint-Benoist était échevin. Cette famille n'était donc pas belge, comme l'avancent quelques auteurs.

Lors de l'assassinat du prévôt, un Alain de Saint-Benoist était arrêté : c'était un de ses parents éloignés.

Nous pouvons encore retrouver plus tard des membres de cette famille : en 1463 un Jacques de Saint-Benoît, seigneur de Brétigny, est chambellan du roi et capitaine de la cité d'Arras. Son fils, Guyon de Saint-Benoît, vivait en 1502, 18 avril. (Le beuf.)

Enfin en 1496, 28 mai, un Simon de Saint-Beneoit avait eu un hôtel donnant rue Arnoul de Charonne, anciennement rue Sans chief et rue du Cerf, à l'opposite de l'hostel de la Monnaie. (P. O. Culdoe, n° 9, B. N.)

FAMILLE ARRODE

Cette famille a compté parmi ses membres plusieurs conseillers de ville, et était très connue. Elle demeurait rue de la Poterie. Le plus ancien membre, Eudes Arrode, pannetier de Philippe Auguste, meurt en 1217.

Veuve de feu Nicolas Arrode, 1220.

Nicolas son fils (?) a un jardin rue Grenier-Saint Lazare, près des maisons de Robert de Clermont et de Pierre Ferry, dans la censive de Saint-Martin-des-Champs (22 sept. 1260).

Oudart Arrode, fils de feu Jehan Arrode, bourgeois de Paris, fait hommage-lige à l'évêque Étienne d'une rente de 12 l. 5 s. dont il a hérité de son père (30 mars 1276).

Nicolas Arrode, bourgeois de Paris, † 8 nov. 1290.

* Syre Jehan Arrode, maître des monnaies, 1270, prévôt des marchands en 1291 ; échevin 1280, 1281, mars; conseiller de ville, 1293, 15 février, 1294, 1297, 1298, 1301, 1304, 1305 ; paie 40 livres de taille.

* Jehan son fils, conseiller 1301, 1304, a une vigne aux platrières du Ruel, à Poitronville (27 mars 1300) aujourd'hui Belleville, près la vigne de trois arpens à Jehan Galande. (C. N. D.)

* Nicholas ou Colin, son fils.

* Jehan Bourdon, son gendre (1).

* Guillaume Source, son gendre.

* Nicolas Arrode, † 1252 (2).

* Jehanne Arrode.

* Alison Arrode et sa sœur.

* Anes fille feu Bertaut Arrode, † av. 1292.

* Jacques Arrode et ses deux fils.

* Oudart Arrode et ses quatre enfants ainsnés.

* Gile Arrode, † 1296.

Agnesot sa mere.

(1) Alliance des Arrode avec les Bourdon. (Voir les Bourdon.)

(2) Les filles de Nicolas Arrode avaient un droit de *criage*, comme le prouve le passage suivant du *Livre des Sentences* : « Filiabus Nicolai Arrodis pro clamatoria quam habebamus in terra sua que sita est Parisius inter domum presbiteri sancti Jacobi in Carnificeria Parisiensi (le Charnier des Innocents) et quandam parvam ruellam que ruella vocatur ruella Nicolai Arrodis (c'est précisément celle qui était près de la porte Montmartre) XXXVI solidos, in anno, videlicet in festo Beati Remigii. »

Elles étaient en outre propriétaires de maisons situées rue du Palais, avaient la granche des Termes et le cens de la Pennevere. Leur belle-sœur « la fame feu Nicolas Arrode, le jeune » possédait trois arpents de vigne à Vauvert et leur cousin Jehan Arrode payait 3 sous de rente au parloir, comme cens dû à ses cousines.

En 1299, SIRE Jehan Arrode avait aussi sa censive, comme ses nieces, et le roi Philippe le Bel donnait aux frères de la Charité N. D une maison qu'il possedait dans cette censive rue des Jardins (aujourd'hui rue des Billettes).

Un Jehan Arrode était orfèvre et vendait pour plus de cent livres de vaisselle d'or et d'argent aux noces de Jeanne de France, fille du roi, mariée à Charles le Mauvais, roi de Navarre, en 1351 (Douet d'Arcq et Joursanvault) ; Guillemin Arrode, orfevre, 1390, 21 août (de Bastard).

Dame Gile Arrode.
* Dame Perronnelle Arrode.
Dame Aaliz Arrode.
Dame Anselme Arrode.

Johannes Arrode pro denariis sibi traditis per magistrum. Johannem Clersens 2000 libras. Comptes du trésor du Louvre *E. d. C.*, t. XLV, 1884 éd. Julien Havet. — Un Huguelin Arrode est brodeur et valet de chambre de la reine Isabeau de Bavière de 1388 à 1397. KK. 19 et 41.

Sceau de Jean Arrode, bourgeois de Paris, pannetier de monseigneur le roy de France, 1295 mercredi, 1299 vendredi après penthecoste (J. 165, n° 63). Écu à la bande chargée de 3 fleurs de lys et accompagnée de 6 quintefeuilles, trois en chef trois en pointe.

Fig. 252 — Sceau de Jean Arrode, bourgeois de Paris. Pannetier de mons. le roy de France [Seel Jehan Arrode] 1299. (A. N.)

Son fils Nicholas Seigneur de Chaillau et de Coudray sur Seine, † 1316. (Leb.)

Jean Arrode, lettre de rémission 1357-58, T. d. C. JJ. 301.

[1302]. Une Jeanne Arrode est la femme de Raoul de Vaus, prévôt du Four-l'Evêque.

[1347, 22 fév.]. Jean Arrode et Jean Culdoe, changeurs de Paris, touchent 1,872 liv. sur un prêt fait au roi par une partie des changeurs. (P. O. Culdoe. B. N.)

[Av. 1362]. Jean Arrode épouse Huguette Braque, veuve de Thibaut de Fleury, dont il a quatre enfants : Jean, Adenin, Denys et Œgidius.

[1397, 9 juil.]. Jean Arrode, paieur de la ville de Paris, paie 2,000 liv. p. pour la fortification et le réparement d'icelle ville, comme pour les salles, chambres et la porte de la Taillerie du

Louvre du 23 nov. 1395 au 28 juin 1396. (P. O. Arrode. B. N.)

[1394, 31 mai]. Marie, veuve de Jehan Arrode de Chailliau, tutrice de Colette, sa fille, reçoit 100 francs, dus sur les cens de l'hôtel que le duc d'Orléans lui a acheté audit Chailliau (Chaillot). (P.-O. Arrode. B. N.) Il y avait à Paris dès la fin du règne de saint Louis des bourgeois qui, à leur nom Arrode, ajoutaient de Chaillouel. Les enfants de Jehan Arrode de Chaillouel moururent en 1284 et 1285. (Lebeuf.) L'article précédent confirme ce que dit Lebeuf et prouve que cette famille existait encore à la fin du XIVe siècle.

FAMILLE BOURDON

Cette famille, la plus nombreuse de toutes, donne son nom à plusieurs rues rue Sire Guillaume-Bourdon, rue Renier-Bourdon et enfin la rue des Bourdonnais qui existe encore.

Le nom de Renier Bourdon (Renoldus Bordon) se trouve mentionné dès l'an 1200 dans un chirographe.

Adam Bourdon, échevin en 1263, † av. 1292.

* Sire Guillaume Bourdon, prévôt en 1280-1293, paie 40 livres. Geneviève, sa femme. Agnès, sa fille

C'est un nommé Hermant qui vend ses vins.

* Jehan Bourdon, † av. 1292, avait un clerc nommé Guérin.

* Macy, femme de feu Jehan Bourdon et ses enfants : Guillot, Jehannot et ses sœurs.

* Guillaume Bourdon, 1296.

* Renier Bourdon le jeune, son fils.

* Renier Bourdon, échevin, 1304, Perronnelle, sa fille et ses deux neveux de la fille Audri Pocheron (1).

* Estienne Bourdon, cons. 1302, échevin : 1304 Guillaume, sa chambrière, Estevenot, son beau-frère.

* Guillaume Bourdon, Colete, sa chambrière, Alain Langlois, son valet.

* René Bourdon, le jeune, échevin 1354-58, son fils.

* Guillaume Bourdon, marié à Jehanne qui fut femme à Jehan Huré ; dame Helloys sa belle-mère, son valet Danelet, et Bertaut du bois, gardien de sa grange.

* Agnès la Bourdonne

(1) Ce Pocheron appartenait à une famille riche, alliée aux Marcel.

* Jehan Bourdon, gendre de Jehan Arrode, cons. 1298 (1).

* Jehan Bourdon, gendre de Adam de Meullent et beau-frère d'Adenot de Meullent.

* Marie Bourdonne ou la Bordonne et ses enfants, Adam, Jacquet et Guillaume le petit.

Aaliz femme de feu Estienne Bourdon et ses quatre enfants.

Jacqueline la Bourdonne, femme de Jacques Bourdon, échevin 1314.

Jehanne, femme de feu Jehan Bourdon.

Maci, Adam, Bertaut, Pierre, Girart, Guillot et Adenot Bourdon.

Guillaume Bourdon, échevin, 1381.

Il y a encore beaucoup de Bourdon à Paris ; mais ce nom est trop commun pour qu'on puisse, en dressant une généalogie, espérer arriver à un résultat satisfaisant. Nous connaissons les Bourdon de Mauny, les Bourdon de la Croix, les Bourdon de Saint-Denis, etc., etc. Ont-ils une commune origine ?

FAMILLE PIZDOE, rue des Lavandières Sainte-Opportune.

En septembre 1249, un chanoine de Saint-Thomas du Louvre Jean Lyssoart, lègue une certaine somme à Jehan, clerc, fils de Guillaume Pisdoe (pectoris anseris, poitrine d'oie) et en 1292. un Clyment Lysiart possède un demi arpent de vigne à Charonne qu'il tient de la femme feu Renaut Pizdoe (L. S.).

Nous connaissons un Etienne Lisiart et Agnès sa femme (1276). (5185. A. B. N.), et un Adam Lisiart, propriétaire à Villabé don nait sa portion de dîme aux moines de Longpont et partait pour la croisade en 1147. (Leb.)

Guillaume Pisdoe fut prévôt 1276, échevin 1296, 1298, 1304 puis prévôt de nouveau 1304-1305. Il était en 1310 (6 décembre) adjoint à des curateurs aux biens du Temple.

* Sire Macy Pisdoe, conseiller en 1302-1305, paie 12 livres de taille. Maci Pizdoe avait un quartier de vigne à Charonne en 1292. (L. S.).

Guillaume et Renaudin ses fils ;

Jehannot Pisdoe, leur cousin ;

* Macyot Pisdoe ;

(1) Alliance des Bourdon avec les Arrode. (Voir famille Arrode.)

* Dame Jehanne la Pydoe et ses trois enfants. Marie sa chambrière ;

Thomassin et Gervesot ses fils :

Sa nièce, fille de Jehan les chans :

Perronnelle femme de feu Thomas Pisdoe ; elle a un valet.

Marote sa fille, Jacquelot sa fille ;

Oudinet son fils ;

* Genevieve la Pidoe :

Renaut Pidoe, conseiller, 1304-1314 ; vend en 1316 une maison rue Saint-Honoré à Charles de Valois ;

Eudes Pis d'oe, échevin, 1270, 25 août. *(C. N. D.)*

La femme de feu Oudart ou Eude Pizdoe, bruz de la femme à Thomas ;

Oudart Pisdoe.

Guillaume Pisdoe le jone, prend un chapiau de bièvre (petit animal), 32 ventres, valent 37 sous 4 deniers, à Jehan d'Avranches, peletier à Paris, au compte du roi pour assister à son sacre (1350). (Douet d'Arcq) Il était écuyer du roi, le 18 janvier 1317 ; sur une quittance de deux ronsins espagnols remis en l'écurie du roi. (Clairamb. Ecu à la croix chargée de losanges et cantonnée au 1 d'une molette, au 2, 3 et 4 d'un lion ; timbré d'un oiseau essorant supporté par deux lions dans un trilobe.)

Un Guillaume Pizdoe est assassiné par Nicolas de l'Isle qui reçoit ses lettres de rémission en 1327-28. (T. d. C.)

Un Jehan Pisdoe, garde des monnaies, 1356, 17 mars, anobli en 1342 (JJ. 301, p. 1132), est valet de chambre du duc d'Orléans, 5 oct. 1396 (Lettres de rémission à Jehan Martin et Etienne Pizdoe en 1357-58, JJ. 301) et un Regnaut Pizdoe est changeur en 1398, et 1413 (18 sept.) (de B.).

Nous avons le testament d'une nommée Eude la Pizdoe, femme de Jacques l'Empereur, échanson du roi en date du 24 décembre 1408.

Il existe encore à Paris des Piedoe.

FAMILLE HENRI DES NES *(navibus)*, rue du Four.

* Henry des Nes (nefs) échevin en 1263 et en 1270, paie 11 livres. Il meurt en 1290. Son valet se nomme Jehan Caravale et son clerc Adam.

Jehan des Nes son frère.
Marote des Nes sa nièce.
Jehanne des Nes et Anceline sa fille, 1300.

FAMILLE POINT L'ASNE *(Pongens Asinum)*, rue des Prouvaires.

Un Guillaume Point l'asne fonde la chapelle Saint-André à Saint-Eustache en 1224-1228, et affecte une rente (1276 30 mars) à cette fondation.

Un Pierre Pointlasne avait la maison qui appartint ensuite à Jean d'Orléans et devint la Sorbonne (1257). Un Bernard Poillanus était notaire du roi. (Nîmes, mardi 2 janvier 1256. Trés. des Chartes.)

Les enfantz de Girart Point l'Asne ont une vigne aux Sablons. (N. d. des Champs 1292) L. S.

* Jehan Point l'Asne, fils probable de Guillaume et conseiller, 1290-1293-1303-1304; a son sceau [7236] dans la collection Clairambault (1299, 29 janvier) : Ecu à la bande chargée de trois ânes dans un quadrilobe.

Fig. 253. — Sceau de POINGLANE, 1299, 29 janvier, n. s. (Clairamb., Reg. 87, p. 6827. B. N.)

Ses enfants sans mère.

* Berthaut Point l'Asne, conseiller en 1305.

* Jehan fils de Jehan ; Estevenot son frère.

Nicolas Point l'asne, son gendre et la sœur de sa femme ;

Pierre, Gautier, Marguerite Point l'asne ;

Jehanne la Point l'asne (avec son mari) probablement ; Jehan.

En 1286, les religieuses des Hautes-Bruyères, diocèse de Chartres, possédaient un clos de vigne sur la censive d'André Point l'Asne, à Charonne. Ce fief, le plus ancien de Charonne, s'appelait, au XIVe siècle, fief de la cour Point l'Asne. (Leb.)

Il existe encore à Paris des Poinlane.

FAMILLE AUGIER, rue des Lavandières Sainte-Opportune.

* Perronnelle, femme feu Jehan Augier, prévôt 1268, † 1296; Perrot son valet, Florence sa chambrière :

* Jehan Augier son fils, garde des monnaies, 1356 (17 mars), et dame Perronnelle sa femme. Denise leur chambrière ;

* Agnes, fille Jehan Augier, paie 14 livres ; Roberge vend les vins à Jehan Augier.

Jehanne, fille feu Jehan Augier et ses enfants.

Les Augier existent encore à Paris, mais le nom est trop répandu pour tenter de rechercher la généalogie.

FAMILLE POPIN

Eude Popin, conseiller de ville en 1200 cité dans un chirographe. (*Top. de la ville de Paris*. Sceaux de la ville.)

* Jehan Popin (de Chastiau Festu) conseiller en 1268, paie 14 livres.

* Jehan Popin, † 1292.

* Jehan Popin du porche Saint Jacques-la-Boucherie, conseiller en 1268 avec l'autre Popin, prévôt des marchands en 1249-1293-1296 (*præpositus mercature* 1270, 25 avril) ;

Jehannot Popin son fils, frère à la mère Jehanne Aug. (*sic*):

Eude Popin et Jehannot son fils ;

* Berthelot Popin ;

Adam Popin le boiteus, conseiller, 1291 ;

Henri Popin ;

Symon Popin ;

Jehanne la popine, juin 1258 (*C. N. D.*);

Dame Agnès la popine et ses trois fils.

Un Jean Popin épouse une fille de Gervais Tristan, chambellan de Philippe-Auguste, et de N. dite la Trésorière.

FAMILLE BARBETTE, Place de Grève.

* Estienne Barbette, échevin, 1296; prévost, 1298-1304; conseiller, 1305, voit sa maison saccagée cette année-là; il est encore prévôt en 1314. Il était maître de la monnaie et voier de Paris. Il paie 12 livres. Il a un valet, Phelipot ; un fauconnier, Guillot et une chambrière, Erembourc ;

* Jehan son gendre ;

* Jehan son fils, conseiller en 1301, 1303, 1304;

Denise sa fille ;

Aalis, sa fille, meurt à 27 ans, 12 mai 1293. Elle était femme de Jean Sarrazin le jeune, drapier, † 1279. (Gaignières, p. 37.)

La femme Symon Barbette.

C'est dans la maison d'Estienne Barbette que fut assise la taille de 1313. Nous avons trouvé en 1275 (25 août) une Agnès Barbette, femme de Jehan Sarrazin, chambellan du roi de France, mère d'Etienne et de Jehan Barbette (échevin 1263) qui fonde une chapelle dédiée à saint Michel dans l'église Saint-Gervais, (*C. N. D.*) et laisse 4 livres de rente sur deux maisons rue Tirechape : 1275 janvier. (5185 A. B. N.)

En 1209 Hervinus ou Helloinus Barbette, reçoit 8 d. de cens sur une maison sise aux Champeaux.

En 1206 un Guillaume Barbette le jeune est un « homme de l'évêque de Paris » ; et un bourgeois de Paris, mars 1224. (5185 A. B. N.)

Enfin dès 1201, Hervin Barbette était bourgeois de Paris.

Un Philippe Barbette, bourgeois de Paris, est assassiné en 1262 par Hugue du Chatel qui l'avait attiré dans sa maison. Ce Hugue du Chatel est acquitté. (Boutaric, *Olim.*)

Il existe encore des Barbette à Paris.

FAMILLE GENCIEN, rue de la Poterie.

* Sire Pierre Gencien paie 40 livres de taille et meurt en 1298. Il a un valet, Jehan le Flamenc, une chambrière, Marie, et une domestique (Mesnie). Clyment qui vent vin du cellier sire Pierre Gencien. Robert qui garde les chevaux Pierre Gencien. (1300).

Pierre Gencien avait une maison rue du Petit Pont (L. S.). Il était maître des comptes en 1225, février, et fournissait 10 muids d'avoine pour la somme de 80 l. 38 sous, en 1296. (Compte du trésor du Louvre. E. d. C. t. XLV, 1884.)

* Marguerite, sa femme ;

* Jehanne, sa fille ;

* Jacques, son fils ;

* Jacques Gencien et son gendre ;

* Gencien, gendre de Philippe de Vitri, beau-frère d'Estienne de Vitri ;

* Pierre Gencien et ses fils, Pierre le grant et Guenart ;

Isabeau la Gencienne ;

Perrette sa fille ;

Jehan Gencien, échevin, 1304, 1308, 1321.

Tristan Gencien, huissier d'armes du roi, paye les gages des charpentiers en l'ost de Halluin, 1315, 9 sept. Ecu au lion couronné dans un quadrilobe. (Clair. B. N.)

Il y a encore à Paris des Gencien (1888).

FAMILLE COCATRIX, rue de la Poterie.

* Gefroi Cocatrix paie 25 livres; Jehanne sa chambrière;

Gieffroi de Courciax qui a fiancé la fille Coquatrix;

Henry Lallemant, queu de Gief. Coquatrix.

Raoul Cocatrix; Raoullet; son valet;

* Jacques, son fils;

Jehannot Cocatrix, fillastre Jaques le ladre, 1300 (1);

Jeffroi Cocatrix eschançon du roi (1er octobre 1302);

Renier Cocatrix escuier du roi et trésorier des guerres. Calais. 21 août 1315; Arras, 1315, 25 déc. (2);

Gui Coquatrix, chanoine de Paris, 1335, 25 juillet;

Bernart Cocatrix, échevin, 1354-1358.

Jeanne Coquatrix, épouse Simon Legrand, docteur en droit. Ils sont morts en 1343 et laissent leur nom à un fief Cocatrix à Bondoufle. (Leb.)

Pierre Marcel, le vieux, grand père d'Etienne Marcel, avait épousé une Jeanne Cocatrix; il y eut encore d'autres alliances entre les deux familles (3).

(1) Compte du trésor du Louvre, 1296 (*E. d. C.*, t. 45.) Gaudffridus Cocatrix fournit 759 muids 8 septiers 40 s. — 1519 l. Gaudffridus Cocatris for garnisionibus faciendis per magistum Johannem Clersens 2000 liv. Ce Gefroi Cocatrix était possesseur du fief sur lequel etait bâti le parloir aux bourgeois Saint Leufroy en 1321 La rue des Lombarts etait dans la censive des Cocatrix en 1412, 31 decembre (de Bastard).

Nous voyons mentionner sa censive le 4 juillet 1355. (S. 3964, n° 14.)

Ecu au sautoir engrele à la bordure de meme, cantonne de 4 lions rampants, penché, timbré d un heaume cimé d un dragon, champ treillissé. (Quittance de 1309, 9 mars. Clair)

G. C. et sa femme vendent 3 l de rentes à Philippe de Valois à prendre sur la boete aux poissons aux halles. 1330. (T d C Inv. Dupuy)

(2) Héritier de Geoffroi 1336 1337. (T. d. C) Quittance donnée au roi.

(3) Accord entre les héritiers de Geoffroi Cocatrix et Marie la Marcelle, sa femme, et les gens du roi sur 15,000 liv que Gieffroy avait prêtees au roi et qui lui ont ete integralement rendues. (T d C, JJ 301. p. 106)

Ce Geoffroy Cocatrix, *familier le roy*, achetait, en 1314, une part dans la portion d Erard de Montmorency sur le *travers*, ou droit de passage de la Seine à Conflans Sainte-Honorine. (Leb.)

Un Jean Coquatrix de Bonnes est échevin de la ville de Paris.

Ses armoiries sont analogues à celles mentionnees plus haut avec cette différence que les lions rampants sont remplacés par des dragons ailes et que l'écu est soutenu par un homme sauvage, supporté par deux chimeres et deux lions, en pointe une chimere; le tout dans une rose gothique. [1359 63 80 Clair]

Le fief Haran, dit Coquatrix, était situé rue Saint-Denis, vis-à-vis l'hôpital Sainte-Catherine: Jean de Thou, maître des requêtes, et Renée Baillet, sa veuve en 1537, en jouissaient alors. Il y avait aussi aux environs de Paris un endroit désigné sous le nom de Valcoquatrix; il est mentionné dans Lebeuf.

Il y a encore à Paris des Cocatrix.

FAMILLE HESCELIN, rue Thibaut aus dez

Sire Bertaut Hescelin, échevin, 1276 (T. d. C.); conseiller, 1290 94-98-1301 02 03; paie 15 livres: la chambrière sire Bertaut: Collin, son valet; sa nourrice. Ce Bertaut Hescelin avait trois arpens de vigne en Augeron, près Vanves, qu'il tenait de la femme de feu Nicolas Arrode le jeune (1296, L. S.) (1).

* Nicolas Hescelin, son fils, conseiller 1290-1298 1301-1304.

* Jacques Herchier, son gendre;

* Jehan Hescelin, † 1296, sa femme et ses enfants: Marie sa fille, Jehannot l'Aisné, Jehannot le jeune, Aliaumin, Jehannete et Alison;

Girart de Senliz, gendre Jehan Hescelin;

Adeline, femme feu Ascelin le viel (Bertaut);

Marie, fille feu Bertaut Ascelin et sa sœur;

Marie, femme feu Nicolas Hescelin.

Un Aliaume Hescelin était châtelain de Gisors en 1214 (août) (Sceaux). Son fils était sergent de Philippe-Auguste, et était beau-père de Girart de Senlis.

En 1376, un Jean Esselin, bourgeois de Paris, vendait 24 arpens de terre sis à Saint-Mandé au roi Philippe le Hardi pour agrandir le bois de Vincennes. C'est ce Jean Esselin ou Hesselin, seigneur de Saint-Mande, ou son fils, qui empêchait de vendre, sans sa permission, des chandelles aux pèlerins de Saint-Mandé, en 1391. (Leb.)

Une Germaine Hesselin, fille de Jacques II. et de Catherine de Lallier ép. Jean Bureau en 1465. Enfin, vers 1570, une Isabelle Hesselin épouse Jean de la Rivière.

Un Antoine Hescelin est conseiller de ville en 1500.

Le nom d'Asselin est encore commun aujourd'hui à Paris.

(1) Ce qui prouve alliance entre les Hescelin et les Arrode.

FAMILLE BIGUE, rue des Bourdonnais

* Jehan Bigue, conseiller en 1294, † 1298, paie 7 livres de taille;
Isabel femme feu Jehan Bigue ;
Jehan, Jehannete, Alison, Droet, enfanz feu Jehan Bigue ;
* Audry Bigue, † 1297 ; il a un valet ;
Ses deux filles ;
Emeline femme feu Audri Bigue ;
Aubert Bigue, lombart.

En 1247, Adam Bigue fonde une chapelle Saint Nicolas à la Grange-au-Bois, près de l'abbaye d'Hérivaux, à côté de Luzarches. (Lebeuf).

Nous pourrions encore donner des documents sur les Culdoe, les Tristan, les Paon, les Toussac, cette famille nombreuse de merciers, dont l'un des membres, Charles Toussac, devait être exécuté comme complice d'Etienne Marcel ; des Braque, qu'on suit pendant plusieurs siècles ; des Saint Yon, dont les membres sont une quinzaine en 1300 ; des Bonnefille, une douzaine, etc. (1). Tous ces noms se retrouvent encore aujourd'hui dans le Bottin (2).

Nous préférons donner les noms des fournisseurs et employés de Charles de Valois, qui demeurait à cette date dans l'hôtel de Nesle, que nous étudions, et ceux des sergents du four l'Evesque.

FOURNISSEURS ET GENS DE CHARLES DE VALOIS (3)

Mahi de Caus, messager de monseigneur Charles ; Le Mareschal a la fame à monseigneur Charles ; Hue le barbier, Jehannot

(1) Les Saint-Yon et les Bonnefille sont, à cette époque, tous bouchers. Les Saint-Yon sous saint Louis, Jeanne veuve de Robert de S Y. vend une maison dans la censive S G l'Auxerrois, à Alphonse, comte de Poitiers et à Jeanne sa femme, 1101 septembre 1255, et Jean fils de Jean de Saint Yon, boucher, vend une maison près Saint-Leufroy à saint Louis, 1257, janvier (T d C.)

Nous trouvons dès 1258, un Jehan dit Bonnefille qui a la garde d'une abbaye (J 165, A N)

(2) Nous ferons remarquer que beaucoup de ces riches bourgeois cultivaient des vignes dont ils faisaient vendre la recolte par un commis.

On ajoutait parfois au nom du chef de la famille le mot *sire* Sire Guillaume Bourdon, sire Jehan Arrode, sire Pierre Gencien, sire Bertaut Hescelin, sire Maci Pizdoe C'était, nous croyons, un titre purement honorifique, comme celui de *dame* donné à plusieurs femmes de bourgeois.

(3) Nous trouvons dans le Testament de Charles de Valois, daté de Villers-Cotterets, 17 nov 1325 (J. 164, A. N.) les details suivants qui confirment ces citations des livres des tailles,

l'espicier, Raoul l'armeurier ; Guill. de Roan, le tailleur, Jehan Mallet le valet, Pierre le queu, Guillaume de Mondeville le fruitier de monseigneur Charles ; Asceline, femme à l'uissier de monseigneur Charles et Guillaume le Grant qui est à monseigneur Charles.

LE FOR L'ÉVÊQUE ET LE FOUR L'ÉVÊQUE

On a, croyons-nous, jusqu'ici, établi une confusion entre le For (forum) l'Evêque et le Four (furnus) l'Evêque, qui sont deux choses distinctes.

D'après Berty (*Le Louvre*), le For l'Evêque, établi d'abord dans la cité, aurait été transféré au milieu du XIIe siècle sur le territoire des Champeaux. Il aurait donc existé avant que l'évêché eût aucun droit sur le *Four* de la couture. Berty ajoute qu'il ne fut établi qu'en 1372, rue Saint-Germain-l'Auxerrois, probablement entre la rue des Fuseaux et la rue de l'Arche-Marion. (Voir *C. N. D.*, Guérard.) Y avait-il encore à cette date ou postérieurement des prévôts et des sergents dans la rue du Four ?

Reconstruit en 1652, il devint la fameuse prison qui renfermait surtout les débiteurs insolvables et les actrices récalcitrantes, et qui ne fut supprimée qu'en 1780.

C'était le siège de la juridiction de l'Evêque de Paris.

On possède aux Archives Nationales (L. 1528) un acte de Roland le Voier, garde de la prévôté du For l'Evêque de Paris, relatif à des maisons appartenant aux Carmes, auquel est appendu le sceau de la prévôté. C'est un fragment rond de 40 millim. portant : une mitre posée sur une crosse en pal

TE LE.....

« Je (Charles) laisse » aux hoirs Jehannot le Clerc, mon fourrier, 2 l. t ; à Baudet le fauconnier, 30 l. t , a Daniel le fauconnier, 30 l. t. ; à Thomassin le fauconnier qui fu à moi, 20 l. t. , à Tassin le fauconnier qui fu a moi, 20 l. t. , aux hoirs Hue le Grant, 20 l. t. ; à Guillot le mareschal, 40 l. t. ; à Huet le barbier 60 l. t., à Guillaume de Mondeville, 40 l t. ; à Henriet de la Forge 20 l. t. à Bedier de la cuisine, 10 l. t. , à Gautier du Perche, de la cuisine, 40 l. t. ; à la femme de Crespi qui alaita Jehanne ma fille, 20 l. t. ; a Robin de Brioine, mon clerc, 100 l. t. ; à Perrot des paleffroy, 10 l. ; à Alexandre des paleffroy 40 l. t. ; à Aubelet, fruictier de la contesse, 40 l. t. ; à Raoul mon armeurier, 30 l. , au boisteus Barbier, 30 l. t. à Martin Bardel. mon jardinier, 10 l. etc. »

Dans un « rôle de ses dettes dresse en 1332 », on lit :

« Charles doit a Jehan Arrode 600 l. p. plus 70 l. 16 d au trésor du temple de Paris, 520 l p au visiteur du temple de Paris, 4,000 l. p. du — dimanche devant Noel 1332 », puis une longue enumeration d autres dettes.

Contre sceau : Une crosse en pal, accostée de quatre fleurs de lys et de plusieurs points :

... E S. DE LA PRE.....

Date : 1296.

On remarquera qu'il n'est fait aucune allusion sur ce sceau au *four*, ou au métier de la *boulangerie*. C'est le sceau du For (forum).

Voici quels étaient les biens relevant de la juridiction de l'Evêque de Paris au XII° et au XIII° siècles, dans Paris : Le Grand Pont, construit par Charles le Chauve, sur la terre Saint-Germain l'Auxerrois et la rue en face menant à l'Eglise ; le Petit Pont, au moins en partie ; la terre de Therouenne, où sont les Halles ; une partie du Champeau, entre Saint-Honoré et l'église Saint-Eustache (c'est notre emplacement) ; la ville l'Evêque (extra muros) et le monceau Saint-Gervais (*C. N. D.*, t. III, pp. 275 et suiv.) [V. Tanon. Les justices, *passim*.]

Le prévôt du For l'Evêque, à Paris, — car l'Evêque avait douze prévôts de l'Eglise de Paris, établis aux environs de la ville — avait connaissance sur tous les hôtes de l'Evêque, excepté au fief du Franc Rosier, en Château-fêtu, où il a environ six maisons, et aux deux fours Gauquelin et de la Couture qui ressortissaient du bailli.

Le siège du prévôt était au château du For l'Evêque, où il devait demeurer, et où il devait tenir audience le matin et le soir.

Le bailli avait encore d'autres juridictions, énumérées dans la « *Charta pacis* » de 1222.

Les noms suivants appartiennent à des *talemeliers* et nous ne pensons pas qu'il s'agisse ici d'officiers du For l'Evêque.

SERGENTS DU FOUR L'EVESQUE (1297)

Jehan Grec, Colart le Flamenc, Collin Martin, Guillot le Peletier, Jehan de Maante, Nicholas de Paris, Geffroi Tourgis, Jehan le Convers ; Heymon, talemelier et Richeut sa femme ; Giles du Four l'evesque, talemelier ; Guillaume d'Orenge, clerc du Four l'evesque ;

(Nicholas, Heymon et Maistre Giles (?) étaient dejà au service de l'Evêque en 1293.)

Ysabeau ou Ysabelle, prévoste du Four l'evesque et Jehan son fils : Raoul de Vaus, prévôt du Four avec Jeanne Arrode, sa femme, 1302.

Jacques Leroy et Jehan Leroy, son fils (1393-1404), ne sont pas qualifiés du titre de prévôts.

Fig. 254 — Marie de Gonesse (Gaignières, t. III, p. 20, † 1321). Costume d'une Béguine de Paris, Tombe du Cloître de l'abbaye de Barbeau

LES BÉGUINES

En terminant, nous dirons quelques mots des Béguines, établies à Paris par saint Louis en 1264, que Jaillot prétend avoir été au nombre de 400, dans leur couvent du quartier Saint-Paul. Vers l'an 1300, on comptait, dans Paris, des Béguines libres au nombre d'une vingtaine, pouvant vivre dans différents quartiers, soit isolées, soit plusieurs ensemble, chez des parents ou des particuliers, exerçant parfois des métiers, et veillant même sur de jeunes enfants confiés à leurs soins. Elles vivaient généralement deux ou trois ensemble.

Nous possédons le testament d'une maîtresse du Béguinage à Paris, Martine Canu, en date du 7 avril 1408. Elle était relativement riche et laisse des legs consistant en maisons et en vêtements ou objets de piété soit au Béguinage soit à des Béguines, ses amies. V. Lenain de Tillemont, *Vie de saint Louis.*

CONCLUSION

ALLIANCES

Nous avons, par ces recherches, affirmé les preuves des alliances existant entre les familles suivantes :

Les Marcel ou Marceaux avec les St-Benoist, Giffart, Poillevillain, St-Cloud, Tristan, Cocatrix et Pocheron :

Les Arrode avec les Bourdon et les Braque :

Les Tristan avec les Popin, Marcel, Poillevillain :

Les Braque avec les Arrode et les Le Bouteiller de Senlis :

Les Culdoe avec les Le Cocq et les Mignon :

Les Gentien avec les Braque, Bourdon, Baillet, Boucher, Miron.

Les Barbette avec les Sarrazin ;

Les Pizdoe avec les Lempereur ;

Les Le Bouteiller avec les Huntington et les Montmorency :

Enfin les Marcel (les monnoiers) avec les Gobelin, les Hallé, les le Picart et les Hotman, etc., etc.

Nous nous réservons de poursuivre plus tard ces recherches intéressantes pour l'histoire de Paris.

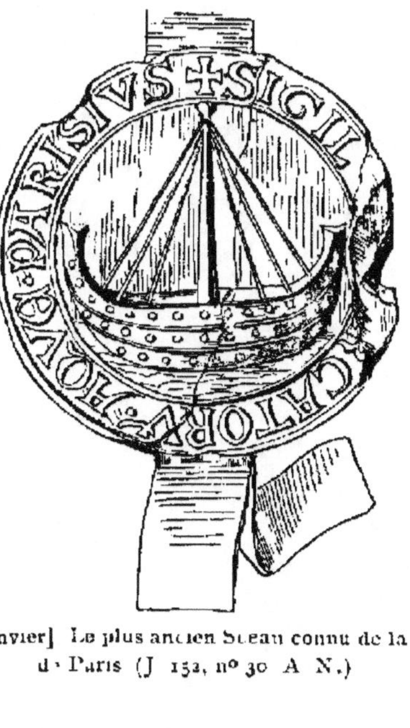

Fig. 255. — [1210, Janvier] Le plus ancien Sceau connu de la Marchandise à l'eau de Paris (J 152, n° 30 A. N.)

ADDITIONS — CORRECTIONS

TABLE ANALYTIQUE

Fig 256. — Fronton de la Bourse de Commerce, par Croisy (1889).

Page 19, ligne 1re : Un premier traité entre Jean, roi de France, et le comte Verd eut lieu le jeudi 27 octobre 1351. Il est date de Villeneuve-lez-Avignon (Archives de Turin).

. . Item consentiunt et promittunt procuratores Domini Regis, quod rex ipse tradet cum effectu in augmentum feudi supradicti [*id est* de Malcleporario] domum Parisius quæ fuit Illust. Principis Domini Regis Bohemiæ versus Portam S. Honorati, cum ipsius juribus et pertinentiis universis tenendam et possidendam per eumdem Comitem ejusque successores in perpetuum, etc. (Guichenon, tome II, p. 184)

30, légende, supprimer . et contre-sceau.

— 31, légende, supprimer · Sceau et

— 39, légende, supprimer, rentré en possession de ses biens (1436-1465).

— 40, sceau . L'objet figuré à droite du sceau est le collier du Porc-Épic.

— 95, ligne 17 Ruggieri refusa de voir le curé de St-Médard.

— 101, ligne 19 : Au lieu de l occupa, lire l'habita.

— 117, ligne 25. Au lieu d'Allemagne, lire Belgique.

— 121, légende Supprimer 1718.

— 128, ligne 25 : Supprimer (48).

— 141, note 2. Au lieu de Tailleur de Mons. Charles, lire Guillaume de Rouam, tailleur la contesse de Valois. (Depping, *L des métiers*. Ordon. des Métiers. Tailleurs.)

— 142, ligne 21 : Guillaume Tristan — ajouter de la riche famille des Tristan dont nous connaissons plusieurs représentants.

145, ligne 5 Jehanne la Godeliche, femme (?) de Jehan Godeliche, mercier du roy, 1261. (Fr. 20685, p. 123. B. N)

— 145, ligne 34 : Avant 1292 Robert Galeran demeurait rue de la Vennerie L. S. En 1298, un Nicolas Galeran était un notable. (Depping, *Liv. des met* , p. 455.) Il fondait en 1317 le collège de Cornouailles, rue St-Jacques, pour cinq écoliers bretons. Heloys la Galeranne était probablement la femme de

Thomas Galeran, huissier de la chambre des comptes, parent de Galeran le Breton, concierge du Palais, en 1300.

Thomas Louiset, son fils, était également huissier, en 1356, 1er février, et Marie la Galeranne était elle-même huissière de la chambre des comptes, le 27 mai 1396. (Clairamb. *Sceaux*, p. 266)

Page 156, ligne 6. Jaqueline Losane, sa femme, est brodeuse également. (Depping *ordon.*, p. 379)

— 163, ligne 4. Au lieu de queu, lire queus.

105, note 6. Ou Rob. de Varennes, brodeur et valet de chambre u roy, pour « poupees et ménages » pour la reine d'Angleterre, 9 octobre 1396 (Fr. 20684, p 473)

— 170, note 3. Hautonne est probablement Southampton, port du Hampshire N -O. de Portsmouth.

— 171, ligne 21. Jehan de Montalhère. Ses héritiers ont une maison rue Montmartre a laquelle pend pour enseigne « le Signe » (1427. mai) [JJ. 173, n° 551] A. Longnon] et un terrain à Clichy. [St-Ouen. Pannier, pièces just , p. 101]

— 173, note 2, Lire : Louis de Giroles, écuyer, bailli de Montargis, 1412, 29 août. (Fr. 20684. B. N.)

— 176, note 2. Un Jacques Cossart, chanoine de Paris, est enterré à Longjumeau, 1370.

En 1495, Robert Cossart, drapier, souscrit 6 livres à l'emprunt de Charles VIII — Quartier de Jean de l Olive. (Fr. 20684, p. 839 B. N.)

En 1606, Eustache Cossart, Sr d'Amblainvilliers, etait auditeur des comptes le 12 juillet (Leb)

— 178, note 2. Pierre Dessoubz le Four, marchand, donne 2 livres à l'emprunt de Charles VIII (1495). (Fr. 20684, p. 839. B. N.)

— 185, ligne 6. A supprimer Voir page 180.

186, note 1. C est la maison exempte de l impôt fiscal cité dans les *Fiefs de Paris*, 1553, 17 avril, par M Bonnardot, p. 19.

187, ligne 21. En 1495 un Jean Tuleu, procureur au Parlement, souscrit 20 liv. à l emprunt fait par Charles VIII, quartier de Jean de l Olive. (Fr. 20684, p. 839, B. N.)

— 192, ligne 23. Le Passeur se nommait Symon Bataille. (Depping, *Liv. des Mét.*, bateliers.)

— 195, note. Une Jehannete, fille mestre Jehan le Mire, était faiseuse d'aumosnières sarrazinoises de 1270 à 1300.

— 210 [1325, juillet]. (Voir pages 141 et 156)

— 211, note 1. Un Henri de Saint-Yon a une censive à Boissy (1333. mars). (Fr. 10430, p. 197, B. N.)

— 211, ligne 27. La signature de Greslé se trouve JJ. 172, n° 217, n° 219 (A Longnon, p 70-71)

213, ligne 10 C'est la maison citée par M. Bonnardot (*les Fiefs de Paris*, p. 15). Jacques d'Albon, marquis de Fronsac, seigneur de Saint-André, 1505-1562. Membre du conseil privé, premier gentilhomme de la chambre, gouverneur du Lyonnais, maréchal de France.

— 220 [1333, juillet]. Mahieu de Trie, maréchal de France, 1341, 14 nov. (Fr, 10430, p 272, B. N)

[1350). Jean de St-Laurent. Voir page 174.

Page 221 [1424, octobre], ligne 3. Il faut lire Jacques d'Ussy. C'est le fameux J. d'Ussy de Guillebert de Metz ; le propriétaire de l'hôtel de la rue des Prouvaires.

— 225, ligne 1. Adam le Coquiller était patenostrier de corail (*Liv. des Mét.*).

En 1286, Geneviève Lecoquilier (Lequokelier, ante claustrum Beatæ Mariæ) payait cent sous parisis sur une maison qu'elle possédait en cet endroit (*Chartularium Universitatis*).

— 233, ligne 3. Hue de Bouloi, chevalier, était enterré dans le chœur de l'église St-Pierre de Montlhéry (Leb.)

— 236, ligne 27. En 1407, 16 août, il y avait une léproserie, dite léproserie du Roule, en dehors de la porte Saint Honoré.

— 237, note. Un Simon Quatrelivres était bourgeois de Paris en 1495. Une Marie Quatrelivres, veuve de Louis Ruzé, en son vivant lieutenant civil, et depuis femme de Jean de St-Saturny, recevait 1,000 liv. du roi (1535-1536) (Fr. 20684, p. 838 et 591, B. N.)

— 240, ligne 18, lire : Les archives renferment un livre, etc.

— 245, ligne 16, lire : Marcelet de Jenilhac, marchant, fournit à Katherine, reine d'Angleterre, des colliers de l'ordre de la Geneste. Signat. autog. de Katherine et de M. de Janailhac, 1434, 8 avril, avant Pasques. (Clair., 1308 p. 13-14.)

— 258, note. C'est à Blandy que meurt le comte de Soissons.

— 260, ligne 1. Les noms des écussons de Melun et d'Harcourt sont transposés, le nom de Melun est sous celui d'Harcourt et réciproquement.

— 262, ligne 15. En 1535, la veuve Antoine Gautier, avocat, occupe au lieu de Pierre de la Trémouille, chevalier, son hostel dit de Calais, en la rue de la Plastrière. (Fr. 20684, p. 593, B. N.)

— 265, ligne 20. En 1270, Jean de St Benoît, bourgeois de Paris, possédait la vigne dite « de la Sœur » près de la porte d'Enfer. (S., t. II, 368.)

— 267, ligne 12. Voir Sauval, t. II, p. 368.

— 280, lignes 15, 16, 17. La traduction de ce passage est erronée : il faut lire requête du bailli de Crécy faite au roi d'Angleterre Edouard, au sujet des terres de Jehan de Nesle, dans le Ponthieu. Ce Jean de Nesle avait épousé la mère d'Edouard.

— 283. En 1318, l'orologe de St-Eustache ne coûtait à gouverner par an que 6 fr. (4 avril) (Boutaric, *Pal. de justice*.)

En 1320, Charles de Valois fondait une chapellenie dans St-Eustache (J. 404, n° 24, A. N.)

En 1421, 30 mai. Fondation de la confrérie du Saint-Sacrement (JJ. 172, n° 70, A. N.)

— 289, ligne 13. C'est Charles de Valois qui fit agrandir et restaurer la « noble maison de St-Ouen » qu'il avait achetée, et dont le puits existe encore dans la propriété Legentil. (Cf. Pannier, *Clippiacum*.)

— 292, ligne 34. Nous croyons qu'on a confondu Jean de Luxembourg dont le heaume ne porte pas de plumes d'autruche mais bien une aile entière de vautour, avec Amédée VI de Savoie, qui, lui, commandait à Paris des plumes d'autruche et entre autres : trois plumes vertes pour le casque d'Amédée VI, en 1378 pour IV frans évalués 93 fr. 93 par Cibrario.

Page 299, ligne 38. Dans l'argenterie du roi Jean, à Londres, on trouve : un dragouer esmaillé, armoié de Normandie et de Behaigne. (H. d'Orléans, *Polybiblon Society*, London, 1856.)

— 301, note 31. Lire : Augustæ regiæ que Sabaudæ domus arbor gentilitia regiæ celsitudini Victori Amedeo II, Sabaudiæ duci, Pedemonti principi, Cypri regi etc. ab authore Francisco Maria Ferrero a Labriano, D. D. D. Augustæ Taurinorum MDII. — Ferrero était abbé.

Amédée VI ne quitta point Paris après la cession de son hôtel. Amédée VII, le mari de Bonne de Berri, habitait un hôtel que lui avait donné son beau père. Voici des achats faits pour le compte de ces princes durant leur séjour *à Paris*.

[1368]. *Tymbre à dame* acheté à Paris pour le comte de Virtu, xviii fr. — 449 fr. 31.

[1376]. Argent travaillé en gobelets, bouteilles, coupes, le marc à Paris, vi fr. d'or — 140 fr. 89.

Six chandeliers d'argent fin veinés d'or, pour la table du comte de Savoie, vii fr. d'or. — 164 fr 37.

Chandeliers d'argent doré et vase d'argent pour l'eau sainte de la chapelle. — 164 fr. 37.

Étoiles d'argent dorées des deux côtés pour le sac (espèce de paletot) d'Amédée VI. — 70 fr. 44.

[1377.] Anneau à rubis que portait Bonne de Berri, le jour de son mariage avec Amédée VII. — 7,044 fr. 78.

Dais d'or tenu au-dessus des deux époux, le jour de leur mariage. — 469 fr. 75

Collier d'or avec perles pour Bonne de Berri. — 30,527 fr. 58.

Bourse garnie de perles pour Bonne de Berri. — 2,348 fr. 26.

Un grand chapelet ou diadème avec perles et pierres précieuses. — 108,019 fr. 96

Coiffe garnie de perles et de pierres précieuses. — 23,482 fr. 60

[1378.] Trois chapeaux de bièvre, deux verts et un rouge achetés à Paris, pour Amédée VI et Amédée VII, vi fr d'or. — 140 fr 89

[1379.] A un chapelier de Paris, pour deux chapeaux *pour la pluie*, et un chapeau rouge moitié castor. 43 fr. 77.

Drap d'or damassé pour couvrir la litière de la comtesse de Savoie, la piece xxvii fr. — 634 fr. 03

Demi-piece de velours pers pour carreaulx, xii fr. — 281 fr 79.

Trois cheyres (sieges de cérémonie), peintes, achetées à Paris, xl fr 939 fr. 30

Repas donné par un écuyer du comte de Savoie, aux deux médecins du roy de France, afin d'être introduits près de ce prince malade et plongé dans l'affliction à la suite de la mort de la reine, iii fr. 1/2 d'or — 82 fr. 18.

[1380.] Bourre de soie, la livre 1 gros. — 1 fr. 23, etc., etc.

Tous ces achats sont faits *à Paris*, pendant le séjour des princes de Savoie (Voir Cibrario, *Della economia politica del medio evo*, Torino, 1839.) Cet auteur donne les détails des cérémonies funèbres de la mort d'Amédée VI, mort à Saint-Etienne-en-Pouille, le 1er mars 1383. Le corps, mis avec des aromates dans une caisse de cyprès, fut embarqué sur un grand navire de l'espèce appelée *Panfile*. Ludovic de Savoie, Richard Musardi, Jean de Paris et beaucoup d'autres gentilshommes l accompagnaient. Frère Deifilio et un autre frere priaient pour l'âme du defunt. Après une grosse tempête, ils touchèrent à Albengua et débarquèrent à Savone, ou la peste emporta Richard Musardi, gentilhomme anglais, un des premiers chevaliers de l ordre du collier. De Savone, le corps du prince fut transporté sur une litiere par Fossano et Rivoli à Hautecombe ou il fut enterré le vendredi 8 mai, etc., etc.

Les comtes de Savoie avaient en outre, aux environs de Paris, les manoirs de Gentilly et d Arcueil. A Gentilly il y avait seize cheminées. (Cibrario, *loc. cit.*)

Page 308, ligne 6. Un Robert le Cigne était pannetier de la reine Isabeau de Bavière puis son secrétaire. Il est légataire de Jean d Essoyes (1403, 28 mai) et chanoine de Saint-Merry (*Testaments*. Choix de documents.)

— 314. Enfants de Marie de Clèves. Marie est la premiere née, 19 septembre 1457, Louis ne naît que le 27 juin 1462, à Blois.

— 317, note 6. Etienne Muete, Nicolas Bataille et Henry Hardy étaient fermiers de l imposicion de la tapisserie de Paris en l'en 1363 (Rançon du roi Jean z/4 Réserve B. N)

319, ligne 31. En 1332, 24 juin, monseigneur Thomas de Savoie avait ou plutôt avait eu un hôtel en cet endroit (Tanon, p 461)

— 319, ligne 97. En 1379, 10 janvier. Jeanne, veuve de Thomas le Piteux concierge, demourant en l estel de Mme d Orléans, justice de Saint-Germain des Prez. (Tanon, p. 431)

— 320, ligne 1. Après roi de Navarre, qui l aurait acheté de Simon de Verzellis en 1262. (Berty. *Univ*., p. 145) Cette maison est mentionnée en 1266, rue Saint-André-des-Arts et en 1280, 12 décembre (Tanon, p. 416)

— 320, ligne 6. Au lieu de Auze, lire Ruzé.

— 325, ligne 25 L hôtel de Jacques d Ussy appartint ensuite à Guillaume le Tur et fut donne à Jean de Thoisy, évêque de Tournai, par Henri VI (1424, 26 octobre) (JJ 173, nº 676 A. Longnon.) Voir page 221.

En 1381, Milon de Brétigny, chevalier, épouse Jeanne Duchy il en a une fille, Marie (Leb)

— 334 note De sa seconde femme, Catherine de Gauve, il eut un fils, Guillaume Morhier, écuyer en 1462 (S., t III, p. 412.)

— 350 note 10 Voir dans Sauval, t I, p. 469, la description de ce monument.

— 354. note 13 Les Filles Pénitentes furent supprimées en 1790

— 364 note 1 Germain Pilon demeurait aux Estuves depuis 1581, date à laquelle il quittait sa maison du faubourg Saint-Jacques près la porte. Il etait logé aux Estuves comme conducteur et contrôleur général en l art de sculpture sur le fait des monnaies et revers d'icelles, charge qu il occupait depuis 1572, 29 octobre En 1581 il avait quarante-deux ans. Matteo dal Nassaro faisait construire en 1538, un moulin à polir les pierres sur la Seine pres la pointe du Palais Il demeurait alors au logis des Estuves. (Delaborde.)

365. En 1550, 29 août, Bullant avait eu de sa première femme, Jeanne Fevet, une fille nommee Agnes. Son parrain était Guil. Guillin et sa marraine Agnes Parque. (Jal)

389 On avait pu enlever les marches en commençant par celles du haut et en les descendant l une après l autre. Ce travail aurait eu lieu quand on reprit la colonne en sous-œuvre et n aurait eu pour but que de la rendre plus legere

quand on y plaça les armatures en fer qui existent encore aujourd'hui. à moins que ce n'eût été qu'un commencement de démolition.

Page 393, ligne 29. Pierre de la Fa, trésorier en juin 1555, paie les ouvriers qui travaillent à la sépulture des Valois dans les ateliers de l'hôtel de Nesle. (De Laborde.)

— 414, ligne 6. A la mort du cardinal, son oncle, elle héritait de 200.000 écus. (Abbé de Choisy, édit. d'Utrecht 1727, p. 92.) A ce moment l'hôtel de Soissons était fort à la mode, on y recevait la cour et le roi, quelquefois les deux reines, Mme Henriette, de Vardes, l'ami de la maison, le prince de Marsillac, le duc et la duchesse de Montausier, la fameuse Julie de l'hôtel de Rambouillet, le duc Charles de Lorraine, Marie de Mancini, sœur d'Olympe, et Mme de Launay, dont la maison avait une porte sur le Palais-Royal, dit Tallemant (X, 132). La jeune Sidonie de Lenoncourt, plus tard marquise de Courcelles, fut placée à l'hôtel de Soissons et confiée aux soins peu maternels de la princesse de Carignan. (Renée, p. 316.)

— 414, note 24. Olympe n'avait à ce moment que neuf ou dix ans.

— 415, ligne 28. La passion du jeu était si commune en France, en Espagne, en Italie, que des hommes graves, que des femmes réputées sages, jouaient le plus gros jeu, et que des gens de qualité prenaient un *maître à piper*, comme on pouvait prendre un maître à danser, disant que c'était pour « s'empêcher à être trompés ». (Renée et Tallemant.)

— 430, note 47. Le Camus de Mézières, désigné dans l'almanach royal sous le nom de Camus dès 1752, puis de Le Camus, demeure alors rue et porte Saint-Jacques. En 1759, il ajoute à son nom de Mézières, et de 1763 à 1766, il demeure rue du Four, hôtel de Soissons. En 1767, il habite rue Verte, faubourg Saint-Honoré, puis en 1770, rue Saint-Victor, vis-à-vis la rue du Bon-Puits, en 1773, rue des Marmousets près le cloître Notre-Dame et en 1774 rue du Foin-Saint-Jacques, au collège de maître Gervais, jusqu'à sa mort.

— 431, note 50. Le buste de Pingré se trouve à la bibliothèque Ste-Geneviève, dans une salle du rez-de-chaussée.

— 439, ligne 42. [1662, 22 avril.] Maria Mancini est mariée à Maurice-Godefroy de la Tour, duc de Bouillon, à l'hôtel de Soissons, devant le Roi et les deux Reines. (Renée, *Nièces de Mazarin*, p. 367.)

— 440, ligne 26. [1688, 2 juillet vendredi.] La princesse de Carignan et la princesse de Bade ont eu permission de revenir à la Cour; elles y ont paru et y ont mené les demoiselles de Soissons. (D.)

— 441. Mme de Nemours était souveraine de Neufchâtel. Elle avait été exilée vers le commencement de janvier (avant le 10) 1700. On la soupçonnait d'avoir parlé indiscrètement et même d'avoir traité avec le roi d'Angleterre, Guillaume, pour la succession de Neufchâtel. (Lettres de l'abbé Viguier, *Mél. de litt. et d'histoire*, Société des Biblioph. français, 1856.)

— 449. A ajouter : Mort de la comtesse de Soissons

De Bruxelles, le 12 octobre 1708.

Mardi matin, 9 de ce mois, S. A. madame la comtesse, douairière de Soissons, mourut en cette ville d'une maladie de quelques semaines : ses belles qualitez, ses vertus et surtout sa charité envers les pauvres la rendent recommandable et la font regretter de tout le monde. (Relations véritables : *Journal* de Bruxelles, p. 656.) Sur la comtesse de Soissons voir *les Nièces de*

Mazarin, par M. A. Renée, qui défend la comtesse de tous les crimes dont on l'a accusée et dont on l'accuse encore aujourd'hui : ne l'appelle-t-on pas encore *empoisonneuse*? Des calomnies de Saint-Simon il reste toujours quelque chose.

Page 602. Avant 1287, Nicolas Marceau, père (?) de Pierre Marcel le vieux, tenait cinq métiers. En 1287, sa veuve, Marion, dite la Marcelle, tenait les mêmes métiers (mégissiers, baudrayers, sueurs, tanneurs et boursiers de cuirs. [Depping *Liv. des Métiers*, p. LXXX et 427]).

N. B. Antoine TERRASSON (Paris, 1705, † 1782), inscrit sur les murs du musée Carnavalet comme ABBÉ, n'était pas *abbé*, mais écuyer, avocat au Parlement, avocat du clergé de France en 1753, ancien vice-chancelier de Dombes, censeur royal des Livres, lecteur et professeur ordinaire du roi au collège royal de France. L'abbé Terrasson (Lyon, 1670, † 1850) n'a jamais écrit sur Paris.

Fig. 257. — Sceau de JEHAN POILLEVILLAIN,
1355, 16 juillet.
(Clairamb., rég. 21, p. 1459. B. N.)

Fig. 258. — Place de la Croix-Neuve (1632). — Côté gauche de Saint-Eustache

TABLE ANALYTIQUE DES MATIÈRES

Abbatia p 390.
Abbeville, p. 12
Akakia, p 390, 391.
Albouy, p. 136.
Albret (Hôtel d'), p 61, 67, 69, 256, 257, 300.
Albret (d'), p 39.
— son sceau, p 257.
— (Jeanne d'), sa mort, p 376.
Alençon (duc d'), p. 63.
Amboise, p. 41, 44.
Amédée VI, p. 18, 19, 20, 300, 301.
— son sceau, p. 21.
— son contre sceau p 20,
Anciens murs (plan des), p. 198, 205.
Angleterre (reine d'), p. 36.
Angoulême (Jean, comte d'), p 36.
Anjou (duc d'), p. 31, 63.
Annonciade (Eglise de l'), p 71, 101, 405.
Armagnac (duc d'), p. 37.
Artillerie (musée d'), p. 80, 111.
Aubespine (de l'), p. 74, 75.
Azincourt, p. 37.

Babille, p. 132, 430.
Bachaumont (Petit de), p. 124, 126, 127, 128.
— son portrait, p 129
— ses papiers à l'arsenal, p. 426, 427.
— sa mort, p. 427.
Bade (marquis de), p. 112, 411. 435.
Bade (marquis de), son portrait, p 411, 413
Bar (duchesse de), p 100, 398
— son jeton, p. 99.
— sa signature, p. 99. (Voir C de Navarre).
Barbette (hôtel et porte). p 35.
Barnage (de), 126.
Bastard d'Estang (de), p 23
Bataille (Colin), p. 29
Beaujeu (Anne de), 43.
Beaumont-ser-Oise, p. 20
Belanger, p 131.
Berty, p. 87.
Bethencourt, p 25 26, 35
Bezart Guillemette.
— sa signature, p 352.
Bibliothèque nationale, p 80, 94.
Blanche de Castille, p 15, 40, 132
— sceau et contre-sceau, p 9.
— sa bible, p. 5.
— sa mort, p. 287.
Blois p 36 41, 77, 80, 97
Blondel de Roquencourt.
— son tombeau, p 380.
Boffrand, p. 120, 418.
Bohême (hôtel de), p. 17 19, 31, 39, 46.
Bonamy, p 127, 435.
— ses plans, p 205.

Bonamy, son mémoire, p. 427.
Bonnaffé (Edmond), p 66, 79, 83, 89. 132, 434.
Bonne de Bourbon, p. 19.
Bonne de Luxembourg, p. 18.
Bonne de Luxembourg, son sceau. p. 18.
— ses joyaux, p 515.
Bonnefons, p 76, 115.
Bonnet (Guy), p. 69.
Bordière (Jeanne).
— sa signature, p 351.
Boucher Arnould, p 63.
Bouchère (rue), p. 69
Bourbon (hôtel), p. 83.
Bourbon (Catherine de), p. 101.
(Voir duch. de Bar).
— (Louise de), p. 111.
— (Marie de), p. 111.
Bourg en-Bresse, p. 43, 44.
Bourgeoisie parisienne, p. 598
Bourges, p. 81.
Bourgogne (duc de), p 36, 37.
— (duc et duchesse de), p. 41
Bourgoing, p. 81.
Bourse de Commerce, p. 3, 132, 133.
Bouville (sieur de), p 86
Bouvines, p. 9.
Braque (Nicolas), p 27.
— (Jean), p. 27.
Brie, p 29.
Brinvilliers (la), p 115.
Brosse (Salomon de), p. 70, 108, 404, 405
— sa signature, p 380
Bruges (châtelain de), p 13.
Brulart (Louis).
— son baptême, p. 439.
Brun (Pierre le), p. 47.
Brunet (F.), p 131
Brunetière (Guillaume de la), p. 51.
Bruslart (Jacques), p. 61.
Bullant (Jean), p 61, 66, 67, 86, 89, 124, 127.
— sa généalogie, p. 360.
— sa signature, p. 365.
Bussi-Leclerc, p 81.
Bussy-Rabutin, p 115
Bustangière (Louise la), p. 51.

Carignan (Mlle de), p. 116, 117.
— son arrestation à Paris, p 417.
— (M et Mme de), p 121.
(prince de), 120, 122, 123, 417, 423, 424.
— sa mort, p 424, 425
— (princesse de), p 414, 415.
— son portrait, p 436.
Catherine de Lorraine, p. 397.
V. Montpensier (duchesse de).
Catherine de Médicis, p 48, 54, 57, 61, 64, 65, 67, 68, 69, 70, 73, 74, 75, 76, 77, 78, 80, 83, 86, 88, 89, 90, 92, 93, 94, 97, 103, 111, 114, 115, 132.
— son sceau, p 58.
— son contre-sceau, p 59
— son jeton, p 60.
— sa signature, p 61.
— son portrait (bois), p 78
— do (Marc Duval), p 82
ses portraits, p. 355, 356, 357
— ses prétendues superstitions, p 358.
— ses maisons à Paris, p. 359.
Catherine de Médicis, sa vie privée (détails sur), p. 379, 380.
— son arbalète, p. 383
— ses chaussures, p. 385
— ses collections, p. 383, 384, 385, 386.
— sa lettre au prévôt, p. 68
— sa lettre au procureur, p 392.
— ses créanciers, p. 395, 396.
Catherine de Navarre.
— son portrait, p. 104
(Voir duch de Bar).
Censier de 1373, p. 163 à 170.
— de 1399, p. 171 à 175
— de 1535, p. 176 à 179
— de 1575, p 186 à 189
Censiers de 1595, 1599, 1601, 1603, p 190, 191
Censive de l'évêque, p 9
Cerceau (J.-B du), p 92
Champeaux (les), p. 272
Champigny (Simon de), p 48.
Chantereau, p 69.
Charles V, p 19
— sa signature, p 32
son portrait, p 305
Charles VI, p 20, 25, 36
son sceau, p. 30.
— son contre-sceau, p 31
ses signatures, p 32
son mandement, p. 306, 307.
Charles VII, p. 40, 41.
Charles VIII, p. 43, 44 45, 46.
sa déclaration, p 341, 342.
Charles IX, p 51, 61, 64, 94.
Charles, premier dauphin,
— son sceau, p 20
Charles II, de Lorraine, p 97.

Charles, fils de Bonne de Luxembourg, p 18, 19,
Charles d'Orléans, p. 27 40, 41, 328.
— son sceau, p. 38.
son contre-sceau p 39
— sa signature, p. 39.
— son retour à Paris, p 336.
— son entree à Orléans, p 337.
Charles de Valois, p 16, 17, 31, 288, 289
— son sceau, p 12.
— son contre sceau, p 13
ses femmes, p. 288, 289
— (don de la maison de Nesle à), p 288.
Charleval, p 92.
Charta pacis, p. 509.
Chastellux (Claude de Beauvoir), p. 39
— (don de l hôtel d'Albret à), p. 329.
Chastre (la), p. 81.
Château-Thierry, p. 35.
Châtillon (sire de), p 27
Chaudron (maison du), p 47, 48, 69, 234.
Chenonceau, p. 74, 79.
Chevalier (l abbe), p. 79.
Claude, fille de Cath. de Med., p 97.
Clement (Jacques), p. 81. 83.
Cluny (Musée de), p. 80
Cocheris (edit. de Lebeuf) p 48.
Coconas (Annibal de), p 94.
Colbert projet de), p 425.
Colonne de Cath. de Méd. p 387.
— sa fontaine, p 85.
de la Paix, p 126.
— vue en 1888, p 388.
ses chiffres, p 389.
— la grav en 3 états, p. 429.
Colonne de Cath. de Méd
— la sphère armillaire, p. 390.
Compte de Charles IX, p 180 à 185
Conflans, p 82.
Coquillier (Pierre).
— son sceau, p 227.
Coquillière (rue), p. 3. 8, 46, 48, 69, 70, 72, 120, 132.
porte, 27, 55.
Coullon (Bernard), p 69, 70.
Craon (Pierre de), p. 25.
Crécy, p 18, 294. 295.
Croix Neuve (la), p 33, 68, 70, 73
Cropte-Beauvais (la), p 417
Culdoe (Jean), p. 27.
Cybele (tête de), p. 226.

Daguesseau, p. 120.
Dangeau, p 117.
Delaborde, p. 23.
Des Essars (Philippe), p 27.
Deux-Ecus (rue des), p 3, 48. 52, 62, 67, 68, 69. 70, 73. 76, 92, 93, 103, 120
Devarenne, p. 430.
Dictionnaire des noms des métiers, 161, 162, 163.
Dourdin (Jacques), p 29
Duchâtel (Tanneguy), p. 37.
Duchesnois, p 127
Duchie, p 35
— son hôtel, p. 319, 320.
— ses signatures, p 324, 325.
Voir Ussy.
Duclot (sa lettre), p 418, 419.

Edouard Ier, p. 12.
Etuves (rue des), p. 39, 61, 62, 65, 67, 68, 69, 73, 103, 108, 132.
Eugene (le prince), p 411
— sa signature, p 412.
— son portrait, p. 413.
Evêque de Paris, p, 64 47
Falaize, p. 69.
Falvi, p. 12
Félibien, p 64.
Ferdinand de Médicis p. 97.
Ferrière (Hector de la), p 59.
Filles Pénitentes, p. 45, 47, 47, 48, 51, 54. 57, 60, 61, 62, 63, 64, 65, 67, 75, 76, 340, 344. 345, 372, 373 (App, p J)
— leur sceau, p 46
— leur costume avant la réforme, p. 52.
— leur costume après la réforme, p. 51.
— leur fontaine, p. 237, 238, 239, 240.
— leurs quittances et signatures, p. 351. 352, 353.
— (Translation des), p 366, 367, 368, 369 370, 371.
Fontenay (Nicolas de), p. 27.
Fort de la halle (médaille de), p 432, 434.
Foulon, Benjamin, p 75
Four (le), p. 218, 219.
Four (rue du), p. 39 62, 65, 67, 69, 70, 71, 72 93. 95, 103, 132.
Framezelle (Robert de), p 47, 343
François Ier, p 51.
Froissart, p. 18, 29.

Garancière, p 27
Genéalogie des Nesle, p. 274.

Généalogie d'Eustachie, p. 286.
— des d'Orléans, p. 314.
— des Bourbons, Soissons, Savoie, Carignan, p. 450, 451.
— de de l'Orme, p. 365.
— de Bullant, p. 365.
— des Tancarville, p. 260.

Giffart, Jehanne, p. 54.
— sa signature, p. 352.
Gondi (Mlle de), p. 75.
— (Pierre de), p. 64, 100.
Goujon (Jean), p. 72, 91.
Gourdel (Pierre), p. 75.
Grand Rémy, p. 55, 362, 363, 364.
— sa signature, p. 362.
Gravelines, p. 41.
Grégoire XIII, p. 61.
Grenelle (rue de), p. 8, 17, 27, 46, 48, 68, 69, 70, 72, 73, 103, 120.
Gresset, p. 126, 427, 428.
Grimm, p. 427.
Grive (de la), p. 124, 126.
Guérin, p. 108, 405.
Guesle (la), p. 93.
Guiche (de la), p. 114.
Guillart (André), p. 62, 67.
Guillebert de Metz, 35.
Guise (duc de), p. 75, 76, 77, 97.

Habert (Pierre), p. 69.
Halle au blé, p. 3, 132, 133.
(Vue de l'intérieur de la), p. 442, 443.
— Vue de la, p. 133.
— Vue de la, p. 92.
Haton, Jean, p. 55.
Helyot (père), p. 51.
Henri, roi de France et d'Angleterre, 39.
Henri II, p. 51, 90.
Henri III, p. 72, 79, 80, 81, 83, 97.
— sa mort, p. 382.
Henri IV, p. 81, 84, 101.
Henri (Jacques), p. 70.
Hôtel de la Reine, p. 589.
— J. de Bourbon, p. 255.
— G. de Dreux, p. 255.
— de Berry, p. 256.
— d'Albret, p. 256, 257.
— de Tancarville, p. 257 à 260.
— de Tonnerre, p. 261.
— de la Trémouille, p. 261, 262.
Houdancourt (la Mothe), p. 113.
Hugues IV, Candavène, p. 13.
Humbert, p. 18.
Huntingdon, p. 30, 317, 318.

Ioland de Hainaut, p. 13.
Isabeau de Bavière, p. 26, 35, 36.
Isabelle de France, p. 327.
Itherot (mère), p. 53.

Jean, bâtard d'Orléans, p. 36.
Jean de Luxembourg, p. 16, 17, 18, 132, 290, 291, 292, 293, 294.
— son sceau, p. 16.
— son contre sceau, p. 17.
— (Don de la maison de Nesle à), p. 289.
— son portrait, p. 296.
Jean, duc de Normandie, p. 18, 298.
— sa signature, p. 19.
— roi de France, p. 18, 27.
Jean sans Peur, p. 37.
Joursanvault, p. 23.
— p. 518 à 544.

Lanssac, p. 94.
— sa lettre au procureur, p. 392.
Law, p. 118, 231, 442, 443.
— billet de sa banque, p. 420.
— billet pendant l'occupation des jardins de l'hôtel de Soissons, p. 421.
Léger, Etienne, p. 49, 52.
Lenoir, p. 131.
Leroux de Lincy, p. 127, 434.
Ligier, Guillaume, p. 29.
Ligue (la), p. 75.
Longnon (A.), p. 422.
Longueville (Mlle de), p. 66.
Loret, p. 444, 445.
Lorraine (Louise de), p. 72.
— (princesse de), p. 72, 80, 97.
Louis VII, p. 10.
Louis VIII, p. 10.
Louis IX, p. 13, 14.
— son contre-sceau, p. 8.
— son sceau, p. 4.
— don à sa mère, p. 286, 287.
Louis XI, p. 41.
Louis XII, p. 41, 46, 47, 51.
— sa signature, p. 43.
— sa maison, p. 338, 339.
— don aux Filles Pénit., p. 345, 346.
— don à Framezelle, p. 346, 347, 348.
Louis XIV, p. 113, 117.
Louis XV, p. 128.
Louis XVI, p. 131.
Louis Ier d'Anjou, p. 19, 20, 22.
— son contre-sceau, p. 23.

Louis Ier d'Anjou, son sceau, p. 22.
— son portrait, p. 305.
Louis II d'Anjou, p. 20.
Louis II d'Anjou, son sceau, p. 28.
— son contre-sceau, p 29.
— son portrait, p. 312.
Louis Ier, duc d'Orléans, p. 20, 21, 25, 32, 46.
— son sceau, p. 34.
— son contre-sceau, p. 35.
— ses signatures, p.36, sa naissance, p. 307.
— ses dettes de jeu, p. 307, 308, 309.
Louis II d'Orleans, p. 42 15.
— son sceau, p 42.
— son contre-sceau, p. 44.
Voir Louis XII.
Louise de Savoie, p. 66.
Louvre, p 13, 27, 32, 61, 65, 76, 108, 113, 132.
Louvre (rue du), p. 3.
— (musée du), p. 80, 91.
Loyse (la reine) de Lorraine, p. 79.
Luillier (Nicolas), p. 68.
Lyon, p. 43, 45, 47.

Mâcon, p. 19.
Maillart (Jean), p. 27.
Mancini (Olympe), p. 112, 113.
— sa signature, p.113. V. Soissons (comtesse de).
Marcel (Claude), p. 68.
Marguerite de Luxembourg, p. 18, 19.
Marie-Thérèse, p. 114.
Marie de Bourbon Carignan, p. 66, 435.
— son jeton, p. 112.
Marie de Chatillon, p. 20.
Marie de Chatillon, son sceau, p. 26.
— son contre-sceau, p. 27.
Marie de Clèves, p. 40 41, 42.
Marnef (Geoffroy de), p. 51.
Martinozzi (Olympe), p. 66.
Mayenne (duc de), p. 80, 99, 100, 381, 397.
— (duc et duchesse de), p. 81, 83.
— (duchesse de), p 86, 382.
Mazarin, p. 112.
Médicis, V. Catherine de Médicis.
Melun, p. 15, 25.
Mercier, Louis, p. 430.
Méreau des vendeurs de grains, p. 394.
Mézières (le Camus de), p. 128, 130, 430.
Mire (famille le), p. 268.
Molinos et Le Grand, p. 130, 131.
Molle (la), p. 94.
Monceaux, p. 74.
Montaffié (Anne de), p. 402.
— son portrait, p.402,403. V. Soissons (comtesse de).
Montereau (pont de), p. 37.
Montespan (Mme de), p 114.
Montleheri (Bernart de), p. 27.
Montpensier (duchesse de) p. 86, 83, 84, 86, 99 382. V. Catherine de Lorraine.
Moriau (Antoine), p. 126, 127.
Motrot (Marguerite), p. 54.
Moustier (Pierre du), p 75.
— (Cosme du), p. 75.
Murailles de Philippe-Auguste, p. 268, 269.

Napoléon Ier, p. 131.
— son décret, p. 431
Navailles (duchesse de), p. 113.
Nemours (duchesse de) (Anne d'Este), p 80, 83, 84, 99, 397.
— son portrait, p. 433.
— (duchesse de) (Marie-Louise d'Orleans), p. 112, 441.
Nesle (endroits de ce nom), p. 276, 277.
Nesle, Néele, Nigella, p 8
Nesle (les), p. 511.
Nesle, en Picardie, p. 11.
Nesle (hôtel et tour de), p. 277, 278, 279.
Nesle (Jean Ier de), p. 9, 10.
Nesle (Jean II de), p. 4, 8, 9, 10, 12, 13, 14, 267, 273, 275, 276.
— sa donation à Louis IX, p. 284, 285.
— son sceau, p. 5, 273.
— son contre-sceau.
— sa genealogie, p. 274, 75.
— sa lettre à Edouard Ier, p. 279, 280, son oratoire à Paris, p. 280.
— (Eustachie de), sa femme, Eustache de St Pol, p. 14.
— son sceau, p. 5.
— son contre-sceau, p 5.
— sa donation à Louis IX, p. 285.
— sa généalogie, p 286.

Nesle (Jaan II de) (maison de), p. 15, 17, 46.
— (hôtel de), p. 39
— (fète à l hôtel de), p. 329.
Nesle (rue de), p. 23 31, 33
Nostre (Pierre le). p. 398.
— (Jean le), p. 398.
— (André le), p. 398.

Oblin (rue), p 69, 132, 430.
Orgemont (Louis d'), p 20.
Orléans, p. 20, 41.
— (Charles d'), p. 37. Voir Charles.
— (duchesse d') p. 36. V Valentine.
— (duc d'), p. 23, 29, 31, 42, 46. V. Louis Ier d Orléans
— (duc et duchesse), p 26.
— (généalogie des ducs d), p 314, 315.
— (les duchesses d'), p. 315.
— (Achats de propriétés), p. 318.
— (ses hôtels), p 319, 320.
— (maison d'), p 45
— (hôtel d'), p 25, 36, 43, 47, 52, 310, 311, 316.
— (donation de l'hôtel du duc d'), p 303.
(Marie et Anne d), p. 42.
— (rue d), p. 33, 35, 47, 48, 54, 62, 64, 65, 68, 69, 70, 73, 81, 103, 108.
Orme (Philibert de l), p 130, 131.
— sa généalogie, p. 365

Page des règlements des Filles péu., p 50.
Palais, p. 32.
Palais Cardinal, p. 66. 108.
Palais d Orléans, p. 109.
Palais Mazarin, p. 113.
Palatine (la), p. 117, 411, 413, 449.
Paris, p. 3, 4, 8, 9, 13, 15, 17, 18, 23, 37, 39, 40, 41, 43, 45, 47, 51, 52, 63, 66, 75, 76, 80, 83, 84, 93, 95, 99, 100, 101, 113, 116, 132, 133.
— (Vignes et prés dans), p. 226.
— (rues de), p. 209.
— (croisée de), p. 270, 271, 272.
— (chaines des rues de), p 327.
— (reddition de), p. 333.
— (sa municipalité en 1763), p. 430.
Pasquier (Etienne), p. 78.)
Pavillon des Singes, p. 252
Petit (E.), p. 29.
Peton (Michel), p. 55.
Pétrarque (sonnet de), p. 293.
Pénitentes (hôtel des), p 68.
Philippe-Auguste, p 4, 8, 10, 13, 27, 46, 53, 95, 267.
Philippe de Valois, p. 17, 18, 31, 132.
— son sceau p. 14.
— son contre-sceau, p 15
— son portrait, p. 296
Philippe le Bel, p. 15, 16.
— son contre-sceau, p 10
— son sceau, p. 11.
Philippe le Hardi, p. 15.
— son sceau, p. 10.
Picart (Jean), p. 70.
Picart (Germain le), p 61, 62.
Picart (Jean le), p 61 63.
Pie IV, p. 61.
Piédoe Renaud, p. 17.
Pilon (Germain), p 72, 90. 109.
Pilon (Germain), son portrait, p. 386.
Pingré, p. 131, 374, 430.
Plans, p. 455, 456, 457
— de Terrasson, p. 199 à 206.
— de Bonamy, p. 205.
— des anciens murs, p 205.
— de l hôtel de la Reine, p 468.
— de l'hôtel de Soissons, p 470, 471.
— de restauration au XIIIe siècle, p. 458.
— au XIVe siecle, p 458
— au XVe siècle, p. 459.
— de S. Munster, p 459.
— de G. Braun, p. 459
— de tapisserie, p 460
— de Gaignieres, p. 460.
— de Bâle, p. 461.
— de Saint-Victor, p 461
— de Belleforest, p. 461.
— de Quesnel, p. 462.
— de Vassalieu, p. 462
— de M. Mérian, p. 462
— de J. Boisseau, p 463
— de J. Gomboust, p 463.
— de J de Rochefort, p. 463.
— de Bullet-Blondel, p. 464.
— de J. de Rochefort, p. 464
— de F. de Witt, p 464
— de Jaillot, p 464.
— de Lacaille, p 465
— de de la Grive, p. 465.
— de Turgot, p. 465

— de Vaugondy, p. 465.
— de Deharme, p. 465.
— de Guill Guéroult, p. 466, 467.
Plan de L. Gaultier p 469.
— des dernières transformations, p 473.
Plancy (baron de), p 53.
Pologne (ambassadeurs de), p. 61.
Pompadour (Mme de), p. 126.
Poncher (François), p. 52.
Pontoise, p. 81.
Poussin (Robert), p. 48.
Princesses (hôtel des), p 80, 100.
Propriétaires (noms des). V. Sceaux.
Prouvaires (rue des), p. 35.

Quincampoix (rue), p 120.

Raffelin (Jean), p. 64.
Raguin, p. 130.
Raymont du Temple, p. 528, 545.
Regles et constitutions p. 349
— Frontispice, p 49.
— Page du livre, p. 50.
Reine mère, p. 73.
V. Catherine de Médicis.
Renaud, évêque, p. 15.
Roger de Rogery, p. 73, 75.
Rolland, sculpteur, p. 431.
Roquette (la), p. 64.
Roubo, p. 130, 131, 431.
Rousseau J.-J. (rue), p 3, 132.
Roussine (dame), p. 53.
Rue du quartier d'après la collecte de 1313, p. 192.
Rues Guillot, p. 193, 194.
— Guil. de Metz, p. 195.
— Mss. de Londres, p 196.
— Mss de Ste Geneviève, p. 196.
— Auboyns, p. 197.
— Corrozet, p. 197.
— d° (additions), p. 197.
Rues de Nesle, de Bohême, d'Orléans p. 207 à 217.
— Traversainne, des Deux-Ecus ou des Deux-Haches, p. 243 à 249.
— des Etuves ou des Vieilles-Etuves, p. 249 à 255.
— du Four, p. 217 à 224.
— Coquillière, p 225 à 230.
— de Grenelle, p. 231 à 235.
— St-Honoré, p 235.
— Rueil (Jean de), p. 27.
Ruggieri, p. 93, 95, 387, 391, 392, 393.
— sa maison rue du Four, p. 393.
— sa signature, p 505.

Sablon (Jean du), p. 51.
Saint-Aubin du Cormier, p. 43.
Saint-Cloud, p. 82, 83.
Saint-Denis (rue), p. 64, 76.
— Saint-Denis, p. 77, 91.
Saint Eustache, p. 13, 33, 61, 67, 68, 92, 280.
— noms des curés, p. 281 à 284.
— Epitaphes, p. 284.
— titres de propriétés, p. 240 à 243.
— (quartier), p. 37.
Saint-Germain, p. 60.
— (faubourg), p 80, 83.
Saint-Germain-l Auxerrois, p. 13, 60.
— en Laye, p 60
Saint-Honore (rue), p 27.
— (porte), p 354
Saint-Jacques du Haut-Pas, p. 55, 61, 63, 65.
Saint-Louis, p. 10, 15.
Saint-Magloire, p 54, 55, 60, 61, 63, 64, 65, 76.
Saint-Mahé, p. 95.
Saint-Maur, p. 74.
Saint-Omer, p 40
Saint-Paul (garde du duc de Guise), p. 76.
Saint-Pol (Eustache de), p. 13, 14.
— (Comtesse de), p. 13.
— (hôtel de), p 32, 36.
Saint-Simon, p. 117, 122.
Sartine (de), p. 132
Sauval (Henry), p 31, 34. 40, 46, 65, 66, 103, 109, 132, 272.
Savoie, p. 18.
— (comte de), p 18, 27, 31.
— (Eugène de), p 66.
— sa signature, p 412.
Savoie (Eugène de)
— son portrait, p 448
— (Thomas-François de), p. 112.
— Emmanuel-Philibert), p. 435.
Savoie-Carignan, p 128.
— Eugène Maurice, p. 112, 435.
— son portrait, p 447
— Victor-Amédée, p 118, 119.
Savoie (Thomas de), p. 113, 118, 417, 435.
— (Monsieur de), p. 117, 118.
— (Philippe de).
— sa signature, p 415
— son portrait, p. 416

Savoie (duc de), p. 123.
— (rue de), p. 80.
Sceaux. Liste des noms des propriétaires des différents hôtels et de leurs sceaux, p. 477, 478, 479, 480.
Séjour (rue du), p. 27.
Sevigné (Mme de), p. 439.
Soissons (hôtel de), p. 66, 73. 103, 113, 117, 118, 120, 122, 124, 413, 423.
— (petite vue de l'), p. 98.
— (grande vue de l'), p. 110
— Jetons d'admission dans le jardin, p. 121.
— (vente de l'), p. 418.
— projet de théâtre sur son emplacement p 419.
démembrement, p. 422.
— Bourse dans le jardin, p. 423, 424.
— Jeux, p. 424, 441.
— (banque dans l'), p. 118, 119.
— ses habitants, p. 425.
— sa superficie, p. 429.
— (Porte de l'), p. 107.
— (plan de l'), p. 122, 123.
— Soissons (comtesse de), p. 70, 74, 101, 103. 111, 114, 115, 116, 119, 398, 403, 405, 440.
— son jeton, p. 102.
— sa signature, p. 102.
— son portrait, p 106.
— son testament, p. 406, 407, 408
— ses acquisitions, p. 403, 405.
— son inventaire, p 408, 409, 410, 411.
— son tombeau, p 408, 409.
V. Montaffié (Anne de)
— (comtesse de)
— à Bruxelles, p 417.
— son portrait, p 437. V. Mancini (Olympe).
Soissons (comte de), p. 101, 102, 103. 398, 438, 439.
— son jeton, p. 101.
— son portrait, p. 105.
— sa signature, p. 412.
— son inventaire, p. 399, 400, 401.
— sa querelle avec son frère, p. 401. 402.
— sa mort, p. 402.
— son tombeau, p. 408, 409
— différend de la serviette, p. 439.
— (comte de) Louis Thomas.
— sa signature, p. 440, 441.
— (comte de) Louis de Bourbon, p. 111.
— (chevalier de), p. 445, 446.
— (Louis Thomas de).
— son portrait, p. 446.
— (Mlle de), p. 119.
— son arrestation à Bruxelles, p. 417.
Spanheim (Ezéchiel), p 435.
Surintendants des bâtiments, p. 361, 362.

Tailles de 1292, p 139 à 148.
— de 1296, 7, 8, 9, 1300 p. 149 à 157.
— de 1313 p. 155 à 159.
Tancarville (comte de), p. 27.
— (Jean de), son sceau p. 258.
(Guill. de), son sceau, p. 259.
— (hôtel de), p. 258.
— (généalogie des), p 260.
Terrasson, p. 19, 46, 48 61, 77, 88, 112, 120, 127, 434.
Terrasson. Conseil de l'Evêché, p. 419.
— ses plans, p 199 à 206
Tesson (Marguerite).
— sa signature, p. 353.
Thibault, p. 69.
Thiersault Nicolas, p. 55.
Thou (A. de), p. 57, 65, 94, 95.
— (Christophe de), p. 94, 95.
Thuleu (Jeanne), p. 69.
Tillet (Hélie du), p. 100.
Tixerant (Jean), p. 43.
Touraine (duc de), p. 31.
— son hôtel, p. 29.
V. Louis Ier d'Orléans.
Tournehem (le Normand), p. 126.
Tournelles (Palais des). p. 41.
Tournon (rue de), p. 83.
Traité entre Jean II et Amédée VI, p. 301.
Traversainne (rue), p. 62.
Trémoille (hôtel de la).
— (George de la), sa signature, p. 262.
Tuileries, p. 60, 61, 65, 68, 74, 86.

Ussy (d') Voir Duchie.

Valentine de Milan, p. 25, 32, 36, 132.
Valentine de Milan, son sceau, p. 37.
— sa maison, p. 309.
— son portrait, p. 313
— son entrée à Paris, p. 328.
— sa chantepleure, p. 342.
— sa signature, p. 480.
V. duchesse d'Orléans.
Valeur des monnaies au XIIIe siècle, p. 139.
Vallière (la), p. 112, 114.
Vardes (de), p. 113, 114.

Vaugelas, gouverneur, p. 449.
Vauvilliers (rue), p. 3, 132.
Vendôme (place), p. 120.
— (trafic de la place), p. 423, 424.
Verderonne, p. 76.
V. de l'Aubespine.
Verue (comtesse de), p. 123, 449.
Viarme (de), p. 128, 131, 132, 430.
Vigouroux (la), p. 115.
Villeroi, p. 81.
Vincennes, p. 94.
Violet (Regnier), p. 17.
Voisin (la), p. 115, 117.
Volière, p. 377, 378.

Wille (croquis de), p. 125.
Willoughby (Robert de), p. 39, 330, 331, 332, 333, 334, 335.
— son sceau, p. 40.
— sa signature, p. 41.

FIN

TOURS, IMP. E. ARRAULT ET Cie, 6, RUE DE LA PRÉFECTURE.

www.ingramcontent.com/pod-product-compliance
Lightning Source LLC
Chambersburg PA
CBHW071153230426
43668CB00009B/931
* 9 7 8 2 0 1 2 5 3 1 8 6 4 *